中国人口年鉴

（1988）

中国社会科学院人口研究所

《中国人口年鉴》编辑部编

中国　北京

1989

中国人口年鉴

(1988)

中国社会科学院人口研究所

《中国人口年鉴》编辑部编

经济管理出版社出版

(北京阜外月坛北小街2号)

新华书店首都发行所发行　北京昌平百善印刷厂印刷

开　本: 787×1092　1/16　印张: 36.75　916千字

1989年12月第一版　　　1989年12月北京第一次印刷

印数: 0001—2000

ISBN 7—80025—248—5/F·223

定价: 精装本　40.00元

《中国人口年鉴》编辑委员会

《中国人口年鉴》编辑部

编 辑 说 明

一、《中国人口年鉴》自1985年创办以来，已经形成自己的体例和风格，成为国内外人口学界广有影响的一部资料性工具书。随着我国人口学术研究的发展，以及人口调查、人口统计数据资料的开放与开发，又有数家全国性和省级的有关计划生育、人口统计的“年鉴”相继问世，表明我国人口资料的收集整理和人口科学研究正在步入一个新的“百花齐放，百家争鸣”的繁荣时期，是值得庆贺的。

但是，随之而来的问题是，如何协调各家“年鉴”之间的内容与分工，特别是全国性人口“年鉴”之间的资料协调。为此，本“年鉴”从本期起，将有关部分的内容作适当调整，并增加一些新的资料，从而使其体例、风格、特色更加鲜明。

二、第Ⅱ部分“概况与综述”中的《1987年澳门人口发展状况分析》一文，因资料和作者渠道不通暂缺，只保留篇名，内容将在另期补之。

三、第Ⅲ部分“人口普查”，因第三次人口普查内容（包括分省未发表的大部分资料）已基本发表，1%人口抽样调查数据也已出版，所以本期不再重复刊载。但考虑到研究人员使用方便，本期特依据第三次人口普查资料，计算整理出1981年各省、自治区、直辖市不同类型地区和0、15、60岁时的平均预期寿命，以及1981年各省、自治区、直辖市人口寿命表，予以发表。

四、第Ⅳ部分“人口统计”，除刊载1987年全国人口经常性统计基本数据外，增加了全国314个市历年人口数及自然变动资料。市建制起自1949年，止于1987年。其中有些新建市或多次变动建制的市，按其设市时间和变动时间列出。为满足不同使用者的需要，市人口数中特别列出非农业人口数。1988年以后新建市的数据资料将在以后“年鉴”中刊出。

五、第Ⅵ部分“调查报告”中，刊出了1987年中国老年人口抽样调查、中国74城镇人口迁移调查；两个“七五”国家社科重点科研项目的调查报告；卫生部组织进行的中国婴儿死亡情况抽样定点调查报告；西藏自治区妇女生育率抽样调查报告等。其中有的调查填补了我国人口数据的某些空白，有的提供了新的数据资料，对扭转某些数据不实、底数不清等缺陷，起了重要作用。多数调查报告属最先刊载或首次发表。

六、第Ⅷ部分“人口研究机构”中，除少数新设机构外，绝大多数为复载，但因通讯地址、电话常有变动，复载时均根据变动以后的新址、新号码作了更改。

为最大可能地反映我国人口科研机构和科研队伍的成长等情况，此次刊载中增加了各机构的负责人、人员构成、承担项目、研究方向，以及主要科研成果。

同时，从本期起增加了“人口学者简介”（部分）栏目。陆续介绍新中国成立以来著名人口学者、人口活动和人口科研组织者的简历、著作、学术思想、学术专长及社会活动等内容。

总之，《中国人口年鉴》真诚希望客观、准确、详细地记录新中国人口科学发展的历史足迹，为研究和史料工作者参考，也为后人编修有关人口学发展史类著作积累素材。

《中国人口年鉴》编辑部

1989年3月

目　　录

第Ⅰ部分　重要文献（部分）

第Ⅱ部分　概况与综述

第Ⅲ部分　人口普查

第Ⅳ部分　人口统计

第Ⅴ部分　计划生育

第Ⅵ部分　调查报告

第Ⅶ部分　中国人口与世界人口对比

第Ⅷ部分　人口机构（部分）

第Ⅸ部分　重要论著索引（部分）

第Ⅹ部分　人口活动大事记

附　　录

第 I 部分

重要文献（部分）

一、人口政策和计划生育

关于1986年国民经济和社会发展计划草案的报告（摘要）

（1987年3月26日）

宋　　平

继续抓好计划生育工作，控制人口的增长。去年我国人口出生率有所回升，应当引起高度重视。要认真贯彻全国计划生育工作会议精神，全面落实有关计划生育政策和节育措施。

会见国际人口讨论会代表时的讲话

（1987年7月1日）

李　　鹏

7月11日是世界50亿人口日，这一天应该作为向全世界发出的人口问题的警告信号。

自建国以来，我国各项事业取得了很大成就。但也有一些失误，其中之一就是在一段时期内对人口没有进行有效的控制。这个失误的后果一直带到现在，并且会在今后相当长的时期内反映出来。

目前，我国人口正处在生育高峰期，所以必须严格控制人口增长，继续提倡一对夫妇只生一个孩子，并把这一工作抓紧抓好。当然，在一些少数民族地区，控制人口增长的政策要略放宽一些，但同样也应该做到计划生育、优生优育。

实行计划生育有一定的难度，我们只能靠宣传教育和某些鼓励政策。即便这样，在我国一些地区还会遇到传统观念的阻力。

中国是一个人口众多的发展中国家，为了实现社会主义四个现代化的目标，在人口问题上，我们只能有计划地控制人口增长，提高人口素质，以适应社会的发展。如果人口不加控制，则将给人民的衣、食、住、行、教育以及科学文化水平的提高造成很大困难，四化目标也难以实现。因此，中国将坚定不移地把这一人口政策贯彻下去，希望得到世界人口组织、有关学术团体和专家的帮助。

会见联合国儿童基金会执行主任詹姆斯·格兰特时的讲话(摘要)

（1987年7月4日）

李先念

儿童是国家未来的栋梁，保证全国儿童健康地成长，并把他们教育成为有道德、有科学文化知识、守纪律的一代新人，是一项伟大的工作。从这一点出发，我们的教师、医生、护士应当受到全社会的最大尊重。

根据中国的国情，我们提倡一对夫妇生一个孩子，以实现优生、优育。在这方面还有很多工作要做。特别在经济落后地区和边远地区，任务更为艰巨，需要进行长期的努力。

会见出席亚洲议员人口和发展论坛第二次大会外宾时的讲话（摘要）

（1987年9月23日）

彭　真

控制人口增长是当今世界的一件头等大事，解决人口与发展的问题，对亚洲和全世界都有利。人类在改造世界的过程中要有计划，人类本身的再生产也要有计划，这就是要进行计划生育。

拥有世界60%的人口的亚洲，是人口与发展问题的中心和重点。亚洲的问题解决不好，世界的人口问题也解决不了。

对中国来说，人口与发展的问题不是学术问题，而是一个实际的问题。过多的人口已成为中国经济、社会发展中的一种压力。解决人口问题，是世界各国的共同问题，因此，必须共同努力才能解决。

表　　号：国　调（86）9 表
制表机关：全国残疾人抽样调查办公室
文　　号：残调〔1986〕第 22 号

住户编号

1□□□

全国残疾人抽样调查

住户调查表

本户人口	
合计 ______	人
男 ______	人
女 ______	人
合计中：残疾人 ______	人

备注：

本户地址：______省（自治区、直辖市）______县（市、市辖区）______乡（镇、街道）______村(居)民委员会______村(居)民小组______号

每个人都填写						六岁及六岁以上的人填写	十五岁及十五岁以上的人填写				每个人都填写				
一、姓名和行号	二、与户主的关系	三、性别	四、出生日期和年龄	五、民族	六、户口登记状况	七、文化程度	八、行业	九、职业	十、不在业状况	十一、婚姻状况	十二、定性结果（是否属于下列残疾人）				
											视力	听力语言	智力	肢体	精神病
2□□	1.户主 2.配偶 3.子女 4.孙子女 5.父母 6.祖父母 7.其他亲属 8.非亲属 □	1.男 2.女 □	____年 ____月 ____日 ____周岁 □□□	____族 □□	1.户口在本户的常住人口 2.居住一年以上的人口 3.户口待定的人口 □	1.大学 2.高中 3.初中 4.小学 5.不识字或识字很少 □	工作单位名称（个体劳动者可填从事的业务） □□□	做什么具体工作 □□□	1.在校学生 2.家务劳动 3.待分配 4.待升学 5.市、镇待业 6.退休、退职 7.其他 □	1.未婚 2.有配偶 3.丧偶 4.离婚 □	1.是 □	1.是 □	1.是 □	1.是 □	1.是 □
2□□	2.配偶 3.子女 4.孙子女 5.父母 6.祖父母 7.其他亲属 8.非亲属 □	1.男 2.女 □	____年 ____月 ____日 ____周岁 □□□	____族 □□	1.户口在本户的常住人口 2.居住一年以上的人口 3.户口待定的人口 □	1.大学 2.高中 3.初中 4.小学 5.不识字或识字很少 □	工作单位名称（个体劳动者可填从事的业务） □□□	做什么具体工作 □□□	1.在校学生 2.家务劳动 3.待分配 4.待升学 5.市、镇待业 6.退休、退职 7.其他 □	1.未婚 2.有配偶 3.丧偶 4.离婚 □	1.是 □	1.是 □	1.是 □	1.是 □	1.是 □
2□□	2.配偶 3.子女 4.孙子女 5.父母 6.祖父母 7.其他亲属 8.非亲属 □	1.男 2.女 □	____年 ____月 ____日 ____周岁 □□□	____族 □□	1.户口在本户的常住人口 2.居住一年以上的人口 3.户口的待定人口 □	1.大学 2.高中 3.初中 4.小学 5.不识字或识字很少 □	工作单位名称（个体劳动者可填从事的业务） □□□	做什么具体工作 □□□	1.在校学生 2.家务劳动 3.待分配 4.待升学 5.市、镇待业 6.退休、退职 7.其他 □	1.未婚 2.有配偶 3.丧偶 4.离婚 □	1.是 □	1.是 □	1.是 □	1.是 □	1.是 □
2□□	2.配偶 3.子女 4.孙子女 5.父母 6.祖父母 7.其他亲属 8.非亲属 □	1.男 2.女 □	____年 ____月 ____日 ____周岁 □□□	____族 □□	1.户口在本户的常住人口 2.居住一年以上的人口 3.户口待定的人口 □	1.大学 2.高中 3.初中 4.小学 5.不识字或识字很少 □	工作单位名称（个体劳动者可填从事的业务） □□□	做什么具体工作 □□□	1.在校学生 2.家务劳动 3.待分配 4.待升学 5.市、镇待业 6.退休、退职 7.其他 □	1.未婚 2.有配偶 3.丧偶 4.离婚 □	1.是 □	1.是 □	1.是 □	1.是 □	1.是 □
2□□	2.配偶 3.子女 4.孙子女 5.父母 6.祖父母 7.其他亲属 8.非亲属 □	1.男 2.女 □	____年 ____月 ____日 ____周岁 □□□	____族 □□	1.户口在本户的常住人口 2.居住一年以上的人口 3.户口待定的人口 □	1.大学 2.高中 3.初中 4.小学 5.不识字或识字很少 □	工作单位名称（个体劳动者可填从事的业务） □□□	做什么具体工作 □□□	1.在校学生 2.家务劳动 3.待分配 4.待升学 5.市、镇待业 6.退休、退职 7.其他 □	1.未婚 2.有配偶 3.丧偶 4.离婚 □	1.是 □	1.是 □	1.是 □	1.是 □	1.是 □

申报人　　调查员______　　______月______日　　户主姓名（超过五人的户从第二页起注明）　　本户（包括残疾人调查表）共______页，此页为本册第______页

全国残疾人抽样调查

残疾人调查表

标志 3　住户编号 ☐☐☐☐　个人行号 ☐☐　残疾类别数 ☐

表　号：国　调（86）　10　表
制表机关：全国残疾人抽样调查办公室
文　号：残调〔1986〕第　22　号

残疾人姓名________ 性别________年龄________周岁　　户主姓名________ 地址________________

一、残疾类别	二、残疾等级	三、致残年龄	四、致残原因	五、需要何种康复	六、现有何种辅助器
视力残疾 4 1	1. 一级盲 2. 二级盲 3. 一级低视力 4. 二级低视力 ☐ 0 0	1. 先天残疾____周岁 2. 后天残疾____周岁 3. 发现残疾____周岁	1. 先天遗传 2. 白内障 3. 青光眼 4. 沙　眼 5. 角膜病 6. 视神经病变 7. 视网膜、脉络膜病变 8. 外　伤 9. 屈光不正/弱视 10. 其　他 11. 不　详	1. 医院治疗 2. 家庭康复 3. 职业训练 4. 助 视 器 5. 其　他	1. 助 视 器 2. 导 盲 器 3. 其　他 4. 无
听力语言残疾 4 2	1. 一级聋　1. 失语 2. 二级聋　2. 失音 3. 一级重听　3. 构音不清 4. 二级重听　4. 严重口吃 ☐ ☐ 0	1. 先天残疾____周岁 2. 后天残疾____周岁 3. 发现残疾____周岁	1. 家族遗传/近亲结婚 2. 地方病（克汀病等） 3. 发育畸形 4. 妊期疾病 5. 药物中毒 6. 高烧疾病 7. 中耳炎（双耳） 8. 产钳外伤 9. 外　伤 10. 噪　声 11. 老年性聋 12. 其　他 13. 不　详	1. 医院治疗 2. 家庭康复 3. 职业训练 4. 教育康复 5. 助 听 器 6. 其　他	1. 助 听 器 2. 语言训练器 3. 人 工 喉 4. 其　他 5. 无
智力残疾 4 3	1. 一级（极重度） 2. 二级（重　度） 3. 三级（中　度） 4. 四级（轻　度） ☐ 0 0	1. 先天残疾____周岁 2. 后天残疾____周岁 3. 发现残疾____周岁	1. 遗传性疾病 2. 发育畸形 3. 妊期疾病 4. 产伤、颅内出血、窒息 5. 中毒 6. 营养不良 7. 脑炎、脑膜炎 8. 脑病 9. 脑外伤 10. 脑血管病 11. 老年性痴呆 12. 社会心理因素 13. 其他 14. 不详	1. 医院治疗 2. 家庭康复 3. 职业训练 4. 低能教育 5. 其　他	0
肢体残疾 4 4	1. 一级　1. 上肢　1. 截　肢 2. 二级　2. 下肢　2. 先天缺肢 3. 三级　3. 躯干　3. 畸　形 4. 四级　4. 综合　4. 功能障碍	1. 先天残疾____周岁 2. 后天残疾____周岁 3. 发现残疾____周岁	1. 家族遗传/近亲结婚 2. 发育畸形 3. 妊期疾病 4. 工　伤 5. 交通事故 6. 其他外伤 7. 小儿麻痹 8. 结核性感染 9. 血管性疾患 10. 化脓性感染 11. 肿瘤 12. 其他 13. 不详	1. 医院治疗 2. 家庭康复 3. 职业训练 4. 功能训练 5. 安装假肢 6. 安装矫形器 7. 配置轮椅 8. 其　他	1. 假　肢 2. 矫形器 3. 轮　椅 4. 其　他 5. 无
精神病残疾 4 5	1. 一级（极重度） 2. 二级（重　度） 3. 三级（中　度） 4. 四级（轻　度） ☐ 0 0	1. 先天残疾____周岁 2. 后天残疾____周岁 3. 发现残疾____周岁	1. 脑血管病 2. 颅脑损伤 3. 脑变性疾病 4. 癫　痫 5. 其他脑器质性疾病 6. 躯体疾病 7. 工业农药中毒（包括CO中毒） 8. 酒精依赖及中毒 9. 药物依赖及中毒 10. 精神分裂症 11. 情感性精神病 12. 偏执性精神病 13. 反应性精神病 14. 儿童期精神病 15. 其他 16. 不详	1. 医院治疗 2. 家庭康复 3. 职业训练 4. 其　他	0

七、经济来源	八、本人要求	六岁及六岁以上的人填写：九、现在何种学校学习（普通教育）	九、现在何种学校学习（特殊教育）	十、学习能力	十一、生活能力	十二、活动能力	十三、交往能力	十五岁及十五岁以上的人填写：十四、劳动能力
1. 个人劳动收入 2. 家庭或亲戚供养 3. 国家和集体救济	主要要求____ 次要要求____	1. 小　学 2. 初　中 3. 高　中 4. 大　学 5. 没上学	1. 盲童学校 2. 聋哑学校 3. 盲聋学校 4. 弱智学校(班) 5. 没上学	1. 能进普通学校 2. 能进特殊学校 3. 不能上学	1. 能自理 2. 能部分自理 3. 不能自理	1. 能上街 2. 能在户内或户周围活动 3. 不能走动	1. 能同生人交换思想感情 2. 能同熟人交换思想感情 3. 不能同任何人交换思想感情	1. 有劳动能力 2. 有部分劳动能力 3. 丧失劳动能力

医生________________　　______月____日　　本户包括住户调查表　共________页，此页为本册第________页

会见出席亚洲议员人口和发展论坛第二次大会外宾时的讲话（摘要）

（1987年9月24日）

李先念

人口和发展的问题是一个具有相当重要地位的问题。解决人口和发展问题是一个伟大、光荣的事业。不认真解决这一问题，全世界将面临更大的困难。

人是一切因素中最重要的，没有人，什么事也干不成。中国是十分重视人的作用的。但人口太多也不行，更不能让人口增长超过经济的增长。我曾当过20年的财政部长，这一经历使我对人口过多造成的困难有深刻的体会。

老一辈要支持人口事业，支持这一为子孙后代谋利益的事业。中国强调优生优育，就是要注重人口质量，而不是追求数量。随着科学、文化、技术水平的提高，劳动力的问题也已不再是个大问题了。我们要下决心解决，也一定能解决好人口问题。我对此持乐观态度。解决不好，子孙后代会骂我们的。

美国国会的一些朋友并不真正了解中国和世界人口的形势，少数人甚至肆意攻击中国的人口政策，这是“手伸得太长了！”“美国国会的手还是伸短点好，管自己的事好！”中国的人口政策是符合中国国情的，得到了中国人民和许多国家的支持。

二、妇幼卫生保健

妇幼卫生工作条例

（1986年4月卫生部颁布）

第一章　总　　则

第一条　妇幼卫生是我国人民卫生事业的重要组成部分。做好妇幼卫生工作，保障妇女儿童的身心健康，关系到每个家庭的幸福，关系到整个中华民族素质的提高，关系到计划生育国策的贯彻落实，关系到逐步实现工业、农业、国防和科学技术现代化，把我国建设成为高度文明、高度民主的社会主义国家。根据我国宪法第四十九条“婚姻、家庭、母亲和儿童受国家的保护”的规定，为发展妇幼卫生事业，特制定本条例。

第二条　妇幼卫生工作要认真贯彻预防为主的方针，根据妇女儿童的生理特点，运用医学科学技术，对妇女儿童进行经常性的预防保健工作，采取有效的防治措施，不断提高妇女儿童健康水平。发展我国的妇幼保健学科。

第三条　各级政府的卫生行政部门要设立相应的机构（妇幼卫生处、科、股），分管妇幼卫生工作。要建立健全各级妇幼卫生专业机构。妇幼卫生行政部门要组织妇幼卫生专业机构、综合医院妇产科、儿科、保健科等科室和厂矿企业等有关部门共同实施本条例。

第四条　以全民所有制妇幼卫生机构为主体，多形式、多层次、多渠道的发展妇幼卫生机构。积极鼓励和扶持企事业单位、集体或个人兴办各种形式妇幼卫生机构，并加强领导和管理。

第二章　任　　务

第五条　开展优生、优育工作，提高民族健康素质。进行婚前检查，围产保健，产前诊断，优生、遗传疾病咨询和出生缺陷的监测等，预防和减少先天性、遗传性疾病。

第六条　妇女保健

1．推广科学接生，实行孕产妇系统管理，做好围产期保健工作，提高住院分娩率，提高产科质量，防治妊娠并发症，降低孕产妇和围产儿死亡率。

在边远地区、少数民族地区继续普及新法接生。

2．积极防治妇女常见病、多发病，调查分析发病因素，制订防治措施，降低发病率，提高治愈率。

3．做好妇女经、孕、产、哺乳、更年期的卫生保健。协同有关部门对农村、厂矿、企业、事业单位妇女的劳动环境和劳动条件进行卫生学调查，提出劳动保护和卫生保健的建议，并督促实施。

第七条　儿童保健

1．做好七岁以下儿童保健工作。对婴幼儿实行保健系统管理，增强儿童体质，降低新生儿、婴儿死亡率。

2．积极防治儿童常见病、多发病，调查分析发病因素，制订防治措施，降低发病率，提高治愈率。

3．做好托儿所、幼儿园卫生保健的业务指导。

4．推广科学育儿，提倡母乳喂养，会同有关部门做好婴幼儿早期教养工作。

5．配合卫生防疫部门，做好预防接种及传染病管理工作。

第八条　计划生育技术指导

1．推广以避孕为主的综合节育措施。对育龄夫妇指导和实施安全有效的节育方法，降低人工流产、引产率。

2．执行《计划生育技术工作管理条例》和《节育手术常规》，提高手术质量，杜绝事故，减少和防止手术并发症，确保受术者的安全与健康。

第九条　采用国内外的先进技术和经验，开展有关妇女、儿童健康、计划生育技术和优生工作的各项科学研究。

第十条　充分利用各种宣传教育形式，普及妇幼保健、计划生育、优生、优育等科学知识，提高人民的妇幼卫生知识水平。

第十一条　加强妇幼保健、计划生育技术的信息工作，做好资料统计和分析研究。

第三章　专业机构

第十二条　妇幼卫生专业机构包括妇幼（婴）保健院、所（站），妇女保健所（院），儿童保健所，计划生育技术指导所，妇产（婴）医院，儿童医院及妇幼卫生专业研究机构等。

这些机构受同级卫生行政部门领导和上一级妇幼保健专业机构的业务指导。

各级妇幼保健机构人员编制执行卫生部、劳动人事部1986年1月22日下发的（86）卫妇字第2号文件《各级妇幼保健机构人员编制标准》。

各级妇幼保健机构的级别与同级医疗、防疫机构相等。

第十三条　各级妇幼保健机构应承担保健、临床、科研、教学和宣传任务。

省、自治区、直辖市妇幼保健机构负责本地区妇幼保健和计划生育技术指导，针对危害妇女、儿童健康和计划生育技术的主要问题开展科学研究，培训在职妇幼保健人员，协助医学院校培养高级妇幼卫生医师。

地、市（州、盟）妇幼保健机构负责所辖范围妇幼保健和计划生育技术指导，承担一定的科研任务，培训中级妇幼卫生人员和协助大、中专院校培养妇幼卫生医师（士）等。

县（市区、旗）妇幼保健机构负责全县（市区、旗）妇幼保健和计划生育技术指导，开展力所能及的科研工作。培训基层中、初级妇幼卫生人员和协助县卫生学校培养妇幼卫生方面的医士。

第十四条　各级妇幼保健机构应成为本地区妇幼保健、计划生育技术的业务指导中心，以预防保健为中心，指导基层为重点，保健与临床相结合。妇幼保健机构业务人员既能做保健、又能做临床工作。各级妇幼保健院应首先保质保量按编制配备保健人员。防止医疗削弱保健。

妇产医院、儿童医院，各级综合医院的妇产科、儿科应以医院为中心，扩大预防，承担一定的妇幼保健、科研和培训任务。

第十五条　妇幼保健所设妇女保健、儿童保健、计划生育技术指导、优生、遗传咨询、宣传、资料统计和有关基础科室或专业组，开展保健门诊业务。妇幼保健院内设保健部和临床部。保健部设置的科室与保健所相同，临床部设妇科、产科、婴儿室、儿科、计划生育科、基础科及中心实验室等。保健和临床部均设有相应门诊。

第四章　基层组织

第十六条　街道、乡卫生院设妇幼保健组或防保组。妇幼保健人员最低不少于2—3人，负责街道、乡妇幼保健和计划生育技术工作。妇幼保健组在业务上受县妇幼保健所的领导及县（区）医院妇产科、儿科业务指导。街道、乡卫生院应设相当的产科床。

第十七条　村至少有一名女乡村医生或接生员负责妇幼保健工作。对从事妇幼保健、计划生育的女乡村医生、接生员的报酬应按照国发〔1981〕24号文件的规定给予合理解决。

第十八条　厂矿、企事业单位，根据女工多少的实际情况，设妇幼保健所、站、室或专职人员，在业务上受当地妇幼保健机构的指导。女工多的单位在厂（场）区内设置妇幼保健门诊或女工卫生室。

第五章　队伍建设

第十九条　各级妇幼保健机构按照革命化、年轻化、知识化、专业化条件配备领导班子。实行院（所）长负责制。

院、所长一般应由专业技术人员担任，并适当参加专业工作。

第二十条　妇幼卫生人员分下列三个层次：

1．主任医师、副主任医师、主治（主管）医师、医师；

2．医士、妇幼医士、助产士、护士、保育护士；

3．乡村医生、接生员。

第二十一条　医学院校要办妇幼保健和妇产科、儿科专业，为妇幼卫生培养高级人材。高等医学院校医学、儿科等专业，应在教学计划中安排一定学时的妇幼保健教学内容。省、市、县所属中级卫生学校要增加妇幼医士、助产士、保育护士的人员培养，为妇幼卫生战线不断输送新生力量。

第二十二条　各级卫生行政部门要加强在职人员培训，有计划地组织各种类型的妇幼卫生人员培训班，提高在职人员的业务水平。妇幼保健医师要掌握保健、临床、有关基础医学知识及各项技术操作，掌握一门外语。妇幼医士、助产士、保育护士要掌握本专业的基本知识和基本操作。

第六章　有 关 政 策

第二十三条　加强妇幼保健机构建设，未经批准不得任意撤销或合并各级妇幼保健专业机构，妇幼卫生专业人员要保持相对稳定。编制缺额和自然减员的补充，应由大、中专毕业生补充。对不胜任本职工作的人员，予以培训或调整。

第二十四条　根据卫生部关于《卫生技术人员职务暂行条例》，结合妇幼保健专业特点，对妇幼卫生技术人员进行定期考核聘任。对有发明创造，工作优异者予以表扬、奖励；对不遵守纪律，工作不负责任、玩忽职守，造成不良后果者，视情节轻重，进行批评教育，直至纪律处分。

第二十五条　妇幼卫生人员的保健津贴，按照卫生部、财政部、国家劳动总局1981年下发的（81）卫人字第194号文件《医疗卫生津贴试行办法》和《关于医疗卫生津贴问题的补充通知》规定执行。妇幼卫生人员的防护用品。按卫生部（80）卫人字第450号文件精神解决。妇幼卫生人员经常外出工作，应当配备必要的车辆。

第二十六条　妇幼保健院、所的基本建设，业务经费，装备等纳入卫生事业发展规划。应有开展妇幼保健工作的业务用房：保健门诊、实验室、资料室、培训班教室、职工宿舍和食堂等房屋，配备开展工作所需要的仪器、设备等。

第二十七条　集体所有制妇幼保健机构的人员工资、福利待遇、退休退职办法，由各省、自治区、直辖市参照国家有关规定执行。

第二十八条　为保证妇幼卫生工作正常发展，随着国民经济发展和卫生事业费的增加，妇幼卫生经费应在目前只占3～5%的情况下，逐步增加到10%左右，各地对用于妇幼卫生的经费和基建投资应积极予以安排。

妇幼保健所经费管理实行“预算包干”。妇幼保健院内保健部分，亦实行“预算包干”，临床部分按医院经费管理，实行“全额管理，定额补助，节余留用”。妇幼保健经费要专款专用，保证保健工作的必需经费。

第二十九条　老、少、边、山、牧区由于妇幼卫生工作基础薄弱，条件较差，对这些地方应重点予以扶持，加快其发展进程。

女职工保健工作暂行规定（试行草案）

（1986年5月30日卫生部、劳动人事部、

全国总工会、全国妇联颁布）

第一章　总　　则

第一条　根据中华人民共和国宪法第四十八条、四十九条规定的精神，为保护女职工的身体健康，提高民族素质，特制定本规定。

第二条　女职工保健工作必须贯彻预防为主的方针，注意女性生理特点和职业特点，认

真执行国家有关劳动保护、劳动卫生的各项法规和政策。

第三条　本规定适用于一切有女职工的企业、事业、机关和团体。

第二章　组织措施

第四条　本规定由各单位分管女职工保健工作的行政领导负责组织本单位医疗和托幼机构、保健人员及有关人员共同实施，工会组织应积极配合，督促检查各项措施的落实。

第五条　县（含城市区）以上的各级妇幼保健机构负责所辖范围的各单位实施本规定的业务指导。

第六条　各级卫生行政部门应协同劳动人事部门、工会组织、妇联组织对本规定的试行情况进行督促检查。

第三章　保健措施

第七条　月经期保健

（1）宣传普及月经期卫生知识，建立女职工月经卡。

（2）最大班女职工在100人以上的单位，应建立女职工卫生室，健全相应的制度并设专人管理，对卫生室管理人员应进行必要的专业培训。女职工每班在40～100人的单位，可设置简易的温水箱及冲洗器。对流动、分散工作的单位可发放单人自用外阴冲洗器。

（3）女职工在月经期间，不得从事装卸、搬运等重体力劳动及高处、低温、冷水、野外作业。

第八条　婚前保健

对欲婚女职工应进行婚前卫生保健知识的宣传教育及咨询，并进行婚前健康检查及指导。

第九条　孕前保健

（1）积极开展优生宣传和优生咨询。

（2）对已婚女职工应进行妊娠知识的宣传教育，使她们在月经超期时主动接受检查。

（3）有下列情况之一者，暂时不宜妊娠：射线病、慢性职业中毒、近期内有过急性中毒史及其他有害于母体和胎儿健康的疾病。

（4）对有过二次以上自然流产史现又无子女的女职工，应暂时调离有可能直接或间接导致流产的作业岗位。

第十条　孕期保健

（1）自确定妊娠之日起，即应建立孕产妇保健卡（册），进行血压、体重、血、尿常规等基础检查。对接触铅、汞的孕妇，应进行尿中铅、汞含量的测定。

（2）实行定期产前检查，进行孕期保健及孕期营养指导。

（3）推广孕妇家庭自我监护，系统观察胎动、胎心、宫底高度及体重等。

（4）实行高危孕妇专案管理，无诊疗条件的单位应及时转院就诊，并配合上级医疗和保健机构，严密观察和监护。

（5）女职工较多的单位应建立孕妇休息室。妊娠满7个月后应给予工间休息。

（6）妊娠女职工不应加班加点，妊娠满7个月后不得上夜班。

（7）女职工妊娠后不得从事下列作业：重体力劳动、超过卫生防护要求的剂量当量限值的X射线、γ射线、接触高浓度的铅、汞、二硫化碳等工业毒物、有急性中毒危险的作业。

（8）从事立位作业的女职工，妊娠满7个月后，其工作场所应设立工间休息座位。

（9）孕妇在预产期前应安排休息两周。

第十一条　产后保健

（1）进行产后访视及产后保健指导。

（2）产后42天要对母子进行健康检查。

（3）产假期满恢复工作时，应允许有一至二周时间逐渐恢复原定额工作量。

第十二条　哺乳期保健

（1）宣传科学育儿知识，提倡母乳喂养。

（2）对有未满一周岁婴儿的女职工，在每班工作时间内应给予两次授乳时间，每次纯授乳时间单胎为30分钟。如路途较远，可将两次授乳时间合并使用（含人工喂养）。

（3）婴儿满周岁时，经县（区）以上（含县、区）医疗或保健机构确诊为体弱儿，可适当延长授乳时间，但不得超过六个月。

（4）有未满一周岁婴儿的女职工，不得安排上夜班及加班加点。

（5）有哺乳婴儿五名以上的单位，应建立哺乳室。室内应有洗手设施，乳母不得穿工作服进入哺乳室。

（6）哺乳期内，乳母不得接触铅、汞、砷、苯、三硝基甲苯等有毒物质。

第十三条　更年期保健

（1）宣传更年期生理卫生知识，使进入更年期的女职工得到社会广泛的体谅与关怀。

（2）经医疗、保健机构诊断为更年期综合症，经治疗但效果仍不显著者，已不适应现工作时，应暂时安排适宜的工作。

第十四条　定期进行以防癌为主的妇女病查治，特别要重视更年期妇女的检查工作。

第十五条　各单位女职工浴室不得设浴池（盆），要淋浴化。

第十六条　建立健全女职工保健工作统计制度。

第四章　附　　则

第十七条　各地区、各部门可根据本规定，结合具体情况制定试行细则。

全社会都要关心和保护少年儿童的健康成长*

（1987年5月30日）

李　　鹏

同志们：

今天，党中央书记处在这里举行少年儿童工作者座谈会，各条战线上的新老少儿工作

* 在中共中央书记处举行的少年儿童工作者座谈会上的讲话。

者济济一堂，共同商讨在坚持四项基本原则和改革开放的形势下，培养教育新一代少年儿童的大事，必将得到全社会的赞成和关注。刚才全国儿童少年工作协调委员会，中国儿童少年基金会对孙敬修等四位从事少年儿童工作做出杰出贡献的同志授予“热爱儿童”荣誉奖章，这是值得大家庆贺的事。借此机会，我代表党中央、国务院向在座的各位同志，并通过你们向全国从事少年儿童工作的同志们表示崇高的敬意和亲切的问候！

随着我国四化建设的前进步伐，少年儿童事业蓬勃发展，不断取得新的成就。少年儿童教育正在得到加强，少年儿童文化艺术正在逐步发展，少年儿童体育生活用品日益增多，少年儿童工作者队伍不断发展壮大。现在，愈来越多的人认识到少年儿童教育工作的重要性，一个有利于少年儿童身心健康的学校、家庭、社会三结合的教育环境正在逐步形成。但是，这些成绩用时代的要求、人民的要求、党的要求来衡量，还是远远不够的。少年儿童的教育是一项基础工程，是关系着提高全民族素质和社会主义事业长远未来的大事情。要使这一代少年儿童成长为社会主义建设的可靠接班人，我们还要做很大的努力。

我们从事的是人类历史上最伟大的事业，同时也是艰巨而长期的事业，需要一代又一代的人不断奋斗，才能最终实现我们的理想。少年儿童是继往开来的一代，培养和教育好少年儿童，使他们健康成长，是使我们的事业后继有人的百年大计、千年大计。邓小平同志“教育要面向现代化，面向世界，面向未来”的指示，正是从这一战略高度提出的。现在，全国人民正在坚持四项基本原则和坚持改革、开放的总方针指引下，建设有中国特色的社会主义，到本世纪末，要使我国达到小康水平，到下世纪中叶，接近世界中等发达国家的水平。这个战略任务在很大程度上要靠今天的少年儿童来完成。为了实现这个战略目标，为了我们国家和民族的兴旺发达，我们的少年儿童必须是有理想、有道德、有文化、有纪律的一代新人。所以，无论从哪个角度上看都必须充分重视少年儿童的教育工作，每一个关心我国未来发展的同志，每一个马克思主义者都应该从这个战略高度来认识这项工作的重要性。

关心保护少年儿童的健康成长，就要切实对少年儿童加强基础教育，使他们在德、智、体、美、劳诸方面得到全面发展。基础教育要从爱祖国、爱人民、爱劳动、爱科学、爱社会主义的教育做起。要大力加强理想教育、革命传统教育、集体主义教育、劳动教育，包括遵纪守法、助人为乐、艰苦奋斗等方面的教育。当然，这种教育只能是基础的、启蒙的。要以少年儿童乐于接受的方式进行，依据他们认识世界的规律循序渐进。对少年儿童进行理想教育，既要启发他们对美好社会理想的强烈的向往和追求，同时又要让他们懂得困难和曲折，坚持为社会主义的理想乃至为共产主义远大理想而奋斗。要使少年儿童对理想有一个正确的认识，不管将来是当工人、农民，还是当专家、学者，只要能够在自己的岗位上对国家、对人民做出出色的成绩，就是有理想的表现。革命传统教育，应引导少年儿童学习前辈们为中国人民的解放事业而英勇奋斗，不怕牺牲的精神。让少年儿童了解过去的艰难困苦不仅为了让他们对现实生活产生幸福感，更重要的是要学习前辈创造新世界和新生活的献身精神，以开拓未来。集体主义教育是社会主义和共产主义道德教育的基础，要教育少年儿童正确处理个人与集体，个人与他人的关系，做到心中有他人，心中有集体，心中有人民，心中有祖国，关心集体，热心为集体服务。还要对少年儿童进行智力和体育等方面的教育，激发他们的求知欲望，自觉地学习科学知识，锻炼成为体魄健全的人。

为了使少年儿童健康成长，需要努力改进我们的思想教育工作，使教育更符合实际，更富有成效。当前，影响教育效果的原因很多，主要有两个方面：一是教育思想还不端正，

“重智轻德”，教师、家长、学生围绕着升学转，片面追求升学率，思想品德教育没放到应有的重要位置上。二是思想教育脱离实际，结合少年儿童特点不够，存在着“成人化”的倾向。要解决这些问题，需要做许多切切实实的工作。端正教育思想要从各级党政领导干部的思想认识抓起，使领导干部、校长、教师、家长都来自觉贯彻执行使少年儿童得到全面发展的教育方针。其次，要不断探索和改进教育的方式和方法。今天的少年儿童与过去的孩子有着很大不同，他们眼界更开阔了，知识面更广了，思想更活跃了，他们中间有许多独生子女，而且比例会越来越大，如何适应当代少年儿童的特点进行思想教育，是摆在我们面前的一个新课题。因此，教育要从今天的少年儿童的实际出发，使教育的内容通过少年儿童喜闻乐见的方式入心入脑。要创造条件，让他们了解社会，通过对社会现象的观察、比较，增长见识，懂得热爱祖国、热爱人民的大道理，懂得坚持四项基本原则和坚持改革、开放总方针的道理。还要让他们参加一些力所能及的家务劳动和社会劳动，培养成参加劳动的习惯。家长和教师都不宜对少年儿童溺爱，应当明白，温室里培养出来的花朵是经不起风雨的。加强少年儿童的思想教育，还要充分挖掘孩子们自身的潜力，通过少先队组织调动少年儿童的主动性和积极性。要根据少年儿童心理和智力发展特点，结合我国实际情况，按不同年龄层次，系统地制定少先队教育大纲。共青团组织和教育行政部门要充分运用和发挥少先队组织的教育作用，组织广大少年儿童开展时代特点显明，实践性强，能培养少年儿童的自主精神和创造精神的教育活动。

保护少年儿童的健康成长需要全社会的共同努力，培养教育少年儿童是全社会共同的责任和义务。少年儿童教育是一种启蒙教育，这个时期教育的优劣，直接关系到少年儿童今后成长的各个阶段。好的教育可以使人一生受益匪浅，坏的影响会在少年儿童时期就埋下隐患。我们要在全社会大力倡导爱护少年儿童，教育少年儿童，为少年儿童做表率，为少年儿童办实事的好风尚。现在，全国各地有许多老干部、老党员，他们把自己晚年的精力献给了培养教育下一代的伟大事业。解放军广大指战员为少年儿童的健康成长办了许多受到欢迎的实事，成为孩子们最知心、最受崇敬的人。广大教育工作者呕心沥血、默默无闻地辛勤耕耘，哺育出一批批芬芳的桃李。还有那些为少年儿童尽职尽责的各界人士，都是我们全社会学习的榜样。

少年儿童的可塑性很大，模仿性很强，他们往往是从自己的老师、父母、社会成员的言行举止，社会风气，文化环境中去认识世界，学会生活，增长知识，接受教育，进而形成自己的思想和观念。全党、全社会、全体公民要自觉地、有意识地、有目的地为他们的成长创造一个良好的社会环境，使孩子们在一个朝气蓬勃、健康向上、充满生机和活力的环境中接受良好的教育。前一个时期，社会上出现了资产阶级自由化思潮，一些格调低下、荒诞、淫秽的小报、刊物、音像制品以及一些封建陋习直接腐蚀着少年儿童的身心健康。每个真正关心祖国前途、命运的人都要理直气壮地坚决抵制这些错误的思想和行为。我们的出版、广播、电影、电视和少年儿童活动场所要千方百计地为孩子们提供丰富有益的精神产品。全体社会成员要充分认识到自己肩上的重任，要教育少年儿童健康成长，首先要教育自己，只有不断提高成人自身的素质，以身作则，言传身教，才能真正为人师表，以自己崇高的理想点燃孩子们的理想，以自己良好的思想品德启迪孩子们的心灵，以自己的才智哺育孩子们成长。保护少年儿童的健康成长，还要向一切危害少年儿童的现象作斗争。现在个别地方竟出现拐卖儿童的现象，还有的地方出现了童工，这是我们社会主义制度所不允许的违法行为，我们各级党政领导机关、司法部门和妇联、共青团、少先队等社会团体要为维护少年儿童的合法权益做出自己不懈的努力，与一切违法行为作坚决的斗争。总之，要通过各方面的努力，使学校教育、家庭教育、社会教育形成一个强大的教育网络，卫生部门要加强儿童的卫生保健工作，使少年儿童在全社会共同的关心、保护下茁壮成长。

今天在座的有成绩显著的老一代少儿工作者，也有重任在肩的中年少儿工作者和朝气蓬勃、满腔热情的青年人。我要向你们和全国千百万少年儿童工作者致意：你们为培养祖国的下一代，辛勤操劳，尽心尽力，做出了卓有成效的贡献，理应受到人民的信赖，社会的尊敬。党要感谢你们！人民要感谢你们！我相信，在你们和全党、全社会和各族人民的共同努力下，一定会使我们的少年儿童茁壮成长，使我们伟大的建设事业后继有人。

三、人口调查

国务院办公厅关于在全国范围内进行残疾人抽样调查的通知

（1986年10月7日）

各省、自治区、直辖市人民政府：

国务院同意从1987年4月1日开始，在全国范围内进行一次残疾人抽样调查。全国残疾人抽样调查，在我国是第一次。通过调查，可以取得全国各类残疾人的丰富数据和资料，为今后制定我国社会发展规划和发展残疾人事业提供依据。这次调查牵涉面广，专业、技术性强，各省、自治区、直辖市人民政府要重视这一工作，组织有关部门密切协作，完成调查任务。

这项调查由全国残疾人抽样调查领导小组统一组织进行。《全国残疾人抽样调查方案》、五类《残疾标准》和其他工作部署，由全国残疾人抽样调查领导小组印发各地，请贯彻执行。

全国残疾人抽样调查方案

（经国务院批准由全国残疾人抽样调查小组印发）

（1986年10月7日）

为了贯彻国务院关于进行全国残疾人抽样调查的批示，制订本方案。

一、调查的目的、性质和意义

通过调查，掌握全国各类残疾人的人数、地区分布、致残原因及其医疗、康复、教育、就业、婚姻、家庭和参与社会生活等情况，为制订有关残疾人的法规、方针、政策和工作规划提供可靠的依据。

全国残疾人抽样调查，样本量大，牵涉面广，专业性、技术性强，是一项特殊性的社会调查。调查所得的数据，对今后制订我国社会发展规划和开展残疾人事业将具有重大意义。

二、调查的对象

这次调查残疾人的类别包括：视力残疾、听力语言残疾、智力残疾、肢体残疾和精神病残疾：凡有两种或多种残疾的人，另列为综合残疾。

此次只调查家庭户，不调查集体户。凡居住并生活在一起的家庭成员和其他人，或单身居住、生活的，均作为一个家庭户。家庭户的人口包括：（一）在本户有常住户口的人。（二）户口关系不在本户、而在本户食宿一年以上的人。（三）户口待定的人口。指常住本户、尚未办理常住户口登记的人。

常住户口在本户、外出未归超过一年的人，不属于这次调查的对象。

三、调查的范围、规模和标准时间

这次调查在全国29个省、自治区、直辖市同时进行。全国的样本规模为150万人；各省、自治区、直辖市的样本量，由全国残疾人抽样调查领导小组分配。

全国残疾人抽样调查的标准时间为1987年4月1日0时。

四、调查的组织领导

这项调查，由国务院批准成立的全国残疾人抽样调查领导小组统一部署进行。省、自治区、直辖市残疾人抽样调查领导小组，负责本省残疾人抽样调查的组织实施。被抽中县、市、市辖区残疾人抽样调查领导小组，领导调查队完成本县的调查任务。全国、省、县残疾人抽样调查领导小组下设办公室，负责处理日常工作。

省、县两级残疾人抽样调查领导小组及其办公室，在当地人民政府的领导和有关部门的密切配合下工作。领导小组由当地政府从有关部门和残疾人团体中选派负责干部组成，并由政府有关部门选调得力干部参加办公室工作。

县（市、市辖区）残疾人抽样调查领导小组肩负着领导调查队和宣传、发动群众的双重任务，要指派一位副县（市、区）长担任领导小组组长，加强地方政权对这项调查的领导。

各级残疾人抽样调查领导小组组长是这项调查的全面负责人；办公室主任是这项调查实际执行的负责人。

五、调查队的组建、培训和试点

省级残疾人抽样调查领导小组本着高质量的要求统一规划组建调查队。按照各抽中县样本量的大小和当地的实际条件，可以一个县成立一个调查队，也可以一个调查队承担两个邻近县的调查工作。

调查队由正、副队长和调查员、医生、统计员组成。调查员由被抽中县选调当地具有初中以上文化程度、身体健康、认真负责、联系群众的人担任；医生包括眼科、耳鼻喉科、骨科（或外科）、精神科和儿童保健等专业，由省、地（市）或县卫生部门选调具有五年左右临床经验、能胜任这项调查的医师。

为提高调查质量，对调查员、医生、统计员进行专门训练。全国残疾人抽样调查办公室负责培训各省的调查骨干，使之成为省级培训班的教员；各省残疾人抽样调查办公室负责培训全省的调查员、医生、统计员。培训班采取讲课和实习相结合的方法进行，调查人员经一致性测验合格后编入调查队。培训班的教材，由全国残疾人抽样调查办公室统一编印。

各省在正式调查前进行一次试点。可以由省级办公室干部、参加过全国培训班的调查人员和各调查队队长组成调查队，到一个县试点；也可以在省级培训班后期用几天时间，就地入户调查试点。试点调查不能代替正式调查。

调查人员必须稳定，在调查未结束前不要轻易变动。

六、样本的设计和抽取

以省、自治区、直辖市为分总体，采用分层、等距、整群抽样的方法。

（一）分层。按照分层原则和当地的实际情况综合考虑，对省内各县、市、市辖区进行合理分层；对县、乡两级进行隐含分层。分层后编制抽样框。

（二）三级抽样。1、省（自治区、直辖市）抽取县、市、市辖区；2、被抽中县（市、市辖区）抽取乡、镇、街道；3、被抽中乡（镇、街道）抽取村民（居民）委员会。

上海市分两级抽样：由市直接抽取街道（乡、镇）；被抽中的街道再抽取居民（村民）委员会。

整群的规模为500人左右，约120户。

（三）集中审核。第一级的样本单位，由全国残疾人抽样调查办公室与各省共同抽取；第二、三级抽样工作，集中在省进行。省、自治区、直辖市的样本设计方案，由全国残疾人抽样调查领导小组审定。

七、调查、登记和复查

加强调查队的责任制。要求：坚持入户调查，提高见面率；认真询问、检查、诊断，提高准确度；定时查、改差错，最大限度地控制调查误差。

（一）调查分两步衔接进行：

住户调查。调查员根据《住户调查底册》分工入户，见面率要达90%以上。按照住户登记的项目，逐人、逐项询问，填写《住户调查表》；按照筛查的项目，逐人，逐项询问、检查，筛出可疑残疾人，填写《残疾人筛查表》。动员被调查人如实申报和答问，做到不重复、不遗漏。

残疾人调查。各科医生根据调查员筛出的可疑残疾人名单对号入户，分科逐人检查、诊断，填写《残疾诊断记录表》；对确诊的残疾人，根据有关《残疾标准》划分残疾等级，填写《残疾人调查表》。

（二）按规定复查，改正差错：

调查员和医生每天对当日填写的调查表格进行自查。

当一个整群调查完毕时，调查员分小组对《住户调查表》进行交叉互查和逻辑检查；各科医生对照各自填写的《残疾诊断记录表》、《残疾人调查表》，进行综合分析检查，对有疑问的，重新入户核查。

在一个调查点调查、登记完毕后，调查队长邀请当地干部和熟悉情况的群众对调查主要情况进行议查。

八、调查质量的抽样检查和评价

在全省调查完毕时，省级残疾人抽样调查办公室按照全国统一规定的质量抽查方法和要求，重新组队入户调查，并进行前后对比，对调查质量作出评价，报送全国残疾人抽样调查办公室。抽查人员不得在原来调查的地区参加质量抽查工作。

全国残疾人抽样调查办公室组织若干质量检查组，抽查各省的调查质量。根据各省调查质量评价报告和检查组的汇报，对全国残疾人抽样调查的质量作出评价。

九、调查资料的汇总和工作总结

（一）手工汇总。按照《手工汇总表》对实际调查的总人数和各类残疾人的人数、性别、分级等主要数据先行手工汇总：1、县级残疾人抽样调查办公室和调查队在当地调查完毕后即行汇总，于1987年5月15日前报送省级残疾人抽样调查办公室；2、省级残疾人抽样调查办公室及时汇总各抽中县上报的数字，于同年6月底前报送全国残疾人抽样调查办公室；3、全国残疾人抽样调查领导小组于同年9月底前向国务院报送全国残疾人抽样调查的手工汇总数字。

（二）编码。各省、自治区、直辖市在完成手工汇总后，抽调编码员，按照全国统一规定的编码规则，于1987年7月底前对《住户调查表》、《残疾人调查表》进行逐户、逐人、逐项编码，对编码工作要进行全面复核和质量抽查。

（三）数据编辑。数据编辑程序由国家计委计算中心统一编制，并发送各省、自治区、直辖市计委计算中心（站）。各省按照统一的编辑规则，使用统一的编辑程序，进行数据编辑。

（四）机器汇总。经过编码的调查表，由各省、自治区、直辖市计委计算中心（站）录入，并于1987年9月15日前将编辑好的数据磁带送到国家计委计算中心。全国残疾人抽样调查资料的机器汇总于同年年底前完成。

（五）工作总结。各省、自治区、直辖市残疾人抽样调查领导小组于1987年年底前报送本省的调查工作总结。全国残疾人抽样调查领导小组于1988年3月底前向国务院报送全国残疾人抽样调查工作总结。

十、调查的后续工作

调查的后续工作是包括调查期间和调查后为残疾人解决实际问题的工作。各级残疾人抽样调查领导小组应有专门组织或专人负责经办。

在调查期间，医生对确诊的残疾人进行医疗、康复指导；对急待解决的问题，提请当地有关部门及时处理；调查队在一个县调查完毕时，对残疾人中需急办的事开出清单，报当地残疾人抽样调查领导小组。

县级残疾人抽样调查领导小组对本县定性的残疾人进行综合分析，提出后续工作的方案，报当地人民政府批交有关部门研究处理，并抄送省级和全国残疾人抽样调查领导小组。

十一、调查资料的分析和保管

全国残疾人抽样调查所取得的数据和资料，是国家的宝贵财富，要充分利用和妥善保管。

全国残疾人抽样调查的主要数据，由全国残疾人抽样调查领导小组报请国务院批准后发布《公报》；在此之前，全国和地方残疾人抽样调查的统计数字概不对外。

全国和省、自治区、直辖市残疾人抽样调查领导小组组织专人分析研究调查资料，就制订残疾人的法规、方针、政策和工作规划提出专题建议，供有关部门研究处理。

全国残疾人抽样调查的统计数据和主要资料，先由全国残疾人抽样调查办公室统一管理。全国残疾人抽样调查的原始资料，暂由省级残疾人抽样调查办公室集中管理。对建立残疾人调查资料库问题，另行请示国务院决定。

十二、宣 传 工 作

依靠各级党委宣传部门，利用各种宣传工具，在调查的各个阶段开展残疾人抽样调查的社会宣传工作。

1987年4月份在各省、自治区、直辖市全面开展残疾人抽样调查期间，由中央和地方宣传单位开展“残疾人调查的集中宣传”活动。

十三、调 查 经 费

全国残疾人抽样调查的经费，主要由财政部拨发专款，归各省、自治区、直辖市残疾人抽样调查领导小组包干使用，不足部分，由地方财政解决。

调查经费由财政部和全国残疾人抽样调查领导小组联合核拨。

各级残疾人抽样调查领导小组要严格按照专款专用的原则，加强调查经费的管理使用，在保证完成调查任务的前提下，精打细算，更好地发挥经费的使用效果。各级财政部门对此项经费的使用进行监督。

十四、实施本方案的文件

为使此项调查顺利进行，并达到高度一致性，全国残疾人抽样调查领导小组统一制订各种文件、表格和工作细则。

（一）残疾标准：《视力残疾标准》、《听力语言残疾标准》、《智力残疾标准》、《肢体残疾标准》和《精神病残疾标准》。

（二）调查、统计表格：《住户调查表》、《残疾人调查表》（主表）；《残疾人筛查表》、《残疾诊断记录表》（连接性用表）；过录、手工汇总和机器汇总等统计用表；调查各个环节的交接用表；以及《住户调查底册》。

（三）工作细则：《组建调查队和培训调查人员细则》、《调查、登记和复查工作细则》、《调查质量的抽样检查细则》、《手工汇总细则》、《数据录入和编辑工作细则》、《资料装订、包装、运送、管理细则》等。

（四）填表说明：《住户调查表》、《残疾人筛查表》和《残疾人调查表》等的填写说明。

附：（一）《住户调查表》；（二）《残疾人调查表》。

中国第二期深入的生育力调查方案

（1986年12月27日）

一、调 查 目 的

为深入了解中国生育力水平和发展趋势，分析研究妇女生育水平的变化及原因，并学习世界生育力调查的经验，提高我国在生育力和人口学其它方面的调查研究能力，为国家制定人口政策提供更为丰富的科学资料，经国务院批准，国家统计局于1985年4月在河北省、陕西省和上海市进行了第一期深入的生育力抽样调查。第二期深入的生育力调查于1987年4月在北京市、辽宁省、山东省、广东省、贵州省和甘肃省进行。

二、调 查 对 象

生育力调查的对象为50周岁以下的已婚妇女。凡被抽中户调查时在场的50周岁以下的已婚妇女，都应进行调查。包括：（一）调查时在场的在本户常住的50周岁以下的已婚妇女；（二）调查时在场的昨晚在本户居住的临时来客中的50周岁以下的已婚妇女；（三）在学校或企事业单位集体户中的本户人口，调查期间经通知可以返回本户参加调查的50周岁以下的已婚妇女。

三、调 查 内 容

生育力调查的内容包括向50周岁以下已婚妇女调查的个人调查表以及住户调查表、社区调查表三种调查表格。

（一）个人调查表。这是生育力调查的主调查表，内容包括被调查人本人和家庭的基本情况，本人婚姻史、生育史、怀孕史，本人对避孕方法的了解和应用，本人生育愿望以及丈夫基本情况等7个部份151个问题。

（二）住户调查表。通过对被抽中户住户人口的登记，选择属于调查对象的合格妇女；并了解住户经济状况，以便与生育水平进行相关分析。内容包括住户人口构成、未婚育龄妇女人数、住房情况、现代家用设备拥有情况和收入情况等17个问题。

（三）社区调查表。只对农村被抽中的基层社区单位——村民委员会进行调查，以便与生育水平进行相关分析。内容包括本社区生产、收入情况，以及公共交通、公用设施、教育、医疗和计划生育服务等情况，共23个问题。

四、调查标准时间

调查时间为1987年4月。对被抽中地区合格妇女的调查和住户调查，从1987年4月1日开始至4月底止，共一个月时间。向住户和妇女调查时，调查的那一天，就作为登记计算的标准时间。

五、样本数量和抽样方法

根据样本设计，北京市抽选50周岁以下的已婚妇女7 000人，其它五省分别抽选6 000人，代表本省、市的生育力水平。五省一市的抽样概率分别为：北京市3.6‰、辽宁省0.92‰、山东省0.44‰、广东省0.68‰、贵州省1.43‰和甘肃省1.64‰。

抽样方法采用分层、多阶段、概率比例和随机等距原则。五省一市分别根据本省情况，按地理标志或其它人口、社会、经济等特征综合考虑进行分层。层内各单位的排列，按城乡人口分布，出生率或少数民族人口所占比例等指标的高低列表，抽选初级样本单位。北京市和五省的“自我代表层”中，初级抽样单位为街道、乡和镇；其它各层中的初级抽样单位为县、（市、区）。

由于各层中的具体条件不同，为了尽可能的扩大样本分布，增加样本代表性，允许采用适应本层情况的抽样模式，最终抽样单位要按照最新住户列表进行抽取。但必须保证是一个自加权样本（见样本设计）。

为了保证抽样的科学性，五省一市的初级抽样单位由国家统计局人口统计司和五省一市统计局共同抽选，二级以下各阶段的样本抽选工作，由五省一市统计局负责抽选。并报国家统计局人口统计司备案。

六、调查员和调查指导员的选调、培训

生育力调查和调查表的填写工作，由调查员担负，调查指导员负责指导、检查，并请基层干部和群众积极分子担任陪调员，协助做好宣传和调查组织工作。调查员应全部由妇女担任，由五省一市统计局组织选调。选调标准是：具有初中或初中以上文化程度，有一定的社会调查经验，工作认真负责的已婚妇女，年龄不宜过大。指导员的选调标准与调查员基本相同，但应高于调查员的水平。国家统计局人口统计司负责对五省一市调查骨干和师资的培训工作。五省一市统计局直接负责对本省、市全部调查员和调查指导员的培训工作，实际培训时间不得少于15天，经测试合格后录用。

七、对调查材料的质量检查制度

为确保调查质量，减少调查误差，对生育力调查的原始资料，建立层层把关、短线反馈

的严格的质量检查制度。调查员对填写的每份调查表格，要当天认真进行复核，发现差错、疑问或漏填，必须回访查实，不得主观臆造，弄虚作假。指导员对调查员经过复核送交的调查表，也要全部进行检查，发现差错和疑问，退回调查员回访查实，县统计局对全部调查表，抽查10%；并派有经验的统计干部，对每个调查员填报的调查表，实地重新调查一二户进行对比。抽查中发现的差错，尤其是系统性误差，要全部核查纠正。调查工作完毕后，五省一市统计局要组织生育力调查质量检查组，对调查表进行质量抽查，质量优秀的调查员和调查指导员要给予奖励。

八、调查资料的编码和数据处理

生育力调查资料的编码，一般由调查员直接进行，对调查员的培训内容应包括编码课程。“职业”等难以编码的项目，由县、市统计局在调查人员中选择专人统一编码，并对编码质量进行全面检查。

五省一市生育力调查的全部资料，由省、市统计局用电子计算机进行数据录入和初步编辑，于7月15日前将数据磁带送到国家统计局电子计算中心。国家统计局电子计算中心于1987年8月底前完成初步报告数据汇总工作，国家报告的数据汇总工作于1988年2月底前完成。

九、调查结果的公布

生育力调查的初步报告于1987年9月完成，经国家统计局审批后于1987年10月公布。生育力调查的国家报告于1988年上半年完成，经国家统计局审批后公布。

十、加强对生育力调查工作的领导

生育力调查工作以统计部门为主，并主动取得计划生育、卫生、妇联、共青团、工会等有关部门和基层组织的大力协助。要反复向抽中地区的基层干部说明生育力调查的重要意义，取得他们的积极支持，做好群众的宣传教育工作，协助统计部门完成这项调查任务。

五省一市统计局和抽中地区的县、市统计局，要把生育力调查工作列入1987年工作的重要议事日程。要确定一位领导干部亲自分管此项工作。在调查工作开始前，请五省一市统计局的领导同志向省、市人民政府进行汇报，取得政府的支持；并请召开抽中县、市统计局长会议，对生育力调查工作进行检查和部署，调查期间，要亲自抓好调查质量工作。

国家统计局关于下达全国1%人口抽样调查方案的通知

（1987年2月2日）

各省、自治区、直辖市人口抽样调查领导小组、统计局：

遵照《国务院对今后全国人口普查工作安排意见的批复》中“1987年进行1%的人口抽样调查”的指示，现将1987年全国1%人口抽样调查方案随文下达，请认真组织实施。

1987年全国1%人口抽样调查方案

（1987年1月）

为了贯彻落实《国务院对今后人口普查工作安排意见的批复〔国函（1986）93号〕》，认真做好1987年全国1%人口抽样调查工作，特制定本调查方案。

一、调 查 目 的

为了查清1982年全国人口普查以来，我国人口增长、人口地区分布、人口文化素质和社会经济构成的变化情况，查清人口出生、死亡和人口迁移状况，为有计划地进行社会主义现代化建设，执行“七五”计划，统筹安排人民的物质和文化生活，制定并检查人口政策和规划提供可靠的人口资料，定于1987年进行全国1%人口抽样调查。

二、调 查 对 象

人口抽样调查的对象，是被抽中地区具有中华人民共和国国籍的人。

调查时，以户为单位进行登记，既调查家庭户，也调查集体户。

家庭户：指有家庭成员关系的人口，或者还有其他人口，居住并生活在一起的，作为一个家庭户；单身居住的，也作为一个家庭户。

集体户：没有家庭成员关系，单身居住在机关、团体、学校、工厂、矿山、工地、农场、公司、商店、医院、托儿所、敬老院、寺院、教堂等单位内集体宿舍的人口以及监狱、劳改和劳教场所的人口，视为集体户的人口。

这次调查，采取按常住人口登记的原则。家庭户和集体户应登记的人口包括：

（一）常住在本市、镇、县，并已在本市、镇、县登记了常住户口的人（包括外出不满半年的人）；

（二）已在本市、镇、县居住半年以上，常住户口在外市、镇、县的人；

（三）调查时住在本市、镇、县，由于各种原因，户口待定的人。

三、调查内容

这次调查有《1987年全国人口抽样调查表》和《死亡人口登记表》两种调查表格（见附表）。

全国人口抽样调查表包括26个调查项目。

（一）按人填报的项目，为17项：

（1）姓名
（2）与户主的关系
（3）性别
（4）年龄
（5）民族
（6）户口登记状况
（7）在本地居住时间
（8）最近一次从何地迁来
（9）迁移原因
（10）文化程度
（11）行业
（12）职业
（13）不在业人口状况
（14）婚姻状况
（15）初婚年龄
（16）生育和存活子女总数
（17）育龄妇女1986年1月1日至1987年6月30生育状况

（二）按户填报的项目，为9项：

（1）户别（家庭户或集体户）
（2）本户编号
（3）本户人数
（4）本户1986年1月1日至6月30日出生人数
（5）本户1986年7月1日至12月31日出生人数
（6）本户1987年1月1日至6月30日出生人数
（7）本户1986年1月1日至6月30日死亡人数
（8）本户1986年7月1日至12月31日死亡人数
（9）本户1987年1月1日至6月30日死亡人数

死亡人口登记表填报的项目，为9项：

（1）本户编号
（2）姓名
（3）性别
（4）民族
（5）出生时间
（6）死亡时间
（7）文化程度
（8）死亡时的婚姻状况
（9）死者生前从事的主要职业

四、调查的组织领导

这次调查，在国务院和省、自治区、直辖市人民政府领导下进行。

各省、自治区、直辖市和被抽中县、市，应在同级人民政府的领导下，组织各有关部门成立人口抽样调查领导小组，负责人口调查的组织领导。国家统计局，各省、自治区、直辖市统计局和被抽中县、市统计局，负责人口调查的组织实施工作。

五、抽 样 方 法

这次调查采取分层、三阶段、整群抽样的方法。

（一）分层

以地理、经济条件和人口规模作为分层的依据，如城市和农村；山区和平原；农业区和牧业区；城区和郊区；人口稠密和稀疏地区等，对全国县、市进行分层。

（二）三阶段

第一阶段，河北等26个省、自治区抽取县、市。北京等3个直辖市抽街道、镇、乡。

第一阶段抽样工作，在国家统计局统一组织下，由各省、自治区、直辖市统计局负责进行。

第二阶段，河北等26个省、自治区被抽中的县、市抽取街道、镇、乡。北京等3个直辖市被抽中的街道、镇、乡抽取居民委员会、村民委员会和集体户单位。

第三阶段，河北等26个省、自治区被抽中的街道、镇、乡抽取村民委员会、居民委员会和集体户单位。北京等3个直辖市被抽中的居民委员会、村民委员会抽取居民小组、村民小组和集体户。最终样本单位的整群规模，按概率比例计算的规模加以控制。

第二、三阶段抽样工作，在被抽中县、市（街道、镇、乡）协助下，由省、自治区、直辖市统计局负责进行。

各省、自治区、直辖市在完成第二、三阶段样本抽取工作后，立即进行各级被抽中样本单位地址代码的编制工作。这项工作要严格按照“全国人口抽样调查地址编码细则”进行，做到不重不漏。

六、调查员的选调、培训

人口抽样调查表的填写工作，由调查员担负，调查指导员负责指导、检查，并请基层干部和群众积极分子担任陪调员，协助做好宣传和调查的组织工作。调查员、调查指导员，由各被抽中的县、市人口抽样调查领导小组选调具有初中或初中以上文化程度、群众信任、作风正派、有一定的社会调查经验、工作认真负责、身体健康、能坚持工作的人员担任，经过短期培训并测试合格后，发给证件。这些人员在调查任务完成前，不得调作调查以外的工作。

调查员由县、市人口抽样调查领导小组从机关、企事业单位及社会上选调和招聘。调查指导员的选调标准除具备上述条件外，还要有一定的组织能力和群众工作经验。调查指导员要及早选调。

县、市统计局负责对本县、市的调查员和调查指导员的培训工作。培训时间一般不少于5天，经考试合格后聘用。

国家统计局负责对省级调查骨干的培训工作。各省、自治区、直辖市人口统计处负责对县、市调查骨干和师资的培训工作。

七、试　　点

各省、自治区、直辖市在正式调查以前都要进行一次试点。由省统计局人口处干部、参加过全国或省级培训的人员组成调查队，到一个县试点，也可以在省培训班后期，就地入户调查试点。试点的内容包括：调查登记、复查核实和编码。

八、调查登记和复查工作

1987年7月1日0时，为调查的标准时间。

调查登记工作，在1987年7月10日以前完成。为了确保调查质量，减少调查误差，对调查的原始资料，建立层层把关、短线反馈的严格的质量检查制度。调查员对填写的每份调查表，要当天认真进行复核，发现差错、疑问或漏填，要立即纠正。指导员对调查员经过复核送交的调查表，要全部进行检查发现差错和疑问应退回调查员重新调查核实。

调查登记的复查工作，在1987年7月15日以前完成。

调查登记工作和复查工作完成后，按照规定的抽样方法，对抽出的样本，重新进行调查，对调查登记的质量作出评价。质量抽查工作应在1987年8月底以前完成。

九、手 工 汇 总

人口抽样调查的几项主要数字，先进行手工汇总。被抽中县、市人口抽样调查领导小组为一级手工汇总单位，于1987年8月10日以前完成上报；省、自治区、直辖市人口抽样调查领导小组为二级手工汇总单位，于1987年8月31日以前完成上报。

国家统计局于1987年9月15日以前，完成全国手工汇总工作并上报国务院，经国务院审批后发布公告。

十、调查资料的机器汇总

（一）编码。人口调查表经过复查无差错、疑问后，逐项进行编码。除民族、从何省迁来、行业、职业四项由编码员编码外，其余项目都由调查员经过培训后直接进行编码（编码细则另发）。编码员由县、市人口抽样调查领导小组在调查员中选择并经过培训后，在编码指导员的指导下，按照统一规定的各项代码标准，对人口调查表填写的民族、从何省迁来、行业、职业四项逐户、逐人、逐项进行编码，于1987年8月20日以前完成。编码工作，应在县级或地区级进行，经过省、自治区、直辖市人口抽样调查领导小组按照规定的方法进行验收合格后，才能交付录入。

（二）数据处理。由国家统计局计算中心和各省、自治区、直辖市统计局计算站负责全部调查资料的录入、编辑、制表等工作。

1987年10月30日以前，各省、自治区、直辖市完成数据录入工作。

各省、自治区、直辖市被抽中县、市资料的软盘于1987年11月15日以前报送国家统计局

以1987年7月1日0时为标准时间

申报人须按本表要求逐项如实回答

调查员须按申报人的回答逐项填写

表　号：国统基102表

制表机关：国家统计局

文　号：统人口字（1987）44号

1987年全国人口抽样调查表

本户住址＿＿＿＿＿＿＿＿　集体户名称＿＿＿＿＿＿＿＿

（一）户别	（二）本户编号	（三）本户人数	本户出生人数			本户死亡人数		
			（四）86年上半年出生	（五）86年下半年出生	（六）87年上半年出生	（七）86年上半年死亡	（八）86年下半年死亡	（九）87年上半年死亡
1.家庭户 2.集体户		合计＿＿ 男＿＿女＿＿	合计＿＿男＿＿女＿＿	合计＿＿男＿＿女＿＿	合计＿＿男＿＿女＿＿	合计＿＿男＿＿女＿＿	合计＿＿男＿＿女＿＿	合计＿＿男＿＿女＿＿

备　注：

每个人都填报							迁入本地不满五年的人填报		六岁及六岁以上的人填报	十五岁及十五岁以上的人填报					十五岁至六十四岁的妇女填报	十五岁至五十岁的妇女填报
一、姓名	二、与户主的关系	三、性别	四、年龄	五、民族	六、户口登记状况	七、在本地居住时间	八、最近一次从何地迁来	九、迁移原因	十、文化程度	十一、行业	十二、职业	十三、不在业人口状况	十四、婚姻状况	十五、初婚年龄	十六、生育和存活子女总数	十七、86年1月1日至87年6月30日生育状况
3	1.户主 2.配偶 3.子女 4.孙子女 5.父母 6.祖父母 7.其他亲属 8.非亲属	1.男 2.女	（＿＿周岁） 出生 ＿＿年＿＿月	族	1.户口在本地 2.户口在外地 3.户口待定	1.一年以内 2.一至二年 3.二至三年 4.三至四年 5.四至五年 6.五年以上	从＿＿省迁来（包括本省） 原住： 1.市 2.镇 3.县	1.工作调动 2.分配工作 3.务工经商 4.学习培训 5.投亲靠友 6.退休退职 7.随迁家属 8.婚姻迁入 9.其他	1.大学毕业 2.大学肄业或在校 3.高中 4.初中 5.小学 6.不识字或识字很少	工作单位名称（个体劳动者可填所从事的业务）	做什么具体工作	1.在校学生 2.家务劳动 3.待升学 4.待国家统一分配 5.市镇待业 6.退休退职 7.其他	1.未婚 2.有配偶 3.丧偶 4.离婚	＿＿周岁	生过（活产） ＿＿个； 其中现在存活 ＿＿个	生育胎次 第＿＿胎 出生婴儿性别 1.男 2.女 生育时间 1.86年上半年 2.86年下半年 3.87年上半年
3	2.配偶 3.子女 4.孙子女 5.父母 6.祖父母 7.其他亲属 8.非亲属	1.男 2.女	（＿＿周岁） 出生 ＿＿年＿＿月	族	1.户口在本地 2.户口在外地 3.户口待定	1.一年以内 2.一至二年 3.二至三年 4.三至四年 5.四至五年 6.五年以上	从＿＿省迁来（包括本省） 原住： 1.市 2.镇 3.县	1.工作调动 2.分配工作 3.务工经商 4.学习培训 5.投亲靠友 6.退休退职 7.随迁家属 8.婚姻迁入 9.其他	1.大学毕业 2.大学肄业或在校 3.高中 4.初中 5.小学 6.不识字或识字很少	工作单位名称（个体劳动者可填所从事的业务）	做什么具体工作	1.在校学生 2.家务劳动 3.待升学 4.待国家统一分配 5.市镇待业 6.退休退职 7.其他	1.未婚 2.有配偶 3.丧偶 4.离婚	＿＿周岁	生过（活产） ＿＿个； 其中现在存活 ＿＿个	生育胎次 第＿＿胎 出生婴儿性别 1.男 2.女 生育时间 1.86年上半年 2.86年下半年 3.87年上半年
3	2.配偶 3.子女 4.孙子女 5.父母 6.祖父母 7.其他亲属 8.非亲属	1.男 2.女	（＿＿周岁） 出生 ＿＿年＿＿月	族	1.户口在本地 2.户口在外地 3.户口待定	1.一年以内 2.一至二年 3.二至三年 4.三至四年 5.四至五年 6.五年以上	从＿＿省迁来（包括本省） 原住： 1.市 2.镇 3.县	1.工作调动 2.分配工作 3.务工经商 4.学习培训 5.投亲靠友 6.退休退职 7.随迁家属 8.婚姻迁入 9.其他	1.大学毕业 2.大学肄业或在校 3.高中 4.初中 5.小学 6.不识字或识字很少	工作单位名称（个体劳动者可填所从事的业务）	做什么具体工作	1.在校学生 2.家务劳动 3.待升学 4.待国家统一分配 5.市镇待业 6.退休退职 7.其他	1.未婚 2.有配偶 3.丧偶 4.离婚	＿＿周岁	生过（活产） ＿＿个； 其中现在存活 ＿＿个	生育胎次 第＿＿胎 出生婴儿性别 1.男 2.女 生育时间 1.86年上半年 2.86年下半年 3.87年上半年
3	2.配偶 3.子女 4.孙子女 5.父母 6.祖父母 7.其他亲属 8.非亲属	1.男 2.女	（＿＿周岁） 出生 ＿＿年＿＿月	族	1.户口在本地 2.户口在外地 3.户口待定	1.一年以内 2.一至二年 3.二至三年 4.三至四年 5.四至五年 6.五年以上	从＿＿省迁来（包括本省） 原住： 1.市 2.镇 3.县	1.工作调动 2.分配工作 3.务工经商 4.学习培训 5.投亲靠友 6.退休退职 7.随迁家属 8.婚姻迁入 9.其他	1.大学毕业 2.大学肄业或在校 3.高中 4.初中 5.小学 6.不识字或识字很少	工作单位名称（个体劳动者可填所从事的业务）	做什么具体工作	1.在校学生 2.家务劳动 3.待升学 4.待国家统一分配 5.市镇待业 6.退休退职 7.其他	1.未婚 2.有配偶 3.丧偶 4.离婚	＿＿周岁	生过（活产） ＿＿个； 其中现在存活 ＿＿个	生育胎次 第＿＿胎 出生婴儿性别 1.男 2.女 生育时间 1.86年上半年 2.86年下半年 3.87年上半年
3	2.配偶 3.子女 4.孙子女 5.父母 6.祖父母 7.其他亲属 8.非亲属	1.男 2.女	（＿＿周岁） 出生 ＿＿年＿＿月	族	1.户口在本地 2.户口在外地 3.户口待定	1.一年以内 2.一至二年 3.二至三年 4.三至四年 5.四至五年 6.五年以上	从＿＿省迁来（包括本省） 原住： 1.市 2.镇 3.县	1.工作调动 2.分配工作 3.务工经商 4.学习培训 5.投亲靠友 6.退休退职 7.随迁家属 8.婚姻迁入 9.其他	1.大学毕业 2.大学肄业或在校 3.高中 4.初中 5.小学 6.不识字或识字很少	工作单位名称（个体劳动者可填所从事的业务）	做什么具体工作	1.在校学生 2.家务劳动 3.待升学 4.待国家统一分配 5.市镇待业 6.退休退职 7.其他	1.未婚 2.有配偶 3.丧偶 4.离婚	＿＿周岁	生过（活产） ＿＿个； 其中现在存活 ＿＿个	生育胎次 第＿＿胎 出生婴儿性别 1.男 2.女 生育时间 1.86年上半年 2.86年下半年 3.87年上半年

申报人＿＿＿＿　调查员＿＿＿＿　填报日期＿＿月＿＿日　户主姓名（超过五人的户从第二页起注明）＿＿＿＿　本户共＿＿页，第＿＿页　本册第＿＿页

全国人口抽样调查附表

只限有死亡人口的户登记

死亡人口登记表

（1986年1月1日——1987年6月30日）

表　　号：国　统　基　103　表

制表机关：国　家　统　计　局

文　　号：统人口字（1987）44号

一、 本户编号	二、 姓名	三、 性别	四、 民族	五、 出生时间	六、 死亡时间	6岁及6岁以上的人填报 七、文化程度	15岁及15岁以上的人填报 八、死亡时的婚姻状况	15岁及15岁以上的人填报 九、死者生前从事的主要职业
4□□□□□	□□	1.男 2.女 □	族 □□	出生 ____年____月 □□□ □□	死亡时 （____周岁） ____年 ____月 □ □□	1.大学毕业 2.大学肄业或在校 3.高中 4.初中 5.小学 6.不识字或识字很少 □	1.未婚 2.有配偶 3.丧偶 4.离婚 □	□□□
4□□□□□	□□	1.男 2.女 □	族 □□	出生 ____年____月 □□□ □□	死亡时 （____周岁） ____年 ____月 □ □□	1.大学毕业 2.大学肄业或在校 3.高中 4.初中 5.小学 6.不识字或识字很少 □	1.未婚 2.有配偶 3.丧偶 4.离婚 □	□□□
4□□□□□	□□	1.男 2.女 □	族 □□	出生 ____年____月 □□□ □□	死亡时 （____周岁） ____年 ____月 □ □□	1.大学毕业 2.大学肄业或在校 3.高中 4.初中 5.小学 6.不识字或识字很少 □	1.未婚 2.有配偶 3.丧偶 4.离婚 □	□□□
4□□□□□	□□	1.男 2.女 □	族 □□	出生 ____年____月 □□□ □□	死亡时 （____周岁） ____年 ____月 □ □□	1.大学毕业 2.大学肄业或在校 3.高中 4.初中 5.小学 6.不识字或识字很少 □	1.未婚 2.有配偶 3.丧偶 4.离婚 □	□□□
4□□□□□	□□	1.男 2.女 □	族 □□	出生 ____年____月 □□□ □□	死亡时 （____周岁） ____年 ____月 □ □□	1.大学毕业 2.大学肄业或在校 3.高中 4.初中 5.小学 6.不识字或识字很少 □	1.未婚 2.有配偶 3.丧偶 4.离婚 □	□□□

调查员________调查指导员________填报日期____月____日　本村民委员会/居民委员会共____页，第____页

计算中心。全国于1988年1月底以前完成数据处理。

（三）数据公布和全部资料编印。全国人口抽样调查机器汇总资料的主要数据，经国家统计局审批后于1988年4月公布，全部资料于1988年5月底以前审核编印。各省、自治区、直辖市的主要数据，待国家公布以后再行公布。全部资料的编印出版发行，由各地根据实际情况确定。

十一、调查经费

调查所需经费，由中央财政和地方财政共同解决，以地方财政为主。属于中央财政解决的，由国家统计局根据调查任务的实际需要，本着节约国家财政开支的原则，编造预算，向财政部提出申请。属于地方财政解决的，请各省、自治区、直辖市统计局根据调查任务抓紧编制预算，向同级财政部门提出申请解决，安排拨款。

十二、调查结果分析和全部工作总结

1988年5月底以前，国家统计局对调查结果作出评价，写出初步分析报告和人口抽样调查工作小结，并将对调查结果的评价和初步分析报告公开发表。

附：1987年全国人口抽样调查表

关于1987年全国1%人口抽样调查表的填写说明

一、调查对象

《1987年全国1%人口抽样调查方案》第二条规定："人口抽样调查的对象，是被抽中地区具有中华人民共和国国籍的人"。还规定："这次调查，采取按常住人口登记的原则。"家庭户和集体户应登记的人口是：

（一）常住本市、镇、县，并已在本市、镇、县登记了常住户口的人（包括外出不满半年的人）；

（二）居住在本市、镇、县，常住户口在外地，已离开户口登记地半年以上的人；

（三）调查时住在本市、镇、县，由于各种原因，户口待定(没有登记常住户口)的人。

上述市，是指被抽中市的市区和郊区，但不包括市辖县。镇，是指被抽中的由省人民政府正式批准设置镇建制的地方。县，指被抽中县所管辖的全部乡村，但不包括所辖镇。

调查时，以居委会（直辖市的居民小组）或村委会（直辖市的村民小组）为最终样本群体，同时也做为一个调查区。凡是调查区内的常住人口，都要进行调查。请注意，凡在本地居住的从事流动性作业或流动性服务业的人口，只要调查时已离开户口登记地半年以上，就应进行调查登记，不能遗漏。同时，凡在调查时，已离开本地连续半年以上，户口在本地的人，就不应进行调查登记，以免重复。

全国人口抽样调查方案还规定，调查时以户为单位进行登记，既调查家庭户，也调查集体户。家庭户，指有家庭成员关系的人口（或者还有其他人口）居住并生活在一起的，作为一个家庭户；单身居住的也作为一个家庭户。集体户，指户内没有家庭成员关系、单身居住在某个单位集体宿舍的人口，视为一个集体户。有些人，户口在集体户，实际上大部分时间在家吃住，应该在家庭户调查登记，不应在集体户登记，但应注意不要重复或遗漏。从事各种流动性工作、集体居住的人口，也做为一个集体户登记。

被抽中的劳改和劳教单位的人口，应在劳改或劳教场所按有常住户口的人登记。

二、调查表的填写方法

（一）调查员在开始登记前，应先编制本调查区《抽样调查底册》，并向户籍部门和基层组织（居民委员会、村民委员会等）了解各户人口的情况，供调查登记时掌握参考。在调查登记过程中，一定要注意被抽中的样本单位内是否有被遗漏或重复的户。

（二）填写调查表时，调查员一定要按户按人逐项询问，按照申报人的回答据实填写，不得照抄《户口薄》或《抽样调查底册》。如申报人的回答与调查员掌握的情况有出入，调查员应采取适当的方法，加以核对，直至核对清楚，再行填写。

（三）调查表填写的顺序。先填写人的项目，再填写户的项目。按人登记时，应先填户主，后填配偶、子女、父母、祖父母和其他亲属、非亲属。每张登记表可填五人，超过五人的户，可按人数需要，增添登记表，增添的登记表只填人的项目，不填户的项目，自第二页起，在右下角注明户主姓名和本户页数。调查表填写完毕后要将各页左上角粘在一起，以免散失。

（四）调查表采用两种方法填写。

1.有标准答案的项目据情圈填；

2.没有标准答案的项目用文字或数字填写。

印有标准答案的项目有：按户填报项目中的“户别”；按人填报项目中的“与户主的关系”、“性别”、“户口登记状况”、“在本地居住时间”，迁入本地不满五年的人填报的“迁移原因”，6岁及6岁以上人口填报的“文化程度”，15岁及15岁以上人口填报的“不在业人口状况”、“婚姻状况”，15岁至50岁妇女填报的“1986年1月1日至1987年6月30日生育状况”。按人填报项目中的第八项“原住市、镇、县”，也用圈填方法。

没有标准答案的项目有：按户填报项目中的“本户编号”、“本户人数”、“本户1986年上半年出生人数”、“本户1986年下半年出生人数”、“本户1987年上半年出生人数”、“本户1986年上半年死亡人数”、“本户1986年下半年死亡人数”、“本户1987年上半年死亡人数”；按人填报项目中的“姓名”、“年龄”、“民族”、“行业”、“职业”、“初婚年龄”、“生育及存活子女总数”、“从何省迁来(包括本省)”、“1986年1月1日至1987年6月30日生育状况”等均用文字或数字填写。

“姓名”和“民族”两项填写的文字竖写，其余项目填写的文字或数字一律横写。

每个项目下边的小方格是用于编码的，其中“民族”、“从何省（包括本省）迁来”、“行业”、“职业”四个项目，由经过专门培训的编码员进行编码，其余项目则由调查员在经过复查后进行编码。

在调查表上无论圈填或用文字、数字填写，以及编码都必须使用钢笔，字迹要端正清楚，不得潦草模糊，不得用同音异体字。简化字必须按照国家公布的《简化字总表》书写。阿拉伯数字必须按“1 2 3 4 5 6 7 8 9 0”的正体书写，不得用自由体书写。

（五）调查表填写差错的更正方法。对每一个项目，应先询问清楚，再填写。如果文字或数字书写错误，横行书写的，应用双横线划去，在划线的上方另填；竖行书写的，应用双竖线划去，在划线的右侧另填。例如：本户有4人，错写为5人，应改正如下： ~~5~~ 4。又如：姓名项把张三错写成李四，应改正如下： ~~李四~~ 张三。圈填错误的，应将错圈序码连同该项文字答案用双横线划去，另外据情圈填。例如：性别项中将女错圈为男，应改正如下：~~①男~~ ②女。

（六）调查员每登记完一户，要向申报人宣读，进行核对。经核对无误后，由申报人和调查员在表的左下方签名或盖章。

（七）1986年1月1日至1987年6月30日的死亡人口还要登记《死亡人口登记表》。登记后，要与事先编制的“抽样调查底册”相核对，如有不符，先从有关方面进行了解，必要时可以再次入户询问。要特别注意新生儿死亡和全户人口变动（如孤寡户老人死亡等），避免遗漏。

（八）有的被调查人为了保守个人和家庭情况的秘密，要求个别进行调查登记时，应妥善安排，另行个别登记。有的人对调查的某些项目的情况不愿让其他人知道，如：未履行结婚手续而同居的；未婚生育的；从小领养的孩子等，调查员应负责为申报人保密。

三、调查表各个项目的填写说明

按人登记项目的填写：

（一）姓名——按申报人申报的姓名填写。编码时，户主为301，以后按本户人口登记顺序编码。集体户在98人以内的，可连续填写20张表作为一户；超过98人的，为便于编码，应分成若干小集体户进行登记。

（二）与户主的关系——户内第一人圈①户主。其余人口，按他（她）与户主的关系圈填。申报人不是户主的，注意不要将与户主的关系误圈为与申报人的关系。

标准答案中所列的“子女”，包括媳婿。“孙子女”，包括孙媳婿和外孙子女、外孙媳婿；重孙子女，重孙媳婿、重外孙子女、重外孙媳婿也圈填此项。“父母”，包括公婆和岳父母。“祖父母”，包括外祖父母、曾祖父母、外曾祖父母也圈填此项。兄弟姐妹、叔伯姑舅、表兄弟姐妹等圈填其他亲属，保姆、同事、同学、房客等圈填非亲属。集体户第一人圈填户主，其余人口一律圈填非亲属。

（三）性别——按男或女据情圈填。

（四）年龄——填周岁，从出生年月日算起，满几周岁就填几周岁，多出的月数不算。不满一周岁的填“0”岁。如果本户有“百岁”老人，例如填报时某位老人的年龄为104岁，必须在备注栏注明该老人确系百岁老人。“出生年月按公历填写，只知道虚岁、属相、干支的，按《周岁年龄对照表》换算成公历。按照一般的规律，农历的月份与公历的月份相差一个月左右，换算时农历的月份加1即可做为公历的月份，但要注意农历的12月应当是公历第二年的1月。

（五）民族——按《各民族名称一览表》据情填写。本人是什么民族，就填什么民族。

表中没有列入的民族，当地叫什么名称就填什么名称。填写民族时，不要写简称，要填全称。如维吾尔族，不要简填为维族。父母不是同一民族，所生子女的民族，可选填父母一方的民族。不满十八岁的由父母商定，满十八岁的由本人决定。外国人加入中国国籍，本人民族和我国某一民族相同的，就填某一民族；没有相同民族的，按外国人加入中国籍简填“入籍”。

（六）户口登记状况——据情圈填三个标准答案，户口在本地，指在本市、镇、县登记了常住户口；户口在外地，指在本市、镇、县以外登记有常住户口。这里所指的市、镇、县，其口径与本说明第一部分相同。户口待定指在任何地方都没有登记常住户口。

（七）在本地居住时间——指在本市、镇、县连续居住的时间。外地迁入的人从迁至本地时间算起，不应从落户口之日算起。曾经由本市、镇、县迁出，又由外市、镇、县迁入的人，按最近一次迁移计算时间。常住本地，其间临时外出不满半年的，外出时间不予扣除。

以上七项每个人都填报。

（八）最近一次从何地迁来——这一项分为两个问题：第一个问题用文字填写从何省迁来。从本省、自治区、直辖市内其它市、镇、县迁来的，一律填本省。从海外回国定居的，可据情填写台湾、香港、澳门或外国。第二个问题用圈填的方法回答原居住地系市、镇或县。属于哪一类地区就圈填那一个标准答案。这里的“县”，是指不包括镇的乡村。

（九）迁移原因——指被调查人因何种原因迁来本市、镇、县。共有9种标准答案：1.工作调动。系指因工作调动而迁来本市、镇、县居住的人。复员、转业军人由部队迁来本地居住的也圈填①工作调动。2.分配工作。指各类学校的毕业生，经国家统一分配，来本市、镇、县居住的。3.务工经商。指来本市、镇、县进行各种劳务活动或进行商业贸易活动的人。4.学习培训。指因为考入本地各种学校或参加本地各单位举办的各种学习班、培训班，而在本市、镇、县居住的人。5.投亲靠友。为了投靠亲属、朋友，来本地居住的人。6.退休退职。指退休、离休、退职的干部、职工，离开工作岗位后来本市、镇、县居住的人。7.随迁家属。指随同干部、职工迁移的人。8.婚姻迁入。指因为结婚迁到对方所在的市、镇、县居住的人。9.其它，指除了上述原因以外，迁来本市、镇、县居住的人。圈填迁移原因项目应注意：凡有两种以上迁移原因的，只能圈填一种主要的原因，不得圈填两个或多个原因。

第八、九两项只限于迁入本地不满五年的人填报。本地指本市、镇、县。这里的“县”，系指不包含镇的乡村。年龄不满五周岁，但属于本地出生、不是从外地迁入的婴幼儿不填这两个项目。

（十）文化程度——6岁及6岁以上的人口填报。按本人最高学历或现有的文化水平所相当的学历圈填。“大学毕业”指具有教育部所承认的大学毕业文凭的人，研究生也圈填“大学毕业”。正在大学学习或曾在大学学习而未毕业的人圈填“大学肄业或在校”。在广播电视大学、函授大学等只学单科的，不作为大学圈填。高中以下文化程度不分毕业、肄业或在校。12周岁及12周岁以上没有上过学的人，识字不足1 500个，不能阅读通俗书报、不能写便条，没有达到扫盲标准的，圈填“不识字或识字很少”。识字1 500个以上，能阅读通俗书报，能写便条，达到扫盲标准的圈填小学。6周岁至11周岁没有上过学的人，也圈填“不识字或识字很少”。但在汇总时，不作为“不识字或识字很少”（文盲、半文盲）统计。

第十一、十二两项、凡15周岁和15周岁以上的在业人口，都要填报。

在业人口，是指从事社会劳动并取得劳动报酬或经营收入的人口。我国的就业方针是：

“在国家统筹规划和指导下，实行劳动部门介绍就业、自愿组织起来就业和自谋职业相结合。”因此，通过这三种方式就业的，不论在全民所有制、集体所有制单位工作或从事个体劳动，不论有固定性职业或临时性职业，都是在业人口。具体指：

1.在调查标准时间有固定性职业的人口。包括在工作岗位上工作或劳动的，也包括由于病伤、休假、临时休养、临时脱产学习，或由于天气、技术故障、季节性停产、企业调整等原因而暂时未能工作或劳动的人口，但不包括脱产进入大专院校、广播电视大学（全科）学习的人口。退休职工在调查标准时间前一个月仍参加社会劳动并领取工资补差的，应视为在业人口。离休干部视为不在业人口。

2.没有固定性职业，在1987年6月30日有临时性工作，并在六月份内从事社会劳动累计在16天及16天以上的人口，属于在业人口。这些人登记职业时，可冠以“临时”二字。

（十一）行业——填在业人口所在工作单位的具体名称（个体劳动者填写自己所经营的业务）。全民所有制单位和集体所有制单位按独立核算单位填写。联合性企业或大型厂矿（如公司、总厂等），要将二级单位的名称（如厂、分厂等）填写清楚。例如：某钢铁公司×××炼铁厂，某农工商联合企业某禽蛋门市部。农民不要笼统地填“农业”，而应根据自己所在的劳动组织的性质或本人承包的具体业务填写。个体劳动者的行业，有招牌的，可按招牌名称填报，如“王记茶馆”等。没有招牌的，应按所从事的业务填报，如“个体茶摊”、“个体卖蔬菜”等。

基层单位和个体从业人员，从事一业为主并兼营他业的，按其所从事的花费劳动时间最多的行业填报。

（十二）职业——填本人所做的具体工作。例如：工人，可填“细纱挡车工”、“钳工”、“排字工”、“汽车司机”等。农民可填“粮农”、“养猪”、“养鸡”等。商业、服务人员，可填“售货员”、“厨师”、“售票员”等。机关工作人员可填从事的具体业务，如“会计”、“打字员”等，不要笼统地填“工人”、“农民”、或“干部”。国家机关及所属机构负责人和党团组织负责人可直接填写职务。企、事业单位及其工作机构负责人不能只简单地填职务，应将其单位的级别写在前面，如：“县团级单位厂长”。

凡从事一种以上职业的在业人口，应填报其工作时间最长的那项工作。如不能确定从业时间长短者，以经济收入较多的为其职业。在同一工作场所，从事一种以上职业的人员，按其技术较高的工作为其职业。具体工作应按当前实际从事的工作填报。例如，生产工人长期脱产搞管理工作，应登记为“车间统计员”、“某科办事员”等。因病、伤、休假、脱产学习、企业调整等暂时未能工作的，应按原来从事的工种填报。学徒工应按所学习和从事的工种填报；尚未确定工种的，可填“工种未定”。

（十三）不在业人口状况——15周岁和15周岁以上的不在业人口据情圈填。

在校学习的学生，圈填“在校学生”。

主要从事家务劳动的人口，圈填“家务劳动”。

目前没有工作，也没有寻找工作，正在参加补习班或自修待升学的青年，圈填“待升学”。

由国家统一分配工作的大专、中专、技校毕业生以及市、镇复员退伍军人，正在等待分配的，圈填“待国家统一分配”。

在劳动年龄内、有劳动能力、要求就业而尚未就业的市镇人口，圈填“市镇待业”。

“待升学”与“市镇待业”的区别主要在于本人的意愿，可按申报人的申报填写。农村人口不圈填此项。

已经退休、离休、退职的干部、职工和靠领退休金生活的农民，圈填“退休退职”，不要填离休退休前的行业和职业。离、退休后参加家务劳动的，仍圈填“退休退职”，不圈填“家务劳动”。在调查标准时间前一个月参加社会劳动、并领取工资补差的退休职工，按在业人口填写第十一、十二项内容，不圈填“退休退职”。

不属于上述情况的不在业人口，可圈填“其他”。

（十四）婚姻状况——15周岁和15周岁以上的人据情圈填。调查标准时间前，未结过婚的，圈填“未婚”。调查标准时间有配偶的，包括丧偶（或离婚）后再婚的人，圈填“有配偶”。夫妻一方丧亡，调查标准时间未再结婚的，圈填“丧偶”。已经离婚，调查标准时间未再结婚的，圈填“离婚”。

婚姻状况的圈填，应当反映实际情况，而不以是否合法来进行登记。

（十五）初婚年龄——凡15周岁及15周岁以上人口中，已圈填了第十四项内容中第2至第4（有配偶、丧偶、离婚）三个标准答案的人，都应填写此项。填写时应填写本人第一次结婚的周岁年龄。编码时，按初婚的周岁年龄编码。

（十六）生育和存活子女总数——15周岁到64周岁的妇女填报。这项内容，包括两个问题：1.这位妇女共生过几个子女，即活产婴儿总数（包括活产后不久即死亡的婴儿）；2.这位妇女生过的子女中，到调查标准时间尚存活的有几个，包括住在一起的，也包括不住在一起的。生过（活产）子女总数和其中现在存活子女数，都是指亲生子女，不包括丈夫前妻留下的子女和过继、领养、抱养的子女。65岁以上的老年妇女不填报此项。

（十七）1986年1月1日至1987年6月30日生育状况——15周岁到50周岁的妇女都要圈填。“生育胎次”，是指这位妇女（包括未婚先育的妇女），在这一年半内生育的活产婴儿（包括活产后不久即死亡的婴儿），是她生育的第几胎。“生育时间”，按妇女生育的时间圈填三个标准答案中的一个。在1986年1月1日至1987年6月30日生育两次的和一胎生两个婴儿的，第一个婴儿在该妇女生育状况栏内填报；第二个婴儿填在该栏的下一行，但是，下一行填写时除这个项目外的所有按人填报的项目都填“0”。没有生育的，在生育胎次项补“0”。

活产婴儿是指：胎儿脱离母体时（不管怀孕月数），有过呼吸或其他生命现象的，如心跳、脐带搏动或随意肌收缩等。

按户登记项目的填写：

调查表上面的“本户住址”填写街巷和门牌号码，农村没有编门牌号码的可不填。

（一）户别——据情圈填家庭户或集体户。同一家庭户的人口，居住、生活在一起的，不论是否在机关、企业、事业单位工作，不论是农业人口还是非农业人口，不论有无正式户口，不论户口薄如何登记，调查时均应登记为一户，不得分为两户。圈填②集体户时，要将该集体户的名称写在“集体户名称”栏内。

（二）本户编号——按编制调查底册时填写的顺序编号编写。

（三）本户人数——指调查表中，本户填报的人口总数。编码时只按总数编码，分性别人口数不编码。

（四）本户1986年1月1日至1987年6月30日出生人数——填写本户三个半年内出生的活产婴儿的人数和性别。注意不要漏登在此期间生下后随即死亡的活产婴儿，特别要注意不要把在医院生下后随即死亡的活产婴儿遗漏。计算出生人数时，要严格区分1985年底和1986年初、1986年底和1987初、1987年6月底和7月初的界限，不要混淆。在这18个月中没有出生人口的户，应在本项三个合计中填“0”，不要漏填。这项数字还要和按人登记的1986年1月1日至1987年6月30日“生育状况”项目进行核对，防止重漏。

（五）本户1986年1月1日至1987年6月30日死亡人数——填写本户在三个半年中死亡人口的人数和性别。没有死亡人口的户，应在本项合计中填“0”，不要漏填。

四、死亡人口登记表的填写说明

本调查区应调查登记的户中，凡1986年1月1日至1987年6月30日有死亡人口的，还要填报死亡人口登记表。

死亡人口登记表共有9个项目。其中需要另加说明的是：

1.户编号：可直接在编码格中填写，第一格印有“4”是死亡人口的记录码，第二格填死者所在户的村（居）民小组地址码，从第三格起填写该户调查表中户记录的“本户编号”。如果是全户死亡，要在户编号栏内填写“全户死亡”字样，编码时编写“998”。

2.第五项死亡时间：登记死者死亡的年、月，不要按注销户口的时间填报。

3.第八项婚姻状况：死者死亡时有配偶的，不论是初婚还是再婚，一律圈②有配偶。

4.第九项本人生前从事的主要职业：填写死者生前从事的时间最长的职业。如果死者生前从未从事过任何职业，例如，一辈子做家务等，请填写“不在业”，编码时请编“999”。

5.所有的死亡人口都要登记第一至第六项的内容，第七项内容限登记6岁和6岁以上的死亡人口，第七、八项内容只限登记15岁和15岁以上的死亡人口。登记时请注意表中要求的年龄界限。

其余项目的定义范围和填写、编码方法均与《1987年全国人口抽样调查表》相同，不再另作说明。

填写《死亡人口登记表》时，对个别已死亡的孤寡户和其它无存活人口的户，注意不要遗漏。

五、关于调查表和死亡人口登记表中由调查员进行预编码的几点说明

（一）关于调查表的预编码：

1.人记录中第二、三、六、七、九、十、十三、十四及第八项中的原住市、镇、县；第十七项中的出生婴儿性别、生育时间；户记录中的户别都是圈填项，一律按圈填的号码数编写。

2.姓名：户主编为01，其他人口按表中填写的顺序增一升序编写。

3.年龄：按出生年月编，年码按出生年份的后三位数字编写，如1961年出生，只编“961”；月码按出生月份编码，如7月份出生就编“07”。

4.初婚年龄：按周岁编写。

5.生育和存活子女数：按填报的数字编写。

6.生育胎次：按填报的数字编写。

7.本户编号：调查时可直接编写。

8.本户人数：按合计中的数字编写，分性别数不编。

9.本户三个“半年”的出生人数和三个“半年”的死亡人数：每项两个编码格第一位编男性人口，第二位编女性人口。合计数不编码。

10.人记录中的民族、从何省迁来、行业、职业由经过专门训练的编码员编写，调查员一律不编写。

（二）死亡人口登记表的预编码：

1.性别、文化程度、婚姻状况三项按圈填的数码编写。

2.本户编号：第一个格中印有4，是死亡人口的机器识别码；第二个格中编写居民小组或村民小组的地址码；以后的三个格编写该死者所在户调查表中的户编号。

3.出生时间：与调查表中人记录的编写方法相同。

4.死亡时间：只编死亡的年月，年码为一位，1986年死亡的编为“6”，1987年死亡的编为“7”；月码按死亡的月份编，如7月死亡就编“07”。

5.民族和死者生前从事的主要职业调查员不编码。

中国儿童情况抽样调查方案

（1987年7月）

一、调查目的

掌握儿童人数、生长发育、健康疾病、接受教育、生存环境及死亡原因等情况，为国家制定有关儿童教育、卫生保健等方针、政策及有关部门研究、加强儿童工作提供定量依据。

二、调查范围和对象

在内蒙古、黑龙江、浙江、山东、湖北、广东、四川、云南、宁夏九省、自治区范围内，抽选部分县市的村（居）委会作为抽样点，调查对象是抽样点包含的家庭户中全部0—14岁儿童。

具体步骤是先由中国儿童情况抽样调查办公室抽选出九省、自治区的84个县市，再由九省、自治区儿童情况抽样调查办公室按统一的抽样方法，在本省、自治区中选的县市范围内分别抽选出10个村（居）委会。全国共约抽选出80万人，其中0—14岁儿童约27万。

三、调查时间

调查的标准时点是1987年7月1日0时。

调查时间是1987年7月1日到7月31日。

四、调 查 内 容

（一）儿童家庭户的情况：如儿童家庭人口和家庭经济收入等情况。

（二）儿童基本情况：如儿童的姓名、性别、年龄、民族等。

（三）儿童的父母等情况。

（四）入托（园）、入校情况。

（五）0～1岁儿童喂养情况。

（六）儿童身体情况。

（七）0～5岁儿童预防接种情况。

（八）14岁儿童和家长意向调查。

（九）1986年1月1日0时至1986年12月31日23时59分抽样点中儿童死亡人数及死亡原因。

（十）社会环境：被调查地区的地形、教育、卫生保健设施。

五、调查的组织和方法

（一）本次调查经国务院办公厅批准，在由国家统计局、卫生部、公安部、民政部、全国妇联、团中央等部门组成的中国儿童情况抽样调查领导小组的直接领导下，拟定的调查方案及调查表。由国家统计局和卫生部负责对九省、自治区有关人员进行调查内容和体检内容的统一培训。由国家统计局负责对九省、自治区调查资料进行审核，审核无误后进行数据处理。

（二）在省、自治区儿童情况抽样调查领导小组的领导下，由省、自治区统计局、卫生厅（局）、公安厅（局）、民政厅（局）、妇联、共青团等负责本省、自治区中选县市开展调查的组织、宣传工作。由省、自治区统计局和卫生厅（局）负责中选县市的调查人员、医务人员进行调查内容和健康检查的统一培训。由省、自治区统计局对本省、自治区的调查资料进行审核，审核无误后进行数据处理。

（三）在县市儿童情况抽样调查领导小组的领导下，由县市统计局、卫生局、公安局、民政局、妇联、共青团等负责本县市开展调查的组织、宣传工作。由县市统计局和卫生局负责本县调查员、指导员和医务人员的选调、培训，并且组织调查和体检的实施。由县市统计局负责对本县市的调查资料进行审核，审核无误后进行编码。

（四）调查完毕后，要立即认真进行复查。首先是自查，还要采取群众议查，侧面调查和互查。县市应组织适当力量，进行质量抽查。人口数净差率小于2‰，性别差错率小于2‰，年龄差错率小于20‰。其他各项差错率小于5‰。抽查中，对质量不符合要求的单位，原调查人员应返工重调查。

（五）调查资料要以村（居）委会为单位，加上封面和封底，装订成册。装订好的调查资料审核无误并进行手工汇总后于1987年8月5日前送到县市统计局。县市统计局于1987年8月15日前将手工汇总资料送到省、自治区统计局，编码资料在10月1日前送到省、自治区统计局进行录入和数据处理。省、自治区的手工汇总资料要在1987年8月31日前送到国家统计局，其中儿调基4、5表，即14岁儿童和家长意向调查表于1987年7月10日前由各村（居）委会收齐后直接寄至省、自治区统计局社会处，省、自治区统计局社会处审核汇总后于1987年8月20日前送到国家统计局社会司。机器汇总资料于1988年4月底前送到国家统计局。

手工汇总资料从1987年9月、机器汇总资料从1988年底开始陆续公布。统计、卫生、公安、民政、妇联、共青团等部门都要加强对调查资料的分析、研究。国家统计局将于1989年出版中英文对照的调查资料铅印本，向国内外公开发行。

（六）有关儿童的综合性调查在我国还是第一次，是一项新的工作。各地区有关部门和调查人员要反复向中选单位的干部宣传这项调查的意义和重要性，取得他们的积极支持。同时要做好对群众的宣传、教育和组织工作，得到群众的密切配合，以保证调查资料的准确和真实，保证调查工作的顺利进行。

六、抽 样 方 法

为了保证在严密组织和采取科学方法的基础上，使调查获得的数据能比较准确推算九省、自治区以致全国儿童情况所有重要指标及其精度，并尽可能节省调查的人力、物力、财力和便于组织管理，此次抽样方案采用分层二级不等概率整群抽样。即按省、自治区以及城市、不同地形的农村分层。层内按与县市人口总数成比例的不等概率抽县市。在所抽中的县市中按简单随机抽样方法抽取固定大小的样本点，样本点规模基本上相当于村（居）委会。调查中选样本点中所属全部0—14岁儿童。

（一）层的划分

以各省、自治区为一大层，每大层中再按城市、位于平原地区的农村县、位于丘陵地区的农村县、位于山区或高原地区的农村县，共四种基本类型，分为若干小层。若同一种类型中包含的县数过多，则又细分为2—3小层（以下的层皆指小层）。

为便于调查的组织和调查员、医务人员的培训，省、自治区内抽选的县市不宜过多，基本上按1/10的比例抽取。大省的比例略低，小省的比例略高。

9省、自治区共分42层，具体划分见下表。

表1　　层的划分

省、自治区	不同类型所包含的县市数（层的个数）				
	城市	农村（平原）	农村（丘陵）	农村（山区或高原）	合计
内蒙	15（1）	15（1）	58（2）		88（4）
黑龙江	16（1）	21（1）	27（1）	14（1）	78（4）
浙江	9（1）	23（1）	16（1）	28（1）	76（4）
山东	18（1）	49（2）	19（1）	27（1）	113（5）
湖北	13（1）	14（1）	14（1）	27（1）	68（4）
广东	16（1）	25（1）	22（1）	46（2）	109（5）
四川	14（1）	22（1）	59（2）	100（4）	195（8）
云南	10（1）		8（1）	108（3）	126（5）
宁夏	3（1）	8（1）		8（1）	19（3）
合计	114（1）	177（9）	223（10）	358（14）	872（42）

（二）层内抽县的方法

每层中按二级抽样法。第一级在层中抽县市。在每层中用不等概率无放回方法抽取两个县市。每个县市被抽中的概率与它的人口总数成正比。具体方法为：

设h层内共有N_h个县市，第i个县人口总数为M_{hi}，层内人口总数为$M_h=\sum_{i=1}^{N_h}M_{hi}$。则第1个样本县市按$Z_i=\frac{M_{hi}}{M_h}$的概率随机抽取，设第i个县被抽到。

第2个样本县市按$Z_j=\frac{M_{hj}}{M_h-M_{hi}}$的概率随机抽取，设第j个县被抽到。

以Z_i和Z_j的概率分别随机抽取的两个样本点系用计算机产生的随机数字方法实现的。

（三）样本县市内抽村（居）委会的方法

第二级抽样是在每个抽中样本县市内抽村（居）委会。规定县市内以村（居）委会为基本单位。对规模大的村（居）委会可适当划小，规模小的村（居）委会适当归并到邻近的村（居）委会，使得每个调整后的单位大致包含200～400个儿童（即大致包含600～1 200人口）。在每个样本县内按简单随机抽样方法抽取10个单位，调查每个单位所包含的全部儿童。

七、填表说明（略）

附：中国儿童情况抽样调查户调查表
中国儿童情况抽样调查儿童调查表
十四岁儿童家长意向调查表
十四岁儿童意向调查表

十四岁儿童家长意向调查表

表　　号：儿　调　基　4　表
制表机关：中国儿童情况抽样调查领导小组（国家统计局、卫生部、公安部、民政部、全国妇联、共青团中央）
文　　号：儿　调　字（1987）1号

一、家长基本情况

（一）地区类别	（二）性别	（三）年龄	（四）文化程度	（五）职业	（七）婚姻状况	（七）家中有几个孩子	（八）健康状况
1.城市 2.农村 □	1.男 2.女 □	____岁 □□	1.文盲、半文盲 2.小学 3.初中 4.高中 5.大专及以上 □	1.农林牧渔劳动者 2.工人 3.军人 4.各类专业技术人员 5.各类管理人员 6.商业服务性人员 7.家务及无业人员 8.其他 □	1.已婚 2.离婚 3.丧偶 4.其他 □	1.一个 2.二个 3.三个 4.四个 5.五个及以上 □	1.健康 2.一般 3.较差 □

二、家长对孩子的教育和希望

（一）您是否给孩子零花钱	（二）您对孩子的学习要求	（三）您对孩子的生活能力	（四）您希望孩子学完	（五）您与孩子的关系
1.不给 2.偶尔给 3.每（月）季按时给 4.孩子要时就给 □	1.比较严格 2.不太过问 3.从不过问 □	1.不注意培养 2.注意培养其生活能力 □	1.小学 2.初中 3.高中 4.大专及以上 □	1.比较融洽 2.一般 3.不够融洽 □

（续二）

（六）您对孩子的缺点	（七）您给孩子买的书刊主要是	（八）节假日如何安排孩子的主要活动	（九）您希望孩子成为	（十）您养育子女的目的
1.耐心教育 2.训斥 3.放任自流 4.迁就袒护 □	1.自然科学类 2.文艺类 3.体育类 4.美术类 5.少年儿童读物 6.其他 7.不购买 □	1.复习功课 2.玩 3.干家务、农活 4.看小说、杂志 5.去少年宫或活动站 6.到娱乐场所 7.其他 □	1. 工程师或科学家 2. 军人 4. 工人 4. 农民 5. 人民教师 6. 干部 7. 医务工作者 8. 文、体工作者 9. 商业服务员 10. 个体劳动者 11. 其他 12. 未考虑 □□	1.传宗接代 2.养儿防老 3.充实生活的乐趣 4.为社会尽义务 □

填表日期：________年____月____日

填表说明：
1.本表由儿童抽样调查抽中村(居)委会中14岁儿童的家长填写。有填表能力的家长填好封口后交村(居)委会；无填表能力的家长，可自述请他人代填好封口后交村（居）委会。由村(居)委会于1987年7月10日前邮寄本省(自治区)统计局社会处。
2.表中每项内容只需填一种答案。如："您给孩子买的书刊主要是"一问中，家长可能为儿童订购体育类、美术类两种刊物，只圈填订购最多的体育类，不再圈填美术类。
3.本表采取两种填写方法：(1)有标准答案的据情圈填。(2)没有标准答案的用文字或数字填写。
4.家长指父(母)或儿童的抚养人。

十四岁儿童意向调查表

表　　号：儿　调　基　5　表
制表机关：中国儿童情况抽样调查领导小组（国家统计局、卫生部、公安部、民政部、全国妇联、共青团中央）
文　　号：儿　调　字（1987）1号

一、儿童基本情况				二、儿童家长情况		
（一）地区类别	（二）性　别	（三）是否独生子女	（四）文化程度	（一）年　龄	（二）与儿童关系	（三）文化程度
1.城　市 2.农　村	1.男 2.女	1.是 2.有兄弟姐妹____人 排行第____	1.小学____年级 2.小学____年级休退学 3.小学毕业未上中学 4.初中____年级 5.初中____年级休退学 6.从未上过学	________岁	1.父 2.母 3.祖（外祖）父 4.祖（外祖）母 5.其他亲属 6.其　他	1.文盲、半文盲 2.小　学 3.初　中 4.高　中 5.大专及以上
□	□	□　□	□　□	□	□	□

三、你对下列问题的认识和想法					
（一）你知道义务教育法吗？	（二）你准备读完哪一级学校？	（三）你为什么学习？	（四）你认为人的一生应该如何渡过？	（五）你的学习成绩如何？	（六）你最喜欢什么功课？
1.知　道 2.不知道	1.小学毕业 2.初中毕业 3.高中毕业 4.大专及以上 5.未考虑	1.为四化建设做贡献 2.将来找个好工作 3.上大学 4.学点本事多挣钱 5.不知道	1.为祖国四化做贡献 2.努力工作 3.多挣钱 4.不知道	1.好 2.一　般 3.较　差	1.政治　2.外语 3.语文　4.数学 5.体育　6.生物 7.物理、化学 8.历史、地理 9.音乐、美术 10.不知道
□	□	□	□	□	□□

（续三）

（七）你长大后想做什么？	（八）你最崇拜什么样的人？	（九）你在校外大部分时间做什么？	（十）家长对你的教育是否有帮助	（十一）你最苦恼的事是什么？	（十二）你常见到的不文明行为是什么？
1.工程师或科学家 2.军　人 3.工　人 4.人民教师 5.干　部 6.农　民 7.医务工作者 8.文体工作者 9.商业服务员 10.个体劳动或 11.其　他	1.伟大的政治家思想家 2.优秀的科学家 3.杰出的英雄模范 4.著名的电影明星 5.优秀的人民教师、医生 6.优秀运动员 7.个体万元户 8.其　它	1.做作业 2.看电影、电视、听录音机、广播 3.搞文体活动 4.看课外书籍 5.干农活、家务 6.玩　耍 7.其　他	1.很有帮助 2.有帮助 3.较少帮助 4.没有帮助	1.作业太多 2.学习跟不上班 3.学校离家太远 4.老师不公平 5.家庭不和睦 6.同学对自己不好 7.父母不喜欢自己 8.家务劳动太重 9.其　他	1.偷东西、损坏公物 2.打架骂人、不讲礼貌 3.不遵守公共秩序、交通规则 4.随地吐痰、乱扔杂物 5.服务态度不好 6.其　他
□□	□	□	□	□	□

填表日期：________年______月______日

填写说明：

1.本表由抽中村（居）委会中14岁儿童填写。有填表能力的儿童填好封口后交村（居）委会；无填表能力的儿童，可自述请他人代填封口后交村（居）委会。由村（居）委会于1987年7月10日前邮寄本省（自治区）统计局社会处。
2.表中每项内容只准圈填一种答案。如："你最喜欢什么功课"一问中，儿童可能喜欢体育、音乐等好几门课，但只圈填体育或音乐中的一门课。
3.本表采取两种填写方法：（1）有标准答案的据情圈填。（2）没有标准答案的用文字或数字填写。
4.儿童家长情况一栏，由儿童自己选择父、母等抚养人中的一人据情圈填。

中国儿童情况抽样调查户调查表

户主姓名:______

地　址:______省(自治区)______县(市)______村(居)委会

表　号:儿　调　基　2　表
制表机关:中国儿童情况抽样调查领导小组(国家统计局、卫生部、公安部、民政部、全国妇联、共青团中央)
文　号:儿　调　字(1987)1号

□□□□□□□□□　本　户　情　况

一、本户1987年7月1日人口数			二、本户0—14岁儿童人数			三、在校儿童人数			四、1986年本户纯收入	五、备　注
1.合　计	2.男	3.女	1.合　计	2.男	3.女	1.合　计	2.男	3.女	______元	
□□	□□	□□	□	□	□	□	□	□	□□□□□	

1986年7月1日本户0—14岁儿童人数

1.合计	2.男																3.女															
	小计	0岁	1岁	2岁	3岁	4岁	5岁	6岁	7岁	8岁	9岁	10岁	11岁	12岁	13岁	14岁	小计	0岁	1岁	2岁	3岁	4岁	5岁	6岁	7岁	8岁	9岁	10岁	11岁	12岁	13岁	14岁
□	□	□	□	□	□	□	□	□	□	□	□	□	□	□	□	□	□	□	□	□	□	□	□	□	□	□	□	□	□	□	□	□

1986年1月1日至12月31日儿童死亡情况

1.死亡儿童姓名	2.性　别	3.出　生　时　间	4.死　亡　时　间	5.死　亡　原　因	6.死亡诊断单位
□	1.男 2.女 □	(公历) 年　月　日 □□□ □□ □□	(公历) 年　月　日 ______周岁 □□□□ □□ □□	1.早　产 2.新生儿破伤风 3.新生儿窒息 4.痢　疾 5.麻　疹 6.结　核 7.其它传染病 8.先天性心脏病 9.先天愚型 10.神经管畸形 11.其它先天畸形 12.意外窒息 13.溺　水 14.车　祸 15.白血病 16.其它意外 17.肺　炎 18.腹　泻 19.营养性疾病 20.其它恶性肿瘤 21.其　它 22.死因不明 □□	1.省(自治区)级医院 2.地(市)级医院 3.县(区)级医院 4.乡(街道)级医院 5.村卫生所、联合诊所、私人诊所 6.调查时医务人员推断 □

申报人______　调查员______　调查指导员______　调查日期______年______月______日　本户共______页　本户第______页　本册______页

中国儿童情况抽样调查儿童调查表

户主姓名：____________

地　址：____________省（区）________县（市）____________村（居）委会

表　号：儿　调　基　3　表
制表机关：中国儿童情况抽样调查领导小组（国家统计局、卫生部、公安部、民政部、全国妇联、共青团中央）
文　号：儿　调　字　（1987）1号

一、儿童基本情况							二、儿童家长的情况				
								父亲		母亲	
1.姓名	2.性别	3.出生时间（公历）	4.是否登记常住户口	5.未登记常住户口原因	6.民族	7.是否独生子女	8.儿童和谁生活在一起	9.职业	10.文化程度	11.职业	12.文化程度
	1.男 2.女	年　月　日 ____周岁	1.已登记 2.未登记	1.计划内出生儿童尚未登记户口 2.计划外生育 3.母亲在本地未登记常住户口 4.其它	____族	1.是 2.不是	1.和父母生活在一起 2.父母因工作学习不在一起，而只随一方生活 3.因父母离婚、丧偶或其它原因只随一方生活 4.和其它亲属生活在一起 5.和其它非亲属生活在一起 6.儿童独自生活	1.农林牧渔劳动者 2.工　人 3.军　人 4.各类专业技术人员 5.各类管理人员 6.商业服务性人员 7.家务及无业人员 8.其　它	1.文盲、半文盲 2.小　学 3.初　中 4.高　中 5.大专及以上	1.农林牧渔劳动者 2.工　人 3.军　人 4.各类专业技术人员 5.各类管理人员 6.商业服务性人员 7.家务及无业人员 8.其　它	1.文盲、半文盲 2.小　学 3.初　中 4.高　中 5.大专及以上

三、儿童入托（园）、入校情况			四、0—1岁儿童喂养情况					五、儿童健康情况			
				辅食添加							
13.已入托或已入校	14.未入托或未入校情况	15.未入托或未入校原因	16.0—3个月时的喂养	17.动物蛋白	18.植物蛋白	19.碳水化合物	20.水果蔬菜	21.体检时间	22.6—14岁牙齿情况	23.6—14岁裸眼视力	24.0—5岁佝偻病
1.已入托 2.学前班 3.小学__年级 4.初中__年级 5.高中__年级	1.在家抚养 2.送出家庭请人带 3.学龄儿童从未上过学 4.小学__年级休退学 5.小学毕业未上中学 6.初中__年级休退学 7.初中毕业未上高中	1.家庭经济困难 2.帮助家里劳动 3.跟不上班或未考取上级学校 4.病 5.残 6.无托儿所、学校或离家太远 7.其　它	1.母乳喂养 2.混合喂养 3.人工喂养 4.不　详	1.未　加 2.已　加 ____月 3.不　详	1.未　加 2.已　加 ____月 3.不　详	1.未　加 2.已　加 ____月 3.不　详	1.未　加 2.已　加 ____月 3.不　详	____月 ____日	1.无龋齿 2.有龋齿	1.右　眼 ____ 2.左　眼 ____	1.无 2.可　疑 3.活动期 4.恢复期 5.后遗症

（续五）											六、0—5岁儿童预防接种情况			
25.最近两周内患病情况	26.最近两周内治病情况	27.先天畸形	28.后天致残	29.心　脏	30.肺　脏	31.肝　脏	32.脾　脏	33.身　高	34.体　重	35.血色素	36.卡介苗	37.小儿麻痹糖丸	38.百、白、破三联针	39.麻疹疫苗
1.有急性呼吸道感染 2.有急性感染性腹泻 3.患过以上两种疾病 4.无以上两种疾病	1.经济困难未治疗 2.交通不便未治疗 3.对病不重视未治疗 4.其它原因未治疗 5.住院治疗 6.门诊治疗 7.自行治疗	1.无 2.先天愚型 3.先天性神经管畸形 4.先天性心脏病 5.消化道畸形 6.肢体畸形 7.多发性畸形 8.聋　哑 9.盲 10.其　它	1.无 2.智力残疾 3.小儿麻痹后遗症 4.除小儿麻痹后遗症外的肢体残疾 5.聋　哑 6.盲 1.多发性残疾 8.其　它	1.未见异常 2.异　常	1.未见异常 2.异　常	1.未见异常 2.异　常	1.未见异常 2.异　常	____厘米	____公斤	____克	1.未　种 2.已　种 3.不　详	1.不应服 2.未　服 3.服一次 4.服二次 5.全程服 6.不　详 7.不　符	1.不应种 2.未　种 3.种一次 4.种二次 5.全程种 6.加　强 7.不　详 8.不　符	1.不应种 2.未　种 3.已　种 4.不　详 5.不　符

申报人________　调查员________　调查指导员________　调查日期____年____月____日　本户共____页　本户第____页　本册第____页

第Ⅱ部分

概况与综述

一、概　　况

1987年中国人口发展概况

孙兢新

1987年，是解放以来第二个生育高峰期出生的人口进入生育旺盛期的第二年。随着改革的深入和社会经济的发展，我国人口生育状况、家庭规模、就业结构、文化素质等方面都发生了新的变化。为了适应国家决策，制定计划和各项事业的需要，根据国务院决定，国家统计局于1987年7月1日进行了一次1%全国人口抽样调查。这次调查在全国29个省、自治区、直辖市范围内，共抽取了1 045个县级单位，调查人口达1 071万人。本文主要就这次调查结果，对1987年我国人口发展的概况做一些分析。

一、1987年人口出生率继续回升

根据国家统计局1987年全国1%人口抽样调查的结果推算，1987年底全国总人口达到108 073万人，比1986年底的106 529万人净增1 544万人。

继1986年全国人口出生率大幅度回升后，1987年人口出生率继续回升，由1986年的20.77‰，上升到1987年的21.04‰，上升了0.27个千分点。1987年全国出生人口达到2 251万人，比1986年的2 189万人多出生62万人。1983年以来，各种人口自然增长率的情况如下：

表1　　1983～1987年人口增长状况

年　份	1983年	1984年	1985年	1986年	1987年
出生人数（万人）	1 894	1 800	1 851	2 189	2 251
出　生　率（‰）	18.62	17.50	17.80	20.77	21.04
自然增长率（‰）	11.54	10.81	11.23	14.08	14.39

从表1可以看出，1987年全国人口自然增长率是近五年来最高的一年，达到14.39‰，比1986年的14.08‰，上升了0.31个千分点。

1987年我国人口出生率继续回升是多方面因素所造成的，主要受两方面的影响。

一是受人口年龄结构变化的影响。1963年到1975年生育高峰期出生的人口，从1986年开始相继进入婚育年龄，受人口再生产周期性的影响，我国人口已经开始进入第三个生育高峰期。1987年全国生育旺盛年龄(21～29岁)的妇女达到8 640万人，比1986年的8 320万人，增加了320万人。据测算，从1986年开始十几年间平均每年进入婚育高峰年龄的妇女将达1 300万人左右。这一庞大的生育队伍，又持续这样长时间，是我国控制人口增长的不利因素。1987年生育一胎人数达到1 107万人，这恰恰与进入生育高峰年龄的妇女人数大体一致。但是应当看到，如果不重视宣传和提倡一对夫妇只生育一个孩子，这些妇女就有可能成为生育二胎和多

胎的妇女群。

二是受二胎和多胎生育增加的影响。1987年全国妇女生育多胎次的比例与1986年的比例相比发生了一些变化。一胎所占的比重由52.2%下降到49.2%，下降了3个百分点；二胎所占的比重，由30.3%上升到32.5%，上升了2.2个百分点；多胎（指三胎及三胎以上所占比重）由17.5%上升到18.3%，上升了0.8个百分点。1987年全国共出生人口2 251万人，其中一胎人数为1 107万人，比1986年的1 143万人减少36万人；但二胎增加了69万人，增长10.4%；多胎增加了29万人，增长7.6%。

从分胎次生育率的情况看，一胎生育率由1986年的40.7‰下降到38.4‰，二胎和多胎生育率分别比1986年上升了1.8个千分点和0.7个千分点。这与一胎生育比例下降，二胎和多胎生育比例上升的情况是一致的。造成这一情况的原因主要是近几年来部分省放宽了二胎生育，生育二胎的面逐渐扩大。由于各地掌握计划内和计划外生育二胎的条件各不相同，致使生育二胎和多胎的比例加大。近几年的调查数据表明，全国20—34岁有孩子的妇女平均存活子女数已达1.73个，而且有一半以上的人已经完成了二胎以上的生育，其中生育旺盛年龄（20～29岁）生过孩子的妇女平均存活子女数为1.44个，且有1/3的人已经完成了二胎及二胎以上的生育。

上述情况表明，二胎和多胎生育的增加是影响1987年出生人口增加的又一个重要因素。目前的状况是，继1986年人口大幅度回升之后，1987年人口继续增长，二胎率仍然比较高，多胎生育则不仅没有得到相应的控制，反而出现了回升的倾向。尤其是有些地方放松了计划生育工作，执行政策不够严格，盲目扩大二胎生育的范围，忽视生育间隔，对多胎生育的控制措施也不够有力。这种情况应引起我们高度重视，采取措施认真地解决这个问题，千万不要掉以轻心。要清醒地看到，二胎和多胎生育的增加，特别是多胎生育的增加，是我国计划生育工作亟待研究解决的一大难题，也是控制我国人口增长的关键性的环节。

二、育龄妇女生育率继续回升，总和生育率已达2.49

据调查，1987年我国育龄妇女的一般生育率（平均每1 000名育龄妇女当年生育的孩子数）为86.02‰，比1986年的80.65‰，回升了5.37个千分点。与此同时，近几年我国育龄妇女的总和生育率也一再上升，1987年已高达2.49，接近1981年2.58的水平（见表2）。

表2　　1981～1987年妇女总和生育率的变化

年　　份	1981	1982	1983	1984	1985	1986	1987
总和生育率	2.58	2.57	2.25	2.19	2.20	2.41	2.49

可见，1981年以来我国妇女的生育水平经历了高——低——高的变化过程。从发展趋势上看，我国育龄妇女的生育水平可能继续呈回升趋势，这是值得密切注视的动向。

三、妇女的生育峰值年龄提前两岁

据调查，1987年我国妇女的平均初婚年龄为21.01岁，比1982年的22.80岁降低了1.79岁。婚育年龄降低一岁，等于有2 000万妇女提前结婚生育。在我国，育龄妇女，尤其是广大农村妇女，一般婚后就开始生孩子。因此，妇女的初婚年龄的变动，必然引起初育年龄和生育峰值年龄（生育率最高的年龄）的变化。同1981年相比，无论在城市还是在农村，妇女的生育峰值年龄都提前了2～3岁（见表3）。

表3　妇女生育峰值年龄的变化

地区类别	全国	市	镇	县
1981年生育峰值年龄	25岁	26岁	26岁	25岁
1987年生育峰值年龄	23岁	24岁	23岁	23岁

妇女生育峰值年龄提前，是妇女早婚、早育现象的结果和表现。据调查，1986年我国15～19岁早婚的妇女生育率为18.85‰，是1982年同一年龄组妇女生育率（6.12‰）的3倍。1986年我国15～19岁有生育的妇女，占当年有生育妇女总数的5.18%。按这一比例推算，1986年当年出生的婴儿中，约有116万是15～19岁妇女生的孩子。可见，我国早婚、早育现象是相当严重的。早婚、早育对控制人口数量的增长，提高我国人口素质都是极其不利的。

四、家庭规模趋于缩小，家庭结构发生变化

家庭是社会生活和人口再生产的基本单位。随着社会和经济的发展，我国的家庭规模和家庭结构也发生了变化。

（一）家庭规模缩小。调查资料表明，1987年全国家庭户平均人口为4.23人，比1982年人口普查时的4.41人，减少了0.18人。分地区看，经济比较发达的省份，如北京、天津、上海、江苏、浙江等省、市家庭户的平均人口较少，都在4人以下。从发展趋势看，我国家庭户的规模可能会日趋缩小。

（二）大家庭的比重下降，三人户和四人户家庭比重上升。1987年与1982年相比，一人户和二人户占家庭户总数的比重有所下降，三人户和四人户占家庭总数的比重有所上升。一人户从7.79%下降到5.53%；二人户从10.08%下降到9.50%。三人户从16.05%，上升到21.04%；四人户从19.54%，上升到23.84%。五人及五人以上户则由46.35%下降到40.17%，下降了6.18个百分点。这表明，我国的家庭模式正在由以传统的大家庭为主，逐渐向以中小家庭为主转化。

（三）家庭户结构以两代户家庭为主。从家庭户的类型结构看，由夫妻和子女组成的两代人家庭户是我国家庭户的总体，占全国家庭户的65.86%。三代及三代以上户的家庭占18.40%，一对夫妇户和单身户分别占5.48%和5.53%。同1982年相比，单身户的比重下降了2.44个百分点。一对夫妇户、二代户和三代及三代以上户的比重都有不同程度的提高(见表4)。

表4　家庭户类型构成　（%）

年份	单身户	一对夫妇户	二代户	三代及三代以上户	一代与其他亲属、非亲属	二代与其他亲属、非亲属	三代及三代以上与其他亲属、非亲属
1982年	7.97	4.78	64.73	17.13	1.02	2.74	1.63
1987年	5.53	5.48	65.86	18.52	0.72	2.41	1.48

在家庭规模向小型化发展的同时，祖孙三代的直系家庭不仅没有减少，而且略有增加。从表4可以看出，三代及三代以上户占家庭户的比重，由1982年的17.13%，上升到1987年的

18.52%。这说明，直系家庭还有相当的基础和延继性。因为直系家庭一般是中等规模，生活费用相对较低，适合育幼扶老。尤其对农村家庭户来说，直系家庭户比由一对夫妇和子女组成的核心家庭还要优越一些。

五、劳动年龄人口增加，就业人口在总人口中的比重上升，在业人口的文化程度有所提高

1987年，我国劳动年龄（男15～59岁，女15～54岁）人口为6.54亿，占人口总数的61%，比1982年的5.74亿增加0.8亿人，在总人口中的比重上升了4个百分点。劳动年龄人口之所以增加，主要是由于1969～1973年生育高峰中出生的1.31亿人口相继进入了劳动年龄。预计今后几年，我国劳动年龄人口将继续增加，到2000年可能达到7.7亿，比1987年再增加1.26亿。

1987年全国在业人口为5.87亿，占人口总数的54.7%，比1982年的5.22亿，增加了0.65亿人，就业人口在总人口中的比重上升了2.7个百分点。

值得注意的是，在业人口在劳动年龄人口中的比重有所下降，由1982年的86.7%，下降到1987年的85.0%，下降了1.7个百分点。就业比重下降，主要是学龄人口的在业率下降幅度大造成的。1987年，15～19岁年龄组的在业人口占同龄人口的比重，由1982年的74.1%下降到1987年的64.0%，下降了10.1个百分点，相应的这一年龄组中在校学生的比重由1982年的19.9%，上升到1987年的28.5%，上升了8.6个百分点。这说明，近几年我国中等教育事业有了较大的发展。

在业人口中的文盲及半文盲人口占在业人口的比重，由1982年的28.2%，下降到1987年的22.9%，降低了5.3个百分点。在业人口中大学文化程度人口的数量，由1982年的454万人增加到1987年的697万人，增长54%，占在业人口的比重由0.87%上升到1.19%，其中，国家机关和企事业单位负责人中具有大学文化程度的比重增长幅度较大，由1982年的5.8%，上升到1987年的13.5%。当然，也要看到，在国家机关和企事业单位负责人中，初中以下文化程度的仍占55.8%，而且还有1.1%的文盲和半文盲。

值得引起特别注意的是，农业在业人口中仍有30.5%为文盲和半文盲。农林牧渔业劳动者中，大学文化程度的人口所占比重由1982年的0.014%，下降到0.012%，高中文化程度的人口所占比重，由5.2%下降到4.3%。

为提高现有农村劳动者的素质，1985年以来全国办农民中学、小学，开展成人基础教育，是取得了一些成绩的。但是，由于办学资金不足，教师缺乏，加上一些农民的“现得利”思想的影响，使许多适龄读书的青少年过早地从学校步入社会务农或经商，新的文盲、半文盲大量出现，更加重了成人基础教育的难度，给提高劳动力素质造成更大的压力。由于农民文化水平低，我国约有70%现成的新技术得不到推广应用。从目前劳动力的转移情况看，高中、初中、小学文化程度的劳动力每百人中，分别有9.2人，8.3人、4人转移，而文盲、半文盲只有1.5人转移，即劳动力文化程度的高低与其转移的速度呈正相关。今后随着农村专业结构的进一步调整，劳动力素质不高将会增大劳动力转移的难度。劳动力素质不高还会制约商品经济的发展。由于文化程度不同，有着不同的生产门路，不同的经营能力，其经营效果也不同。文化程度与人均收入有着密切的关系。据农村抽样调查，1987年人均纯收入500元以上的地区比人均纯收入350元以下的地区文化程度高。从结构上看，高中高出2个百分点，初中高出8个百分点，小学高出7个百分点，而文盲、半文盲则低18个百分点。从文化程度与商品

率的关系看，1987年有高中以上文化程度的农户家庭经营农副产品的商品率为56.9%，比文盲、半文盲农户高出8.3个百分点。因此，我们必须积极采取措施，进一步加强农村基础教育，提高农村劳动力的素质，以推动农村经济的发展，实现我国农业现代化。

六、不在业人口的比重上升，结构发生变化

1987年，我国的不在业人口占总人口的比重由1982年的14.46%，增加到16.50%，上升了2.04个百分点。不在业人口净增3 176.3万人。在净增的不在业人口中，在校学生增加最多，增加了1 348.7万人，退休退职人员次之，增加了723.3万人。不在业人口的结构也发生了一些变化（见表5）。

表5 　　**不在业人口构成** 　　（%）

年份	在校学生	家务劳动	待升学	待国家统一分配	市镇待业	退休退职	其他
1982年	18.16	55.21	1.00	0.08	2.34	7.92	15.29
1987年	22.52	50.42	1.19	0.16	2.05	10.58	13.08

从表5可看出，1987年不在业人口中家务劳动和市镇待业人口的比重与1982年相比，分别下降了4.79和0.26个百分点。这两类不在业人口所占比重下降的主要原因是城乡经济体制改革后，家务劳动人口中的就业人口大量增加，特别是随着农业青壮劳动力向非农产业转移，大批农村妇女参加了农业生产劳动。另外，由于城镇实行了在国家统筹规划和指导下，劳动部门介绍就业，自愿组织起来就业和自谋职业相结合的就业方针，使城镇待业人口所占比重下降，减轻了城镇就业的压力。

值得注意的是，城市的不在业人口中，55岁以上人口所占比重不是下降，而是上升了2.27个百分点。其中未到离退休年龄的55～59岁男性所占比重上升了1.49个百分点，已到离退休年龄的男性和女性所占比重分别上升了2.74个百分点和1.08个百分点。这反映出近年来随着经济体制改革的不断深入，未到离退休年龄的55～59岁的男性不在业人口上升，而且伴随城市人口的日势老化，到了离退休年龄的离退休人员大量增加。这种趋势将持继相当长时间。

几年来，我国人口状况已经发生了一些变化。在解决我国人口问题方面，我们面临的任务是十分艰巨的。特别是当前，我国正处于第三个生育高峰期。这个时期正是调整我国总人口数和年龄结构的关键时期。50年代、60年代由于我们对人口问题的忽视，曾经错过了两次调整人口结构的机会，因而造成了两次人口膨胀，使人口基数越来越大。我们必须继续执行现行的政策，一方面注意抑制和减弱我国的第三次生育高峰，另一方面必须继续注意提高人口素质，调整人口结构，使我国人口状况与社会经济的发展更为协调。

（作者工作单位：国家统计局）

1987年中国人口收入和消费的新变化

卢春恒

1987年，我国经济在加强和改善宏观控制，深化改革方面都取得了新的进展。国民经济运行中的主要矛盾：社会总需求大于社会总供给的矛盾有所缓解。但是出现了物价上涨幅度

大的新情况，使居民收入和消费结构发生了新的变化。

居民收入增长减缓，发展亦不平衡

根据抽样调查的资料，1987年全国城镇居民年平均生活费收入为916元，比1986年增加88元，增长10.6%，扣除生活费用价格上涨因素后，实际增长1.7%，是1984年以来增长幅度最低的一年。

收入的不均衡状况进一步扩大。占调查户20%的低收入户，其收入占全部调查户总收入的比重，由上年的15.02%，下降为1987年的14.57%；占调查户60%的中等收入户，其收入占全部调查户总收入的比重，由上年的58.81%，上升为1987年的58.92%；占调查户20%的高收入户，其收入占全部调查户总收入的比重，由上年的26.17%，上升为1987年的26.51%。在全国28个大中城市中，人均生活费收入超过1 000元的有广州（1 418元）、上海(1 347元)、杭州（1 185元)、北京（1 182元）、乌鲁木齐（1 106元）、天津（1 095元）、南京(1 045元)、西安（1 034元）、昆明（1 033元）、成都（1 016元）等11个，低于900元的有南昌(774元)、太原（840元）、哈尔滨（878元）等3个。从实际增长情况看，各城市的差别也十分明显。增长幅度超过2%的有天津（3.7%）、太原（5.5%）、合肥（2.3%）、济南（2.4%）、郑州（2.6%）、成都（3.1%）、重庆（2.2%）、贵阳（2.3%）、西安(2.3%)、西宁(3.0%)，实际生活费收入比上年下降的有呼和浩特（下降2.8%）、哈尔滨（下降4.8%）、沈阳（下降0.1%)、长春（下降1.2%）、上海（下降2.6%）、杭州（下降1.8%）、福州(下降3.2%)、兰州（下降0.4%）、银川（下降0.8%）、乌鲁木齐（下降0.7%）。

从城镇职工家庭收入构成上看，由于1987年没有进行大面积的工资调整，因而工资收入的增长相对放慢，1987年职工平均工资为1 451元，比上年增加122元，增长9.2%，扣除生活费用价格上涨因素后，实际增长0.4%。职工家庭人均收入的增长主要靠奖金、津贴和非工资性收入的增长。抽样调查表明，1987年城镇居民家庭人均收入中奖金收入增长41.1%，占全部收入增加额的34%；非工资性收入增长15.1%，主要是退休补差收入增长26.4%，其它劳动收入增长21.6%，赠送收入和从单位得到的其它收入增长13.5%。

我国农民的收入，在前几年大幅度增长之后，从1986年开始进入正常增长。1987年农民人均纯收入为463元，比上年的424元增加39元，增长9.2%，扣除物价上涨因素后实际增长5.3%。高于城镇居民的收入增长幅度。低收入农户的比重下降，高收入农户的比重上升。1987年人均收入200元以下低收入农户由1986年的11.3%，下降为1987年的8.2%；人均收入200～500元的农户比重，由1986年的60%，下降为1987年的56.1%；人均收入500～1 000元的宽余户比重，由1986年的25.3%，上升为1987年的30.3%；人均收入1 000元以上的富裕户比重，由1986年的3.4%，上升为1987年的5.4%。但由于各地农村经济发展不平衡，农民人均收入的增长也呈现出极不平衡的状况。人均收入最高的是上海市，农民人均收入达到1 059元，其次是北京为914元。超过平均水平的还有天津（749元）、浙江（725元）、广东(656元)、江苏（627元）、辽宁（597元）、吉林（523元）、山东（518元）、福建（485元）、黑龙江（474元）、济南（471元）。人均收入不足300元的有甘肃（296元）。从比上年增长幅度看，各地也不平衡。人均收入增长15%以上的有广东、浙江、天津、福建和山东5个省、市；增长10～5%的有吉林、内蒙、河南、贵州、辽宁、广西、江苏、北京和陕西等9个省、市、自治区，其它地区或增长不多，或略有下降。东部、中部、西部三个地带农民收入的差距进一步拉大。1987年东部沿海地带农民人均收入为568元，比上年增长14.6%，中部内陆地带农民人均收入为433元，比上年增长9%，西部边远地带农民人均收入为357元，比上年增长8.8%。东部分别比中部和西部高31%和59%。东、中、西三个地带人均收入的比例，由1986年1∶0.8∶0.66，变化为1987年的1∶0.76∶0.63，差距进一步拉大了。造成这种状况的主要原因是中、西部广大农村第二、第三产业不发达。我国东部地带农民从乡村企业得到的收入平均为57.8元，而中部地带只有10.4元，西部地带仅有5.9元。东部比中部和西部分别高4.6倍和8.9倍；东部地带农民从家庭经营中得到的收入为21.7元，中部只有12.6元，西部只有12.3元，东部比之分别高72%和76%；东部地带农民从商业饮食业得到的收入83.1元，中部只有52.5元，西部只有44.9元，东部比之分别高58.4%和85%。

1987年我国人均收入增长幅度减缓，从宏观上看，有助于缓解国民经运行中存在的社会总需求大于社会总供给的矛盾，对争取长期稳定发展是有利的。事实也正是这样。1987年由于工农业生产增长加快，当年新创造的国民收入按可比价格计算比上年增长9.3%，社会总需求按可比价格计算比上年增长4%，改变了前几年社会总需求增长快于国民收入增长的局面，改变了社会劳动者人均收入增长快于劳动生产率增长的局面。尽管1987年人均收入增长较少，但与前几年比较，人均收入的增长还是不低的。问题是，由于改革措施不够配套，对物价管理有所放松，一些商品和部分地区出现了乱涨价现象，使1987年的消费结构发生了一系列新的变化，出现了一些值得研究的问题。

物价上涨幅度大，承受能力各不相同

这几年推行价格体系改革，采取放调结合的方针，社会商品价格表现出一定程度的上涨本是题中应有之义。1985年零售物价上涨8.8%，1986年又上涨6%，1987年在没有大的改革措施出台的情况下，社会商品零售物价又上涨了7.3%，其中城镇上涨幅度达9.4%。1987年物价上涨有两个明显特点：

其一是各类商品价格全面上涨。过去几次调价都是有升有降，而1987年的物价是全面上涨。据统计，食品类商品上涨了9.9%，衣着类商品上涨了3.4%，日用品类商品上涨了6.1%，文化娱乐及医药类商品上涨了2.4%，农业生产资料上涨了7%。从地区看，所有地区零售物价都有较大幅度上涨，城市高于农村。

其二是农副产品供应不足。据计算，1987年社会商品零售物价上涨中，65%的因素来自食品价格上涨，而食品价格上涨主要是农副产品供应不足。1985年粮食减产564亿斤，1986、1987两年虽有回升，但仍未达到1985年水平。而同一时期粮食消费量却年年增长，集市粮价节节上涨。1987年主要粮食品种的价格，籼米上涨9%，江米上涨22.4%，黄豆上涨12.7%，绿豆上涨29.6%。由于粮价上涨，养猪不划算，生猪生产减少，猪肉价格上涨了14.5%，引起社会商品总物价指数上升10%。其它主要副食品价格也跟着上涨，羊肉上涨16.6%，鸡肉上涨25.1%，鸡蛋上涨26.8%，蔬菜上涨16%。食品是人们生活的第一需要，食品价格这样大幅度上涨，更加重了物价上涨对人们心理上的压力。

据计算，由于物价上涨使城镇居民每人每年多支出71.55元，约相当于1986年一个月的平均生活费收入。在全国大中城市中，每人每年多支出的数额超过90元的有北京、大连、合肥、南京、上海、杭州、宁波、南京、重庆、西安、银川等11个市，广州市每人每年多支出165.6元。由于各阶层收入状况不同，物价上涨对他们的影响也有很大差别。据计算，1987年由于各种原因有46%的城镇居民实际收入下降，其中纯因物价上涨造成实际收入下降的占21%，由于家庭人口或就业人口变化或奖金少发造成实际收入下降的占25%（当然这部分人也受物价上涨影响）。在纯因物价上涨造成实际收入下降的人口中，约有一半左右本来收入水平就较低，再加物价上涨，生活水平下降较多。

物价上涨，对不同层次收入的居民影响不同，他们对物价上涨的承受能力、对物价改革的支持和理解程度也不相同。内蒙古自治区有关部门在1987年第4季度作了一次有意义的调查，是很能说明问题的。这次调查共收回答卷2 224份，其中月收入在35元以下的占18.9%，35～55元的占33.7%，55～75元的占27.9%75～100元的占15.5%，100元以上的占4%。调查表明，生活水平较高的居民家庭，由于收入自动调节机制较强，经济的承受能力也强（见表1）。

调查还表明，对物价改革的心理承受能力与生活水平的高低成正比（见表2）。

表1　人均月收入水平与承受能力

人均月收入水平	可以承受物价改革户数的比重(%)
35元以下	35.4
35～55元	57.4
55～75元	60.3
75～100元	66.9
100元以上	74.7

表2　人均收入水平与对物价改革的心理承受能力

人均月收入水平	完全支持物价改革户数的比重（%）	对物价改革不支持不理解户数比重（%）
35元以下	48.7	10.5
35～55元	50.3	6.6
55～75元	55.5	5.5
75～100元	65.2	5.5
100元以上	70.8	3.4

1987年农村零售物价上涨幅度虽然低于城镇，但农业生产资料价格上涨，已引起农民的强烈反响。据统计1987年农业生产资料价格上涨了7%，这个数字可能有些偏低，因为农民买到的化肥、农药、柴油、薄膜等都已在流通领域几经曲折，价格也像滚雪球一样，越滚越大。农民收入转入正常增长之后，前几年超常规增长刺激起来的消费欲望，一时控制不住，使得相当一部分农民当年收不抵支，出现新的困难。

消费结构发生变化，城乡各有特点

据统计1987年城镇居民用于生活消费品的支出为884元，比1986年增长85元，增长10.7%，扣除生活费用价格指数后，实际增长1.8%，是近几年最低的。部分消费品的消费受到抑制，消费量减少，消费结构也出现了新的特点：

用于食品消费的比重上升，部分食品消费量明显减少。1987年城镇居民用于购买食品的支出为473元，比上年增长12.9%，但由于食品价格上涨12%，扣除价格因素后实际消费量只增长0.9%。许多食品的实际消费量明显减少。家禽消费量减少15.7%，蛋消费量减少12.3%，糖减少10.7%，鱼减少9.2%，蔬菜减少8.6%，猪肉下降6.3%，粮食下降2.7%；只有烟、酒、茶的消费量增长。但食品消费支出占全部居民消费支出的比重，却由1986年的52.4%，上升为1987年的53.5%。很明显这种结构性的改变，完全是由于价格变动引起的。

用于购买衣着、文娱用品的支出比重下降。1987年城镇居民用于购买衣着的平均支出为121.09元，比上年的113.04元增长7.1%，扣除物价上涨因素后实际增长幅度极小。各类衣着商品中，除绸缎服装及皮鞋的消费量略有上升外，其它都有不同程度下降，布的购买量下降了15.3%，呢绒下降了4.4%，成衣下降了5.8%。衣着消费支出占生活费支出的比重由上年的14.15%，下降为1987年的13.69%。用于购买文娱用品和书报杂志的支出为57.06元，比上年减少4.38元，占生活费的比重由上年的7.69%，下降为6.4%。

城镇居民消费结构的上述变化，再一次说明，现阶段我国人民的生活水平仍是温饱型的。这几年恩格尔系数的某些降低，其基础是十分脆弱的，一旦收入水平有所波动，或受价格影响，人们便自然地通过抑制衣着和文娱方面的某些高层次消费，而首先保障食品消费的需要。

相对城镇居民消费状况的变动来说，农民的消费结构继续改善。这是由于农民的人均消费水平扣除价格上涨因素后，仍有相当幅度的增长所决定的。1987年农民人均生活消费支出为398元，比1986年增加41元，增长11.6%扣除物价上涨因素后实际增长6.9%。1987年农民消费结构变化的主要特点是：

购买食品支出的比重继继下降，副食品消费支出增长快。1987年农民人均食品消费支出为220元，比上年增长9.2%，但所占比重却由上年的56.3%，下降为55.2%。城乡居民的恩格尔系数进一步靠拢。其中，用于主食的支出为88元，比上年增长1.2%，占食品消费的比重由上年的43%，下降为39.8%；而用于购买副食品的支出则达94元，第一次超过了主食，比上年增长14%，所占比重由上年的41%，上升为42.9%。这说明广大农民膳食结构继续有所改善。从食品的实物消费量看，除粮食持平，猪肉略有减少外，其它食品都有相当幅度的增长。

用于建房的支出继续增长，但建房热有所降温。1987年农民建房费用支出平均每人为57.76元，比上年增长12.7%，占生活费支出的比重由上年的14.4%，上升为14.5%。出现了相对稳定的局面，前几年兴起的农村建房热开始有所降温。1980年以来，农民用于住房建设的支出年年大幅度增长，所占比重节节上升。1980年人均建房支出为12.8元，1985年为39.46元，1986年为51.23元，平均每年增长26%；所占比重1980年为7.9%，1985年为12.4%，1986年为14.4%。1987年户均新建房面积为5.26m²，比上年下降4.9%，新建房户占调查户的比重为8.3%，比上年下降1.1个百分点。其主要原因，一是经过几年的建设，农村住房状况有了很大改善，1987年人均住房面积达到16.1m²；二是各级政府贯彻“土地法”，刹住了乱占耕地建房风；三是建筑材料价格上涨，限制了部分农民的建房欲望。

文化服务支出上升较快。1987年农民人均用于文化服务支出为20.15元，比上年增长近90%，所占比重由上年的3.1%，上升为5.1%。其中用于购买文娱用品、书报杂志及付学费、培训费支出人均为18元，说明随着物质生活水平提高，农民对科学文化知识和娱乐的要求越来越迫切。

在看到农民消费结构改善的同时，也应该注意到农民消费的增长快于收入增长这一事实。1987年农民人均收入增长9.2%，而消费支出增长11.6%。这种现象已连续两年出现，值得注意。

调整消费结构势在必行

我国有十亿人口，每年国民收入的65%以上用于消费。因而人民的消费状况及变化，对国民经济发展至关重要。同样重要的是，国民经济的发展、分配政策的调整、物价的变动都对人民的消费水平和消费结构产生强烈的影响。如何根据国民经济的发展和实际情况，使人民的消费结构趋向合理，对社会经济的长期稳定发展具有重要意义。十一届三中全会以来，我国人民的消费水平有了很大提高。1987年同1978年相比，全国居民的消费水平，由175元提高到504元，平均每年递增7.2%。其中农民由132元提高到386元，平均每年递增8%；城镇居民由783元提高到978元，平均每年递增6.4%。近两年，人民消费水平的提高由超常规增长逐步传入正常增长，增长幅度放缓，而随着改革的深入，出于理顺价格体系的要求，消费品特别是食品价格上涨较多，对此，相当一部分人或是不理解或是有抱怨。这说明人民对在改革中不断提高生活消费水平有着强烈的愿望和要求，这是一方面。另一方面，在国民经济发展中，也出现了消费超前的情况，大量的居民购买力不能实现，抢购现象时有发生。解决这个矛盾的主要出路，是加快调整产业结构的步伐，但调整产业结构不是一朝一夕之功，而有些产业如农业的发展又受自然条件和社会条件（如耕地少，人口多）的制约，不可能在近期有大的变化。因而，还必须采取其它措施。

其一是要经常进行一要吃饭二要建设和正确认识、对待改革的教育。为了今后更好地生活必须进行建设，不然社会就不能前进，生活就不能持续改善，这是每一个人都能理解的道理。而在现实经济生活中正确处理这一问题，却不那么容易。某些人不顾我国实际情况，一味要求提高工资，甚至简单地把我国现实情况与某些经济发达国家类比，一部份农民不热心对土地的投入，某些承包者把承包的收益分光吃净，不注意企业的技术改造，增强发展后劲等，都是缺乏远见的不明智之举。对前者要加强宣传教育，使之认识到当前与长远利益的关系，对后者则应在政策上、承包合同上做出相应的规定。

当前人们思想上普遍存在着这样一种认识，即改革就是要提高工资改善生活。应该说这种认识从根本上概括了改革的最终目的。但这种愿望往往与对改革过于简单的理解联系在一起，对改革可能遇到的困难，对改革要求我们这一代人付出更大更艰苦的努力，甚至承担某些牺牲，缺乏思想上和心理上的准备，对改革的复杂性也认识不足。我们有责任向人民正确宣传改革的伟大意义，更应该鼓励大家在改革中多做贡献，那种希望不花费什么力气就能把改革推向成功的想法是不现实的。同时要如实告诉人们，改革就是要废除过去的不合理制度和某些政策而建立新的秩序，这自然都要触及到人们的利益关系，有时为了前进必须付出代价。使人们对改革可能出现的某些变动，如价格变动影响消费水平的情况早有思想准备，增强对改革的理解和心理承受能力。

其二是要积极引导人们调整消费结构。我国现在处于社会主义初级阶段，与此相适应的人民生活也应该是温饱型逐步向小康型过渡的阶段。我国按人口平均的国民生产总值仍然居于世界后列。但从我国的消费结构来看，有些指标已明显高于发展中国家，这里有的是我国社会主义优越性的表现（如合理分配），也有消费结构不合理的因素。例如，我国城镇居民的消费结构中，用于住房方面的支出（包括建房、房租、水电）只占生活费支出的4.6%，大大低于农民用于住房方面的支出(占14.5%)的比重，也大大低于一般发展中国家。又如，我国城镇居民用于医疗方面的支出(包括药、医疗用品和医疗费)只占1.29%，大大低于发展中国家的一般水平。由于这两方面支出的明显不合理状况，诱发了我国城镇居民对家用电器产品强烈的消费愿望，加上攀比心理，使购买力过于集中地投放在几种产品上，造成畸型的供需矛盾，这是极不正常的。而从目前我国工业实力来看，尚不具备在短期内迅速扩大生产能力的条件，因而必须加以引导。最有效的方法是加快推进住房制度和公费医疗制度的改革，使其在保证人民生活水平不断提高、保证人民健康水平的前提下，改革住房分配制度和低房租政策，改革公费医疗上的大锅饭制度，从而使我国人民的消费结构更符合我国的实际情况，更有利于国民经济的发展。

改变我国人民的膳食结构也是当务之急。我国人口多，耕地少，可垦荒地不多，即使到本世纪末人均占有粮食也不会有大的改观。这就决定了我国人民的膳食结构不能走西方国家的路子，即以动物蛋白为主的结构。因为动物蛋白是由植物蛋白转化来的，在生物技术没有重大突破的情况下，我国人均占有的肉类产量不会有大的改善，因而必须坚持以植物蛋白为主的结构。由于我国人均粮食占有量低，因而在转化动物蛋白时，不能走发展食粮动物的路子，而应走发展草食动物的路子，提倡吃牛羊兔肉。在饮料加工中，应注意克服传统的饮白酒的习惯，而提倡饮用果酒和啤酒。我国人民膳食结构的改善是一件大事，是一件利国利民的好事，从现在起就应抓紧。

（作者工作单位：国家统计局工交统计司）

1987年中国人口的婚姻概况

武海波　陈越良

1987年，已婚人口比重继续上升，未婚人口比重下降；全国登记结婚有924.7万对，结婚率为17.2‰；准予或判决离婚有58.1万对，离婚率为1.1‰。自主的合法婚姻占主导地位，家庭基础比较巩固，人们的恋爱观、婚姻观、生育观都发生了可喜的变化。但是，有些地方早婚早育、不登记就以夫妻关系同居，婚事大操大办等婚姻陋习还相当严重。在婚姻家庭领域里，改变旧的封建传统观念和抵制资产阶级思想的影响，任务还很艰巨。

未婚人口比重下降

据1987年全国1%人口抽样调查统计，我国15岁及15岁以上的人口中，未婚人口有20 575.8万人，占27.05%。未婚人口比重比1982年第三次全国人口普查时下降了1.52%。其中，男性未婚比重为30.95%，女性未婚比重为23.04%，分别降低了1.75和1.17个百分点。20～24岁的未婚人口比重下降的幅度最大，降低了9个百分点。

未婚人口比重下降的主要原因是新婚姻法颁布后，平均初婚年龄提前；另一个是由于人口年龄结构变动。目前，我国正进入人口结婚生育高峰期，20至24岁人口占15岁及15岁以上人口的比重为15.97%，比第三次全国人口普查时增加了4.83个百分点。15岁及15岁以上人口结构的年轻化，给计划生育工作带来更大的压力。

已婚人口比重上升

1987年，我国15岁及15岁以上的人口中，已婚人口达55 500.6万人，占72.95%。其中，有配偶人口为50 161.7万人，丧偶人口为4 956.1万人，离婚人口为382.8万人，分别占15岁及15岁以上人口总数的65.94%、6.51%和0.50%。与1982年全国人口普查比较，已婚人口比重上升由于以下五个原因：

一、婚姻家庭基础牢固，丧偶是造成家庭解体的主要原因。1987年，我国已婚人口中90.38%有配偶，8.93%为丧偶，离婚人口只为0.69%。与1982年相比，有配偶的比重上升了1.23个百分点，丧偶和离婚人口分别下降了1.09个百分点和0.14个百分点。这说明我国家庭婚姻关系的稳定，同时也说明造成家庭解体的主要原因是丧偶。

造成丧偶比重下降的因素有二：一是50岁及50岁以上人口的丧偶比重下降；二是由于50岁及50岁以上丧偶人口再婚人数有所增加。造成离婚人口比重下降的主要原因是由于离婚人口再婚率的上升。

二、平均初婚年龄提前。1987年，男性平均初婚年龄为23.66岁，女性为21.01岁，分别比1982年下降了1.83岁和1.79岁。辽宁省统计局对该省妇女的初婚意向进行调查：目前，尚有42.3%妇女不持有晚婚态度，认为妇女的理想结婚年龄应在22岁及之前。有8.3%的妇女具有早婚观念。妇女的婚姻观念直接影响着其今后的婚姻行为。如果不加强教育，引导转变观念，那么，妇女初婚年龄的下降趋势在近期将不会有所改变。

三、物质生活的改善和医疗保健事业的发展，使50岁和50岁以上的丧偶比重下降。1987年，50岁及50岁以上人口的丧偶比重，男性为15.68%，女性为35.28%，分别比1982年下降了1.57个百分点和3.76个百分点。

四、终身不婚人口有所下降。1987年，我国尚有116万终身不婚人口，占同龄组人口的1.27%，比1982年下降0.08个百分点。其中：男性为2.38%，女性为0.29%，分别比1982年降低了0.18个百分点和0.01个百分点。关心他们的晚年生活仍是一件大事。

五、解决大龄未婚人口的婚姻问题取得一定成效。1987年，由于社会各方面的关心和帮助，30～59岁未婚人口占同龄人口比重为3.10%，比上年下降了0.1个百分点。其中：30～39岁大龄青年中未婚人口比例从1982年的4.41%下降到1987年的3.87%，40～49岁中未婚人口比例从1982年的3.77%下降到1987年的2.85%，50～59岁中未婚人口比例从1982年的1.63%上升到1987年的1.90%。30～59岁未婚人口仍有1 071.1万人，他们的婚姻问题仍需各级政府和有关部门的重视。

登记结婚人数上升

1987年，国内公民之间申请结婚登记的有970.1万对，比上年增长4.85%。其中：符合《婚姻法》准予登记结婚的有924.7万对，比上年增长4.81%，平均每分钟有17.6对夫妇登记结婚，每千人口结婚率为17.2人，不符合《婚姻法》未准予登记结婚的有45.4万对，占申请结婚登记总数的4.68%。

在增加的42.4万对登记结婚者中，四川、广东、广西分别比上年增加9.4、8.7和8.1万对，分别占全国增加总数的22.17%、20.52%和19.10%，这三个省增加数占到全国增加数的六成以上。结婚人数增加的原因有二：一是近几年来进入法定婚龄人口数量显著增长。据国家统计局的有关材料表明，当年进入婚龄的人口，1982年为1 526万人，1983年为1 903万人，1984年为2 010万人、1985年为2 558万人、1986年为2 522万人，1987为2 315.8万人。二是平均初婚年龄提前。

1987年，从结婚登记的状况看，表现出如下二个特点：

一、自主的合法婚姻占居主导地位。据典型调查，在已登记结婚的夫妇中，自由恋爱结合的占20%左右；经人介绍相识、自主决定结合的占70%左右；由父母亲友包办，本人默认的占10%左右。

二、结发夫妇白首偕老观念十分牢固。1987年，初次登记结婚的人数有1 788.1万人，初婚率为96.68%。其中：男性初婚为893.7万人，女性初婚为894.4万人，女性略高于男性。再婚人数有61.4万人，占登记结婚总数的3.32%。其中：男性再婚为31.0万人，女性再婚为30.4万人，男性略高于女性。家庭破裂后，因夫妻关系重圆于好而恢复登记结婚的有37 971对，比上年增长5.06%。

申请离婚人数上升

1987年，国内公民向婚姻登记机关、法院提出离婚的有102.7万对，经调解无效准予或者判决离婚的有58.1万对，分别比上年增长14.88%和14.82%。平均每分钟有1.1对夫妇离婚，每千人口离婚率为1.1人，是建国后离婚数最多的一年。离婚率最高的省份是新疆，离婚率为3.7‰，结婚与离婚比为2.75∶1。

从离婚的调解方式看，经民政部门调解的有23.6万对，比上年增加2.2万对，增长10.28%；经法院调解、判决离婚的有34.5万对，比上年增加5.3万对，增长18.15%，越来越多的婚姻纠纷诉诸法院处理。

目前，离婚率仍有上升趋势。据司法部门统计，1987年经调解委员会调解的婚姻纠纷案达118.8万件。一些地方法院和民政部门婚姻登记机构未结的离婚案件数仍继续增加，婚姻案已成为首类民事案件。

我国离婚人数虽然有所增加，但离婚率仍然是世界上较低的国家之一。这一方面是由于离婚者中再婚和复婚人数增加；另一方面，当年的离婚结婚比率仍是比较低的，1985年为5.52%，1986年为5.74%，1987年为6.28%。

一些地方对离婚案进行了分析，1987年的离婚案有以下几个特点：

一、女方提出离婚的多于男方。如包头市130件离婚案中，由女方提出的有90件，占69.23%。这反映了目前妇女婚姻观念正在发生变化。但女方提出离婚数量多，并不是说责任也多在女方，恰恰相反，多数是起因于男方。如不满夫权思想，犯罪，不务正业，喜新厌旧等等原因，才迫使女方不得不提出离婚。

二、婚后2至5年、26至35岁期间是离婚的高峰期。包头市婚后2至5年离婚的有77对，占59.23%；26至35岁离婚有77对，也占总数的59.23%。离婚的主要原因是婚姻质量不高。从恋爱阶段转入家庭生活后，随之而来的是家务、分配收入、养育儿女、赡养老人等等，不再象恋爱时那么逍遥自在；且这时双方都是年轻气盛，极易产生矛盾，如不能互谅、互让，必然会伤害感情，导致离婚。

三、离婚与职业、文化教养有很大关系。西安市的283件离婚案中，工人离婚的有171件，占总数的60.42%；初中以下文化程度离婚的占61.49%，大学以上的占5.3%。离婚与职业、文化程度密切相关，文化越低，离婚率越高。

四、导致离婚的因素城乡有别。西安市对导致离婚的主要原因进行分析：因家务争执、性格不和、各持己见、互不相容而引起离婚的占28.27%；因“第三者”插足引起离婚的占19.79%；因草率结婚引起离婚的占18.37%；因家庭经济纠纷引起离婚的占15.55%；其他原因的占18.02%。

湖南省统计局对平江、慈利、江华、蓝山、祁阳等五县进行的离婚情况专题抽样调查表明：经济纠纷和婚前了解不够是农村离婚的主要原因，各占16.3%；对方出走引起离婚的占11.6%；第三者插足引起离婚的占9.8%；与家庭其他成员不和引起离婚的占9.8%；对方身体不好引起离婚的占8.6%；对方生活作风不好引起离婚的占5%；无生育能力引起离婚的占

3.9%；对方不务正业的占3.3%；家务分担不均占3%；其他原因占12.4%。

涉外及港澳台同胞婚姻数量有所回升

1987年，涉外及华侨、港澳台同胞在大陆登记结婚的有20 084对，比上年增加19.19%。登记结婚数量有所回升，但尚未反弹到1985年的水平。在广东、福建登记结婚数量最多，分别为15 092对和1 875对。申请离婚的有311对，其中双方自愿离婚的有220对，比上年增长7.32%。

从1987年涉外及港澳台同胞婚姻的登记结果看，有三个特点：

一、多数是国内女性公民与外国人、华侨、港澳台同胞成婚。1987年，国内女性公民与外国人、华侨、港澳台同胞成婚的有18 608人，占成婚国内公民总数的92.81%。

二、多数是国内公民与港澳台同胞、华侨成婚的。1987年，国内公民与港澳台同胞成婚的有18 234人，占成婚国内公民总数的90.95%。

三、多数是初次登记结婚。1987年，涉外及华侨、港澳台同胞婚姻中，初次登记结婚的有37 496人，初婚率为93.35%。再婚的有2 672人，占结婚总数的6.65%。

几个值得注意的问题

破除婚姻陋习的工作，虽然已经取得了很大的成绩，但这项工作发展是不平衡的。在一部分地区，特别是经济、文化比较落后的山区和农村地区，传统的、封建的婚姻陋习还有滋生土壤；就是在一些经济、文化比较发达的地方，由于管理和宣传教育工作薄弱，旧的习俗也时有抬头，并且往往和资本主义腐朽思想交织在一起。当前的主要问题是：

一、早婚、不合法婚姻有上升趋势。据全国1%人口抽样调查的结果测算，1987年不到法定婚龄而结婚的达735万人，比上年增加20.49%，其中女性达263.3万人；在晚婚年龄（男25岁、女23岁）以前有配偶的达3 545.4万人，其中女性达1 571.5万人。给计划生育工作带来很大压力。安徽省肥东县八斗乡，有28对青年结婚，办理登记手续的只有4对。

二、"订小亲"、"换亲"、"转亲"等包办、买卖婚姻，在一些地方呈蔓延之势。据陕西省妇联对几个县调查，有的乡小学生订亲的占学生总数的82.25%，学龄前儿童定婚的占同龄儿童的11.67%。河北省一个县对两个村的调查，1984年到1986年通过换亲结合的占结婚总数的7.4%。一起转亲涉及的家庭，少则二、三户，多则十几户。

三、婚事大操大办，超前消费之风已成为社会公害。哈尔滨市一年结婚费用的开支达8 000多万元。据中国消费者协会1986年对河北、山东、辽宁、湖北12个县1 167对近年结婚的农村青年调查，每对平均结婚费用达4 827元；对20个城市2 000名青年调查，每对结婚费用达5 069元。婚事超前消费，一方面加剧了社会产品的供求矛盾；另一方面，给众多青年和他们的父母带来不堪忍受的经济负担和精神负担。

（作者工作单位：民政部综合计划司）

1987年中国人口教育概况

胡伟略

中国人口教育，包括高等院校的人口学教学与研究、教育学院的人口师资训练、中等学校的人口教育和计划生育部门的教育工作。下面我们将对1986、1987年我国人口教育的发展予以概述，并对有关问题谈谈看法。

一、发 展 情 况

（一）高等院校人口学教学与研究发展概况。

这几年我国高等院校在人口学教学研究方面的机构建设和人才培养上有了较快的发展。全国高校共设有人口学教学与研究机构34个（其中研究所15个），分布在全国22个省、自治区、直辖市，共有专职研究人员400多人，还有一批兼职人员，并已形成有学士点（2个）、硕士点（8个）、博士点（5个）以及各种培训班、短训班的人口学多层次机构、多种教学形式的教学培训体系。人口学专业在校学生有300多人。各高等院校为计划生育实际部门举办的各种培训班、代培班、短训班等更多，每年都有几百人参加培训。人口学专业出国留学生近100人，学成回国的有30多人。中国人民大学、华东师范大学、南开大学、西安交通大学、西南财经大学已成为人口学的博士点，这对培养人口学高级人才，将会起到很好的作用。

高校在人口科学研究方面也取得了很好的成绩。这主要表现在：初步建立起以人口理论、人口统计学为主要内容的人口学理论与方法体系，建立了人口经济学、人口地理学、世界人口、计划生育学等主要分支学科。通过对这些学科领域的深入研究，为制定和执行以控制人口数量、提高人口素质为主要内容的人口政策提供了依据和咨询，同时对许多现实的人口问题开始做了较深入的调查与研究，为人口发展与经济、社会、生态环境的发展相协调等提供了一些有价值的研究报告，撰写了一批论文、专著。此外，还广泛地开展了对外学术交流，举办了一系列国际性的学术会议。高校在人口学研究方面所取得的主要成果，撰写的大量论文、论著、译著和资料工具书主要有：《人口理论教程》、《人口统计学》、《人口学辞典》、《人口手册》、《人口经济学》、《人口社会学》、《中国人口地理》、《世界人口地理》、《人口地理》、《中国人口增长的分析》、《抽样调查基本知识》、《京津唐地区大城市人口的控制与疏导问题》、《京津唐地区农村人口向城镇转化的分析》、《上海2000年前人口预测和控制》、《广东省农村2000年劳动力结构与智力结构的预测》等。《中国人口丛书》到目前为止，已出版10几本分册。

（二）教育学院人口教师培训和中学人口教育发展情况。

近两年，我国教育学院在人口教师培训和中学人口教育方面，做了许多工作。

1. 人口教育师资培训工作。承担中学人口教育师资培训工作的13所教育学院1986、1987两年共培训师资5 000多名。培训形式除了举办一些脱产的短期培训班外，许多省、直辖市的教育学院已把人口科学课程纳入政教专业、地理专业、生物专业、教育行政管理专业的课程设置中，使在校学习的学员有机会接受人口科学知识的训练。毕业后，他们既能从事有关专业的教学，又能讲授中学人口教育课。这种正规的培训方式，既保证了师资培训的数量和质量，又扩大了在校正规学习的学员的知识面。有的教育学院（如陕西、山东、湖南）开办了人口教育大专班，兼收人口教师和计划生育干部，学制二年，进行较系统的培训。有些教育学院（如辽宁、河南、广东、四川、北京等）还走出去，到基层组织人口教育教师培训班。1986年11月，北京教育学院还派出教师到天津市培训人口教育教师，帮助开展人口教育试点工作。

2. 中学人口教育工作。全国进行人口教育试点的中学普遍开设了人口教育课。据不完全统计，这两年，每年约10 000多名学生接受了人口教育。除了试点中学以外，进行人口教育试点的省、直辖市还推动许多其它中学也不同程度地开设了人口教育课。试点中学都是采取单独设课的方式进行人口教育，使用人民教育出版社出版的全国统编教材《人口教育》，总共授课16～18课时。其它中学的人口教育有几种形式：单独设课；在政治、生物、地理课中结合进行讲授；开设几次讲座。学习结束时，大都采取各种灵活方式进行考核，许多学校把人口问题作为专题进行社会调查。通过这种社会实践活动，加深了学生对所学人口科学知识和我国人口政策的理解，培养了学生的实践能力，提高了学生学习和教师教学的积极性。

3．人口教育全国性的会议和学习。这两年，人口教育方面全国的、部分省市的培训班、会议、竞赛、评选等活动很多，主要有：

（1）人口教育监测与评估培训班。1986年7月、1987年8月，国家教委中学司与联合国人口活动基金、联合国教科文组织亚太地区办事处合作，分别在江西、山东举办人口教育监测与评估培训班。教学内容有：人口教育监测与评估的原则和方法，人口教育测试题的编制，测试结果的数据分析等。学习期间，学员们还到附近的中学进行实验，并写出了实践报告。这两期培训班，每期都有学员60多人。

（2）中学人口教育管理干部讲习班。1986年10月，国家教委中学司在四川省新都县举办了中学人口教育管理干部讲习班，学员10多人，他们是人口教育试点省、市教育行政部门的有关负责干部。通过国内外专家的讲授和自学，使他们了解人口教育的目的和内容，提高对这门学科重要性的认识，以便进一步改进对人口教育工作的管理和领导。

1987年5月，国家教委中学司在甘肃省兰州市举办人口教育管理干部培训班，由甘肃、青海两省和宁夏回族自治区的教育行政部门的干部和试点中学的领导、教师参加，共10余人。这两省一自治区是我国和联合国达成协议，作为人口教育项目（P38项目）新增加的试点省、区。这样，到1987年，我国正式参加中学人口教育及师资训练项目的省（直辖市、自治区）已达到16个。这次培训班，主要是学习人口教育的知识，介绍试点单位的经验，研究自已省、区的规划。

（3）全国人口教育经验交流会。1987年3月在广州召开了全国人口教育经验交流会。参加会议的有全国所有试点省、直辖市、自治区的教育学院、教育厅（局）和试点中学的代表。会议内容是总结工作，交流经验，研究当年工作。国家教委中学司人口教育项目主任、联合国人口教育项目官员，都在会上作了有关报告和讲演。

4．纪念世界人口50亿日开展的活动。1987年7月11日为世界人口50亿日，为了响应联合国有关呼吁，我国人口教育方面也开展了几次较大型的纪念活动。

（1）人口教育宣传画、招贴画比赛。1987年6月初，在试点的各省、直辖市、自治区选送的基础上，国家教委中学司聘请了有关的专家、美术特级教师等，评选出34幅获奖作品，其中：一等奖5幅，二等奖10幅，三等奖19幅。参赛的都是接受人口教育的13～17岁的中学生，他们的作品，无论思想内容，还是艺术修养，都有一定的水平。这项活动很受学生欢迎，许多美术老师参加指导，推动了学校第二课堂教学，培养了学生多种兴趣和能力，并使他们从小就关心世界人口增长问题。

（2）全国人口教育知识电视大奖赛。在各省、市比赛和选拔的基础上，1987年7月下旬在北京进行了笔试，选出了四个队，最后在中央电视台进行决赛。最后决出：第一名北京15中，第二名辽宁省海城高中，第三名陕西省西安83中和江苏省扬州中学。这项活动得到国家计划生育委员会的大力支持。由当时健在的全国人口学会会长、著名经济学家、人口学家许涤新颁奖。这项活动得到联合国有关组织的好评，并在社会上产生了良好的影响。

（3）中学生人口教育小论文评选。1987年12月，由北京教育学院主持，聘请了各方面的专家，对全国试点省、市选送报来的170篇小论文进行了认真的、民主的评选。结果评出：一等奖4篇，二等奖13篇，三等奖23篇和纪念奖26篇。这些小论文尤其是获奖小论文，选题广泛，资料丰富，大多数都进行了社会调查，有的文章颇有新意。北京景山学校学生吴限、邹燕红运用计算机进行的人口预测，吉林省吉林12中学生卢雪飞写的人口迁移的文章，还有其他一些文章，都得到了与会专家的好评。《中国计划生育报》选登了6篇小论文。

5.国际合作与交流。1986年4～5月，由联合国教科文组织亚太地区办事处主持，我国选送了四名人口教育教师到菲律宾大学学习了人口教育的有关专题。1986年9月，我国政府官员出席了在泰国首都曼谷召开的亚太地区人口教育协商会议，这次会议提出人口教育应增加青春期教育、人口老龄化问题等内容。

1987年12月初，我国人口教育项目接受了联合国的中期审评。联合国教科文组织亚太地区办事处人口教育顾问沙尔玛博士和联合国人口活动基金纪宝康先生，对北京、西安、南京、无锡、上海、广州等地的中学人口教育及师资训练，进行深入的检查和审评。沙尔玛博士代表审评组撰写了审评报告，对我国人口教育表示满意，并提出了一些建议。

1987年我国还接待了印度、印度尼西亚等国的人口教育考察组。这些活动进一步加强了我国和各国人口教育的合作与交流。

（三）计划生育的教育工作。

计划生育干部的教育和培训工作，这几年有很大发展。办学形式多样化，主要形式有5种，即大中专学历教育、高等学校人口学专业自学考试、先进工作者学历或非学历培训、短期培训班和出国进修。

大中专学历教育方面，全国有两所专门的计划生育管理干部学院，即南京计划生育管理干部学院和四川计划生育管理干部学院。南京计生管理干部学院1987年已毕业129人，1988年继续招生。四川计生管理干部学院在校学生有100多人。另外，全国还有22所高等院校承担计划生育干部的委托代培，学制二年，1987年共毕业600多人。这是由计划生育部门支付经费，高等院校承担的。全国共有10个专业，如计划生育管理、统计、会计、遗传工程等。这种委托代培关系今后发展越来越少。还有是中专学历培训，全国有13所中专，国家计划生育委员会直接掌握3所，其他的由地方计划生育部门管理。到1987年底，中专在校学生近1 000人。这种中专学历培训，需求量大，符合实际，可能成为今后发展的重点。

短期培训班是计划生育教育工作最普遍最灵活的一种形式。从中央到地方各级都可以举办，分级负责，时间不等，内容服从需要。每年有近百万人接受这种培训。地市劳模、先进工作者培训班，主要补习文化课，发高中毕业证书，提高计划生育先进人物的文化科学水平。共举办了三期，有500多人学完毕业。另外，到1987年底为止，我国已派出近100人到国外学习进修。

1987年10月，全国有4 000多名考生，其中有很多是计划生育干部，参加了高等教育人口学专业自学考试。但成绩不平衡，及格率并不太高。到目前为止，已考过的课程全部及格的只有300多人。要等到1990年，这个专业的全部课程才能考完。这项活动，投资很大，并不经济。不过这也是自学成才的一种形式。从去年考生的答卷分析来看，选择题、填空题及格率最高，判断题、论述题及格率最低，名词解释题、简答题及格率一般。这说明，要搞好这种自学考试，一般知识水平已经具备；而深入的科学知识和理论，则需要化大力气进行认真的教与学，才能很好掌握。

二、问题研讨

近几年来，我国的人口教育，无论是大学人口学培训与研究、计划生育教育工作，还是中学人口教育及其师资训练，都有广泛的发展，并取得了很大成绩，得到了国内外公正人士的好评。但从进一步推进人口教育的发展来看，有些问题应及早进行研究，并制订可行的规划。

（一）大学人口学教学与研究方面的发展和深化问题。目前大学的人口学教学，主要是在人口学系和人口学专业方面。实行计划生育，控制人口数量，提高人口质量，是我国一项基本国策。改变我国广大人民群众的传统生育观是一项长期的任务，应当在青年学生中广泛地进行人口科学知识和人口政策的教育。所以，应当考虑在大学的全体学生中普遍开设人口学概论课，作为一门公共必修课，发挥它应有的作用。而且，在与人口科学发展有关的专业中，还应增设较深的人口科学的分支学科。考虑到今后中学人口教育要长期地坚持下去，而目前教育学院的人口教师培训带有临时的性质，应当在师范院校的有关专业，譬如政教专业、生物专业、地理专业等，开设人口科学课程。这样，毕业后任教的中学教师，就能直接承担中学人口教育课。教育学院以后就可以多搞一些知识更新，编写有关的参考资料，提高教学水平。

大学的人口学研究要针对中国现实的人口问题。现在科学研究工作要从需要出发，要有需求地研究。中国的人口学研究要解决中国的人口问题，这无疑是很有指导意义的。当然，必要的学科建设的有关教科书，高质量的教材，也还是应当组织编写出版的。

（二）教育学院人口教师培训的巩固和发展问题。过去，省、市、自治区一级的教育学院没有这方面的教师，没有开展这项工作。从1980年以后，我国现在已有13所教育学院设立了人口教研室，总计有50多名教师，几年来完成了大量的人口教育师资的培训工作，编写了许多教材、书籍，开展了很多活动，取得了相当大的成绩。但是，由于某些片面追求升学率的思想影响，单纯重视发展中学教育中的主科，使得教育学院的人口教师的教学与研究，虽然对教育学院来说已是一门发展较快的新兴学科，但仍然得不到足够的重视。随着中学教师中有大学学历人数的增多，教育学院已开始面临生源不足，这就要求改变教育学院单纯抓学历培训的方向，而大力提高中学教师的素质，发展新兴学科的内容。人口学教师的教学与研究正是走在了前头。有发展才能更好地巩固，教育学院人口教师队伍，应在现有工作的基础上，向各分支学科发展，完成较深入的人口教育教师培训，有条件的还应发展人口教育专业。

（三）中学人口教育的课程设置、教学内容的发展问题。目前，中学人口教育还处在试点阶段，课程设置和教学内容都还不稳定。1986年11月，受国家教委的委托，人民教育出版社在湖南长沙召开了中学人口教育教学内容研讨会，全面地研究了未来我国中学人口教育的课程和教学内容等。

国家教委制订的九年制义务教育教学计划规定：人口教育在初中阶段不单独设课，在思想政治课、地理课和生物课中结合进行。高中阶段，在部分学校开设必修的或选修的人口教育课，一般学校仍然在有关学科中结合进行。目前已经落实的是在初中三年级的《中国社会主义建设常识》课中有一章，用6课时讲授中国人口状况、中国人口问题和中国人口政策。其他学科中，都是原来已有的内容。高中是否开必修或选修课，目前还没有完全落实，还望各方人士予以关注。

（四）计划生育教育工作的发展问题。这属于成人教育，也是很重要的人口教育工作。受教育的对象主要是各级计划生育管理干部和计划生育医疗技术人员。对计划生育管理干部的教育，应从实际出发，以岗位培训为主，在目前干部已有的文化和管理水平的基础上逐步提高，不必一下子追求高学历，学习成绩和实际工作能力的提高都重要。医疗技术人员的教育应大力加强，尽快提高，掌握最先进的计划生育医疗技术。这两部分人员的教育，还应包括工作方法和职业道德方面的内容。此外，从实际需要和大多数人员的水平出发，还应大力发展中专以上的教育工作。实践表明，各种短期培训班是计划生育教育的一项最普遍最灵活的形式，搞好培训班，需要加强同高等院校和科研单位的合作。

（五）各种人口教育之间的配合问题。这几年，各种人口教育之间的配合有一定的发展。但由于体制的原因，楚河汉界，泾渭分明，主要发展还是各人搞各人的。这样重复劳动很多，经费开支浪费不少，缺乏协调和统一管理。中学人口教育，从1990年开始将有更大的发展，全国绝大多数省、直辖市、自治区都要开展人口教育。联合国有关组织很重视，预计第三周期人口教育项目中，中学人口教育项目的合作投资将增长几倍。可是，我国自己的合作环境并没有根本改善。中学人口教育，无论对大学人口学的发展，还是对计划生育工作，都是重要基础。有远见的人士提出，应当像普及法律常识那样，也要普及人口学知识。大学和计划生育部门都要考虑巩固和发展中学人口教育。学校人口教育应和计划生育教育工作密切配合，使我国计划生育工作提高到一个新的水平。大学人口学的研究应与科学研究单位密切配合，切实研究中国的人口问题。我们多次呼吁，全国应有协调和统一管理各级人口教育的机构，使人口教育形成一个有机的体系，发挥最大的教育效果。

（作者工作单位：中国社会科学院人口研究所）

1987年中国人口受教育程度的提高

周 贝 隆

一、小学基本普及，12岁以上人口中文盲、半文盲减少1500万，比重由1982年的31.9%下降到25.6%

1987年，全国共有小学在校生12 835万人，大大超过学龄儿童数，毛入学率（为在校生与学龄儿童数之比。我国各地小学学制五、六年并存，在计算学龄儿童数时分别相对应用7～11岁或7～12岁人口数计算）达120%。学龄儿童入学率达97.1%（比上年提高0.7%），在校生年巩固率达97.2%。就规模看，我国小学教育已基本普及。1987年小学毕业生2 043万人，约相当于12岁人口的94%。如果以念完小学四年为脱盲标准，则达12岁时的新文盲率将不致超过3%。过去三十几年我国在青壮年中扫盲花了不少力气，1982年人口普查，50年代20～30

岁的青壮年已是60～70岁，文盲率仍旧是80%左右，可见成人扫盲收效甚为有限。因此，普及小学是消灭文盲的根本途径。

为了研究5年来我国人口中的文盲率起了多大变化，表1列举了1982年的有关统计数据，并根据按年龄死亡率和每年龄段的文盲、半文盲率，计算出原有文盲、半文盲因死亡而减少2 070万人（见表1）。

表1　　全国1982年按年龄分组的文盲、半文盲人口数

年龄（岁）	人口数（万人）	文盲、半文盲数（万人）	文盲、半文盲占人口比重%	1982～1987五年死亡人数(万人)			
				人口数	文盲、半文盲	初中文化程度	高中文化程度
总　　计	74 580	23 793	31.90	3 060	2 070	220	80
12	2 650	254	9.60				
13	2 824	279	9.87				
14	2 452	245	9.99				
15～19	12 531	1 178	9.40	62	6	30	10
20～24	7 431	1 064	14.32	48	7	16	14
25～29	9 259	2 078	22.44	69	16	21	9
30～34	7 296	1 917	26.27	69	18	16	4
35～39	5 420	1 520	28.04	75	21	16	4
40～44	4 838	1 877	38.80	89	34	13	5
45～49	4 736	2 472	52.20	140	73	13	5
50～54	4 085	2 518	61.64	180	111	14	4
55～59	3 391	2 302	67.89	325	220	19	6
60以上	7 666	6 087	79.40	1 953	1 562	60	17
其中：60～64	2 738			256			
65～69	2 127			436			
70～74	1 435			373			
75～79	861			405			
80～84	371			252			
85以上	344			231			

1982年7～11岁人口到1987年已加入到12岁以上人口的行列，总数为1.23亿人。这部分人中带来的新文盲、半文盲以5%计（可能偏高），为600万人。

因此，1987年全国12岁以上人口中的文盲、半文盲数当约2.23亿，比1982年减少1500万人。这个数字尽管未计成人扫盲的成果，但却与1987年1%抽样调查的结果大体吻合（据统计，1982～1987年成人扫盲共有1 559万人达到脱盲，如将这个数字全部计入，则12岁以上文盲将减少3 000万而不是1 500万人）。

根据国家统计局的资料，1987年全国12岁以上人口为8.42亿，文盲、半文盲在12岁以上人口中的比重已从1982年的31.9%下降到26.5%，下降了5.4个百分点，下降幅度不算小，达17%。

二、中等教育文化程度的人口净增七千余万，共达3.19亿人

6年来，初中累计招生8 145万人，毕业6 135万人；高中累计招生2 095万人，毕业1 620万人（见表２）。按照1982年人口普查的口径，初、高中在校生分别计入初、高中文化程度人口。可以认为，上述累计招生数将导致对应文化层次人口的增加，而高中招生数、高校毕业

表2　6年来中等学校发展情况　（万人）

	初中		高中		中专	
	招生	毕业	招生	毕业	招生**	毕业
1982	1 363	1 032	322*	324*	18	45
1983	1 317	960	336*	257*	22	38
1984	1 303	950	356*	218*	27	38
1985	1 349	998	374*	238*	38	43
1986	1 402	1 067	355	272	45	50
1987	1 411	1 128	352	311	52	58
总计	8 145	6 135	2 095	1 620	202	272

＊包括农职业中学、其中少量农职业初中数字未剔出。

＊＊中专招生数中未包括招高中毕业生（表2、表3数据处理：林云裳）。

生数将分别导致初中和高中（含大学肄业或在校）文化程度人口相应减少。再扣除死亡数（见表1），则可得出：

初中文化程度人口净增5 588万，达2.34亿人；

高中文化程度（包括大学肄业或在校）人口净增1 657万人，达8 460万人。

表3　1987年我国中等教育文化程度人口　（万人）

	1982	1987	增加幅度%	年平均递增%
初中	17 805	23 400	31.4	5.6
高中(含高校肄业)	6 803	8 460	24.4	4.5

三、专门人才迅速增长，达2 221万人

专门人才的定义为：具有中专及以上学历或技术员以上的职称者。

1983年6月30日全国专门人才现状调查的结果①为：

研究生毕业：3.9万

本科毕业：218万

大专毕业：182万

① 1982年人口普查的大学毕业生为442万人，较实际多出40万人。造成误差的原因主要是人口普查时难以坚持严格的规范所致。

中专毕业：819万

有职称无中专以上学历：181万

共计：1 404万人。

这几年，我国高教事业发展很快，全国拥有的专门人才数到1987年底已增至2 221万人（见表4）。表中1983年6月的数字系全国调查汇总数。遗漏约1%，此处为补遗后的数字，故与表中所列尾数稍有出入），年平均增长率高达9.7%。其中：

中专毕业：增至1 188万，年平均递增7.8%；

大专毕业：增至395万，年平均递增16.8%；

本科毕业：增至341万，年平均递增9.5%；

研究生毕业：增至10.2万，年平均递增21.1%。

表4　　1983～1987年专门人才拥有量的变化　　（人）

			1983年6月调查	1983年12月	1984年	1985年	1986年	1987年
研究生	补毕业生			4 497	2 756	17 004	15 505	24 384
	死亡			117	259	285	331	381
	拥有量		39 089	43 469	45 966	62 685	77 859	101 862
本科生	补毕业生数	普高		252 527	204 248	201 885	227 764	252 973
		成高		17 500	21 067	35 112	30 620	43 235
		合计		270 071	225 315	236 997	258 384	296 208
	死亡			4 667	10 462	11 597	12 490	13 511
	拥有量		2 157 027	2 422 431	2 637 284	2 862 684	3 108 578	3 391 275
专科生	补毕业生数	普专		82 773	82 689	114 499	165 028	278 957
		成专		118 700	142 869	311 919	419 434	438 076
		合计		201 473	225 558	426 418	584 462	717 033
	死亡			2 850	6 121	6 573	7 068	7 602
	拥有量		1 809 695	2 008 318	2 227 755	2 647 600	3 224 994	3 934 425
中专生	补毕业生数	普中		375 353	375 864	428 680	496 055	577 800
		成中		604 000	167 477	171 293	267 674	345 806
		合计		979 353	543 341	599 973	763 729	923 606
	死亡			10 844	23 191	24 756	26 543	28 435
	拥有量		8 107 722	9 076 231	9 596 381	10 171 598	10 908 784	11 803 955
无学历	死亡			4 385	9 494	10 291	11 118	12 059
	拥有量		1 790 671	2 000 308	2 144 539	2 327 424	2 560 343	2 842 839
合计	有学历		12 113 533	13 550 449	14 507 386	15 744 567	17 320 215	19 231 517
	专门人才		13 904 204	15 553 530	16 651 925	18 071 991	19 880 558	22 074 396

＊毕业生系统计数字；死亡数系用按龄死亡率计算；无学历数系假定与有学历数同步增长推算。本表数据处理：杨晓青

（作者工作单位：国家教育委员会教育规划研究室）

中国人口城镇化水平剖析

王向明

80年代以来，我国人口城镇化的速度大大加快，超过了50年代、60年代和70年代，特别是1984年以来更有了突飞猛进的发展。因此，人口城镇化的水平显著提高；但是，近几年，市镇人口统计数字有些年份显然偏大，这样就出现了人口城镇统计水平与实际水平差异悬殊的问题。当前我国人口城镇化究竟达到什么水平，这个水平与我国工业化水平之间的关系，与过去30年相比，有何重要的变化？与外国比，我国这个水平究应如何评价？本文拟在分析城镇人口统计数字并适当调整部分年度（1980年以后）数字的基础上，对上述问题进行一些探索和论证。

一、中国人口城镇化水平的分析和验证

在论述这个问题之前必须先对市镇人口统计数字作些分析。1980年到1987年，我国市镇人口由19 140万人增加到50 362万人，平均每年增长14.8%，即增加4 460万人，其中城市总人口平均每年增长9.4%，镇总人口平均每年增长24%。市人口增长最快的是1983年，增长了19.8%；镇人口增长最快的是1984年，增长了1.16倍（见表1）。

表1　　市镇人口的变化

年　份	市镇总人口（万人）	市总人口（万人）	镇总人口（万人）	较上年增长　%		
				市镇总人口	市总人口	镇总人口
1980	19 140	13 447	5 693	3.5	3.9	2.5
1981	20 171	14 332	5 839	5.4	6.6	2.6
1982	21 131	14 940	6 191	4.8	4.2	6.0
1983	24 150	17 895	6 255	14.3	19.8	1.0
1984	33 136	19 559	13 577	37.2	9.3	117.1
1985	38 446	21 611	16 835	16.0	10.5	24.0
1986	44 103	23 060	21 043	14.7	6.7	25.0
1987	50 362	26 111	24 251	14.2	13.2	15.2

资料来源：《中国统计摘要》（1987年）《中国人口年鉴》1985，1986；
《全国分县市人口统计资料》1986，1987。

近几年市镇总人口的猛增，除了由于改革开放推动了生产力的发展和商品生产的扩大，为市镇人口的增加提供了就业机会和生产、生活所必须的物质条件外，也与市镇建制的改变和行政区划的变动所引起的统计范围上的变化有关。后述非经济因素导致市镇人口的猛增，混淆了城乡人口的正确划分，使城乡人口问题及与之相关的问题的研究遇到了困难。要正确反映我国人口城镇化的实际水平，必须消除这种统计上的偏差。

近几年市镇总人口虚假地猛增，集中反映在市镇总人口中非农业人口比重迅猛下降，而农业人口的比重迅猛上升。市总人口中非农业人口的比重，50年代到70年代一般占70～80%，80年代则急剧下降，1980年为70.3%，1987年骤降至49.7%，7年之间非农业人口比重下降

了20.6个百分点，而农业人口比重相反地由29.7%，上升到50.3%，即上升了20.6个百分点。镇总人口中，非农业人口的比重，50年代到70年代一般在75～80%之间，80年代以来迅猛下降，1987年降为26%，倒挂的程度更甚。从市镇的生产、生活需要看，市镇总人口包含一定比重的农业人口是难免的，也是必要的。但是，农业人口比重过高，实际上是将大量非城镇型的农村居民强纳入市镇人口中，这无异于虚夸了市镇人口的数量，不利于各项城乡关系问题的研究，反映不了人口城镇化的实际进程和水平。为此，近几年市镇总人口中农业人口的过高比重应予以压缩、调整。根据历史情况并参照过去我国城乡划分的有关规定，照顾到历史数字的可比性，现按市镇总人口中农业人口比重不超过30%为上限，对1981年以来各年市镇总人口进行了试算和调整，作为对本题立论的依据（见表2）。

表2　　市镇人口调整数①（1981～1987年）

年份	市镇总人口（万人）	为上年%	市总人口(万人)	为上年%	镇总人口(万人)	为上年%
1980	19 190	100.0	13 497	100.0	5 693	100.0
1981	19 879	103.6	14 040	104.0	5 839	102.6
1982	20 694	104.1	14 480	103.1	6 214	106.4
1983	21 591	104.3	15 360	106.1	6 231	100.3
1984	23 841	110.4	16 373	106.6	7 468	119.9
1985	25 672	107.7	17 500	106.9	8 172	109.4
1986	25 988	101.2	17 469②	99.8	8 519	104.2
1987	27 309	105.1	18 534	106.1	8 775	103.0

① 市镇人口调整数按非农业人口在市镇总人口中的比重不低于70%，由此将总人口中包含的超过30%的农业人口挤出。

② 这一年市总人口少黑龙江省新建6个市的数字，故略偏低，影响了本年和下年的速度。

资料来源：同表1。

按表1试算调整的数字，1987年市镇总人口为27 309万人，占全国总人口的25.2%；市总人口为18 534万人，占全国总人口的17.1%；镇总人口为8 775万人，占全国总人口的8.1%。

按调整后的数字计算，在1981～1987年期间，市总人口增加了5 037万人，镇总人口增加了3 082万人，市、镇合计总人口增加了8 119万人。这期间，按市人口自然增长率计算，市镇自然增加人数为906万人，只占上述7年市镇总人口增加数的11.2%。这就是说接近90%的市镇增加人口，即约7 210万人属于机械增加，这部分增加人口实际上来自农村。

上述调整后的市镇人口也有偏低的一面，而需补进的一部分人口，就是实际上已脱离农业而从事非农业经营，在小城镇劳动甚至大部分时间在小城镇居住的乡镇企业的劳动人口。根据国家统计局的统计，1987年乡镇企业从业人员共计4 700万人，加上未包括在乡镇企业而在小城镇从事非农业经营的人员，为数不小。估计应补进小城镇人口的实际在小城镇从事非农业经营的劳动力及其家属人口约达5 000～6 000万，将此数加入调整后的市镇人口（27 309万人），实际市镇总人口约达32 309万到33 309万人，占全国总人口的比重约达29.9%～30.8%。

调整后的市镇人口数可信度多大？这里根据1986年中国社会科学院人口研究所对74个城镇人口迁移和城市化的抽样调查资料做一验证。根据74个城镇的调查，各个时期城镇新增人口中来自机械增长的比重差别很大，“一五”计划时期较高，占60.8%，“二五”计划时期只占36%，“文革”十年动乱的后半期（1971～1975年）只有43.5%。十年动乱结束后，比重显著提高，1976～1980年提高到77.1%；1981～1986年达到87.6%的最高峰，同期人口自然增加部分的比重只达12.4%。这个自然增加的比重同上面根据人口自然增长率计算的比重（11.2%）很接近。按此比重推算，1981～1987年市镇总人口增加数中自然增加数为1 039万人，机械增加数应为7 080万人，与前面计算的机械增加人口（7 210万人）只相差130万人。若与补进从事非农业经营而尚未划出农业人口的市镇总人口相比，虽然相差较大，但不能据此否定调整后数字的可信度，因为74个城镇的抽样调查是全国大中小城市和镇的人口抽样调查，而不只是小城镇的人口抽样调查，而上述从事非农业经营未脱离农业户的人口基本上存在于小城镇。再说这是农业人口向非农人口转移中出现的尚待解决的问题，只有通过具体分析来说明。

对于上述根据调整后数字计算的人口城市化水平应如何评价？镇的人口应否包括在城市化水平的计算中？这需要从我国市和镇的定义及其建制标准谈起，并与世界主要国家城市人口标准联系起来比较研究。

根据我国城市建制的规定，建制的市聚居人口一般必须在10万以上，聚居人口不足10万的，必须是省级国家机关所在地，或者是重要的工矿基地，或者是规模较大的物资集散地，或者是边疆地区的重要城镇，并且确实有必要由省、自治区领导的①。

根据1984年调整建镇标准的规定，建制的镇须具备下列标准：（1）凡县级地方国家机关所在地；（2）总人口在2万以下的乡，乡政府驻地非农业人口超过2 000的，或总人口在2万以上的乡，乡政府驻地非农业人口占全乡人口10%以上的；（3）少数民族地区、人口稀少的边远地区、山区和小型工矿区、小港口、风景旅游地、边境口岸等地，非农业人口虽不足2000，如确有必要，也可设置镇的建制②。

由此可见，我国建市的标准是很高的，而建制镇的标准则是较低的。因此，对于计算人口城市化水平最重要的指标——城市总人口占全国人口比重所用的城市总人口应包括镇的人口。如将这部分人排除在外，将难以研究我国乡村人口向城镇转移和职业转变的过程、速度和水平，也难以研究我国人口城镇化的一些重要特点。我国人口城镇化的道路应选择两个层次平行发展的方针，一方面要加强现代化城市的建设，重点发展中心城市③，以适应经济现代化的要求；另一方面要大力发展以县镇为重点的小城镇建设，创造条件，增加就业机会，以解决我国庞大的农业剩余劳动力的出路问题。人口城市化是社会经济发展的产物，又是其重要的条件，它应该服务于和服从于社会经济发展的总的战略目的。因此，城镇建制标准的确定和城市化指标的设计不能背离这个目的和要求。那末，把镇的人口包括在内，计算人口城市化的水平是否会失之标准过低呢？这既需要对我国国情作具体分析，又需要从世界范围作一些比较观察。我国人多地少、人口密度大，作为最低层次的非农业人口的聚居地的人口标准似可高一点；但是，我国幅员广阔，经济发展很不平衡，大部分地区交通不便利，长期形成的县乡政府所在地和基层经济文化中心比较分散，上述建制镇的人口标准对大多数地区来说还是符合现实条件的。

从国际上看，各国城镇人口标准不一，有高有低，但多数国家还是有一个较有国际可比

① 1963年12月7日中央国务院《关于调整市政建制，缩小城市郊区的指示》。

② 见1984年11月国务院批转《民政部关于调整建制镇标准的报告》。

③ 中心城市包括大中城市，发展中心城市主要是指发展中心城市的各项功能，对于超过百万以上的特大城市，其人口还是应加调控的。

性的城市人口的低限。据大卫·斯莱（Davis Slg）1969年对73个国家的人口资料的考察，有85%的国家的城市定义中的人口低限为2 000人到7 500人。有的国家有客观的理由使2 000人成为较合适的低限，有的则以7 500人为较合适的低限①。美国规定的城镇的人口低限是聚居人口2 500人以上，每平方公里人口超过400人。印度城市人口的低限为5 000人。我国前述建制镇的人口标准与世界多数国家比还是相近的。如果把镇的人口排除在城市人口之外，则这种过高的城市人口标准与世界各国倒是很难比较的。

二、人口城镇化"滞后"于工业化状况的转变

我国人口城镇化的进程正在加快，就其与工业化进程的关系来看，80年代以前，人口城镇化的进程和水平相对于工业化来说，可以说是"滞后"的；而80年代以来，这种状况有了很大的改变。下面让我们考察、比较一下两者的速度和水平。80年代以前的30年中，工业的发展虽然几经曲折，并有很大起伏，但是总的说来还是很快的。建国之初工业基础极为薄弱，1952年全国工业职工只有540万人，全民所有制工业固定资产只有110多亿元。经过几个五年计划时期的建设，1980年全国工业职工人数已达3 245.8万人，比1952年增加了5倍；国营工业企业固定资产原值达3 465.2亿元，比1952年增加了29.5倍；工业总产值达4 992亿元（按1970年不变价格计算），比1952年增加17.9倍，生产年平均增长速度，除"二五"计划期间为3.8%外，其它各个时期都超过或接近10%。工业总产值在社会总产值中的比重，1952年占34.4%，1978年占61.9%，1980年占60.3%。

而就人口城镇化的速度和水平来看，则是另一种状态，在1950年到1980年的30年中，市镇人口的年平均增长速度为4.5%。其中，"一五"期间较快，达6.8%，"二五"期间降为3.2%，10年"文革"动乱期间，市镇人口年平均增长速度只达2.1%，还低于总人口的年增长率。直到第5个五年计划期间，市镇人口的年平均增长率才回升到3.6%。市镇人口占全国人口的比重，1949年为10.6%，1952年上升为12.5%，1957年提高到15.4%，其后长期停滞，"文革"10年中这个比重长期停滞于17%左右，直到1978年仍只达17.9%。

80年代以来，市镇人口迅速增长，占全国总人口的比重迅速提高。按压缩调整的市镇人口计算，1981年到1987年，年平均增长速度达到5.2%，超过第一个五年计划期间以外的各个时期（建国之初市镇人口基数小，"一五"计划期间大规模工业建设开始，城市人口增长很快）。从市镇人口增加的绝对数来看，7年中共增加8 119万人，平均每年增加约1 160万人，超过过去各个时期。

这一时期工业生产的增长虽然也很快，年平均增长速度达12.3%；但是相对说来，人口城市化"滞后"于工业化的情况已有较大的改变（见表3）。

80年代以来，人口城镇化"滞后"于工业化状况的转变，总的说是改革开放的结果，具体地分析，主要原因有以下几方面：

表3　工业化与人口城市化速度和水平的比较　（%）

年份	工业总产值年增长率	工业产值在社会总产值中的比重	市镇人口年增长率	市镇人口在全国总人口中的比重
1980	9.3	60.3		19.4
1981	4.3	59.5	3.6	19.7
1982	7.8	58.3	4.1	20.4
1983	11.1	58.0	4.3	21.1
1984	16.3	57.8	10.4	21.1
1985	21.3	58.6	7.7	24.6
1986	11.7	58.7	1.2	24.5
1987	17.7	60.6	5.1	25.2

① 见Sidneg Goldstein and Davis Sly《Barie data needed for the Study of urbanization》P. 21

第一，经济体制改革和有计划商品经济的发展。我国农村劳力过多，生产结构单一，农业劳动生产率和商品率很低，而过多的劳动力又转移不出来，制约着劳动生产率的提高，这种恶性循环使农村的穷困面貌难以改变。70年代末期以来，农业家庭承包生产责任制的推行，使农民的生产积极性空前提高，农业生产大幅度增长，与此同时工副业和各种非农业经营也得到了前所未有的发展，农村生产的专业化、商品化和社会化的进程加快。作为这个过程的结果和表现形式，广大农村出现了农业劳动力游离出来向非农产业的转移，农业劳动生产率和商品率显著提高，许多地区原来封闭、半封闭的半自然经济状态的死气沉沉的局面出现了松动、活跃的新态势。下面就上述三个指标作一些简略的考察。根据国家统计局的统计，我国农村非农产业的劳力1981年为1 882万人，1987年已增加到8 010万人，即增加了6 118万人。农业劳动生产率按年产粮食计算，前30年很少增长，一般停留在1吨上下；而80年代以来，在农业劳力转为非农业劳动者人数日益增加的情况下，农产品的总量却有很大的增加，农业劳动生产率有了较快的提高。例如每个农业劳动力年产粮食1984年增加到1.285吨，1987年为1.311吨。许多地区农业生产专业户的劳动生产率提高得更快。由于农业劳动生产率的提高和商品经济的发展，粮食净收购率80年代以来有迅速的提高。1980年为15%，1982年提高到16.7%，1983年提高到22%，1984年提高到23.2%，1985年回落到15.4%，1986年又回升到25.6%。粮食净收购量1980年为4 797.5万吨，1986年增加到10 010万吨。农产品商品量的增加，为农民向城镇转移从事非农业经营提供了重要的基本生活资料。

第二，城乡人口管理政策的调整。长期以来，在我国中央集权的计划体制下，商品经济没有受到重视，工业化过程中人口由乡村向城市的迁移和流动受到严格的控制。不但有严格的户籍管理，而且还有粮食和食用植物油定点定量供应的限制，这使人口城市化受到行政的过份干预而难以顺畅进行。改革开放形势下，城乡人口移动的管理制度随着经济体制的改革而有了局部的调整，这种调整主要体现在对小城镇人口管理的松动和对各级城市流动人口的放开。1984年10月国务院批转了民政部关于调整建镇标准的报告，适当放松了建镇标准。同年11月又对农民进入集镇落户问题作了如下规定：“凡申请到集镇务工、经商、办服务业的农民和家属，在集镇有固定住所，有经营能力，或长期在企事业单位务工的，公安部门应准予落常住户口，及时办理入户手续，发给《自理口粮户口簿》，统计为非农业人口。”这种规定有些地方实际上放松到县镇。改革开放中各级城市和镇对流动人口基本上都开了绿灯。这些流动人口大多数属于经济活动人口，他们中的建筑工人、手工业者、商贩和从事服务业者（如家庭褓姆等）等等，实际上都参与了城市的经济活动，生活方式也都逐渐城市化。这些人虽属暂住户口，但实际上很多人居住期限往往超过一年或数年，他们中的相当大部份迟早要成为城镇的居民。这些人对人口城镇化是有重要的直接或间接作用的。

当前我国对人口迁移和流动政策的调整还是局部的有限的。这是限于我国的国情和要实现的经济现代化和人口城镇化的目的。我国城乡差别大，大中小城市之间的差别也很大，因此暂时还不能实现人口的完全自由移动。随着经济和改革开放的深入发展，人口迁移和流动的广度、深度和自由度必将日益增加，这方面政策的调整对人口城镇化的作用和意义必将更加显现。当前面临的问题也将以适合我国国情的形式而逐步得到解决。

第三，统包统配就业方针的改革。过去长期片面强调全民所有制的优越性和实行由国家统包统配的就业方针，不但牺牲了就业的经济效益，而且使就业逐渐走入死胡同，使就业岗位与适龄劳动力就业需求的矛盾日益尖锐。这种就业方针也使劳动力人口的流动受到了极大的限制。改革开放政策的实施，使多种经济成份和多种经营方式并存的格局得到恢复和发展，僵硬的就业方针得到了改革。1981年中央提出：“在国家统筹规划和指导下，实行劳动部门介绍就业、自愿组织起来就业和自谋职业相结合”的方针。由于所有制结构和经济结构的调整以及新的就业方针的执行，80年代以来，我国不但解决了“文革”十年动乱中积累下来的待业人员的就业问题，而且使各年新增的劳动适龄人口大都得到了就业安置。根据国家统计局的统计，1980年到1987年，国家累计安置了6 140万人就业，平均每年安置就业人员达到767.5万人。这些被安置的新就业者中城镇劳力达3 766万人，占61.3%。农村劳动力达960万人，占15.6%。从安置去向看，到全民所有制单位的占64.4%，到集体所有制单位的占26.4%，从事个体劳动的占9%。在这种新的就业形势下，留恋大锅饭、铁饭碗的旧的就业意识正受到严重的冲击。这对于城乡之间以及大中小城市之间劳动人口的迁移和流动是有积极意义的。近几年大批农村劳动力向城市和镇的移动；由落后地区向先进地区的移动；不少城乡求职者，特别是青年，主动向经济特区和经济开发区的移动；大中城市中城区的技术人员和各种专业人才通过个人联系，或通过劳务市场，双向选择，达成协议向郊区或邻近小城镇流动，或以星期日工程师等形式输出劳务等等，这些就业上出现的新形式和新气象都是与就业方针的变革有密切关系的。

第四，乡镇工业与小城镇的发展。人口城镇化“滞后”于工业化现象的转变得力于改革开放政策多方面的影响。前面我们已经分别作了简要的论述，这里值得特别提出的是乡镇工业与小城镇相互促进的发展所起的作用。乡镇工业和小城镇的大发展实际上也是改革开放的产物，而它们的发展对于人口城镇化与工业化关系的变化来说，则有十分重要的作用和影响。

乡镇工业是农业剩余劳动力冲破难以承载他们的耕地的束缚，利用可以利用的资源，创造物质财富，改善自己的生产条件和生活条件的一条重要的途径；也是改变传统的二元经济结构，振兴农村经济，促进城乡经济平衡发展的重要途径。工业生产天然需要集中，组织以工业为中心的社会生产和进行适度规模的经营，都需要一定程度的人口集聚和规模不等的大小经济中心，这就对小城镇的相应发展提出了客观的要求。而小城镇的建设又使乡镇工业的发展有了更好的环境和条件。乡镇工业和小城镇如此相互促进的发展就成为改变农村经济面貌的巨大力量，就对改变人口城镇化“滞后”于工业化的状况产生广泛而深刻的影响。

我国农业劳动力严重过剩而又难以有效地顺畅转移，这是人口城镇化“滞后”于工业化的的基本因素，乡镇工业与小城镇相互促进的发展正是改变这种状况的重要途径。在工业化和经济现代化过程中，农村人口要绝大部分转为城镇人口，这是世界各国已经经历和正在经历的事实。农民在这个过程中要实现双重的转变，即职业的转变和居住地的转变。乡镇工业和小城镇的相互促进的发展可以在以亿计的农业劳力难以顺畅地向大中城市转移的情况下，大部分就地、就近实现这两种转变，促进城乡经济的平衡发展，实现城乡两个层次人口城市化的平行发展。这比贫困的乡村与富裕的城市间对立的加深，以及由此引起的乡村人口过多过猛地向大城市盲目移动和随后的回迁与回流相比，有巨大的优越性和更大的现实可行性，这里蕴含的重大的战略意义是不应忽视的。

三、人口城镇化水平与人均国民收入水平

人口城镇化是社会经济发展的产物，特别是工业化的产物。国民收入是社会经济发展水平最综合的指标，国民收入的大幅度提高又是以工业化和经济现代化为最重要条件的。所以

人口城镇化的水平与人均国民收入水平之间存在着很密切的关系。在我国的实践中，这两个指标的关系如何？这是值得研究的问题。先看这两个指标的历史变化及其现状（见表4）。

表4　中国人均国民收入与人口城市化水平的变化

年　份	人均国民收入(元)(x)	市镇人口占总人口%(y)	年　份	人均国民收入(元)(x)	市镇人口占总人口%(y)
1952	102	12.5	1970	209	17.4
1953	114	13.5	1971	218	17.3
1954	118	13.7	1972	219	17.1
1955	123	13.5	1973	232	17.2
1956	137	14.6	1974	230	17 2
1957	139	15.4	1975	245	17 3
1958	167	16.2	1976	235	17.4
1959	177	18.4	1977	250	17.6
1960	177	19.7	1978	297	17.9
1961	125	19.3	1979	293	19.0
1962	115	17.3	1980	308	19.4
1963	123	16.8	1981	319	19.9
1964	141	18.4	1982	340	20.4
1965	160	18.0	1983	370	21.0
1966	183	17.9	1984	416	23.0
1967	165	17.7	1985	462	24.4
1968	150	17.6	1986	489	24.4
1969	175	17.5	1987	527	25.3

资料来源：《中国统计年鉴》1987年；《中国统计摘要》1988；《中国人口年鉴》1985，1986；《全国分县市人口统计资料》1986，1987。市镇人口数，1980年以后各年数字均用调整数。

根据上述两列数字进行回归分析，可得到各个时期不同特点的相关系数如下①：

时　期	相关系数
1．1952～1987年	0.879
2．1952～1965年	0.637
3．1966～1977年	－0.580
4．1978～1987年	0.977

从以上回归分析中可得到以下几点认识：

1．人口城镇化依存于经济发展，它与人均国民收入水平有着密切的内在联系，但是当政治因素驾凌于经济因素之上，对社会经济发生激烈冲击时，人口城镇化与人均国民收入的相关系数就很低，甚至出现负相关。我国"文革"十年动乱中就是这样，这一时期负相关系数竟达－0.580。

2．在经济较快较稳地发展，商品生产逐步扩大时，人口城镇化与人均国民收入的相关系数就较高。1978年到1987年，两者相关系数达0.977就是明显的例证。

3．从我国30多年的实践看，由于一些偶然因素在较长的时期内可以相互抵销，即使有非经济因素的干扰，人口城镇化与人均国民收入变化之间的相关系数还是很高的。从我国的

① 本相关系数的计算得到了中国社会科学院人口研究所计算机室高嘉陵工程师的协助。

实践看，36年平均，两者相关系数达0.879。

4．从当前我国人口城镇化与人均国民收入的相关系数来看，将城镇人口中的虚夸成份消除后加以比较，两者的水平还是相当的。

我国人口城市化与人均国民收入水平（或人均国民生产总值）与外国比较，有共同点，我国也有一些自己的特点（见表5）。

表5　中国与若干发展中国家人口城市化水平和人均国民生产总值比较

	人口城市化水平（%）	人均国民生产总值（美元）
1．城市人口占20%以下国家		
孟加拉	13.2（1982）	150
泰国	17.0（1980）	800
埃塞俄比亚	10.3（1985）	110
肯尼亚	15.5（1979）	290
马里	17.7（1983）	150
2．城市人口占20%～30%国家		
印度	25.0（1985）	270
缅甸	23.9（1983）	190
印尼	22.4（1980）	530
巴基斯坦	28.2（1982）	380
斯里兰卡	28.2（1981）	380
中国	20.6（1982）	310
苏丹	20.2（1983）	300
3．城市人口占30～40%国家		
扎伊尔	35.2（1985）	170
危地马拉	39.1（1982）	1 250
洪都拉斯	39.7（1985）	720
马来西亚	37.2（1980）	2 000
菲律宾	39.9（1985）	580
阿尔巴尼亚	35.8（1985）	
4．城市人口占40～50%国家		
埃及	44.6（1985）	610
毛里求斯	41.7（1984）	1 090
摩洛哥	42.7（1982）	560
赞比亚	40.4（1979）	390
哥斯达黎加	48.4（1984）	1 300
玻利维亚	47.7（1985）	470
萨尔瓦多	43.0（1984）	820
巴拉圭	42.8（1982）	860
土耳其	46.0（1985）	1 080
罗马尼亚	49.2（1984）	
南斯拉夫	46.1（1981）	2 070

资料来源：世界银行《1987年世界发展报告》。

从表5诸国人口城市化与人均国民生产总值水平的比较中可以看出以下几点：

1. 就多数国家总的发展趋势看，人均收入高，人口城市化水平也高；反之亦然。但也有两种特殊情况：一是人均收入不算低，而人口城市化水平却很低，如泰国人均国民生产总值800美元，而城市人口比重只占17%。另一种情况是，人口城市化水平较高，而人均收入较低，甚至很低，如扎伊尔，城市人口比重达35.2%，而人均国民生产总值只达170美元。又如赞比亚，城市人口的比重达40.4%，而人均国民生产总值只达390美元。

2. 人口城市化水平超过或接近40%的国家，人均国民生产总值大都超过800美元，有的超过1 000美元甚至超过2 000美元，而且人口城市化水平超过40%的国家，人均收入的差距会扩大。到本世纪末，按我国人均国民生产总值估计，人口城镇化水平大致将达到40%以上。

3. 发展中的人口众多的大国人均国民收入水平和人口城市化水平大都较低，我国如此，印度、印尼、巴基斯坦、斯里兰卡也大致属于这种类型。

综上分析可以看出，80年代以来人口城镇化速度空前加快，有些年份显得过快，这与城镇人口统计上的口径、范围等变化有关。消除这些因素后，人口城市化水平与经济发展水平还是基本上相称的。局部地区人口城镇化过快或过慢的现象虽还存在，但是从总体上看，工业化超前、人口城镇化“滞后”的现象已大有改善。人口城镇化与工业化相互促进、相互协调的发展应是本世纪余下的十几年和下世纪上半叶的战略任务。在完成这个任务的过程中，急性病和慢性病都应避免。

（作者工作单位：中国社会科学院人口研究所）

二、1987年各省、自治区、直辖市人口发展状况分析

1987年北京市人口发展状况分析

杜午禄

一、人口总量持续增长

1987年末，北京市有常住人口988万人（按户藉人口统计），比1986年末增加16.8万人，增长率为1.73%。其中自然增加11.7万人，占总增加人数的69.6%，迁移增加5.1万人，占30.4%。同1986年相比，自然增加多3.9万人，迁移增加少1.1万人。近5年来，本市人口总量平均以1.7%的速度增长，高于全国平均增长1.24%的水平，在京、津、沪三个直辖市中也居首位。

解放以来，北京市在50年代初和60年代初曾出现两次人口生育高峰，由于人口再生产的惯性作用，60年代初的第二次生育高峰已进入第一轮循环周期，形成目前北京的第三次生育高峰期。近几年北京市结婚人数显著增加。1985年，女性初婚人数为12.2万人；1986年为13.7万人；1987年为13.4万人。与此同时，人口出生数量持续上升，1987年出生人口达到16.9万人，出生率由1985年的12.44‰上升到1987年的17.27‰；而死亡率则相对稳定，1987年人口死亡率为5.39‰。在出生率大幅度上升，死亡率变化不大的情况下，人口的自然增长率逐年上升，1987年达到11.88‰，比1985年提高近一倍。

在实行计划生育的情况下，人口增长除受育龄妇女人数增加影响外，也受着计划生育政策执行状况的影响。1987年北京市人口增长较多，原因之一是远郊县妇女生育率上升，多胎生育比重大。根据1987年7月1日人口抽样调查资料计算，1987年出生人口中一胎率为75.1%，比1986年下降3%，而二胎率和多胎率则分别上升2.2%和0.7%，远郊县的一胎率仅为55.1%，多胎率则高达6%。在远郊县的30岁至49岁育龄妇女中，有一个孩子的只占19.1%，有两个孩子的占44.5%，有3个以上孩子的占34.4%。30多岁已生育4个或5个孩子的也不乏其人，育龄妇女中最多的生育8个。据平谷县8个乡的调查点统计，多胎生育高达17.6%。1987年全市二孩出生近2万人，多孩出生1 364人，分别比1986年增加8.5%和22.2%。促使出生人口增多的另一个原因是育龄妇女生育率的提高。北京市生育峰值年龄已向低龄组移动，因此早婚年龄生育率也呈上升趋势。1986年在15岁至19岁妇女中，生育率高达3.6‰，1987年上升到4‰。

由于对大城市迁移人口实行指令性控制，北京市人口迁移增长趋缓，迁入人口总量有所减少。但由于首都的特殊地位，人口迁移的绝对数量仍然较大。1987年迁入北京市的人口总量为9.5万人，迁出人口总量为4.4万人，增减相抵，实际迁移增加5.1万人，比1986年少迁入1万人，机械增长率为5.15‰，相当于自然增长率的一半。在迁入人口中，非农业人口有8.7万人，其中来自外省市城镇的6.7万人，来自乡村的1.4万人，来自港、澳、台的0.6万人。非农业人口迁入北京市的原因，主要是工作调动、新招收职工、大专学生分配工作等，共有4万人，

占46.8%；其次是来京上大学的有2.4万人，占27.5%；随军、随干家属及投靠亲属的1.5万人，占17.3%。农业人口迁入本市的有0.8万人，主要是外地女青年到本市农村结婚及军人复员回乡。

从以上人口总量增长原因分析，北京市今后人口控制任务仍十分艰巨，预计在1988年内全市常住人口总量将突破千万大关，很难完成规划要求在1988年底把人口控制在千万以内的计划指标。

随着对外开放、对内搞活的经济发展，北京市流动人口与日俱增。根据调查，1987年北京每天流动人口总量已近115万人，其中有70%以上要转为暂住人口，只有30%属于乘火车、汽车、飞机等路经北京临时滞留的流动人口。这些流动人口来自全国29个省、自治区、直辖市，其中以来自河北省的最多，占31.7%；其次是浙江省，占11.5%；安徽、河南、辽宁等省各占5%～7%。流动人口的构成也发生了显著变化，以往在流动人口中，以探亲、访友、投靠亲友、治病等民间往来为主，约占41%，现在这部分流动人口的比重下降到13%，而来京从事经济活动的人口则显著增加，占全部流动人口的68.6%。反映了随着开放搞活的新形势，来京从事经济活动的人口日益增多。此外，来京旅游人数也显著增加，仅国外及港、澳、台同胞旅游者就比1986年增加了8.9%。

在流动人口中，农业人口占相当大比重，约占68%以上，而在1985年只占40.4%。农业流动人口在京主要从事建筑施工、临时工、保姆等工作。由于流动人口的构成变化，在京逗留时间也日趋延长。逗留三个月以上的就有47.9万人，占流动人口总量的一半。从发展趋势分析，逗留时间还将继续延长。

二、人口性别构成男多于女，文化素质有所提高

北京市人口性别构成仍是男性多于女性，在全市常住人口中，男性人口占51%，女性人口占49%，人口性别比为104.2，与前几年相比变化不大。在常住人口中，非农业人口为601万人，占60.8%，农业人口为387万人，占39.2%。

北京人口的文化素质又有所提高。人口抽样调查资料表明，近几年，随着教育事业的发展，受教育人口数增加。文化结构向中、高级方向发展，文盲率则有所下降。1987年北京人口平均受教育年限为8.1年，高于1982年人口普查时7.7年的水平。在有文化的人口中，大学文化程度人口占7.8%，比1982年提高2.5%。每万人中具有大学文化程度的有709人，比1982年的487人增加了45.6%。高等教育的发展带动了中等教育相应发展。每万人中具有中等文化程度的有4 805人，比1982年的4 673人增加了132人，提高2.8%。而小学文化程度人口则相应减少，每万人中有2 281人，比1982年减少339人。除了小学学龄人口（7～12岁）减少外，原有小学文化程度的人口通过各种形式的学习，提高了文化水平。1987年本市文盲及半文盲占6岁及以上人口的12.4%，文盲率比1982年降低1.6%，文盲中大多数是远郊县40岁以上的女性。

三、人口的分布

在全市总人口中，城区及近郊区为670.2万人，占67.8%，远郊县为317.8万人，占32.2%。其中4个城区为240.4万人，占24.3%。人口最多的区为海淀区，常住总人口为121.9万人，其次是朝阳区119.4万人，这两个超过百万人口的大区，其人口占全市常住人口总量的1/4。

1988年北京人口密度为每平方公里586人，其中四个城区为每平方公里2.7万人，人口最稠密的椿树街道、天坛街道每平方公里达到5.4万人。前门街道、大栅栏街道每平方公里达到

4.6万人。随着人口总量的增加，北京人口密度也随之加大。

四、在业人口有所减少，农业人口向非农业部门转移速度加快

根据1987年7月1日抽样调查资料，本市总人口的在业率为57.1%，略低于1982年人口普查时58.8%的水平。其中劳动适龄人口的在业率为83.4%，比1982年下降了2.3%。人口在业率下降的主要原因是近几年普及了初中教育和高校招生额增加，使入学人数增多。在业人口中男性占55.2%，女性占44.8%，性别结构与1982年基本一致，无明显变化。

在业人口主要集中在工业部门，占36.3%，比1982年上升2.2%。随着产业结构的调整，适合首都特点的食品、纺织、缝纫、电子等行业的在业人口发展较快，特别是食品工业在业人口增长了38%。近几年，农村经济发展较快，劳动力结构发生了显著变化，一些从事农业劳动的人口转入工业、商业等部门，农、牧、渔业的人口减少较多。郊区已有近百万农业劳动力离开耕地转向二三产业，而农业部门中则主要依靠女性和老年辅助劳动力。1987年在农业部门中从事农业劳动的女性比重上升到52.5%，比1982年提高了6.8%。

在业人口的平均年龄呈上升趋势，1987年为35.7岁，比1982年人口普查时提高了1.3岁。其中30岁以下的在业人口比重，由1982年的46。2%下降到38.4%，主要受城市人口老龄化的影响。在业人口的文化素质亦有提高，平均受教育年限为9.3年，比1982年的8.8年有所提高。特别是各类领导干部的文化水平提高较快，1987年全市国家机关、党群组织、企事业单位负责人中，具有大学文化程度的占27%，比1982年上升11%，而初中及以下文化程度的比重则下降了13%，说明各级领导干部的知识化水平有显著提高。在业人口文化素质虽有提高，但作为提高文化水平基础的教育队伍自身素质仍不能适应教育工作发展的需要。人口抽样调查资料表明，中等学校中有37.4%的教师文化程度还没有达到大专水平，小学教师中近1/4是初中及以下文化水平，20%多的教师达不到国家规定的文化素质标准。因此，抓好教师队伍的培训对提高整个人口文化素质就显得十分重要。

五、人口的婚姻关系稳定，家庭规模日益缩小

（一）人口婚姻关系稳定。根据1987年进行的“生育力调查”资料，北京市育龄妇女结婚比例较高，婚姻关系稳定。在30～45岁的妇女中，已婚比例都在99%以上；25～29岁妇女中，已婚的也占94.4%；30岁大龄未婚妇女的比例已从80年代初高峰时占4.9%，下降到1.7%的较低水平，前几年社会上出现的大龄女青年求偶难的现象已基本解决。在已婚育龄妇女中，属于一次初婚的占98.4%。在婚姻解体的妇女中，主要原因是丧偶，但丧偶比例也较低，仅为0.8%；其次是离婚或分居，只占0.4%。上述情况说明本市婚姻关系是比较稳定的。在离婚的妇女中，40岁以下的占66.7%，反映了青年妇女随着经济地位的变化，旧的观念也正在改变。当前育龄妇女的婚姻问题中，主要是平均初婚年龄前移。70年代大力提倡晚婚，本市平均初婚年龄后移，晚婚取得了较大成绩。进入80年代后，女青年初婚年龄又有所提前，早婚现象也有所回升。近几年北京市人口初婚年龄提前了1～3岁。据统计20～24岁女青年中，已婚的1985年时占30.8%，1984年时占26.3%，而1987年上升到37%，比重显著提高。女性晚婚率已由1980年的92.4%降至1986年的71.4%，使一些本应在1990年以后出生的孩子提前到“七五”前期出生，缩短了人口再生产周期。

（二）家庭户规模继续缩小，而三代人家庭则呈增长趋势。1987年本市居民家庭户均人数为3.59人，比1982年人口普查时的3.69人减少0.1人，大大低于全国平均每户4.23人的规模。家庭户以3人户最多，占32.7%；依次是4人户，占24.8%；2人户占13.6%；5人户占

13%，6人及以上户占9.4%。此外尚有6.5%的单身户。3人户的比重提高了9.5%，而5人户与6人及以上户则呈下降趋势。

北京市居民家庭结构仍以夫妻和子女组成的核心家庭为主体，占全市家庭户的63.1%；三代及以上的家庭占18.4%；一对夫妻户（二人户）和单身户分别占8.3%和6.5%。同1982年相比，单身户的比重下降1/3，一对夫妇户、两代户和三代户的比重都有不同的增加。随着经济的发展，家庭经济收入增加，家庭成员经济的相对独立程度提高，特别是城市家庭成员在职业、收入、兴趣爱好等方面的差异，小一辈婚后另立门户的比较普遍。加上市场供应某些日用生活必需品有的也以户为单位，这种社会管理方法也在某些程度上促使家庭分户，导向家庭向小型化发展。但近年来，在家庭规模小型化的同时，祖孙三代的直系家庭则呈现增长趋势。1987年三代及以上户占家庭户的18.4%，比1982年人口普查时上升2.6%。年老父母与已婚子女共同生活，由于各自都有收入，经济矛盾不大，在一起又便于照看第三代，致使三代户家庭又有所发展。根据我国客观情况，三代人的家庭结构，不仅有存在的条件，也有社会的需要。本市实行独生子女政策已近20年，70年代初的独生子女都将逐渐进入婚龄，独生子女婚后即使不离开父母独居，也必然有另一方父母要分离出来，形成独自生活的中年夫妇家庭，并逐步过渡为独自生活的老年家庭。预计本市家庭户结构还将沿着规模逐渐缩小、直系家庭有所增加的方向发展。

（作者工作单位：北京市统计局）

1987年天津市人口发展状况分析

余盛昭

一、人口变动状况

1987年天津市人口已达828.7万人，比1986年净增13.7万人，增长1.7%。城乡居民户数达到230.7万户，比1986年增加8.9万户，增长4%，平均每户人口为3.59人，比1986年减少0.08人，是1978年以来人口数及户数增长幅度较大的一年。

10年来，随着全市人民物质生活水平的提高和医疗保健条件的改善，人口死亡率一直呈下降趋势，1987年人口死亡率为6.08‰。

市外迁入人口得到一定程度的控制，机械增长率已由1978年的6.58‰、1986年的3.5‰下降到1987的3.32‰。1987年机械增长人口为2.7万人，比1986年减少0.1万人。

1987年全市出生人口为15.8万人（含部分往年出生而在本年补报户口的人口）。据天津市2.5%人口抽样调查测算，1987年人口死亡率已达17.07‰，超过近几年的出生率水平。人口增长快，回升幅度大，尤以农村地区最为突出。1987年5县出生人口达7.64万人，占全市当年出生人口总数的48.3%，出生率高达21.52‰，比1986年的14.81‰上升了6.71个千分点。

二、几个值得重视的问题

（一）进入婚育年龄的人群加大，形成第三次人口出生高峰。

1.结婚人数增加。1987年全年登记结婚的人数为10.52万对，超过1985年（9.80万对）和1986年（10.38万对）的水平。

2.结婚年龄提前。1981年新《婚姻法》公布后，女性初婚年龄已由23～25岁提前到20～

22岁，符合晚婚年龄标准的人数比重则逐年有所下降（见表1、表2）。

表1　天津市几个主要年份女子分年龄结婚率　（‰）

年龄 \ 年份	1982年	1985年	1987年
20～22岁	110	144	173
其中：20岁	53	80	
21岁	114	126	
22岁	172	188	
23～25岁	204	165	163
其中：23岁	208	205	
24岁	207	173	
25岁	198	112	

表2　天津市几个主要年份女子晚婚率　（%）

地区 \ 年份	1978年	1981年	1986年	1987年
全　市	95.2	81.9	64.8	64.5
城　市	95.3	86.5	77.3	77.6
农　村	95 0	75.2	54.4	51.9

3.第二次生育高峰期出生的女性人口已进入生育旺盛期。60年代人口出生高潮的尖峰是1963年，当年出生人口为24.99万人，其中女性12.24万人。到1987年正值生育旺盛期。这是目前出生率回升的主要原因。

（二）计划生育工作有所放松，计划生育指标实现水平普遍下降。

1987年，由于对已经来临的生育高峰思想准备不足，因此应付客观上出现的新情况和新问题所采取的对策与措施不太得力。1987年全市计划生育率为93.39%，比1986年下降了3.96个百分点；其中农村下降了6.62个百分点。一胎率全市为85.03%，比1986年下降了3.92个百分点，其中农村下降了5.34个百分点；二胎率全市为14.15%，比1986年上升了3.28个百分点，其中农村上升了4.22个百分点；多胎率全市为0.8%，比1986年上升了0.62个百分点，其中农村上升了1.08个百分点（见表3）。

表3　计划生育指标完成情况　（%）

	1986年			1987年		
	全　市	城　市	农　村	全　市	城　市	农　村
计划生育率	97.35	99.80	95.21	93.39	99.77	88.59
节育率	95.25	95.39	95.13	88.68	90.04	87.52
一胎率	88.95	98.70	80.43	85.03	98.27	75.09
二胎率	10.87	1.29	19.25	14.15	1.72	23.47
其中：计划外	2.47	0.19	4.47	5.79	0.22	9.97
多胎率	0.18	0.01	0.32	0.80	0.01	1.40
独生子女领证率	86.25	99.85	66.82	85.33	99.91	63.48

鉴于上述情况，天津市从1986年开始已经进入第三次人口生育高峰期。在第二次人口生育高峰期间（1962～1972年）的11年间，天津市共出生了172万人，其中存活至今的女性为86万人，平均每年有8万人将在1986年以后的11年间陆续进入婚育年龄，育龄妇女人数将大大增加。初步测算，1996年育龄妇女人数将由1986年的144万人增加到208万人。而对这次生育高峰期育龄妇女人口基数大，延续时间长的特点，必须坚决贯彻并坚持“控制数量、提高素

质，使人口的发展与社会经济发展相协调”的方针，动员全社会的力量继续抓好、抓紧计划生育工作。

（作者工作单位：天津市统计局）

1987年河北省人口发展状况分析

王建岭

随着经济和政治体制改革的不断深入，近年来河北省人口结构发生了新的变化，尤其是目前正值第三次人口生育高峰期，人口回升很快。1987年已是第三次人口生育高峰的第二年，人口迅速回升的势头略有减弱，但影响人口回升的不稳定因素继续存在，人口增长仍处于较高增长期。

一、人口总量的变化

1987年底，全省总人口为5 710万人，比上年增加83万人，增长1.48%。在新增加的人口中，净迁入人口占4.58%，自然增加占95.42%。年末全省总户数为1 422.02万户，比上年增加37.58万户，增长2.7%。其中市区296.5万户，镇258.2万户，县867.3万户。全省总户数的增长速度快于人口增长速度。全省非农业人口为812.29万人，比上年增加28.45万人，增长3.62%；农业人口为4 897.71万人，比上年增加54.55万人，增长1.13%。非农业人口占总人口的比重由1986年的13.93%上升为1987年的14.23%；农业人口由1986年的86.07%，下降到1987年的85.77%。1987年全省城市市辖区人口达1 106.96万人，比上年增加60.88万人，增长5.82%；镇人口为994.99万人，比上年增加27.91万人，增长2.89%；县人口为3 608.05万人，比上年略有减少。市、镇、县人口占全省总人口的比重由1986年的18.59%、17.19%和64.22%变化为1987年的19.39%、17.43%和63.18%。市、镇人口比重增加，县人口比重下降的原因主要是受行政区划变动的影响。

二、人口的出生、死亡、自然增长状况

1987年全省人口出生率为22.5‰、死亡率6.00‰、自然增长率为16.5‰。出生率、自然增长率是近年来较高的一年。

（一）对1987年全省生育形势分析。河北省人口再生产在经过1986年的剧烈变动后，1987年人口迅速回升的势头略有减弱。由于人口再生产的特点，人口迅速增长的势头很难在短期内得到控制。1986年人口开始迅速回升的信息在有关部门通告后，引起了全省各级党委和政府的重视，开始着手解决部分地区放松计划生育工作的问题，经过有关部门的共同努力，1987年人口增长过猛的势头开始得到遏制，育龄妇女生育水平有所回落，总生育率由1986年下半年的49.66‰下降到1987年上半年的38.96‰。育龄妇女生育水平下降主要是全省在控制计划外二胎生育取得进展。1987年上半年出生婴儿中，一胎率为45.15%、二胎率为39.13%、多胎率为15.42%，与1986年全年水平比较，一胎率、二胎率均呈下降趋势，多胎率有所上升。虽然1987年的人口控制工作中取得一定的进展，但人口出生率、人口自然增长效仍较高，处于全国中、下游水平，原因是：

1.1987年全省育龄妇女群体规模仍呈不断扩大的趋势。据1987年1%人口抽样调查资料推算，1987年全省育龄妇女人数为1 528万人，比1986年增加18万人。育龄妇女占全省总人口比

重由1986年的26.7%，上升到1987年27.0%，高于全国平均26.8%的水平。其中20～29岁生育旺盛期妇女人数为529万人，由1986年占育龄妇女人数的33.9%，上升为1987年的34.7%。1987年全省育龄妇女群体，不但规模大，比重高，而且年龄构成轻，生育潜力大，是影响1987年人口生出率居高不下的重要因素之一。

2.初婚人数增加，晚婚率下降，早婚、早育现象普遍。据河北省计划生育委员会年报统计，1987年初婚人数为1 031 267人，其中男性532 406人，比上年增加12 449人，增长2.4%；女性498 861人，比上年增加18 484人，增长3%。达到晚婚年龄（男25周岁，女23周岁以上结婚）的人数中，男性24 053人，晚婚率为45.18%，比上年下降0.4%；女性254 848人，晚婚率为51.09%，比上年下降0.37%。其中农村男性晚婚率下降0.4%，女性晚婚率下降0.53%。同时近年来，早婚、早育现象一直呈上升趋势。1%人口抽样调查结果表明：1987年全省15～19岁女性青年已婚率为3.4%，比1982年增加0.66个百分点。据此推算，1987年全省约有10多万女性青年在法定婚龄前结婚。早育现象也十分严重，1987年全省整个育龄妇女的生育峰值年龄已由1981年的25岁前移到24岁。24岁以前生育过小孩的妇女人数占整个育龄妇女人数的48.56%，比1981年提高了6.62个百分点。1987年全省不到法定婚龄生育的妇女约占生育妇女人数的2.2%。这些不利于人口控制的消极因素，对1987年的人口增长起了推波助澜的作用。

3.人口失控的状况尚未得到根本改观。随着经济、政治体制改革的不断深入，计划生育工作面临着许多新情况，因而使得现有的计划生育控制机制愈来愈不适应改革的新形势，使得一些基层计划生育组织在人口失控面前，显得无所适从，软弱无力。1987年全省仍有20～30%的失控面。据省计划生育委员会统计：1987年计划外生育二胎仅比1986年下降4.72%，计划外多胎下降0.81%，可见还未能全面、有效地遏制住计划外生育状况。

（二）1987年全省生育态势。1987年全省总的生育态势为：出生率农村高于城市，平原高于山区；出生率由北至南渐次上升，生育率重心偏于南部地区。根据1%人口抽样调查分层汇总结果，各区域出生率依序为：南部平原（29.74‰）、南部山区（27.81‰）、中部平原（25.91‰）、北部平原（25.52‰），北部山区（22.50‰）、坝上地区（15.04‰）。造成上述差异的主要原因：一是坝上、北部山区属河北省偏远地区，经济发展缓慢，交通十分不便，妇幼卫生和保健条件较差，使得该地区的婴幼儿活产率低于南部地区；另外，由于该地区比较贫困落后，人口向富庶地区流动较多，其中妇女婚迁外地的居首位，因而该地区的性别比偏高，为108.96，而南郊地区为98.11，相差悬殊，因而在一定程度上影响当地的出生率低于其它区域。二是坝上、北部山区的各级领导对计划生育工作认真负责，措施得力，成绩卓著，使该地区的计划生育工作水平优于其它地区，计划生育率比南部平原地区高出13.56%，有效地控制了该地区的人口增长。

三、人口性别、年龄、文化程度状况

（一）性别构成。1987年的总人口中，男性占50.94%，女性占49.06%，性别比为103.83。1%人口抽样调查按地理形态分层汇总结果，全省人口性别比区域分布状况依次顺序为：北部山区（110.61）、坝上高原（109.97）、南郊山区（107.04）、北部平原(101.45)、中部平原（101.24）、东部平原（100.96）南部平原（98.11）。坝上高原、山区人口性别比平均为108.96，平原地区平均为100.41，地域差异显著。造成上述差异的原因，既有意识形态方面的影响，又有客观经济条件和历史因素的作用，但归根结底是经济发展不平衡所形成的。坝上高原、山区一般来说，经济条件、地理环境相对较差，人口向其它邻近富庶地区流动较多，尤其是婚迁妇女占绝大多数，酿成了该地区女性偏少，男性婚龄青年求偶难的状况。从意识形态方面来分析，该地区由于经济落后，旧的思想意识十分严重，生男孩视如掌上明珠，精心护养，各方面都优于女孩；从生态环境上来分析，坝上及北部山区多年来所特有的克山病，也导致当地妇女死亡率高于男性。

从城乡看，城市人口性别比高于农村。城市为105.42，农村为103.6。造成上述差异的主要原因是，随着城市生产和建设的发展需要，城市不断地吸收农村大批剩余劳动力充实到建筑、劳务和服务业中来。由于这些行业大都是侧重体力劳动，大量容纳的是男性青壮年劳动力，由此造成城市性别比高于农村的状况。

（二）人口年龄结构。1987年的1%人口抽样调查表明：

1.人口年龄结构发生了明显变化。1982～1987年全省人口年龄结构发生了明显变化，0～14岁人口比重下降，由1982年的30.78%下降到1987年的28.25%，下降了2.53个百分点。原因是7～14岁少年儿童组下降比重较，大这主要是70年代以来人口得到有效控制，出生人数下降所致。劳动年龄人口处于继续增长趋势，到本世纪末，不会发生劳动力资源短缺问题。按国际通用标准衡量河北省人口年龄结构类型如表1所示。

表1　　**河北省人口年龄构成比较**　　（%）

	国际通用标准			1987年1%人口抽样调查结果	1982年人口普查结果
	年轻型	成年型	老年型		
0～14岁人口比例	40以上	30～40	30以下	28.25	30.79
65岁以上人口比例	5以下	5～10	10以下	5.57	5.67
65岁以上同15岁以上人口之比(%)	15以下	15～30	30以下	19.72	18.43
年龄中位数	20岁以下	20～30	30以下	24.90	24.72

从表1看出，河北省人口结构与国际通用标准比较，目前人口类型仍属"成年型"。

2.人口再生产类型开始向"静止型"转变（见表2）。解放以来河北省人口再生产类型发生了很大的变化，由1964年的"增加型"，正在转向"静止型"。1987年与1982年比较，5年来10～14岁人口比重又下降了2.54%，表明人口出生率又有所下降。

表2　　**河北省人口再生产类型**　　（%）

	国际通用人口再生产类型标准			1987年1%人口抽样调查	1982年第三次人口普查	1964年第二次人口普查
	增加型	静止型	减少型			
0～14岁人口	40	26.5	20	28.25	30.79	40.65
15～49岁人口	50	50.5	50	54.48	52.80	43.62
50岁以上人口	10	23.0	30	16.91	16.41	15.73

3.人口负担系数继续下降（见表3）。河北省人口负担系数5年来继续下降。原因是70年代以来，计划生育工作取得显著效果，少年儿童比重下降较快；同时第一、二次生育高

表3　河北省人口抚养系数　（%）

项　目	1987年1%人口抽样调查结果	1982年第三次人口普查结果	增减幅度（+、－）
总负担系数	51.10	57.36	－6.26
负担少年儿童系数	42.68	48.44	－5.76
负担老年系数	8.42	8.92	－0.5

峰期间出生的人口，目前已进入成年期，因此使劳动人口的比重加大，从而使全省人口负担系数呈不断下降的趋势。

（三）人口的文化构成。6岁以上人口的各种文化程度均有不同程度的提高（见表4）。1982年以来，高等教育事业发展迅速，大学文化程度人口（含大学肄业或在校）成倍增长；

表4　河北省人口文化构成　（%）

	合计	大学	大学肄业或在校	高中	初中	小学	不识字或识字很少	
							小　计	其中文盲、半文盲
1987年	100	0.58	0.49	7.78	26.66	40.20	24.29	21.91
1982年	100	0.39	0.11	8.53	21.77	41.21	27.99	25.48

文盲、半文盲的比重也有所下降；高中文化程度人口比重有所下降，原因是由于近来年教育结构的调整，高中招生人数有所减少和原有的一部分高中文化程度人口已通过各种形式的高等教育培训，取得大专以上文凭，形成了高中人口比重下降的趋势。

就总体而言，河北省人口文化素质近几年来虽然有了较大提高，但与全国比较许多方面仍居中下游水平。1987年河北省平均每10万人拥有大学文化程度的为503人，比全国的平均值少158人，居全国第16位；高中文化程度人口为6 774人，比全国平均数少222人；初中文化程度人口为23 227人，比全国平均数多1 905人；小学文化程度为35 013人，比全国平均数少1 101人；文盲、半文盲人口占总人口的比重为19.08%，接近全国平均20.59%的水平，居全国第14位。由此可见，这样的人口素质状况与实现“科技兴冀”的经济发展战略要求差距很大。

男性人口的文化程度高于女性（见表5）。5年来女性各种文化程度人口有逐步提高的趋势，尤其是女性文盲、半文盲比重下降较快。1987年女性文盲、半文盲占全省总人口的比重

表5　男女各种文化程度人口占小学以上文化程度人口的比重　（%）

	1987年			1982年		
	合计	男	女	合　计	男	女
总　　计	100	56.84	43.16	100	58.57	41.43
大学毕业	0.77	0.55	0.22	0.55	0.38	0.16
大学肄业或在校	0.64	0.44	0.20	0.15	0.11	0.04
高　　中	10.28	6.30	3.98	11.85	7.13	4.73
初　　中	35.22	21.96	14.06	30.23	18.62	11.61
小　　学	53.09	28.39	24.70	57.22	32.33	24.89
文盲、半文盲人口占12岁以上人口百分比	24.89	14.70	35.33	29.55	17.54	42.08

较1982年下降6.75%，快于男性下降2.84%的速度。但男女之间的文化程度仍有较大的差异，其中受过高等教育的人口，男性是女性的1.5倍；文盲、半文盲女性是男性的1.4倍，只有提高女性人口的文化水平，才能从整体上提高人口的文化素质。

城乡人口文化程度差异显著（见表6）。城市人口的文化程度明显高于农村，而且文化层次愈高，差异就愈显著。城镇中具有初中以上文化程度的人口占城镇人口的38.32%，而农村只有26.92%，普及初等教育的任务十分繁重。农村受过高等教育的人很少，对农村的社会、经济发展极为不利。

表6　河北省城乡人口文化程度比较　（%）

类　别	合　计	大学毕业	大学肄业或在校	高　中	初　中	小　学
城　市	100	2.52	2.53	14.06	31.21	32.94
农　村	100	0.04	0.01	5.79	25.25	42.44

四、人口的婚姻、家庭和迁移状况

（一）家庭。1987年全省总户数为1 422万户，家庭户均4.07人，比1982年的4.28人下降0.21人。家庭户规模继续缩小（见表7）。

表7　河北省家庭户规模比较　（%）

家庭户规模	1987年			1982年		
	全　省	市	县	全　省	市	县
一人户	5.7	5.65	5.57	8.59	11.83	8.14
二人户	10.32	11.87	9.85	11.51	15.55	10.94
三人户	21.00	29.33	19.08	18.32	26.73	17.54
四人户	27.44	25.85	28.00	21.36	22.04	21.27
五人户	18.77	14.82	19.75	18.13	13.51	18.77
六人户	9.26	6.74	9.91	11.22	6.39	11.89
七人户	4.20	4.41	4.49	6.20	2.50	6.72
八人户	3.31	2.77	3.34	4.67	1.45	5.12

从表7看出，目前全省三人、四人、五人户比重最大，约占家庭户比重的67.21%，其中四人户最多，占27.44%。城市小家庭比重大于农村，城市中三人、四人、五人户约占70%，其中三人户家庭比重最大，占29.33%；农村三人，四人，五人户占66.83%，其中四人户家庭比重最大，占28.00%。从发展趋势看，三人户家庭将成为城市家庭户的主要形式，农村则以四人户为主。家庭结构也发生了较大变化（见表8）。

由一对夫妇及其子女组成的核心家庭（二代户）比重最大，占66.21%；三代以上直系家庭户居次，占17.48%。河北省家庭结构类型已明显出现由大家庭向小家庭，联合家庭向直系家庭和核心家庭转化的趋势。

（二）婚姻。1987年全省15岁以上人口中，未婚人口占23.34%，有配偶人口占68.89%，离婚人口占0.41%，丧偶人口占6.35%。平均初婚年龄为21.9岁。与1986年比较，未婚率有所下降，主要原因是全省平均初婚年龄下降，结婚人数增加所致。

表8　　全省市、县家庭构成情况*　　（%）

家庭类型	1987年			1982年		
	全　省	市	县	全　省	市	县
单身户	5.70	5.65	5.57	1.22	0.45	1.32
一对夫妇户	6.22	7.42	5.82	5.90	7.45	5.68
二代户	66.21	67.67	66.10	64.65	67.02	64.32
三代以上户	17.48	15.59	17.82	15.85	10.10	16.66
一代与其它亲属及非亲属户	0.74	0.79	0.75	1.16	1.51	1.11
二代与其它亲属及非亲属户	2.35	1.89	2.56	2.63	1.64	2.77

*表中三代、四代与其它亲属及非亲属和其它户未列入。

（三）迁移。1987年全省人口迁入率（省外迁入）为2.58%，迁出率（迁出省外）为1.91%，净迁入率为0.67%。近年来随着经济、政治体制改革的不断加快，人口移动的规模、速度、频率是解放以来所没有的。人口移动的主要特点，一是人口移动速度逐年加快。据1%人口抽样调查，近1～2年迁入河北省的人口占1982～1987年总迁移人口的26.14%，2～3年迁入的占24.67%，3～4年迁入的占20.13%，4～5年迁入的占15.18%，预计这种趋势还会继续发展下去。二是移入人口的流向以迁入市、镇为主。省外迁入的人口中，74%进入城市。省内移动人口中，71.91%进入市、镇。其中由农村迁入市、镇的占73.3%，可见大量农村人口迁往城镇已成为近几年来人口迁移中的显著特征之一。三是省际间迁移以工作调动为主，省内迁移则以婚姻迁移为主。省际间迁入人口中，因工作调动的占30%，居首位；其它依次为：随迁家属（占23%）、学习培训（占18%），婚姻迁入（占15%）、退职退休（占3.4%）、投亲靠友（占3.2%）、分配工作（占3%）、务工经商（占1%）。

省内因婚姻迁移的，占省内迁入人口的30%。居首位；其它依次为：学习培训（占14%）、工作调动（占13%）、随迁家属（占12%）、务工经商（占9%）、分配工作（占6%）、投亲靠友（占3.6%），退职退休（占2.9%）。四是迁入人口年龄较轻，省际迁入人口文化素质较高。迁移人口中35岁以下的占80%左右，其中20～24岁人口最多，约占41.95%。省际迁入人口中大学文化程度的占14%、高中占21%，文盲占7.4%。省际迁入人口中各类专业技术人员居首，约占30%，其次是国家机关、党群组织负责人、办事人员和有关人员，占10.9%，这部分流入人口对加强河北省的社会、经济管理，实现“科技兴冀”的发展战略十分有利。

（作者工作单位：河北省统计局）

1987年山西省人口发展状况分析

张良善　范新明

山西省矿产资源丰富，经济发展在全国处于中等水平。山西省人口的发展与变化既有其自身特点，也与地理位置和经济状况密切相关。

一、人口总量的变化

根据1987年1%人口抽样调查推断，山西省1987年末总人口为2 717.49万人，净增 36.86万人，人口增长率为13.75‰。

1987年，全省非农业人口为572.26万人，比1986年增加20.05万人，增长36.31‰，比总人口增长速度快1.6倍。

1987年，全省市人口为665.87万人，比1986年增加12.80万人，增长19.59%；镇人口为872.46万人，比1986年增加27.55万人，增长32.61‰，市镇人口增长速度均快于总人口增长速度。

1987年，全省有经济活动人口1 234.73万人，占总人口的45.44%。其中第一产业人口为570.42万人，占46.2%；第二产业人口为374.41万人，占30.3%；第三产业人口为289.90万人，占23.5%。与1986年比较，经济活动人口增加29.51万人，增长2.4%，快于总人口增长速度；第一产业减少0.9万人，呈负增长，第二产业增加15.87万人，增长4.4%，第三产业增加15.59万人，增长5.7%。继1980年以来，第一产业人口持续减少，第二、第三产业人口比重继续增加，以第三产业增加速度最快，主要由于山西能源重化工建设速度快，配套工业及服务业欠帐多，随着经济体制改革的深入开展，经济结构畸形发展局面逐步得到调整，人口的产业构成也逐步趋于合理化。

二、人口的自然变动、机械变动情况

（一）人口的出生、死亡、自然增长。根据1%人口抽样调查推断，1987年全省人口出生率为20.12‰，死亡率为6.46‰，自然增长率为13.66‰。人口自然增长率比1986年高出1.02个千分点，是继1985年以来人口自然增长率持续回升的第三个年头（见表1）。主要原因一是1962～1974年生育高峰期的周期性影响。1982年，全省育龄妇女为619万人，占总人口的24.5%，而1987年育龄妇女为700万，比1982年增长81万，占总人口的比重上升到26.0%。二是由于局部地区二胎和多胎生育失控。据1%人口抽样调查，1987年全省出生人口中二胎占31.98%，多胎占18.84%，分别比1986年增加1.2和0.2个百分点。

表1　1981～1987年人口出生、死亡、自然增长情况

年度	出生率(‰)	死亡率(‰)	自然增长率(‰)
1981	20.31	6.54	13.77
1982	21.07	6.64	14.43
1983	17.32	6.12	10.70
1984	16.51	6.00	10.51
1985	17.32	6.36	10.96
1986	19.10	6.48	12.62
1987	20.12	6.46	13.66

资料来源：历年山西省统计公报。

（二）人口的机械变动。1987年，山西省从省外迁入6.31万人，迁入率为2.34‰；迁往外省5.79万人，迁出率为2.15‰，总迁移率为4.49‰，净迁移率为0.19‰。迁移变动对山西省人口总量变动影响甚微。

从迁移原因看，1987年1%人口抽样调查资料反映（见表2），在各种迁移原因中，1982年下半年至1983年上半年和1986年下半年至1987年上半年比较，务工经商变化最大，5年间由占迁移人口的5.28%，迅速上升到25.81%，由比重最小跃居首位，说明随着经济开放、搞活，山西省吸引了大批剩余劳动力流入，从事工商业；其次是投亲靠友，由9.64%上升到13.39%，其主要原因是山西煤矿区近年从省外招收大量矿工，矿工收入较高，矿工的家属亲朋投靠流入所致。

表2　　山西省外省迁入人口迁移原因　（%）

迁入时间	合计	工作调动	分配工作	务工经商	投亲靠友	随迁家属	婚姻迁入	其它
1986.7.1～1987.7.1	100.00	5.47	7.26	25.81	13.39	21.29	12.10	14.08
1982.7.1～1983.7.1	100.00	13.71	10.66	5.08	9.64	21.83	21.82	17.26

资料来源：1987年1%人口抽样调查资料。

三、人口的性别、年龄和文化构成

（一）人口的性别构成。1987年山西省总人口中，男性人口为1 417.01万人，占总人口的52.14%，女性人口为1 300.48万人，占总人口的47.86%，性别比为108.96，比1986年的110.42有所下降，但男女性别比之高仍居全国之首。山西省人口性别比较高的原因有二：一是由于重男轻女封建思想影响，历史上山西省人口性别比一直比较高；二是山西省作为能源重化工基地，煤炭矿区多，重工、化工比重大，男性单身职工多，对总人口性别比有较大影响。分年龄组看（见表3），劳动年龄人口中，25～60岁间各组人口性别比均比较高，最高的为45～54岁组，达116。

表3　　山西省1987年人口性别、年龄结构

年龄组	性别比	占总人口的比重（%）		
		合计	男	女
总　计	108.96	100.00	52.14	47.86
0～4	110.09	9.45	4.95	4.50
5～9	108.13	8.83	4.59	4.24
10～14	107.96	10.63	5.52	5.11
15～19	104.16	11.36	5.79	5.56
20～24	104.32	10.57	5.40	5.17
25～29	114.10	8.29	4.42	3.87
30～34	109.73	8.54	4.47	4.07
35～39	114.75	6.59	3.52	3.07
40～44	114.91	4.77	2.55	2.22
45～49	116.67	4.27	2.30	1.97
50～54	116.44	4.59	2.47	2.12
55～59	111.08	3.81	2.00	1.80
60～64	106.00	3.00	1.55	1.46
65～69	102.09	2.29	1.15	1.13
70～74	97.00	1.65	0.81	0.84
75～79	99.37	0.92	0.46	0.46
80+	75.35	0.43	0.19	0.25

资料来源：1987年1%人口抽样调查。

（二）人口年龄构成。由于70年代以来计划生育工作的持续深入开展，山西省人口年龄结构向良性转化，1987年和1982年比较，主要有以下几方面变化：

1.人口年龄构成类型进入成年型。1987年，全省少年儿童系数下降到30%以下，老年人

口系数上升到5%以上，人口年龄中位数达到24.6岁，人口构成类型已由1982年的年轻型完全转变到成年型（见表4）。

表4　　人口年龄构成类型比较表

指　　标	国际划分标准			山西构成	
	年轻型	成年型	老年型	1982年	1987年
少年儿童系数（0～14岁）	40%以上	30%～40%	30%以下	33.36%	28.92%
老年人系数（65岁以上）	5%以下	5%～10%	10%以上	4.99%	5.28%
老少比	15%以下	15%～30%	30%以上	14.95%	18.26%
年龄中位数	20及20岁以下	20～30岁	30岁及以上	21.24%	24.60%

2.人口再生产类型由增加型向稳定型发展。1987年和1982年比较，全省5年间0～14岁人口比重下降4.4个百分点，50岁以上人口比重上升1.38个百分点，说明山西省人口再生产类型由增加型向稳定型转化（见表5）。

表5　　人口再生产类型比较表

指　　标	国际标准			山西构成	
	增加型	稳定型	减少型	1982年	1987年
0～14岁	40%	26.5%	20%	33.36%	28.92%
15～49岁	50%	50.5%	50%	51.33%	54.39%
50岁及以上	10%	23%	30%	15.31%	16.69%

3.劳动年龄人口增加，抚养系数降低。由于60年代、70年代生育高峰所出生的人口近年来持续进入劳动年龄（男16～59岁，女16～54岁），1987年全省劳动年龄人口达1 625万人，占总人口的59.79%，比1982年增加231万人，比重上升4.69个百分点。这说明山西省劳动力数量丰富，应该提高劳动力素质，改变不合理的劳动力产业分布，使劳动力发挥出较好的经济和社会效益。由于劳动适龄人口的增长较快，抚养系数进一步降低。1987年，山西省人口抚养系数为51.98%，比1982年的62.21%降低10.23个百分点.其中少年儿童抚养系数为43.95%，比1982年的54.12%降低10.17个百分点；老年人抚养系数为8.02%，比1982年的8.09%略有降低。这一变化说明，控制人口已取得了显著成效，使花费在少年儿童上的养育费用大大减少，对提高山西省人民生活水平具有重大意义。

（三）人口的文化程度。文化程度是一个国家和地区文化教育和经济发展水平的重要标志，人口的文化素质是社会主义物质文明和精神文明的重要条件。1987年1%人口抽样调查资料表明，山西省人口文化程度自1982年以来有了显著变化。

1.人口文化程度有所提高，但中、小学教育需要加强。1987年，在6岁及以上人口中，每万人有小学及以上各种文化程度的人口8 031人，比1982年的7 745人增加286人，年平均增加57人；大学文化程度为72人，比1982年的67人增加5人，年平均增加1人；高中以上文化程度为879人，比1982年的839人增加40人，年平均增加8人；初中以上文化程度为3 007人，比1982年的2 461人增加546人，年平均增加109人。分年龄组看（见表6），10岁以上各年龄组

表6　　1982年、1987年各年龄人口文化程度比重　　(%)

年龄组	小学以上合计		大学		高中		初中		小学	
	1982年	1987年	1982年	1987年	1982年	1987年	1982年	1987年	1982年	1987年
6岁以上合计	77.45	80.31	0.67	0.72	8.39	8.79	24.61	30.07	43.77	40.73
6～9岁	80.56	79.49	—	—	—	—	—	—	80.56	79.49
10～14岁	97.81	97.83	—	—	0.51	0.15	19.00	22.64	78.30	75.04
15～19岁	96.98	97.14	0.54	0.05	20.41	9.74	52.87	53.91	23.16	33.44
20～24岁	93.97	96.68	0.89	1.15	29.22	20.43	42.73	53.55	21.13	21.45
25～59岁	71.25	78.21	1.14	1.20	6.39	10.87	24.08	29.61	39.64	36.53
60岁以上	23.56	25.04	0.24	0.20	0.54	0.71	3.16	3.88	19.62	20.19

资料来源：1982年人口普查资料和1987年1%人口抽样调查资料。

小学以上文化程度人口比重均有增加。而6～9岁组小学人口比重由1982年的80.56%下降为1987年75.04%，说明山西省小学教育巩固率需要加强。15～19岁组高中人口比重由1982年的20.47%，到1987年大幅度下降到9.74%，值得引起重视，15～19岁正是青年接受高中教育和进入就业年龄，其高中文化程度人口比重的下降，将对劳动者文化素质产生重大影响。

2.男女文化程度差异有所缩小。1987年，全省6岁及以上小学以上各种文化程度人口中，男性占55.96%，女性占44.04%。其中女性比重比1982年上升了0.83个百分点。各种文化程度如表7。各种文化程度差异都进一步缩小，其中大学文化程度变化尤为显著，女性比重1987年比1982年提高约3个百分点。

表7　　1982年、1987年6岁以上各种文化程度人口中男女比重　　(%)

年度	小学以上合计		大学		高中		初中		小学	
	男	女	男	女	男	女	男	女	男	女
1982	56.79	43.21	76.12	23.88	59.13	40.87	60.26	39.74	54.10	45.90
1987	55.96	44.04	72.33	27.67	59.28	40.72	59.32	40.68	52.46	47.54

资料来源：同表6。

3. 12岁及以上人口文盲率大幅度下降。1987年全省12岁及以上人口中，文盲率为11.55%比1982年的24.35%下降13个百分点，其中男性文盲率为6.71%，比1982年的15.97%下降9.26个百分点，女性文盲率为17.39%，比1982年的23.46%下降6.07个百分点，5年来人口文盲率大幅度下降，是山西省人口文化素质提高的又一个标志。

四、人口的家庭、婚姻、生育状况

（一）家庭状况。家庭是社会的细胞，也是最基本的生活单位，1987年，全省人口中家庭户人口比重为97.12%，比1982年的94.76%提高2.36%，变化较大。主要是因为1984年以来，国家为煤矿井下职工转户，山西矿工人数多，家属转户后由集体户转为家庭户，使集体户人数大量减少，家庭户比重升高。1987年，全省家庭户户均4.03人，比1982年的4.07人减少0.4人，家庭户规模进一步变小。按家庭户人数划分（见表8），1987年家庭户以4人户为主，基本呈正态分布，和1982年比较，1人户比重降低3.72%，6人及以上户比重降低4.87%，说明全省家庭户向小型化发展。从家庭户类型看（见表9），1987年以二代户为主，占家庭户总数

表8　　1982年、1987年按人划分家庭户比重　　(%)

年　度	1人户	2人户	3人户	4人户	5人户	6人户	7人及以上户
1982	10.17	12.03	17.22	20.43	18.23	11.62	10.30
1987	6.45	11.18	20.12	25.59	19.61	9.93	7.12

资料来源：1982年人口普查资料和1987年1%人口抽样调查资料。

表9　　1982年、1987年按类型划分家庭户比重　　(%)

年　度	单身户	一对夫妇户	二代户	三代及以上	一代以上和其它亲属非亲属户
1982	10.17	5.80	65.40	14.61	3.92
1987	6.45	6.75	67.92	15.44	2.93

资料来源：1982年人口普查资料和1987年1%人口抽样调查资料。

的67.92%；其次是三代户，占15.44%；二代户和三代户占83.36%。在一对夫妇和二代户中，由一对夫妇及子女组成的核心家庭占49.60%。说明随着社会发展，改变了过去“四世同堂”、“五世其昌”的复合家庭和大家庭结构，向小型化家庭和核心家庭转化。

（二）婚姻状况。1987年，全省15岁及以上人口平均初婚年龄为22.70岁。其中男性人口为23.83岁，女性人口为21.64岁，男性比女性高2.19岁。与1982年相比，总人口、男性人口、女性人口平均初婚年龄分别下降0.65岁，1.65岁，0.60岁，初婚年龄前移，男女初婚年龄差别缩小（见表10）。1987年，山西省15岁及以上人口中，未婚人口占25.26%，有配偶人口占67.69%，丧偶人口占6.28%，离婚人口仅占0.77%。分性别和年龄看（见表11），15～19岁

表10　1982、1987年平均初婚年龄(岁)

年　度	合　计	男	女
1982年	23.35	25.48	22.04
1987年	22.70	23.83	21.64

资料来源：同表9。

表11　　1987年15岁及以上人口婚姻状况比重　　(%)

年龄组	未婚人口			有配偶			丧偶			离婚		
	合　计	男	女	合　计	男	女	合　计	男	女	合　计	男	女
总　计	25.26	29.25	20.90	67.69	65.29	70.31	6.28	4.17	8.57	0.77	1.29	0.21
15～19	97.13	99.49	94.67	2.87	0.51	5.32	0.00	0.00	0.00	0.00	0.00	0.01
20～24	47.84	62.00	33.07	51.89	37.70	66.69	0.06	0.05	0.07	0.21	0.25	0.18
25～29	9.99	16.28	2.82	89.34	82.91	96.67	0.15	0.15	0.14	0.53	0.67	0.37
30～34	4.03	7.39	0.34	94.79	91.01	98.94	0.40	0.39	0.40	0.79	1.21	0.33
35～39	2.98	5.45	0.13	95.28	92.05	98.99	0.79	0.88	0.69	0.95	1.61	0.19
40～44	2.29	4.24	0.05	94.63	91.69	98.00	1.83	1.93	1.70	1.26	2.14	0.25
45～49	2.46	4.55	0.01	92.39	90.09	95.07	3.98	3.42	4.65	1.17	1.95	0.26
50～54	2.22	4.13	0.00	88.45	86.83	90.33	7.70	6.13	9.53	1.63	2.91	0.14
55～59	1.87	3.53	0.03	82.83	83.66	81.91	13.45	9.57	17.77	1.84	3.24	0.29
60～64	1.26	2.43	0.02	72.79	79.10	66.11	24.44	15.73	33.68	1.51	2.75	0.20
65+	1.34	2.71	0.01	50.28	65.78	35.16	47.35	29.72	64.56	1.02	1.79	0.27

资料来源：1987年1%人口抽样调查资料。

组中，女性人口有7.33%在法定婚龄前完婚；在40～60岁组中，4%的男性人口一直未婚，而女性未婚者极少，主要因性别比过高所致；60岁以上人口中，24%的男性人口、54%的女性人口丧偶后未婚，说明老年人再婚难的问题仍然比较严重。

（三）育龄妇女生育状况。1987年，山西省育龄妇女总和生育率为2.23，比1986年的2.19提高0.04。育龄妇女生育水平的提高，主要是由于二胎和多胎生育水平提高所致。1987年，全省育龄妇女二胎率为31.98%，比1986年的30.78%提高1.2个百分点，多胎率为18.84%，比1986年的18.58%略有提高。这是造成1987年人口自然增长率回升原因之一。与1982年比较，1987年育龄妇女平均生育年龄为26.04岁，比1982年下降1.04岁。分胎次看，一胎、二胎、多胎平均生育年龄均有下降（见表12）。从各年龄组看，除15～19岁、20～24岁两个年龄组生育率上升外，25岁以上各组1987年均有不同程度下降。生育峰值年龄组由1982年的25～29岁组下降到1987年20～24岁组，说明1982年以来山西省育龄妇女生育模式发生了变化。

表12　　1982年、1987年育龄妇女生育状况

年度	平均生育年龄（岁）				生育率（‰）						
	合计	一胎	二胎	多胎	15～19	20～24	25～29	30～34	35～39	40～44	45～49
1982	27.08	24.45	26.81	33.39	9.01	169.05	204.92	69.24	22.14	8.04	2.16
1987	26.04	23.64	26.08	30.89	15.56	199.44	160.14	45.83	18.22	5.30	0.60

资料来源：1982年人口普查和1987年1%人口抽样调查资料。

（作者工作单位：山西省统计局）

1987年内蒙古自治区人口发展状况分析

陈玉亭　陈智军

1987年7月1日，全国进行了1%人口抽样调查。内蒙古自治区按国家统一布置调查了33.7万人，占全国调查人数的3.15%。这次调查是继第三次人口普查后又一次大规模的有关国情国力调查，取得了较为丰富的人口资料。本文将就这些资料及其它有关资料对内蒙古自治区1987年人口发展状况作一初步分析。

一、总人口的增长速度明显下降

根据这次抽样调查结果和近年来人口变动情况抽样调查资料推算，1987年7月1日零时全区总人口为2 051.44万人。同第三次人口普查相比，5年间人口净增124.01万人。平均每年增长24.8万多人。

纵观全区人口发展的变化，这5年是我区解放以来人口增长最慢的时期。内蒙古自治区成立于1947年，当时人口仅561.7万。由于自然增长和机械增长的双重作用，1960年总人口达到了1191.1万。13年间总人口翻了一番，年增长率为5.95%，成为内蒙古自治区人口发展史上增长最快的时期。此后，是国民经济调整时期，区内一大批中小企业关、停、并、转，大批职工精简回乡。再加上农牧业连续的自然灾害，区内人口大批迁出。仅1961年就净迁出人口43万，成为全区唯一的负增长年。1962年总人口增长率也仅有0.75%。1963年以后，人口变动情况又发生了明显的变化。3年困难时期后的补偿性生育及“文革”期间的无政府状态使出生人口猛增，自然增长率保持在22‰以上。与此同时，机械增长迅速下降。到1973年末，总人口达到了1 651.1万。年平均增长速度为3.17%。这段期间内自然增长的人口是机械增长的6倍。1974年是内蒙古人口发展的转折点。从那时起，人口自然增长率下降到了20‰以下。1978年以后机械变动由迁入变为迁出，两者的共同作用使1974～1982年间全区人口年平均增长速度降为1.84%。

可见，除个别年份外，内蒙古人口增长速度均超过了目前的1.25%。但今后人口增长若按这个水平预测，则2000年人口总量仍将要突破2 360万的控制目标。因此，控制人口增长仍是全区一项长期而艰巨的任务。对此，必须给予充分重视。

二、出生、死亡及自然增长

（一）自然增长率继续回升，但幅度低于全国平均水平。人口的出生、死亡是人口总量变化的基本因素。解放以来，内蒙古人口出生率一直较高。1949年到1982年间，年平均出生率高达31.8‰；1982年以后出生率明显下降；1987年出生率为19.73‰。5年间年平均自然增长率为12.5‰。低于过去所有年度的水平。其中包括人口负增长的1961年。但就这5年中的人口自然变动情况看，也并不平衡（见图1）。

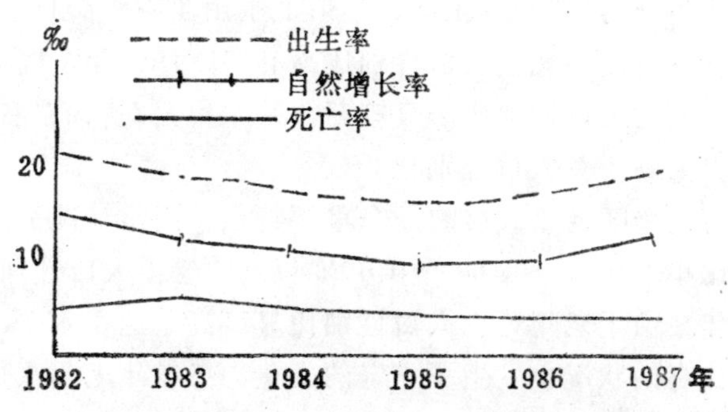

图1 全区1982～1987年人口自然变动曲线

由图1可以看出，近年来全区人口死亡率基本稳定在6‰左右。但出生率和自然增长率却发生了较大的变化。以1985年为界，前几年呈下降趋势，1985年达到了解放以来的最低水平；1986年开始回升，1987年出生率和自然增长率分别达到了19.7‰和13.6‰。是5年间人口自然增长幅度最大的一年，但仍低于全国14.8‰的平均水平。

内蒙古自治区在全国29个省、市、自治区中属于人口年龄构成较轻的省份之一。育龄妇女占总人口的比重较大，1987年为27.58%，而全国只有26.18%。其中，生育旺盛育龄妇女（20～29岁）的比重也较全国高0.8个百分点。同时内蒙古又是少数民族地区。1987年全区少数民族人口比重已达17%，大约为全国少数民族人口比重的二倍。由于国家对少数民族实行宽于汉族的计划生育政策，所以自然增长率明显高于汉族。如果不考虑其它因素的影响，自然增长率应该高于全国的平均水平。但是人口发展实际却低于全国平均水平。究其原因，一是全区计划生育工作近年来取得了一定的成绩；二是过去几年中内蒙古人口出生率一直较高所致。1982年自然增长率比全国高2.79个百分点，1984年仍高2.6个百分点。农村已婚妇女基本上都完成了二胎生育，因而开小口堵大口对内蒙影响较小，没有造成近期初婚育龄妇女和前些年累积的已婚育龄妇女同时生育的现象。

（二）预期寿命继续提高。从1%人口抽样调查的死亡资料看，5年来全区人口死亡率发生了很大的变化，主要表现在婴儿死亡率有较大幅度的下降，1981年全区婴儿死亡率为44‰，而1987年已下降到29.9‰。按此资料计算，1987年全区人口预期寿命已达68.1岁，比1981年提高了1.4岁。其中女性提高了1.8岁，男性1.5岁（见表1）。

从市镇县观察，县人口预期寿命有不同程度的提高，而镇人口预期寿命却下降了3.6岁。这种逆向变化可归结为近年来镇人口迅速增加的结果。1982年全区镇人口只有236.8万，若按全区近5年的年平均自然增长率计算，1987年镇人口应在252万左右，但实际上镇人口已达403.3万，5年多时间人口增加了166.5万。显然，目前镇人口中的150多万是由行政区划变动，从县人口转移而来的。而这部分人口绝大部分仍从事农牧业劳动，他们的生活水平、医疗卫生条件并未得到相应的改善，从而预期寿命也未发生显著的变化，受这部分人影响，导致了整个镇人口平均预期寿命的下降。

三、人口性别、年龄及文化程度构成

（一）总人口性别比趋于正常，老年人口性别比仍居全国之首。内蒙古自治区历来属于人口性别比偏高的省份。1953年第一次人口普查时，性别比高达125.1，1964年仍达117.9，1982年降至109，但仍居全国之首。这次1%人口抽样调查结果，1987年总人口男性占51.4%，女性占48.6%，性别比为105.8，基本正常。不但低于山西省，而且也低于广西、四川等5省。导致人口性别比下降可能与死亡人口性别比高有关。1987年全国死亡人口性别比为116，而近年来内蒙古自治区死亡人口性别比一直较高，基本稳定在150左右，1986年、1987年分别达到了156和151。大大高于总人口性别比。

老年人口性别比高是全区老年人口的一个重要特点。通常情况下，老年人口中女性多于男性，老年人口性别比小于100。1982年全国65岁以上的老年人口性别比为79.8而内蒙古自治区却高达129.8。近年来由于老年死亡人口性别比显著高于这个水平，1987年竟达到177，从而使得老年人口性别比高的状况也发生了一定的变化，1987年老年人口性别比降至124，但仍为全国（81.4）之首。

（二）劳动适龄人口迅速增加。1%人口抽样调查资料表明，1987年全区少儿系数为30.8%，而劳动力系数和老年人口系数分别达到了65.5%和3.7%。与第三次人口普查资料相比，人口年龄结构又发生了较大的变化（见表2）。

表1　1982年与1987年人口预期寿命比较　（岁）

年份	全区	市	镇	县
1982	66.69	70.93	71.79	65.30
1987	68.17	71.25	68.20	66.18

表2　人口年龄构成　（%）

年份	少儿系数	劳动力系数	老年人口系数	总抚养比
1953	35.9	60.9	3.2	64.2
1964	44.6	52.3	3.1	91.2
1982	35.5	60.9	3.6	64.2
1987	30.8	65.5	3.7	52.7

从表2可以看出，5年来少儿系数明显下降。按少儿系数推算，1987年7月1日全区0～14岁的人口约为631.8万，比1982年减少了52.8万。少儿负担系数也比1982年下降了11.4个百分点。老年人口比重上升了0.9个百分点，1987年达到了3.7%。随着时间的推移，全区老年人口比重会逐渐加大，预计在2020年前后人口开始老化，届时老年负担系数将达到15%。目

前是全区解放以来总负担系数最低的时期，应抓住这个时机，大力发展生产，增加积累，发展老年事业，为解决人口老龄化带来的各种社会问题奠定基础。

近年来全区劳动适龄人口比重增长幅度非常大。这是我国第二次人口增长高峰中出生的人口逐步进入劳动年龄的必然结果。按绝对数计算，5年间大约增加了170.4万。年平均净增加34万，是总人口增长速度的1.37倍。即总人口每增长100人，则劳动适龄人口增加137人。进入和退出人数相抵后，每年仍净增37万左右。随着劳动适龄人口的增加，就业的压力愈益增大，剩余劳动力问题将更加突出。据有关估计，目前内蒙古农村剩余劳动力大约占全部劳动力的1/4以上。但由于经济发展较慢，能源、交通、运输条件差，资金短缺，技术力量薄弱，农牧业劳动者文化水平较低等因素，使得农村剩余劳动力转移速度缓慢。每年由农业转向其它行业的人口远远低于当年新增的农村劳动适龄人口。城市随着经济体制的改革，机关企事业单位人浮于事的矛盾也逐渐暴露出来。因此，如何解决日益尖锐的新增劳动力人口就业的矛盾，是迫在眉睫的大问题。

（三）具有小学以上文化程度的人口增加，文盲、半文盲人数明显下降。1987年全区具有小学以上文化程度的人口在总人口中的比重有较大的提高，同时文化结构也发生了一定的变化。1982年全区具有初中以上文化程度人口占小学以上文化程度人口的45.5%，而1987年达到了51.8%。说明近年来全区教育事业得到了迅速的发展，文化水平有了很大的提高。但是分城乡、性别的文化水平还存在着较大差异。

四、人口的迁移、婚姻、家庭和生育

（一）迁出大于迁入，但数量较小。内蒙古自治区具有资源丰富，地广人稀的特点，便于谋生。历史上一直属于迁移人口较多的省份之一。解放初期，由于大规模经济建设的需要，从区外迁入了大批人口，对内蒙古的发展起了重要的促进作用。1950～1977年全区每年净迁入人口高达10.9万。十一届三中全会以后，过去支援内蒙古建设的区外干部、科技人员、教学工作者连同家属相继返回原籍或原单位，一批在内蒙古插队的区外知青、兵团战士也大都返回，使得人口迁移变动出现了反向变化。1978～1982年间，每年净迁入人口为3.9万。近年来由于政策的因素，迁往外省的知识分子人数减少，知青回城也基本结束，所以1982年以后迁移人口减少，年平均净迁出1.5万左右。成为解放以来迁移最少的时期。1987年的迁移人口属于5年间的中等水平。迁出9.5万，迁入7.2万，净迁出2.3万。迁移原因以工作调动、随迁家属和投亲靠友为主，务工经商和婚姻迁移也占有一定比重。

（二）婚姻状况稳定，初婚年龄提前。婚姻是人口再生产的基础，是影响人口发展的一个重要因素。5年来全区人口婚姻状况变化如表3所示。

表3　15岁及以上人口婚姻状况构成表　（%）

年份	未婚	有配偶	丧偶	离婚
1982	29.8	64.2	5.4	0.5
1987	27.7	67.1	48.0	0.4

1987年未婚人口比重明显下降，与此相应的有配偶人数比重上升。这主要取决于15～29岁年龄组的人口。从分年龄组的婚姻状况可以看出，1987年20～24岁和25～29岁的未婚人口比重比1982年分别上升了2.42和2.62个百分点。低年龄组未婚人口比重的下降是导致未婚率下降的直接原因。同时也反映了近年来低年龄结婚人数增加，初婚年龄提前。1987年全区初婚年龄为22.6岁，比1982年下降了0.5岁。25岁以上未婚人口比重的下降，还说明过去较为突

出的大龄青年婚姻问题开始缓解。其次，目前丧偶人口和离婚人口比重较1982年也有不同程度的下降。无疑这对社会稳定有着积极的作用。

（三）三代户比重上升，户规模缩小。1987年7月1日，全区家庭户为472.6万户，比1982增加了53.9万户。年增长率为2.18%，快于人口增长速度。家庭结构发生了明显变化。首先，三代户比重上升。受我国传统文化的影响，我国目前大约有60%左右的老年人口与子女居住生活在一起。由于人口平均寿命的延长，近年来全区老年人口以年平均4.5%的增长率迅速增加，从而使三代户比重相应提高。1987年三代户比重已由1982年的13.1%上升为14.7%，其中城市上升幅度大于农村。这主要是城市老年人口比重大，预期寿命长的结果。其次家庭户规模继续缩小。1987年全区家庭户规模为4.31人，比1982年减少了0.29人。其主要原因是多子女家庭减少。全区家庭构成的另一个特点是民族混合家庭增加速度快。1982年我区两种以上民族的家庭为22.9万户，占全部家庭户的5.4%。1987年两种以上民族的混合家庭已占全部家庭户的7.9%。这表明各族人民在建设社会主义的共同事业中，文化传统、风俗习惯相互渗透，生活方式日趋接近。

（四）总和生育率有较大幅度的下降。解放以来，我区总和生育率一直较高。1971年以前基本浮动在6左右；1982年第三次人口普查仍达2.67，高于全国2.64的平均水平；1987年已降到全国平均水平以下，达到了1.95。总和生育率的迅速下降，在一定程度上缓解了近年来生育人群大的矛盾。但若保持目前的水平。则2000年总人口仍要突破控制目标。因为第二次生育高峰1963～1972年出生的人口已陆续进入生育峰值年龄。这批人数量大，因而今后几年出生率回升是不可避免的。为了防止生育人群大和生育率高的双重作用。形成更大的生育峰值，仍应继续降低育龄妇女总和生育率。

五、少数民族人口增长速度高于汉族，占总人口的比重有所提高

内蒙古自治区是多民族聚居的地区。据1%人口抽样调查资料推算，1987年全区少数民族人口达到了359万人，比1982年第三次人口普查增加了60多万，年平均增长率为3.4%，不但高于汉族的0.85%，也高于全国少数民族2.94%的平均水平。少数民族人口占总人口比重也从1982年的15.5%上升为17%。其中蒙古族人口占总人口的比重也由1982年的12.9%上升为14.34%。少数民族人口增长快的原因：一是党的民族政策的体现。解放以来，全区一直非常重视少数民族人口的发展，扶持和帮助少数民族地区发展文化、教育、医疗卫生和社会福利事业；做了大量的工作，使得少数民族经济、文化、医疗卫生事业得到了很大的改善，增强了身体素质，降低了死亡率；二是少数民族人口年龄构成轻，育龄妇女人数多，再加上少数民族执行比较宽松的计划生育政策；三是十一届三中全会以后，政府制定了“关于恢复或改正民族成份”的规定，同时采取了一些有利于少数民族繁荣发展的措施，少数民族在入学、就业、生育等方面受到特殊的照顾，使得过去没有正确申报本人民族成份的人，都如实填报或改正为少数民族，一些与少数民族有血缘关系的人，大都由原报汉族改为少数民族。

我区少数民族人口增长速度过快，也会影响少数民族地区社会经济的发展和人口素质的提高。因此，为了少数民族的发展和繁荣，必须适当控制人口增长，使人口数量和质量与经济和社会的发展相适应，促进经济的发展。

（作者工作单位：内蒙古自治区统计局）

1987年辽宁省人口发展状况分析*

曹 景 椿

1987年，是辽宁省计划生育工作更加深入发展、创新的一年。

一、人口总量的变化

根据省计划生育委员会的统计，1987年末全省总人口为3 777万人，比1986年的3 727万增加了50万人。人口增长率为13.34‰。低于1987年人口发展计划的1.67‰，比计划少生1.1万人，实际出生占计划出生的98.33%。

1987年全省计划生育率为99.45%，比1986年提高0.13%。出生人口的胎次分布：一胎率为73.52%，比1986年减少7.79%。二胎率为26.24%，比1986年增加7.88%。多胎率为0.25%，比1986年减少0.08%。总之，1987年计划生育的各项人口指标均较好的完成了计划要求。

1987年人口增长速度已经放慢，与1986年相比，出生人口增加7.6万，其中一胎占1.3万，增长幅度为2.88%；二胎出生增加6.4万，增加幅度为62.61%；多胎出生减少297人，减少幅度为16.04%。一二胎出生虽然继续增加，但增长的速度与1986年相比却放慢了，生育高峰和放宽政策的影响已逐步缓解。

1987年出生的二胎和多胎人口共16.7万人。其中农村独女户生育二胎的为10.6万，农村少数民族生育二胎的为3.7万，第一个孩子是病残的为0.7万，分别占二胎和多胎生育总数的59.9%，22.2%，4.2%。由于充分发挥了计划调节的作用，使二胎出生数在出生总数中保持了合理比例，做到了对二胎生育的有效控制。胎次率指标，在全国仍保持中上游水平（见表1）。

表1　辽宁省1987年育龄妇女胎次率与全国比较

位次	一胎率		二胎率		多胎率	
	省别	‰	省别	‰	省别	‰
	全国平均	67.20	全国平均	26.63	全国平均	6.17
1	上海	96.80	上海	3.17	上海	0.03
2	北京	86.83	北京	12.31	辽宁	0.25
3	天津	85.05	天津	14.15	吉林	0.68
4	黑龙江	81.63	黑龙江	16.52	天津	0.80
5	吉林	81.44	吉林	17.88	北京	0.86
6	江苏	79.80	江苏	17.95	山东	1.12
7	山东	74.24	四川	23.89	河北	1.21
8	辽宁	73.52	山东	24.64	浙江	1.71
9	河北	73.43	河北	25.36	黑龙江	1.85
10	四川	73.19	辽宁	26.63	江苏	2.25

* 文中所引数字除特殊注明外均取自1987年全国1%人口抽样调查资料。

从表1可见，全省1987年二胎率占的比重很大，接近全国平均水平。二胎比重所以上升较快，主要原因是1985年全省实行独女户有条件的生育二胎这个政策的调整所引起的。多年积累的许多符合条件的育龄妇女生育了二胎。这种情况表明，二胎比重上升快是带有一定的补偿性生育所引起，估计补偿过后二胎率即趋平稳，不会再有较大波动。

二、人口的出生、死亡和自然增长

据辽宁省计生委的统计，1987年全省人口出生率为16.76‰，死亡率为5.04‰，自然增长率为11.72‰。全省人口变动的主要特点是人口出生率回升。

近5年来，辽宁省人口呈波浪型发展，1984年人口出生率是历史最低水平，仅为10.8‰，而1987年却回升到16.78‰，比前4年中最高的1986年还提高2.2‰。

人口出生率回升的主要原因是：

（一）育龄妇女人数增加，尤其是生育旺盛期妇女比重急剧加大。根据1‰人口抽样调查结果推算，1987年全省育龄妇女约达1 106万人，占总人口的29.26%，其中20～39岁生育旺盛期的妇女约587万，占一半以上。育龄妇女1987年比1982年第三次人口普查时增加113万人，增长11.4%。其中有一批是符合生二胎条件的。

（二）育龄妇女生育率有所提高。如1986年妇女生育率为62%，比1984年提高22.7%。

（三）一胎率下降，二胎率上升（见表2）。1984年前，一胎率一直上升，二胎率呈下降趋势。1984年以后，一胎率逐年下降，二胎率逐年回升。1987年全省一胎率为73.5%，其中农村仅为66.1%。

（四）早婚早育妇女增加。1977～1983年生育峰值年龄为25～29岁，1984年以后前移到20～24岁。特别是近年来，早育现象逐年增加。目前20～24岁组已婚妇女中近1/5的人是早婚。在早婚妇女中，农村妇女占75.4%。早婚即早育，这给控制人口增长，缓解人口生育高峰带来不利影响。全省20～49岁的生育妇女中，20岁以前生第一胎的占10%。

总之，人口出生率较大幅度的回升，是庞大人群进入婚育高峰年龄和在完善生育政策过程中二胎生育上升的结果。

全省总人口的死亡率由解放初期的9‰左右稳步下降，至80年代中期下降到历史最低水平，1984年为5‰，1987年为5.04‰。与全国平均水平比，辽宁省总人口死亡率一直较低。如1981年全国平均死亡率为6.36‰，辽宁省为5.32‰，比全国低1.04个千分点，1987年全国为6.4‰，辽宁省为5.04‰，比全国低1.36个千分点。

为什么辽宁省人口死亡率一直低于全国平均水平？一是由于辽宁省医疗卫生事业不断发展，许多严重危害人民生命的传染病得到有效控制，使人口死亡率，特别是低年龄组死亡率下降；二是人口年龄结构中青壮年人口比重较高。

从1987年1%抽样调查资料分析，辽宁省人口死亡呈现如下几个规律：①人口死亡率的城乡差异明显，城市人口死亡率普遍低于农村人口死亡率。1986年城市人口死亡率为3.9‰，农村为5.3‰；②人口死亡的文化程度与死亡率成反比；③人口死亡的职业差异为：农林牧副渔劳动者占67.8%，工人占19.5%，两者合计为87.3%，其他任何职业的死亡人口没有超过4.3%；④人口死亡的两性差异表现为，男性高于女性。值得注意的是目前男高女低的状况似乎有不断增大的趋势。以1985～1987年的3年为例，若女性死亡为100，男性死亡分别为128、129.5、162.7。

在25～49岁绝大部分已婚人口中，男女死亡性别比距离幅度加大（见表3）。如果这种

表2 1982～1987年胎次分布 （%）

年 份	第一胎	第二胎	第三胎及以上
1982	72	15	11
1983	71	19	10
1984	79	14	7
1985	75	15	10
1986	64	18	19
1987	59	22	19

表3 1981、1986年部分年龄组死亡率男女性别比

年 龄 组	死亡率男女性别比	
	1981年	1986年
15～19岁	136.3	138.3
20～24岁	132.3	147.1
25～29岁	112	150.3
30～34岁	106.8	150.7
35～39岁	118.4	140.5
40～44岁	118.9	134
45～49岁	120.6	137.3

趋势继续下去，不但要引起性别比的变化，而且会意味着中青年丧偶现象增多，是一个不可忽视的新问题。

辽宁省人口自然增长率，随着出生率的回升和死亡率的稳定，也在增长。1987年末全省总人口为3 777万，与1982年相比，5年间净增人口187万，增长5.22%，平均每年增加38万人，年平均增长1.03%。人口增长主要是自然增长，1982年以来，自然增长占净增人口的91.6%。

三、人口性别、年龄构成特点

1987年辽宁省总人口中，男性为1 930.4万人，占总人口的51.1%，女性人口为1 846.8万人，占总人口的48.9%，性别比为104.5。

根据1987年1%抽样调查资料分析，人口年龄构成有以下几个特点：

（一）年龄中位数逐年上移和平均年龄不断提高是辽宁省人口年龄结构的特点之一。1987年人口年龄中位数为27.1岁，比1982年24.6岁上移了2.5岁，同全国24.2岁相比高2.9岁。1987年全省人口平均年龄为29.7岁，比1982年的27.9岁，提高了1.8岁。

年龄中位数和平均年龄逐年上移，是多年来严格控制人口增长和搞好计划生育工作的显著成果。这种上移的趋势将继续发展，这说明辽宁省人口老化的速度也将快于全国。

（二）老年人口比重上升，少年儿童比重下降。近年来，辽宁省老年人口增长很快。1987年全省60岁以上的老年人口约311.5万人，占总人口的8.3%，高于全国水平，比1982年增加47.2万，平均增长3.3%。是同期总人口增长的两倍多。而且超过前18年老年人口增长速度（3.1%）。农村老年人口比例高于城市（农村为8.5%，市镇为8%）。因此，近几年内，人口老化虽不会成为严重问题，但是，人口老化趋势越来越猛，并将走在全国的前面。据测算，90年代中全省人口将转向老年型。

少年儿童（0～14岁）占总人口比重是逐年下降的。但学龄前儿童（4～6岁）占总人口的比重有所上升，1987年为5.07%，比1982年的4.56%上升了0.51%。学龄前儿童的增加应提醒有关部门及早做好安排。

（三）劳动年龄人口比重上升，非劳动年龄人口比重下降。根据抽样调查，1987年劳动年龄人口（男16～59岁，女16～54岁）占总人口的比重为63.7%，比1982年的60.3%上升3.4%。其主要原因是50年代和60年代两次人口生育高峰时期出生的庞大人群相继进入劳动年龄，并在相当长的时期内属于劳动年龄人口。这就预示着，要继续广开就业门路，为劳动年龄人口创造和提供就业机会。

非劳动年龄人口指劳动年龄之外的少年儿童和老年人口，即被抚养的人口。1987年非劳动人口占总人口比重为36.3%，比1982年的39.7%下降了3.4%。这表明从70年代以来实行计划生育，出生人数减少，使抚养指数下降，从而减轻劳动年龄人口的负担。

（四）育龄妇女比重上升。育龄妇女占总人口的比重逐年上升，而且有继续扩大的趋势，意味着新的人口生育高潮的到来。特别是结婚生育的峰值年龄人口（20～22岁）占总人口的比重，由1982年的9.14%上升到1987年的12.31%，上升了3.17%。据推算，结婚生育峰值人口1987年比1982年增加了128万。这批人正是60年代人口生育高峰期的出生人口，目前正处于生育旺盛期。能否合理调整和控制这一批人的生育，是关系到能否抓住时机，合理调整年龄结构，使之不致于对未来人口、经济、社会的发展带来更大冲击的关键所在。

通过以上人口年龄构成变化和特点的分析，可以确认辽宁省的人口年龄结构类型已发展到标准的成年型。

根据1987年1%人口抽样调查，0～14岁人口比例为24.16%，65岁以上人口比例为5.29%，老少比为21.9%，年龄中位数为27.1岁，表明辽宁省人口年龄结构已完全进入成年型并开始向老年型发展。其中少年儿童系数已进入老年型。人口再生产类型也已由增加型向稳定型过渡，并接近稳定型（见表4）。

表4　辽宁省人口年龄构成类型与国际标准比较　（%）

项目	国际标准			辽宁指标		
	增加型	稳定型	减少型	1964年	1982年	1987年
0～14岁人口占总人口比重	40	26.5	20	45.17	28.71	24.16
15～49岁人口占总人口比重	50	50.5	50	42.78	56.25	58.97
50岁以上人口占总人口比重	10	23	30	12.04	15.04	16.87

从表4可见，辽宁省在全国将较早的完成人口再生产类型的转变。人口年龄构成制约着人口本身的变化趋势，决定着未来人口发展的规模和速度，对社会、经济发展有着深刻影响。

四、人口的机械变动和婚姻家庭结构的特点

根据辽宁省公安厅的统计，1987年全省迁入人口为74.1万人，其中省外迁入13.4万人，占迁入人口的18.14%；迁出人口67.5万人，其中迁往省外的为10.1万人，占迁出人口的15.05%，迁入迁出相抵后，净迁入3.2万人。说明辽宁省人口机械变动入大于出，属于迁入型。

近5年来，全省净迁入量均介于3～5万人之间，5年共净迁入16万人，仅占净增人口的8.4%。所以，辽宁省人口总量变动主要是自然增长，机械增长影响不大。

近几年来，随着经济体制改革、开放、搞活以及新《婚姻法》的公布，使人口婚姻状况发生了较大的变化。其特点是：①完婚人口比重是女大男小；②丧偶人口比重是男低女高；③离婚人口比重是男高女低。

1987年全省人口的婚姻状况表现为：

（一）未婚人口比重下降。1987年全省未婚人口比重（指15岁以上未婚人口占15岁以上全部人口比重），由1982年的29.18%下降到23.96%，降低了5个百分点。其中男性未婚人口比重为26.38%，女性为21.48%，分别降低了5.32和5.09个百分点。下降的主要原因是新《婚姻法》颁布后，初婚年龄提前和人口年龄结构变化的双重影响。

（二）有配偶人口比重上升。全省1987年有配偶人口比重为70.51%，比1982年的64.82%提高了5.69个百分点。配偶率女性高于男性2.5%。据分析，辽宁省人口在29岁前完婚的达到91.36%。其中男女性人口在此年龄，分别已有87.22%和96.61%的人解决了婚姻问题，建立了家庭。

（三）初婚年龄前移。1987年平均初婚年龄为22岁，比1982年的24.5岁前移了2.5岁。结婚年龄中位数由1982年的24.4岁提前到1987年的22.6岁，结婚的峰值年龄也由1982年的24岁提前到1987年的22岁。

（四）丧偶人数减少，比重下降。1982年辽宁省人口中丧偶比重为5.57%，1987年下降到5.03%，而且男女比重下降相当。60岁以上的老年人丧偶比重1987年比1982年下降了4.48%（见表5）。

表5　　辽宁省人口丧偶比重变化　　（%）

年龄分组	合计		其中：1987年	
	1982年	1987年	男	女
合　计	5.57	5.03	3.67	6.43
30～40	0.35	0.26	0.25	0.27
35～39	0.87	0.64	0.58	0.69
50～59	9.99	8.06	5.18	11.07
60岁以上	38.30	33.82	24.44	43.82

（五）离婚人口增多，比重上升。1982年辽宁省离婚人口比重为0.42%，1987年上升到0.50%，1982年各年龄组离婚人口比重以35～59岁内各组为最高，逾0.70%。1987年30～34岁人口离婚比重升高到0.68%，比重上升最快。峰值离婚年龄组的提前，说明中青年家庭不稳定因素在增长。

辽宁省人口的家庭规模，随着社会的变革和经济的发展而日益缩小，趋于小型化。据省公安厅的统计，1987年全省户均人口为3.7人，为历史最低值，比1982年第三次人口普查的4.17人，减少了0.47人（见表6）。

表6　　各类家庭户占总户数的比重　　（%）

年　份	合　计	一人户	二人户	三人户	四人户	五人户	六人户	七人以上户
1982	100	6.93	11.08	21.47	22.12	18.21	11.19	9.0
1987	100	3.52	10.35	32.92	24.95	16.17	7.29	4.8

由表6可见1987年以3人户所占比重为最高，是相当数量的夫妇坚持一对夫妇只生一个孩子的结果。4人户所占比重次之，两者合计占57.87%。辽宁省家庭规模缩小到3.7人，比

全国同期平均每户4.2人的水平低0.5人，比贵州的4.77人、吉林的4.14人、黑龙江的4.17人都低。同国外相比、低于亚非拉，接近西欧的平均水平。

辽宁省小家庭迅速增加，大家庭仍在相继减少；单身户、不完全的家庭也在减少。这与改革开放的形势，商品经济的发展，工业化、城镇化的发展，住房条件的改善，婚姻制度的稳定都有直接关系。

辽宁省人口家庭规模变化特点：一是总户数增长快于总人口的增长；二是复合家庭（即二代、三代以上加亲属非亲属户）减少，直系家庭（指夫妻、父母、子女）增多，尤其核心家庭（指一对夫妇或一对夫妇与未婚子女组成的家庭）的增长更快；三是家庭规模城市小于农村，但趋向缩小的速度农村快于城市；四是单身户中，60岁以上老人近半数，大部分在城镇。

五、稳定计划生育政策，抓紧计划生育工作

通过对以上各个问题的分析，不难看出，1988年以后控制人口数量，提高人口质量的任务还是很艰巨的。因为正值生育高峰期，拥有庞大的生育人群。在生育峰值年龄前移，早婚早育现象增多，一胎率下降，二胎比重上升的条件下，要认真掌握人口出生规律，避免人口出生出现大起大落的现象，必须密切注视人口出生的动态，千方百计控制人口出生数量，为降低生育率水平做出贡献。

70年代，辽宁省靠计划生育工作，不仅改变了人们的生育观念，而且平缓了第一次生育高峰带来的人口增长洪峰。现在，面对新的洪峰，仍然要靠计划生育，靠全面贯彻和稳定计划生育政策。

首先，要继续大力提倡“一对夫妇只生育一个孩子”。国家提出这一号召，虽然是在特定历史条件下不得不采取的应急措施。实践证明，它在尽快降低我国人口增长速度、缓解人口生育高峰和调整人口结构等方面，起了决定性的作用，并得到了广大群众的拥护和支持。今后还要继续发挥它在这方面的作用。

其次，对城乡有特殊困难的家庭（包括农村独女户）要允许生二胎，但要从严掌握，要控制生育间隔。坚决控制住多胎和计划外生育。因为这期间，即使严格控制妇女生育率水平，仍会有较大的人口出生高峰。如果控制不力，开口过大，势必使庞大的生育人群与较高的生育率水平相遇，继而叠加出更高的波峰，加重人口结构分布的不合理。

第三，要继续积极有效地提倡和鼓励晚婚晚育，少生优生。晚婚晚育是控制人口增长的重要手段之一，有利于减少人口增长数量，减慢人口增长速度，错开生育高峰，调整人口年龄结构，使人口再生户得以均衡发展。必须抓紧这项工作。

（作者工作单位：辽宁省计划生育委员会）

1987年吉林省人口发展状况分析

李宝泉　邹亚文　何　杰

现根据1987年1%人口抽样调查资料及其它有关资料，对吉林省人口发展状况进行分析。

一、人口基本得到控制，增长率低于全国平均水平

1987年7月1日吉林省总人口为2 335.5万人。其中常住人口2 242.5万，占96.02%；居住本地、户口在外地，已离开户口登记地半年以上的56.6万人，占2.42%；人住本地、户口待定的36.4万人，占1.56%。

1987年总人口比1953年第一次人口普查时总人口(1 129.0万人)增加了1 206.5万人，增一倍多。34年来，平均每年增加35.5万人，年平均增长速度为2.16%。

吉林省三次人口普查和1987年1%人口抽样调查情况如表1所示。

表1 吉林省三次人口普查和1987年1%人口抽样调查情况

起止年	年数	净增人口（万人）	平均每年增加人口（万人）	年平均增长率（%）
1953年中～1964年中	11	437.9	39.8	3.02
1964年中～1982年中	18	689.1	38.3	2.05
1982年中～1987年中	5	79.5	15.9	0.70

第一次到第二次人口普查的11年间，人口增加了437.9万人，年平均增加39.8万人，年平均增长速度为3.02%。这个速度比1840～1949年平均每年增长2.50%还高0.52个百分点。从第二次到第三次人口普查，18年间年均增加38.3万人，年均增长速度为2.05%。18年中，大致以1973年为转折点，1964～1972年，年均增长速度为2.86%；1973～1982年，年均增长速度为1.40%。由此可见，70年代吉林省加强计划生育工作以来，人口增长得到了有效控制，增长率明显下降。

第三次人口普查至1987年1%人口抽样调查的5年间，年均增加15.9万人，年均增长速度为0.70%，低于全国同时期的平均水平，是解放以来吉林省人口发展最缓慢的时期。

1987年末吉林省总人口为2 346.4万人，比1986年增加25.9万人，增长1.12%，人口增长比80年代初略有回升。

二、人口自然增长率回升，第三次生育高峰期业已形成

据年度人口变动情况抽样调查资料计算，1987年吉林省人口出生率为18.20‰，死亡率为5.41‰，自然增长率为12.79‰。出生率、自然增长率比1982～1985年均有增高，比1986年分别略低0.53‰、0.26‰（见表2）。

表2 吉林省人口自然增长情况＊ （‰）

年份	出生率	死亡率	自然增长率
1982	16.76	5.83	10.93
1983	12.38	5.35	7.03
1984	11.84	5.34	6.50
1985	11.93	5.34	6.59
1986	18.73	5.68	13.05
1987	18.20	5.41	12.79

＊ 表中1986、1987年数字均为吉林省统计局人口抽样调查推算数据，其余为公安部门年报数字。

从表2可看出，1986年、1987年人口自然增长率显著回升。回升的主要原因是第二次生育高峰期出生的人口从1985年起陆续进入婚育年龄。同时，25～29岁的生育峰值年龄1987年比1982年前移了一个年龄组，生育高峰期（20～29岁）妇女生育的子女数占生育子女总数的81.76%。其次，由于计划生育政策的部分调整，农村独女户可生二胎，以及一些地区计划外生育增加，使人口自然增长率回升加快。

吉林省1986年以来，第三次生育高峰期业已形成，这次生育高峰，将一直持续到1995年，这期间内人口出生率将维持在一个较高水平上。

三、总人口性别比正常，婴幼儿性别比偏高

1987年吉林省人口性别比为103.61，同前三次人口普查相比，1987年最低，比同期全国总人口性别比104.48的水平低0.87。但0—4岁婴幼儿性别比却较高，为111.38（见表3）。

表3 吉林省1982～1987年0～4岁婴幼儿性别比

年龄别	性别比		1987比1982（±）
	1982年	1987年	
0～4	105.83	111.38	5.55
0	107.38	111.75	4.37
1	106.48	109.28	2.80
2	105.33	111.60	6.27
3	105.34	114.02	8.68
4	104.89	110.54	5.65

四、年龄结构趋于合理，人口总负担系数下降

（一）人口年龄构成类型接近成年型。1987年吉林省少年儿童系数为26.82%，老年系数为4.34%，老少比为16.18%，年龄中位数为24.63岁，与1982年人口普查资料比较，少年儿童系数下降，老年系数和年龄中位数上升。

按国际通用标准衡量，少年儿童系数已达到老年型，年龄中位数和老少比均达到成年型，老年系数也接近成年型。

（二）人口再生产类型进入稳定型。从人口再生产类型看，0～14岁人口比重1982年为33.2%，1987年降至26.8%，属于稳定型；15～49岁人口比重由1982年的53.9%上升到58.8%，也属于稳定型；50岁及以上人口的比重由1982年的12.9%达到14.4%，向稳定型过渡。按照国际人口再生产类型标准衡量，吉林省人口再生产类型已进入稳定型。但由于第二次生育高峰的人口刚进入婚育年龄，近几年内人口仍呈增加趋势。

（三）劳动适龄人口比重上升。1987年吉林省劳动适龄人口占全省总人口的64.51%，比1982年的56.83%增加7.68个百分点，平均年增长2.57%。大大超过总人口年均增长0.70%的速度，劳动力资源充裕。

（四）人口总负担系数下降，1987年人口总负担系数为50.17%，比1982年的59.11%下降8.94个百分点。其中少年儿童负担系数由1982年的52.78%下降至43.19%，5年间下降了9.59个百分点。老年人口负担系数由1982年的6.33%上升至6.98%，上升0.65个百分点。少年儿童系数下降较快，老年人口负担系数还不算高，人口年龄结构基本合理，人口老化尚未形成，有利于发展经济，提高人民的生活水平。

表4 吉林省1987年每万人中拥有各种文化程度人数 （人）

	大学	高中	初中	小学
1982年	88	1 077	2 087	3 599
1987年	105	1 162	2 374	3 669
1987比1982（±）	17	85	287	70

五、文化素质提高，文盲率下降

随着教育事业的发展，1987年吉林省人口文化素质普遍提高。

（一）每万人中拥有各种文化程度人口

均有增加（见表4）。

从增长幅度看，大学文化程度的人数增长最快，年均增长3.60%，其次是初中文化程度的，年均增长2.61%。

（二）文盲、半文盲率下降。1987年文盲、半文盲率为17.27%，比1982年的21.87%下降4.60个百分点，比全国平均水平26.41%低9.14个百分点。其中女性文盲、半文盲率下降幅度最为明显。由1982年的28.93%下降到23.44%，下降了5.49个百分点。

吉林省人口文化素质较高，在全国29个省、市、自治区中，仅低于上海、北京、天津和辽宁，居第五位。

六、省内迁移量呈增加趋势，省际迁出大于迁入

随着经济体制改革的不断深化和商品经济的发展，人口迁移愈益频繁。

（一）省内人口迁移的特点：一是迁移量呈增加趋势。据公安部门年报统计，1983年至1987年，省内迁移人口193.0万人，年均迁移人口为38.6万人。二是迁移人口以农村向市镇流动为主流，占全部迁入人口的85.68%，而农村迁入市镇的人口占农村迁出人口的85.56%（见表5）。三是迁移人口以青年为主体，15～59岁劳动年龄人口占82.67%，其中15～29岁的青年占63.45%，并以20～24岁的青年居多，占39.78%。

表5　　吉林省省内迁入情况表　　（%）

迁入地	合计	由市迁入	由镇迁入	由县迁入
总计	100.00	12.92	25.04	62.04
市	40.32	6.68	6.26	27.38
镇	45.36	5.62	14.04	25.70
县	14.32	0.62	4.74	8.96

（二）省际迁移的特点：一是迁出大于迁入，且逐年增加。据公安部门年报统计，1982年至1987年由外省迁入吉林省的人口为53.3万人，年均迁入8.9万人，同期年均迁出12.0万人，6年迁出71.7万人，净迁出18.4万人，年均净迁出3.1万人，而且净迁出逐年增加，1987年净迁出比1982年净迁出几乎增一倍（见表6）。

表6　　吉林省人口迁移情况　　（万人）

	省内迁移	省外迁入	迁往省外	省际净迁移（十、一）
总计	240.7	53.3	71.7	—18.4
1982	47.7	8.8	10.7	—1.9
1983	31.6	8.3	11.2	—2.9
1984	34.2	9.2	12.0	—2.8
1985	43.2	8.2	11.7	—3.5
1986	39.6	9.3	12.9	—3.6
1987	44.4	9.5	13.2	—3.7

二是近省迁移量大。迁往黑龙江省、辽宁省、内蒙古自治区以及山东省的占总迁出人数

的69.74%，其次迁往河北省、北京市的占11.53%。由黑龙江、辽宁、山东省和内蒙古自治区迁入的占总迁入的84.64%。从东北三省看，是南向迁移。由吉林省迁往黑龙省的只占18.39%，而由黑龙江省迁入吉林省的占36.04%，吉林省迁往辽宁省的占24.14%，而由辽宁省迁入吉林省的占19.78%。

三是净迁出人口文化素质较高。从省际迁移看，各类专业技术人员迁出比迁入多近一倍，国家机关、党群组织、企事业负责人迁出比迁入多45.7%，办事人员和有关人员迁出比迁入多43.10%。而其他劳动者迁出的比重则小于迁入。

七、婚姻关系稳定，初婚年龄下降

1987年，吉林省15岁及以上人口中未婚人口占25.64%；有配偶人口占68.64%；丧偶人口占5.29%；离婚人口占0.43%。

（一）未婚比重下降，终身不婚者较少。吉林省未婚人口占15岁及以上人口的25.64%，比1982年下降3.40个百分点。其中男性占14.13%，女性占11.52%，分别比1982年下降2.02和1.38个百分点。50岁以上未婚人口占全部未婚人口的0.80%，可见吉林省终身不婚人口较少。

（二）有配偶人口比重上升，平均初婚年龄下降。1987年吉林省有配偶人口占15岁及以上人口的68.64%，比1982年上升4.01个百分点。其中男性占34.13%，女性占34.51%，分别比1982年上升1.88和2.31个百分点。这主要是第二次生育高峰出生的人口陆续进入婚龄期及初婚年龄前移所致。1987年吉林省男性平均初婚年龄为22.83岁，女性平均初婚年龄为21.49岁。自1982年起，吉林省男女平均初婚年龄均呈下降趋势（见表7）。

表7　　分年份初婚年龄　　（岁）

年　份	男	女
1982	23.70	22.17
1983	23.47	22.00
1984	23.14	21.94
1985	22.87	21.92
1986	22.81	21.67
1987	22.83	21.49

（三）离婚人口比重较低，丧偶者多为老年人。1987年吉林省离婚人口占已婚人口的0.57%，比1982年的0.65%下降0.08个百分点。其中男性占0.38%，女性占0.19%，婚姻关系比较稳定。丧偶人口占已婚人口的7.11%，比1982年下降1.14个百分点。在丧偶人口中，近90%是50岁及以上的老年人。反映出吉林省平均寿命继续延长，同时也说明老年丧偶者的再婚率上升了。

八、家庭规模缩小，核心家庭增多

吉林省1987年家庭户的规模和结构发生很大变化，主要表现在：

（一）户规模缩小。1987年吉林省家庭户规模为4.11人，比1982年的4.39人减少0.28人，低于全国同期4.23人的平均水平。在全省家庭户中，三至四人户所占比重最大，占总户数的54.01%，其中三人户为28.34%，四人户为25.67%。与1982年比较，三四人户比重上升，其余户比重均下降。三至四人户已成为吉林省家庭户的主要形式。

（二）核心家庭比重增加。家庭规模的缩小，引起了家庭结构的变化。吉林省1987年家庭结构与1982年比较，两代户比重上升幅度最大，由67.64%上升到70.99%，上升3.35个百分点；其次是三代及以上户，由13.69%上升到16.00%，上升2.31个百分点；再次是一对夫妇户，上升0.55个百分点。其它类型户均有不同程度的下降，其中单身户比重下降最快，下降

4.49个百分点。表明吉林省的家庭结构，已由传统的大家庭向小家庭转化，两代户的核心家庭数量和比重仍是增加的趋势。

九、人增耕地减，农村劳动力稳健地转移

1987年市、镇非农业人口占52.71%，仍比辽宁省、黑龙江省低5.64和6.31个百分点。可见吉林省仍为典型的农业省。但耕地面积为5 940.8万亩，比1949年减少761.4万亩。人均耕地面积2.53亩，比1949年减少4.12亩。由于种植技术的提高，单位面积产量增加，但有一定的限度，特别是随着农村经济体制改革的深化，吉林省农村剩余劳动力须尽快转移。据对九个县、区农村劳动力转移情况调查，吉林省农村剩余劳动力已稳健地进行转移，促进了农村经济的活跃和发展。一是多方位的转移。就地转移占58.3%，向附近村镇转移的占18.3%，向本县城转移的占14.9%，转移到省内其他城市的占5.6%，转移到外省的占2.5%；二是多渠道的转移。其一是农业内部劳动力的转移，改变了农业经济结构；其二是向第二、第三产业转移。据调查，转移到工业的占8.2%，转移到商业的占4.4%，转移到建筑业的为9.7%，转移到运输行业的为5.5%，转移到服务行业的占7.8%，转移到管理方面的占4.4%。

吉林省人口增长基本得到控制，但由于第二次生育高峰期人口已进入婚育年龄，第三次生育高峰期已形成，必须继续深入地贯彻计划生育基本国策，控制人口增长。

（作者工作单位：吉林省统计局）

1987年黑龙江省人口发展状况分析

刘少为　宋　杰

第三次全国人口普查结束以来，随着改革开放的加快和深入，中国的人口状况发生了很大变化。国务院决定以1987年7月1日为标准时间，在全国进行了1%人口抽样调查。本文试根据1987年1%人口抽样调查所获得的资料，对黑龙江省人口发展状况作一分析。

一、1982～1987年间，黑龙江省人口增长速度为解放以来最低水平，而且低于世界和全国同期的平均增长水平。

据这次调查计算，1987年7月1日零时，全省总人口为3 403万，年底可达3 424 万人，这个数据与经常性户藉统计的数据相比，大约多出60多万人。根据几年来调查和了解到的情况看，在人口机械变动方面，人口抽样调查的结果与户口登记的情况大体一致，所差的主要是人口自然变动方面的情况。抽样调查的人口自然增长率要比户藉统计高出许多（见表1）。

以人口抽样调查计算的1987年底全省人口总数，与1982年底3 281万人（户藉统计数字）相比，5年间全省总人口增长143万人，增长4.36%，年均增加28.6万人，年均增长率为0.86%。这一数字表明，自1983年始，五年来的人口增长速度是解放以来最低时期，并且低于当前世界和全国的平均增长水平。这是黑龙江省解放以来人口发展史上的新特点（见表2）。

黑龙江省人口增长速度下降的主要原因有：一是人口自然增长率显著下降，尤其是1984～1986年降低幅度较大。这是因为计划生育取得了显著成效，人口出生率下降，同时，受60年代初人口出生低谷的周期性影响。二是迁出人口增加。这里主要是指省际人口迁移。黑龙

表1　　黑龙江省人口变动状况

年份	总人口（万人）		自然增长率（‰）	
	抽样调查	户籍统计	抽样调查	户籍统计
1983	3 306	3 278	12.40	7.34
1984	3 331	3 295	9.77	6.53
1985	3 357	3 311	10.28	6.45
1986	3 385	3 331	10.86	7.64
1987	3 424	3 364	13.99	9.23

表2　黑龙江省人口年平均增长率与世界和中国的比较　（%）

年代	世界	发达地区	发展中地区	中国	黑龙江省
1950～1955	1.79	1.28	2.04	2.18	4.96
1960～1965	1.99	1.19	2.34	1.84	3.38
1970～1975	1.97	0.89	2.39	2.18	3.24
1980～1985	1.67	0.64	2.01	1.15	0.94

江省解放以来是以人口迁移为其主要特征的地区。据有关方面资料，1949年至第三次全国人口普查的33年间，全省大约净迁入700万人左右，平均每年净迁入20万人，这是黑龙江省总人口增长较快的一个重要原因。但进入80年代以来，迁入人口逐渐减少，迁出人口大量增加。1982年以来的5年里，全省净迁出40多万，平均每年净迁出8万多人。调查表明，除城市部分知识分子流出外，主要是农村人口迁出量较大。

黑龙江省人口迁移变动由历史上以迁入为主要特征转变为当前以迁出为主要特征，除了某些政策性因素外，主要是与全国经济体制改革，特别是农村经济体制改革的深入发展有密切关系。过去山东、河北等省的经济发展速度赶不上人口增长速度，过剩人口大量迁入黑龙江省。近年来，这些省份改革开放搞的较好，人民生活有较大提高，吸引黑龙江省历史上迁入的人口返藉回乡。这一动向是应该注意的，它将对黑龙江省社会经济产生影响。

二、人口年龄结构发生变化，开始进入成年型

据这次抽样调查，1987年黑龙江省14岁以下少年儿童人口的比重为29.01%，与1982年第三次人口普查时的34.89%相比，下降了5.88个百分点；15～64岁人口由61.69%上升为67.34%，增长了5.65个百分点；65岁以上老年人口由3.42%上升为3.65%，增长了0.23个百分点。目前，全省人口平均年龄为27.20岁，比1982年的25.34岁提高1.86岁；年龄中位数接近24岁，比1982年的21.4岁提高2.5岁。说明全省人口年龄结构已进入成年型，应该说这是一个划时代性的变化。

但是，应当指出的是，由于受两次人口生育高峰的影响，黑龙江省人口的年龄结构，在成年型人口类型中仍处于比较年轻的阶段。34岁以下人口占总人口的比重仍在70%以上；20岁以下人口高达43%，其中女性人口的绝对数量在700万以上，未来的20年前后，都将逐步进入结婚生育期。因此，对继续降低人口发展速度，控制人口的增长，仍然是较大的压力。

1987年1%人口抽样调查表明，第三次人口生育高峰正在兴起，人口自然增长率比1986年高出3.13个千分点，上升幅度为28.82%。可以预见，在本世纪末以前乃至更长时期内，总人口继续处于增长膨胀状态是不可避免的。并由此带来一系列社会问题，如教育、就业、医疗、交通、住房等方面的压力还是相当大的。然而待到这些问题稍有缓解时，接踵而来的则是人口的老龄化所带来的一系列新的社会问题。因此，面临着人口生育高峰和即将到来的人口老化的挑战，迫使人们不得不进一步加强人口及与人口有关的战略研究，以便做出科学的、符合客观实际发展需要的准备。尽可能做到保持人口和社会经济协调发展。

三、总人口的性别比和婴儿性别比正常，高年龄组性别比偏高

表3 全国及黑龙江省人口性别比

年代	全国	黑龙江
1953	107.56	118.63
1964	105.45	111.13
1982	105.45	104.87
1987	104.48	103.20

这次抽样调查的结果，在全省总人口中男性占50.79%，女性占49.21%，性别比为103.20，低于全国水平（104.48）。其中零岁人口性别比为104.15，说明全省总人口和婴儿性别比是正常的（见表3）。

但从分年龄组看，全省高年龄组人口的性别比仍属偏高范围。54岁至75岁人口的性别比一般均在110以上，最高达到128以上。这是黑龙江省历史上人口性别比高的时代性反映。与全国及一般规律比较，也是一个不同的特点。这主要是历史上人口迁移量大及妇女死亡率偏高等因素造成的。

四、全省人口文化素质有较大提高

1987年1%人口抽样调查的文化构成与第三次人口普查比较，每万人中拥有大学、高中、初中等各种文化程度的人数，均有不同程度的增长。其中大学文化程度的增长较快，由68.7人提高到118人，5年间增长了71.76%，比全国同期增长的43.27%，高出28.49个百分点，说明全省高等教育，特别是成人高教事业发展较快；高中文化程度的人口也有较大增长，由939人增加到1 061人，5年增长13.02%，比全国同期增长3.13%高出9.89个百分点；初中文化程度的人口也有一定程度的增长，由2 219人增加到2 593人，增长了16.89%，但低于全国同期增长19.22%的水平，说明全省普及中等教育还存在一些问题；小学文化程度的人口呈下降趋势，由1982年每万人中的3 555人减少到3 442人，5年降低3.26%，与全国同期增长2.43%的水平比较，呈逆转形势。出现这种情况，一是由于近几年来学龄儿童总数减少。从1982年人口普查7～12岁的年龄结构可以看出，1987年比1982年减少109万儿童，平均每年减少20万人。这些儿童都是1975年以后出生的，反映出计划生育的显著成效。二是通过这次调查看出，5年来7～12岁学龄儿童仍有50多万不在校读书，即占同龄儿童的12.31%，说明全省特别是农村普及初等教育工作亟待进一步提高。否则新的文盲人口还将不断出现，这是一个很值得全社会重视的问题。

文盲半文盲（12岁以上不识字或识字很少的人）占总人口的比重，虽然由1982年的16.2%下降到1987年的14.3%，低于全国20.6%的水平，但在全省12岁以上人口中，仍有490万人属于没有文化。这些人口的80%以上居住在农村，特别是农村妇女尤为突出，是一个必须认真解决的问题。

五、劳动年龄人口迅速增长，劳动人口年龄结构比较年轻

按我国现行政策规定，劳动年龄人口是指男16～59岁，女16～54岁。这次抽样调查，在总人口中劳动年龄人口占60.91%，全省约2 085万人，比1982年的56.21%，提高4.7个百分点，增长幅度为8.36%，全省增加约240万人左右。超过同期总人口增长4.36%的发展速度。在劳动年龄人口中，男性占51.56%，女性占48.44%，劳动年龄人口的性别比为106.46，与1982年相比降低2.48，说明妇女劳动年龄人口相对增长较快（见表4）。

表4　　1982、1987年劳动年龄人口状况

年龄别	1982年劳动年龄人口				1987年劳动年龄人口			
	合计万（人）	各年龄组比重（%）			合计（万人）	各年龄组比重（%）		
		合计	男	女		合计	男	女
总　计	1 836	100	52.14	47.86	2 085	100	51.56	48.44
16～19	337	18.34	9.21	9.14	329	15.80	7.90	7.90
20～24	307	16.73	8.44	8.29	398	19.09	9.67	9.42
25～29	324	17.67	8.93	8.74	304	14.58	7.34	7.24
30～34	246	13.40	6.74	6.65	312	14.96	7.49	7.47
35～39	161	8.75	4.35	4.40	235	11.25	5.63	5.62
40～44	157	8.53	4.33	4.20	152	7.29	3.55	3.74
45～49	142	7.76	4.11	3.65	152	7.30	3.58	3.72
50～54	113	6.17	3.37	2.79	142	6.80	3.47	3.33
55～59	49	2.66	2.66	—	61	2.93	2.93	—

1987年劳动年龄人口的平均年龄为32.05岁，比1982年提高0.44岁；年龄中位数为30.19，比1982年提高1.53岁，反映出全省劳动年龄人口的年龄结构已经由下降转为逐步上升趋势，这是总人口年龄结构类型变化的结果。但就劳动年龄人口的整体年龄结构看，34岁以下的青壮年劳动力仍占64.41%，只比第三次人口普查时降低1.73个百分点；高年龄组，如50岁以上劳动年龄人口占9.74%，比第三次人口普查时的8.66%提高1.08个百分点，变化不很显著。因此，劳动年龄人口的年龄结构还是比较年轻的。

由于劳动年龄人口的迅速增长，全省总抚养比进一步下降。与1982年比较，总抚养比由77.89%降为64.18%、下降幅度为17.60%。其中少年儿童抚养比由1982年的66.02%降为51.74%；老年人口抚养比由1982年的11.87%上升为12.43%。

六、在业人口增多，比重上升，在业人口的行业职业构成发生变化

这次调查表明，从事各种社会劳动并取得劳动报酬和经营收入的在业人口（包括超过劳动年龄的在业人口）占总人口的比重为44.61%。全省在业人口约1 527万人，比1982年的约1332万人增长95万人，增长幅度为14.64%。在业人口占15岁以上人口的比重为62.84%，比1982年也有一定提高，说明全省人口就业率有了新的增长。

按照国家规定的有关行业分类，依据在业人口所在单位在国民经济中的性质划分，这次调查在业人口的行业构成状况如表5所示。

从表5看，物质生产部门的在业人口占全部在业人口的比重，已由1982年的90.11%下降到89.06%，非物质生产部门的在业人口由1982年的9.89%上升为10.94%。表明全省产业结构发生了一些新的变化，但变化的幅度很小。物质生产部门，特别是第一产业在国民经济中占绝对优势的局面并无大的改变。非物质生产部门发展较慢，甚至在教育、科研和综合技术服务方面，相对还有所下降，这是应当引起注意的。在非物质生产部门提高较快一些的主要

表5 　　在业人口的行业构成状况

行业类别	各行业人口占总人口比重（%）			各行业人口占在业人口比重（%）		
	合计	男	女	合计	男	女
总计	44.61	28.59	16.02	100	64.09	35.91
农林牧渔水利业	22.86	15.88	6.98	51.25	35.60	15.65
工业	11.20	6.47	4.73	25.12	14.50	10.62
地质普查和勘探业	0.09	0.06	0.03	0.20	0.14	0.06
建筑业	1.34	0.97	0.37	3.00	2.18	0.82
交通运输邮电业	1.30	0.99	0.31	2.92	2.22	0.70
商业、公共饮食业、物资供销和仓储商业	2.93	1.40	1.53	6.57	3.14	3.43
房地产管理、公用事业、居民服务和咨询服务业	0.67	0.33	0.34	1.51	0.73	0.78
卫生、体育和社会福利事业	0.64	0.28	0.36	1.43	0.62	0.81
教育、文化艺术和广播电视事业	1.65	0.86	0.79	3.70	1.92	1.78
科学研究和综合技术服务事业	0.11	0.06	0.05	0.24	0.13	0.11
金融、保险业	0.14	0.09	0.05	0.32	0.20	0.12
国家机关、党政机关和社会团体	1.67	1.21	0.46	3.74	2.70	1.04
其它行业	…	…	…	0.01	…	…

有房地产管理、公用事业、居民服务和咨询服务业等；卫生、体育、社会福利事业和金融保险业的比重也有一些提高。

按照在业人口个人所从事的工作性质不同划分，其职业构成情况如表6。

表6 　　在业人口的职业构成状况

职业分类	各职业人口占总人口比重(%)			各职业人口占在业人口比重(%)		
	合计	男	女	合计	男	女
总计	44.61	28.59	16.02	100	64.06	35.91
各类专业技术人员	3.79	1.79	2.00	8.51	4.02	4.49
国家机关、党群组织、企事业单位负责人	1.62	1.37	0.25	3.63	3.07	0.56
办事人员和有关人员	1.27	0.86	0.41	2.84	1.92	0.92
商业工作者	1.92	0.84	1.07	4.30	1.89	2.41
服务性工作人员	2.16	0.93	1.23	4.85	2.10	2.75
农林牧渔劳动者	22.76	15.71	7.05	51.03	35.22	15.81
生产工人、运输工人和关有人员	11.07	7.07	4.00	24.81	15.85	8.96
不便分类的其他劳动者	0.02	0.01	0.01	0.03	0.02	0.01

表6中的各项指标与1982年第三次人口普查比较，虽有上升，但总的看变化不大。应当指出的是，直接从事体力劳动的农林牧渔劳动者和生产工人、运输工人两项指标之和仍占75%以上，而从事脑力劳动的各类专业技术人员出现相对减少的局面，占在业人口的比重由1982

年的9.20%下降到8.51%。这种状况一方面反映出全省在产业结构调整上进展不大，特别是农村单一的经济结构非常突出，第二、第三产业人口增长较少，只有商业工作者增加较多，由1982年的3.32%，增加到1987年的4.30%；另一方面则反映出各类专业技术人员发展较慢，知识结构层次低，后备技术力量严重不足，这是影响省内生产力发展的重要因素。

七、全省约有900万人口不在业，这一丰富的劳动资源有待进一步开发利用

依据这次调查结果计算，全省不在业人口占总人口的比重由1982年的24.35%增加到26.38%，全省不在业人口达900万左右，5年约增加105万人。但是，以15岁及以上人口计算，全省不在业人口的比重还是略有下降的。即由1982年的37.39%，降为1987的37.16%。两项指标比较，一升一降（或一平），即反映出全省劳动力人口增长速度快，平均每年增长50多万人，也反映出全省劳动就业逐年上升的趋势。但由于劳动年龄人口增长速度过快，相对来说就业率还是较低的。丰富的劳动力资源没有得到充分利用。因此，在继续加快和深化改革的过程中，如何进一步采取各种形式和办法，多层次、多渠道，大力发展劳动密集型产业，积极创办和发展乡镇企业、村办工业以及个体经济，广开就业门路，是一个极其紧迫的和具有重大实际意义的战略问题。

从全省不在业人口的构成上看，属于家务劳动的占52.89%，约476万人；属于待升学的占0.51%，约4.6万人；属于待分配的占0.19%，约1.7万人；属于退休退职的占12.20%，约109万人；属于在校学生占19.51%，约175.6万人；属于市镇待业人员占3.59%，约32.3万人；属于其他人员占11.11%，约100万人。

上述人员除待升学和其他人员与1982年比较有所减少外，其余各类人员均有增加。主要成份仍以家务劳动、在校学生和退休等人员为主。其中家务劳动者占一半以上，并且80%左右为妇女，特别是农村妇女为绝对多数；其次是退休人员，1987年比1982年增加一倍多；市镇待业人口主要是初、高中毕业生，年龄多是15—24岁，也以女性居多，这是今后需要解决的重要问题。

八、人口城镇化进程加快，市镇人口比重急剧上升

这次调查，市（不含市辖县）镇人口占全部调查人口的61.38%，这个比例已大大超过全国市镇人口37.1%的水平，比全省1982年的40.54%上升51.41%。其中市人口由1982年的26.82%上升为1987年的32.12%；镇人口由13.28%上升为29.26%，市镇人口总数达2 100万。

市镇人口比重急剧上升，反映出随着全省社会经济的发展，人口城市化的进程是很快的。但应当看到，这次调查结果高于黑龙江省人口城市化的实际水平，其主要原因是由于行政区划的变动，人为地把一部分乡村人口划入了城镇。这种情况，在近几年批准的某些镇，特别是县级市中是很突出的。

人口城市化，是社会经济发展的重要标志，也是人口发展的一个必然趋势，包含着丰富的社会经济内涵。但是，根据我国社会主义初级阶段的经济发展现实，城市化的过程决不是短期内所能实现的。所谓城市化的道路，实质上是工业化和现代化的道路，特别是农村现代化的道路。因此，对省内如何发展城市化问题，以及发展城市化的具体道路、规模、速度、布局和模式等等，应当根据经济发展的实际情况进行深入的调查、全面分析研究和科学论证，以做出切合实际的安排，使工业化、现代化和城市化得以协调发展。

黑龙江省人口总数在持续增长，新的人口增长高峰已经到来。2000年前把黑龙江省总人口控制在4 000万左右的任务是十分艰巨的，必须认真贯彻十三大报告中所提出的控制人口增长的指示，切实抓好计划生育工作。同时，要尽最大努力提高黑龙江省人口的文化素质。实现黑龙江省经济腾飞，这是一个不可缺少的重要环节。

（作者工作单位：中共黑龙江省委党校）

1987年上海市人口发展状况分析

刘明浩

1987年上海市人口增长速度比上年略有提高。据年度人口统计，全市年末总人口为1 249.51万人，比上年增长1.39%，其中市区721.77万人，增长1.63%；郊县527.74万人，增长1.07%。市区人口增长高于郊县的原因，主要是市区净迁入人口多于郊县的缘故。

一

1987年上海人口发展的特点是，人口自然增长和人口机械增长与1986年相比，都有不同程度的上升，而且人口的机械增长在总人口增长中占有较大的比重（38%）。

（一）人口自然增长。1987年上海人口自然增长加快的原因基本上与全国相一致，不外乎育龄妇女，特别是生育旺盛期的育龄妇女人群增加；初婚年龄前移，特别是郊县表现更为突出；一胎率下降，计划外生育比重上升。但变动的幅度远远低于全国平均水平。这是因为本市计划生育工作基础扎实，执行政策较严，因此在面临全国性生育高峰的形势下，应当说计划生育工作的效果是好的（详见表1）。另一个方面，由于上海市早于全国开展计划生育工作，较早取得成效，因而在现阶段育龄妇女群的增加比全国相对缓慢。

表1　上海市各项计划生育指标的比较

计划生育指标	全市		市区		郊县	
	1987	1986	1987	1986	1987	1986
出生率（‰）	15.33	14.49	15.51	14.84	15.08	14.02
死亡率（‰）	6.66	6.49	6.87	6.63	6.38	6.27
自然增长率（‰）	8.67	8.00	8.64	8.21	8.70	7.75
一胎率（%）	96.80	97.03	98.93	99.08	93.81	94.08
二胎率（%）	3.17	2.94	1.04	0.90	6.16	5.88
三胎及以上率（%）	0.03	0.03	0.03	0.02	0.03	0.04
计划生育率（%）	99.24	99.12	99.70	99.72	98.59	98.25
育龄妇女占总人口比重（%）	25.63	25.67	17.67	16.96	21.84	22.19

（二）人口机械增长。1987年上海市人口的机械增长表现为迁入迁出变动频繁，净迁入

人口比上年略有增加。根据统计年报，1987年全市总迁入人口22.17万人，其中外省市迁入12.87万人；总迁出人口15.4万人，其中迁往外省市6.17万人；外省市净迁入人口6.7万人，比上年净迁入增加0.32万人，增长5%。全市人口机械净增长率由上年的5.2‰上升到5.4‰。1987年本市贯彻执行市政府（87）2号文《关于控制本市人口机械增长若干问题的试行规定》，成立了城市人口机械增长控制办公室和联席会议制度，颁发了有关控制机械增长的几项政策。同时将迁入人口的批准权限逐步限制在公安局、民政局、人事局、劳动局、高教局等5个有关主管部门，集中把关，使近几年本市人口机械增长连续上升的势头开始得到有计划的控制（见表2），达到与1986年基本持平的效果。

表2　　全市人口机械变动状况（市外）　　（万人）

	1983	1984	1985	1986	1987
迁入人口	11.52	10.16	11.14	12.67	12.87
迁出人口	8.06	7.75	5.88	6.29	6.17
净迁入人口	3.46	2.41	5.26	6.38	6.70

迁入人口主要由以下儿部分构成：公安局按政策规定批准进入本市的各类人员，经劳动局批准从外省市调进职工，数量最大的是安排进入本市的知识青年，约各占1/3左右。从发展趋势看，预计在今后若干年份里，乃至本世纪末以前，由于意料中的各种因素的促成，本市人口的机械变动仍将继续保持迁入大于迁出的势头。

二

1987年上海人口在自然增长和机械增长同时加快的状态下，全市人口的各种构成也发生了相应的变化。

（一）人口老化进展迅速。据1987年全国1%人口的抽样调查，上海市65岁及以上的老年人口占总人口的比重已达8.5%，14岁及以下人口占总人口的比重为18.36%，人口老化指数已达46.3%，年龄中位数上升到32.01岁。与1982年第三次人口普查相比，5年中老年人口系数上升了1.07；少年儿童系数上升了2；老化指数上升了5个百分点；中位年龄上升了2.6岁。按国际通用标准衡量，上海市人口已经属于完全的老年型人口。预计在现行计划生育政策不变的前提下，本世纪末上海市老年人口的比重将达到13.9%。在未来的13年内，将以年均近4%的速率递增。据预测，上海市老年人口的高峰将出现在2030年，届时老年人口的比重将达30%，即每10个人中就有3个是65岁及以上的老人，其中有1名是80岁以上的高龄老人。

上海市人口老化具有来势猛、发展快、持续时间长的特点。1982年第三次人口普查以来的5年中，老年人口系数的上升幅度为年递增3.2%，高于近5年总人口年均增长1.28%的速度。在本世纪末以前，老年人口系数每年将递增3.8%。若考虑人口机械增长因素，本市的总人口有可能在本世纪末前后出现零增长。由此可见，老化现象将日趋严重，这对全市经济、社会的发展将产生巨大的影响。

上海市人口老化发展的速率是惊人的。当前上海市人口的老化程度与世界发达国家相比尚有一定距离，但在短期内将迅速赶上，并超过发达国家水平（见表3）。

（二）新的入学高峰已经来临。继前几年全力解决入园（幼儿园）难、入托（托儿所）

表3　　上海老年人口系数与国际比较　　（%）

	资料年份	65岁及以上人口比重	预测	
			2000年	2025年
世　界	1980	5.9	6.8	9.7
发达地区	1980	11.5	13.3	17.4
发展中地区	1980	4.0	5.1	8.2
美　国	1980	11.3	12.0	17.2
加拿大	1980	9.7	12.2	18.8
法　国	1980	14.0	14.7	19.3
西　德	1980	15.5	16.7	22.5
瑞　士	1980	13.8	16.7	23.8
瑞　典	1980	16.3	17.2	22.2
英　国	1980	15.1	15.3	18.7
意大利	1980	13.5	16.1	19.6
波　兰	1980	10.1	12.0	17.1
日　本	1980	9.0	15.1	20.3
上　海	1982	7.43	13.9	26.5

资料来源：引自联合国《世界人口年鉴》（1984），预测部分采用中方案。

难的问题之后，现在又面临新的小学生入学高峰，小学适龄人口将连年剧增。

回顾近几年上海人口的发展状况，70年代处于出生婴儿低谷期，由于受60年代出生高峰的惯性影响，到80年代初又出现了生育高峰，全市出生率回升。上海市出生人口基本保持在18万人左右，迄今已逾七八年了（见表4）。

表4　　全市出生人口数　　（万人）

地区	1980	1981	1982	1983	1984	1985	1986	1987
全市	14.31	19.38	21.68	18.30	16.38	15.43	17.75	19.02
市区	5.51	8.26	10.76	10.63	10.72	9.86	10.45	11.10
郊县	8.80	11.12	10.92	5.66	7.17	5.57	7.30	7.92

由表4可见，自1988年起，1981年和1982年出生的婴儿将有20万人需要入学，在今后的若干年，每年有16～20万适龄儿童需要进入小学，而近几年新生入学人数平均每年14万人左右（详见表5），绝对额将上升1/4，这必将对当前小学的校舍、师资、经费带来压力。据本市卢湾区有关部门测算，按教育部颁发的有关校舍、运动场地、师资配备与学生的比例，以及在校学生的保有能力，1987年尚可基本满足需要，但运动场地不足。自1988年起，按新增学生的速率计算，每年需增加校舍建筑面积1.2万平方米，相当于增加容量为48人的教室76间，至1993年需增建教室400间左右。现在市、区两级教育部门正在积极采取措施，充分挖

掘现有校舍及师资潜力，合理使用现有校舍、房源，并拟采用二部制过渡办法，以解燃眉之急。同样，小学的师资也将出现青黄不接的现象。且不谈当前小学师资的质量，就数量而言，现在每个班级尚可拥有任课教师2.5人；1989年还可维持在1.9人的水平，但1990年以后就会显得非常不足，每年需增加各类任课教师130人左右。就全市来讲，如何适应近几年小学入学高潮的到来是应引起足够重视的问题，形势是比较严竣的。

表5　全市小学教育基本情况　（万人）

年　份	招收新生	在校学生	教职工	其中：专任教师
1980	12.40	85.47	6.34	4.70
1981	12.01	83.22	6.52	4.84
1982	12.36	78.88	5.55	4.88
1983	13.47	79.82	6.35	4.87
1984	14.18	83.47	6.43	4.85
1985	14.81	84.18	6.45	4.97
1986	15.88	86.56	6.53	5.05
1987	15.90	89.35	6.61	5.23

（三）流动人口问题。作为全国经济、文化中心之一的上海市，在经济进一步搞活的形势下，横向经济联系日趋频繁。由此，外省市来上海市和本市郊县农民进市区务工经商、务农养殖、从事建筑和居民服务等各业的流动人口与日俱增。据有关部门调查统计，本市流动人口1984年约75万人左右，1985年猛增到110余万人，1986年持续上升，若包括郊县与市区之间的流动和当天客流量在内，总量达到180余万人。据1987年7月1日进行的人口抽样调查数据推算，其中在上海市居住半年以上的外来流动人口即达48万人。

外来流动人口，绝大多数为经济活动人口，这对繁荣上海市的经济，沟通各地信息，促进城乡交流，以及各行各业的拾遗补缺，无疑起到了积极的作用。但由于流入人员面广量大，人员构成复杂，经济活动种类繁多，给社会管理增加了一定困难。同时对已经超负荷运转的各类城市设施带来极大压力，暴露出不少亟待研究解决的问题。以地处长江和黄浦江汇合处的吴淞区为例，据1987年11月调查统计，外来流动人口达7万人，占常住人口的近1/3。从外来流动人口的居住状况看，由用人单位集体安排住宿的约占38%，大量的则散居在各处，或租赁农村空闲民房，或住在废旧危房、稍加修整的仓库或临时搭建简屋。总之居住条件简陋，卫生条件极差，混居现象严重，各类事故隐患令人担忧。在社会治安方面，外来流动人口的违法犯罪案件比较多，如以拾荒为名盗窃企业资财、性淫乱、拐骗幼儿等，给社会带来不安定因素。表现在计划生育工作方面，外来流动人口原所在地管不着，当地又管不了，造成结婚、生育无人问，计划生育缺指导，超计划生育无人管的现象。据炮台村的调查统计，在1 772名外来流动人口中，有32人超计划生育，占该村外来流动人口的18.1‰。又据上海县人口抽样调查推算，该县外来流动人口约为4.4万人，占常住人口的10.9%。据该县纪王乡1987年9月调查，外来流动人口中有40对夫妻，其中有11对共超计划生育17人。流动人口的超计划生育问题已成了各地普遍存在的问题，必须引起有关部门密切注意，及时采取必要对策和措施。此外由于外来流动人口超计划生育的动机各不相同，或受到客观条件的限制，因此很少有孕妇自愿作产前及围产期检查，有些甚至在分娩时不请医务人员自家接生，生育环境简陋恶劣，直接威胁产妇及婴儿的生命安全。

（作者工作单位：上海市统计局）

1987年江苏省人口发展状况分析

丁贻声

一、人口总量的变化

1987年末全省总人口为6 348万人，比上年增加78.11万人，增长1.25%。是近3年来增加最多的一年，主要是已进入第三个人口生育高峰期。省际迁移数量不大，1987年净迁入人口为7.04万人。

城乡人口变动较大。1987年末城镇总人口达到2 881.29万人，比上年增加821.02万人，增长39.85%。城镇人口占全省总人口的45.39%，比1986年提高12.53%。城镇人口的大幅度增加，主要是市、镇数增加造成的。

全省乡村人口1987年末为3 466.72万人，比上年减少742.92万人，下降17.65%。

分地区看，1987年苏北地区乡村人口为2 660.01万人，占苏北总人口4 357.50万人的61.04%；苏南地区乡村人口为806.71万人，占苏南人口1 990.51万人的40.53%，苏北乡村人口比例高于苏南。1987年苏北地区乡村人口比上年下降17.31%；苏南地区乡村人口比上年下降18.76%，下降速度苏南快于苏北。

二、出生、死亡、自然增长

1987年全省出生97.27万人，出生率为15.42‰；死亡36.50万人，死亡率为5.79‰；自然增长60.77万人，自然增长率为9.63‰。与上年比较，出生率上升2.22‰，死亡率基本持平，自然增长率上升2.23‰。出生率、自然增长率都是3年来最高的一年（见表1）。

表1　1987年分市县人口自然变动状况

地　区	出生人口		死亡人口		自然增长人口	
	人数	‰	人数	‰	人数	‰
全省总计	972 749	15.42	364 984	5.79	607 765	9.63
市	273 720	15.36	105 450	5.92	168 270	9.44
县	699 029	15.44	259 534	5.73	439 495	9.71

表1说明，出生率市低于县，死亡率市高于县，自然增长率市低于县，但差距均不大。

1987年全省75个市、县中，绝大多数市、县的出生率高于去年，只有太仓、昆山、新沂、吴县4个县低于去年。出生率在17.00‰以上的市、县有15个。

出生率回升的原因：一是育龄妇女人数和结婚对数逐年增长。全省已进入第三个生育高峰期。育龄妇女逐年增长，1985年为1 549.9万人，1986年为1 663.4万人，1987年为1 703.2万人。结婚对数也逐年增长，1985年为55.19万对，1986年为64.19万对，1987年为67.15万对。二是计划外生育比上年增长1.1倍，占出生人数的12%。其中多胎生育猛增为2.13万人，比上年增加1.5万人，增长达2.37倍。多胎生育主要在农村，约占全省多胎的80%，而且主要分布在苏北徐、淮、盐、连经济文化相对较差的一些农村地区。这些地区经济收入低，妇女文盲多，重男轻女思想严重，计划生育管理不够严格。三是早婚早育增多。据1%人口抽样调查，1987年全省早育的孩子达4万多个。

三、人口的性别、年龄、文化构成

（一）性别构成。1987年全省总人口中男性为3 241.71万人，占51.07%，女性为3 106.29万人，占48.93%。性别比为104.4（女=100），属正常范围。出生性别比为114.1，比上年的115.4略有下降。

（二）年龄构成。根据1%人口抽样调查资料，1987年7月1日14岁以下少年儿童占总人口的22.15%，比1982年人口普查时的28.98%，下降6.83个百分点；15岁至64岁人口占71.02%，比1982年人口普查时的65.47%上升5.55个百分点；65岁及以上老年人的比重为6.83%，比1982年人口普查时的5.55%上升1.28个百分点。人口年龄中位数由1982年的25.53岁上升为1987年的28.61岁。

我省少年儿童占总人口的比重，已经降到了历史最低水平。而老龄化程度在全国各省、自治区、直辖市居于前列。据1987年人口抽样调查，65岁及以上老年人口上海市为8.49%，居全国首位，江苏居第二位，为6.83%；如果按60岁标准计算，那么上海市为13.13%，浙江省为10.39%，北京市为10.36%，江苏省为10.33%，退居全国第四位。不论按哪个标准划分，江苏已步入老龄化省份行列。

（三）文化构成。根据1987年1%人口抽样调查江苏省初中以上文化程度人口每千人拥有量高于全国，上升的幅度也快于全国平均水平；大学文化程度的每千人拥有10.51人，高于全国的8.84人，与1982年人口普查比较，5年间上升64.45%，快于全国上升43.27%的幅度；高中文化程度的每千人拥有86.62人，高于全国的69.96人；上升幅度也快于全国，5年间上升24.08%，同期全国却上升3.13%；初中文化程度的人每千人拥有249.24人，高于全国的213.22人；5年间上升24.32%，比全国同期上升快5.1个百分点；小学文化程度的每千人拥有327.67人，低于全国361.14人的水平，这是因为小学毕业生升入初中的比全国要多。

文盲率下降速度快于全国，但仍高于全国平均水平，12岁及12岁以上文盲、半文盲率为22.82%，比1982年人口普查时的27.34%下降4.5个百分点，全国同期只下降3个百分点，但文盲率仍高于全国平均20.6%的水平。

女性文化程度较低。根据1%人口抽样调查资料，全省6岁及6岁以上有文化的人口中，大学文化程度人口为6 628人，其中女性1 681人，仅占25.36%；高中文化程度的为54 606人，其中女性20 159人，仅占36.92%；初中文化程度的为157 130人，其中女性61 254人，仅占38.98%；小学文化程度的为206 581人，其中女性92 812人，也只占44.93%。除小学文化的男女人口比较接近外，初中以上女性普遍低于男性。而在12岁及以上的143 870文盲、半文盲中，女性为105 920人，比重更高达73.62%。

四、婚姻家庭状况

（一）婚姻状况。江苏省婚姻关系稳定，已婚有配偶人口的比例提高，离婚率下降。1987年1%人口抽样调查资料表明，15岁及以上人口中有配偶的人口占67.06%，比1982年人口普查时的64.66%有了提高。离婚率为0.35%，比1982年人口普查时的0.45%进一步降低。

早婚现象有所抬头。据1%人口抽样调查，男性15～21岁和女性15～19岁已结婚的占已婚人数的9.4‰，而1982年人口普查时同口径早婚人数仅占已婚人数的4.95‰。早婚人口中男性高于女性。男性多在20岁、21岁两个年龄组。早婚人口中城市占2%，镇占9%，农村占89%。说明农村早婚现象比较严重。1981～1987年我们对睢宁、宿迁、滨海县的5个乡10个村的283名早婚女性作了调查。从年龄看，大多数集中在18岁和19岁，占77%，17岁占15.9%，15岁、16岁占7.1%；从文化程度看，小学、文盲占大多数，文盲占40.28%，小学占34.98%；大都从事种植业，人均纯收入在300～400元之间。

未婚人口中男性高于女性。1%人口抽样调查表明，15岁及以上未婚人口中男性高出女性32.79，对婚配造成一定困难。特别是大龄未婚人口的男女性别比严重失调，30～34岁的男性与女性之比为22.57：1，35～39岁为29.5：1，40～44岁为28.85：1，45～49岁为34.17：1。这几年有的乡村从四川、云南、贵州、湖南等省，婚迁一些女青年，情况稍有解缓，如江苏宿迁县，1981～1986年从云、贵、川婚迁女青年5 000人左右。还有的从低年龄女性中找对象，但问题仍然存在。

离婚人口中，男性占3/4，女性只占1/4强。说明男性离婚后再婚的机会比离婚的女性要小。

丧偶的情况却相反，女性多于男性，主要是50岁以上中老年妇女居多。

（二）家庭户状况。1987年人口抽样调查，家庭户均只有3.77人，是近年来户规模最低的年份，比1982年人口普查时的户均3.91人下降0.14人。分市县看，城市家庭户均3.45人，县家庭户均3.86人，农村家庭户规模大于城市。

江苏省以小家庭为多数。1987年人口抽样调查，以2人户为最多，占家庭总户数的26.91%；2人户、3人户和4人户共占家庭总户数的63.80%；6人及以上家庭户占总户数的12.03%，与1982年人口普查相比，3人户、4人户都有上升，而1人户和5人及以上户均比1982年下降（见表2）。

表2　　按人数统计的家庭户比重　　（%）

地区/年份	1人户	2人户	3人户	4人户	5人户	6人户	7人户	8人及以上户
1982年	11.04	11.50	19.39	22.45	17.62	10.13	4.82	3.05
1987年	7.61	11.26	26.91	25.63	16.56	7.01	3.00	2.02
市	6.69	13.81	37.45	23.77	11.80	3.75	1.58	1.15
镇	10.51	12.26	28.17	24.63	14.77	5.84	2.26	1.56
县	7.12	10.58	24.75	26.19	17.82	7.85	3.42	2.27

表2说明市、镇均以3人户为最多，这是因为一对夫妻只生一个孩子的政策贯彻得比较好。农村以4人户为最多，可以看出一部分家庭一对夫妻是生育2个孩子。

被调查的12 352个单身户中，离婚的占4.19%，丧偶的占59.62%，大龄未婚的（30～49岁）占9.08%，终身不婚的（50岁以上）占7.07%；单身户中未婚青年占5.59%；一方在外地有配偶的单身户占14.45%；60岁及以上的孤独老人占单身户的62.31%，这部分孤独老人需要社会给予照顾。

根据1%人口抽样调查，按世代统计的家庭户类型如表3所示：

表3　　按世代统计的户数比重　　（%）

地区/年份	一代户	二代户	三代及三代以上户
1982	17.58	66.69	15.73
1987	15.26	65.68	19.06
市	15.58	68.10	16.32
镇	18.62	62.22	19.16
县	14.44	66.04	19.52

全省以核心家庭二代户最多，占65.68%，一代户占15.26%，两者相加达80.94%，三代及三代以上占19.06%（四代、五代户只占0.76%），说明全省以小家庭为主。

五、人口迁移状况

（一）人口迁移变动的流量。1987年省内迁入人口95.23万人，迁入率为1.51%，比上年增加0.15%；迁出人口为81.12万人，迁出率为1.29%，比上年增加0.09%；总迁移人口为176.35万人，总迁移率为2.80%，比上年增加0.24%。省外净迁入人口为7.04万人，比上年4.76万增加2.28万人，增长47.90%，净迁移率为1.12%，比上年增加0.36%。

（二）迁移人口的流向及其特点。据1987年1%人口抽样调查，1982年7月至1987年7月迁移人口的流向及特点：一是乡村人口向镇迁移速度超过向城市迁移。5年间乡村人口（包括省内、外）迁往城市的共有34.86万人，迁往建制镇的有53.99万人，迁入镇的比迁入市的高54.88%。这主要是由于乡镇工业发展快，镇成为吸收农村剩余劳动力的“蓄水池”；二是城市人口向镇迁移。5年间由镇（包括省内、外）迁往市的为3万人，而由市（包括省内、外）迁往镇的则近14.27万人，净迁入镇为11.27万人。这主要是由于近几年来，乡镇工业发展迅速，需要更多的技术人才。三是中等城市迁入人口速度快于大城市。如中等城市连云港云台区迁入人口占总人口的11.34%；扬州市广陵区为16.58%。而大城市无锡市郊区5年来迁入人口只占10.67%；常州市钟楼区为10.34%，苏州市沧浪区为9.70%；特大城市南京市鼓楼、白下、栖霞区平均迁人口仅占5.95%。四是经济条件较好的农村迁入人口增加较快。从农村分地区情况看，经济条件比较好的苏南迁入人口比较多，如宜兴县5年间迁入人口占总人口的4.12%，金坛县为4.99%，太仓县为3.79%。南通市辖各县近年来经济发展也很迅速，迁入人口显著增多，如南通县迁入人口占总人口的4.06%，启东县为4.37%等等。经济条件相对落后的地区，迁入人口则较少。如睢宁县迁入人口只占总人口的1.31%，新沂县为1.97%，赣榆县为1.82%，涟水县为1.45%，滨海县为1.14%，建湖县为1.35%等。

（作者工作单位：江苏省统计局）

1987年浙江省人口发展状况分析

鲁本坤

一、浙江省人口发展现状

截止1987年末，浙江省人口总数达到4 121.19万人，比1986年的4 070.07万人增加51.12万人，增长率为1.26%。

其中男性2 137.38万人，占51.9%，女性1 983.81万人，占48.1%。性别比为107.71，略低于1986年的107.87。

1982年人口普查与1987年人口抽样调查比较，0～14岁人口由29.30%下降到23.51%；15～64岁人口，由64.94%上升到69.69%；65岁及以上人口则由5.76%上升为6.80%。

每万人中具有大学文化程度的人口，由1982年的47人上升到1987年的57人；具有高中文化程度的人口，由1982年的520人上升到1987年的629人；具有初中文化程度的人口，由1982年的1 778人上升到1987年的2 396人；具有小学文化程度的人口略有减少，由1982年的3 938人减少为1987年的3 854人；15岁及以上人口的识字率，由1982年的66.15%上升为1987年的73.58%；12岁及以上人口的文盲率由1982年的31.20%下降为1987年的24.76%。

衡量人口身体素质和科学文化素质的综合指标——人口生命素质指数，由1982年人口普查时的79.25提高为1987年人口抽样调查的85.29。

数量的增加和素质的提高，反映了1987年浙江省人口发展的概貌。

二、浙江省人口的自然增长

浙江省人口的增长，固然有迁移变动的因素，但主要是人口的自然增长。1987年全省的自然增长率为10.09‰，比1986年的8.56‰上升了1.53个千分点。反映了近年来浙江省人口的自增率降而复升的发展趋势（见表1、2，图1）。

表1　1982～1987年浙江省人口自然增长率变动

年　度	1982	1983	1984	1985	1986	1987
自增率‰	12.34	8.64	6.53	6.57	8.56	10.09

表2　1987年浙江省0～4岁人口年龄分布

年　龄	4岁	3岁	2岁	1岁	0岁
人口分布（%）	1.59	1.34	1.18	1.34	1.62

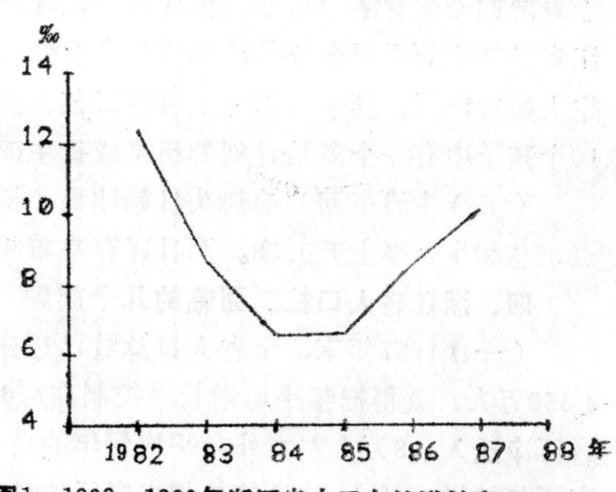

图1　1982～1988年浙江省人口自然增长率变动曲线

从图1和表1、表2可以看出，1982年后自增率有所下降，从1985年开始出现回升，到1987年这种回升的趋势日益明显，反映了人口发展周期性的影响，显示了第三次人口生育高峰的前兆。

浙江省人口自增率的回升，不是由于死亡率的下降。恰恰相反，1987年死亡率还有所上升，主要原因是出生率的提高。据统计，全省人口出生率1982年为18.28‰。1983年为15.01‰，1984年为12.52‰，1985年为12.61‰，1986年为14.41‰，1987年为17.01‰。由此可见，要降低人口的增长速度，就必须致力于降低人口的出生率。然而出生子女的多少，是通过育龄妇女的生育来实现的。育龄妇女生育率的高低，直接关系到出生人口的数量和出生率的高低。

三、浙江省育龄妇女的生育率

据人口抽样调查，1987年浙江省育龄妇女的一般生育率为60.23‰，总和生育率为1.70；与1981年相比，一般生育率下降8.38个千分点，总和生育率下降0.33。在育龄妇女规模空前庞大，生育旺盛期妇女比重日益上升的情况下，没有发生人口突发性的增长。不仅如此，生育率的降低对未来人口的再生产也有很大的影响。按照1.70的总和生育率计算，育龄妇女的粗再生产率为0.80，净再生产率为0.75，女儿一代与母亲一代的比值小于1，说明下一代人口的发展将会趋于缩减。这说明降低育龄妇女的生育率，是控制人口增长的关键。

但从另一方面看，浙江省育龄妇女的生育状况育也存在着一些不容忽视的问题：

（一）生育时间提前，15～19岁育龄妇女的年龄组生育率由1981年的6.45‰，上升到1987年的7.37‰

（二）生育峰值年龄由1981年的25～29岁前移到20～24岁。

（三）生育的主要对象已由第一次生育高峰期出生的育龄妇女转变为第二次生育高峰期出生的育龄妇女。1981年生育率最高的是1952年至1956年出生的育龄妇女，她们的年龄别生育率平均为187.68‰。随着时间的推移，这批人已进入30～34岁年龄组，退出了生育旺盛期，生育率已降低到42.42‰，对当前的生育水平的影响已经明显削弱。1987年生育率最高的是1963～1967年第二次生育高峰期间出生的现在年龄为20～24岁的育龄妇女，她们的年龄别生育率平均为155.24‰。由于第二次生育高峰期间出生人数众多，因而未来10余年间对人口控制的冲击力将比过去10余年的冲击力更强。

（四）计划外二孩、多孩生育率还占相当比重。如上所述，目前人口控制的大小，取决于育龄妇女生育率的高低。极而言之，取决于计划外二孩、多孩生育控制到什么程度。据浙江省计划生育委员会统计，1987年生育的二孩占总出生人数的27.69%；三孩及以上占总出生人数1.71%。其中计划外生育的二孩、多孩占总出生人数的11.62%。就是说，出生的每10个孩子中有一个多是计划外超生或抢生的。显然降低生育率的潜力还是不小的。

（五）生育率回升的势头日趋明显。据抽样调查，1987年一般生育率上升3.77个千分点，总和生育率上升0.18。而且还存在着相当数量的潜在生育力，上升的趋势还可能加剧。

四、浙江省人口控制面临的几个问题

（一）1987年末，全省人口总数已达到4 121万人，要实现2000年的人口控制目标——4 550万人，就得把年平均增长率控制在7.65‰以内。就是说每年平均只能增加33万人，除了省际净迁入1.3万人左右外，平均每年的自然增长数要控制在31.7万人以内，年均自然增长率不能超过7.4‰。这显然是相当艰巨的任务。

（二）育龄妇女规模已突破1 100万人，占总人口的比重由1982年人口普查的25.65%，上升为1987年人口抽样调查的28.17%。其中20～29岁生育旺盛期的育龄妇女占全省育龄妇女总数的比重，由1982年的34.57%上升为1987年的35.31%。在未来13年间，平均每年退出育龄期的妇女约为20万人，而进入法定婚龄的妇女则有37万上下。这对今后的人口控制，是一个不堪重负的压力。

（三）第三次人口普查以来，育龄妇女的生育率总的趋势是下降的，但从1985年开始已出现回升迹象，1987年的回升趋势更加明显。值得注意的是，目前还有相当大的一部分潜在生育力待时而发。据人口抽样调查推算，20～24岁年龄组还有161万（占同年龄组的66.6%）育龄妇女没有活产子女，25～29岁年龄组还有18万（占同年龄组的11.2%）育龄妇女没有活产子女。这些积存着的没有活产子女的育龄妇女，在未来若干年内将会陆续地进行补偿性生育，生育率可能会进一步上升。

（四）由于早婚早育的比重上升、峰值年龄前移、生育模式改变，因而平均世代间隔由1981年的26.3年，缩短为1987年的25.8年。

（五）随着沿海开放地带的发展和繁荣，迁入和流入的人口将有所增加，常住人口的规模还会有所扩大。这个因素亦当虑及。

（作者工作单位：浙江省统计局）

1987年安徽省人口发展状况分析

王哉茂

按照全国统一部署，1987年7月1日，安徽省按照地理、经济、人口规模分层，抽取36个市（区）县，319个村（居委会），共登记调查了483 885人，占全省总人口0.92%，通过调查,取得了丰富的人口资料，反映了人口状况的新信息。这次1%人口抽样调查对全省来说，具有足够的代表性。现根据这次调查结果，对安徽省人口发展状况，综合分析如下。

一、总人口增长稳中有升，5年增加284万人

据1%人口抽样资料推算，1987年7月1日全省总人口为5 250.5万人，与1982年第三次人口普查比较，增加284万人，增长5.72%，年均递增55.6万人，年均增长率为1.12%。

从1985年以来，二胎失控，多胎增加，再加上第二次生育高峰的周期性影响，导致1986年、1987年连续两年人口增长率回升。

人口增长速度同经济发展速度相比较，1987年全省工农业总产值达到501.2亿元，比1982年的270.1亿元，增加231.1亿元，增长85.56%，5年平均增长13.16%，人均工农业总产值达到954元，比5年前增加410元，增长75,37%，年均增长率为11.89%；全省粮食总产量2 428.7万吨，比1982年的1 933万吨，增长25.64%，5年平均增长4.67%，人均粮食462公斤，比1982年增加73公斤，增长18.77%，年均增长率为3.50%。与同期人口增长率(1.12%)相比，5年来经济发展速度明显高于人口增长速度。

二、出生率回升，死亡率平缓

1987年全省人口出生率为18.92%，比上年的17.89‰上升了1.03个千千分点。自然增长率由上年的11.31‰上升到13.02‰。自1982年以来的5年，经历了由降回升的起伏。前3年下降，后2年上升，出生率由1982年的18.38下降到1985年的15.6‰；1986～1987年连续两年回升（见图1）。

从图1可以看出，前三年的下降已为后两年的回升所抵销，而且已超过1981年水平。这是由于1962年至1973年的高出生率引起的。1982年的前五年出生率下降明显（见图1），但从

是一个不堪重负的压力。

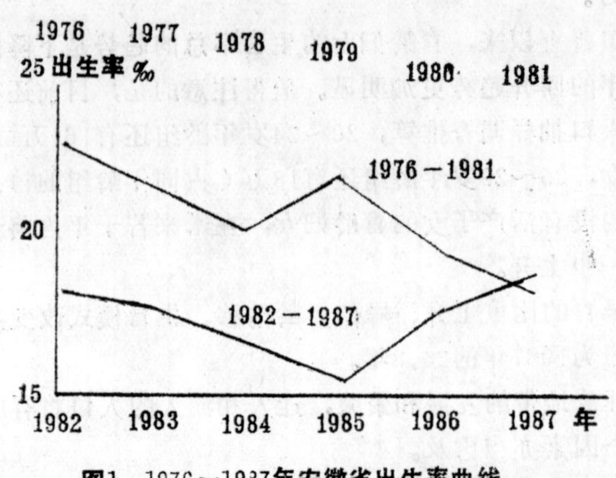

图1 1976～1987年安徽省出生率曲线

1986年开始的长达11年之久的第三次生育高峰已经到来，估计今后出生率还会继续上升。因此，这段时间是计划生育工作的关键时期，工作的成败将决定高峰缓解的程度。

人口死亡率是影响人口自然增长的重要因素之一，不断降低死亡率也是人类奋斗的目标之一。安徽省同全国一样，经过多年来的努力，死亡率明显降低。70年代以来，人口死亡率徘徊在4.5～6‰之间，低于全国平均水平。安徽省历年来年轻人口比重大，也是死亡率稳定在低水平的内在因素。但最近五年来，由于老年人口比重的上升，死亡率略有上升，1987年升至5.90‰。

三、人口性别比仍偏高

人口性别构成是否正常，直接影响到人口再生产和婚姻家庭的配置。据1987年人口统计年报资料，1987年末，全省总人口为52 866 217，其中男性27 499 888人，占52.01%；女性为25 366 329人，占47.99%，性别比为108.41，与上年相同。

安徽省人口性别比偏高，是有历史渊源的。1928年（民国17年）总人口性别比为128.49①，1934年（民国23年）为123.68②。解放后1949年为111.06，1953年第一次人口普查为110.65，1964年第二次人口普查为107.45，1982年第三次人口普查为107.79，到1987年升至108.41。按年龄组分析，可以看出各年龄组之间的性别比存有明显差别（见表1）。

从表1可以看到三种情况：一是从0～19岁的低年龄组与1982年相比，都有不同程度上升，其中0～4岁组和5～9岁组上升幅度较大，说明近几年出生的婴儿中，男婴数超过女婴10.20%，这将预示未来人口将出现新的比例不平衡，值得引起重视；二是20～54岁各年龄组的人口性别比与1982年相比，有明显下降，这部分经济活动人口大部分正处在生产岗位上，男女性别比趋向接近，有利于经济的发展和社会的安定；39～59岁各年龄组是解放前出生的人口，性别比为逐组上升，也表明解放前人口性比例是逐组升高的；三是60岁以上老年人口性别比例逐年龄组下降，女性老人存活人口逐组多于男性，80岁以上存活的老年人口中，男性还不到女性的一半，但1987年同1982年相比，男性老人死亡率正在缓慢下降。

城乡（指县包括镇）比较，性比例历来是城市高于农村。据1987年统计年报，城市为110.36，农村为108.03，相差2.33，近年来大体保持这个比例。这是由于进城工作、求学的

① 解放前国民党政府安徽省统计年鉴。

② 解放前国民党政府安徽省经济年鉴。

表1　安徽省1987年各年龄组性别比

年龄组	1982年第三次人口普查	1987年1%人口抽样调查	87比82＋－
0岁	111.29	112.69	＋
0～4	109.95	112.69	＋
5～9	108.49	111.10	＋
10～14	107.67	109.02	＋
15～19	106.12	106.59	＋
20～24	111.23	98.07	－
25～29	109.45	106.45	－
30～34	112.35	107.57	－
35～39	119.93	108.21	－
40～44	125.21	116.29	－
45～49	120.87	119.01	－
50～54	117.88	115.48	－
55～59	106.44	115.86	＋
60～64	90.47	101.80	＋
65～69	73.99	82.36	＋
70～74	59.69	64.96	＋
75～79	47.71	51.05	＋
80岁以上	37.31	39.21	＋

表2　人口年龄构成

年龄组	占总人口比重（%）		增　减
	1987年	1982年	
0～4	8.58	9.56	－0.98
5～9	9.40	11.62	－2.22
10～14	10.90	14.96	－4.06
15～19	13.80	13.57	0.23
20～24	12.45	5.01	7.44
25～29	4.82	8.27	－3.45
30～34	7.39	7.06	0.33
35～39	6.65	5.52	1.13
40～44	5.07	5.00	0.07
45～49	4.68	4.85	－0.17
50～54	4.45	4.09	0.36
55～59	3.66	3.69	－0.03
60～64	3.25	2.70	0.55
65～69	2.27	1.90	0.37
70～74	1.46	1.03	0.43
75岁以上	1.18	1.13	0.05

男性比女性多，再加上近几年改革开放，城乡经济活跃，人口迁移变动也逐渐增多，而流动人口中的男性往往高于女性。

从全省17座城市性别比分析，可以反映两个特点：一是省会所在地和以重工业为主的工矿城市（指合肥市、淮南市、淮北市、马鞍山市、铜陵市）的性别比为115.72，高于以轻纺工业为主的综合性城市（指芜湖市、蚌埠市、安庆市、黄山市）的108.68；二是省辖市性别比（113.17）高于地辖县级市（106.75）。

四、人口年龄构成由年轻型进入成年型

1987年1%人口抽样调查分年龄组资料表明，人口年龄结构同1982年普查时相比，发生了明显的变化（见图2、表2）。

（一）"金字塔"底部不断向内收缩，低年龄组人口陆续减少。0～14岁人口比例由1982年普查时的36.15%下降到1987年的28.88%，这是由于70年代以来实行计划生育，有效控制人口增长的结果。这种缩减型的结构，有使人口再生产在下个世纪减慢甚至下降的惯性作用。但也应当看到，0岁组婴儿占总人口的比例却由1982年的1.75%上升到1987年的1.93%，这是新的生育高峰带来的出生率回升征兆。为确保人口控制目标的实现，计划生育工作不能有丝毫的放松。

（二）"金字塔"塔体中上部拓宽，标志着15岁以上各年龄组的比例逐渐增加。15～49岁年龄组人口所占比例，1982年为49.28%，1987年为54.86%，提高了5.58个百分点。其中20～24岁的青年人口比例1987年比1982年上升了7.44个百分点。这部分人口年龄轻，文化较高，体质较好，是生产岗位的主力军，也是发展全省经济的雄厚的人力资源。但由于安徽

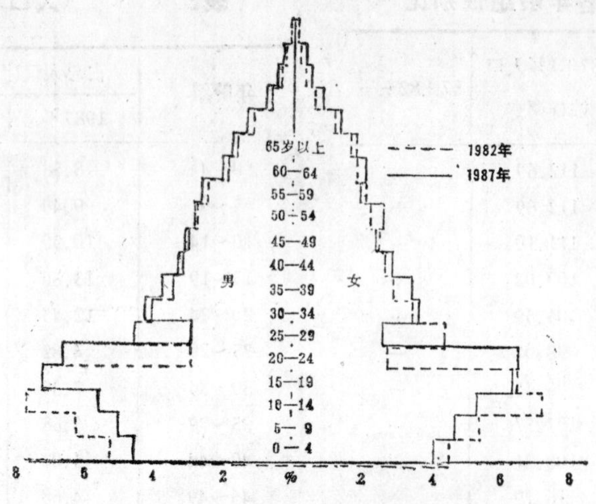

图2 1987年人口年龄金字塔

省经济实力相对较弱，人数过多也给社会造成就业压力。只有深入改革，大力发展外向经济，提高商品生产，广开就业门路，才能为他们提供更多的就业机会，在振兴安徽经济中发挥他们的作用。

（三）老年人口增长速度加快，已成为人口工作的一个重要问题。"金字塔"顶端增宽，反映了老年人口存活人数的增加和老年人口寿命的延长。1987年50岁以上各年龄组占总人口比例从1982年的14.56%上升至1987年的16.26%。其中，65岁以上老年人口比例由1982年的4.08%上升到1987年的4.9%；按比例推算，全省现有65岁以上老年人口已达257万人，比5年前增加54.7万人，平均每年增长4.83%，大大快于总人口1.12%的平均增长速度，平均寿命由第三次人口普查时的69.30岁，提高到1987年的69.68岁。老年人口的加速增长，全社会要引起注意，必须从长计议，统筹规划，及早调查研究，综合治理。

（四）人口构成由年轻型进入成年型，总负担系数减轻。用国际上通用的人口类型划分标准来衡量，安徽省人口构成5年来已由年轻型步入成年型（见表3）。

表3 年龄结构划分类型

项目	国际通用标准			安徽省	
	年轻型	成年型	老年型	1987年	1982年
少年系数	40%以上	30～40%	30%以下	28.88%	36.15%
老年系数	5%以下	5～10%	10%以上	4.90%	4.08%
老少比	15%以下	15～30%	30%以上	16.95%	11.30%
年龄中位数	20岁以下	20～30岁	30岁以上	23.00岁	20.17岁

由于控制人口取得成效，少年儿童人口长势减慢。总负担系数由1982年的67.3%下降到1987年的51%，减少了16.3个百分点，其中少年儿童人口负担系数减少了16.3个百分点，老年人口负担系数提高了0.6个百分点。说明从事劳动生产的人数多了，而纯消费人口相对减少，将有利于资金的积累和经济建设及各项事业的发展。

五、育龄妇女生育状况的新变化

妇女生育状况，是决定人口出生率和年龄结构变化的重要因素。据1%人口抽样调查资料推算，1986年全省15～49岁育龄妇女为1 360万人，比1981年的1 151万人增加了209万人，增长18.16%，年均增长3.39%，超过了总人口增长速度，育龄妇女占总人口的比重也由1981年23.17%提高到26.06%。

（一）育龄妇女年龄构成变化大（见图3）。

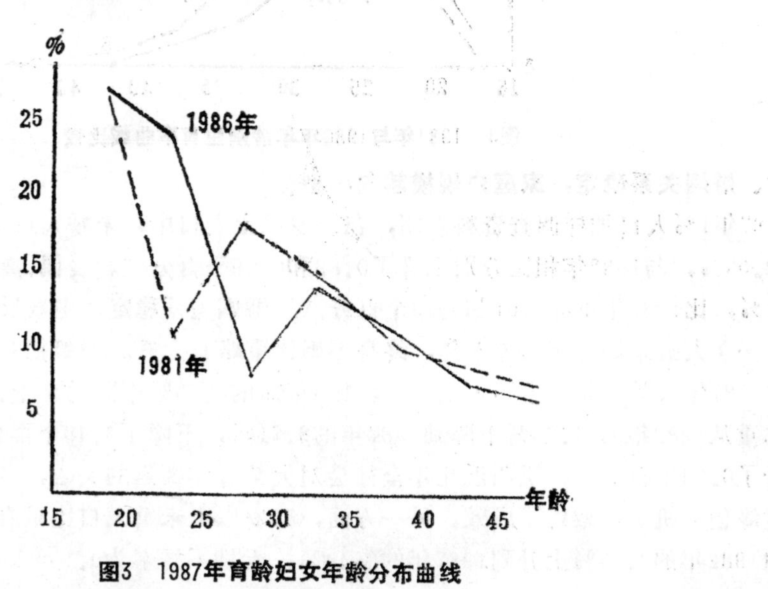

图3　1987年育龄妇女年龄分布曲线

图3表明，15～19、20～24、25～29 3个年龄组育龄妇女占总人口的比重与1981年比较，起伏很大。20～24岁年龄组上升幅度大，人数由118万人增加到330万人，增加1.8倍，比重由10.29%提高到22.81%。这部分人是60年代第二次生育高峰出生的，现在开始进入生育旺盛年龄。目前这部分妇女已有1/3生了孩子，生育总数达60万余人，而5年前该年龄段妇女生育总数为17.8万人。这组人口的激增是导致近年出生率回升的主要原因之一。25～29年龄组比重为8.73%，比1981年的17.05%下降了8.23%。这是由于他们出生在60年代初的生育低谷期。15～19岁妇女比重为25.80%，比5年前下降了2.62%，这正说明70年代推行计划生育工作的成果。但这部分人数量相当大，占育龄妇女总数的1/4，她们将陆续进入法定婚龄和生育旺盛期，今后一段时间内人口出生率将处于上升趋势。

（二）育龄妇女生育水平先降后升。1981年总生育率为79.5‰，1983年为62.8‰，1985年下降到55.98‰，但到1986年开始回升为70.04‰。

总和生育率1981年为2.79，1983年为2.31，1985年为2.04，1986年回升到2.20。

（三）不同年龄育龄妇女的生育状况有明显的差异（见图4）。

图4曲线表明，1981年、1986年两年都是单峰，生育周期比较集中，1986年40岁以上妇女生育基本结束，40至49岁的育龄妇女每千人只有6人生育，而在5年前还有18人生孩子。图4还显示1981年生育率最高为246.50‰，1986年降为196.64‰。生育峰值年龄前移，1981年为25岁，1986年为24岁，提前了一岁。

1986年全省育龄妇女活产子女中，一胎率为53.43%，二胎率为28.95%，多胎率17.62%。值得注意的是20～29岁妇女一胎率在下降，二胎率上升，对缓解生育高峰不利。

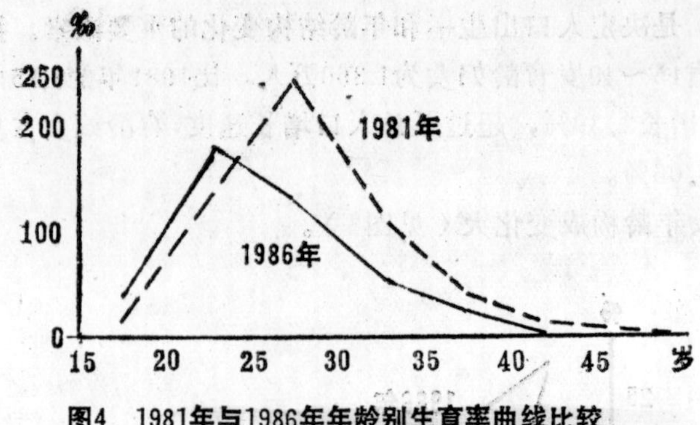

图4　1981年与1986年年龄别生育率曲线比较

六、婚姻关系稳定，家庭户规模趋向小型化

1987年1%人口抽样调查资料表明，在15岁以上人口中，未婚人口占30.99%、有配偶人数占62.03%，与1982年相比分别上升了0.89和0.25个百分点。丧偶、离婚人口分别占6.47%和0.51%，比1982年下降1.01和0.13个百分点。婚姻关系稳定，主要反映以下两个特点。

（一）大龄未婚青年比重下降，终身不婚比重略有上升。一般把30～39岁人口视为大龄青年。1987年大龄青年中未婚占4.67%，比5年前的6.15%下降1.48个百分点，其中，男性未婚比重从1982年的11.23%下降到1987年的8.71%，下降了2.48个百分点；而女性未婚比重上升了0.04个百分点，说明近几年全社会对大龄青年婚姻的关心，多方为他们牵线搭桥、喜结良缘创造机会，取得了成效。另一方面，50岁以上未婚人口比重有所上升，其中男性不婚率由1982年的2.93%上升到1987年的3.44%，女性不婚率为0.10%，与1982年持平。

（二）婚姻解体主要是丧偶。1987年已婚人口中，有配偶占89.88%，丧偶占9.38%，离婚仅占0.74%。与1982年相比，有配偶比重上升，丧偶、离婚比重下降。可见安徽省离婚率低，婚姻关系稳定。

但值得注意的是：①大龄青年未婚人口比重虽有下降，但绝对数仍较高，1987年全省30至39岁大龄青年约有730万人，其中未婚的30多万人，95%以上是男性，绝大多数在农村。需要各级领导和有关部门继续关心重视，为他们创造选择偶机会；②早婚仍然较重。据推算，1987年全省15至19岁约350万女青年中，已有15万人结婚，占同龄人口的4.16%，其中已生孩子的达4万多人，与1982年相比，因早育而使总出生人数增加1/3。如果杜绝早婚早育，全省1987年人口出生率可低于1982年水平。

家庭户规模趋向小型化。1987年1%人口抽样调查资料表明，家庭户均4.40人，与1982相比减少了0.24人，家庭户规模进一步缩小，反映了我省人口增长速度的减慢，也显示我省计划生育工作的成果，特别是近几年来，随着改革开放政策的进一步深化，加速了人口流动，青年人工作和成家以后，大部分人离开了大家庭，建立了小家庭。

从家庭户规模结构分析，三人户至五人户比重由1982年的49.51%提高到1987年的60.66%，全省城乡一半以上是三至五人户。目前城市以三人户、四人户为主，分别占总户数28.88%和23.96%；而农村以四人户、五人户为主，分别为22.23%和22.68%。城市七人以上的家庭为数很少，仅占5.9%；而农村每八户还保留一户七人以上的家庭。核心家庭比重由1982年的69.23%提高到1987年的71.73%。直系家庭占总户数比例，1987年为17.38%，比5年前略有增加。在现阶段，这类家庭还有相当的基础和延续性。这类家庭中型规模，家庭成员较多，他们生活在一起，生活费用相对较低，适合育幼抚老，尤其对居住分散的农村家庭来说，组织经营生产、筹集资金、合理调配使用家庭劳动力等条件，都比核心家庭优越。

复合家庭比重已由1982年的5.61%减少到1987年的4.84%，在相当长时间内，特别是在农村还有存在的社会基础，不可能很快消失。

七、人口文化素质有所提高，文盲率下降，但仍不能适应四化建设的需要

据1987年1%人口抽样调查资料，每万人具有小学以上文化程度人数，1987年为5 608人，比1982年的4 835人增加773人。其中大学文化程度的增加16人，高中文化程度增加78人，初中文化程度增加394人，小学文化程度的增加285人。但城乡人口文化素质存有明显差异（见表4）。

表4　城乡每万人拥有各种文化程度人口　（人）

区　地	合　计	大　学	高　中	初　中	小　学
城　市	7 314	304	1 477	2 821	2 712
县（农村）	5 357	20	328	1 671	3 338

从表4可以看出，城市文化程度人口除小学外，都比农村多。每万人拥有大学文化程度人口城市为农村的15.2倍，高中为4.5倍，初中多68.8个百分点。

全省12岁及12岁以上人口的文盲率为38.74%，比1982年的46.23%降低了7.49个百分点。其中男性文盲率降低了9.05个百分点；女性文盲率降低16.81个百分点。文盲半文盲仍是农村高于城市，农村文盲率41.58%，城市文盲率20.49%；分地区比较，文盲最高的是淮北平原，达43.58%；其次江淮丘陵为42.69%；依次是沿江圩区为40.86%；山区35.37%；县级市26.85%；矿区20.99%；最低为省辖市15.50%。

全省分年龄人口文盲率，随着年龄增长而提高。12岁至50岁人口文盲率为28.98%，50岁以上的人口中，文盲半文盲占75.90%，1978年以后12～24岁年龄组文盲率在18%以下，表明三中全会以来，全省扫盲教育有很大进展。

人口文化素质与全国和邻近各省相比，仍有很大差距。每万人具有小学以上文化程度人口，比全国少923人；比浙江省少1 328人，比江苏省少1 132人，比湖北省少1 089人，比山东省少701人，比河南省少590人，比江西省少553人。必须动员全社会力量，多方面筹集资金，增加教育投资，发展教育事业，提高人口的文化素质，以适应四化建设发展的需要。

（作者工作单位：安徽省统计局）

1987年福建省人口发展状况分析

柯永标

一、人口增长与规模

1987年末，全省（未包括金门、马祖，下同）总人口为2 800.52万人，比1986年末的2 749.30万人增加51.22万人，同1982年末的2 604.02万人相比，5年间增加196.50万人，增长率为7.55%，平均每年增加39.30万人，年均增长率为1.47%。1987年我省人口占全国总人口的2.6%，在大陆各省、自治区、直辖市中居第18位。

总人口中男性1 447.18万人，占51.68%；女性1 353.34万人，占48.32%。

由于自然环境和社会经济发展的差别，造成各市、县人口分布不均，差异较大。全省10个城市（不包括市属县）的人口达445.94万人，58个县的人口为2 354.58人。人口最多的市为福州市，有123.66万人，最少的市为三明市，仅22.12万人。人口最多的县为莆田县，有人口136.22万人，最少的县为柘荣县，仅8.23万人。各市、县人口规模按人口数分组见表1、表2。

表1　　按人口分组的市数　　（个）

人口分组	1953年	1957年	1965年	1975年	1980年	1985年	1987年
总　计	4	5	6	6	6	10	10
10万人以下	2	2	—	—	—	—	—
10～30万人	1	2	4	2	2	4	4
30～50万人	1	—	1	3	3	4	4
50～100万人	—	1	1	1	—	1	1
100万人以上	—	—	—	—	1	1	1

表2　　按人口分组的县数　　（个）

人口分组	1953年	1957年	1965年	1975年	1980年	1985年	1987年
总　计	66	62	62	61	61	58	58
15万人以下	35	26	22	14	11	9	9
15～30万人	23	25	24	21	21	18	16
30～50万人	5	7	9	17	17	19	20
50～80万人	3	3	6	5	7	6	6
80～100万人	—	1	—	3	3	2	2
100万人以上	—	—	1	1	2	4	5

二、人口分布与密度

福建省的人口分布，在社会历史发展过程中形成了西北疏、东南密，内地疏、沿海密的“两疏”“两密”状态。地处东南沿海的泉州、福州二市的人口都在500万以上，分别占全省总人口的19.04%和18.18%；漳州市人口接近400万人，占全省总人口的14%；而地处闽东和内地的三明市和建阳、宁德、龙岩3个地区的人口，分别只占全省总人口的8～10%（见表3）。

全省按沿海区域、内地铁路沿线区域和深内地区域划分，其人口分布和密度见表4。

从表4可以看出，沿海区域（包括临海区域和漳州市、闽侯县准临海区域）26个市、县的土地面积为31 762平方公里，仅占全省土地总面积的25.66%，人口却达1 637.17万人，占全省总人口的58.46%。而内地区域（包括内地铁路沿线和深内地区域，下同）42个市、县的土地面积多达92 040平方公里，占全省74.34%，其人口只有1 163.35万人，仅占全省

表3　按行政区域划分的人口分布状况

行政区别	市县数(个)	总人口	
		数量(万人)	构成(%)
全　省	68	2 800.52	100
福州市	9	509.09	18.18
厦门市	2	106.10	3.79
莆田市	3	246.27	8.79
三明市	11	227.10	8.11
泉州市	7	533.23	19.04
漳州市	10	392.08	14.00
建阳地区	10	270.03	9.64
宁德地区	9	270.69	9.67
龙岩地区	7	245.93	8.78

的41.54%。按每平方公里人口密度计算，沿海区域为515人，内地为126人，沿海是内地的4倍。

在沿海的26个市、县中，人口在50万以上的有14个，其中超过100万的有6个。沿海区域交通方便，华侨众多，人多地少，劳动力充足。充分发挥这些优势，对加快我省外向型经济的发展，具有重要的战略意义。

内地区域有丰富的水电、林产和矿产资源。铁路沿线的5市10县有我省重要的工业基地，深内地27个县，以农业为主，全省17个商品粮基地全部分布在内地区域。因此，内地区域在我省经济发展中，同样具有不可忽视的重要地位。

表4　按地域划分的人口数和人口密度

区域别	县数	总人口		土地总面积		人口密度(人/平方公里)
		数量(万人)	比重(%)	数量(平方公里)	比重(%)	
合　计	68	2 800.52	100.00	123 802	100.00	226
沿海地区	26	1 637.17	58.46	31 762	25.66	515
内地铁路沿线	15	406.80	14.53	31 806	25.69	128
深内地地区	27	756.55	27.01	60 234	48.65	126

随着人口增长，人口密度愈来愈大。1987年全省每平方公里226人，比1964年第二次人口普查时的139人增长62.59%。全省68个市、县中，每平方公里人口密度在500人以上的有14个，300～500人的8个，200～300人的8个，100～200人的27个，不到100人的11个。

三、市镇人口

解放后，由于各个时期经济、文化生活和市镇建制的变化，市镇人口的增长占全省总人口的比重也随之变化。在1949年至1951年的国民经济恢复和发展时期，全省市镇人口由171.30万人增加到236.98万人，平均每年增长4.14%，占全省总人口的比重由14.42%上升到16.32%。在1958年后的“大跃进”中，市镇人口平均每年增长8.33%，至1962年市镇人口占全省总人口的比重达到21.56%。在国民经济调整时期，市镇人口的比重略有下降。70年代则保持在19%左右的增长幅度。1978年党的十一届三中全会以后，随着商品经济的发展、市镇建制的增加，市镇人口增长迅速。至1987年末，市镇人口为1 274.92万人，比1978年的467.95万人增长1.7倍，平均每年增长11.78%，占总人的比重，亦从19.08%上升到45.52%（见表5）。

从表5可以看出，1987年，福建省市镇人口占全省总人口的比重比1982年的21.05%上升了24.47个百分点，大大高于同期全国增长16.5个百分点的幅度。我省市镇人口的增长，系自

表5 **福建省部分年份市镇人口增长状况** （万人）

年份	全省总人口	市镇人口			市镇人口占全省总人口的百分比		
		合计	市	镇	合计	市	镇
1952	1 259.20	202.50	81.57	120.93	16.08	6.48	9.60
1957	1 452.51	236.98	117.48	119.50	16.32	8.09	8.23
1962	1 639.65	353.51	197.76	155.75	21.56	12.06	9.50
1965	1 759.76	356.70	208.33	148.37	20.27	11.84	8.43
1970	2 046.70	389.56	224.21	165.35	19.03	10.95	8.08
1975	2 310.27	439.18	257.31	181.87	19.01	11.14	7.87
1980	2 517.78	498.00	283.04	214.96	19.78	11.24	8.54
1985	2 713.10	1 162.29	429.70	732.59	42.84	15.84	27.00
1987	2 800.52	1 274.92	445.94	828.98	45.53	15.52	29.60

然增长、迁移变动、区划变动和新设市镇三个因素的结合，以新设市镇为主要原因，其中又以新设镇而增加人口为主。由于行政体制改革和建镇标准放宽，1983～1984年两年间全省就新增3个市和56个镇。据1983年统计，在当年增加的市镇人口49.82万人中，属于新设市镇增加的人口就占80%，自然增长仅占10.2%，迁移变动的增长仅占9.8%。1984年市镇人口激增，则绝大部分由新建镇所致。

四、人口年龄结构

根据历次人口普查和1987年1%人口抽样调查，福建省人口年龄构成有较大变化（见表6）。

表6 **福建省人口年龄结构变化状况**

项目	国际通用年龄类型标准			福建省人口年龄状况			
	年轻型人口	成年型人口	老年型人口	第一次人口普查	第二次人口普查	第三次人口普查	1987年1%人口抽样调查
少年儿童（0～14岁）系数(%)	40以上	30～40	30以下	35.78	42.30	36.50	32.74
老年（65岁及以上）系数（%）	5以下	5～10	10以上	3.21	3.15	4.38	4.95
老少比（%）	15以下	15～30	30以上	9.24	7.45	12.00	15.12
年龄中位数（岁）	20以下	20～30	30以上	22.33	19.60	20.68	22.58

由表6可见，按国际通用人口年龄类型标准，1953年第一次人口普查时，福建省人口年龄类型介于年轻型与成年型之间。此后由于出生人口激增，1964年第二次人口普查时的人口年龄类型成为年轻型。70年代以来，由于推行计划生育，控制了人口盲目增长。1982年第三次人口普查时人口年龄类型具有年轻型向成年型过渡的特征。1987年年中全省65岁及以上的老人口占总人口的比重为4.95%，比1982年上升了0.57个百分点，平均每年上升0.114个百分点。据此推算，1987年底老年系数已达5%，人口年龄类型已进入成年型。

老年系数是人口年龄类型划分的主要标志之一，也可以反映人口老化的状况。1987年的1%人口抽样调查表明，城市人口老化状况比乡村更为明显。福州市鼓楼区、郊区的老年系数就已分别达到9.59%和7.31%，比1982年人口普查分别提高了3.26和2.23个百分点，平均每年分别上升0.65和0.45个百分点，其上升速度较全省上升速度快三四倍。因此，对城市人口老化问题，亟需研究应付的对策。

表7 福建省小学以上文化程度人口占总人口比重变化 （%）

年 份	大 学	高 中	初 中	小 学
1964	0.4	1.8	5.1	26.7
1982	0.6	5.7	12.6	36.3
1987	0.7	5.7	14.6	38.8

五、人口文化构成

1987年我省各种文化程度人口占总人口的比重见表7。每万人中具有小学以上各种文化程度的人口与全国比较如表8。

由表7、表8可知，第二次人口普查以来，福建省教育事业有较大发展。小学以上文化程度的人口占总人口的比重明显提高，1964年为34.1%，1982年上升为55.3%，1987年又上升到59.8%。12岁及以上的文盲半文盲人口占总人口的比重，则由1964年的36.4%下降到1987年的24%。1987年每万人口中各种文化程度的人口同第三次人口普查时相比，大学从61人增加到71人；高中保持571人的水平；初中从1 260人增加到1 462人；小学从3 633人增加到3879人。但从增长速度看，1982年以来，除大学文化程度人口的年平均增长速度大约相当于1964～1982年平均增长幅度的2倍外，中小学文化程度人口的增长速度都落后于1982年前18年的平均增长速度，其中高中文化程度几乎没有增长。与全国平均水平比较，每万人中大学、高中、初中文化程度的人口分别比全国低19.32%、18.43%和31.43%。

表8 每万人中具有小学以上文化程度人口数与全国平均水平比较

	每万人中小学以上各种文化程度人数				12岁及以上文盲、半文盲人口占总人口的百分比
	大 学	高 中	初 中	小 学	
全 国	88	700	2 132	3 611	20.6
福 建	71	571	1 462	3 879	24.0
福建比全国增（＋）、减（－）	－17	－129	－670	＋268	＋3.4

在人口素质方面，突出的问题是文盲半文盲比例过大。据1%人口抽样调查，12岁及以上文盲半文盲人口占调查人口的24%，占12岁及以上同年龄人口的32.3%，虽比第三次人口普查时的37.2%有所下降，但下降的速度很慢。更应引起注意的是，据1%人口抽样调查，在7～11岁的学龄人口中，不识字或识字很少的不在学儿童占同龄儿童的14.06%。将出现一批新文盲。总之，全省教育事业的普及与提高，既有明显成绩，也存在突出问题，必须引起各级领导的高度重视。

六、家庭户规模与类别

据1%人口抽样调查，1987福建省家庭户平均每户4.80人。以家庭人口数分组，各类家庭户占总户数的比例是：五人户最高，占21.9%；四人户次之，仅占20.8%；三人户占14%；三至五人户合计占56.7%。与1982年第三次人口普查时相比，三至五人户的比重有所增加，其他各类家庭户则有不同程度的下降（见表9）。

表9　各类家庭户占总户数的比重　（%）

年 份	合 计	一人户	二人户	三人户	四人户	五人户	六人户	七人户	八人及以上户
1982	100	7.7	8.2	12.3	17.1	18.4	14.6	10.1	11.6
1987	100	5.1	7.2	14.0	20.8	21.9	13.6	8.0	9.4

由此可见，小家庭正在迅速增加，大家庭、单身户和不完全的家庭户正在减少。这是全省经济、社会发展的必然结果。

分市、镇、县看，家庭户人口规模有两个突出的特点。其一，市以三人户为主，占市家庭户数的24.5%；镇以四五人户为主，合计占镇户数的44.3%；县以五人户为主，占县户数的23.1%。其二，一二人户所占的比重，市比镇大，镇比县大；六七八人户则相反，其所占比重，市小于镇，镇小于县。其中六人以上的户，县占35.3%，比城市的18.5%约高一倍（见表10）。

表10　按市、镇、县划分的家庭户规模　（%）

	一人户	二人户	三人户	四人户	五人户	六人户	七人户	八人及以上户
市（不含县）	5.6	9.4	24.5	24.1	17.9	8.9	4.3	5.3
镇	5.6	7.0	12.4	22.1	22.2	13.5	7.8	9.4
县（不含镇）	4.7	6.5	11.1	19.3	23.1	15.2	9.3	10.8

全省家庭结构，仍以直系家庭和核心家庭为主体，单身户和复合家庭所占比重有所下降（见表11）。

表11　1982年和1987年福建省家庭结构变化状况　（%）

	合 计	单身户	一对夫妇户	二代户	三代以上户	一代与其他亲属和非亲属户	二代与其他亲属和非亲属户	三代以上与其他亲属和非亲属户
1982年	100	7.7	2.7	59.9	23.3	1.3	2.8	2.3
1987年	100	5.1	3.3	60.7	26.0	0.7	2.2	2.0

近5年来，单身户在总户数中的比例，由1982年的7.7%降至1987年的5.1%。据推算，1987年全省单身户约有29万人。其中男性占60.83%，女性占39.17%；60岁以上老年人最多，占单身户的52.36%（其中男性占37.85%，女性占62.15%）；单身户中丧偶的老年人占76.22%，尤以女性为最，竟占独居丧偶老年人口总数的76.21%。这从一个侧面说明独居的老年人以丧偶居多，而且男性死亡早于女性。

七、人口生育状况

福建省自70年代开始实行计划生育以来，人口控制工作取得了很大成绩。1970年出生率为33.43‰，至1980年下降到17.36‰。1981年至1987年间，出生率虽有起伏，但都在20‰上下徘徊。1987年出生率为21.25‰，比1986年略有下降，比1970年下降12.18个千分点。据1987年1%人口抽样调查，育龄妇女总和生育率1986年为2.35，比1970年的5.63下降3.28。说明福建省人口的增长已由过去的盲目生育状态，逐渐转入有计划的生育状态。如按1970年的生育水平计算，17年来全省累计约少出生410多万人，相当于1987年全省总人口的1/7。

但是，根据1987年1%人口抽样调查，15～49岁育龄妇女占总人口的比例高达25.34%，比1982年第三次人口普查时的23.49%，上升了1.85个百分点。据此推算，1987年育龄妇女人口比1982年约增加100万人左右，处于生育旺盛期的21～29岁的妇女人数多达230万人左右，与1982年人口普查时比较，5年约增加38万人，平均每年增加7.6万人。这主要是受60年代第二次生育高峰期周期性的影响。因此，在今后一个时期内，1956～1961年生育低谷期出生的人口（现26～28岁）将逐渐超过生育旺盛期，接踵而来的则是1963年至1971年生育高峰期出生的人口（现16～24岁），她们将相继进入生育旺盛期。这预示着福建省一个新的持续多年的生育高峰已经来临。1986年以来人口出生率的回升，正是育龄妇女特别是生育旺盛期妇女人数增加所致。

1%人口抽样调查资料还表明，1986年全省计划外生育和多胎率增多，二胎率和多胎率分别占31.78%和20.25%，其中多胎率比全国高出2.44个百分点。同时，早婚早育现象有所发展，1986年15～19岁已婚妇女已占15～49岁已婚妇女人数的5.41%，比1981年上升2.63个百分点。这说明，今后十几年间，福建省计划生育工作仍十分艰巨。

八、人口流动态势

随着改革开放政策的贯彻实施，人口流动出现了如下态势：迁入人口与迁出人口都达4万多人，而近年来迁入人口有所增加。1983—1987年省外净迁人口9 177人，其中1987年净迁入3 043人。据1987年1%人口抽样调查，5年来从12岁及以上迁入人口的文化程度看，具有大学文化程度的占迁入人口的9.42%，具有高中文化程度的占迁入人口的16.31%，与全省同类文化程度人口占总人口的比重相比，分别是全省平均水平的10倍和2倍。从15岁及以上迁入的在业人口看，各类专业技术人员占16.64%，其比重也相当于全省平均水平的4倍。从迁入原因（不包括各类人员的随迁家属）看，工作调动和分配工作的占29.90%，投亲靠友和务工经商的占15.94%，照顾婚姻关系的占38.40%。其中属于工作调动、工作分配、投亲靠友和务工经商的逐年增长，近三年比前两年增长50.59%。这反映了福建省改革开放对人才的吸引力。

省内人口的流动，呈现县（不含县辖镇）向市、镇迁移的趋势。据1%人口抽样调查，5年来迁入市的人口占36.44%，迁入镇的占37.45%。由县迁入市镇的占75.89%。市镇人口迁移增长的势态表明，以乡村农业人口向非农业人口和城镇人口转化为主要标志、以人口的重新分配为内涵的城市化运动正在发展。

（作者工作单位：福建省统计局）

1987年江西省人口发展状况分析

李宗宜

面临新的人口生育高峰，人口规模继续扩大；在体制改革及社会进步的影响下，人口的社会构成有所改善，这是1987年江西人口发展中两个鲜明的特点。

一、人口规模

1987年7月1日，江西省总人口为35 445 800人①，约占全国大陆总人口的3.3%，与1982年同期的33 185 471人（第三次人口普查数）相比，5年间全省共增加2 260 329人，平均每年增加452 066人，年均增长率为1.33%，同期，全国年均增长率是1.24%。

总人口性别比为103.68。

在这次抽样调查中，家庭户占调查登记总户数的99.91%，平均每个家庭户为4.77人，比本省1982年人口普查时的4.94人减少0.17人。

二、人口自然变动

从1962年至1976年，江西人口出生率连续15年保持30‰以上的高水平。这个生育高峰期中出生的人群，现在已相继进入结婚、生育年龄，全省面临着一个新的人口生育高峰。1986年，全省超计划出生了96 300人②。1984年以来，江西省的人口自然增长率逐渐上升，1983年至1987年全省人口自然增长率分别是11.29‰、12.60‰、10.90‰、11.87‰③和10.01‰。

当前，全省已婚育龄妇女人群大，农村中女性人口平均初婚年龄提前，多孩出生率高，是促成江西人口生育水平高的直接因素。

首先，婚龄人口中已婚人口比重大，已婚育龄妇女多。在全省15岁及以上人口中，已婚人口（包括丧偶、离婚）占73.36%，已婚育龄妇女人群大，出生的人口也会随之增多。

其次，农村妇女平均初婚年龄有所提前。据抽样调查资料，1987年全省妇女的平均初婚年龄为21.62岁，比1986年推后0.22岁，但农村妇女的平均初婚年龄却比1986年提前0.76岁，只有20.14岁。

再次，出生人口中多孩率仍很高。虽然全省多孩率1987年比上一年下降2.02%，但出生的多孩仍占当年出生总数的15.69%。由于多孩的出生，致使1987年全省出生率上升2.40‰。多孩生育中有84.7%在农村，农村多孩出生数占农村出生数的17.05%。全省抽样调查登记的4 201例多孩生育中，生育3孩的2 962人（占70.5%）、生育4孩及以上的1 239人(29.5%)。其中原有1男1女又生第3胎的和原有2个女孩又生第3胎的，分别占29.06%和29.25%。

三、人口年龄构成

在实行计划生育、控制人口数量的条件下，江西省人口的年龄构成轻的基本状况虽然未变，但年轻人口比重在缓慢下降，全省人口的年龄构成正在逐步改善。

江西省1987年同1982年相比，几个年龄组人口在总人口中比重的变化情况如表1所示。

对照桑德巴氏关于按年龄构成特征划分人口再生产类型的标准，1987年江西人口逐渐由增长型向静止型转变（见表2）。

若按联合国采用的以15～64岁人口为劳动年龄人口，0～14岁儿童少年人口和65岁及以上老年人口为被抚养人口，1987年同1982年相比，江西省劳动年龄人口负担系数情况如表3所示。

虽然老年负担系数1987年比1982年有所上升，但总负担系数在下降。因为儿童少年负担

① 本文所用的1987年度的数据，人口生育方面的引自全省5%人口计划生育抽样调查资料；其它除注明者外，均为1987年7月1日全省1%人口抽样调查数据。1982年的数据，则引自《江西省第三次人口普查资料汇编》。

② 1987年7月11日《江西日报》第三版。

③ 《江西统计年鉴》1984、1985、1986年。

表1　江西省人口构成变化情况　（%）

	1982年	1987年
0～14岁	38.80	35.09
15～49岁	47.28	50.31
15～59岁	53.94	57.16
60岁及以上	7.26	7.75
65岁及以上	4.50	4.99
80岁及以上	0.39	0.48
年龄中位数（岁）	19.6	21.37
儿童少年系数	38.80	35.09
65岁及以上老年系数	4.50	4.99
长寿水平①	5.41	6.18

表2　江西人口再生产类型　（%）

年龄	桑德巴划分标准			1987年江西人口年龄构成
	增长型	静止型	退缩型	
<15	40	26.5	20	35.09
15～49	50	50.5	50	50.31
50+	10	23	30	14.6

系数在5年时间里下降近10个百分点（见表3）。这对保持劳动年龄人口的体力、精力，提高人口素质会起积极的作用。

四、人口文化构成

在改革开放和普及义务教育工作的推动下，江西省人口的文化素质正在继续提高。1987年全省12岁及以上人口中，文盲半文盲占30.67%，比1982年的32.12%下降1.45个百分点。小学以上文化程度的占61.63%（1982年占57.84）。

1987年同1982年相比，具有大学毕业、初中和小学文化程度的人口比重均有不同程度的上升（见表4）。

表3　江西省人口负担系数变化情况　（%）

负担系数	1982年	1987年
儿童少年负担系数	76.38	66.89
老年负担系数	7.94	8.33
总负担系数	76.38	66.89

表4　江西省人口文化程度变化情况　（%）

文化程度	1982年	1987年
大学毕业	0.60	0.72
大学肄业或在校	0.23	0.09
高中	9.52	8.49
初中	22.90	38.87
小学	66.75	66.83

江西省人口的文化程度虽然已有了提高，但仍然低于全国平均水平，受过大学和高中文化教育的人口比重，都低于全国的平均水平（见表5）。

五、人口就业状况

江西省人口年龄构成轻，总人口中劳动年龄人口比重大，1987年全省人口的在业系数较前些年有所提高。在业人口占总人口的50.54%（1982年占46.90%），在业人口占15—64岁人口的84.35%（1982年占82.37%）。

据抽样调查资料，1987年江西省不在业人口占总人口的14.37%（1982年占14.30%），占15—64岁人口的23.98%（1982年占25.22）。由此可见，由于劳动制度的改革，城乡商品经济的发展，本省劳动年龄人口中不在业的比重已较前几年缩小。在全省不在业人口中，市镇待业人口只占1.91%，从事家务劳动的占50.82%，有21.13%的不在业人口是在校学生，还

① 在60岁及以上老年人口中80岁及以上老年人口所占的比重。

有9.19%是退休退职人员。

表5　江西省与全国文化教育水平比较　（%）

项　目	全国	江西
大学毕业人口占小学以上人口比重	1.01	0.72
大学肄业或在校人口占小学以上人口比重	0.34	0.09
高中文化程度人口占小学以上人口比重	10.71	8.49
初中文化程度人口占小学以上人口比重	32.65	38.87
小学文化程度人口占小学以上人口比重	55.29	66.83
文盲半文盲人口占总人口比重	20.60	22.42
小学以上文化程度人口占总人口比重	65.32	61.63

在分析江西省1987年人口发展过程时，发现有两个人口现象很值得重视。

其一是女性人口问题。妇女的文化素质较低，在全省小学以上文化程度的人口中，女性人口不足40%。在大学毕业、大学肄业或在校、高中、初中和小学文化程度的人口中，女性人口分别占0.48%、0.07%、6.66%、18.23%和44.56%，全都低于相应文化程度的男性人口比重。在全省文盲半文盲人口中，1987年女性人口却占73.86%，是男性文盲半文盲人口的2.8倍。女性人口文化素质低带来的后果之一是女性人口就业率低。在业人口中女性占45%；而不在业人口中，女性却占65%。在从事家务劳动人口中女性占89.53%，在市镇待业人口中女性占57.28%。妇女是本省劳动力资源中一个举足轻重的部分，是一支强大的的建设力量，如果忽视提高全省女性人口的文化素质和就业水平，忽视提高妇女的经济地位和社会地位，必然会使早婚率和早育率上升，影响人口数量的控制和人口素质的提高。

其二是老年人口问题。江西省人口年龄构成轻，人口老龄化的进程比全国慢一些。但近几年来，由于实行计划生育，改进医疗保健工作，全省人口的身体素质又有提高，人口的平均寿命也在延长，老年人口在总人口中的规模和比重都在加大。1987年65岁及以上老年人口已占总人口的4.99%，明显地超过了1982年4.50%的水平。老年人口中80岁以上的长寿老人逐渐增多，人口的长寿水平正在提高。在60岁及以上的人口中，80岁及以上的老人已由1982年的5.41%上升到1987年的6.18%。老年负担系数也提高了，已由1982年的7.94%，提高到1987年的8.33%。

（作者工作单位：江西省社会科学院）

1987年山东省人口发展状况分析

费世宏

一、人口总量的变化

1987年山东省人口发生了很大变化。据山东省统计局国民经济统计公报公布：1987年末全省总人口达到7957.7万人，比上年净增139.7万人，增长率为1.8%，高于全国1.1%的平均水平，名列各省（市、自治区）前茅。同历史资料相比（见表1），1987年的人口增长量高于任何一个时期；而人口增长速度却低于第一次人口高峰期（1954年～1957年）的年均增长率，与第二次人口高峰期（1962年～1982年）的年均增长率不相上下。这说明山东省人口又出现了过快增长的势头。照此发展下去，到2000年全省总人口将超出9 500万，直接影响第二步经济战略目标的实现。如果要实现本世纪末把全省总人口控制在9 000万以内的计划，每年增加的人口就必须控制在80万左右，年均增长速度不超过1%。因此，控制人口增长、实现人口战略目标的任务是相当艰巨的。

表1　　山东省1954～1987年人口总量变化情况

起止年限（年）	年数（年）	净增人口（万人）	年平均增加人口（万人）	年均人口增长率（%）
1954～1957	3	323	107.7	2.11
1958～1961	3	—171	—57.0	—1.04
1962～1982	20	2 011	100.6	1.83
1983～1985	2	147	73.5	0.97
1986～1987	1	140	140.0	1.79

二、第三次人口出生高峰的形成

从1986年以来，山东省第三次生育高峰正在逐步形成，来势比前两次迅猛得多。在短短的两年时间里，人口出生率由15.1‰回升到23.4‰，育龄妇女总生育率均高达70‰以上，年出生人数由1983年的114万递增到1987年的184万，同时育龄妇女的总和生育率也由1983年的1.6上升到2.5。我们采用粗率分解方法对生育高峰的形成做了生育水平和年龄构成的双因素剖析。从中发现，在生育水平因素上，1987年的生育率比1983年高33.59‰，比1984年高34.54‰，比1985年高31.11‰，比1986年高16.41‰，是逐年提高的；而在年龄构成因素上，1987年的生育要比前4年低2至5个千分点。如果分年龄组看，20～24岁组妇女生育水平逐年升高，1987年比1983年同年龄组的生育水平高17.8‰，比1984年高14.9‰，比1985年高13.0‰，比1986年高6.7‰；另一方面由于1962年至1972年高峰期出生的大量妇女逐渐进入了生育年龄区间，它反映在年龄构成因素上，1987年的20～24岁组的生育率比1983年高4.33‰，比1984年高1.63‰，比1985年高0.33‰。可见处于生育旺盛期的大量育龄妇女对生育率的影响程度，与生育水平的大幅度提高相比是微不足道的。这就有力地证明了生育旺盛期的到来，并不一定带来生育高峰期。

而上述生育的转变形势和早育、多育有着紧密的联系。1987年的早育婴儿占出生总数的15.9%，比1983年高出6个百分点，与此相关的1987年早育生育率高达42.94‰，比1983年高出近16个千分点。根据早育婴儿比例推算，1987年山东省约有30万婴儿是属于早育的，相当于增加一个德州市的总人口。如果杜绝早育现象，全省近两年就能少出生51万人，人口出生率可降为19‰左右。将有利缓解第三次生育高峰。另一方面，全省从1984年开始试行农村独女户（母女均系农业户口）、母亲年龄满30周岁者，允许生育第二胎。这一政策合情合理，得到广大群众的拥护和支持，缓和了党群关系。但是，在实施中出现了各种偏差，使多育的“大口”越来越大，计划内的“小口”也开成了“大口”。资料表明，1987年全省育龄妇女的一胎率为51.7%，比1983年下降18个百分点；二胎率为35.7%，多胎率为12.6%，分别比1983年提高了14个百分点和5个百分点。说明一胎生育减少，二胎和多胎生育却较大幅度地增加，造成了全省短时间内人口激增。1987年有55.5%的妇女在20～29岁组生育第二胎，更有近1/3的妇女集中在25～29岁组生育二胎。育龄妇女的标准化二胎生育年龄为28.6岁，与前三年标准化初育年龄（25岁）的差值缩小，远远不符合政策规定的间隔要求。从生育水平上看，25～29岁组的二胎生育率要比30～34岁组高8个千分点，并且25～29岁组的二胎生育率已由1983年的40.68‰上升到77.90‰。这些充分表明了山东省近年来还存在着严重的“强生”、“抢生”现象和计划外生育。由于二胎及多胎生育的增多，直接反映25岁以上妇女群的生育水平提高，增加了生育曲线峰值宽度，使全省的生育状况达到近10年来的最高水平。

由此可知，山东省1987年生育率转变形势的特点是，早育加速了生育高峰的形成，计划外生育增加了生育高峰的宽度。令人忧虑的是平均每年约有2 000多万名育龄妇女，这种状态将持续10年之久。如果现在不抓紧计划生育工作，那就很可能在20～30年以后再次形成新的人口生育高峰。

三、人口年龄构成状况

1%人口抽样调查结果，1987年7月1日时全省0～14岁少年儿童占总人口的27.3%，15～64岁人口占66.4%，65岁及以上老年人口占6.3%，总人口的中位年龄为25.2岁，人口年龄构成类型属于“成年型”，同前两次人口普查资料相比（见表2），少年儿童比重已下降到历史最低水平，劳动适龄人口和老年人口则达到历史最高水平。从速度上看，少年儿童比重在1964～1982年的18年间，仅下降10个百分点，平均每年下降的幅度为1.5%，在1982～1987年的5年间就下降4个百分点，平均每年下降的幅度为2.5%。就目前情况看，近几年出生人口数回升，今后少年儿童占总人口的比重不会再有较大下降。而人们普遍关心的人口老化问题并不严重。1982～1987年的5年间65岁及以上老年人口占总人口的比重仅上升0.7个百分点，平均每年上升0.14%。按此速度发展，全省老年人口比重要达到10%的水平，还需要大约26年的时间，约在2013年前后步入老龄化社会。

表2　**山东省三次人口普查年龄构成状况**

年份	0～14岁 比重（%）	15～64岁 比重（%）	65岁及以上 比重（%）	中位年龄 （岁）
1964	40.9	54.6	4.5	18.9
1982	31.0	63.4	5.6	24.5
1987	27.3	66.4	6.3	25.2

四、人口文化构成状况

随着教育事业的发展，山东省人口文化素质有了新的提高。1987年1%人口抽样调查表明，每10万人口中拥有各种文化程度的人数已达6.3万人，其中大学文化程度的519人，高中文化程度的6 327人，初中文化程度的2.2万人，小学文化程度的3.4万人，分别比1982年增加了47%、7%、25%和0.1%；文盲、半文盲占总人口的比重也由1982年的28%下降到23%。大学文化程度人口的增长速度较快，相当于1964～1982年平均增长速度的两倍，这是十一届三中全会以来党和政府加速发展高等教育事业的成果（见表3）。

中等文化程度人口的增长速度落后于60年代和70年代，特别是高中文化程度人口增长较

表3　　山东省各种文化程度人口年平均增长速度　　（%）

起始年限	大学	高中	初中	小学
1964～1982年	3.87	12.21	10.55	1.23
1982～1987年	8.23	1.73	5.14	0.29

慢，主要是近几年为了发展职业教育，普通高中明显减少，尤其是农村减少更多；而职业高中因各种原因，又没有很快发展起来，使初中升入高中的比率下降。另一方面，部分初中学生未毕业就弃学务农或务工经商，农村地区更为突出。长此下去，会加剧人口文化素质结构的不合理状况，影响经济建设的发展。

小学文化程度人口比重没有明显变化，是普及义务初等教育的成果。1982年普查时，全省文盲、半文盲为2 078万人，占总人口的28%，其中12岁及以上文盲、半文盲的比重为37%；1987年1%人口抽样调查结果，文盲、半文盲占总人口的比重下降了5个百分点其中12岁及以上人口中的文盲率下降了7个百分点。值得注意的是，当前新文盲仍在不断产生，特别是6—11岁儿童中不识字的约占1/4。由此推算，全省新产生的文盲儿童约有1.8万，应当立即采取补救措施。

五、在业人口状况

山东省人口多，劳动力资源丰富，劳动适龄人口占总人口的66%；并且总人口的就业程度相当高，就业率为56%，其中15岁及以上人口的就业率为77%。若分年龄和性别看（见表4），女性人口就业率普遍低于男性；青壮年人口中有90%左右的人就业，值得注意的是，20岁以下青少年中有近2/3的人参加工作。这部分人目前正处于长身体和学习科学文化知识的阶段，过早就业给在业人口文化素质和劳动技能的提高，以及社会生产力的发展带来直接影响。

表4　　分年龄性别的就业状况

年龄组（岁）		总计	20岁以下	20～49	50～59	≥60
就业率（%）	男	84	60	99	88	50
	女	62	72	87	37	9

从行业结构看，第一产业人口占77%，第二产业占14%，第三产业人口仅占9%。从职业构成看，农林牧渔劳动者占在业人口之首，比重为76%；其次是生产运输工人占14%；各类专业技术人员占4%；国家机关、党群组织、企事业负责人和办事人员占2%；商业和服务性人员占4%。

在业人口的文化素质与1982年相比，有了明显的提高。每万人中具有高中以上文化程度的人口，由1982年的998人增加到1 029人，其中具有大学文化程度的由48人增加到80人；每万人中具有初中和小学文化程度的由1982年的5 785人增加到6 576人。变化最为显著的是，在业人口中的文盲、半文盲由1982年的32%下降到24%，5年间降低8个百分点。但是还存在着农业劳动者文化素质太低的问题。1%人口抽样调查，在农林牧渔劳动者中，具有高中以上文化程度的仅占5%，而文盲、半文盲占1/3，直接影响了农业现代化的进程，难于提高农业劳动生产率，无法把占在业人口76%的劳动力从"小农经济"圈中解放出来，去从事第二、三产业的利润创值活动。

（作者工作单位：山东省统计局）

1987年河南省人口发展状况分析

张胜生　张曼华

1987年河南省人口发展处于第三次生育高峰的前期，人口数量继续增长，人口的各种构成也有所变化。这一年是河南人口发展中比较重要的年份之一。现据河南省1987年7月1日对50个县（市区）、239个乡（镇、街道）、486个村委会（居委会）、607 938人的抽样调查，对河南省1987年人口发展状况加以分析。

一、总人口增长较快，市镇人口比重上升

根据1%人口抽样调查推算，1987年底总人口达7 969万人，比上年增121万人；与1982年相比，5年间共增加450万人，平均每年增加90万人，年平均增长率为1.17%。从5年来我省总人口的发展变化看，总人口逐年增加：1982年末为7 519万人，1983年为7 591万人，1984年为7 668万人，1985年为7 746万人，1986年为7 848万人，1987年为7 969万人。以1982年为基期，1983～1987年的增长速度（环比）为0.96%、1.01%、1.02%、1.32%、1.54%，总人口增长原因主要是自然增长。尤其是1986年以来，自然增加人口明显上升，1986年比1985年自然增加102万人，1987年又比1986年自然增加121万人，今后几年自然增加人口还将继续上升。农村人口约占全省人口的80%，市人口占全省人口的比重为11%，镇人口占全省人口的比重为9%。与1982年人口普查相比，市镇人口比重有所上升，由1982年的14.5%上升到20.48%，上升了近6个百分点。

二、出生率、自然增长率继续回升，死亡率相对稳定

1985年以来，出生率、自然增长率开始回升，出生率由1984年的15.7‰回升到1985年的16.8‰，又回升到1986年的19.69‰，再回升到1987年的21.8‰；自然增长率由1984年的10.1‰回升到1985年的10.2‰，1986年的13.14‰，1987年的15.3‰。出生率、自然增长率回升的主要原因有三：一是育龄妇女比重逐年增加，导致出生人数的增加，据1987年1%人口抽样调查资料计算，育龄妇女占总人口比重为26.42%，比1982年人口普查时的23.92%提高了2.5个百分点；分年龄组看，15～29岁的育龄妇女占育龄妇女总数的55%，比1982年高7个百分点。这部分育龄妇女正值婚育高峰期，是出生率、自然增长率回升的一个基本原因。二是计划生育政策开了"小口"，计划内二胎增加，是促成人口出生率、自然增长率回升的又一原因（据省计委统计，1987年比1986年计划内二胎增加了0.83%）。三是由于有些地方在执行政策时放松管理或放任自流，超计划生育严重。尤其是农村，35岁以下育龄妇女生育三胎、四胎的不乏其人。据1987年1%人口抽样调查资料统计，农村30～40岁组育龄妇女多胎率达47%，就是说30～34岁组育龄妇女将近一半生育了多胎。

据1%人口抽样调查资料推算，全省1987年死亡率为6.5‰，与1986年的6.55‰基本上持平，近几年来的死亡率一直比较稳定，大致在6‰左右。

三、人口的年龄、性别和文化构成

（一）人口年龄构成属成年型，总人口性别比略偏低。根据1987年1%人口抽样调查资料计算，男性人口占总人口的50.4%，女性人口占49.6%，总人口性别比为101.6，略微偏低，出生人口性别比为118，略为偏高。

1987年全省人口年龄构成有所变化，与1982年相比，少年儿童占总人口比重由1982年的34.9%下降为30.26%；15～64岁人口占总人口的比重由1982年的59.88%上升为63.97%；65岁及以上的老年人口占总人口的比重由1982年的5.22%上升为5.77%。人口年龄中位数为23岁，比1982年人口普查的22岁提高了1岁。按目前国际通用标准划分，河南省人口类型仍属成年型。

（二）全省平均文化水平略有上升，文盲率明显下降。1987年1%人口抽样调查资料表明，人口文化程度近5年来有了一些新的发展变化，全省平均文化水平有所提高。据计算，1987年全省平均文化水平为4.4学年，城市平均文化水平为6.5学年，农村平均文化水平最低，为4.1学年；与全省1982年的平均文化水平4学年相比，提高了0.4学年。城乡平均文化水平差别较大，突出表现在高等教育上。城市每万人拥有高中以上文化程度为2 007人，农村则仅有494人，城市为农村的四倍。同1982年人口普查相比，每万人中大学文化程度的人有所上升，但上升速度缓慢，高中文化程度基本持平，初中和小学文化程度的上升较快，初中由1982年的1 919人上升到2 310人；小学由1982年的3 116人上升到3 224人。

文盲率由1982年人口普查时的36.7%下降到30.9%，下降了5.8个百分点。在文盲、半文盲人口中，6～11岁儿童占12.2%，其中城市占11.7%，农村占0.5%。这比1982年人口普查时的13.06%有所下降，但此例仍不小，应引起有关部门的重视，防止新文盲的产生。

四、人口的婚姻、家庭状况

（一）未婚比重下降。据1987年1%人口抽样调查资料计算，未婚人数占15岁及以上人数的27.3%，已婚人数占65.3%，丧偶人数占7%，离婚人数占0.4%。与1986年人口变动抽样调查相比，未婚比重下降2%，已婚比重上升5%，丧偶、离婚比重基本不变。这个变化近一步表明，河南省婚姻结构是稳定的。

未婚人口中，男性占56%，高于女性；已婚人口中女性所占比重高于男性，占51%；丧偶人数比重也是女性高于男性，占69%；离婚人数比重则是男性高于女性，占81%。这种状况表明女性在婚姻家庭关系方面较男性相对稳定一些。

（二）家庭规模缩小。据1987年1%人口抽样调查，全省平均每户为4.39人；市户均3.75人，镇户均3.88人，县户均4.48人。与第三次人口普查相比，市户均规模减少0.74人，全省户均规模减少0.34人。

五、迁移变动状况

据1987年1%人口抽样调查，河南省迁移人口中有74%来自农村，省内迁入人口中有80%是农村人口，省外迁入人口中有56%是农村人口。

在迁入人口中，因婚姻原因迁入的占46%，居第一位。以下依次为工作调动、随迁家属、务工经商、投亲靠友等原因。迁移人口中有60%是农、林、牧、渔劳动者，15～35岁人口占全部迁移人口的73.4%，其中20～24岁人口占41%。从迁移流向看，人口迁移的主要流向是城镇，而镇则成为农业劳动力转移的主要集结点。

（作者工作单位：河南省统计局）

1987年湖北省人口发展状况分析

程祖培　刘明扬

1987年，湖北省人口在近几年连续回升的基础上又有较大幅度的增长。总人口增长速度加快，人口的年龄、性别、文化乃至婚姻和家庭等基本结构都发生了明显的变化。现根据1984年1%人口抽样调查资料和人口统计年报资料所提供的数字具体分述如下。

一、总人口增长加快，城乡及各地区之间差异较大

根据统计年报资料，1987年底湖北省总人口已达5 058.08万①，比1986年的4 989.02万人增加69.06万人，比上年多增11.01万人；年增长率为13.84‰，比1986年11.77‰的增长率提高2.07个千分点。"六五"期间，全省总人口共增加246.52万人，平均每年增加49.3万人，年平均增长率为10.31‰，1987年总人口的增长情况与"六五"期间的年平均增长情况相比，上升了34.2%，其速度是相当快的。

省内各地区的人口都有增长，但增长幅度相差较大。从行政区划看，16个地、市、州中有9个地、市的人口增长幅度超过全省平均水平，共增加人口39.23万，占全省净增人口的56.8%；71个县和县级市中，有25个县和县级市的人口增长幅度超过全省的平均水平，共增加人口25.29万，占全省净增人口的36.6%。由此可见，部分地区人口以较快速度增长对全省总人口增长水平的影响是很大的。

城乡人口的增长速度也有较大的差别。1987年由于天门、洪湖等5县改设为县级市建制，虽然使本省市、镇、县的人口增长产生了许多不可比的因素，但是，从农业人口与非农业人口的变动中仍然可以看出其中的差异。1987年底，全省享受商品粮的非农业人口为1 110.78万，比1986年的1 080.45万人增加30.33万人，增长2.8%。其中城镇非农业人口为1 019.29万，比1986年的939.10万人增加80.19万人，增长8.5%。而农村中的非农业人口则由1986年的141.35万人减少到91.49万人，下降了35.3%。以此可以看出，由于本省社会经济发展，农村人口向第二、三产业转移，城镇人口受迁移因素的影响，增长是较快的。

县人口中，按地域分组，其发展速度也不相同。较为突出的表现，一是山区人口增长较快，丘陵和平原相对较慢。按农业年报的口径计算，全省县及县级市1987年人口的增长幅度为11.9‰，其中山区县（市）增长12.9‰，丘陵县（市）增长11.8‰，平原县（市）增长10.9‰，山区比丘陵和平原分别高1.1和2个千分点。说明经济发达程度和计划生育政策的执行情况对人口增长有很大影响。二是交通条件较差的边远县人口发展较快，而和大、中城市相邻的县人口增长较慢。如省内交通线路覆盖面较小的保康、竹溪、来凤等17县，1987年总人口比1986年增长了14.1‰，而汉阳、大冶、襄阳、宜昌等8个靠近城市的县只增长了5.8‰。其原因既与城市邻县的农村人口进城有关，同时也与这些县和城市联系较为密切，受现代化生活方式的影响，思想较为开化，能自觉控制生育有关。

二、出生率上升，死亡率下降，自然增长率继续回升

湖北省位于祖国腹地，人口的国际和省际迁移一般较少，总人口增长的速度加快主要是

① 按1%人口抽样调查资料推算，1987年底全省总人口应为5 120.27万。为了与往年的资料比较，本文中人口绝对数仍采用年报人数。

率自然增长上升。从1987年1%人口抽样调查资料可以出看，当年全省人口自然增长率已达14.3‰，比1986年13.2‰的自然增长率上升1.1个千分点；比1981年的自然增长率上升1.5个千分点，是近14年来本省自然增长率上升最多的一年。就年增长率水平而言，它与1974年前后已大体相仿。

湖北省人口自然增长率这种回升趋势是由决定它的两个基本因素——出生率和死亡率同时逆向运动形成的。

首先，从出生率的变动情况看，1987年全省已回升到21.4‰，比1986年的21.1‰上升0.3个千分点；比1981年上升1.5个千分点，回升的速度是比较快的。究其原因，大体又有三个方面。

其一是受60年代第二次生育高峰的影响，育龄妇女特别是生育旺盛年龄妇女人数增加。1981年，育龄妇女总人数为1 195.04万，到1987年第二次生育高峰期间出生的女婴已全部进入育龄期，根据1%人口抽样调查资料推算，育龄妇女总人数已达1 393.46万，比1981年增加198.4万人。其中21至29岁的妇女为433.51万人，比1981年增加88.12万人。按照1981年各年龄组的生育水平计算，仅因这一部分人数的增加就可多出生17万人口。

其二是结婚年龄提前，生育时间集中，形成了近阶段出生人口的堆积。从1%人口抽样调查资料可以看出，1971年以来由于推行了晚婚、晚育政策，1980年女性平均初婚年龄已达22.6岁。1981年新《婚姻法》实施以后，由于男女法定婚龄分别为22岁和20岁，一些青年抢时间结婚，当年女性平均初婚年龄即下降到22.4岁。此后，随着农业生产责任制的推行，不少农户出于对劳动力的需要，让子女提前结婚，使农村女青年的平均初婚年龄由1980年的22岁下降到21.1岁，全省女性平均初婚年龄也因此下降到21.8岁。早婚必然带来早育，1987年生孩子的妇女中，15岁至24岁的女青年占54.1%，比1981年的30.2%上升了23.9个百分点。如果消除早婚早育的影响，1987年全省人口自然增长率可下降3.3个千分点。

其三是由于政策调整及计划生育工作中的薄弱环节，导致了生育二胎和多胎的比例增加。近几年来，湖北省根据中央有关精神和本省实际情况，对计划生育政策作了适当调整，扩大了二胎照顾面。加上行政体制改革中机构和人事变动，部分地区计划生育工作有所放松，致使二胎和多胎的比例有较大幅度的上升。1981年生孩子的妇女中，属一胎生育的占50.1%，二胎和多胎的占49.9%；1987年一胎率已下降到45.4%，二胎和多胎上升到54.6%。省内几个有代表性的地方，如为独女户“开口子”试点的黄冈县，1987年二胎率达43.4%，多胎率占11.3%。执行少数民族地区生育政策的长阳土家族自治县，二胎率达50%，多胎率占22.3%。长阳县统计部门对这部分人的生育情况曾作过进一步的调查，发现生二胎的妇女中，属于计划安排生育的占53.8%，计划外生育的占46.2%。在生育时间间隔方面，生了第一个孩子以后，不满3年接着又生第二个孩子的妇女占53.3%；生育第一个孩子已7年以上而今又生二胎或多胎的，占二胎以上计划外生育妇女的33.3%。该县测算指出，如果排除计划外的二胎和多胎，全县人口自然增长率可降低6.6个千分点。可见上述原因对人口再生产速度的影响之大。

再从人口死亡率的变动情况看，近几年的下降趋势也十分明显。50和60年代，湖北总人口的死亡率一般年份均高于10‰。随着社会发展，人民生活水平提高，到1981年下降为7.3‰。1987年1%人口抽调查表明，总人口死亡率已下降至7.1‰。由此，自然增长率也相应上升0.2个千分点。

全省总人口死亡率的降低是受多重因素影响的。从分年组的死亡率来看，以婴儿（0岁人口）和老年(65岁及以上)人口的死亡率下降影响为最大。1981年湖北婴儿死亡率为40.5‰，1987年已降低到32‰，下降了8.5个千分点。老年人口的死亡率1981年为61.8‰，1987年降低到31.2‰，下降了将近一半。说明本省近几年内妇幼和老年人口的卫生保健工作取得了较大的成绩。

三、平均年龄升高，老中青少年人口均有不同变化，性别结构正常

随着总人口的发展变动，湖北省人口的年龄结构也发生了一系列变化。1987年全省人口的平均年龄为28.1岁，比1982年的27.4岁提高0.7岁，年龄中位数为24.2岁，比第三次人口普查时的23.1岁提高了1.1岁。各年龄人口① 及其在总人口中所占的比重是：0～14岁少年儿童共1 426.38万人，占28.2%，比1982年普查时的32.7%下降了4.5个百分点；15～64岁的人口共3 353.51万人，占66.3%，比1982年的62.3%下降了4.1个百分点；65岁以上的老人共278.19万，占5.5%，比1982年的5%上升了0.5个百分点。比照国际通用的人口年龄分类标准，1987年湖北省人口的年龄结构已属于成年型，并开始向老年型转化。与全国总人口的年龄构成情况比较，湖北省少年儿童系数低0.5个百分点，老年人口系数高4.6个百分点，说明近几年来湖北省的计划生育工作仍在全国处于中等偏上水平，人口出生率相对稍低，年龄结构转向老年化的速度也显得稍快一些。

总人口中，几个有特殊意义年龄段的人口发生了如下变化。

（一）中、小学学龄人口减少。1987年全省7～18岁的中、小学学龄人口共1 254.40万人，比1982年的1 414.44万人减少160.04万人，占总人口的比重为24.8%，比1982年的29.6%下降4.6个百分点。其中下降幅度最大的是小学学龄（7～12岁）人口，人数由1982年的675.84万减少到1987年的529.58万，在总人口中的比重由14.1%下降到10.5%。其原因主要是这部分人口诞生于1975年至1980年，是湖北省控制人口增长最有成效的时期，当时出生人口较少。初中学龄人口也由于同样的原因，在总人口中的比重由1982年的7.9%下降到1987年的6.5%。高中学龄（16～18岁）人口则诞生于1971年以前，处于第二次生育高峰的末期，当时出生人口较多，因此1987年在总人口中的比重不仅没有下降，反而上升了0.3个百分点。

（二）劳动年龄人口增长较快。根据1%人口抽样调查数据推算，1987年湖北省男性16至59岁、女性16至54岁的劳动适龄人口已增至2 991.35万，比1982年普查时的2 642.48万人增加348.87万人，增长13.2%，平均年递增22.8‰，大大快于同期总人口年递增10.3‰的速度。劳动年龄人口对非劳动年龄人口的负担系数，按国际标准计算，1987年已下降到50.7%，比1982年的60.6%下降9.9个百分点。其中对0～14周岁少年儿童的负担系数由52.7%下降到42.5%；对65岁以上老年人口的负担系数由8%上升到8.2%。

（三）老年人口比重有所上升。1987年全省60岁以上的老年人口已达435万人，比1982年普查时的381.29万人增加了53.71万人，增长14.1%；老年人口占总人口的比重为8.6%，比1982年增长0.6个百分点。老年人口中高龄组人口的比重变化较大，70～79岁的人口比重由1982年的27.1%上升到30%，80岁以上老年人口的比重由5.6%上升到5.9%。说明随着经济和卫生事业的发展，老年人口的健康状况日益改善，长寿水平不断提高。

与年龄变化情况相比，性别结构变化很小。从年报资料可以看出，1987年总人口中男性为2 608.69万人，占51.6%；女性为2 449.39万人，占48.4%。性别比为106.50，与1986年

① 各年龄人数是按1%人口抽样调查的年龄比重推算的年末人数。

的106.53基本持平，与1982年相比，也只上升了0.96。出生婴儿性别比按1%人口抽样调查资料计算，1987年为107.03，比1982年的106.72仅上升0.31；1～14岁少年儿童性别为106.57，比1982年的106.01也仅上升了0.56。由此可见，1987年湖北人口的性别结构仍属稳定和正常。

四、小学以上各种文化程度的人口普遍增加，文盲率明显降低

根据1%人口抽样调查资料，1987年湖北省人口的文化素质明显提高。总人口中具有小学以上文化程度的人口占67%，比1982年的62.5%上升4.5个百分点。1982年以来，6岁及以上人口中各种文化程度人口的变化情况是：大学（含大学肄业和在校，下同）程度人口的比重由0.71%增长到0.95%；高中程度人口的比重由8.46%增长到8.64%；初中程度人口的比重由21.04%增长到24.99%；小学程度人口比重由40.15%增长到41.49%。总人口中具有各种文化程度的人口普遍增加，特别是大学文化程度的人口增长较大，说明近几年来湖北省的教育（包括各类形式的成人教育）事业发展较快。

省内按地区、性别和年龄分组的具有各种文化程度的人口的比重也有提高，但在总体上也仍保留了1982年存在的差别。表现为：一是地区之间差异大，城镇人口的文化程度高于乡村。按现行市、镇、县的统计口径，1987年全省每万人中拥有的小学以上文化程度的人口城市为7 899人，镇为6 881人，县为6 327人，市、镇分别比县高24.8‰和8.7%。其中拥有大学文化程度的人口城市为478人，镇为53人，县仅为0.8人；拥有高中文化程度的人口城市为1 924人，镇为901人，县为423人，市、镇分别比县多3.5和1.1倍；拥有初中文化程度的人口市为2 962人，镇为2 475人，县为1 895人，市、镇分别比县多56.3%和30.6%；拥有小学文化程度的人口市为2 535人，镇为3 452人，县为4 008人，市、镇分别比县低36.8%和13.9%。由此可以看出，城镇不仅有文化的人口比农村多，文化结构水平也比农村高。二是男性文化程度高于女性。1987年每万人中拥有小学以上文化程度的人口男性为7 536人，女性为5 838人，两者对比，男性比女性多29.1%。男性人口的文化层次也比女性高，每万人中，男性拥有的高中和大学文化程度的人口为1 050人，而女性仅为637人，男性比女性高出64.8%。三是青年和中年的有文化人口多于老年人。分年龄分组可以看出，除7～14岁儿童因在校学生多，有文化人口所占的比重较高（为94.5%）外，其次是15～30岁的人口，小学以上文化程度的人口占同龄人口的94.2%；再次是31～50岁的人口，占71.1%。较低的是51岁以上的人口，为31.3%。将中、老年组的文化结构作比较，31～50岁的人口中，大学文化程度的占1.7%，高中文化程度的占7%；51岁以上的人口中，大学文化程度的占1.1%；高中文化程度的占2%。鲜明地反映了解放前人民贫穷愚昧和解放后教育发展较快的状况。

与前述情况相反，文盲、半文盲人口比重则有所下降。1982年12岁及以上人口中的文盲、半文盲占31.1%，1987年已下降到25%，下降了6.1个百分点。每百名6～11岁的儿童中，未入学的人数由1982年的21人下降到16人。

但是，也必须看到目前湖北省人口的文化素质仍然不高。如每万人中拥有的大学文化程度的人口与全国比较，湖北省少4人；与京、津、沪及辽宁、江苏相比差距更大。特别是6～11岁的学龄儿童中，仍有16%的儿童未入学，其中鄂西山区未入学儿童比例高达27.6%。这与当前社会经济发展的要求显然是不适应的。因此，在帮助山区脱贫的时候，必须将发展教育摆在重要位置，努力提高这些地方人民的文化水平，以求从根本上改变山区的落后面貌。

五、已婚人口增加，婚姻关系稳定，家庭规模缩小

1987年，湖北省人口的婚姻状况发生了新变化。在15岁及以上的人口中，有配偶人口的比例上升到65.8%，比1982年的62.6%升高3.2个百分点。其中男性有配偶的人口占同龄男性的64.2%，比1982年升高3.3个百分点；女性占67.4%，比1982年升高3.1个百分点，二者上升的幅度基本一致。丧偶独居的人口占6.8%，比1982年的7.5%降低0.7个百分点，其中男性丧偶独居的人口占同龄男性的4.7%，比1982年的5.1%下降0.4个百分点；女性丧偶独居的占8.8%，比1982年下降1.2个百分点。离婚独居的人数很少，在15岁及以上人口中所占的比例仅0.49%，与1982年相比下降了0.14个百分点。未婚人口1987年为27%，比1982年降低2.3个百分点，下降速度也是较快的。其原因，一是结婚年龄提前，使低龄组未婚人口比例下降；二是大龄未婚青年中近几年结婚的人较多；三是50岁以上终身不婚的人数减少，其占15岁以上人口的比例由1982年的1.3%降低到了1.1%。以上婚姻结构的变化从一个侧面反映了本省近几年来经济的发展和社会的安宁。

湖北省的家庭规模近几年来趋于缩小。按1987年的人数和户数计算，全省家庭户均4.23人，比1982年的4.53人减少0.3人，其中城镇（不含郊区）为3.63人，比1982年减少0.69人，乡村为4.44人，比1982年减少0.36人。各种规模家庭户所占的比重与1982年比较，2人户由9.8%下降到9.6%，变化不明显；3人户由15.5%上升到19.3%，4人户由19.2%上升到26%，上升幅度都较大。5人以上的家庭户1982年占49.3%，1987年已下降到40.3%，可见家庭户向小型化发展的速度是较快的。再从家庭类型看，1987年二代户已占全部家庭户的63.2%，而单身户、三代户及各种亲属与非亲属混杂的户仅占26.8%，说明湖北省目前以夫妻及子女为核心所组建的小家庭已占主要地位。

（作者工作单位：湖北省统计局）

1987年湖南省人口发展状况分析

毛况生　周光复

1987年，湖南省的人口自然增长率继续回升；小城镇的发展，加速了人口城市化的进程；产业结构和农业劳动力的转移都出现了新的特征。如果结合1987年1%人口抽样调查资料与第三次人口普查资料进行比较分析，湖南省的人口发展，在人口数量、人口素质、人口结构等方面都发生了较大的变化。

一、人口的自然变动

湖南省的人口总量，据省国民经济和社会发展统计公报，1987年末全省总人口为5 794万人，其中少数民族人口占总人口的比重为7.38%（数字系省统计局据1%人口抽样调查统计资料和下半年情况推算），比1986年公布的5 699.5万人增加94.5万人，总人口增长率为1.66%，超过了上年的增长幅度1.37%。主要原因是人口出生率和人口自然增长率继续回升。1987年，全省人口出生率为23.62‰，比1986年的19.9‰，上升了3.72个千分点；人口死亡率为7.07‰，比1986年的6.3‰上升了0.77个千分点。但由于人口出生率上升的幅度更大，使得1987年湖南省的人口自然增长率继续回升，由1986年的13.6‰上升到16.55‰，上升了2.95个千分点。人口增长的势头比1986年来得更猛。这一方面是由于生育高潮的影响；另一方面，也由于控制人口增长的措施不力，育龄妇女生育率回升，早婚早育增多，生育峰值年龄提前。

根据省统计局近几年人口变动情况抽样调查资料，湖南省育龄妇女生育率在1984年降到较低水平后，1985年开始回升。1987年在连续两年回升的基础上，又继续回升，生育率达88.76‰，比1986年高4.92‰，比第三次人口普查登记的1981年的生育率高3.21‰。根据1%人口抽样调查资料推算，1987年全省15～49岁育龄妇女约1 504万人，按上述生育率计算，1987年全省约出生133.5万人。如果育龄妇女生育率维持在1984年的水平，全省可少生37万人，即使维持在1986年的水平，全省也可少生9万多人。育龄妇女生育率提高，出生人口增多，是全省人口自然增长率回升的主要原因。1987年是湖南省近10年来人口增长最多的的一年。

育龄妇女生育率提高，一个主要因素是一胎率下降，多胎率上升。全省1987年出生人口中，一胎占45.54%，比1986年的47.54%下降了2个百分点；多胎则由1986年的18.11%上升到1987年的19.56%，上升了1.45个百分点。这些多胎生育，农村占84.3%，城镇占15.7%。如果全省杜绝多胎生育，1987年可少生26万多人。可见，多胎生育率是湖南省1987年人口出生率上升的又一个重要原因。同时，早婚早育增多，生育峰值年龄提前，又加剧了人口的快速增长。1987年，湖南省育龄妇女的生育峰值年龄为24岁。其中，第一胎生育峰值年龄为21岁，比1981年提前了2岁；二胎生育峰值年龄也比1981年提前了一岁。生育峰值年龄提前是早婚早育的必然结果。早婚早育会缩短人口再生产周期，这又势必造成今后周期性的人口较快增长。如不采取控制人口增长的得力措施，所面临的人口压力将长期难以摆脱。

当然，就较长的历史时期来看，湖南省女性人口的平均初婚年龄是一个上升的趋势，这又是有利于人口控制的因素。据资料，湖南省40年代的妇女初婚年龄是18.7岁，50年代为19.8岁，60年代为20.1岁，70年代达21.5岁，80年代上升到21.6岁，1987年达到21.8岁。这与社会生产力水平的发展，人民物质文化生活水平的提高是相联系的。无疑，这将对湖南省人口的发展带来积极的影响。

二、人口的性别、年龄构成

人口的性别、年龄构成是影响人口再生产的基本因素之一。根据1987年1%人口抽样调查，湖南省总人口的性别比已日趋正常。在总人口中，男性人口占51.5%。女性人口占48.42%。总人口性别比（以女性为100）为106.51，与1982年第三次人口普查时的108.07相比，下降1.56。如果与历史上的人口性别比相比较，情况更是今非昔比。据资料，1935年，湖南省人口性别比高达122.20，1946年上升到124.71。解放后，由于妇女地位的变化，1953年第一次人口普查时，人口性别比为109.59，较1946年下降了15.12；第二和第三次人口普查时，人口性别比分别为108.13和108.07，比第一次人口普查时下降1.46和1.52。1987年比第三次人口普查又有了下降。值得一提的是，1987年湖南省老年人口的性别比有所上升，60岁以上人口性别比为92.37，比第三次人口普查时上升了1.41；70岁以上人口性别比为78.79，比第三次人口普查时上升了3.58。这说明男性人口的寿命正在延长。老年人口性别比的上升，将有利于老年人口问题的解决。同时，婚龄人口性别比也日趋正常。人口的婚配年龄一般在20～29岁之间，如果性别比失调，将会带来社会问题。这个年龄组的性别比已由1982年第三次人口普查时的104.88下降到1987年1%人口抽样调查时的103.96。这是社会安定团结的积极因素。

湖南省的人口年龄构成，已进入成年型；人口再生产类型正朝着稳定型过渡。据1987年

1%人口抽样调查资料，0～14岁少年儿童占总人口的比重，已由1982年第三次人口普查时的33.94%下降为29.01%，65岁以上老年人口比重已由1982年的4.97%上升为5.51%，老少比为19.02%，年龄中位数为22.07岁。按照国际上通用的划分人口年龄构成类型的标准，湖南省上述四个指标均已进入成年型。从人口年龄结构来看，成年型是最佳人口年龄构成类型。这种类型的主要特点是，经济活动人口在总人口中所占的比重高，社会抚养系数较低，最适宜于社会经济的发展。这一特点，在湖南省1987年1%的人口抽样调查资料中已经得到证实。1987年，湖南省的经济活动人口（即劳动适龄人口）占总人口的比重已达58.57%，比1982年的54.38%上升了4.19个百分点。社会总抚养系数已由1982年的83.90%下降到1987年的70.74%，下降了13.16个百分点；少年儿童抚养系数也由1982年的66.76%，下降到1987年的53.43%，下降了13.33个百分点。老年人口抚养系数略有上升，由1982年的17.14%上升到1987年的17.32%，只提高了0.18个百分点，社会总抚养水平是下降的。从现在起，正是湖南省实现经济振兴的黄金时期。

在经济活动人口中，15～29岁年龄段的青年劳动力人口比重大，是人口年龄构成类型由年轻型向成年型转变的必然特征。在社会生产力水平不够发达的情况下，还会带来一系列的人口问题，如升学、就业、技术培训、婚姻、住房、生育等问题，是造成生育高峰的客观因素。据1987年1%人口抽样调查，湖南省15～29岁年龄段的人口占总人口的比重为31%。他们所带来的人口问题应当及早采取措施，加以认真解决。否则，即使在人口再生产类型朝稳定型的发展中，也可能因为人口失控、出现人口再生产类型向增加型逆转的现象。经济活动人口，本来是丰富的劳动力资源，如果利用得不好，就会出现较多的剩余劳动力，造成劳动力资源浪费，反而影响社会经济的发展。这些问题，必须引起充分的注意。据资料，1987年湖南省劳动力资源总数为3 750万人，而从事社会劳动的只有3 059万人，占劳动力资源总数的81.6%，剩余劳动力占18.4%。据调查，农村剩余劳动力约占总劳动力的26.75%。按此比例匡算，全省农村约有632万剩余劳动力。因此，剩余劳动力的出路，是一个必须引起重视的问题。

三、人口的文化构成

在人口的发展状况中，人口素质变化是一个极其重要的问题，它不仅影响到人口数量的变化，而且影响到社会经济的发展水平。

湖南省人口素质的变化，可以集中反映在人口文化水平的提高上。根据1%人口抽样调查资料推算，1987年湖南省大学文化程度的人数为36.4万人，比1982年增加11.8万人，平均每年增加2.36万人，增加了48%。每万人中拥有大学文化程度的（含大学毕业、大学肄业和在校学生）由1982年的45.47人提高为1987年的63.47人；5年间增长了39.5%，平均每年递增6.90%。1987年，湖南省有高中文化程度的人数为359.8万人，比1982年增长1.8%。由于高中适龄人口近5年内变化不大，进入高中的人数增加不匀，而一大批原具有高中文化程度的人经过各种培训，进入大学文化程度的行列，同期总人口却增加了6.2%，使湖南每万人中具有高中文化程度的人数下降4.2%。1987年，湖南省具有初中文化程度的人数为1 173.3万人，比1982年增加了240.8万人，增长了25.8%，平均每年递增4.7%，每万人中拥有人数由1 726.6人增加到2 049人，增长率为18.7%。全省1987年具有小学文化程度的人数与1982年相比，只增加了168.2万人，每万人中拥有人数也仅增加40.3人。其主要原因，一是因为计划生育使得出生人口减少，小学适龄儿童占总人口的比重下降；二是农村实行承包责任制，农民看重眼前经济利益，影响了送子女上学的积极性，特别是少儿辍学人数增加，是值得引起重视和忧虑的问题。据省统计局对部分县市的抽样调查，1987年7～15岁少年儿童辍学人数占同龄人数的15.6%，个别县（如桂阳县）高达27.7%，这势必影响到人口素质的提高。

值得高兴的是，湖南省人口的文盲率下降速度较快。据1%人口抽样调查资料，1987年全省约有文盲、半文盲人口870.3万人，比1982年的961.1万人减少90.91万人。文盲、半文盲人口占总人口的比重由1982年的17.8%下降到1987年的15.26%；文盲率由1982年的23.87%下降到1987年的19.61%，已低于全国20.6%的平均水平。如果将湖南省人口的文化水平与全国比较，其普通高等学校、中等专业学校、普通高中、普通初中、小学各项在校学生人数在全国的位次分别为第10位、9位、3位、6位和5位。

湖南省人口的文化素质虽然有所提高，但与全国相比，差距仍然较大，提高人口素质的任务，仍然是艰巨的。

四、人口的城乡构成和城市化

1987年，湖南省人口发展的一个重要特征，是小城镇发展迅速，加快了人口城市化的步伐。1987年末，全省拥有小城镇585个，比1986年增加4个，增长0.7%，比1978年增长2.6倍。在585个建制镇中，城关镇79个，占13.5%；工矿镇72个，占12.3%；农村中心镇434个，占74.2%，农村中心镇是湖南省小城镇的主体。全省小城镇年末人口1 243.74万人，比1986年增长7.1%，占全省总人口的21.5%（如剔除区域内的农业人口，则占17.87%），其中非农业人口381.90万人，比1986年增长2.4%。平均每镇总人口为2.13万人。全省小城镇拥有土地面积3.23万平方公里，占全省15.3%。小城镇人口的发展，进一步改变了湖南省城乡人口构成，提高了人口城市化水平。1987年，湖南省的市镇人口数为2 475.64万人，占全省总人口的比重为42.73%（如剔除市镇区域内的农业人口，则占27.91%），比1986年的34.75%，高出7.98个百分点。乡村人口比重进一步下降，由1986年的65.25%降到1987年的57.27%，下降了7.98个百分点。这一突出变化，主要是受到湖南省小城镇人口发展的影响。

小城镇的发展，不仅改变着城乡人口的构成，而且改变着城乡劳动力的结构。由于大量乡村劳动力进入城镇，特别是建制镇的增加，使城镇劳动力比重上升，乡村劳动力比重下降。1987年，城镇社会劳动者540万人，占城乡社会劳动者总数的18.6%，比1982年的14%提高4.6个百分点；乡村社会劳动者2 364万人，占81.4%，比1982年的86%下降4.6个百分点。同时，劳动力的产业结构也发生了较大变化。1987年，从事第一产业的劳动者人数为2 011万人，占社会劳动者总数的69.3%，比1982年的77%下降了7.7个百分点；从事第二产业的劳动者人数为532万人，占18.3%，比1982年的13.8%，上升4.5个百分点；从事第三产业的劳动者人数为361万人，占12.4%，比1982年的9.2%上升3.2个百分点。

1987年，湖南省农村劳动力转移出现了一些新的值得注意的现象。据省统计局对37个县111个村的农村劳动力情况调查，农业劳动力向农村内部转移比重上升，向农村外部的转移比重下降。这111个村的农业劳动力在农村内部转向第二三产业的比重，由1986年的84.75%，上升到1987年的86.4%，提高了1.65个百分点；向农村外部转移的劳动力却比1986年下降了1.65个百分点。农业劳动力在农村内部的转移以转向工业、建筑业为主。这111个村转移到工业的劳动力占内部转移劳动力的41.76%，转移到建筑业的占22.29%。这说明乡村企业的兴办，促进了农村工业和建筑业的发展。但由于农村工业基础薄弱，这种转移的速度开始减慢。1987年湖南农业劳动力向农村内部第二三产业转移和向外部转移的劳动力占农村劳动力总数的3.22%，比1986年下降0.78个百分点。其中，农村内部由农业转向第二三产业的劳动力占农村劳动力的比重，由1986年的3.37%下降为1987年的2.78%；向农村外部转移的劳动力占农村劳动力的比重，由1986年的0.16%下降为1987年的0.49%。同时，农村内部由农业转移到第二三产业的劳动力已有部分倒流回农业。这与乡村企业亏损、资金缺乏和劳动力技术落后，在社会经济竞争中处于不利地位有关。据省统计局对37个县111个村的抽样调查，1987年农村内部由农业转移到第二三产业的劳动力有2.4%又倒流回了农业。因此，人口城市化的发展道路和方针，仍然是一个值得深入研究的课题。在中国和湖南这样一个以农业人口为主体的国家和省份，在这方面的探讨，更有其重大的意义。

（作者工作单位：中共湖南省委党校）

1987年广东省人口发展状况分析

彭发强

广东是我国华南沿海的一个大省，毗邻港澳，是最早试办经济特区、实行对外开放的省份，经济发展较快。1987年广东省行政区划包括1个行政区，1个自治州，3个地区，10个地级市，8个县级市，89个县，3个民族自治县，27个市辖区，5个办事处。全省土地面积21.2万平方公里，1987年末，总人口为6 447万人。其中男性3 321万人，女性3 126万人，人口密度为每平方公里304人。划出海南后，广东的土地面积为17.8万平方公里，1987年末总人口为5 832万人，其中男性3 003万人，女性2 829万人，人口密度为每平方公里328人。广东是我国人口较多的省份之一，1987年末总人口（含海南）占全国总人口6.01%，人口数在全国29个省、市、自治区中居第4位，人口密度居第10位。划出海南行政区后，1987年末总人口占全国总人口5.44%，人口数在全国30个省、市、自治区中退居第5位，人口密度则上升为第9位。

一、总人口的变化状况

解放以来，广东省人口发展较快，近10年来，人口发展速度已显著减缓。1987年末与1977年末比较，全省总人口增加945万人，平均每年递增1.6%。这是1949年以来广东省人口增长速度最低的时期。近10年的年均人口递增率，不仅低于前两个10年，更低于解放初期8年的平均递增速度。这是推行计划生育工作取得显著成效的结果（见表1）。

表1　1949～1987年广东省人口变动

年　份	间隔年数	平均年增加人数（万人）		年平均递增率%	
		含海南	不含海南	含海南	不含海南
1949～1957	8	74.08	64.89	2.3	2.2
1957～1967	10	86.34	76.91	2.2	2.1
1967～1977	10	104.59	91.47	2.1	2.1
1977～1987	10	94.53	84.66	1.6	1.6

从近几年看，总人口的增长率继续下降。1982～1987年末，总人口增加460万人，年均增加92万人，年均递增率1.52%，比前5年又有所下降。但1987年末总人口比上年增加101万人，增长1.59%。增加的人口数量与增长率是5年来最高的。特别是总人口增加数突破100万人，接近1967～1977年“文革”期间的年平均增长量。广东省人口基数已比较大，如果人口增长率保持1.5%的水平，每年人口增长量（含海南）100万人以上，到本世纪末，总人口将超过7 700人，这就大大突破本世纪末广东省人口控制

在7 000万的目标。问题是严峻的。

二、人口出生率和自然增长率

据73个县、市（区），668个调查点，11.8万人的抽样调查结果推算，全省1987年出生人口为141.88万人，出生率为22.18‰，比1986年的22.25‰下降0.07个千分点；死亡人口为36.72万人，死亡率为5.74‰，比1986年的5.78‰下降0.04个千分点；人口自然增长率为16.44‰，比1986年的16.47‰下降0.03个千分点。1987年不含海南的人口出生率为22.12‰，死亡率为5.70‰，人口自然增长率为16.42‰。

由于1962年开始的第二次人口生育高峰期出生的人口，从1983年起陆继进入婚育年龄，广东省和全国一样，开始逐渐进入一个新的人口生育高峰期。每年新进入育龄（15周岁以上）的妇女人数有70万人，减去退出育龄（50周岁）及死亡的，每年净增40万人左右。全省育龄妇女占总人口的比重持续上升。据1987年1%人口抽样调查资料推算，1983年15～49岁育龄妇女年平均为1 465万人，占当年平均总人口的24.3%；1987年增加到1 603万人，占当年平均总人口25.1%。育龄妇女人群增大，给控制人口增长带来了很大的压力。但由于1987年广东省各级党政领导、计划生育工作者和人民群众在计划生育工作方面作出了很大的努力，出现了人口自然增长率略有下降的好局面。但是，1987年广东省人口出生率和自然增长率仍然分别处于22‰以上和16‰以上的高水平。主要原因是多胎率仍然很高，并出现了二胎率上升的新情况。多胎及抢生二胎是人口出生率降不下来的重要因素。1987年二胎及以上生育占61.1%，是近几年最高的。据近几年人口变动情况抽样调查资料，生育胎次比例如表2所示。

表2　1983～1987年广东省妇女生育胎次比较

年份	一胎率(%)	二胎率(%)	多胎率（三胎及以上）(%)
1983	39.25	27.07	33.68
1984	47.10	28.19	24.71
1985	43.26	36.44	20.30
1986	39.72	31.00	29.28
1987	38.85	33.86	27.29

早婚早育是造成人口出生率高的又一原因。年龄别生育率分析可以说明这一点，1987年15～19岁和20～24岁组妇女生育率分别为13.9‰和175.3‰，比上年分别上升59.8%和8.6%。所以，尽管25岁以后几个年龄组妇女生育率比上年略有下降，但1987年总和生育率仍高达2.65，与1986年的2.66基本持平（见表3）。

三、人口的年龄构成和老化状况

随着社会经济的迅速发展，人民的生活与健康水平不断提高，人口预期寿命延长，老年人口增多。据1987年1%人口抽样调查资料推算，全省60岁以上老人有577万人，比1982年人口普查时的481万人增长20.0%，其中80岁及以上高龄长寿者达59.7万人，比1982年的41.4万人增加18.3万人，增长44.2%。1982年人口普查时已达110岁的老寿星孔美（女，广东省怀集县怀域镇苍龙村人）至今仍健在，已达116岁高寿。在老年人口增多的同时，由于近几年人口自然增长率持续下降，使人口的年龄构成发生了新的变化：少年儿童人口比重下降，青壮年人口比重上升，老年人口比重升幅更大（见表4）。

随着人口年龄结构的变化，劳动力资源更加丰富了。1987年全省（含海南）劳动年龄人口（男16～59岁，女16～54岁）已达3 539万人，比1982年增加333.5万人，占总人口比重由1982年的54.06%上升到55.35%。劳动人口负担系数从1982年的64.86%下降为60.03%，其中少年儿童负担系数1982年为55.90%，1987年下降为50.39%；老年人负担系数1982年为

表3　　　1986年和1987年年龄别生育率比较

年龄组	生育率（‰）		1987年比1986年	
	1986年	1987年	（+）（−）	（+）（−）
15～19	8.7	13.9	5.2	59.8
20～24	161.4	175.3	13.9	8.6
25～29	212.5	206.9	−5.6	−2.6
30～34	95.3	92.9	−2.4	−2.5
35～39	35.5	29.1	−6.4	−18.0
40～44	15.5	9.3	−6.2	−40
45～49	3.4	1.7	−1.7	−50
总和生育率	2.66	2.65	−0.01	−0.36

表4　　　1982年和1987年广东省人口年龄结构比较

年龄组	1982年（人口普查数）		1987年（1%人口抽样调查推算）	
	含海南	不含海南	含海南	不含海南
总人口（万人）	5 930	5 363	6 393	5 783
0～14岁儿童人口（万人）	2 011	1 803	2 013	1 807
占总人口%	33.91	33.62	31.49	31.24
15～59岁青壮年人口（万人）	3 438	3 122	3 803	3 451
占总人口%	57.98	58.21	59.48	59.68
60岁及以上老年人口（万人）	481	438	577	525
占总人口%	8.11	8.17	9.03	9.08

8.96%，1987年上升为9.64%。这说明社会抚养的重心正在由少年儿童逐渐向老年人口方面缓慢地移动。

人口老化速度加快。广东省1987年60岁以上人口占总人口的比重已达9.03%，已较接近“老年型”人口。省内一部分经济发展较快的地区（佛山、江门等市及所辖县），60岁及以上人口已达10%，已率先步入“老年型”人口行列。按广东省的人口预测资料，全省老年人口占总人口的比重将持续升高，预计于1994年超过10%，开始步入“老年型”人口阶段，人口老化的进程是比较快的。因此，必须及早注意研究解决老年人口的社会保险、福利、救济、优抚、医疗卫生等等有关方面的社会保障问题，以减少人口老化过程对经济、社会的发展和人口再生产过程的不利影响。

四、人口的文化构成

随着教育事业的迅速发展，人口的文化素质有了明显的提高。据1987年1%人口抽样调查推算，广东省具有小学以上文化程度的有4 344万人，比1982年（人口普查数，下同）的3 909万人增长11.13%，占总人口的比重从1982年的65.92%上升到67.96%；12岁及以上的文盲及半文盲人口从1982年的999万人减少到956万人，占总人口的比重从1982年的16.84%下降到14.96%。1987年全省大学（含大学肄业及在校，下同）文化程度人口达44万人（据1%人口抽样调查和教育部门大学在校学生统计数推算），比1982年的28.4万人增加54.9%。在每十万人口中，具有大学文化程度的有688人，比1982年的478人增加43.9%。这是重视智力投资、加快发展教育事业取得的成果。广东省现有大专院校48所，比1982年的33所增加15所，新增的大专院校中，包括经济特区深圳大学、开放城市广州大学和华侨捐资举办的汕头大学、嘉应大学等。大专院校学生在校学生从1982年的4.4万人增加到1987年的9.28万人，增加一倍多。比“文革”前1965年的2.88万人和解放初期1952年的1.02万人分别增长二倍多和八倍多。与此同时，函授大学、业余大学、夜大学等各种形式的高等教育事业也有较快的发展。1987年每十万人口中，具有中学文化程度的有26 985人，比1982年的24 816人增长8.74%，这是普及中学教育特别是初中教育取得的成绩。每10万人口中，具有小学文化程度的人口比1982年略有减少，主要是受人口年龄结构变化因素的影响。

五、人口的迁移流动状况

随着社会经济的迅速发展，人口的迁移流动情况发生了相应的变化。人口迁移量增加，1978年以前，全省人口迁移量在70万人左右（仅按公安部门办理迁移手续的迁入人口计算，不包括未办理迁移手续的流动人口，下同），1979年开始逐年增加，1987年迁移人口为107万人。在迁移人口中主要是省内迁移，省外迁移量较少，仅占全部迁移人口的10%左右。省外迁移人口中，以往受港澳、海外的影响，不少年份迁出人口多于迁入人口。但从1983年开始，外省迁入人数均大于迁往外省人数。从1983年至1987年外省迁入广东省的人口共达54万人，扣除迁往外省人口，净迁入接近10万人。平均每年省外净迁入2万人。据1987年1%人口抽样调查资料，由外省迁入广东省的人口来自全国各地，但以广西、湖南、四川、江西四省为多。上述四省迁入人数占外省迁入总数的67.7%。其中尤以相毗邻的广西、湖南两省迁入的人口最多，分别占37%和15.7%。从迁移原因看，在全部迁移人口中，1982～1983年由于婚姻迁移的人口占28.8%，居首位；其次是随迁家属和工作调动；因务工经商迁移的人只居第5位，占8.9%。1986～1987年务工经商迁移的比重上升到29.6%，跃居首位。

在迁移人口中，以青年人居多，15～29岁的占55%，其中，20～24岁青年占26.7%。

六、婚姻、家庭状况

婚姻关系稳定。据1987年进行的深入的生育力抽样调查资料，被调查的15～49岁的育龄妇女10 864人，其中已婚妇女7 326人，占63.5%。在这些已婚妇女中，调查时有配偶的占98.3%；离婚及分居（由于婚姻破裂而分居）占0.2%；丧偶的占1.5%。表明婚姻关系相当稳定。

夫妻年龄差缩小。据1987年1%人口抽样调查的8万多对夫妇的有关数据，广东省夫妇婚配年龄差平均3.47岁。即丈夫平均比妻子大3.47岁。按过去的传统习惯，丈夫年龄一般大于妻子几岁，随着社会经济条件的变化，人们的婚姻观念正在改变，夫妇年龄差逐步缩小。1987年7月1日调查时，丈夫年龄60岁以上（年龄约在40年前后）的，夫妇年龄差平均为4.92岁；调查时丈夫20～24岁（近几年结婚）的，夫妇年龄差平均只有1.26岁（见表5）。

在有配偶的人口中，丈夫年龄大于妻子的占79.6%，小于妻子只占的只占10.6%，夫妻年龄相同的占9.8%。调查时丈夫年龄在35岁以下的，即近10年前后结婚的人，丈夫年龄小于妻子和夫妻年龄相同的比例都比较大。这个比例随着年龄下移而上升。这是由于经济发

表5　**分年龄组已婚夫妇年龄差**

丈夫年龄	总计	20—24岁	25—29岁	30—34岁	35—39岁	40—44岁	45—49岁	50—54岁	55—59岁	60岁以上
夫妇年龄差（岁）	3.47	1.26	1.82	2.07	3.12	4.01	4.21	3.87	3.95	4.92

资料来源：1%人口抽样调查。

展，妇女社会地位提高，文化教育事业进步，一般是自由恋爱结婚，加上《婚姻法》规定的最低初婚年龄，男女相差2岁等原因，促使夫妻年龄逐渐趋向接近或相等（见表6）。

表6　**分年龄组已婚夫妇年龄差异比较**

丈夫年龄	丈夫年龄＞妻子年龄	丈夫年龄＝妻子年龄	丈夫年龄＜妻子年龄
总　计	79.6	9.8	10.6
20～24岁	45.0	24.0	31.0
25～29岁	65.8	15.8	18.4
30～34岁	72.7	13.7	13.6
35～39岁	80.1	10.5	9.4
40～44岁	85.4	7.7	6.9
45～49岁	84.3	7.5	8.2
50～54岁	82.0	8.2	9.8
55～59岁	83.4	7.3	9.3
60岁以上	86.8	5.7	7.5

资料来源：1%人口抽样调查。

家庭户规模略有缩小。据1987年1%人口抽样调查资料推算，广东省家庭户均人口为4.76人，比1982年户均4.8人减少0.13人。其原则一方面是经济发展，居住条件改善，社会家庭观念有所变化，以夫妻和一、二个子女组成的“核心家庭”比例增多；另一方面是控制人口增长取得成效，导致家庭户规模缩小。

七、市镇人口变化状况

据1987年1%人口抽样调查推算，市镇人口为1723.5万人，比1982年增加619.2万人，增长56.07%，平均年递增9.3%。大大超过了1949～1982年间年均递增3.1%的速度。市镇人口占总人口的比重从1982年的18.62%上升到26.96%。大批农村剩余劳动力进入市镇务工经商，加速了人口市镇化的过程。市镇人口比重上升，也包括行政区划变化的因素。如近年新设中山、东莞、潮州、梅县、三亚5个县级市（前两个市后升为地级市，但大都是县改市）。过去广东县以下保留区一级建制，1987年全部撤销区建制后，大部分建为镇。市镇行政区划变化很大。但在1987年1%人口抽样调查中，广东省针对上述特殊情况，对市镇人口划分规定了比较科学和切合实际的含义，避免了市镇人口统计失实。例如对新设的几个市，其城市人口只包括市政府所在地（大体相当原来县城镇）范围，不包括其所辖的乡、镇人口。撤区建镇的只包括镇政府所在地人口，不包括其所辖村人口。这就大大减少了行政区划变化对市镇人口的影响，比较真实地反映了人口城市的水平。

市镇人口中，市人口为844.5万人，比1982年增加132.7万人，增长18.64%，平均年递增3.48%；镇人口为879万人，比1982年增加486.5万人，增加一倍多，平均年递增17.5%，镇人口增长速度大大超过市。这是由于联结城乡纽带的小城镇经济发展较快，加上实行允许农民自理口粮到小城镇落户务工经商等政策，从而促使小城镇不断扩大，新的集镇大批出现，导致镇人口的迅猛增长。

（作者工作单位：广东省统计局）

1987年广西壮族自治区人口发展状况分析

曾　敏

1987年，随着城乡经济体制改革的加快和深化，广西人口发展又出现了新的情况和变化。

一、人口总量的变化

广西人口随着经济的发展而迅速增加。1987年末，全区总人口已达4 016.4万人，比1986年末增加70.52万人，增长1.78%。增长数量比1986年净增人口72.93万人少2.41万人，增长速度比1986年的1.88%下降了0.1个百分点。但仍高于全国增长1.41%的平均水平。

广西的土地面积占全国总面积的2.46%，人口占全国总人口的3.72%，人口密度比全国平均水平高。1987年末，平均每平方公里170人，比全国平均每平方公里113人多57人。广西人口的地区分布差异较大，基本特点是由桂东南向桂西北逐渐减少。桂东南又主要是郁江、浔江和南流江平原一带经济比较发达的地区，人口最为稠密，面积仅占全区的17%，而人口却占全区总人口的37%。人口最多的玉林地区，平均每平方公里达300多人。桂西北地广人稀，人口稀少的百色地区，平均每平方公里只有90多人。

二、人口的自然变动

根据人口变动情况定点调查，1987年广西人口出生率为24.42‰，死亡率为7.36‰，自然增长率为17.06‰，与1986年相比，出生率和自然增长率分别下降了2.68和3.34个千分点。死亡率却在1986年上升的基础上继续上升了0.68个千分点。

在育龄妇女人群增大，生育旺盛期的育龄妇女比重上升的情况下，出生率和自然增长率有所下降，说明计划生育工作又取得了新的成效。死亡率上升是老年人口增加的必然结果。广西65岁以上的老年人口由1982年的186万人增加到1987年的232万人，增加了46万人，增长24.73%，占总人口的比重由1982年的5.11%上升为5.82%，上升了0.71个百分点。随着老年人口的增加，死亡人口的年龄结构也发生了明显的变化。65岁以上的死亡人口占当年死亡人口的比重由1981年的40.34%上升为1987年的43.74%，上升了3.4个百分点。由此可见，老年人口的增加是促使总人口死亡率上升的一个主要原因。

三、人口构成的变化

（一）人口性别构成。1987年末总人口中，男性人口为2 082万人，占51.84%，女性人口为1 934万人，占48.16%，性别比为107.65。与1986年相比，男性人口增加38万人，增长1.86%，女性人口增加32万人，增长1.68%，男性人口增长速度快于女性人口。

总人口性别比略有上升，原因是受婴幼儿性别比偏高的影响。1%人口抽样调查资料表明，1987年上半年出生的婴儿性别比为118.08，比1981年多7.39。0～4岁组的婴幼儿性别比也由1982年的108.75上升为1987年的116.2。

（二）人口的年龄构成。根据1%人口抽样调查，0～14岁的少年儿童人口占总人口的34.44%；15～64岁的人口占59.74%；65岁以上的老年人口占5.82%。同第三次人口普查时相比，少年儿童人口的比重下降了3.03个百分点，成年人口和老年人口的比重分别上升2.36和0.71个百分点。全区人口年龄中位数为21.8岁，比1981年的20岁增加了1.8岁。几年来，特殊年龄组人口也发生了较大的变化。学龄前儿童（0～6岁）由1981年的16.88%下降到1987年的16.32%，下降了0.56个百分点；小学适龄人口(7～11岁)由12.8%下降到10.97%，降低了1.83个百分点；中学适龄人口（12～17岁）由15.24%下降到14.14%，降低了1.1个百分点；劳动适龄人口由51.11%上升到53.11%，提高了2个百分点。15～49岁的育龄妇女占总人口的比重由22.87%上升为23.81%，上升了0.94个百分点，增长了13.81%。其中20～29岁生育旺盛期的妇女在育龄妇女中的比重由1982年的31.5%上升为1987年的34.92%，上升了3.42个百分点。

劳动适龄人口增多，说明广西劳动力资源丰富。利用得好，将促进经济的发展；利用得不好，将会给劳动就业带来很大的压力。

育龄妇女人群增大，比重上升，增加了计划生育工作的难度，必须有足够的认识，切实把控制人口工作抓紧抓好。

少年儿童人口比重下降，老年人口比重上升，说明广西人口正由年轻型向成年型过渡。

（三）人口的文化程度构成。据1%人口抽样调查数据，具有高等文化程度的1 717人，具有中等文化程度的89 879人，具有初等文化程度的167 449人。同1982年人口普查相比，每万人中拥有的各种文化程度人数都有不同程度的增加。具有高等文化程度的由36人增加到43人，增长19.44%；具有中等文化程度的由2 226人增加到2 257人，增长了2.2%；具有初等文化程度的由3 882人增加到4 205人，增长8.32%。

在1%抽样调查的人口中，12岁及以上的文盲、半文盲人口为64 194人，占总人口的比重由1982年第三次人口普查的17.22%下降为16.12%。这些情况说明，随着教育事业的发展，人口的文化素质又有了提高。

（四）人口的城乡构成。1987年末，农村人口为2 487.2万人，占总人口的61.93%；市镇人口为1 529.2万人，占38.07%。其中市人口562.39万人，占市镇人口的36.78%。与1986年相比，市镇人口增加22.65万人，增长1.5%，低于全区人口的平均增长速度。

（五）人口的民族构成。广西是个多民族聚居的地区，除汉族以外，在广西居住、落户和工作的尚有壮、瑶、苗、仫佬、毛南、侗、京、回、水、彝、仡佬等39个少数民族。其中仫佬、毛南和京族是广西特有的少数民族。在1987年末的总人口中，汉族人口为2 444.3万人，占60.86%；各少数民族人口为1 572.1万人，占39.14%，其中人口在1万人以上的少数民族共8个，其中壮族1 360.49万人，占少数民族人口的85.54%；瑶族120.53万人，占7.67%；苗族38.61万人，占2.46%；侗族26.52万人，占1.69%；仫佬族13.34万人，占0.85%；毛南族6.45万人，占0.41%；回族2.4万人，占0.15%；京族1.18万人，占0.08%。

少数民族人口分布较广，主要聚居在桂西和桂北的山区，以左、右江和红水河一带较为集中，少数散居在桂东南的山区。

1987年汉族人口比上年增加41.39万人，增长1.72%，低于全区平均水平；少数民族人口增加29.13万人，增长1.89%，快于汉族和全区人口的平均增长速度。

四、人口的迁移变动

1987年广西人口迁移总数只占当年全区人口总数的极少部分，区（省）际迁移数量更少，对全区人口和经济的发展影响不大。但从区内某一地区来看，人口迁移对该地区的人口数量、人口构成、人口增长速度以及社会经济发展状况都有一定的影响。

据统计，1987年广西迁移人口总量是105.6万人，总迁移率为2.6%。其中迁入人口为59.33万人，迁出人口为46.27万人，净迁移率是0.33%。区（省）际间的迁移为8.64万人，迁出区外的为4.87万人，由外省（区）迁入的为3.76万人，区际间的总迁移率为0.22%，迁往外省的人口比外省迁入的多。

人口迁移的数量和分布在区内各地、市之间又有很大的差异。总迁移率最高的是南宁市（含市辖县,下同）,为8.2%；最低的是梧州市、桂林地区和梧州地区，均为1.8%。净迁移率最高的是柳州市（含市辖县），为1.4%；其次是南宁市，为1.2%；最少的是河池、南宁两地区，分别是0.02%和0.03%。

迁移人口的流向资料表明，迁入区内市、镇、县的人口比重分别是21.3%、53.7%、24.9%。迁入镇的人口比迁入市和县的人口之和还要多。同时市、镇、县迁出的人口分别是8.46%、20.01%、71.53%。这些数字充分说明，迁移人口的流向主要是从农村向市镇迁移，并且迁入镇的人口比迁入市的人口多得多。这一方面是由于农村实行生产责任制以后，出现了大量剩余劳动力；另一方面是因为乡镇工业蓬勃发展需要大量劳动力，镇成为容纳农村剩余劳动力的重要场所，使相当数量难以进入城市的人口进入镇务工经商。

从迁移的原因来说，最多的还是婚姻迁移。在迁入的人口中，婚姻迁入占43.2%，而婚姻迁入又以女性为多，占婚姻迁入的93.5%，说明广西仍然以男娶女嫁的婚姻方式为主。

五、婚姻与家庭状况

（一）婚姻状况根据1%人口抽样调查，广西人口的婚姻状况如表1。从表1可以看出，到1987年7月1日零时止，有配偶人口比重最大，占62.28%；其次是未婚人口，占29.90%，丧偶和离婚只占7.24%和0.58%。

表1　　1987年广西人口婚姻状况

人数及比重	15岁及以上人口数			未婚			有配偶			丧偶			离婚		
	合计	男	女	小计	男	女	小计	男	女	小计	男	女	小计	男	女
人数(万人)	2 610.98	1 335.07	1 275.91	780.76	468.02	312.74	1 626.06	795.47	830.59	189.04	58.98	130.06	15.12	12.60	2.52
%	100	51.13	48.87	29.90	17.93	11.98	62.28	30.47	31.81	7.24	2.26	4.98	0.58	0.48	0.1

在未婚人口中，男性多于女性，男性是女性的1.5倍。随着年龄的增长，性别悬殊就更大。表明将有相当一部分男人终身找不到伴侣。

在已婚人口中，男性未满22岁结婚的占已婚人口的37.29%，女性在19岁及以下结婚的占女性已婚人口的35.78%。1982年第三次人口普查时，女性15～19岁组的已婚人数占同龄人口的4.19%,男性15～21岁的已婚人数占同龄人口的3.36%。1987年1%人口抽样调查时，女性15～19岁组的已婚人口占同龄女性人口的4.84%比1982年上升了0.65个百分点，增长15.11%。男性15～21岁的已婚人数占同龄男性人口的6.69%,比1982年上升3.33个百分点，增长1.34倍。可见，广西不仅早婚现象普遍，而且逐年增多。

在丧偶的人口中，60.08%是65岁以上的老人。在这些丧偶的老人中，女性比男性多一倍。一方面是因为男性在丧偶之后，再婚受社会阻力较小，所以再婚者比女性多；另一方面是因为女性人口平均寿命比男性长，造成老年人口性别比很低，一部分老年女性再婚已成为不可能。因此，做好老年人口生活安排，尤其是孤寡老人生活的安排已是当务之急。

1%人口抽样调查和第三次人口普查都没有提供离婚者再婚的资料，但两个时点上的离婚人口数量少，比重也很低，说明广西人口的婚姻状况是非常稳定的。

（二）家庭规模和家庭结构的变化。广西的家庭规模和家庭结构随着社会经济的发展和育龄妇女生育水平等因素的变化而变化。其特点是：

1．家庭趋向小型化，但规模仍然比较大。据统计，1987年末，平均每个家庭户为4.97人，与1982年平均每户5.14人相比，减少0.17人；与1986年相比，每户又减少0.07人。但与全国相比，广西的家庭规模仍然是比较大的，1982年全国平均每户4.4人，广西比全国多0.74人，1987年全国平均每户4.2人，广西比全国多0.77人。

2．中等家庭比重上升，小家庭和大家庭比重下降。1987年和1982年相比，广西不同家庭规模的比重又发生了明显的变化（见表2）。

表2　　　　广西人口家庭户规模

年　份	合　计	一人户	二人户	三人户	四人户	五人户	六人户	七人户	八人以上户
1982年	100	6.63	7.79	11.03	14.61	16.73	15.49	12.32	15.39
1987年	100	5.22	6.38	11.22	17.26	20.02	15.58	11.12	13.20

从表2看出，广西的家庭规模以3～6人户为主，共占64.08%，比1982年上升了6.22百分点。其中比重最大的是5人户，占20.02%，比1982年上升了3.29个百分点；其次是4人户，占17.26%，比1982年上升了2.65个百分点；7～8人户占24.32%，1～2人户占11.60%，分别比1982年下降3.36和2.82个百分点。说明广西是以中等家庭结构占主要地位。这种变化，除了受妇女生育水平的影响外，还有现实的经济原因。随着城乡经济体制改革的加快和深化，家庭的职能也发生了变化，家庭不仅是一个生活和消费单位，而且也是一个经营和生产单位。家庭成员太少，不利于生产和经营上的分工和合作，不利于发展多种经营，影响家庭经济收入和生活水平的提高。但家庭成员太多，又会产生相互依赖的思想，不利于充分调动每个家庭成员的积极性，这就是小家庭和大家庭比重减少，中等家庭比重上升的主要原因。

3．直系家庭增加，但仍以核心家庭为主。家庭结构是指家庭成员的世代构成。根据1%人口抽样调查资料，广西的核心家庭（包括不完全家庭）比重最大，占家庭总户数的58.74%；其次是直系家庭（指由夫妻、父母、子女以及孙子女等直系亲属组成的家庭）占25.82%；复合家庭（指由两代或两代以上的已婚夫妇、子女及亲属所组成的家庭）占7.2%；一代户和单身户分别占3.02%和5.21%。与1982年相比，除了直系家庭比重上升幅度较大外（上升3.69个百分点）其余变化不大，仍以核心家庭为主。

综上所述，1987年广西总人口增长速度、出生率和自然增长率均有所下降，但人口增长仍快于全国平均增长速度；出生率和自然增长率也仍然保持在较高的水平上。原因固然很多，但最主要的是受多胎生育的影响。根据近年人口变动情况抽样调查，几年来广西的多胎率一直高达40%左右。因此，控制广西人口过快增长的关键在于杜绝多胎生育。

（作者工作单位：广西壮族自治区统计局）

1987年四川省人口发展状况分析

古正常　喻永平

1987年全国进行了1%人口抽样调查，四川省调查了1/3的县约65万人，取得了丰富的人口资料。根据这些资料进行总体推算，并与1982年人口普查结果进行比较分析，可以全面反映四川省1987年的人口发展状况。

一、人口总量仍居全国各省（市、区）之冠，但发展速度慢于全国

1987年7月1日四川省总人口为10 400.3万人，同1982年7月1日的9 971.3万人相比，5年累计净增人口429万人，平均每年增加85.8万人，增长了4.3%，年平均增长率为0.85%。全省总人口仍然为全国各省（市、区）之冠。但这5年全国人口增长6.36%，四川省比全国低2.06个百分点，表明四川省人口发展速度低于全国平均水平。四川省人口占全国人口的比重（全国人口未计入台、港、澳地区）由1982年的9.89%下降为1987年的9.7%。在总人口中，少数民族人口发展很快。1987年7月1日全省少数民族人口约450万人，比1982年的366万人增加了84万人，增长23%，大大高于全省总人口5年间增长4.3%的水平。少数民族人口占全省人口的比重由1982年的3.67%上升到1987年的4.26%。少数民族人口发展快的原因，主要是未认真实行计划生育，育龄妇女生育率很高，多胎生育占1/3以上。全省人口密度由1982年的平均每平方公里176人上升到1987年的184人，每平方公里增加8人，比全国1987年的每平方公里112人高出72人。在调查的65万人中，居住在市（不含市辖县）、镇的占25%，比1982年普查时上升了10.63%。其原因，一方面是商品经济的蓬勃发展，大量农村人口向市、镇转移；另一方面是行政建制的变化。据省民政厅统计，全省镇的个数由1982年的309个增加到1987年的784个，5年增长一倍半。镇人口占全部人口的比重由1982年的4.36%上升到1987年的15.14%，5年间上升了10.78个百分点。

二、人口再生产速度起伏很大，是60年代生育模式的周期反映（见表1）

表1　　四川省1981～1987年人口自然变动　　（‰）

年　份	1981	1982	1983	1984	1985	1986	1987
出生率	17.96	15.84	13.13	10.83	15.38	20.52	17.86
死亡率	7.02	6.88	7.08	7.13	7.21	6.87	6.99
自然增长率	10.93	8.96	6.15	3.70	8.18	13.65	10.87

近几年四川省人口出生率经过了高→低→高的转变过程，出生率的最大值与最小值中间只隔了1个年头，差值达9.69个千分点；死亡率在7‰左右摆动；，人口自然增长率随出生率的变化而变化，1986年比1984年高9.95个千分点，1987年接近1981年的水平。人口再生产速度出现这种大起大落的现象，不能单纯从计划生育工作中去找原因，人口发展有它自身的规律性。四川省1982年到1984年，人口自然增长率下降很快，一个很重要的原因，是1959～1961年3年困难时期出生低谷所致，平均出生率只有13‰，出生的女婴约为130万，每年才40多万人。1985年、1986年人口出生率又骤然上升，是1963年、1964年高出生率的周期反映，1963年全

省人口出生率高达50.11‰，1964年为46.94‰，是解放后最高水平（见表2）。从两个时期出生率的对比中看出，高出生年份后相对应年份的出生率就高，低出生率年份后相对应年份的出生率就低。1958年与1981年对应，出生率相差6.07个千分点，1964年与1987年对应，出生率相差29.08个千分点，后者缩小的差距是前者的4.8倍，这就是计划生育工作所产生的效果。

表2　　1958～1987年四川省人口出生率变化状况

年　份	1958	1959	1960	1961	1962	1963	1964	年　份	1981	1982	1983	1984	1985	1986	1987
出生率(‰)	24.03	16.74	11.73	11.81	28.01	50.11	46.94	出生率(‰)	17.96	15.84	13.13	10.84	15.38	20.52	17.86

据1%人口抽样调查，四川省在今后10年中人口发展速度不会减慢，其表现一是育龄妇女群体庞大。1987年7月1日全省育龄妇女为2 854万人，占总人口的27.45%，比1982年的24.03%上升3.42%。特别值得重视的是，这个庞大的育龄妇女群体要保持到1996年左右，平均每年进入法定婚龄的妇女在130万人以上，而且24岁以前的育龄妇女占总人口比重，1987年比1982年上升3.79%，表明处于生育峰值年龄的育龄妇女增多。二是结婚年龄提前。1981年平均初婚年龄为22.29岁，1987年降为21.08岁，从而使妇女生育的峰值年龄由1981年的25岁提前到1987年的22岁。三是未到法定婚龄结婚生育现象突出。全省1982～1986年的初婚人口中，有25.94%属于未到法定婚龄结婚，其中男性占25.17%，女性占26.16%。早婚人口又主要表现在农村。分市、镇、县的早婚率分别为8.32%、19.88%和30.17%，县人口早婚率比市高21.85%。以上表明当前控制人口数量的工作非常艰巨。

三、人口年龄构成已进入成年型，少年儿童减少，老年人口增加（见表3）

表3　　四川省人口年龄结构变化状况

项　　目	年龄结构		国际成年型
	1982年	1987年	标　准
0～14岁人口占总人口比重（%）	34.38	26.53	30～40
65岁以上人口占总人口比重（%）	4.68	5.40	5～10
65岁以上人口与14岁以下人口比例（%）	13.60	20.37	15～30
年龄中位数（岁）	22.42	23.01	20～30

由表3可见四川省人口年龄构成进入了成年型，劳动年龄人口增加。1987年全省15～64岁的劳动年龄人口为7 075.5万人，比1982年增加1 000万，劳动年龄人口占总人口的比重由60.9%上升为68.0%，劳动力资源非常充足。

0～14岁的少年儿童总数大大减少。1987年7月1日全省少年儿童总数为2 758.8万人，比1982年的3 428.5万人减少669.7万人，减少19.54%。少年儿童占总人口的比重由1982年的34.38%降为1987年的26.53%，下降7.85个百分点。0～14岁少年儿童的性别比为105.6，属于正常范围，0岁组的性别比为108.75，也基本正常。少年儿童健康状况良好，但后天致残情况比较突出。1987年残疾人抽样调查表明，健康儿童的比重达到96.54%，残疾儿童占3.46%，并且多是6～14岁的少年儿童，约占残疾儿童总数的85%。这些残疾儿童有76%是后天致残，如肢体、听力、语言残疾中，有56.78%的人是由于疾病、受伤未及时医治或医治不当造成的。

65岁以上老龄人口增加。1987年7月1日全省65岁以上的老龄人口约有566万人，比1982年的466万人，增加21.5%，老龄人口占总人口的比例为5.4%。但是由于70年代以来，人口出生率大幅度下降，加之人民生活水平提高、平均寿命延长，到本世纪末四川省人口将进入老化行列。根据全省未来50年人口发展预测，本世纪末65岁以上老龄人口将达到7%，2030年年上升为15.4%。

四川省人口的负担系数由1982年的64%下降到1987年的47%，其中少年儿童负担系数由56%下降到39%，老年人口负担系数保持在8%，总负担系数下降17个百分点，主要是少年儿童负担系数下降所致。

四、人口文化程度有较大提高，但文盲、半文盲比重仍然很大

随着经济的发展，教育经费的增加，以及政府和社会大力提倡教育，近年来四川省人口文化程度有较大提高。1987年7月1日全省共有小学以上文化程度的人口7 075万人，比1982年的6 115.2万人，增加899.8万人，增长了14.7%，占总人口比重由1982年的61.3%上升到1987年的67.4%，上升6.1个百分点。其中大学文化程度(包括大学毕业、大学肄业和在校)53万人，高中文化程度445万人，初中文化程度1 979万人，小学文化程度4 537万人，同1982年比较，分别增长23.3%、12.4%、28.4%和9.7%。

平均每万人中拥有各种文化程度的人数，比1982年也有较大增加。大学文化程度由43人增加到51人，高中文化程度由397人增加到428人，初中文化程度由1 546人增加到1 903人，小学文化程度由4 140人增加到4 363人，其中初中文化程度人口增长最快，5年间增长23%，平均每年增长4.2%。

1987年全省文盲、半文盲人口约有2 224万人，占12岁以上人口的26%，虽然比1982年下降了6个百分点，绝对数减少141万，但现在每4人（12岁以上人口）中就有1人是文盲、半文盲，而且女性多于男性、农村多于市镇。1987年1%人口抽样调查资料还表明，7～11岁儿童中，不识字的占13.8%。据此推算，全省约有100万7～11岁的文盲后备军，如果不及早解决这些儿童的入学问题，旧文盲未除，新文盲又生，扫盲工作将永无休止。

在少数民族人口中，文盲、半文盲占的比例大得惊人。12岁及以上人口中文盲、半文盲占57.18%，其中女性占70.21%，尤其是藏族、彝族人口文盲率最高，分别占12岁及以上人口的68.44%和77.24%，彝族人口女性文盲、半文盲占到90.75%。

五、劳动力在各产业部门的分配逐步向合理化方向发展，不在业人口数量增长

1987年7月1日全省有15岁及以上在业人口约6 100.7万人，占15岁及以上人口的79.22%，同1982年比较，在业人口增加了628.5万，而在业率下降了4%。其原因是1987年15岁及以上劳动力比1982年增加了1 109.8万，而同期少年儿童却减少680.8万，这样一增一减，就使15岁及以上的劳动力占总人口的比重，由1982年的65.62%提高到1987年的73.58%，因而出现在业人数增加，在业率下降的现象。四川省1987年劳动力在三大产业的分布情况是：第一产业由1982年的82.9%下降到67.3%，第二产业则由9.5%上升到19.8%，第三产业由7.6%上升到12.8%。劳动力在各部门之间的分布向合理化方向发展。若按市、镇、县划分劳动力的产业构成，则市以第二、第三产业为最高，镇次之，县最低，城乡差别显而易见（见表4）。

近5年来，由于第二次生育高峰期出生的人口已逐步进入劳动力行列，因而不在业人口

表4　　分市、镇、县的产业构成　　（%）

地区	合计	第一产业	第二产业	第三产业
市	100.0	30.0	44.8	25.2
镇	100.0	48.2	31.4	20.4
县	100.0	82.0	10.6	7.4

1987年比1982年大幅度增加，1987年不在业人口约1 551.9万人，比1982年增加481.4万，增长45%。但是，不在业人口中绝大部分是在校学生、家务劳动者和退休职工，真正无职业的市镇待业青年为数不多（见表5）。

表5　　不在业人口中各类人口数　　（万人）

年份	在校学生	家务劳动	待升学	待分配	市镇待业	退休退职	其他
1982年	199.2	470.6	20.9	0.6	27.7	107.5	244.1
1987年	322.3	737.4	55.4	3.2	35.9	165.5	232.3
1987年比1982年增减	123.1	266.8	34.5	2.6	8.2	58.0	−11.8

1987年四川省市镇人口待业率为0.6%，比1982年高0.1%。随着有计划的商品经济发展，在各行各业引入竞争机制，城市待业人口有所增加，有利于改善劳动者的工作态度和提高科学技术水平。但也应该积极创造条件，实现充分就业。当前农村已开始出现待业问题。1%人口抽样调查表明，1987年农村劳动力待业率为0.07%。除此之外，农村还存在大量潜在待业人口，四川省农村劳动力多达4 800万，而耕地只有9 512.2万亩，平均每个在业人口负担的耕地不足两亩，每年有大量剩余时间没有利用（1年有4个月以上），是极大的浪费。因此加速农村劳动力的转移，是四川省经济腾飞带有战略性的问题。

六、人口迁移变化中，省际间变动小，省内变动大

四川省人口的迁移变动以省内迁移为主，省际迁移很少，影响人口总量微弱。据公安部门的统计年报，1987年省内移动人口达342万人次，而省际间只有29万人次，并且省际间的净迁入率为−0.2%，迁出大于迁入。四川省人口机械增长率1976年为−0.45‰，1978年为1.06‰，1980年为−0.53‰，对人口总量影响甚微。

1%人口抽样调查表明，四川省迁入人口有以下几个特点：一是迁入城镇人口较多。迁入市的占23.38%，迁入镇的占42.11%，迁入县的占34.51%。迁入市镇合计占迁入总人口的65.49%。其中由省外迁入到市的较多，占40.58%；由省内迁入到镇的较多，占43.85%。反映出农村劳动力大量拥进城镇经商务工。成都市1987年每天的流动人口高达50万人。二是迁移人口中青年人较多。15至29岁的占67%。其中20～24岁组为43.69%。特别是20～24岁的女性占53.41%。她们大多数是属于婚姻迁移。三是迁入人口文化程度较高。迁入的12岁及以上人口中，初中以上文化程度占60.3%。其中大学占6.82%，高中占17.19%，初中占36.3%，大大高出全省总人口的平均文化程度。上述情况表明，四川省人口的迁移变动，多数是农村中有一定文化知识的青年人，这是商品经济发展的必然结果。

七、家庭户规模缩小，姻婚关系稳定

1987年1%人口抽样调查表明，四川省平均每个家庭户4.01人，比1982年的4.25人减少0.24人。4人户要占家庭总户数的1/4。分市、镇、县来看，市镇以3人户为最多，县是以4人户为最多。反映出经济发展水平与户规模的变化有一定关系（见表6）。

表6　　分市、镇、县家庭规模变化状况　　（%）

地区	一人户	二人户	三人户	四人户	五人户	六人户	七人户	八人户	九人户	十人以上户
市	5.40	11.17	30.00	23.91	15.84	7.00	3.22	1.74	0.93	0.79
镇	6.97	12.93	25.79	25.72	16.64	6.89	3.04	1.24	0.48	0.30
县	6.19	9.13	21.28	26.42	19.63	9.96	4.35	1.85	0.74	0.45

从家庭户的类别来看，是以二代户为主，占整个家庭户的66.8%，其次是三代户占17.5%，单身户占6.2%，一对夫妇户占4.7%，四五代户占0.5%，与其他亲属非亲属居住的占4.3%。

四川省人口婚姻状况稳定，有配偶者比重上升，离婚者比重下降（见表7）。

表7　　四川省1987年婚姻状况　　（%）

年　份	合　计	未　婚	有配偶	丧　偶	离　婚
1982年15岁以上人口	100.0	27.7	63.9	7.9	0.5
1987年15岁以上人口	100.0	27.9	64.8	6.9	0.4

分性别看，女性有配偶、丧偶比重比男性高5.4%、4.6%；而男性未婚、离婚比重又比女性高9.6%、0.4%，主要是男性结婚晚些，再婚少些，女性再婚多，结婚早，寿命长等原因形成的。

（作者工作单位：四川省统计局）

1987年贵州省人口发展状况分析

吕　左

全国第三次人口普查仅仅过去5年，贵州省人口在1982年基础上又有了较大的发展。全省人口在1986年基础上继续回升，少数民族人口的发展迅猛异常，人口年龄结构类型也开始转变。

一、1987年人口继续回升

1986年贵州省人口出现了明显的回升，总量首次突破了3 000万人。据省公安年报统计，1987年全省出生了512 937人，出生率为16.93‰，比1986年增长了0.78个千分点；死亡率为6.15‰，比1986年增长了0.11个千分点；自然增长率为10.42‰，比1986年增长了0.34个千分点。当年多出生21 135人，回升幅度为4.34%。以上几项指标都比1986年高。总人口由

1986年的3 007.99万人增加到3 051.39万人，突破人口发展计划8.1万人。

据贵州省计划生育委员会统计，1987年全省出生530 730人，出生率为16.63‰，死亡率为6.53‰，自然增长率为10.10‰，比1986年多生22 401人，人口回升4.65%，年末总人数达到3 051.09万人，突破人口计划7.8万人。

这两套来自不同统计单位的数据，数字出入不大，基本情况相同，都较充分地反映了1987年贵州省人口继续回升的事实。从全省9个地州市的情况来看，1987年人口自然增长率在10‰以上的还有4个，其上升幅度在0.46个千分点以上的有6个，上升幅度最大的是遵义地区达到1.8个千分点。增长率最高的黔东南自治州仍高达13.9‰。据贵州省统计局1987年1%人口抽样调查，从1982年第三次人口普查到1987年7月1日，全省总人口从2 855.29万人增加到3 059.71万人，5年中净增了204.32万人，增长7.16%，平均每年净增40.89万人，年均递增率为1.39%；年均自增率为15.15‰。按此数据推算，1987年年末总人口为3072.58万人，占全国总人口比重由1982年的2.77%提高到1987年的2.85%。同一时期贵州人口年平均递增速度几乎比全国的0.77%高出1倍。每年全省实际人口增长数要比计划数超过10万人。说明贵州省人口发展速度仍然大大高于全国，已经严重突破了人口控制包干指标。

二、少数民族人口增长势头迅猛

贵州省除汉族外有46个少数民族。解放30多年来，由于党和政府关心少数民族地区经济和社会发展，少数民族人口由慢到快也获得了迅速发展。1982年第三次人口普查后的5年时间，全省少数民族人口进入历史上一个前所未有的高速发展时期，年均递增率高达5.48%。

如果按普查和抽样调查标准时间把贵州省少数民族人口发展划为三个时期，可以看出，1953～1964年总人口从393.84万人增长到401.19万人，11年时间净增7.3万人，增长1.85%，年均增长0.67万，年均递增0.16%，增长速度极为缓慢；1964～1982年的18年间，总人口从401.19万人增长到742.4万人，净增341.21万人，增长85.4%，年均增长18.96万人，年均增长率为3.48%，增长速度已明显加快；1982～1987年这5年中，总人口从742.4万人增长到969万人，净增227万，增长30.58%，年均增长45.4万人，年均递增率为5.48%，增长速度超过历史上任何时期。把这三个时期的发展情况同全省人口和汉族人口进行比较：第一发展阶段的11年，少数民族人口总量增加速度比全省人口慢11.77个百分点，比汉族人口慢16.45个百分点；少数民族人口年均递增速度比全省慢1.22个百分点，比汉族慢1.67个百分点，其增长速度远远慢于全省人口和汉族人口，处于恢复和缓慢发展状况；第二发展时期的18年，全省少数民族人口总量增长高于全省人口18.87个百分点，高于汉族人口24.52个百分点，年均增长速度高于全省人口0.97个百分点，高于汉族人口1.76个百分点，这种情况不仅扭转了前11年增长速度落后于全省人口和汉族人口的被动局面，而且增长速度已大大加快；第三发展时期的5年，少数民族人口增长速度是全省人口增长速度的3.9倍，汉族人口增长速度为－1.05%，5年间汉族人口减少了22万人，少数民族人口年均增长人数已超过全省年均增长人数4.51万人。就少数民族人口自身发展的几个阶段作比较，第二时期年递增速度是第一时期的21.75倍，第三时期是第一时期的34.25倍，比第二时期高出2个百分点。在全省总人口的比重已由1982年的26%上升到31.67%，已占全省总人口的1/3左右，其发展速度是历史上增长最快的时期。

三、人口年龄结构开始进入成年型

1987年全省1%人口抽样资料表明，贵州省人口年龄结构正在发生重大变化，几十年的年轻型人口正在向成年型人口转化。这一转化的标志是0～14岁少年儿童人口占总人口的比例已由1982年的40.88%下降到1987年的35.49%；65岁以上人口在人口中比例从1986年的4.66%上升到1987年的4.77%；老年人与少年儿童之比已由1982年的11.41%提高到13.45%；人口年龄中位数已由1982年的18.7岁上升到1987年的20.82岁。按照国际通用的人口年龄类型标准，除老年系数和老少比略低于成年型人口标准外，其余两项指标均符合成年型人口类型标准。

1987年全省15～49岁的人口在总人口中的比例已由1982年的46.12%上升到50.42%，是37年来的最高点，已接近国际通用人口再生产类型划分标准中的静止型标准。加上0～14岁人口在总人口中的比例已低于40%，并在继续下降；50岁以上人口中的比例已超过10%，并在继续上升，表明贵州省人口目前正在由长期保持的增加型向静止型方向转移，渐次接近静止型。

四、认识与建议

第一，造成1987年人口继续回升的主要原因，一是目前15～49岁人口在总人口中比例已超过50%，结婚生育人数增加，全省正处在第三次名副其实的生育高峰之中。1987年计划内1孩率就达48.42%。二是计划外2孩率和多孩率仍然很高。1987年全省多孩出生人数超过10万人，占新增人口的19.87%。全省86个县（市、区、特区）中，还有11个县（区、特区）的多孩率超过30%，最高的大方县高达34%。面对此种人口增长情况，必须继续对多胎生育严加限制。不然的话，再过15～20年将会出现又一个新的生育高峰，人口将再次膨胀。

第二，经济政策放宽后，贵州省流动人口增加。仅贵阳市的流动人口，在正常情况下，也超出该市人口的1/10，高达18万人之多。在全省的每一个乡镇上都有来自四川或江苏、浙江一带的流动人口和本省的流动人口。这些人中的计划生育工作处于无人管的状况。建议政府和职能部门加强对流动人口计划生育的管理，具体研究制定对流动人口的计划生育管理政策和措施，以控制人口的继续回升。

第三，随着计划生育工作的发展，人口出生率下降，人口平均预期寿命提高，少年儿童在总人口中的比例下降，老年人口在总人口中的比例上升，贵州省人口老化的速度正在加快。按1982～1987年贵州省人口年龄类型从年轻型步入成年型的速度指标，少年儿童系数、老年系数、年龄中位数、老少比各项提标，将分别在今后5年、11年、24年、40年达到老年型标准。大概在今后24年左右贵州省人口类型将由成年型向老年型转化。政府和职能部门要注意调整人口政策，同时整个社会也应当做好思想和物质方面的准备，迎接人口老化的到来。

第四，由于人口老化的速度加快，全省劳动适龄人口的比例在不断上升，1987年已达到1 636万人，比1982年增加了243万人，占总人口的比重已由1982年的48.72%上升到1987年的53.47%。劳动力的负担系数已从1982年的1.05降至1987年的0.87，而且年龄中位数不到31岁。劳动力既丰富又年轻。这种情况将会持续5～10年左右。应当利用这一大好的时机努力发展经济，解决劳动力猛增后带来的就业压力。在解决大批劳动就业、促进经济增长、加强四化建设的同时，注意不断提高人民群众的物质文化生活水平，注意劳动力素质的提高。在抚养系数下降的情况下，更多地做一些养老的准备。

第五，当前贵州省少数民族人口的猛增，除一般人口增长的原因外，主要集中在两个方面。一是1982年开展民族识别工作以来，原来是少数民族而由于种种原因报为汉族的上百万人口重新恢复了自身应有的民族成份。这项工作对于加强民族团结，加快民族地区经济和社会的发展有一定意义。但是由于政治、经济、文化、生育等方面对少数民族的照顾，有的人为了某些方面的需要，尤其是想多生孩子的需要，通过各种关系改了民族成份，挤进少数民族的行列。二是少数民族自身的生育率就比较高。1982年普查，贵州全省少数民族妇女以及9个地州市少数民族妇女的生育率和总和生育率都比全省妇女和汉族妇女的要高。如1981年全省少数民族妇女生育率为143.36‰，比全省妇女和汉族妇女分别高21.48和28.14个千分点；全省少数民族妇女总和生育率为5.24，比全省妇女总和生育率高0.54，3个民族自治州的总和生育率都高于全省4.39的水平。苗族人口集中的台江县、水族人口集中的三都县等，总和生育率都高于6。1986年贵州省计划委员会对全省13个县26个乡的仡佬族调查表明，1985年出生的婴儿中，1孩率为28.99%，多孩率高达46.03%，15～19岁的已婚妇女占1/3以上。她们当中还有不少已生有3个孩子。这些事实说明，目前贵州省少数民族人口的生育率的确较高。这是少数民族人口发展快的基本原因。

少数民族人口的繁荣昌盛和党的计划生育政策是一致的，特别是夫妻双方都是国家干部、是党员的少数民族同志，也应当带头生1个孩子，不应在贯彻基本国策方面落后于一般群众。在目前全省少数民族接近总人口的1/3并且还在逐步上升的情况下，基数越大，生育政策越宽，增长就会越猛烈。在民族地区生产力水平相对落后、人口文化素质较低的情况下，人口过猛的增长，对于民族地区经济和社会发展不会带来好处。控制人口数量，提高人口的质量在民族地区同样是一个长期的战略任务。

第六，现在的大中小学生今后必然会陆续进入婚育年龄，他们对于今后的人口发展具有决定性作用。为了使更多的人都能从思想上、理论上、政策上了解控制人口的重要性，应当对青少年进行人口理论知识的普及和人口政策等方面的教育。贵州省在这方面是落后的，目前在全省大中学生中开设人口理论课已势在必行，建议有关部门重视这一工作并着手抓这一工作。

资料来源 ①贵州省1%人口抽样调查手工汇总资料汇编（1987年）② 贵州省公安统计年报（1987年）③ 贵州省计划生育工作简报“第二期”（1987年）④ 贵州省第三次人口普查资料汇编（1982年）

（作者工作单位：贵州大学人口研究中心）

1987年云南省人口发展状况分析

张建华

一、人口总量的变化

1987年末，云南省总人口已达3 513.0万人，比1986年末的3 455.6万人增加57.4万人。是自1982年第三次人口普查以来5年间总人口增加最多的一年。总人口增长率1987年达1.66%，比1986年的1.45%高0.21个百分点。5年来云南省人口总量的增长情况见表1。

从表1数据可以看出：近5年来，云南省人口总量无论从增加的绝对数还是增长率看，都明显地呈逐年上升趋势。1987年所增加的人口数，相当于我省目前两个县的平均人口还强，人口增长率仍高于全国平均水平和绝大多数省、区。

另外，由于云南省近几年省际间的人口迁移数量很少（1987年省外迁入和迁往省外的人数均不到5万人），对全省总人口的增长影响甚微。因此，目前云南省总人口的增长主要取决于人口的自然增长，自然增长人数占增长总人数的98%以上。

表1　1983～1987年云南省总人口的增长变化情况

年　份	年末人口数（万人）	比上年净增（万人）	年增长率（%）
1983	3 319.1	36.0	1.20
1984	3 362.3	43.2	1.30
1985	3 406.2	43.9	1.31
1986	3 455.6	49.4	1.45
1987	3 513.0	57.4	1.66

二、出生、死亡和自然增长情况

全省人口变动情况抽样调查资料表明：云南省1987年人口出生率为23.97‰，死亡率为8.40‰，自然增长率为15.57‰。据此推断，1987年云南省出生人数约为84万人，死亡人数约为29万人，自然增长人数约为55万人。和1986年比较，出生率下降了2.1个千分点，死亡率上升了0.5个千分点，自然增长率下降了2.6个千分点。5年来云南省人口自然变动情况如表2。

表2　1983～1987年云南省人口自然变动情况

年　份	出生		死亡		自然增长	
	人数（万人）	出生率（‰）	人数（万人）	死亡率（‰）	人数（万人）	自然增长率（‰）
1983	78	23.57	30	9.19	48	14.38
1984	68	20.29	27	7.92	41	12.37
1985	73	21.55	27	8.03	46	13.52
1986	89	26.03	27	7.87	62	18.16
1987	84	23.97	27	8.40	55	15.57

从1987年出生率下降反映出，1985、1986两年全省人口出生率曾一度回升的趋势已开始得到控制。由于各级党政领导的重视和全省广大计划生育工作者的艰苦努力，通过人口控制各项措施的进一步完善和健全，在人口生育高峰持续的时期，全省人口出生率出现了下降的局面，表明1987年云南人口控制工作所取得的成效是显著的。

死亡率略有上升的原因主要是受其人口年龄构成的影响。1987年云南省65岁及以上老龄人口占总人口的比重已由1986年的4.7%上升为4.9%，老龄人口的绝对人数也由153万人增加到172万人。由于老龄人口数量的增多和比重的上升，造成粗死亡率的略为上升是正常的。就全省范围看，没有出现影响死亡率变化的异常原因。

三、人口的性别、年龄构成

1987年云南省总人口中，男性为1 787万人，占50.9%，女性为1 726万人，占49.1%，总人口性别比为103.5。和1986年的103.1相比略有上升。出生婴儿中，男性占51.7%，女性占48.3%，出生婴儿性别比为107，比1986年的106有所提高，但仍处于正常范围内。

和1964年第二次人口普查数相比，总人口性别比1964年云南省为99.8，到1987年上升了3.7，出生婴儿性别比也比当时的100.9上升了近6.1。反映出云南省在20多年人口发展变化的过程中，无论是总人口性别比还是出生婴儿性别比都出现了明显的上升。

从1987年1%人口抽样调查数据看，云南省人口的年龄构成和1982年第三次人口普查数相比，发生了明显的变化。0～14岁少年儿童占总人口的比重由39.17%下降为34.13%，5年来下降了5.04个百分点。15～64岁人口比重1987年已达60.97%，比1982年的56.33%上升了4.64个百分点。65岁及以上老年人口占总人口的比重为4.9%，比1982年的4.5%上升了0.4个百分点。经计算，1987年云南省人口的年龄中位数为20.6岁，比1982年的19.4岁提高了1.2岁，但仍比全国目前的24.2岁低3.6岁。另外，15～49岁育龄妇女占总人口的比重1987年为24.2%，比1982年的23.0%上升了1.2个百分点。0岁组人口占总人口的比重为2.43%，比1982年的2.46%略有下降。少年抚养比为0.56，比1982年的0.78下降0.22，老年抚养比由1982年的0.09下降为0.08。由于少年抚养比和老年抚养比都有所下降，使得总抚养比由1982年的0.87下降为0.64。以上各种分组的年龄构成变化表明，云南省人口的年龄构成，正处于从典型的年轻型向成年型转变的过渡过程中。

四、人口的文化程度

随着国家对文化教育事业的日益重视和教育经费的不断增加，云南省人口的文化素质也同全国一样有了迅速提高。1987年进行的1%人口抽样调查表明，全省小学及以上各种文化程度人口占总人口的比重都有不同程度的提高。同1982年第三次人口普查数相比，每10万人口中，大学文化程度的人数，由331人增加到334人。高中文化程度的人口由2 792人增加到3 106人，增长11.2%。初中文化程度的人口由10 224人增加到11 845人，增长15.9%。小学文化程度的人口由29 305人增加到35 246人，5年间增长了20.3%，是各种文化程度人口中增长最快的。从不同文化层次的增长率变化看，教育发展状况是可喜的，并且符合云南省文化教育水平相对较低的实际情况。

文盲、半文盲占总人口的比重，由1982年的33.94%下降为31.57%，下降了2.37个百分点，但文盲、半文盲的绝对人数比1982年多2万人，目前已达到1 107万人。其中15～40岁的文盲、半文盲为458万人，占文盲、半文盲总数的41.4%。按照国务院发布的“扫除文盲工作条例”要求看，全省的扫盲任务仍然是十分艰巨的。

五、人口的城乡构成

1987年末，云南省市、镇人口合计为990.48万人，占总人口的比重为28.19%，其中市人口为558.68万人，占总人口的比重为15.90%。乡村人口为2 252万人，占总人口的71.81%。

1987年末，云南省农业人口为3 093.57万人，比1986年末增加43.11万人，增长1.41%，占全省总人口的比重为88.06%，比1986年末的88.28%下降了0.22个百分点。非农业人口为419.43万人，比1986年末增加14.25万人，增长3.52%，增长速度为农业人口增长速度的2.5倍。目前占全省总人口的比重，已由1986年末的11.72%上升至11.94%。虽然近几年全省非农业人口增长很快，但绝对人数和在全省总人口中的比重仍然很低，农业人口在全省人口中仍占近90%。这一格局从人口构成的角度反映了全省经济技术相对落后的状况和产业结构以农业生产劳动为主的实际情况。

六、人口的婚姻状况

人口的增长，各民族的繁衍都是通过一定社会制度下的各种婚姻关系来实现的。1987年云南省女性人口的平均初婚年龄为20.7岁，比1982年的22.1岁提前了1.4岁，15～19岁女性已婚人数占该年龄组人数的比重已达7.4%，早婚现象更加突出，并在全省范围内具有普遍性。有些少数民族，如苗、瑶、哈尼等民族，女性平均初婚年龄还不到20岁。15～19岁女性已婚人数占该年龄组人数的比重高达25%左右。根据1%人口抽样调查资料推算，1987年全省未到国家法定结婚年龄就已结婚的人数，男女合计近40万人。

从15岁及以上人口的婚姻状况看，云南省15岁及以上人口中，未婚人口占27.4%，比全国1982年的28.6%低1.2个百分点。有配偶的人口占65.4%，比全国1982年的63.7%高1.7个百分点。丧偶和离婚人口的比重也略低于全国1982年的水平。分性别的各种婚姻状况和全国比较情况如表3。

表3　　云南省15岁及以上人口的婚姻状况和全国比较

婚姻状况	云南省1987年各种婚姻状况比重（%）			全国1982年各种婚姻状况比重（%）		
	合计	男	女	合计	男	女
未婚	27.4	31.0	23.7	28.6	32.7	24.2
有配偶	65.4	63.9	67.0	63.7	61.9	65.5
丧偶	6.6	4.4	8.9	7.2	4.5	10.0
离婚	0.5	0.7	0.4	0.6	0.9	0.3

分性别看，云南省男女性人口有配偶比重均高于全国，未婚、丧偶和离婚人口比重均低于全国。

七、家庭户规模和类别

1987年1%人口抽样调查资料表明，云南省家庭户平均每户人数为4.93人，比1982年的5.20人减少0.27人，家庭户的规模总的来说呈逐渐缩小的趋势。各种人数的家庭户规模和1982年比较如表4。

表4　　云南省家庭户规模

年份	各种人数的家庭户比重（%）						
	一人户	二人户	三人户	四人户	五人户	六人户	七人及以上户
1987	3.92	7.42	14.51	20.27	19.44	14.83	19.61
1982	4.77	7.58	11.71	15.89	17.42	15.59	27.04

从表4反映出，5年来云南省家庭户规模的变化趋势为，1～2人的家庭户比重下降，从1982年的12.35%下降为1987年的11.34%。3～5人的中等家庭户比重上升，由1982年的45.02%上升为54.22%。6人以上的大家庭户比重，由1982年的42.63%下降为34.44%。家庭户的分布呈中间大，两头小的状况。家庭户规模有向中等人数（3～5人）家庭集中的趋势，其比重在家庭户中明显上升。

从家庭户的类别看，以二代户和三代户为主要类别，分别占各种类别家庭户的62.64%和21.89%。其余单身户、一对夫妇户、二代与其它亲属非亲属户，三代与其它亲属非亲属户的比重均在3～4%之间。

从家庭户的民族构成看，1987年1%人口抽样调查资料表明，单一民族户占总户数的

93.09%，2个民族构成的户占6.73%，3个民族以上的户仅占0.18%。

八、育龄妇女生育状况

1987年进行的1%人口抽样调查详细地记录了1986年妇女生育状况。与第三次人口普查资料对比如表5。

表5　云南省育龄妇女生育状况比较

年　份	一般生育率（‰）	总和生育率	一胎率（%）	二胎率（%）	三胎及以上率（%）
1986	102.2	3.04	42.24	27.74	30.02
1981	108.1	3.79	28.32	22.24	49.44

可以看出，5年来云南省育龄妇女生育状况发生了很大变化，无论是一般生育率，总和生育率及多胎率，都出现了明显下降，同时1胎及2胎率上升，反映出计划生育和人口控制工作在云南这样一个边疆民族地区同样取得了很大成效。

分年龄组的妇女生育率如表6：

表6　云南省育龄妇女分年龄组生育率

年 份	育龄妇女分年龄组生育率（‰）						
	15～19岁	20～24岁	25～29岁	30～34岁	35～39岁	40～44岁	45～49岁
1986	32.7	247.2	190.7	80.2	37.5	14.3	5.0
1981	11.3	192.1	263.5	141.4	90.5	49.7	10.1

从表6看出，1986年和1981年比较，云南省育龄妇女生育模式发生了明显的转变。其特点是：①生育峰值年龄组前移，从1981年的25～29岁年龄组前移至20～24岁年龄组。这是进入生育高峰期人数增多和25～29岁年龄组生育率下降两个因素共同作用的结果。②15～19岁年龄组生育率比1981年提高了近两倍，说明早婚早育现象更加突出。③25～29岁及以后各个年龄组生育率都有不同程度的下降，说明中年和高年龄组的妇女生育率，特别是多胎生育得到了有效的控制。

九、人口的迁移变动

1987年，云南省迁往省外的人数为45 178人，占全省总人口的1.29‰，从省外迁入的人数为34 351人，占0.98‰。净迁出人数为10 827人，占0.31‰。

从近几年云南省人口的迁移状况看具有以下特点，一是迁出和迁入的数量不大，约3～5万人。二是迁往省外的人数大于外省迁入的人数（见表7）。

表7　云南省1985～1987年人口迁移状况

年　份	迁往省外（人）	省外迁入（人）	净迁出（入）（人）
1987	45 178	34 351	10 827
1986	49 252	33 953	15 299
1985	39 683	35 730	3 908

由于缺乏迁移原因方面的资料，尚不能对云南人口的迁移作出较为深入的说明。但从宏观意义上说，主要是经济活动和文化技术交流促进了云南人口的迁移。

十、少数民族人口和少数民族地区经济的发展变化

1987年末，云南省少数民族人口为1 135.39万人，比1986年末增加24.43万人，增长2.2%，高于同期汉族人口增长1.4%的水平。占全省总人口的比重，由1986年末的32.15%上升为32.31%。自1982年第三次人口普查以来，云南省少数民族人口数量和占全省总人口的比重变化如表8。

表8　云南省少数民族人口和占全省总人口的比重

年份	1982	1983	1984	1985	1986	1987
少数民族人口（万人）	1 032.2	1 046.2	1 065.2	1 085.1	1 111.0	1 135.4
占全省总人口的比重(%)	31.44	31.52	31.69	31.86	32.15	32.31

几年来，由于云南省少数民族人口的增长速度快于汉族，使得少数民族人口在全省总人口中的比重逐年上升。造成少数民族人口增长快的原因，除了少数民族妇女生育水平高于汉族外，还有恢复和更改民族成份的影响。

云南省是一个多民族的边疆省份，少数民族人口不仅数量多，而且种类也多。1987年4000人以上的少数民族已达到24个，其数量和占全省总人口的比重如表9。

表9　云南省400人以上的少数民族人口和占全省总人口的比重

民族别	人口数（万人）	比重（%）	民族别	人口数（万人）	比重（%）
全省	3 513.00	100.00	景颇	10.53	0.29
汉	2 377.61	67.68	瑶	15.92	0.45
少数民族合计	1 135.39	32.31	藏	10.41	0.29
彝	367.65	10.46	布朗	8.22	0.23
白	122.63	3.49	阿昌	2.27	0.06
哈尼	116.47	3.31	怒	2.57	0.07
壮	96.12	2.73	普米	2.64	0.07
傣	94.10	2.67	德昂	1.39	0.03
苗	81.82	2.32	独龙	0.51	0.01
傈僳	52.77	1.50	基诺	1.51	0.04
回	47.68	1.35	蒙古	0.97	0.02
拉祜	36.50	1.03	满	0.54	0.01
瓦	32.51	0.92	其它	4.28	0.12
纳西	25.38	0.72			

（作者工作单位：云南省统计局）

1987年西藏自治区人口发展状况分析

陈　华

一、人口总量的变化

根据西藏自治区统计局资料，到1987年年底，西藏自治区人口总量为2 079 499人，与1986年底总人口2 024 938人相比，增加54 561人，增长2.69%。1982年第三次全国人口普查时，西藏总人口为1 892 393人，5年间增加187 106人，增长9.89%，平均每年增加37 421人，年平均增长率1.9%。1952～1982年西藏人口年平均增长率为1.7%。由此可见，1987年西藏人口增长速度有所加快。与全国1987年7月1日进行的1%人口抽样调查结果相比，也显著高于全国平均增长速度（1.24%）①。

1987年西藏人口增长幅度较大的原因主要是：第一，西藏是以藏族为主的少数民族地区，计划生育在广大农牧区并没有实行，所以出生率、自然增长率都高于全国；第二，为了落实知识分子政策，吸引更多的科技人才和大中专毕业生来藏工作，稳定职工队伍，1987年3月自治区政府下达了关于《解决部分职工“农转非”户口的若干规定》的文件，户藉政策放宽，农业人口转成非农业的人口大量增加，其中一部分汉族人口把在内地农村的家属、子女户口迁到西藏转成非农业人口，亦导致了人口总量增加；第三，在农转非户藉统计过程中，一部分农村户口没有及时注销，造成部分人口数字重复统计。

二、出生、死亡、自然增长

据西藏自治区统计局的资料计算，1987年西藏人口出生率为24.19‰，出生人数为49 650人；死亡率为7.95‰，死亡人数为16 310人；自然增长人口333 340人，自然增长率为16.24‰。1986年，出生率为24.54‰，死亡率为8.41‰，自然增长率为16.14‰。与1986年相比，1987年的出生率，死亡率略有下降，自然增长率略有上升（见表1）。

表1　　西藏自治区人口自然增长情况　　（‰）

地区别	出生率		死亡率		自然增长率	
	1981年	1987年	1981年	1987年	1981年	1987年
全　区	31.05	24.19	9.92	7.95	21.13	16.24
拉萨市	27.52	21.14	8.35	7.81	19.17	13.33
昌都地区	29.56	22.06	11.65	8.06	17.95	14.00
山南地区	33.12	23.15	9.45	8.60	23.67	15.55
日喀则地区	32.37	26.30	8.12	8.02	24.25	18.28
那曲地区	34.51	30.69	12.41	8.29	22.10	22.40
阿里地区	33.50	28.02	18.89	8.28	21.50	19.74
林芝地区	—	18.31	—	5.35	—	12.96

资料来源：西藏第三次人口普查资料汇编及自治区统计局。

注：林芝地区是1986年从拉萨市分出来成立的。

① 据李荣时：《1987年我国人口状况分析》，《人口研究》1988年第1期。

从表1来看，1987年西藏人口自然增长率比全国人口普查时取得的1981年年底的21.13‰降低了近5个千分点，出生率降低了近7个千分点，死亡率也降低了近2个千分点。而与全国1987年1%人口抽样调查得出的自然增长率14.80‰① 相比，西藏人口的自然增长率高出全国1.45个千分点；出生率高出全国近3个千分点。

再从地区差异来看，西藏人口自然增长已与1981年年底不同，牧区自然增长率高于农区。这是由于牧区出生率高于农区，而死亡率则明显下降所致。在此还应注意到由于1982年人口普查搞得比较全面细致，漏查、少查现象较少，使得1981年的出生率、死亡率、自然增长率会比上报数字高一些。

从整个西藏来看，随着医疗条件的进一步改善，人民生活水平的提高，死亡率将会不断下降。而60年代至70年代初期出生的大批人口已陆续进入婚育期，出生率将保持在一个较高的水平上。

三、人口的性别及民族构成

（一）人口的性别构成。据自治区统计局的资料计算，1987年西藏总人口中男性占49.2%，女性占50.8%，性别比为96.9，比1986年的95.7略有上升；同1982年全国第三次人口普查时的97.8比，则是下降的；与1987年全国1%人口抽样调查的全国总人口性别比104.5相比，西藏低了许多，是全国性别比最低的地区。

从西藏出生婴儿性别比来看，1987年比1986年有所提高，但比世界平均105要低得多。从地区上看，各地区间的差异比较大（见表2）。

西藏人口性别比如此之低，除了男性非正常死亡较女性多，寿命较女性短等一般因素外，有待于进一步研究。

表2　西藏各地区出生婴儿性别比

地区别	1986年	1987年
全　区	94.81	96.02
拉萨市	103.13	99.04
昌都地区	93.34	97.21
山南地区	85.79	92.74
日喀则地区	95.20	97.29
那曲地区	96.21	91.99
阿里地区	103.98	116.21
林芝地区	91.32	86.44

资料来源：据西藏自治区统计局资料计算整理：

（二）人口的民族构成。1987年藏族人口为1 983 834人，占全区总人口的95.4%，比1982年的91.4%增加了1个百分点。从1982年到1987年的5年间，藏族人口增加了197 290人，年平均增长速度为11.5%，比1964～1982年的年平均增长速度快了近9倍。门巴族、珞巴族、回族、纳西族、僜人这几个人口在1千人以上的民族其人口也比1982年有不同程度的增加，年平均增长速度分别为4.2%、3.2%、2.9%、3.2%和3.8%。而汉族人口比重由4.8%降到3.8%，下降了1个百分点。其他民族的人口比重基本上也呈下降趋势（见表3）。

由于西藏是以藏族人口占绝大多数，计划生育政策要求对少数民族比较宽，加之对少数民族在入学、就业、生育等方面的优待，所以今后藏族及门巴、珞巴、僜人、夏尔巴这几个世居民族人口中的比重将会继续上升，而汉族和其他非世居民族的比重仍将有所下降。

四、人口迁移与城镇化

从表4可知，西藏人口的省际迁移量比省内迁移量要小，而且省际迁移变动的幅度较大。1987年省外迁入的人数超过迁出人数，净迁入人口5 270人，净迁移率为2.57‰。1982～1986

① 据李荣时《1987年我国人口状况分析》，《人口研究》1988年第1期。

表3　　西藏主要民族构成情况

民族	1982年	占全区总人口%	1987年	占全区总人口%
藏族	1 786 544	94.41	1 983 834	95.40
汉族	91 720	4.85	78 404	3.77
回族	1 788	0.09	1 978	0.10
门巴族	6 193	0.33	7 542	0.36
珞巴族	2 023	0.11	2 363	0.11
*夏尔巴人	1 211	0.06	957	0.05
*僜人	1 082	0.06	1 830	0.09
纳西族	851	0.04	1 174	0.06
怒族	293	0.02	268	0.01
蒙族	116	0.01	87	0.004
其他	572	0.03	1 061	0.05

资料来源：西藏第三次人口普查资料汇编及西藏自治区统计局资料计算整理。

*　未识别民族。

年，迁出人口一直大于迁入人口。1987年落实知识分子政策、放宽户藉制度时，户口在内地的为了农转非而迁入西藏，有一部分人实际并没有真正流动，只是户口流动了，造成统计上迁入人口大于迁出人数（见表4）。

表4　　西藏近年来人口迁移情况　　（人）

年份	省际迁移		省内迁移	
	迁入人口	迁出人口	迁入人口	迁出人口
1982	1 800	20 900	—	—
1983	6 356	7 706	—	—
1984	4 958	12 357	18 205	33 634
1985	5 194	7 021	—	—
1986	4 156	7 821	15 170	15 630
1987	11 436	6 166	34 496	26 313

资料来源：西藏自治区公安厅。

省际迁移变动幅度大与政策变化较大有关，政策变化导致了援藏人员和内调人员数量的较大变动。但迁移增长与人口自然增长相比，迁移增长还是小得多。1987年自然增长33 340人，比迁移增长多28 070人。这说明人口总量的增长主要以自然增长为主，迁移增长对人口总量的增长影响比较小。

从省内迁移情况看，1987年西藏省内迁移总量比1984年、1986年两年要多，为60 809人。这主要是因为1987年为了照顾在党政机关、企事业单位工作的藏族及其他少数民族的老知识分子、民间艺人及其家属，致使农业人口转为非农业人口的数量增多，省内人口迁移量增大。

城市人口比重是社会经济发展的主要标志之一。1982年全国第三次人口普查时，西藏城镇人口为179 450人，占总人口的9.5%。1987年西藏城镇人口上升为257 532人，城镇人口比重上升到12.4%。这是因为1987年农转非人口大量增加，使城镇人口也相应增加。同时，城镇人口的增加与近几年来西藏经济发展有一定的联系。但是与全国相比，西藏城镇人口比重还远远低于全国的平均水平（37.1%），城镇人口的发展比较缓慢，城镇化水平很低（见表5）。日喀则市、八一镇、泽当镇、江孜镇和那曲镇城镇人口增长较快。这与近几年来开放搞活，旅游、工业、商业服务业发展较快及交通便利有关。而帕里镇、下司马镇、昌都镇的城镇人口增长都呈下降趋势。这主要是商品经济不够发达，劳动生产率低，交通不便，各方面的生活福利设施又比较差，而造成人口流向条件好的大城镇。

据西藏自治区统计局资料，1987年西藏非农业人口为292 940人，占总人口的14.09%。比1986年的12.72%增加了1个多百分点。非农业人口的增加主要是由于1987年农转非人口增长较多，比1986年农转非人口多增37 026人，1982年到1986年，4年中非农业人口一共只增加7,829人。1987年是非农业人口增加最多的1年。

表5　西藏各地区城镇人口增长情况

城镇名称	1982年人口	1987年人口	1987年比1982年增长%
全　区	179 450	257 532	43.5
拉萨市(市区)	105 897	112 702	6.4
八一镇	5 703	10 680	87.3
昌都镇	20 164	20 141	−0.1
泽当镇	9 484	13 330	40.6
姐德秀镇	2 107	2 221	5.4
日喀则市	16 539	72 860	340.5
江孜镇	5 688	8 572	50.7
下司马镇	1 509	2 708	−17.9
帕里镇	1 790		
那曲镇	10 569	14 318	35.5

资料来源：西藏自治区统计局。

五、人口素质

据西藏自治区第三次教学工作会议上收集的资料，到1987年为止，全西藏共有各级各类学校2 406所，在校生16.6万人，公办学校在校生占52.2%，其中少数民族学生144 452人，占在校生总数的87%。与1982年西藏自治区统计局的数字相比，在校人数增加了0.5万人，增长3.1%；具有大学文化程度的人数由1982年的6 975人增加到7 295人，增长4.6%；全区文盲、半文盲率已由1982年的73.2%下降到70%，文化素质有了一定的提高。但是与全国1987年1%人口抽样调查数据相比，全国文盲、半文盲率已降到20.6%，西藏则高出全国约49个百分点，差距仍然很大。大学文化程度人口的增长速度及在校生的增长速度都比较慢。因此，人口文化素质的提高仍然是一个很重要的问题，它影响了整个人口素质的提高。这么大比例的文盲、半文盲人口，说明西藏普及教育的任务是相当艰巨的，也是十分迫切的。

按1987年4月1日全国残疾人抽样调查对西藏堆龙德庆县和墨竹工卡县的抽样调查结果推算，全西藏5类残疾和综合残疾人数约有14.6万人，占全区总人口的7.0%。其中肢体残疾约6.6万人；听力语言残疾约2.4万人；视力残疾约2万人；智力残疾约0.9万人；精神病残疾约0.6万人；综合残疾约2.1万人。由此可见，在提高西藏人口身体素质，搞好优生优育需要做大量工作，应该给予足够的重视。高原低氧环境及落后的经济、文化条件，对人体的生长发育都有一定的不良影响。因此，加强对膳食结构和营养条件的改善，尽快提高人民的生活水平，对西藏整个人口素质的提高是很有必要的。

（作者工作单位：西藏大学地理系）

1987年陕西省人口发展状况分析

罗经耀

由于受人口发展惯性作用的影响，当前正处于新的生育高峰期。这一时期人口变动情况已是整个社会最关注的问题之一。现根据1%人口抽样调查和人口统计年报资料，对1987年陕西省人口发展状况作以下分析。

一、人口自然变动

据1%抽样调查资料推算，1987年末，陕西省总人口达到3 089万人，比1986年末的3 046万人增加了43万人，增长1.41%（见表1）。

表1　陕西省人口变动情况

年　份	总　人　口（万人）	环　比　增　长	
		人口数（万人）	增长率（%）
1980	2 831	—	—
1981	2 865	34	1.20
1982	2 904	39	1.36
1983	2 931	27	0.93
1984	2 966	35	1.19
1985	3 002	36	1.21
1986*	3 046	44	1.46
1987*	3 089	43	1.41

＊ 1986、1987年总人口为抽样推算数字，其它年份为年报统计数字。

从绝对数看，“六五”时期平均每年增加34.2万人，1987年比上年增加43万人，即比“六五”时期年平均增长量多增加了8.8万人。从增长速度看，“六五”时期年平均增长率为1.18%，1987年上升为1.41%，提高了0.23个百分点。与1986年相比，总人口仅少增加1万人，增长率也仅低0.05个百分点。这反映出1987年陕西省人口增长与1986年变化趋势基本一致。根据“七五”人口计划，1987年陕西省总人口应控制在3 071.2万人，实际发展超出计划16.8万人。人口增长进入高峰期以来已连续两年超出计划控制指标，这将给完成整个“七五”人口计划（1990年末总人口计划为3 185.3万人）以及本世纪末人口规划带来十分不利的影响。

总人口净增加过快的原因，一是60年代初生育高峰出生的大批妇女开始进入了生育旺盛年龄，从而造成出生人口迅猛增多；二是有些地方计划外生育比重大，尤其是陕北高原和东南部山区多胎生育现象比较严重；三是省际迁移连续8年都是迁出人口大于迁入人口，1987年出现了相反的趋势，净迁移率已由原来的负数变为正数。

人口自然增长率略有下降。根据1%人口抽样调查和下半年人口变动情况核查资料推算，1987年陕西省共出生65.5万人，出生率为21.64‰；死亡19.3万人，死亡率为6.30‰；自然增加46.2万人，自然增长率为15.34‰。与1986年比较，出生率下降1.36个千分点，死亡率基本一致，自然增长率下降1.32个千分点（见表2）。

上述人口变动情况数字表明，1987年陕西省人口出生率比上年虽略有下降，但仍处在一个比较高的水平上。从出生绝对数和出生率水平看，都具有生育高峰的特点。“六五”期间是陕西省人口发展稳定时期，平均每年出生49.3万人，1987年比1986年虽少出生约4万人，但比“六五”时期年平均出生量多出生16万多人，出生率水平也高出4.62个千分点。

分半年变化情况看，1987年上半年出生率为11.71‰，死亡率为3.18‰，自然增长率为8.53‰；下半年与上半年相比，出生率下降1.78个千分点，死亡率基本一致，自然增长率下降1.72个千分点（见表3）。

表2　陕西省人口自然变动情况（‰）

年　份	出生率	死亡率	自然增长率
1981*	20.35	7.11	13.24
1985	19.83	6.26	13.57
1986	23.00	6.34	16.66
1987	21.64	6.30	15.34

*：1981年为普查数字，1985～1987年为抽样数字。

表3　1987年上、下半年人口自然变动比较　（‰）

时　间	出生率	死亡率	自然增长率
上半年	11.71	3.18	8.53
下半年	9.93	3.12	6.81

根据历年人口变动情况调查资料，出生率在时间上的变化一般是下半年略高于上半年，这和我国人民生活习惯有密切联系。1987年下半年出生率出现下降的主要原因是计划生育政策趋于稳定。1986年来势很猛的生育高峰给我们敲了警钟，人口控制工作得到了重视和加强，放松自流的现象开始有所改变。下半年出生率出现的下降趋势对1987年全年出生率水平起了重要的作用。

二、人口年龄构成已进入成年型，抚养系数明显下降

根据1%人口抽样调查资料，按5岁组距综合整理，陕西省所调查的340 769人的年龄构成情况如表4所示。

（一）按国际通用标准计算，陕西省人口年龄构成变化情况如表5。

从上述资料可以看出：

1．5年来，0～14岁少年儿童的比重明显下降，已比年轻型标准（40%以上）低近11%。

2．65岁以上老年人口比重有所上升，已进入成年型标准的5～10%范围之内。

3．年龄中位数5年提高1.19岁，平均每年提高0.24岁，已达到成年型20～30岁的标准。

4．按上述标准综合分析，陕西省人口年龄构成类型已由年轻型向成年型过渡，到1987年已进入成年型，这是陕西省人口年龄构成的一个重要变化。

5．用桑德巴模式来分析人口再生产类型发现，陕西省未来人口变化的趋势仍然具有明显的增长型特点（见表6）。

（二）根据劳动年龄人口（15～64岁）和非劳动年龄人口（0～14岁少年儿童及65岁以上老年人口）构成情况计算的抚养系数，与1982年普查资料对比情况如表7所示。

从上述资料可以看出：

1．5年来，总抚养系数有较大的下降。1987年与1982年相比，平均每100个劳动年龄

表4　　　1987年陕西人口年龄构成

年龄(岁)	人口数 合计	男	女	性别比
总　计	340 769	175 646	165 123	106.37
0～4	36 143	19 006	17 137	110.91
5～9	28 436	14 703	13 733	107.06
10～14	34 309	17 785	16 524	107.63
15～19	42 380	21 921	20 459	107.15
20～24	37 372	19 379	17 993	107.70
25～29	27 923	14 538	13 385	108.61
30～34	27 062	13 795	13 267	103.98
35～39	21 559	10 807	10 752	100.51
40～44	17 495	8 653	8 842	97.86
45～49	15 810	7 820	7 990	97.87
50～54	14 568	7 431	7 137	104.12
55～59	11 181	6 004	5 177	115.97
60～64	9 409	5 094	4 315	118.05
65～69	7 751	4 031	3 720	108.36
70～74	5 495	2 923	2 572	113.65
75～79	2 547	1 242	1 305	95.17
80～84	1 063	434	629	69.00
85岁以上	266	180	186	96.77

表5　　按三大组划分陕西省人口年龄构成　　（％）

年　份	0～14岁少年儿童	65岁以上老年人口	年龄中位数(岁)
1982年	33.06	4.57	22.81
1987年	29.02	5.02	24.00

表6　　　陕西人口再生产类型变化情况　　　（％）

年龄(岁)	桑德巴尔模式			陕西省人口	
	增长型	稳定型	减少型	1982年	1987年
0～14岁	40	26.5	20	33.06	29.02
15～49岁	50	50.5	50	52.68	55.64
50岁以上	10	23.0	30	14.26	15.34

表7　　　陕西人口抚养系数变化情况　　　（％）

年　份	劳动年龄人口	非劳动年龄人口		抚养系数		
	15～64岁	0～14岁	65岁以上	总抚养系数	少年抚养系数	老年抚养系数
1982	62.37	33.06	4.57	60.26	52.95	7.31
1987	65.96	29.02	5.02	51.62	44.00	7.62

人口少负担近9个少年儿童和老人。

2．总抚养系数的下降主要是由于少年儿童抚养系数的下降。少年儿童抚养系数下降的幅度大于总抚养系数下降的幅度，其原因是少年儿童在总人口中的比重明显降低。

3．老年抚养系数有所提高。老年人口在总人口中的比重上升0.45%，绝对数从1982年的132万人增加到1987年的155万人，增长17.4%。

三、婚姻关系稳定，平均初婚年龄提前

根据1%抽样调查资料推算，1987年陕西省15岁及以上婚龄人口为2 176.9万人，比1982年普查时增加242.1万人，增长12.5%。在婚龄人口中，未婚的587.7万人，占27.00%；有配偶的1 446.3万人，占66.44%；丧偶的132.8万人，占6.10%；离婚的10.1万人，占0.46%（见表8）。

表8　　陕西省人口婚姻状况　　（%）

年份/性别		未婚	有配偶	丧偶	离婚
1982	男	31.67	62.34	5.07	0.92
	女	23.90	67.39	8.50	0.21
1987	男	31.36	63.45	4.44	0.75
	女	22.40	69.59	7.85	0.16

1987年与1982年相比，未婚人口比重下降0.93%，有配偶人口比重上升1.67%，丧偶人口比重下降0.62%，离婚人口比重下降0.12%。分性别看，男女变化的趋势相同，但变化幅度差异较大。女性未婚人口下降的幅度比男性大近4倍，有配偶人口女性上升的幅度比男性大1倍，离婚人口下降的幅度女性却比男性小2倍，丧偶人口下降的幅度男女持平。上述变化情况充分说明，陕西省人口婚姻关系更加稳定，女性更高于男性，这是改革开放以来婚姻家庭关系出现的新情况和新特点。

离婚的比重很小，但男性占82.9%，女性仅占17.1%，男性是女性的4.8倍。从年龄分布看，30～39岁组离婚人口占离婚总人口的27.93%，处于峰值地位；其次是40～49岁组，占23.98%；第三为50～59岁组，占18.19%；60岁以上老年离婚人口比重（16.73%）比30岁以下青年尚高3.56%。从变化趋势看，中老年离婚人口比重在逐渐下降，青年离婚人口比重在上升（见表9）。

表9　　陕西省各年龄组离婚人口占总离婚人口比重　　（%）

年份	合计	15～29岁	30～39岁	40～49岁	50～59岁	60岁以上
1982	100	11.05	25.60	24.35	20.81	18.19
1987	100	13.17	27.93	23.98	18.19	16.73

未婚人口比重下降的一个重要原因是平均初婚年龄前移。1%人口抽样调查资料表明，1987年陕西省男性平均初婚年龄为23.1岁，比1982年提前了2.1岁；女性平均初婚年龄为20岁，比1982年提前了3.4岁。可见绝大多数男女青年到了法定年龄就结婚。尤其是农村女青年，平均初婚年龄只有19.5岁，比城市小2岁多。15～19岁人口占15岁及以上婚龄人口的17.52%，

如果除去这一部分未成年人口，20岁以上未婚的实际只占婚龄人口的9.48%。

四、人口文化素质进一步提高，但总水平仍然较低

根据1987年1%人口抽样调查资料推算，5年来陕西省人口文化素质有明显的提高。具有小学以上文化程度的人口为1 950.5万人，占总人口的63.14%，与1982年普查时比较，增加194.3万人，占总人口的比重上升了2.38%；占6岁以上人口的72.20%，比重上升4.05%。除小学文化程度人口有所减少，比重有些下降外，其它各种文化程度人口及所占的比重都有明显提高（见表10）。

表10　　各种文化程度人口所占比重

文化程度	1982年人口普查		1987年1%抽样调查		1987年比1982年增减%
	人数（人）	占岁6及以上人口%	人数（人）	占6岁及以上人口%	
大　学	250 396	0.97	4 909	1.65	+0.68
高　中	2 271 161	8.81	28 540	9.58	+0.77
初　中	5 597 301	21.72	77 701	26.07	+4.35
小　学	9 443 158	36.64	104 020	34.90	−1.74

从表10可以看出，5年来初中文化程度的人口比重上升最快，其次为高中和大学。小学文化程度人口的比重却下降了1.74%。

1987年与1982年相比，每万人口中拥有多种文化程度的人数，除小学外都有明显的提高。大学文化程度（包括大学在校和肄业）的由87人提高到144人，高中文化程度的由786人提高到837人，初中文化程度的由1 937人提高到2 280人。其中拥有大学文化程度的人数增加最快，增长65.5%；其次为初中文化程度的，增长17.7%；高中文化程度的仅增长6.5%，相对来说发展比较缓慢。大学文化程度的人数增长快的原因，一是随着改革的深化，高等教育事业发展很快，在校学生人数增长60%，平均每万人口中拥有的大学在校学生由1982年的19.3人提高到31.8人，增长64.8%；二是成人高校发展迅速，年毕业生人数已超过万人，相当于正规高校年毕业人数的55%。小学文化程度的人数减少、比重下降，其原因是多方面的。随着人口文化素质普遍提高，低文化程度的人口比重相对下降是一种必然趋势，更主要的是全省还有57万学龄儿童没有入学，这个数字比1982年普查时的49万又增加了8万多人，增长17.35%，这是影响小学文化程度人口下降的一个不可忽视的因素。

分市、镇、县看，城乡人口文化程度差距仍然十分悬殊。城市小学及以上文化程度人口占6岁及以上人口的比重为88.06%，比农村（县）高出21.53%。其中，大学文化程度人口的比重城市比农村高61倍，高中文化程度高3.4倍，初中文化程度也高出28%（见表11）。

据1%人口抽样调查数字推算，1987年陕西省文盲、半文盲为693.8万人，占总人口的22.46%，与1982年普查数字相比，减少24万人，下降2.37%。文盲率（文盲、半文盲人口占12岁及以上人口的比例）为28.96%，比1982年普查时下降4.25%（见表12）。

文盲、半文盲中，男性占34.17%，女性占65.83%，女性是男性的1.9倍。女性文盲率比男性高1倍。5年来，男性人数减少5%，而女性仅减少2.4%，男性人数减少的幅度是女性的2倍。但女性文盲下降快于男性。

市的文盲率为11.99%，其中男性为5.93%，女性为18.37%；镇的文盲率为24.25%，

表11

陕西省分市、镇、县人口文化构成

	各种文化程度人口占6岁及以上人口数%	6岁及6岁以上人口的文化程度构成%			
		大学	高中	初中	小学
全省	72.20	1.65	9.58	26.07	34.90
市	88.06	8.06	24.00	30.63	25.37
镇	76.94	0.66	10.15	31.41	34.72
县	66.53	0.13	5.42	23.88	37.59

表12

陕西省文盲半文盲人口比重

	12岁及以上人口			文盲半文盲人数			文盲率(%)		
	合计	男	女	合计	男	女	合计	男	女
1982	2161.3	1119.1	1042.2	717.7	249.6	468.1	33.21	22.31	44.91
1987	2395.8	1230.0	1165.3	693.8	237.1	456.7	28.96	19.27	39.19

其中男性为14.75%，女性为34.46%；县的文盲率为35.13%，其中男性为24.36%，女性为46.44%。从上述资料可以看出，农村的文盲率比城市高出1.9倍，农村女性人口的文盲率比城市女性人口高出1.5倍。在全省约693.8万文盲半文盲中，92%以上集中在农村和集镇，60%又是农村和集镇的妇女。这说明，近几年来陕西省人口文化素质虽有明显提高，但总体水平仍然偏低，而农村人口特别是农村妇女文化素质则更低一些。因此，尽快地提高人口文化素质，特别是农村人口文化素质，是一项十分紧迫而艰巨的任务。

（作者工作单位：陕西省统计局）

1987年甘肃省人口发展状况分析

原华荣

一、自然变动

1987年末，甘肃省人口为2 374 926人。与1986年末相比，增加了40 891人，增长幅度为1.56%。

在全省14个地、州、市中，增长最多的是白银市，2.55‰。次为庆阳地区和兰州市，分别为1.93%和1.75%。增长最少的是酒泉地区，仅0.97%。嘉峪关市人口为负增长，比1986年减少了4.55%。各地、州、市的人口变动，除嘉峪关、白银、庆阳外，均以自然增长为主。

1987年，全省自然增加人口214 874人，增长率为10.29‰。与1986年相比，仅高0.04个千分点。各地、州、市中，人口自然增加最多的是兰州市，28 636人；次为天水市和定西地区，分别为23 966人和22 764人。最少的为嘉峪关市，只有854人。自然增长率酒泉地区最高，为13.18‰；最低为嘉峪关市，8.5‰，相差4.68个千分点。

全省出生率15.02‰。最高是张掖地区，18.02‰，最低嘉峪关市，11.71‰，相差6.31

个千分点；死亡率全省4.73‰。张掖地区5.82‰，居全省之首。嘉峪关市3.20‰，为全省最低。嘉峪关市的出生、死亡、自然增长各率，均低于其它各地、州、市，这与该市城镇人口比重高紧密相关（见表1）。

表1　　甘肃省1987年人口密度和自然变动

地、州、市	年末人口		总量变动		出生		死亡		自然增长		人口密度
	数量	%	比1986年增加数	%	人数	‰	人数	‰	人数	‰	(人/km²)
全省	21 034 099	100.0	323 310	1.56	313 569	15.02	98 695	4.73	214 874	10.29	46.4
兰州市	2 374 926	11.3	40 891	1.75	39 133	16.62	10 497	4.46	28 636	12.16	181.5
嘉峪关市	97 998	0.5	−4 668	−4.55	1 175	11.71	321	3.20	854	8.5	77.9
金昌市	358 177	1.7	5 366	1.52	5 058	14.23	1 486	4.18	3 572	10.05	48.4
天水市	2 765 190	13.1	44 891	1.65	36 256	13.22	12 290	4.48	23 966	8.74	193.1
白银市	1 346 693	6.4	33 541	2.55	20 129	15.14	4 724	3.55	15 405	11.58	67.3
酒泉地区	778 681	3.7	7 444	0.97	13 913	17.95	3 696	4.77	10 217	13.18	4.1
张掖地区	1 083 793	5.2	17 253	1.62	19 376	18.02	6 255	5.82	13 121	12.20	26.5
武威地区	1 587 208	7.5	24 935	1.60	23 864	15.15	7 502	4.76	16 362	10.39	48.2
定西地区	2 425 523	11.5	32 557	1.36	34 310	14.24	11 546	4.79	22 764	9.45	123.4
陇南地区	2 308 070	11.0	27 136	1.19	31 206	13.60	12 029	5.24	19 177	8.36	81.7
平凉地区	1 832 384	8.7	24 991	1.38	27 185	14.94	8 936	4.91	18 249	10.03	164.5
庆阳地区	2 017 557	9.6	38 282	1.93	27 608	13.81	9 340	4.67	18 268	9.14	74.1
临夏回族自治州	1 504 635	7.2	25 022	1.69	25 003	16.76	7 005	4.69	17 998	12.06	187.9
甘南藏族自治州	553 264	2.6	5 669	1.04	9 353	16.99	3 068	5.57	6 285	11.42	14.5

资料来源：甘肃省统计局。

据1987年1‰人口抽样调查资料，1986年全省育龄妇女生育率为81.03‰。妇女生育的特点是峰值期集中（21～26岁）。城镇与农村相比，峰期较短（23～26岁），峰值也较低（城镇农村均为23岁）；与1981年比较，生育率有所上升。而且峰值增高，峰值期提前，低年龄（15～19岁）生育率提高（见表2、表3）。

表2　　甘肃省1986年人部分年龄育龄妇女生育率　　（‰）

年龄（岁）	全省	市、镇	县
总计	81.03	67.73	86.26
19	100.62	91.14	103.89
20	157.68	110.38	175.04
21	228.76	164.13	255.94
22	242.32	167.57	274.43
23	281.72	245.19	298.13
24	248.02	196.97	269.34
25	222.61	192.19	235.29
26	196.96	190.48	200.23
27	156.73	140.66	164.27

资料来源：甘肃省1987年1%人口抽样调查。

表3　　甘肃省1981、1986年育龄妇女生育率比较　　（‰）

年龄组(岁)	1981年	1986年
总计	78.59	81.03
15～19	17.61	31.20
20～24	193.28	229.38
25～29	215.37	152.19

资料来源：甘肃省1987年1%人口抽样调查。

与1986年比较，全省一胎率提高了2.5个百分点，为65.3%。二胎率减少了1.4个百分点，为29.6%。其中计划外二胎率降低了2.1个百分点。三胎及三胎以上生育的比重，已降到5.1%①。

二、人口分布与迁移

全省人口分布格局，与1982年相比，无明显变化。仍是河东人口比重大、密度高，河西人口比重小、密度低。河东面积只占全省的39.6%，但人口（17 128 242人）却占到全省的81.4%。河西（嘉峪关市、金昌市、酒泉地区、张掖地区、武威地区）面积占全省的60.4%，但只居住着全省18.6%的人口。河东人口密度为每平方公里117.0人，为全省46.4人平均密度的2.5倍。河西人口密度为14.3人/平方公里，不到全省平均的1/3。

除东多西少这一基本格局外，全省人口分布的又一显著特点是各地州市之间，各区县之间，存在着极大的差异。天水市人口比重最高，占全省的13.1%，定西地区和兰州市居二、三位，比重为11.5%和11.3%。人口最少的是嘉峪关市和甘南藏族自治州，比重分别占0.5%和2.6%；人口密度最高的是天水市、临夏回族自治州和兰州市，依次为193.1人/平方公里、187.9人/平方公里和181.5人/平方公里。密度最低的是酒泉地区和甘南州，每平方公里只有4.1人和14.5人。在区、县，人口密疏的不均，则更为悬殊。密度最高的兰州市西固区、城关区，每平方公里高达2 995.0人和2 645.3人。而肃北蒙古族自治县和阿克赛哈萨克族自治县，每平方公里仅0.14人和0.2人。每平方公里不到5人的县，还有玛曲（2.7）、安西（2.8）、敦煌（3.4）和碌曲（4.5）。全省54%的区、县，人口密度超过了100人/平方公里（见表4）。

表4　　1987年甘肃省区县人口密度分级

人/平方公里	<50	50～99	100～149	150～199	200～249	250～299	≥300	总计
区、县（个）	28	13	17	12	3	4	12	89

人口在省内的迁移频度较高。1987年迁入人口最多的是天水地区（52 495人）、庆阳地区（48 946人）和兰州市（45 546人）。而迁入率则以嘉峪关（48.15‰）居首，白银（30.64‰）次之。一半地区的迁入率超过20‰；迁出率仍以嘉峪关市最高，达68.09%。陇南地区最低，为10.20‰。而迁出量仍以天水市（34 651人）居首，兰州市（32 745人）、陇南地区（32 242人）次之；净迁入以天水市最多（17 844人），嘉峪关为负（－2 001人）；净迁入率白银市最高，12.03‰。嘉峪关市、酒泉地区、甘南州最低，为－19.94%、－1.06‰和－1.03‰；总迁移变动率嘉峪关市最高，116.24‰。酒泉地区、白银市等五市、区，在40‰以上（见表5）。

人口迁移变动，原因以婚迁为主，占37.22%；随迁22.12%，居第二；工作调动和投亲靠友居三、四位，分别占11.37%和8.79%。城市的迁移，则以工作调动为第一位原因，学习和分配工作次之（见表6）。

迁移人口中，以女性居多，年龄构成轻，文化程度较高，主要由农村流向市、镇（见表7）。迁移人口的职业，以农、林、牧、渔劳动者为主；生产工人、运输工人和有关人员次之；各类专业技术人员居第三。省内迁移的上述比例依次为60.7%、21.2%和6.0%。省外迁入人口，相应比例为47.2%、26.1%和8.0%。

① 甘肃省计划生育委员会资料。

表5　1987年甘肃省内人口迁移变动

项目 地区	迁入		迁出		净迁入		总迁移变动	
	人数（人）	迁入率（‰）	人数（人）	迁出率（‰）	人数（人）	净迁入率（‰）	人数（人）	总迁移率（‰）
兰州市	45 546	19.34	32 745	13.91	12 801	5.44	78 291	33.25
嘉峪关市	4 831	48.15	6 832	68.09	−2 001	−19.94	11 663	116.24
金昌市	6 881	19.36	5 052	14.21	1 829	5.14	11 933	33.57
天水市	52 495	19.14	34 651	12.63	17 844	6.51	87 146	31.77
白银市	40 748	30.64	24 743	18.60	16 005	12.03	65 491	49.24
酒泉地区	21 619	27.90	22 439	28.96	−820	−1.06	44 058	56.85
张掖地区	24 231	22.54	20 967	19.50	3 264	3.04	45 198	42.04
武威地区	38 045	24.16	27 796	17.65	10 249	6.51	65 841	41.81
定西地区	35 490	14.73	26 858	11.15	8 632	3.58	62 348	25.88
陇南地区	33 580	14.63	23 413	10.20	10 167	4.43	56 993	24.84
平凉地区	39 553	21.73	32 242	17.72	7 311	4.02	71 795	39.45
庆阳地区	48 946	24.49	28 350	14.19	20 596	10.31	77 296	38.68
临夏回族自治州	24 859	16.66	17 906	12.00	6 953	4.66	42 765	28.66
甘南藏族自治州	10 574	19.21	11 142	20.24	−568	−1.03	21 716	39.45

资料来源：甘肃省统计局（以区、县为统计单位）。

表6　甘肃省人口迁移变动原因　（%）

原因	工作调动	分配工作	学习培训	投靠亲友	随迁	婚迁	退休退职	其它
全省①	11.37	4.24	1.71	8.79	22.12	37.22	1.30	13.25
兰州市②	24.01	12.85	19.25	14.47	10.08	0.12	1.89	17.35

资料来源：①　甘肃省1987年1%人口抽样调查（1982.7.1～1987.6.30数）。
②　兰州市公安局（1987年数）。

表7　甘肃省迁移人口构成和文化程度　（%）

项目		省内迁移 迁入	省内迁移 迁出	省外迁入
性别	男	34.2		44.9
	女	65.8		55.1
年龄（岁）	0～14	12.6		20.4
	15～64	86.5		77.8
	≥65	0.9		1.8
	15～29	67.2		50.8
	20～24	44.1		29.1
每千人口中（人）	大学	15.6		16.7
	高中	148.0		151.9
	初中	263.8		308.2
	小学	223.6		217.7
文盲率（‰）	合计	28.38		20.02
	男	9.78		7.75
	女	37.45		29.31

三、人口构成

（一）年龄构成。据1987年1%人口抽样调查，甘肃省人口仍属年轻型。0～14岁、15～64岁和65岁及以上人口占总人口的比重，依次为29.75%、66.30%和3.95%。与1982年相比，老年人口比重增加了0.46个百分点，少年儿童比重下降了6.57个百分点，劳动年龄人口比重上升了6.11个百分点。与之相适应，中位年龄由20.13岁增加到23.31岁，老少比由9.6%上升到13.3%，少年儿童负担系数由60.3减少到44.9，老年负担系数仅增加了0.2。由此，社会总负担系数下降，每百名劳动年龄人口负担的人口，由1982年的66.1个减少到1987年的50.8个，减少了15.3个（见表8）。在城乡之间，年龄构成存在明显差异。少年儿童比重，市、镇、县分别为25.67%、27.46%和30.86%，呈递增趋势。而劳动年龄人口，却呈递减趋势，分别为70.74%、69.01%和65.05%。老年人口比例差异较小，分别为3.59%、3.53%和4.09%。社会总负担系数，尤其是少年儿童负担系数，便表现为由城市向镇、县增大。每百名劳动年龄人口负担的少年儿童，市为36.3个，镇为39.8个，县为47.4个，高低相差11.1个。

表8　　1982、1987年甘肃省人口年龄结构和负担系数

年份	年龄构成（%）			年龄中位数（岁）	老少比（%）	社会负担系数（%）		
	0～14	15～64	≥65			总负担系数	少年儿童负担系数	老年人口负担系数
1987①	29.75	66.30	3.95	23.31	11.3	50.8	44.9	6.0
1982②	36.32	60.19	3.49	20.13	9.6	66.1	60.3	5.8

资料来源：① 甘肃省1987年1%人口抽样调查。
② 甘肃省1982年普查资料。

（二）性别构成。1987年末，全省男、女人口各为10 870 429人和10 163 670人，分别占总人口的51.7%和48.3%，性别比为106.95。各地区男女人口的构成，差异较大。以工矿业为主的嘉峪关市和金昌市，性别比高达130.36和150.94。而在少数民族聚居的临夏和甘南二州，性别比则只有104.75和102.81。个别县，如玛曲、碌曲和夏河，性别比仅96.84、95.25和97.17（见表9）。

表9　　1987年甘肃省人口城乡构成和性别比

地区	城乡构成（%）		农业、非农业人口比重（%）		性别比
	城镇	乡村	农业	非农业	
全省	40.3	59.7	84.0	16.0	106.95
兰州市	68.7	31.3	49.8	50.2	108.44
嘉峪关市	100.0	0.0	23.4	76.6	130.36
金昌市	68.0	32.0	62.5	37.5	150.94
天水市	44.9	55.1	88.4	11.6	105.76
白银市	32.2	67.8	81.6	18.4	107.69
酒泉地区	82.4	17.6	70.7	29.3	105.25
张掖地区	42.4	57.6	87.9	12.1	107.70
武威地区	67.1	32.9	89.3	10.7	105.30
定西地区	11.2	88.8	93.5	6.5	106.60
陇南地区	24.2	75.8	93.5	6.5	107.39
平凉地区	36.3	63.7	90.2	9.8	108.02
庆阳地区	38.5	61.5	91.6	8.4	108.91
临夏回族自治州	21.4	78.6	92.0	8.0	104.75
甘南藏族自治州	13.3	86.7	84.4	15.6	102.81

资料来源：甘肃省统计局

（三）城乡构成。全省城、乡人口，分别占总人口的40.3%和59.7%。城镇人口比重以嘉峪关市最高，达100%。酒泉居第二位，82.4%。比重最低的为定西地区和甘南州，只有11.2%和13.3%；全省农业和非农业人口，分别占总人口的84.0%和16.0%。农业人口比重超过90%的有定西、陇南、临夏、庆阳和平凉五地、州，比重依次为93.5%、93.5%、

92.0%、91.6%和90.2%。嘉峪关市的比例最小，仅23.24%。次为兰州市和金昌市，分别为49.8%和62.5%（见表9）。

（四）文化构成。全省每千人中的各类文化程度人口，大学3.8‰，高中63.4‰，初中153.1‰，小学284.9‰。文盲率439.2‰。女性和少数民族人口，文化程度则更低(见表10)。在业人口的文化构成亦十分低。高中以上文化的在业人口，比重仅9.5%。而文盲、半文盲者，则占到45.3%，加上小学程度，则高达72.1%。各产业中，第一产业尤甚。相应人口的比例，依次为4.46%、52.5%和80.4%（见表11）。

表10　　甘肃省每千人中各类文化程度人口数　　（人）

文化程度	全省			其中：少数民族		
	合计	男	女	合计	男	女
大学	3.8	5.8	1.7	1.6	2.6	0.5
高中	63.4	82.8	43.0	22.0	29.5	14.2
初中	153.1	199.8	104.1	65.5	91.9	38.6
小学	284.9	338.3	229.0	157.2	311.0	83.0
文盲率（‰）	43.92	29.08	59.36	72.22	59.16	25.42

资料来源：甘肃省1987年1%人口抽样调查。

表11　　甘肃省在业人口文化构成　　（%）

产业	大学	高中	初中	小学	文盲、半文盲
第一产业	0.04	4.6	15.0	27.9	52.5
第二产业	2.8	24.5	40.5	25.0	7.2
第三产业	4.7	39.3	35.0	16.4	4.6
总计	0.6	8.9	18.5	26.8	45.3

资料来源：甘肃省1987年1%人口抽样调查。

四、婚姻家庭

1987年全省15～59岁人口平均初婚年龄为22.04岁，男23.34岁，女20.75岁。在19～24岁结婚的人口，占到全体初婚人口的75.36%。男性初婚的峰期年龄在20～24岁之间，比重为66.96%。女性初婚的峰期年龄为18～22岁，比重达72.01%，开始和结束都比男性提前两岁（见表12）。

表12　　甘肃省初婚人口年龄构成和平均初婚年龄　　（%）

年龄（岁）	≤17	18	19	20	21	22	23	24	25	26～59	平均初婚年龄（岁）
男	3.50	3.65	5.58	10.66	12.09	17.38	13.81	13.02	6.29	14.02	23.34
女	7.70	10.25	12.50	19.79	16.96	12.51	8.83	7.56	2.33	1.57	20.75
合计	5.62	6.97	9.07	15.25	14.54	14.93	11.30	10.27	4.30	7.75	22.04

资料来源：甘肃省1987年1%人口抽样调查。

全省15岁以上人口有偶率高，离婚率低，婚姻家庭关系稳定。据1987年1%人口抽样调查，未婚率、有偶率、丧偶率和离婚率分别为28.75%、64.84%、5.92%和0.49%。25岁以上的人口，未婚率降至2.52%，其中女性仅0.67%。相应地，有偶率上升至87.23%。25岁以上人口中，未婚率以高中文化程度人口为高，5.55%，以小学为低，2.10%；大学文化程度人口有偶率最高，94.92%，文盲、半文盲人口最低，82.72%；丧偶率以文盲、半文盲人口为高，14.33%，以大学文化程度人口最低，0.89%。离婚率差距不大，以高中文化程度人口为最低。综合来看，婚姻、家庭关系的稳定程度，在各类文化程度人口中差别不大。而文盲、半文盲人口的婚姻家庭关系，其稳定性则不如有文化的人口（见表13）。

表13　甘肃省25岁及以上人口按文化程度划分的婚姻状况　（%）

文化程度	未婚率			有偶率			丧偶率			离婚率		
	合计	男	女	合计	男	女	合计	男	女	合计	男	女
大学	3.34	2.96	5.52	94.92	95.17	93.79	0.89	0.93	0.69	0.76	0.93	—
高中	5.55	5.89	4.67	92.99	92.76	93.60	0.91	0.90	0.95	0.54	0.44	0.78
初中	2.72	3.24	1.15	94.68	93.94	96.90	1.96	2.12	1.48	0.64	0.69	0.47
小学	2.10	2.83	0.25	93.04	91.74	96.37	4.19	4.57	3.22	0.67	0.86	0.17
文盲、半文盲	2.21	5.46	0.45	82.72	80.96	83.67	14.33	11.99	15.60	0.74	1.59	0.27
总计	2.52	4.31	0.67	87.23	87.95	86.48	9.55	6.66	12.55	0.70	1.08	0.29

资料来源：甘肃省1987年1%人口抽样调查。

离婚率的年龄、性别差异较大，表现为男高女低，中年人高，老年人和年轻人低。离婚率的峰值年龄为35～39、40～44和45～49岁组，分别为0.87%、0.88%和0.93%。女性离婚率低而年龄差异小，男性离婚率高而峰期长、年龄差异大。在30～34、35～39、40～44、45～49、50～54和55～59岁各年龄组，男性离婚率依次达0.93%、1.36%、1.44%、1.49%、1.03%和1.13%（见表14）。

表14　甘肃省人口按年龄划分的离婚率（%）

年龄组（岁）	合计	男	女
15～19	0.04	0.05	0.03
20～24	0.31	0.33	0.28
25～29	0.53	0.76	0.28
30～34	0.61	0.93	0.28
35～39	0.87	1.36	0.37
40～44	0.88	1.44	0.33
45～49	0.93	1.49	0.33
50～54	0.67	1.03	0.28
55～59	0.75	1.13	0.32
60～64	0.52	0.76	0.24
⩾65	0.37	0.55	0.34
总计	0.49	0.74	0.24

资料来源：甘肃省1987年1%人口抽样调查。

家庭规模以三、四、五人户居多，占总家庭户的65.1%。平均每个家庭户的人数，全省是4.96。市、镇、县分别为4.69人、4.61人和5.08人；从家庭结构看，二代户比重最高，占62.44%，三代户次之，比例为22.69%。

（作者工作单位：兰州大学人口研究所）

1987年青海省人口发展状况分析

荣　斌

青海省位于青藏高原的东北部，总面积为72.3万平方公里，约占全国总面积的1/13，仅次于新疆、西藏、内蒙古，居全国第四位。但人口占全国总人口的比重尚不到0.4%，每平方公里只有5.9人，是除西藏自治区外人口最少的省份。

一、总人口现状

（一）人口总量。据抽样调查推算，1987年年末常住人口为4 279 295人，其中96.2%的人户口在本地，其余3.8%的人属户口在外地的流动人口和由于各种原因户口待定人口。总人口中男性2 191 427人，占51.21%；女性2 087 868人，占48.79%，性别比为104.97。与1982年相比，5年间共增加了351 399人，增长了8.95%，平均每年增加70 279人，年均增长率1.73%。其中自然增长322 979人，年均增加64 596人；机械增长28 418人，年均增加5 683人。

青海人口分布很不平衡，占全省面积不到3%的西宁市（含市辖县大通）和海东地区，却居住着全省67.38%的人口，平均每平方公里140.36人，其中省会西宁市辖区平均每平方公里拥有1 825.71人。而占全省总面积97.2%的6个自治州，只占全省总人口的32.62%，平均每平方公里只有1.98人。这是由于我省广大中、西部地区地理环境、气候较差，海拔高度均在3 000公尺以上，人口生存条件极差所致。加之历史上形成的工业布局不均衡以及文化、教育、交通等因素，从而形成人口多分布在东部地区的状况。

根据目前对西部矿产资源开发的战略思想，青海省将有计划的向西部迁移人口，使占全国矿产储量第一位的锂、钾、池盐、钾盐、溴、云石、石棉等，及居第二位的自然硫、硼、压电水晶以及具有相当储量的铬铁、铅、锡、汞、金、锌、石油等得以开发。在已探明储量的59种矿产中，有37种名列全国各省、市、自治区的前十位，加上丰富的水利资源和拥有大量可开垦的荒地，随着这些地区工农业的发展，人口分布将会有所改观。

但从各州、市、地区来看，除西宁市区主要属于机械增长外，牧业区和农业区主要是人口自然增长较快。

市镇人口已由1982年占总人口数的20.48%上升到1987年占总人口的34.28%，这是由于由1982年的7个建制镇上升为1985年（经国务院批准）的35个建制镇所致。

农业人口与非农业人口。1987年非农业人口为124.39万人，占全省总人口的29.07%。农牧业人口为304.51万人，占全省总人口的70.93%。市镇人口中非农业人口占市镇人口总数的69.17%（见表1）。

（二）人口年龄结构。按国际通用的人口年龄类型标准来衡量，根据抽样调查资料表明，全省1987年末少年儿童(0～14岁)人口占总人口的33.90%，劳动年龄人口（15～64岁）占62.20%，老年人口（65岁及以上）占3.90%，人口年龄中位数为20.33岁，平均年龄26.12岁，说明我省属年轻型人口。

全省1987年人口年龄构成和1982年普查时相比具有如下特点：

（1）少年儿童人口系数比1982年下降了6.7个百分点。造成少年儿童人口系数下降的主要原因是1982～1984年间育龄妇女占总人口的比重较低，出生人数较少，这一现象是由

表1　　　　　　　　　　**1987年青海省人口状况**

地　　区	总人口（万人）	占全省总人口的比重（%）	市镇人口（万人）	总人口1987年比1982年增长(%)	人口密度（人/km²）	密度比1982年增长（%）
全　　省	427.90	100	146.68	8.94	5.91	9.85
西宁市	101.40	23.70	74.08	9.47	302.69	11.69
其中：西宁市区	63.90	14.93	65.47	11.81	1825.71	11.80
海东地区	186.90	43.67	39.22	9.23	108.73	9.23
海北州	25.20	5.89	4.58	14.70	5.61	5.85
海南州	35.60	8.32	4.24	9.54	7.78	9.58
黄南州	16.70	3.91	2.19	9.70	9.33	13.37
果洛州	11.20	2.62	0.92	8.00	1.48	8.03
玉树州	22.10	5.16	1.50	14.57	1.12	14.29
海西州	28.80	6.73	19.55	6.82	0.90	7.14

1960～1964年生育的低谷时期的周期反应所致，加之1978年后认真贯彻了计划生育政策，降低了人口出生率。但是自1964年至1975年由于补偿性生育和对人口出生失控，造成1985年后，生育率又有所升高，形成近两年出生人口（0～1岁），比2～3岁人口平均高13.27%。

（2）老年人系数比1982年上升了1.2个百分点。其原因在于对人口生育有所控制，及党的三中全会以来我省人民生活和医疗卫生条件，全社会各项福利事业均有了很大的改善。人口的平均预期寿命比1982年提高了4.41岁。长寿水平（80岁以上人口占60岁以上人口比值）达到6.41%，比1982年提高了2.01个百分点。

（3）人口年龄中位数20.33岁，比1982年上升了1.78岁，平均年龄上升2.16岁。这是由于控制了人口生育的结果。我省的人口虽然表现为向成年型人口发展的趋势，但是由于我省育龄妇女比重上升和近两年人口出生率上升，预计今后若干年仍为年轻型人口。

（4）人口总负担系数1987年为60.77%，由于少年儿童抚养系数下降（比1982年下降16.99个百分点），使人口总负担系数也相应比1982年减少15.46个百分点。老年抚养系数为6.28%，比1982上升1.53个百分点。我省劳动年龄人口资源丰富，占62.20%，是一支待开发的力量。

（5）特定年龄人口（见表2）1987年与1982年相比，全省0～6岁人口占总人口比重下降了1.65个百分点。其中，不满周岁的婴儿上升了0.03个百分点，学龄儿童减少了2.73个百分点，15～49岁的育龄妇女上升了2.16个百分点。1987年育龄妇女占总人口的比重为25.74%，比1982年有所上升。育龄妇女占全省女性人口的51.47%，比1982年上升了2.87个百分点。其中，20～29岁的育龄妇女占全部育龄妇女的30.60%。

上述表明不仅育龄妇女比1982年有所上升，而且在生育旺盛的20～29岁的育龄妇女群及15～20岁即将临界婚育的妇女比重均有不同程度提高，将促使我省80年代后期至90年代初，人口出生率处于高增长时期。

截至1987年，全省劳动力总数比1982年共增加32.23万人，增长16.17%，为青海经济开发提供了丰富的劳动资源。但由于人均耕地面积减少，和近期需要安置的待业人口，又将给目前劳动就业造成一定的困难。

表2　　青海省按特殊年龄分组的人口变化状况

项　　目	人口构成（%）		1987年比1980年增（+）减（-）
	1987年	1982年	
总　　人　　口	100	100	—
不满周岁乳儿	2.38	2.35	+0.03
1~3岁婴幼儿	6.03	7.13	-1.10
4~6岁学龄前儿童	7.05	7.62	-0.57
7~12岁小学龄儿童	14.78	17.51	-2.73
13~15岁初中适龄人数	8.38	8.54	-0.16
16~18岁高中适龄人数	8.09	8.08	+0.01
育龄妇女人数（15~49岁）	25.74	23.58	+2.16
兵役年龄人数（男18~24岁）	8.41	6.06	+2.35
进入劳动年龄的人数（16~17岁）	5.31	5.40	-0.09
劳动年龄人数合计	54.10	51.15	+2.95
其中：男16~59岁	27.81	27.27	+0.54
女16~54岁	26.29	23.88	+2.41
退出劳动年龄人数合计	7.31	5.72	+1.59
其中：男60岁	2.63	2.15	+0.48
女55岁	4.69	3.57	+1.12

二、人口自然变动和机械变动

（一）生育状况。由于经济比较落后，而人口出生率却较高，1987年青海省出生率为22.59‰，比全国1987年平均水平高出1.55个千分点。死亡率为6.42‰，自然增长率为16.17‰。由于出生率高，自然增长率也比全国平均水平高出2.09个千分点。由于青海省属少数民族聚居的地方，在人口生育政策方面，较内地宽松。但同时又是一个经济、文化比较落后的地区。为了迅速把经济搞上去，缩小与全国经济、人民生活水平的差距，控制人口数量增长是十分必要的工作。当前我省在人口控制方面，要使其有计划的增长，首先要严格控制住多胎生育，其重点应该放在农村、牧区（见表3）。根据1987年抽样调查资料，我省一胎占41.77%，二胎占22.53%，三胎及三胎以上占35.70%（在多胎生育中四胎以上占63.20%）。育龄妇女生育第一胎平均年龄为21.61岁，比1982年下降了2.08岁。生育第二胎的平均年龄为23.59岁，比1982年下降了2.11岁，生育三胎以上的平均年龄为29.92岁，比1982年下降了2.48岁，说明各胎次生育的平均年龄均有所提前。

表3　　育龄妇女生育状况*

	婴儿出生数（人）	一胎		二胎		多胎	
		人数	%	人数	%	人数	%
全　省	2 717	1 135	41.77	612	22.53	970	35.70
少数民族	1 526	541	35.45	302	19.79	683	44.76

*1987年抽样资料，未推算总体

（二）生育率情况。1987年育龄妇女的一般生育率为102.22‰，总和生育率为3.13。汉族育龄妇女的总和生育率为2.24，少数民族育龄妇女的总和生育率为4.37，其中蒙古族的总和生育率为5.14（见表4）。

表4 **育龄妇女分年龄的生育率及总和生育率**

年 龄	有生育妇女人数（人）	育龄妇女人数（人）	各年龄组生育率（‰）	各年龄组总和生育率
合 计	2 717	26 580	102.22	3.13
15～19	332	6 982	47.55	0.04755
20～24	1 463	5 824	251.20	0.25120
25～29	400	2 631	152.03	0.15203
30～34	271	3 218	84.21	0.08421
35～39	166	2 889	57.46	0.05746
40～44	57	2 805	20.32	0.02032
45～49	28	2 231	12.55	0.01255

*1987年抽样资料，未推算总体

妇女文化程度的高低对其生育胎次的多少有很大的影响。因为文化水平高，主观上容易接受计划生育政策。同时由于文化程度较高的妇女一般来说事业心比较强，切身体会到了少生育对其工作、学习均有极大益处。而文化程度较低的妇女却希望多生育，一方面受文化知识影响，对控制人口的必要性尚无足够的认识。这些妇女多数居于农、牧业区；另一方面由于生产力水平的低下，也促成她们认为子女多，劳动力就多，生产活动易于开展，生活有保障，老有所养的思想。

表5 **各种文化程度育龄妇女中多胎生育状况**

文化程度	占全省有生育妇女人数的比重（%）	占全省多胎生育妇女人数的比重（%）
总 计	100	100
大学毕业	0.22	—
大学肄业或在校		
高 中	4.56	0.21
初 中	9.68	2.47
小 学	10.08	5.67
文盲或识字很少	75.45	91.65

*1987年抽样资料，未推算总体

从表5看出，大学文化程度的没有多胎生育现象， 而高中的仅占0.21%。随着文化水平下降，生育多胎的人数却逐渐上升。初中文化为2.47%；小学文化为5.69%；文盲或半文盲妇女竟占91.65%。说明人口计划生育不能就事论事。在发展国民经济的基础上，还需不断提高国民的文化教育，以综合治理方式，才能够扎实地把人口数量降下来，并相应提高人口的质量。

（三）人口机械变动。由于受自然地理条件影响，历史上经济发展就比内地缓慢，解放以后国家虽然给予了一定的支持，但由于原有经济基础太差，加之1958～1976年工作失误，造成青海省经济至今仍然排列在全国较后的位置。这样随着东南沿海经济开放发展，国家经济建设重点转移，西部经济，特别是青海省经济发展与全国的差距越拉越大，使得原来不多的人才“东流”问题更加突出。仅1983～1987年不完全统计，迁往外省人口达10余万人，其中迁出的劳动适龄人口约占84%，其中相当数量知识分子，以迁往华东地区和华北地区为最多约占57%，虽然这几年迁入人口比迁出人口多13.9%，但多为家属和一些商贩，后者自然对全省商品经济、活跃市场起了一定作用，但临时性较强，缺乏高技术人才仍然是我省经济发展缓慢的重要问题。

由于所处地理位置，特别是西藏的开发建设，青海的经济发展可称之谓战略的需要而不能忽视，这点已引起中央足够的重视。做为本省的干部、群众也要认清形势，勇于开拓，把我省具有的丰富的矿产资源早日开发出来，使青海的落后面貌能尽早改变。

三、人口的婚姻状况

根据1987年人口抽样调查，全省15岁及15岁以上人口中，未婚人口占调查人口的28.31%，其中男性人口占调查的男性人口的32.80%，女性占23.87%；有配偶人口占64.19%，其中男性占62.27%，女性占66.08%；丧偶人口占6.27%，其中男性占3.80%，女性占8.72%；在离婚人口中，占1.23%，其中男性占1.13%，女性占1.33%（见表6）。

表6　　婚姻状况构成（占15岁及15岁以上人口的比例）　　（%）

婚姻状况	1987年			1982年		
	合计	男	女	合计	男	女
总计	100	100	100	100	100	100
未婚	28.31	32.80	23.87	28.27	31.27	25.06
有配偶	64.19	62.27	66.08	64.10	63.64	65.63
丧偶	6.29	3.80	8.72	5.82	3.57	8.23
离婚	1.23	1.13	1.33	1.31	1.52	1.08

分年龄婚姻状况，男15～21岁，女15～19岁的人口中未婚占86.16%，早婚率为13.84%；在本年龄组中，男性早婚率为12.75%，女性早婚率为15.32%。

初婚年龄男为22.41岁，女为19.64岁。因为属少数民族聚居的省份，一些县、乡还低于此初婚年龄。初婚年龄不仅低于全国平均水平，且比1982年也有所提前。

初婚年龄汉族男为22.85岁，女为19.51岁。少数民族男为21.77岁，女为19.72岁。其中回族男为20.51岁，女为17.70岁。

四、人口的文化程度

根据1987年人口抽样调查，青海省具有各种文化程度的人口为183.40万人（推算数），占全省总人口的42.86%，占6周岁以上人口的49.14%，其中每万人中有大学文化程度的人数为110.50人；中等文化程度人数1 870.07人；具有初等文化程度的人数2 287.57人。文盲和半文盲占全省总人口的38.15%，占12岁以上人口的51.86%，其中男性占37%，女性占66.25%，说明广大妇女在受教育程度还很不够。尤其是农牧业区，在商品经济日趋发达的时候，妇女在农业、畜牧业生产方面，已成为主力军，要提高生产，就必须搞好计划生育工作，提高人口素质，提高妇女的文化将成为至关重要的大问题（见表7）。

表7 **分性别文化程度构成**

项　目	全省6岁以上人口	有文化程度人口合计	大学毕业	大学肄业或在校	高中	初中	小学	6岁以上不识字或识字很少
男性人口占（%）	49.34	62.74	68.15	79.07	50.56	64.68	64.20	35.09
女性人口占（%）	50.66	37.26	31.85	20.93	49.44	35.32	35.80	64.91
男性文化程度构成（%）	100	62.50	1.75	0.35	6.53	19.74	34.13	37.50
女性文化程度构成（%）	100	36.14	0.80	0.09	6.22	10.50	18.53	63.86

人口文化结构上另一个突出问题是农牧区落后于城市，少数民族文化程度普遍落后于汉族。在12岁及12岁以上人口中，汉族为28.61%，其中男性为15.97%，女性为41.18%。在我省33个少数民族中文盲占74.24%，其中男性占57.79%，女性为89.75%，说明在少数民族中，受生活习俗影响，文盲率比汉族妇女高一倍。在藏族妇女中文盲占94.50%；其次是撒拉族占93.72%；土族较少，占42.86%。

由于青海受历史、自然环境的影响，新中国建立后虽然取得了很大成绩，但与全国相比，在各方面比较落后，这是客观事实。要振兴开拓青海，必须面对当前全国开放形势。国家为保持东南沿海经济发展势头，不可能拿出大量资金投入一时无法见到效益或效益不很高的西部地区。但是必竟全省经过30多年经济建设，工农业已有了一定的基础，解放后通向西部交流关闭，而完全依赖东部地区支援的状况，目前发生了变化，但一时还尚难于在产品质量成本等各方面与东部发达地区的竞争。另一方面我省人口增长过快，人口素质较低。虽然每平方公里平均不足6个人，但是在目前生产力尚趋于低下状况，人们对自然界的改造能力尚受到一定限制，环境对人口的承载能力低。尤其是占总人口70.93%的农牧业人口，基本仍是靠天吃饭，粮食和畜牧业生产很不稳定。粮食单位面积产量仅为360多斤，复种指数仅为90%左右（每年只能种植一季且有部分土地休耕）。这样即使丰收年景，粮食总产量也无法满足全省对粮食的需求。做为支柱的畜牧业，由于草场退化，沙化严重，无法提高载畜量。能提供的商品畜很低。必须对牧草、牲畜、籽种等进行改良。同时我省虽然矿产资源丰富，但限于资金缺乏，均属尚待挖掘和起步阶段，而且真正开发也需要时间，故在这种状态下，人口增长过快，就会反过来阻碍生产力发展，形成人口的相对过剩。尤其是人口的素质低，大量的文盲人口存在，也必然影响经济的发展和新技术利用。这就要求以人口增长速度一定要低于经济的增长速度为出发点，以人均占有量的增长速度来评估我省人口政策的贯彻执行，这样才能够保证经济发展。

这就充分说明，在全省加强人口控制，降低人口增长速度，具有很大的现实意义。为此，要做到以下几点：（一）降低人口出生率；（二）对婚姻登记要严格按《婚姻法》办理，不得违犯；（三）在生育胎次方面，各地区要根据地区民族状况，制定些条例规定。对三胎以上多胎生育，应严格控制；（四）要广泛进行计划生育宣传工作，尤其是农牧业区，做到家喻户晓，成为人人自觉的行动。提倡优生、优育，提高人口素质。（五）要进行综合治理，在发展经济的基础上，尽快提高全省各族群众的文化水平。

（作者工作单位：青海省统计局）

1987年宁夏回族自治区人口发展状况分析

宋传升

一、人口总量猛增

1987年末，宁夏回族自治区总人口已达4 351 553人，比1986年末的4 243 331人，净增加了108 222人，增长了2.55%，是1971年以来人口增加最多、增长势头最猛的一年。原因有三：

一是人口年龄结构的变化。以1987年1%人口抽样调查资料推算，1987年全区育龄妇女为1 150 115人，比1982年第三次人口普查时增加了227 963人，增长了24.72%。在生育政策不变的情况下，育龄妇女的增加，势必造成出生人数的增加，这是1987年人口猛增的一个主要原因。

二是近年来控制人口的思想有所放松，有些地区的计划生育工作抓得不紧。1983～1985年全区共出生217 858人，还不如1981～1982两年生的孩子多。为此，有些人以为计划生育工作搞的不错了，出生率真的降下来了。事实上，这三年的低生育，主要是1959～1961三年困难时期人口生育低谷的周期影响。由于对这种影响认识不足，产生了麻痹思想，不仅造成出生人口增多，而且使一些旧观念和旧习俗有所回升。

三是社会经济的发展变化带来的人口变化。宁夏属于一个相对比较贫穷、落后的少数民族地区，随着“改革，开放，搞活”政策的深入贯彻，同时随着宁夏经济社会各方面的迅猛发展，流动人口大幅度增加。这种状况对社会经济发展起了促进作用，但同时也带来了宁夏人口的增加。从1984年算起，不计短期居住的，仅常住和定居的即有16.5万人，4年净迁入了10.2万人（其中1987年净迁入21 843人），大大超过4年死亡73 762人的数字。这是宁夏人口增长快的第三个原因。

二、自然增长率回升

1987年自然增长率回升到20.10‰，是全国30个省区中人口自然增长率唯一超过20‰的省区（见表1）。

表1　**1987年宁夏人口自然变动状况**

		1986年	1987年	1987年比1986年增(+)、减(−)
绝对数（人）	出生人数	103 553	108 038	+4 485
	死亡人数	20 973	21 659	+ 686
	自然增长人数	82 580	86 379	+3 799
相对数（‰）	出生率	24.69	25.14	+0.45
	死亡率	5.00	5.04	+0.04
	自然增长率	19.69	20.10	+0.41

资料来源：宁夏回族自治区统计局抽样调查资料。

表1数字说明，1987年比1986年出生率、死亡率和自然增长率分别回升了0.45、0.04和

0.41个千分点。1987年宁夏人口的自然变动有以下几个特点：

（一）出生率高。1987年全国人口出生率为21.04‰，宁夏为25.14‰，仅低于新疆列全国第二。宁夏人口出生率高既有自然原因，也有社会原因。

根据1%抽样调查资料，全区0～14岁人口占总人口的比重已由1982年的41.26%，下降为1987年的36.38%，而16～49岁的生育旺盛期的人口比重则由1982年的48.6%，上升为51.95%，其中育龄妇女占全部妇女的比重由48.82%，上升为51.2%。这种年龄结构变化带来的育龄妇女人数的增加是高出生率的自然原因。

社会原因则是多方面的。1.由于宁夏是一个少数民族地区，在生育政策上一直比较宽。农村人口普遍允许生两个孩子，南部山区农村的少数民族夫妇允许生三个孩子；2.早婚早育现象仍很严重。据1%人口抽样调查，1987年20岁以前结婚的人，占已婚人数的37.5%，其中女性20岁前结婚的占57.2%。这就是说，宁夏的已婚妇女有60%是早婚的，其中不到法定年龄结婚的占24.17%，15岁以前（不包括15岁）结婚的占2.95%。早婚必然导致早育，宁夏15～19岁组妇女生育率达27.02‰，其中一胎生育率23.51%，二胎率3.36%，三胎率0.15%。而且资料表明，近年来这种现象有增加的趋势；3.多胎率高，超生子女多。1987年宁夏妇女生育一胎率明显减少，二胎率和多胎率明显增加（见表2）。

表2　　宁夏1987年育龄妇女生育胎次率变化　　（%）

胎次率	1986 年	1987 年	1987年比1986年增（＋）、减（－）
一　胎　率	41.93	37.29	－4.64
二　胎　率	28.49	31.10	＋2.61
三胎以上率	29.58	31.61	＋2.03

资料来源：1986年为1%抽样调查数，1987年为计划生育部门统计数。

宁夏1%调查共抽查了当年有生育行为的妇女2 654人，其中超生的有617人，占当年有生育人数的23.26%。在超生者中，当年生育6胎以上的竟有100人之多，最高的生育第14胎。资料表明，宁夏人口超生、多生的重点地区是南部山区，在调查的617个超生人口中，南部山区超生的即有369人，占59.8%（见表3）。因此，宁夏计划生育工作的重点是山区和农村。

（二）死亡率低。1987年，宁夏人口死亡率5.04%，是全国大陆29个省、区、市中最低的。这主要是人口年龄结构轻造成的。同时由于近年来生活水平的提高以及不少外省籍老人返乡，对宁夏人口的死亡率也有一定影响。

三、人口结构开始变化

1987年宁夏人口构成发生了明显变化，主要表现在：

（一）性别构成趋近，性别比降低。以1987年1%人口抽样调查和1982年第三次人口普查相比，宁夏人口性别比由106.2降为100.3，性别构成趋于接近（见表4）。造成这一现象的原因，一是婴儿性别比偏低，1986年下半年和1987年上半年初生婴儿性别比为104.3；二是与近年来陆续解决了几万名外省籍职工家属来宁入户有关。

表3　　　　　　山区育龄妇女超计划生育胎次状况

年龄别	育龄妇女	超计划生育		3胎	4胎	5胎	6胎	7胎	8胎	9胎	10胎	11胎	12胎	13胎及以上
		人数	生育率(‰)											
合计	10 035	369	36.77	75	131	63	42	20	15	15	23	2	2	1
15～19	2 566	—	—	—	—	—	—	—	—	—	—	—	—	—
20～24	2 141	28	13.08	16	11	1	—	—	—	—	—	—	—	—
25～29	1 177	137	116.10	45	72	16	3	1	—	—	—	—	—	—
30～34	1 326	123	92.76	14	40	34	26	7	1	1	—	—	—	—
35～39	1 036	58	55.98	—	8	10	12	10	6	9	1	2	—	—
40～44	956	19	19.81	—	—	2	1	2	7	3	1	0	2	1
45～49	830	4	4.82	—	—	—	—	—	1	2	1	0	—	—

表4　　宁夏人口性别构成变化

	1982年	1987年	1987年比1982年增(＋)、减(－)
构成比	100	100	—
男	51.50	50.08	－1.42
女	48.50	49.92	＋1.42
性别比	106.20	100.33	－5.87

（二）年龄构成和人口类型开始发生变化。

1.年龄结构的变化及其影响。1987年0岁组、1～6岁组、7～14岁组人口的比重，均比1982年有所下降；劳动年龄组、育龄妇女组的比重大量上升，老年人口组也有上升(见表5)。人口结构的变化，势必会对社会经济的发展产生影响。因此我们必须有清醒的认识。

表5　　　　1987年宁夏人口社会年龄结构变化状况

类别	1982年	1987年	1987年比1982年增（＋）、减（－）
总人口	100	100	—
不满周岁儿童（0岁）	2.86	2.41	−0.45
学龄前儿童（1～6岁）	15.68	13.79	−1.89
少年儿童（7～14岁）	22.71	20.18	−2.53
劳动年龄人口(男15～59岁，女15～54岁)	52.63	56.68	＋4.05
老年人口（男60岁以上，女55岁以上）	6.12	6.94	＋0.82
育龄妇女（15～49岁）	23.67	26.43	＋2.75

资料来源：1982年为普查资料，1987年为1％抽样调查资料。

2.人口类型。开始从年轻型向成年型转移。人口再生产尚没有完全进入稳定型，但已由增加型向稳定型靠近了一些。说明宁夏人口在一个相当长的时期内，仍将是一个增加型结构。

（三）文化结构的变化。

文盲半文盲（12岁及以上人口）的比重，1982年占43.04％，1987年下降为35.49％，减少了7.55个百分点，其中男性由29.48％下降为23.69％，女性由57.59％下降为47.26％。文盲半文盲的减少，标志着全体人民文化素质的提高。

6岁及6岁以上人口的文化构成中，除文盲半文盲比重减少外，其余各类文化程度人口的比重均有增加（见表6）。

表6　宁夏6岁及以上每千人中各种文化程度人数

文化程度	1982年	1987年	1987年比1982年增（＋）、减（－）
大学毕业	6.07	10.65	＋4.58
大学肄业或在校	1.77	0.41	－1.36
高　　中	62.75	76.87	＋14.12
初　　中	184.12	229.00	＋44.88
小　　学	304.51	331.82	＋27.31
文盲半文盲	440.78	351.25	－89.53

资料来源：根据1982年人口普查和1987年1%抽样调查整理计算。

四、人口迁移、婚姻及家庭变化

（一）迁移。据公安部门统计，1987年宁夏共从外省迁入人口33 666人，迁出11 823人，迁出迁入相抵后净迁入21 843人，属于一个正常偏多的年份。

迁入人中主要是国家正式职工的工作调动及其随迁家属，还有原迁入职工的亲友投靠来的。从1982年7月1日至1987年6月30日 5 年迁入的总人数中，以上三项占了84.28%，婚迁的女性人口也占有一定比例（见表7）。

表7　分性别迁入原因构成　（%）

迁入原因	合　计	男	女
合　　计	100	100	100
工作调动	28.98	40.89	17.14
分配工作	4.30	5.58	3.03
务工经商	3.39	5.06	1.73
学习培训	0.57	0.70	0.43
投亲靠友	24.46	18.83	30.04
退休退职	0.09	0.17	—
随迁家属	30.84	24.76	36.88
婚姻迁入	6.26	2.09	10.39
其　　他	1.11	1.92	0.35

宁夏人口的迁移变动归纳起来有“几多几少”，即迁入的多，迁出的少；来的省份多，去的省份少；来自外省农村的多，城镇的少；文化素质低的多，文化素质高的少；不在业的人口多，在业的人口少。

（二）婚姻与家庭状况。

1.宁夏人口的婚姻状况是在向着提前、稳固、完满的方向发展。首先是结婚年龄提前了，1982年普查时全区平均初婚年龄男为23.86岁，女为21.81岁。1987年调查男为23岁，女为20岁，分别提前了0.86岁和1.81岁。同时不到法定年龄结婚的人也增多了，1982年男占

3.05%，女占1.89%。1987年男占3.53%，女占4.13%，分别提高了0.48和2.24个百分点。第二是有偶率高了，离婚者少了，这可以从15岁及15岁以上男女人口的各种婚姻状况的比重变化得到证明（见表8）。

表8　　1987年和1982年宁夏人口婚姻状况变化　　（%）

婚姻状况	15岁及以上人口合计			男性			女性		
	1982年	1987年	+、-	1982年	1987年	+、-	1982年	1987年	+、-
未婚	28.25	26.63	-1.62	31.63	29.22	-2.41	24.60	24.05	-0.55
有配偶	66.35	68.35	+2.00	64.37	67.23	+2.86	68.49	69.45	+0.96
丧偶	4.76	4.61	-0.15	3.33	3.03	-0.30	6.67	6.18	-0.49
离婚	0.64	0.41	-0.23	0.67	0.52	-0.15	0.24	0.32	+0.08

表8中未婚率全部减少，有偶率全部上升，离婚比重合计数和男性都是减少的，只有女性稍有上升。从总体来说，结合率和稳固率都提高了。

2.最近几年随着商品经济的发展和社会管理的开放，宁夏的家庭结构也发生了一些明显变化。

首先是户均人口降为5人以下，户规模向4～5人户集中。自解放以来，宁夏每户平均人口除三年困难时期外，其余各年均在5人以上。1987年降为4.95人。1987年与1982年家庭规模的比较见表9。

表9　　宁夏1987年与1982年家庭规模变化比较

家庭规模	1982年	1987年	1987年比1982年增（+）、减（-）
合计	100	100	—
一人户	5.65	2.84	-2.81
二人户	6.97	6.96	-0.01
三人户	12.21	15.96	+3.75
四人户	16.05	20.24	+4.19
五人户	17.37	19.80	+2.43
六人户	16.16	15.42	-0.74
七人户	11.88	9.45	-2.43
八人户	7.06	5.16	-1.90
九人户	3.70	2.15	-1.55
十人及以上户	2.95	2.01	-0.94

表9数据说明：①通过婚姻、生育和办敬老院等1人户和2人户明显减少了；②通过子女结婚成家、兄弟分家等，6人以上户也普遍减少了；③户比重由两头向3、4、5人户集中，增加最多的是3人户和4人户，即一对夫妇一至两个孩子，这是宁夏现代家庭的标准户。

第二是两代户比重增多，家庭世代关系趋简。1982年普查时，宁夏的“一、二代”和其他亲属及非亲属等多世代、多因素组成的户占总户数的9.49%，1987年降为4.94%，说明家庭组合有简化趋势（见表10）。

表10　　　　宁夏家庭类别变化状况

家庭类别	1982年	1987年	1987年比1982年 增(+)、减(-)
合　　计	100	100	—
单　身　户	2.12	2.84	+0.72
一对夫妇户	3.48	4.40	+0.92
二　代　户	69.13	71.08	+1.95
三代以上户	15.78	16.74	+0.96
一代和其他亲属及非亲属户	0.82	0.41	-0.41
二代和其他亲属及非亲属户	3.02	2.25	-0.77
其　他　户	5.65	2.28	-3.37

表10中一代户、二代户、三代户和单身户比重均有上升，但二代户占了绝大比重，这是宁夏人口家庭变化的一个重要特点。

第三是民族关系和睦，民族混合家庭已超过万户。据1982年普查，宁夏有多民族的混合家庭10 383户，占全部家庭户的14.1‰。在民族混合户中，两个民族混合户有10 228户，占98.51%；三个民族混合户有107户，占1.03%；四个及四个以上民族混合户有48户占0.46%。这是宁夏各族人民团结、和睦，共建家园的一个良好证明。

1987年宁夏人口变化中，人口出生率高，总人口增加过快、过猛仍然是一个必须注意的主要问题，应当引起重视。

（作者工作单位：宁夏回族自治区统计局）

附　　　　1987年宁夏总人口变化状况

项目	人数（人）			构成（%）			1987年为
	1985年	1986年	1987年	1985年	1986年	1987年	1986年(%)
一、总户数	808 315	839 789	879 620	—	—	—	104.74
二、总人口数	4 146 215	4 243 331	4 351 553	100	100	100	102.55
户均人口数	5.13	5.05	4.95	—	—	—	98.02
三、男性人口	2 137 278	2 188 013	2 245 877	51.55	51.56	51.61	102.64
女性人口	2 008 937	2 055 318	2 105 676	48.45	48.44	48.39	102.45
性别比	106.39	106.46	106.66	—	—	—	100.19
四、农业人口	3 313 764	3 332 573	3 377 850	79.92	78.54	77.02	101.36
非农业人口	832 451	910 758	973 703	20.08	21.46	22.98	106.91
五、城镇人口	1 464 532	1 698 152	1703 867	35.32	40.02	39.16	100.34
乡村人口	2 681 683	2 545 179	2 647 686	64.68	59.98	60.84	104.03
六、汉族人口	2 797 427	2 856 089	2 918 472	67.47	67.31	67.07	102.18
回族人口	1 337 561	1 373 102	1 416 085	32.26	32.36	32.54	103.13
其他少数民族	11 227	14 140	16 996	0.27	0.33	0.39	120.20
七、川区人口	2 353 688	2 404 197	2 454 824	56.77	56.66	56.41	102.11
山区人口	1 792 527	1 839 134	1 896 729	43.23	43.34	43.59	103.13

1987年新疆维吾尔自治区人口发展状况分析

董永茂　陈　虹

一、人口总量的变化

1987年底新疆总人口为14 063 267人，比1986年增加了22.69万人，增长率为1.63%。1949～1987年的39年间，新疆净增972.99万人，年平均增长率为3.15%。1987年新疆人口密度为每平方公里8.47人，比1986年提高0.13人。

二、人口自然增长

（一）出生人数及出生率。1987年新疆出生29.34万人，比1986年的28.19万人多1.15万人，出生率为21.03‰，比1986年提高了0.49个千分点。1987年出生人口中汉族占76.59%。汉族人口出生率低于少数民族。1987年新疆汉族人口出生率为12.70‰，而少数民族人口出生率高达26.30‰，比汉族高出一倍以上。

南疆地区人口出生率高于北疆和东疆，南疆地区少数民族人口出生率高于北疆地区。1987年南疆各地少数民族人口出生率在20～35‰之间，北疆各地区少数民族人口出生率在18～25‰之间（见表1）。

表1　　1987年新疆各地区人口出生率　　（‰）

	北疆						东疆		南疆					全疆
	1	2	3	4	5	6	7	8	9	10	11	12	13	
汉族	11.37	12.26	11.16	13.68	14.24	14.38	13.41	10.21	11.66	11.07	18.52	12.55	17.88	12.70
少数民族	18.93	21.52	20.02	20.43	24.02	20.78	28.16	19.75	22.17	26.81	33.15	28.40	28.63	26.30
总人口	13.37	14.46	11.51	15.33	19.63	16.71	25.18	13.39	16.53	23.62	32.46	27.19	28.32	21.03

资料来源：1987年新疆维吾尔自治区人口统计资料。

表中纵栏标题中的数字分别代表以下行政区：1. 乌鲁木齐市．2. 克拉玛依市．3. 石河子市．4. 昌吉回族自治州．5. 伊犁哈萨克自治州．6. 博尔塔拉蒙古自治州．7. 吐鲁番地区．8. 哈密地区．9. 巴音郭楞蒙古自治州．10. 阿克苏地区．11. 克孜勒苏柯尔克孜自治州．12. 喀什地区．13. 和田地区。文中表凡有此栏目，与此相同。

新疆汉族人口出生率1987年比1986年提高了1.11个千分点，少数民族人口出生率比1986年仅提高了0.01个千分点。

1982年以来，新疆汉族人口出生率一直呈上升趋势，据1982年人口普查资料及1987年1%人口抽样调查资料计算，1986年新疆汉族育龄妇女占汉族总人口的比重由1981年的26.53%提高到30.62%，提高了4.09个百分点，而一般生育率由1981年的58.08‰下降到1986年的49.93‰。可见，新疆汉族人口出生率的上升是由育龄妇女占总人口比重提高而引起的。

（二）死亡人数与死亡率。1987年新疆死亡人数为83 130人，比1986年的84 155人少1 025人。1987年新疆人口死亡率为5.96‰，比1986年的6.13‰下降了0.17个千分点，是解放以来新疆人口死亡率的最低点。

南疆各地区人口死亡率普遍高于北疆。1987年南疆各地区人口死亡率在3～10.5‰之间，而北疆在2～5‰之间，与1986年比较，北疆的石河子地区人口死亡率有明显提高，南疆的巴音郭楞蒙古自治州和喀什地区人口死亡率明显降低(见表2)。

表2　　1987年新疆各地区人口死亡率　　(‰)

	北疆						东疆		南疆					全疆
	1	2	3	4	5	6	7	8	9	10	11	12	13	
汉族	2.56	1.84	4.16	3.03	2.90	2.33	2.59	2.83	2.53	2.84	2.07	3.20	2.73	2.91
少数民族	3.34	3.23	6.40	3.86	5.04	4.97	5.56	4.40	5.13	8.37	7.06	10.80	10.47	7.89
总人口	2.77	2.17	4.25	3.23	4.08	3.29	4.96	3.35	3.74	7.25	6.83	10.22	10.25	5.96

资料来源：1987年新疆维吾尔自治区人口统计资料。

汉族人口死亡率远远低于少数民族。1987年新疆汉族人口死亡率为2.91‰，而少数民族为7.89‰，与1986年相比，汉族人口死亡率几乎没有变化，而少数民族死亡率则由8.20‰降到7.89‰，降低了0.31个千分点。可见1987年新疆人口死亡率降低是因为少数民族人口死亡率降低所致。

南疆各地区的少数民族人口死亡率高于北疆少数民族人口死亡率。1987年南疆各地少数民族人口死亡率在5～11‰之间，而北疆各地在3～6.5‰之间(见表2)。

城镇人口死亡率低于农村。1987年新疆城市人口死亡率为3.98‰，镇人口死亡率为5.18‰，农村人口死亡率为7.28‰。与1986年相比，城市上升了0.02个千分点，镇及农村分别下降了0.56和0.14个千分点。

(三)自然增长人数及自然增长率。1987年新疆人口自然增长21.02万人，比1986年的自然增长人数19.78万人多1.24万人，自然增长率为15.07‰，比1986年的14.41‰上升了0.66个千分点，这是由出生率的上升而引起的。

汉族人口自然增长率低于少数民族。1987年汉族人口自然增长率为9.79‰，少数民族为18.41‰，后者比前者高出近1倍。与1986年相比，汉族人口自然增长率上升了1.10个千分点，少数民族仅上升了0.32个千分点(见表3)。

表3　　1987年新疆各地区人口自然增长率　　(‰)

	北疆						东疆		南疆					全疆
	1	2	3	4	5	6	7	8	9	10	11	12	13	
汉族	8.81	10.42	7.01	10.65	11.34	12.05	10.82	7.38	9.12	8.23	16.45	9.35	15.15	9.79
少数民族	15.59	18.29	13.63	16.57	18.98	15.80	22.60	15.35	17.04	18.44	26.09	17.60	18.16	18.41
总人口	10.61	12.29	7.27	12.10	15.55	13.41	20.22	10.04	12.79	16.37	25.63	16.97	18.07	15.07

资料来源：1987年新疆维吾尔自治区人口统计资料。

南疆各地区人口自然增长率普遍高于北疆各地区。1987年南疆各地区人口自然增长率在12～26‰之间，北疆各地区在7～16‰之间。

南疆少数民族人口自然增长率高于北疆。1987年南疆各地区少数民族人口自然增长率在17～26‰之间，北疆各地区在13～19‰之间。南疆主要聚居的是维吾尔族、柯尔克孜族和塔吉克族，因此可以说这三个民族人口的自然增长高于其他民族。

按城乡计算的人口自然增长率排列次序是：镇最高，农村次之，城市最低。1987年新疆镇的自然增长率为16.90‰，农村为16.16‰，城市为12.47‰。

三、人口构成

（一）性别构成。1987年末新疆男性人口为7 197 704人，女性人口为6 865 563人，性别比为104.84，处于平衡状态。

市、镇、农村的人口性别比同1986年比较，变化不大，农村人口性别比略有上升，市、镇略有降低（见表4）。

表4　1986、1987年新疆人口性别比

	1986年	1987年
全部人口	104.93	104.84
城市人口	105.36	105.84
镇人口	105.36	105.65
农村人口	104.59	104.07

资料来源：据新疆维吾尔自治区人口统计资料计算。

性别比在新疆各地区的变化特征是：新兴石油城市克拉玛依市与克孜勒苏柯尔克孜自治州性别比明显下降，巴音郭楞蒙古自治州和博尔塔拉蒙古自治州则明显上升（见表5）。

与1982年相比，1987年新疆分年龄人口的性别比有如下变化：25～39岁年龄组略有上升；40～59岁年龄组大幅度下降；60岁以上人口的性别比高低起伏，变动较大（见图1）。

表5　新疆各地区人口性别比变化

地区	1986年	1987年	地区	1986年	1987年
乌鲁木齐市	104.93	104.93	哈密地区	102.86	104.14
克拉玛依市	113.03	112.06	巴音郭楞蒙古自治州	108.70	109.86
石河子市	104.46	104.64	阿克苏地区	107.17	107.79
昌吉回族自治州	105.42	104.59	克孜勒苏柯尔克孜自治州	102.06	100.78
伊犁哈萨克自治州	104.93	104.92	喀什地区	104.19	103.53
博尔塔拉蒙古自治州	104.26	105.69	和田地区	101.09	101.56
吐鲁番地区	103.56	103.09	全疆	104.93	104.84

资料来源：据新疆维吾尔自治区人口统计资料计算

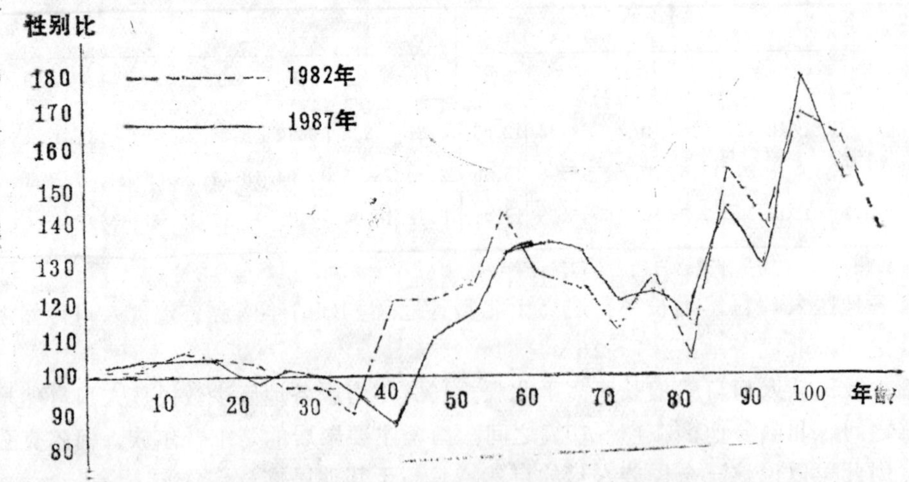

图1　1982年、1987年新疆人口性别比

（二）年龄构成。据1987年1%人口抽样调查，新疆少年儿童（0～14岁）人口比重为35.28%，老年（65岁及65岁以上）人口比重为3.88%，老少比为11.03，人口年龄中位数为20.96岁，与1982年人口普查资料比较，有以下变化：

1.少年儿童人口比重明显下降，老年人口比重略有上升。1987年与1982年比较，少年儿童人口比重降低了4.28个百分点；成年人口（15～64岁）比重上升了4.07个百分点；人口年龄中位数提高了1.46岁（见图2）。

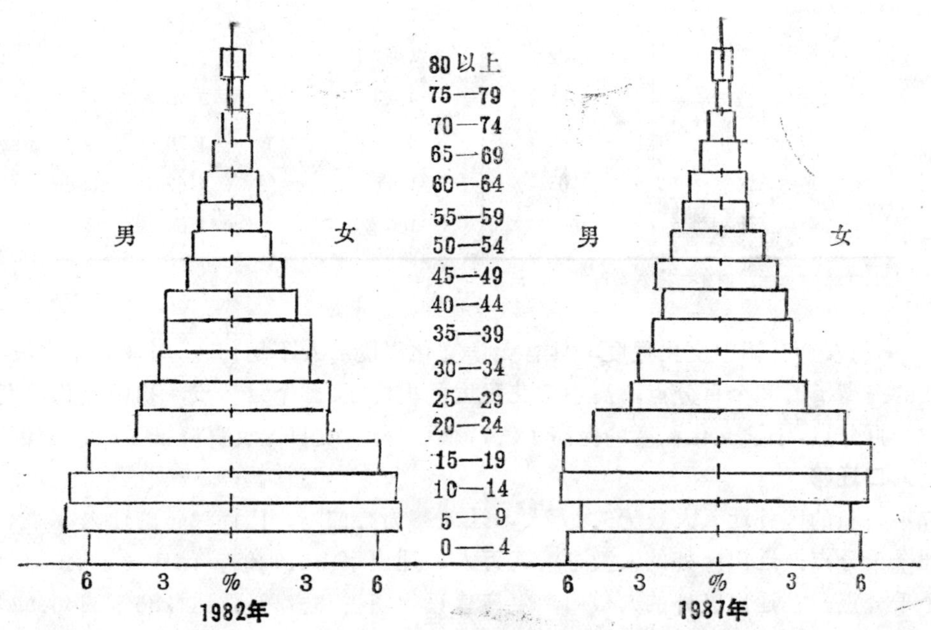

图2 1982年、1987年新疆人口年龄金字塔

与国际上常用的划分人口类型的标准对照，新疆人口正由年轻型向成年型人口过渡。

2.劳动年龄人口（15～64岁）比重上升，负担少年儿童系数及社会负担系数降低。社会负担系数由1982年的76.20%降到1987年的64.40%，5年降低了11.80个百分点。其中负担少年儿童系数由1982年的69.71%降到1987年的58%，降低11.71个百分点，负担老年系数由6.49%降到6.40%，仅降低0.09个百分点。近几年新疆社会负担系数下降，主要是因为人口控制发挥了显著作用，特别是负担少年儿童系数逐渐缩小起了重要作用。

（三）城乡构成。1987年新疆有16个市，126个建制镇（含市辖镇），市辖区人口为4 505 975人，镇辖区人口为1 797 770人，城镇辖区人口比1986年增加17.45万人，增长率为2.85%。城镇辖区人口中，农业人口比重很大，其中农业人口为172.50万人，占38.28%，镇农业人口为71.02万人，占39.51%。1987年新疆城镇人口占总人口的比重为27.51%，比1986年提高了3.05个百分点。

（四）民族构成。1987年新疆少数民族人口为8 633 424人，比1986年增加了18.33万人，增长率为2.17%，占全疆总人口的61.39%，比1986年提高了0.32个百分点；汉族人口为5 429 843人，比1986年增加了4.35万人，增长率为0.81%，占全疆总人口的38.61%，比1986年降低0.32个百分点（见表6）。

（五）文化构成。1987年1%人口抽样调查表明，新疆人口中36.6%的人仅具有小学文

表6　　新疆人口的民族构成　　（%）

民　　族	各民族人口占总人口比重		各民族人口1987年比1986年增长
	1986年	1987年	
维吾尔族	46.48	46.66	2.04
汉　族	38.93	38.61	0.81
哈萨克族	7.30	7.35	2.35
回　族	4.42	4.45	2.38
柯尔克孜族	0.91	0.93	3.74
蒙古族	0.93	0.93	1.90
其他民族	1.03	1.07	4.67
合　计	100	100	1.64

资料来源：据新疆维吾尔自治区人口统计资料计算。

化程度，1/5的人具有初中文化程度，具有大学文化程度的人不足1%。与1982年比较，大学文化程度的提高了0.33个百分点，高中文化程度的提高了2.3个百分点，初中文化程度的提高了3.33个百分点，小学文化程度的提高了2.77个百分点，文盲半文盲降低了8.72个百分点。

四、人口迁移

1987年新疆的区外迁入人数为5.8万人，迁入率为4.16‰，比1986年的迁入率3.30‰提高了0.86个千分点；迁出区外的人数分8.00万人，迁出率为5.74‰，比1986年的6.42‰降低了1.32个千分点，在迁出区外的人数中，生产建设兵团占43.71%，比1986年的66.82%降低了23.11个千分点。

五、家庭状况

1987年底新疆总户数为322.11万户，比1986年增加了7.07万户，增长率为2.24%。户均4.37人，比1986年的4.39略有下降。其中南疆家庭规模小于北疆，南疆户均4.23人，北疆户均4.50人，北疆比南疆户均多0.27人；农业区家庭规模小于牧区，农业区户均4.08人，牧业区户均4.68人，牧业区比农业区户均多0.60人；城乡家庭规模以农村、市、镇为序，镇户均4.05人，市户均4.15人，农村户均4.59人。

六、人口再生产和计划生育

目前新疆是增长型的人口再生产。据1%人口抽样调查资料，1987年新疆育龄妇女占总人口的比重为26.09%，比1982年的24.15%增长了1.94个百分点。1986年新疆妇女总和生育率为3.48，粗再生产率为1.71，净再生产率为1.69，高于更替水平。

汉族人口再生产类型与少数民族迥然不同。汉族妇女总和生育率为1.60，而少数民族妇女为4.83，比汉族高2倍。

新疆计划生育的特点：城市的一胎率最高，镇次之，农村最低，1986年城市一胎率为51.55%，镇为34.10%，农村为25.18%，城市比农村高1倍；少数民族多胎现象相当严重，1986年多胎率为57.42%，而汉族多胎率仅为7.8%。

（作者工作单位：董永茂　新疆财经学院计统系
陈　虹　新疆维吾尔自治区统计局）

1987年台湾省人口发展状况分析

郑启五

1987年全省总人口19 672 612人，比1986年增加218 002人。人口增长率11.21‰，这虽然只比1986年的10.21‰增加1‰，但却是全省人口自然增长率持续7年下降（从1979年的20.05‰下降至1986年的10.21‰）后第一次出现的回升。其中台北县的人口已突破280万人，比1986年增加73 371人，居全省23个县市的榜首。1987年全省每增加3个人当中，就有1个增加在台北县。面对着庞大的人口，该县的县级组织形态和管理服务机构已面临着不堪负荷的局面。

1987年全省人口密度为每平方公里546人，比1986年的540人又增加6人。其中台北市高达9 703人，为全省最高；高雄市为8 742人，名列第二。在其余的5市中依次为台中市4 376人，嘉义市4 246人，基隆市2 625人。全省16个县中，人口密度只有台北县、彰化县、桃园县超过千人。澎湖县784人名列第四。密度最低的台东县，平均每平方公里只有76人，次之的花莲县也不过77人。台北市和高雄市的人口密度比台东和花莲两县高出百余倍。由此可见，当局现阶段推行的主要人口方针之一“均衡人口分布”，收效甚微。

一、人口的出生、死亡和自然增长

1987年全省共出生313 062人，比1986年多出生4 875人，年粗出生率16‰，而1986年是15.92‰。自1979年以来，出生率持续较大幅度直线下降的势头已暂时停止，并略有回升。全年死亡人口96 033人，比1986年增加1 321人；年死亡率4.91‰，比1986年的4.89‰稍有增加；年人口自然增长率为11.09‰，比1986年增加0.06‰。人口出生率的增加是造成全省人口自然增长率和人口总增长率稍有回升的主要原因。

全省人口自然增长率从1964年的28.80‰下降至1986年的11.03‰，1987年的些许回升是否意味着1988年“龙年”将有较大幅度的回升，已引起人口学界的普遍关注。台湾有关当局把“人口自然增长率降至12.05‰以下”的指标定在1989年，显然是对1988年“龙年人口”有可能出现的回升做了较充分的考虑。1976年就因逢“龙年”，“龙年生龙子”的观念起了相当的影响。该年全省出生率普遍过高，结果自然增长率由1975年的18.28‰，猛升至21.24‰。1988年将是全省家庭计划工作面临严峻考验的一年。

1988年3月《台湾日报》根据1986年全省卫生统计资料，公布台湾省男女人口的10大死亡原因。男性的10大死亡原因依次为：恶性肿瘤、意外事故及不良影响、脑血管疾病、心脏疾病、慢性肝炎及肝硬化、高血压、支气管炎肺气肿及气喘、结核病、自杀和肺炎。女性的10大死亡原因依次为：脑血管疾病、恶性肿瘤、肾炎、意外事故及不良影响、糖尿病、高血压、肾征候群及肾变性病、支气管炎肺气肿及气喘、自杀。

对比分析表明，男女主要死亡原因多有不同，意外事故死亡人数男性为9 154人，女性则为3 033人，男性是女性的三倍之多。而糖尿病分别占男女死因的第11位和第5位，人数分别为1 251人和1 719人，女性明显多于男性。慢性肝病和肝硬化分别列男女死因的第5位和第11位，人数分别为2 408人和810人，男性大大地多于女性。

二、人口结构及迁移

全省男性人口10 190 180人，女性人口9 482 432人，分别比1986年增加103 791人和114 211人。男性人口比女性多出707 748人。性别比为107.47，比1986年的107.67稍有下降。全省各县市别的性别比中，台北市103.34为最低，台东县124.25为最高。

1986年全省65岁以上的老年人口为1 026 561人，占该年总人口的5.27%，比1985年的5.05%又有了提高。而14岁以下的未成年人口共有5 639 660人，占总人口的28.99%，比1985年的29.58%有了进一步的下降。未成年人口比重有所减少，老年人口比重逐渐加大，全省这一人口年龄结构的发展趋势日渐明朗，老年人口问题已初见端倪。但目前全省人口总的来说还是相当年轻的，平均年龄中位数在24岁左右。

台湾省人口的省际迁移，因众所周知的原因，1987年仍仅限于与福建省的金门县和马祖岛的迁移。该年迁入3 836人，迁出1 163人，净迁入2 673人。台湾省与外国的国际人口迁移数量可观，1987年迁入27 104人，迁出41 076人，净迁出13 972人，总迁移量68 180人。从绝对数来看，1987年全省人口的国际迁移总量创50年代以来的最高纪录。

三、婚姻状况

全省结婚对数为146 075对，比1986年增加了483对。从绝对数来看，这是自1980年以来结婚对数持续减少6年后第一次出现增加。但就结婚率而言，所占比率仍在下降之中。全省结婚率从1980年的9.91‰，逐年下降至1986年的7.52‰。1987年仍比1986年下降0.05‰，为7.47‰。根据台湾省的人口统计公式，则该年全省平均每1000人中有7.47对男女结为夫妻。

随着结婚率的下降，单身人口有明显的增加。根据1987年的一项统计，全省适婚龄男女仍有1/3以上未婚，25～29岁的未婚女性由1974年的15%增至1985年的23%。而同一年龄组的未婚男性也由1974年的39.8%增至1985年的47%。根据社会学家对这些单身人口的调查，发现他们大都不认为自己孤僻、可怜，反而认为自己比一般人更独立、自立，有更高的理想和目标。

1987年全省离婚23 054对，离婚率为1.18‰；较之1986年，离婚对数增加673对，离婚率上升0.02‰。台湾有关方面认为，离婚率的持续上升是因为全省逐步由农业社会向工商社会转换，妇女就业增加，经济独立，加上传统的社会规范式微。离婚率的增加对社会、家庭，特别是青少年的成长，都将产生较大的影响。据《台湾时报》1988年4月8日称，全省青少年的犯罪率已居世界首位，每10万青少年中就有787人犯罪。12～18岁的少年犯占全省罪犯总数的1/5强。

四、家庭计划实施情况

全省共有户数4 644 839户，比1986年的4 489 300户增加155 539户。

1987年是全省全面推广家庭计划的第23年。从1964年至1986年的22年里，家庭计划已实施二次五年计划，二次三年计划和一次四年计划。其间各家庭计划机构都雇佣一定数量的专职人员，分派到各乡镇区，进行家庭访问，利用宣传媒介和通信方式，传授避孕知识，并发放避孕药具与药品，广泛宣传家庭计划，大力提倡“生男生女一样好”，“两个恰恰好，一个不嫌少”，要求每一对夫妇要依照自己的身体状况、经济能力、心理需要、照顾子女时间的多寡，以及社会的需要，适当调节好生育数量和生育间隔，以维持家庭幸福。据统计，1964年至1986年，累计接受避孕的人数高达530万人次以上。以此推估，全省可少生320万左右的婴儿。据台湾省家庭计划研究所1986年的一项研究报告指出，1985年全省已普及避孕，城乡的避孕率已基本相同。但避孕方法问题颇多。据台湾卫生处1987年的统计，全省有堕胎经历的妇女占全部育龄妇女人数的1/3，每年至少有10万人次的妇女实施人工流产手术。由此可见，全省加强推广安全有效的避孕方法刻不容缓，以减少人工流产的发生率。

鉴于人口出生率出现回升苗头，从1987年下半年开始，全省的家庭计划将采取四项重点工作：①通过在工厂巡迴教育讲座的形式，以及支援教育单位办理学校人口教育等方式，来加强未婚青年的家庭计划观念，掌握有关知识；②加强倡导延长生育间隔至3年左右，以确保婴儿获得较好的养育品质；③加强边远地区的家庭服务，以降低其较高的出生率；④加强推广效果最高而又安全的男性避孕方法，如避孕套及男性结扎。

资料来源

① 台湾《统计月报》1987年第3期；1988年第2期

② 《台湾日报》1988年3月30日《男女十大死亡原因不同》

③ 《自立晚报》1987年6月9日《妇女堕胎知多少，台湾年有十万人》

④ 《大华晚报》1987年1月13日《台湾地区人口平均年龄23.99岁》等。

（作者工作单位：厦门大学台湾研究所）

1987年香港人口发展状况分析

李　稚

一、人口总量、密度和性别、年龄构成

1987年，香港人口仍然保持着近年来平缓发展的趋势。在这个总的状态中，具有出生率更低，结婚人数上升，移民增多，旅游和人口流动更趋活跃，劳工短缺等特点。

据香港政府统计处公布，1987年末香港人口为5 658 800人，比1986年未增加70 800人，增长了1.27%。同1977年比较，总人口增加1 027 300人，增长了22.18%。

香港人口密度，1987年为每平方公里5 262人，比1986年5 192人增加70人。

在本年人口中，男性为2 904 300人，占51.32%，女性为2 754 500人，占48.68%，性比例为105.4。0～14岁的少年儿童人口占22.6%，15～64岁人口占69.4%，65岁以上老年人口占8%。劳动年龄人口比重高于美、英、法、加、澳、日等经济发达国家。

二、人口出生和自然增长

1987年，香港出生人口70 152人，比上年的72 211人减少2 059人，少生2.85%。与1977年出生78 807比较，减少8 655人，少生10.98%。出生率由1977年17.5‰、1986年13.0‰下降至12.5‰。同期，自然增长率也由12.4‰、8.3‰下降至7.7‰。持续稳定下降，是近10年香港人口出生率和自然增长率变化的趋向。

香港人口自然增长率由1963年29.5‰下降至1987年的7.7‰，首先是香港的育龄夫妇越来越普遍实行节制生育，导致出生率由同期33.5‰下降至12.5‰。据香港家庭计划指导会（以下简称香港家计会）1987年进行的“全港家庭计划认识，态度及实行调查”，全港育龄夫妇避孕实行率不断提高，已由15年前的49.6%、5年前的72.3%，提高到1977年的80.8%。目前香港已婚青壮年妇女中，差不多每人都正在采用或曾经使用避孕方法，实行定期性或永久性避孕。目前，香港成为世界避孕实行率较高的地区之一。

避孕方法以采用避孕套为多，占32.2%，服避孕药占20.3%，结扎手术占29.3%，三项

主要措施合计为81.8%。人工流产在香港是受到限制的，但接受人工流产的比例正在上升，已由1982年的13.9%上升至1987年的21.5%。属第二胎人工流产的由4.7%上升至24.8%，增加四倍多。进行过二次以上人工流产者为7.1%。

趋向实行晚婚（当地称迟婚），对人口出生率下降也有影响。香港女性平均初婚年龄由1948年的不到20岁，提高到1971年的23岁、1981年的24岁，1987年再延迟到25岁。男性初婚平均年龄提高到近10年的26岁至28岁之间，1987年为28岁。

由于人口出生率持续和稳定下降，香港人口替代率1985年已低于1，1987年持续不变。如果没有大量移民迁入，四五十年后香港人口将会停止增长并转变为减少。

三、人口死亡率和死因

1987年香港死亡人口为26 959人，比1986年26 030人多929人，增加了3.56%。香港人口死亡率1951年为10.2‰，1963年降至6‰，此后一直保持在6‰以下。1977年降至5.1‰。近10年稳定在5‰左右。1986～1987年分别为4.7‰和4.8‰。婴儿死亡率也由10年前的13.9‰降至1987年的7.5‰。

1987年死亡人口的前三位死因、人数及其所占比例，分列如下：癌病8 432人，占32.2%；循环系统疾病7 808人，占29%；呼吸系统疾病4 351人，占16.1%。

1985年至1987年，连续三年的三大死因及其顺位均如此。因癌病死亡的人中，肺癌居首位，次为肝癌。据1964年至1986年统计，癌病死亡率，男性由每10万人的91人增至173人，女性由每10万人的75增至117。男性癌病死亡率高于女性。

四、婚姻和家庭人口

据香港政府婚姻注册处统计，1987年全港有48 561对男女结婚，超过上年结婚人数12.2%，比1977年增加20%。本年全港适婚年龄（20～34岁）人口约有170多万，占总人口30%，这是结婚人数增加的社会基础。

结婚人数增加，除了有客观原因外，更受主观因素的影响。香港市民相当多人因循旧俗，结婚要选择吉年、吉月、吉日。迷信农历双春兼闰月为结婚吉利之年。上次双春兼闰月的1984年，结婚男女多至53 410对。1987年又是双春兼闰月，结婚人数遂由1985年、1986年的波谷跃上浪峰。

多数人选择中西节假日或选择“最宜婚姻的黄道吉日”，作为结婚的日子，出现了结婚有旺年、旺季、旺日的堆积现象。婚礼多数到婚姻注册处举行，少数在教堂举行。据统计，前者占94.33%，后者占5.67%。

1987年全港离婚者有5 756对，相当于结婚数量的11.85%。比上年离婚4 257对增加35%，比1978年与1974年分别增长2.21倍和9.71倍。近十多年，离婚者呈剧增趋势。离婚多数由女方提出。离婚原因有感情不和，性生活不满意，不甘丈夫风流，受不了精神和肉体虐待，以及与家长有矛盾等等。对婚姻的轻视和不严肃态度，家庭观念淡薄，混乱的性关系，西方不良社会风气的污染，也是助长婚姻破裂的因素。离婚已成为香港日益严重的社会问题。

香港的家庭继续保持以核心家庭为主要家庭形式，家庭规模趋于变小。它反映香港人生育观念和生育子女数目意愿的改变，也反映香港多年推行节制生育带来了社会细胞的变化。据香港家计会调查，香港平均每个家庭理想子女数，由1967年的3.8个降为1987年的2.1个。同期平均实际子女数，也由2.6个降至2.1个。平均每户人数，1987年为3.7人，比20年前减少1人。

五、老年人口

1987年，香港60岁以上老年人口有60多万，占总人口的比重已超过10%；65岁以上老人有45万多，占总人口的8%。香港65岁以上老年人口占总人口比重，1961年为2.8%，1968年4%，1969年至1982年由4.2%升至6.9%，1983年达7.1%。此后数年持续上升，1986年达7.7%，一年后又上升至8%。按国际通用划分人口类型的主要标准，香港在不到20年的时间内，完成了过渡到成年型人口和跨入老年型人口的两次转变。

香港人口日趋老龄化还表现在人口年龄中位数上升和平均寿命延长。年龄中位数，1971年是21.7岁，1981年26岁，1987年上升至29岁；平均寿命，男性由1961年63.6岁，1971年67.8岁，1981年72.4岁增至1987年的74岁；同期女性由70.5岁，75.1岁，78.1岁达到80岁。

面对人口迅速老化，老年人口越来越多，关心老人、兴办老年社会福利事业，受到香港社会尤其是热心人士和慈善社团的关注。香港老人的最大问题莫过于多数人没有退休金，缺乏最基本的社会保障。

六、人口迁移

号称自由港的香港，开埠以来的一百数十年，货物自由进出，不收税；人口也自由迁入迁出，不限制。只是近几十年对迁入人口数量作出一定的限额。但1987年香港人口迁移，仍然是迁入多于迁出，迁移增长人口为27 900人。比上年减少35%。

迁入人口主要来自中国大陆，约27 300人。其中属港人配偶10 557人（夫998人，妻9 559人），子女13 292人。

迁出人口较往年增多。1980年以来，移居港外的人口平均每年2万多人；最低的1980年为20 333人；1987年最高，仅1月至9月即有27 973人，高出1986年全年的28.5%。迁出人口增多的原因复杂。美、加、澳等国修改移民政策，放宽条件，注意吸引香港人才和资金到该国，增强了对香港移民的拉力。一些人对“九七”前途缺乏信心，则是移民增多的推力之一。加拿大放宽条件后，1987年香港申请移民该国的超过1万人。而过去7年，平均每年移民加拿大的只有7千多人。美国给香港移民名额，自1987年10月起，由每年600名激增为5 000名，是本年第4季度香港移民美国增多的重要因素。

与过去移民外国多为普通劳工不同，1987年香港的移民中受过大专教育的专业人才、行政管理人员和拥有中等以上资产者比重上升。有移民意愿者以专业、年轻、女性、未婚者为多。香港社会舆论和关心香港的港外人士，呼吁和建议避免出现移民潮，尽可能减少和补救人才与资金流失。

香港人口迁移的新情况和新动向值得注意。香港的中英高级人士和港内外公正舆论对此甚为关切，并加以分析和疏导，以期香港的稳定和繁荣不受逆向的影响。

七、旅游人口和人口流动

香港以物丰价廉，交通、通讯便捷，服务优良，招来世界各地游客，是名副其实的购物天堂、美食天堂和旅游中心。旅游人口一年比一年多。1987年来港游客达440万人，创历年最高纪录。游客来自四面八方。日本游客约为101.2万，占游客总数23%，保持首位；美国和加拿大游客92.4万，占21%，仍居第二位；东南亚游客74.8万，占17%；西欧游客70.4万，占16%；澳大利亚和新西兰游客30.8万，占7%；台湾省游客超过30万，比上年多六成左右，增长幅度最大。来自祖国大陆的游客计有174 100人，也在增多之列。誉为东方之珠的香港，还是会议与展览中心。1987年在香港举行的会议及展览，由1976年15项增至480项，由此来港的人士共计有75 000人。

香港人称来港游客为运财童子。1987年游客在港的消费达240亿元，使香港得到巨额外汇收益。别名为无烟工业的旅游业，不愧为香港第三大创汇行业。与上年比较，游客增加逾20%，收益却增长35%。

香港人也喜欢出门旅游。1987年到港内离岛区和郊野公园旅游者近1 000万人次。到港外旅游者，1至11月即有125.7万人，比上年同期增加15.3%。旅游地遍及亚太地区和欧美等地。赴泰国和日本旅游者为数较多，到新西兰旅游者，一年激增8倍。

回祖国内地旅游探亲者与年俱增。每逢中西节假日，人如潮涌。1987年春节期间，主要赴内地，也包括到澳门和海外各处的离港人数，超过100万人，使香港几天时间流出约1/5人口。

由于外地人到香港旅游或经香港到别地旅游，与香港人到外地旅游俱增，使1987年出入香港旅客人数约达5 170万人次，比1986年的4 360万人次增加18.6%。其中来往香港与内地之间的旅客占3 050万人次，比上年增加480万人次。这也反映到中国大陆的外国人、侨胞和台胞人数的增长。台湾同胞到大陆往来过境者，1987年有31 299人次，比往年大增。

逾八成来港游客乘飞机。在启德机场上下飞机的乘客，在上年首次突破千万大关之后，再增18.9%，达到1 260万人次。

港内人口流动也很活跃。1987年平均每天搭乘地铁者180万人次，巴士为400万人次。中秋节地铁搭客达227万人次，创最高纪录。不算电车、火车、的士、轮渡，香港市民每天乘现代交通工具外出活动的，平均每人一次以上。

八、劳动人口

1987年的香港继续保持稳定和繁荣。因经济发展而出现低失业率和劳工短缺，是其象征之一。本年香港劳动人口有275万，其中女性逾100万。夏季统计，就业人口占98.2%，失业率只有1.8%，是香港有纪录以来最低的失业率。按国际标准（失业率低于3%为充分就业），香港在1987年堪称实现充分就业了。

由于经济发展，出口增加，内部消费增长，各业兴旺，对劳动力需求增长。粗略估计，劳动力缺口：制造业5万，建筑业1万，商业2万，金融保险业5千。加上旅游业等，合计短缺劳动力为10万左右，为适应旅游人口增长而增建多家酒店，客房增加10%，而酒店就业人数只增加6%，管理、服务人手仍然不足。

脱离经济活动的人口，1987年有52 000人，占经济活动人口总数1.9%。其中包括占18%的退休者，22%因健康欠佳而离职者，27%放弃社会劳动而转回家务劳动的离职者。

九、外籍人口

在香港居住着一百多个国家的人。1987年外籍人口有172 200人，比1977年的83 067人增加一倍多，也比签订《关于香港前途的中英联合声明》的1974年的155 600人增长一成多。这表明近10年外国人对香港投资、工作、居住的人数一直在增长，还表明他们对香港前途的信心也在增长。

十年前后比较，增幅较大和人数较多的是日本人、加拿大人和美国人，分别增加6倍、2倍和1倍。他们主要是投资、经商和办厂，带来资金和技术。人数最多和增幅最大的是菲律宾人，近4万人，增长11倍，以女性为多，当家务佣工为主。简称“菲佣”或“宾妹”者，有34 433人，占菲籍香港居民的88%。

各个在港人数较多的主要国家，十年来数量变动情况如表1所示。

表1　**香港近十年（1977～1987）外籍人口变动状况**

国籍	1987年人数	1982年人数	1977年人数	1987年比1977年增减	
				人数	%
菲律宾	39 100	20 000	3 174	+35 926	+1 132
印度	15 800	14 400	8 233	+7 567	+92
美国	14 700	12 400	6 248	+8 452	+135
英国①	14 100	21 900	24 564	－10 464	－43
马来西亚	10 200	9 100			
泰国	10 100	9 000			
加拿大	9 100	5 000	2 815	+6 285	+223
澳大利亚	8 800	7 900	5 701	+3 099	+54
日本	8 500	7 100	1 184	+7 316	+679
巴基斯坦	7 700	7 400	3 890	+3 810	+98
葡萄牙	7 600	7 400	3 681	+3 919	+106
新加坡	5 300	4 500	3 143	+2 157	+69
印尼	3 300	3 700	1 552	+1 748	+113
南朝鲜	2 600	2 100	750	+1 850	+247
联邦德国	1 600	2 100	1 176	+424	+36
法国	1 500	1 500	702	+798	+114
荷兰	1 200	1 200	542	+658	+121

① 英国人数，未包括驻军

资料来源：《香港1988》、《香港1983》、《香港1978》

十、露宿者人口

联合国把1987年定为“国际关怀无家可归者年”，也称为“国际露宿者年”。香港有一群露宿者，他们存在已久，近年问题较为严重。香港社会福利署调查，全港露宿者人口，1985年有1 152人，1986年底上升至1 333人。而“露宿者行动委员会”的统计，全港露宿者人口约4 000人，为社署数字的3倍。他们聚集的地方，以油麻地和旺角区较多，约占30%。连油麻地警署附近的甘肃街天桥下，也成为露宿者的天堂，人数最多时超过200人。

露宿者多为男性，20%是老年人。多数是无家可归和找不到工作者，有的是有家归不得或不愿归家者。85%在港没有家人，60%因交不起昂贵的房租而露宿。

对这不幸的一群，香港市民颇为关注，寄望于国际关怀无家可归者年，彻底解决他们的问题。尽管香港社会福利署、露宿者救济会和其他社团、热心人士作了种种努力，然并未如愿。

附表 香港近十年（1977～1987）人口变动状况

项目	计算单位	1987年	1977年	1987年比1977年	
				增减数量	%
年末总人口	人	5 658 800	4 631 500	+1 027 300	22.18
比上年增长人口	人	70 800	89 300	−18 500	20.72
比上年增长比例	‰	12.7	19.7	−7.0	35.53
性比例	人	105.4	104.9	+0.5	0.48
人口密度	人	5 262	4 354	+908	20.85
出生人口	人	70 152	78 807	−8 655	10.98
出生率	‰	12.5	17.5	−5.0	28.57
死亡人口	人	26 959	23 459	+3 500	14.92
死亡率	‰	4.8	5.1	−0.3	5.9
自然增长人口	人	43 193	55 348	−12 155	21.96
自然增长率	‰	7.7	12.4	−4.7	37.90
迁移增长人口	人	27 900	32 814	−4 914	14.98
机械增长率	‰	5.0	7.3	−2.3	31.51
0～14岁人口比重	%	22.6	29.1	−6.5	22.34
15～64岁人口比重	%	69.4	65.2	+4.2	6.44
65岁以上人口比重	%	8.0	5.7	+2.3	40.35
年龄中位数	岁	29.0	24.2	+4.8	19.83

资料来源：《香港1988》、《香港1978》、《1988香港年鉴》、《1978香港年鉴》等。

（作者工作单位：广东省社会科学院人口所）

第Ⅲ部分

人 口 普 查

一、1981年各省、自治区、直辖市不同类型地区人口平均预期寿命

表1　1981年各省、自治区、直辖市不同类型地区人口平均预期寿命　（岁）

地区	全省（市、区）			市（不含市辖县）			镇			县（不含县辖镇）		
	合计	男	女	合计	男	女	合计	男	女	合计	男	女
全国总计	**67.88**	**66.43**	**69.35**	**70.87**	**69.12**	**72.69**	**71.40**	**69.55**	**73.40**	**67.17**	**65.79**	**68.56**
华北区												
北京市	71.92	70.49	73.40	73.51	72.01	74.98	73.31	71.80	74.80	69.61	68.27	71.04
天津市	69.91	70.87	71.90	70.69	69.65	71.84	71.49	70.59	72.47	71.24	70.51	72.04
河北省	70.45	69.14	71.88	72.05	70.44	73.84	71.66	70.25	73.33	70.24	68.94	71.66
山西省	67.63	66.56	68.88	70.03	68.73	71.64	71.22	70.01	72.91	67.10	66.03	68.32
内蒙古自治区	66.69	65.91	67.75	70.93	69.99	72.09	71.79	70.64	73.21	65.30	64.64	66.23
东北区												
辽宁省	70.69	69.66	71.86	71.84	70.49	73.36	72.73	71.61	74.04	69.78	68.95	70.77
吉林省	68.90	68.28	69.68	69.95	69.07	71.02	71.08	69.87	72.50	67.98	67.64	68.45
黑龙江省	68.17	67.33	69.21	70.14	68.78	71.70	71.42	70.46	72.56	66.75	66.24	67.44
华东区												
上海市	72.91	70.54	75.14	73.84	72.07	75.56	73.57	71.13	76.05	71.88	68.69	74.79
江苏省	69.49	67.35	71.56	71.78	69.58	73.95	71.58	69.73	74.06	69.08	66.93	71.17
浙江省	69.51	67.81	71.36	70.71	68.71	72.87	71.77	69.90	73.81	69.02	67.40	70.81
安徽省	69.30	67.58	70.72	71.10	69.39	72.67	72.51	70.43	74.46	68.93	67.24	70.33
福建省	68.49	66.24	70.74	70.63	68.13	73.03	71.32	68.77	73.94	67.87	65.68	70.07
江西省	65.97	64.63	67.28	68.70	67.26	70.16	70.97	68.78	73.33	65.26	63.96	66.52
山东省	70.23	68.74	71.73	71.34	69.53	73.19	71.05	69.46	72.66	70.00	68.54	71.45
中南区												
河南省	69.68	67.87	71.43	71.12	69.04	73.14	71.47	69.54	73.45	69.43	67.63	71.17
湖北省	65.56	63.98	67.18	69.60	67.62	71.50	69.79	67.41	72.29	64.80	63.29	66.35
湖南省	65.43	64.19	66.73	68.81	66.87	70.90	70.01	67.99	72.27	64.87	63.72	66.08
广东省	71.29	68.53	73.74	73.54	70.60	76.14	73.72	70.66	76.48	70.81	68.08	73.25
广西壮族自治区	70.09	68.33	71.79	72.99	70.31	75.62	73.38	70.52	76.24	69.74	68.09	71.34
西南区												
四川省	63.96	62.94	64.90	69.03	67.44	70.69	69.97	67.96	72.25	63.18	62.23	64.03
贵州省	61.35	61.07	61.55	63.75	62.84	64.64	69.44	67.52	71.44	60.63	60.54	60.66
云南省	60.73	59.86	61.55	68.39	66.41	70.36	69.46	67.10	71.84	59.88	59.13	60.60
西藏自治区												
西北区												
陕西省	64.81	64.09	65.68	69.01	67.52	70.76	70.50	69.28	71.95	63.96	63.33	64.73
甘肃省	65.75	65.05	66.49	69.96	68.81	71.23	70.71	69.10	72.61	65.12	64.47	65.82
青海省	60.79	59.78	61.79	69.22	68.31	70.29	66.91	66.84	68.33	59.44	58.42	60.44
宁夏回族自治区	65.51	64.74	66.40	70.70	69.18	72.54	71.50	69.95	72.20	64.52	53.93	65.23
新疆维吾尔自治区	60.00	59.59	60.39	67.40	66.16	68.93	69.15	68.54	69.68	57.81	57.69	57.84

二、1981年各省、自治区、直辖市0、15、60岁时平均预期寿命

表2　1981年各省、自治区、直辖市0、15、60岁时平均预期寿命　（岁）

地区	0岁			15岁			60岁		
	合计	男	女	合计	男	女	合计	男	女
全国总计	**67.88**	**66.43**	**69.36**	**57.07**	**55.58**	**58.57**	**17.00**	**15.72**	**18.19**
华北区									
北京市	71.92	70.48	73.40	58.64	57.30	60.00	17.10	15.96	18.23
天津市	70.87	69.91	71.90	57.94	57.09	58.85	16.62	15.86	17.44
河北省	70.45	69.14	71.88	57.76	56.55	59.07	16.82	15.86	17.81
山西省	67.63	66.56	68.88	55.84	54.81	57.04	15.36	14.56	16.29
内蒙古自治区	66.69	65.91	67.75	55.65	55.08	56.51	15.36	14.78	16.24
东北区									
辽宁省	70.69	69.66	71.86	58.08	57.17	59.13	17.42	16.69	18.26
吉林省	68.90	68.28	69.68	56.15	55.65	56.81	16.32	15.84	16.98
黑龙江省	68.17	67.33	69.21	5 .49	55.92	57.25	16.58	15.97	17.39
华东区									
上海市	72.91	70.54	75.14	60.06	57.91	62.04	18.22	16.43	19.75
江苏省	69.49	67.35	71.56	58.21	55.93	60.42	17.61	15.73	19.22
浙江省	69.51	67.81	71.36	58.23	56.31	60.34	17.65	16.13	19.15
安徽省	69.30	67.58	70.72	57.82	55.88	59.47	17.74	15.92	19.06
福建省	68.49	66.24	70.74	56.40	54.09	58.69	16.78	14.83	18.42
江西省	65.97	64.63	67.28	56.41	54.78	58.01	16.53	15.13	17.74
山东省	70.23	68.74	71.73	57.54	56.02	59.05	16.96	15.72	18.12
中南区									
河南省	69.68	67.87	71.43	57.26	55.40	59.06	16.93	15.39	18.25
湖北省	65.56	63.98	67.18	54.94	53.42	56.47	15.63	14.18	16.95
湖南省	65.43	64.19	66.73	56.07	54.86	57.33	16.65	15.52	17.74
广东省	71.29	68.53	73.74	59.02	56.23	61.48	18.56	16.18	20.33
广西壮族自治区	70.09	6[illegible].33	71.79	59.38	57.53	61.14	19.24	17.69	20.57
西南区									
四川省	63.96	62.94	64.90	55.68	54.52	56.76	16.57	15.60	17.33
贵州省	61.35	61.07	61.55	55.70	55.27	56.05	16.43	15.89	16.88
云南省	60.73	59.86	61.55	55.37	54.74	55.90	16.04	15.38	16.57
西藏自治区									
西北区									
陕西省	64.81	64.09	65.68	54.56	53.86	55.41	14.69	14.03	15.48
甘肃省	66.03	65.59	67.05	55.10	54.46	55.86	15.24	14.62	15.88
青海省	60.79	59.78	61.79	54.65	53.99	55.26	15.70	14.85	16.45
宁夏回族自治区	65.51	64.74	66.40	56.93	56.61	57.35	16.60	16.40	16.88
新疆维吾尔自治区	60.00	59.59	60.39	57.89	58.22	57.52	18.69	18.78	18.58

三、1981年各省、自治区、直辖市人口寿命表

表3　　　　　　　　　　1981年北京市人口寿命表

年龄	死亡率 m_x	死亡概率 q_x	尚存人数 l_x	死亡人数 d_x	平均生存人年数 L_x	总人年数 T_x	平均预期寿命 $\mathring{e}_x$
0	0.01610	0.01597	100 000	1 597	98 935	7 192 505	71.92
1	0.00151	0.00151	98 403	148	98 329	7 093 570	72.08
2	0.00095	0.00095	98 255	93	98 208	6 995 241	71.19
3	0.00069	0.00069	98 162	67	98 128	6 897 033	70.26
4	0.00059	0.00059	98 095	57	98 066	6 798 905	69.30
5	0.00070	0.00070	98 038	68	98 004	6 700 839	68.34
6	0.00059	0.00059	97 970	57	97 941	6 602 835	67.39
7	0.00054	0.00054	97 913	52	97 887	6 504 894	66.43
8	0.00044	0.00044	97 861	43	97 839	6 407 007	65.47
9	0.00038	0.00038	97 818	37	97 799	6 309 168	64.49
10	0.00043	0.00043	97 781	42	97 760	6 211 369	63.52
11	0.00030	0.00030	97 739	29	97 724	6 113 609	62.55
12	0.00044	0.00044	97 710	42	97 689	6 015 885	61.56
13	0.00038	0.00038	97 668	37	97 649	5 918 196	60.59
14	0.00038	0.00038	97 631	37	97 612	5 820 547	59.61
15	0.00056	0.00056	97 594	54	97 567	5 722 935	58.64
16	0.00065	0.00065	97 540	63	97 508	5 625 368	57.67
17	0.00069	0.00069	97 477	67	97 443	5 527 860	56.70
18	0.00072	0.00072	97 410	70	97 375	5 430 417	55.74
19	0.00075	0.00075	97 340	73	97 303	5 333 042	54.78
20	0.00075	0.00075	97 267	72	97 231	5 235 739	53.82
21	0.00092	0.00092	97 195	89	97 150	5 138 508	52.86
22	0.00099	0.00099	97 106	96	97 058	5 041 358	51.91
23	0.00086	0.00086	97 010	83	96 968	4 944 300	50.96
24	0.00080	0.00080	96 927	77	96 888	4 847 332	50.01
25	0.00080	0.00080	96 850	77	96 811	4 750 444	49.04
26	0.00082	0.00082	96 773	79	96 733	4 653 633	48.08
27	0.00092	0.00092	96 694	88	96 650	4 556 900	47.12
28	0.00093	0.00093	96 606	89	96 561	4 460 250	46.16
29	0.00094	0.00094	96 517	90	96 472	4 363 689	45.21
30	0.00102	0.00102	96 427	98	96 378	4 267 217	44.25
31	0.00086	0.00086	96 329	82	96 288	4 170 839	43.29
32	0.00111	0.00111	96 247	106	96 194	4 074 551	42.33
33	0.00117	0.00117	96 141	112	96 085	3 978 357	41.38
34	0.00104	1.00104	96 029	99	95 979	3 882 272	40.42
35	0.00111	0.00111	95 930	106	95 877	3 786 293	39.46
36	0.00122	0.00122	95 824	116	95 766	3 690 416	38.51
37	0.00126	0.00126	95 708	120	95 648	3 594 650	37.55
38	0.00145	0.00145	95 588	138	95 519	3 499 002	36.60
39	0.00157	0.00157	95 450	149	95 375	3 403 483	35.65
40	0.00163	0.00163	95 301	155	95 223	3 308 108	34.71
41	0.00151	0.00151	95 146	143	95 074	3 212 885	33.76
42	0.00178	0.00178	95 003	169	94 918	3 117 811	32.81
43	0.00227	0.00227	94 834	215	94 726	3 022 893	31.87
44	0.00214	0.00214	94 619	203	94 518	2 928 167	30.94

表3　（续完）

年龄	死亡率 m_x	死亡概率 q_x	尚存人数 l_x	死亡人数 d_x	平均生存人年数 L_x	总人年数 T_x	平均预期寿命 $\mathring{e}_x$
45	0.00277	0.00277	94 417	261	94 286	2 833 649	30.01
46	0.00314	0.00314	94 156	295	98 008	2 739 363	29.09
47	0.00348	0.00347	93 861	325	93 698	2 645 355	28.18
48	0.00368	0.00367	93 536	343	93 364	2 551 657	27.27
49	0.00363	0.00362	93 193	337	93 024	2 458 293	26.37
50	0.00450	0.00449	92 856	416	92 648	2 365 269	25.47
51	0.00528	0.00527	92 440	487	92 196	2 272 621	24.58
52	0.00620	0.00618	91 953	568	91 669	2 180 425	23.71
53	0.00632	0.00630	91 385	575	91 097	2 088 756	22.85
54	0.00721	0.00718	90 810	652	90 484	1 997 659	21.99
55	0.00825	0.00822	90 158	741	89 787	1 907 175	21.15
56	0.00870	0.00866	89 417	774	89 030	1 817 388	20.32
57	0.01040	0.01035	88 643	917	88 184	1 728 358	19.49
58	0.01151	0.01144	87 726	1 003	87 224	1 640 174	18.69
59	0.01153	0.01146	86 723	993	86 226	1 552 950	17.90
60	0.01431	0.01421	85 730	1 218	85 121	1 466 724	17.10
61	0.01514	0.01503	84 512	1 270	83 877	1 381 603	16.34
62	0.01969	0.01950	83 242	1 623	82 430	1 297 726	15.58
63	0.01891	0.01873	81 619	1 528	80 855	1 215 296	14.88
64	0.02151	0.02128	80 091	1 704	79 239	1 134 441	14.16
65	0.02433	0.02404	78 387	1 884	77 445	1 055 202	13.46
66	0.02981	0.02937	76 503	2 246	75 380	977 757	12.78
67	0.03277	0.03224	74 257	2 394	73 060	902 377	12.15
68	0.03501	0.03441	71 863	2 472	70 627	829 317	11.54
69	0.04025	0.03946	69 391	2 738	68 022	758 690	10.93
70	0.04381	0.04287	66 653	2 857	65 224	690 668	10.36
71	0.04578	0.04476	63 796	2 855	62 368	625 444	9.80
72	0.05385	0.05244	60 941	3 195	59 343	563 076	9.23
73	0.06076	0.05897	57 746	3 405	56 043	503 733	8.72
74	0.06722	0.06503	54 341	3 533	52 574	447 690	8.23
75	0.06804	0.06580	50 808	3 343	49 136	395 116	7.77
76	0.07770	0.07479	47 465	3 549	45 690	345 980	7.28
77	0.08739	0.08373	43 916	3 677	42 077	300 290	6.83
78	0.09614	0.09173	40 239	3 691	38 393	258 213	6.41
79	0.09967	0.09494	36 548	3 469	34 813	219 820	6.01
80	0.11345	0.10736	33 079	3 551	31 303	185 007	5.59
81	0.12753	0.11989	29 528	3 540	27 758	153 704	5.20
82	0.15223	0.14146	25 988	3 676	24 150	125 946	4.84
83	0.14505	0.13524	22 312	3 017	20 803	101 796	4.56
84	0.15730	0.14583	19 295	2 813	17 888	80 993	4.19
85	0.17925	0.16451	16 482	2 711	15 126	63 105	3.82
86	0.18890	0.17260	13 771	2 376	12 583	47 979	3.48
87	0.21239	0.19200	11 395	2 187	10 301	35 396	3.10
88	0.24918	0.22157	9 208	2 040	8 188	25 095	2.72
89	0.24650	0.21945	7 168	1 573	6 381	16 907	2.35
90+	0.30647	1.00000	5 595	5 595	10 526	10 526	1.88

表4　　　　1981年天津市人口寿命表

年龄	死亡率 m_x	死亡概率 q_x	尚存人数 l_x	死亡人数 d_x	平均生存人年数 L_x	总人年数 T_x	平均预期寿命 $\mathring{e}_x$
0	0.02023	0.02003	100 000	2 003	98 664	7 087 750	70.87
1	0.00171	0.00171	97 997	167	97 913	6 989 086	71.31
2	0.00102	0.00102	97 830	99	97 780	6 891 173	70.44
3	0.00082	0.00082	97 731	80	97 691	6 793 393	69.51
4	0.00067	0.00067	97 651	65	97 618	6 695 702	68.56
5	0.00078	0.00078	97 586	76	97 548	6 598 084	67.61
6	0.00088	0.00088	97 510	85	97 467	6 500 536	66.66
7	0.00064	0.00064	97 425	62	97 394	6 403 069	65.72
8	0.00051	0.00051	97 363	49	97 338	6 305 675	64.76
9	0.00050	0.00050	97 314	48	97 290	6 208 337	63.79
10	0.00040	0.00040	97 266	38	97 247	6 111 047	62.82
11	0.00040	0.00040	97 228	38	97 209	6 013 800	61.85
12	0.00045	0.00045	97 190	43	97 168	5 916 591	60.87
13	0.00038	0.00038	97 147	36	97 129	5 819 423	59.90
14	0.00033	0.00033	97 111	32	97 095	5 722 294	58.92
15	0.00051	0.00051	97 079	49	97 054	5 625 199	57.94
16	0.00048	0.00048	97 030	46	97 007	5 528 145	56.97
17	0.00068	0.00068	96 984	65	96 951	5 431 138	56.00
18	0.00077	0.00077	96 919	74	96 882	5 334 187	55.03
19	0.00084	0.00084	96 845	81	96 804	5 237 305	54.07
20	0.00093	0.00093	96 764	89	96 719	5 140 501	53.12
21	0.00084	0.00084	96 675	81	96 634	5 043 782	52.17
22	0.00089	0.00089	96 594	85	96 551	4 947 148	51.21
23	0.00081	0.00081	96 509	78	96 470	4 850 597	50.26
24	0.00085	0.00085	96 431	81	96 390	4 754 127	49.30
25	0.00091	0.00091	96 350	87	96 306	4 657 737	48.34
26	0.00084	0.00084	96 263	80	96 223	4 561 431	47.38
27	0.00087	0.00087	96 183	83	96 141	4 465 208	46.42
28	0.00106	0.00106	96 100	101	96 049	4 369 067	45.46
29	0.00078	0.00078	95 999	74	95 962	4 273 018	44.51
30	0.00105	0.00105	95 925	100	95 875	4 177 056	43.54
31	0.00093	0.00093	95 825	89	95 780	4 081 181	42.58
32	0.00088	0.00088	95 736	84	95 694	3 985 401	41.62
33	0.00103	0.00103	95 652	98	95 603	3 889 707	40.66
34	0.00124	0.00124	95 554	118	95 495	3 794 104	39.70
35	0.00125	0.00125	95 436	119	95 376	3 698 609	38.75
36	0.00126	0.00126	95 317	120	95 257	3 603 233	37.80
37	0.00138	0.00138	95 197	131	95 131	3 507 976	36.84
38	0.00143	0.00143	95 066	135	94 998	3 412 845	35.89
39	0.00188	0.00188	94 931	178	94 842	3 317 847	34.95
40	0.00165	0.00165	94 753	156	94 675	3 223 005	34.01
41	0.00200	0.00200	94 597	189	94 502	3 128 330	33.07
42	0.00210	0.00210	94 408	198	94 309	3 033 828	32.13
43	0.00258	0.00258	94 210	243	94 088	2 939 519	31.20
44	0.00283	0.00283	93 967	265	93 834	2 845 431	30.28
45	0.00306	0.00306	93 702	286	93 559	2 751 597	29.36

表4 （续完）

年龄	死亡率 m_x	死亡概率 q_x	尚存人数 l_x	死亡人数 d_x	平均生存人年数 L_x	总人年数 T_x	平均预期寿命 $\mathring{e}_x$
46	0.00343	0.00342	93 416	319	93 256	2 658 038	28.45
47	0.00399	0.00398	93 097	370	92 912	2 564 782	27.54
48	0.00395	0.00394	92 727	365	92 544	2 471 870	26.65
49	0.00437	0.00436	92 362	402	92 161	2 379 326	25.76
50	0.00533	0.00532	91 960	489	91 715	2 287 165	24.87
51	0.00584	0.00582	91 471	532	91 205	2 195 450	24.00
52	0.00611	0.00609	90 939	553	90 662	2 104 245	23.13
53	0.00666	0.00664	90 386	600	90 086	2 013 583	22.27
54	0.00827	0.00824	89 786	739	89 416	1 923 497	21.42
55	0.00852	0.00848	89 047	755	88 669	1 834 081	20.59
56	0.01000	0.00995	88 292	878	87 853	1 745 412	19.76
57	0.01123	0.01117	87 414	976	86 926	1 657 559	18.96
58	0.01230	0.01222	86 438	1 056	85 910	1 570 633	18.17
59	0.01383	0.01374	85 382	1 173	84 795	1 484 723	17.38
60	0.01500	0.01489	84 209	1 253	83 582	1 399 928	16.62
61	0.01630	0.01617	82 956	1 341	82 285	1 316 346	15.86
62	0.02131	0.02109	81 615	1 721	80 754	1 234 061	15.12
63	0.02173	0.02150	79 894	1 717	79 035	1 153 307	14.43
64	0.02374	0.02346	78 177	1 834	77 260	1 074 272	13.74
65	0.02723	0.02686	76 343	2 050	75 318	997 012	13.05
66	0.02996	0.02952	74 293	2 193	73 196	921 694	12.40
67	0.03393	0.03336	72 100	2 405	70 897	848 498	11.76
68	0.03625	0.03560	69 695	2 481	68 454	777 601	11.15
69	0.04097	0.04015	67 214	2 698	65 865	709 147	10.55
70	0.04484	0.04386	64 516	2 829	63 101	643 282	9.97
71	0.04861	0.04746	61 687	2 927	60 223	580 181	9.40
72	0.05561	0.05411	58 760	3 179	57 170	519 958	8.84
73	0.06319	0.06125	55 581	3 404	53 879	462 788	8.32
74	0.06945	0.06712	52 177	3 502	50 426	408 909	7.83
75	0.07556	0.07281	48 675	3 544	46 903	358 483	7.36
76	0.08140	0.07822	45 131	3 530	43 366	311 580	6.90
77	0.09233	0.08826	41 601	3 671	39 765	268 214	6.44
78	0.09295	0.08882	37 930	3 368	36 246	228 449	6.02
79	0.11257	0.10657	34 562	3 683	32 720	192 203	5.56
80	0.13183	0.12368	30 879	3 819	28 969	159 483	5.16
81	0.13819	0.12926	27 060	3 497	25 311	130 514	4.82
82	0.15482	0.14370	23 563	3 386	21 870	105 203	4.46
83	0.16339	0.15105	20 177	3 047	18 653	83 333	4.13
84	0.17815	0.16358	17 130	2 802	15 729	64 680	3.77
85	0.21544	0.19449	14 328	2 786	12 935	48 951	3.41
86	0.22242	0.20016	11 542	2 310	10 387	36 016	3.12
87	0.25661	0.22743	9 232	2 099	8 182	25 629	2.77
88	0.26465	0.23372	7 133	1 667	6 299	17 447	2.44
89	0.28706	0.25103	5 466	1 372	4 780	11 148	2.03
90+	0.38300	1.00000	4 094	4 094	6 368	6 368	1.55

表5　　1981年河北省人口寿命表

年龄	死亡率 m_x	死亡概率 q_x	尚存人数 l_x	死亡人数 d_x	平均生存人年数 L_x	总人年数 T_x	平均预期寿命 $\overset{\circ}{e}_x$
0	0.02167	0.02144	100 000	2 144	98 570	7 045 569	70.45
1	0.00278	0.00278	97 856	272	97 720	6 946 999	70.99
2	0.00161	0.00161	97 584	157	97 505	6 849 279	70.18
3	0.00116	0.00116	97 427	113	97 370	6 751 774	69.30
4	0.00089	0.00089	97 314	86	97 271	6 654 404	68.38
5	0.00084	0.00084	97 228	81	97 187	6 557 133	67.44
6	0.00076	0.00076	97 147	73	97 110	6 459 946	66.49
7	0.00060	0.00060	97 074	58	97 045	6 362 836	65.54
8	0.00052	0.00052	97 016	50	96 991	6 265 791	64.58
9	0.00046	0.00046	96 966	44	96 944	6 168 800	63.61
10	0.00041	0.00041	96 922	39	96 902	6 071 856	62.64
11	0.00037	0.00037	96 883	35	96 865	5 974 954	61.67
12	0.00039	0.00039	96 848	37	96 829	5 878 089	60.69
13	0.00041	0.00041	96 811	39	96 791	5 781 260	59.71
14	0.00045	0.00045	96 772	43	96 750	5 684 469	58.74
15	0.00049	0.00049	96 729	47	96 705	5 587 719	57.76
16	0.00057	0.00057	96 682	55	96 654	5 491 014	56.79
17	0.00068	0.00068	96 627	65	96 594	5 394 360	55.82
18	0.00076	0.00076	96 562	73	96 525	5 294 766	54.86
19	0.00089	0.00089	96 489	85	96 446	5 201 241	53.90
20	0.00101	0.00101	96 404	97	96 355	5 104 795	52.95
21	0.00081	0.00081	96 307	78	96 268	5 008 440	52.00
22	0.00100	0.00100	96 229	96	96 181	4 912 172	51.04
23	0.00099	0.00099	96 133	95	96 085	4 815 991	50.09
24	0.00110	0.00110	96 038	105	95 985	4 719 906	49.14
25	0.00108	0.00108	95 933	103	95 881	4 623 921	48.19
26	0.00109	0.00109	95 830	104	95 778	4 528 040	47.25
27	0.00105	0.00105	95 726	100	95 676	4 432 262	46.30
28	0.00111	0.00111	95 626	106	95 573	4 336 586	45.34
29	0.00111	0.00111	95 520	106	95 467	4 241 013	44.39
30	0.00123	0.00123	95 414	117	95 355	4 145 546	43.44
31	0.00118	0.00118	95 297	112	95 241	4 050 191	42.50
32	0.00136	0.00136	95 185	129	95 120	3 954 950	41.55
33	0.00129	0.00129	95 056	122	94 995	3 859 830	40.60
34	0.00149	0.00149	94 934	141	94 863	3 764 835	39.65
35	0.00152	0.00152	94 793	144	94 721	3 669 972	38.71
36	0.00165	0.00165	94 649	156	94 571	3 575 251	37.77
37	0.00179	0.00179	94 493	169	94 408	3 480 680	36.83
38	0.00193	0.00193	94 324	182	94 233	3 386 272	35.90
39	0.00193	0.00193	94 142	181	94 051	3 292 039	34.96
40	0.00222	0.00222	93 961	208	93 857	3 197 988	34.03
41	0.00213	0.00213	93 753	199	93 653	3 104 131	33.10
42	0.00253	0.00253	93 554	236	93 436	3 010 478	32.17
43	0.00275	0.00275	93 318	256	93 190	2 917 042	31.25
44	0.00303	0.00303	93 062	281	92 921	2 823 852	30.34
45	0.00355	0.00354	92 781	328	92 617	2 730 931	29.43

表5　　1981年河北省人口寿命表　　（续完）

年龄	死亡率 m_x	死亡概率 q_x	尚存人数 l_x	死亡人数 d_x	平均生存人年数 L_x	总人年数 T_x	平均预期寿命 $\overset{\circ}{e}_x$
46	0.00366	0.00365	92 453	337	92 284	2 638 314	28.53
47	0.00411	0.00410	92 116	377	91 927	2 546 030	27.63
48	0.00457	0.00456	91 739	418	91 530	2 454 103	26.75
49	0.00480	0.00479	91 321	437	91 102	2 362 573	25.87
50	0.00600	0.00598	90 884	543	90 612	2 271 471	24.99
51	0.00602	0.00600	90 341	542	90 070	2 180 859	24.14
52	0.00693	0.00691	89 799	620	89 489	2 090 789	23.28
53	0.00736	0.00733	89 179	653	88 852	2 001 300	22.44
54	0.00850	0.00846	88 526	748	88 152	1 912 448	21.60
55	0.00907	0.00903	87 778	792	87 382	1 824 296	20.78
56	0.00997	0.00992	86 986	862	86 555	1 736 914	19.96
57	0.01034	0.01029	86 124	886	85 681	1 650 359	19.16
58	0.01268	0.01260	85 238	1 073	84 701	1 564 678	18.35
59	0.01372	0.01363	84 165	1 147	83 591	1 479 977	17.58
60	0.01717	0.01702	83 018	1 412	82 312	1 396 386	16.82
61	0.01570	0.01558	81 606	1 271	80 970	1 314 074	16.10
62	0.02056	0.02035	80 335	1 634	79 518	1 233 104	15.34
63	0.02057	0.02036	78 701	1 602	77 900	1 153 586	14.65
64	0.02270	0.02245	77 099	1 730	76 234	1 075 686	13.95
65	0.02518	0.02487	75 369	1 874	74 432	999 452	13.26
66	0.02867	0.02826	73 495	2 076	72 457	925 020	12.58
67	0.02906	0.02864	71 419	2 045	70 396	852 563	11.93
68	0.03472	0.03413	69 374	2 367	68 190	782 167	11.27
69	0.03758	0.03689	67 007	2 471	65 771	713 977	10.65
70	0.04564	0.04462	64 536	2 879	63 096	648 206	10.04
71	0.04596	0.04493	61 657	2 770	60 272	585 110	9.48
72	0.05586	0.05434	58 887	3 199	57 287	524 838	8.91
73	0.05888	0.05720	55 688	3 185	54 095	467 551	8.39
74	0.06966	0.06732	52 503	3 534	50 736	413 456	7.87
75	0.07164	0.06916	48 969	3 386	47 276	362 720	7.40
76	0.08034	0.07724	45 583	3 520	43 823	315 444	6.92
77	0.08315	0.07983	42 063	3 357	40 384	271 621	6.45
78	0.09702	0.09253	38 706	3 581	36 915	231 237	5.97
79	0.10478	0.09956	35 125	3 497	33 376	194 322	5.53
80	0.13659	0.12786	31 628	4 043	29 606	160 946	5.08
81	0.13783	0.12894	27 585	3 556	25 807	131 340	4.76
82	0.16565	0.15298	24 029	3 675	22 191	105 533	4.39
83	0.16677	0.15393	20 354	3 133	18 787	83 342	4.09
84	0.18892	0.17261	17 221	2 972	15 735	64 555	3.74
85	0.21244	0.19204	14 249	2 736	12 881	48 820	3.42
86	0.23421	0.20966	11 513	2 143	10 306	35 939	3.12
87	0.24224	0.21607	9 100	1 966	8 117	25 633	2.81
88	0.27021	0.23805	7 134	1 698	6 285	17 516	2.45
89	0.26941	0.23743	5 436	1 290	4 791	11 231	2.06
90+	0.38361	1.00000	4 146	4 146	6 440	6 440	1.55

表6　　　　　**1981年山西省人口寿命表**

年龄	死亡率 m_x	死亡概率 q_x	尚存人数 l_x	死亡人数 d_x	平均生存人年数 L_x	总人年数 T_x	平均预期寿命 $\mathring{e}_x$
0	0.03168	0.03119	100 000	3 119	97 920	6 763 836	67.63
1	0.00401	0.00400	96 881	387	96 687	6 665 916	68.80
2	0.00250	0.00250	96 494	241	96 373	6 569 229	68.07
3	0.00188	0.00188	96 253	180	96 163	6 472 856	67.24
4	0.00126	0.00126	96 073	121	96 012	6 376 693	66.37
5	0.00109	0.00109	95 952	104	95 900	6 280 681	65.45
6	0.00089	0.00089	95 848	85	95 805	6 184 781	64.52
7	0.00062	0.00062	95 763	59	95 733	6 088 976	63.58
8	0.00060	0.00060	95 704	57	95 675	5 993 243	62.62
9	0.00053	0.00053	95 647	50	95 622	5 897 568	61.65
10	0.00057	0.00057	95 597	54	95 570	5 801 946	60.69
11	0.00048	0.00048	95 543	45	95 520	5 706 376	59.72
12	0.00050	0.00050	95 498	47	95 474	5 610 856	58.75
13	0.00057	0.00057	95 451	54	95 424	5 515 382	57.78
14	0.00060	0.00060	95 397	57	95 368	5 419 958	56.81
15	0.00067	0.00067	95 340	63	95 308	5 324 590	55.84
16	0.00074	0.00074	95 277	70	95 242	5 229 282	54.88
17	0.00089	0.00089	95 207	84	95 165	5 134 040	53.92
18	0.00092	0.00092	95 123	87	95 079	5 038 875	52.97
19	0.00107	0.00107	95 036	101	94 985	4 943 796	52.02
20	0.00121	0.00121	94 935	114	94 878	4 848 811	51.07
21	0.00101	0.00101	94 821	95	94 773	4 753 933	50.13
22	0.00124	0.00124	94 726	117	94 667	4 659 160	49.18
23	0.00120	0.00120	94 609	113	94 552	4 564 493	48.24
24	0.00122	0.00122	94 496	115	94 438	4 469 941	47.30
25	0.00136	0.00136	94 381	128	94 317	4 375 503	46.35
26	0.00118	0.00118	94 253	111	94 197	4 281 186	45.42
27	0.00112	0.00112	94 142	114	94 085	4 186 989	44.47
28	0.00134	0.00134	94 028	125	93 965	4 092 904	43.52
29	0.00137	0.00137	93 903	128	93 839	3 998 939	42.58
30	0.00148	0.00148	93 775	138	93 706	3 905 100	41.64
31	0.00149	0.00149	93 637	139	93 567	3 811 394	40.70
32	0.00153	0.00153	93 498	143	93 426	3 717 827	39.76
33	0.00171	0.00171	93 355	159	93 275	3 624 401	38.82
34	0.00169	0.00169	93 196	157	93 117	3 531 126	37.88
35	0.00201	0.00201	93 039	187	92 945	3 438 009	36.95
36	0.00219	0.00219	92 852	203	92 750	3 345 064	36.02
37	0.00210	0.00210	92 649	194	92 552	3 252 314	35.10
38	0.00216	0.00216	92 455	199	92 355	3 159 762	34.17
39	0.00206	0.00206	92 256	190	92 161	3 067 407	33.24
40	0.00270	0.00270	92 066	248	91 942	2 975 246	32.31
41	0.00257	0.00257	91 818	235	91 700	2 883 304	31.40
42	0.00300	0.00300	91 583	274	91 446	2 791 604	30.48
43	0.00318	0.00317	91 309	289	91 164	2 700 158	29.57
44	0.00348	0.00347	91 020	315	90 862	2 608 994	28.66
45	0.00384	0.00383	90 705	347	90 531	2 518 132	27.76

表6 （续完）

年龄	死亡率 m_x	死亡概率 q_x	尚存人数 l_x	死亡人数 d_x	平均生存人年数 L_x	总人年数 T_x	平均预期寿命 e_x^o
46	0.00451	0.00450	90 358	406	90 155	2 427 601	26.86
47	0.00450	0.00449	89 952	403	89 750	2 337 446	25.98
48	0.00520	0.00519	89 549	464	89 317	2 247 696	25.10
49	0.00562	0.00560	89 085	498	88 836	2 158 379	24.22
50	0.00664	0.00662	88 587	586	88 294	2 069 543	23.36
51	0.00743	0.00740	88 001	651	87 675	1 981 249	22.51
52	0.00836	0.00833	87 350	727	86 986	1 893 574	21.67
53	0.00857	0.00853	86 623	738	86 254	1 806 588	20.85
54	0.00996	0.00991	85 885	851	85 459	1 720 334	20.03
55	0.01093	0.01087	85 034	924	84 572	1 634 875	19.22
56	0.01179	0.01172	84 110	985	83 617	1 550 303	18.43
57	0.01323	0.01314	83 125	1 092	82 579	1 466 686	17.64
58	0.01508	0.01497	82 033	1 228	81 419	1 384 107	16.87
59	0.01562	0.01550	80 805	1 252	80 179	1 302 688	16.12
60	0.01993	0.01973	79 553	1 569	78 768	1 222 509	15.36
61	0.01942	0.01923	77 984	1 499	77 234	1 143 741	14.66
62	0.02441	0.02412	76 485	1 844	75 563	1 066 507	13.94
63	0.02577	0.02544	74 641	1 898	73 692	990 944	13.27
64	0.02747	0.02710	72 743	1 971	71 757	917 252	12.60
65	0.03072	0.03026	70 772	2 141	69 701	845 495	11.94
66	0.03388	0.03332	68 631	2 286	67 488	775 794	11.30
67	0.03623	0.03559	66 345	2 361	65 164	708 306	10.67
68	0.04319	0.04228	63 984	2 705	62 631	643 142	10.05
69	0.04530	0.04430	61 279	2 714	59 922	580 511	9.47
70	0.05460	0.05315	58 565	3 112	57 009	520 589	8.88
71	0.05908	0.05738	55 453	3 181	53 862	463 580	8.35
72	0.06776	0.06554	52 272	3 425	50 559	409 718	7.83
73	0.07164	0.06916	48 847	3 378	47 158	359 159	7.35
74	0.08065	0.07752	45 469	3 524	43 707	312 001	6.86
75	0.08683	0.08322	41 945	3 490	40 200	268 294	6.39
76	0.10088	0.09604	38 455	3 693	36 608	228 094	5.93
77	0.10150	0.09660	34 762	3 358	33 083	191 486	5.50
78	0.12195	0.11494	31 404	3 609	29 599	158 403	5.04
79	0.14465	0.13489	27 795	3 749	25 920	128 804	4.63
80	0.17331	0.15949	24 046	3 835	22 128	102 884	4.27
81	0.17729	0.16285	20 211	3 291	18 565	80 756	3.99
82	0.21735	0.19604	16 920	3 316	15 262	62 191	3.67
83	0.21115	0.19099	13 604	2 598	12 305	46 929	3.44
84	0.25251	0.22420	11 006	2 467	9 772	34 624	3.14
85	0.26203	0.23168	8 539	1 978	7 550	24 852	2.91
86	0.28793	0.25169	6 561	1 651	5 735	17 302	2.63
87	0.31675	0.27344	4 910	1 342	4 239	11 567	2.35
88	0.36315	0.30734	3 568	1 096	3 020	7 328	2.05
89	0.37595	0.31646	2 472	782	2 081	4 308	1.74
90+	0.46803	1.00000	1 690	1 690	2 227	2 227	1.31

表7　　1981年内蒙古自治区人口寿命表

年龄	死亡率 m_x	死亡概率 q_x	尚存人数 l_x	死亡人数 d_x	平均生存人年数 L_x	总人年数 T_x	平均预期寿命 $\mathring{e}_x$
0	0.04224	0.04137	100 000	4 137	97 241	6 669 250	66.69
1	0.00501	0.00500	95 863	479	95 623	6 572 009	68.55
2	0.00284	0.00284	95 384	270	95 249	6 476 386	67.89
3	0.00167	0.00167	95 114	158	95 035	6 381 137	67.08
4	0.00127	0.00127	94 956	120	94 896	6 286 102	66.20
5	0.00090	0.00090	94 836	85	94 793	6 191 206	65.28
6	0.00082	0.00082	94 751	77	94 712	6 096 413	64.34
7	0.00062	0.00062	94 674	58	94 645	6 001 701	63.39
8	0.00063	0.00063	94 616	59	94 586	5 907 056	62.43
9	0.00057	0.00057	94 557	53	94 530	5 812 470	61.47
10	0.00048	0.00048	94 504	45	94 481	5 717 940	60.50
11	0.00052	0.00052	94 459	49	94 434	5 623 459	59.53
12	0.00049	0.00049	94 410	46	94 387	5 529 025	58.56
13	0.00051	0.00051	94 364	48	94 340	5 434 638	57.59
14	0.00064	0.00064	94 316	60	94 286	5 340 298	56.62
15	0.00066	0.00066	94 256	62	94 225	5 246 012	55.65
16	0.00074	0.00074	94 194	69	94 159	5 151 787	54.69
17	0.00085	0.00085	94 125	80	94 085	5 057 628	53.73
18	0.00089	0.00089	94 045	83	94 003	4 963 543	52.77
19	0.00107	0.00107	93 962	100	93 912	4 869 540	51.82
20	0.00121	0.00121	93 862	113	93 805	4 775 628	50.87
21	0.00102	0.00102	93 749	95	93 701	4 681 823	49.93
22	0.00121	0.00121	93 654	113	93 597	4 588 122	48.99
23	0.00118	0.00118	93 541	110	93 486	4 494 525	48.04
24	0.00123	0.00123	93 431	114	93 374	4 401 039	47.10
25	0.00131	0.00131	93 317	122	93 256	4 307 665	46.16
26	0.00133	0.00133	93 195	123	93 133	4 214 409	45.22
27	0.00119	0.00119	93 072	110	93 017	4 121 276	44.28
28	0.00146	0.00146	92 962	135	92 894	4 028 259	43.33
29	0.00135	0.00135	92 827	125	92 764	3 935 365	42.39
30	0.00141	0.00141	92 702	130	92 637	3 842 601	41.45
31	0.00143	0.00143	92 572	132	92 506	3 749 964	40.50
32	0.00160	0.00160	92 440	147	92 366	3 657 458	39.56
33	0.00161	0.00161	92 293	148	92 219	3 565 092	38.62
34	0.00172	0.00172	92 145	158	92 066	3 472 873	37.68
35	0.00183	0.00183	91 987	168	91 903	3 380 807	36.75
36	0.00191	0.00191	91 819	175	91 731	3 288 904	35.81
37	0.00192	0.00192	91 644	175	91 556	3 197 173	34.88
38	0.00220	0.00220	91 469	201	91 368	3 105 617	33.95
39	0.00229	0.00229	91 268	209	91 163	3 014 249	33.02
40	0.00247	0.00247	91 056	224	90 947	2 923 086	32.10
41	0.00284	0.00284	90 835	257	90 706	2 832 139	31.17
42	0.00313	0.00313	90 578	283	90 436	2 741 433	30.26
43	0.00330	0.00329	90 295	297	90 146	2 650 997	29.35
44	0.00366	0.00365	89 998	328	89 834	2 560 851	28.45
45	0.00431	0.00430	89 670	385	89 477	2 471 017	27.55

表7 （续完）

年龄	死亡率 m_x	死亡概率 q_x	尚存人数 l_x	死亡人数 d_x	平均生存人年数 L_x	总人年数 T_x	平均预期寿命 $\mathring{e}_x$
46	0.00467	0.00466	89 285	416	89 077	2 381 540	26.67
47	0.00512	0.00511	88 869	454	88 642	2 292 463	25.79
48	0.00547	0.00546	88 415	482	88 174	2 203 821	24.92
49	0.00654	0.00652	87 933	573	87 646	2 115 647	24.05
50	0.00688	0.00686	87 360	599	86 060	2 028 001	23.21
51	0.00769	0.00766	86 761	664	86 429	1 940 941	22.37
52	0.00891	0.00887	86 097	763	85 715	1 854 512	21.53
53	0.00925	0.00921	85 334	785	84 941	1 768 797	20.72
54	0.01092	0.01086	84 549	918	84 090	1 683 856	19.91
55	0.01104	0.01098	83 631	918	83 172	1 599 766	19.12
56	0.01284	0.01276	82 713	1 055	82 185	1 516 594	18.33
57	0.01433	0.01423	81 658	1 161	81 077	1 434 409	17.56
58	0.01651	0.01637	80 497	1 317	79 838	1 353 332	16.81
59	0.01789	0.01773	79 180	1 403	78 478	1 273 494	16.08
60	0.02009	0.01989	77 777	1 546	77 004	1 195 016	15.36
61	0.02060	0.02039	76 231	1 554	75 454	1 118 012	14.66
62	0.02607	0.02573	74 677	1 921	73 716	1 042 558	13.96
63	0.02543	0.02511	72 756	1 326	71 843	968 842	13.31
64	0.02943	0.02900	70 930	2 056	69 902	896 999	12.64
65	0.03280	0.03227	68 874	2 222	67 763	827 097	12.00
66	0.03580	0.03517	66 652	2 344	65 480	759 334	11.39
67	0.03859	0.03686	64 308	2 434	63 091	693 854	10.78
68	0.04532	0.04432	61 874	2 742	60 503	630 763	10.19
69	0.04727	0.04618	59 132	2 730	57 767	570 260	9.64
70	0.05513	0.05365	56 402	3 025	54 889	512 493	9.08
71	0.05975	0.05802	53 377	3 096	51 829	457 604	8.57
72	0.06946	0.06713	50 281	3 375	48 593	405 775	8.07
73	0.07173	0.06925	46 906	3 248	45 282	357 182	7.61
74	0.07874	0.07576	43 658	3 307	42 004	311 900	7.14
75	0.08659	0.08300	40 351	3 349	38 676	269 896	6.68
76	0.09902	0.09435	37 002	3 491	35 256	231 220	6.24
77	0.11162	0.10572	33 511	3 542	31 740	195 964	5.84
78	0.11499	0.10874	29 969	3 258	28 340	164 224	5.47
79	0.13400	0.12559	26 711	3 354	25 034	135 884	5.08
80	0.13780	0.12892	23 357	3 011	21 851	110 850	4.74
81	0.16604	0.15331	20 346	3 119	18 786	88 999	4.37
82	0.18511	0.16943	17 227	2 918	15 768	70 213	4.07
83	0.20394	0.18507	14 309	2 648	12 985	54 445	3.80
84	0.21191	0.19161	11 661	2 234	10 544	41 460	3.55
85	0.25693	0.22768	9 427	2 146	8 354	30 916	3.27
86	0.24149	0.21547	7 281	1 568	6 497	22 562	3.09
87	0.26675	0.23536	5 713	1 344	5 041	16 065	2.81
88	0.27722	0.24347	4 369	1 063	3 837	11 024	2.52
89	0.30577	0.26522	3 306	876	2 868	7 187	2.17
90+	0.32734	1.00000	2 430	2 430	4 319	4 319	1.77

表8　　1981年辽宁省人口寿命表

年龄	死亡率 m_x	死亡概率 q_x	尚存人数 l_x	死亡人数 d_x	平均生存人年数 L_x	总人年数 T_x	平均预期寿命 $\mathring{e}_x$
0	0.02233	0.02208	100 000	2 208	98 527	7 069 001	70.69
1	0.00275	0.00275	97 792	268	97 658	6 970 474	71.27
2	0.00160	0.00160	97 524	156	97 446	6 872 816	70.47
3	0.00125	0.00125	97 368	121	97 307	6 775 370	69.58
4	0.00096	0.00096	97 247	93	97 200	6 678 063	68.67
5	0.00079	0.00079	97 154	76	97 116	6 580 863	67.73
6	0.00077	0.00077	97 078	74	97 041	6 483 747	66.78
7	0.00059	0.00059	97 004	57	96 975	6 386 706	65.83
8	0.00051	0.00051	96 947	49	96 922	6 289 731	64.87
9	0.00051	0.00051	96 898	49	96 873	6 192 809	63.91
10	0.00045	0.00045	96 849	43	96 827	6 095 936	62.94
11	0.00045	0.00045	96 806	43	96 784	5 999 109	61.97
12	0.00043	0.00043	96 763	41	96 742	5 902 325	60.99
13	0.00045	0.00045	96 722	43	96 700	5 805 583	60.02
14	0.00058	0.00058	96 679	56	96 651	5 708 883	59.04
15	0.00058	0.00058	96 623	56	96 595	5 612 232	58.08
16	0.00069	0.00069	96 567	66	96 534	5 515 637	57.11
17	0.00080	0.00080	96 501	77	96 462	5 419 103	56.15
18	0.00079	0.00079	96 424	76	96 386	5 322 641	55.20
19	0.00108	0.00108	96 348	104	96 296	5 226 255	54.24
20	0.00101	0.00101	96 244	97	96 195	5 129 959	53.30
21	0.00104	0.00104	96 147	99	96 097	5 033 764	52.35
22	0.00114	0.00114	96 048	109	95 993	4 937 667	51.40
23	0.00110	0.00110	95 939	105	95 886	4 841 674	50.46
24	0.00108	0.00108	95 834	103	95 782	4 745 788	49.52
25	0.00117	0.00117	95 731	112	95 675	4 650 006	48.57
26	0.00112	0.00112	95 619	107	95 565	4 554 331	47.62
27	0.00114	0.00114	95 512	108	95 458	4 458 766	46.68
28	0.00122	0.00122	95 404	116	95 346	4 363 308	45.73
29	0.00116	0.00116	95 288	110	95 233	4 267 962	44.79
30	0.00116	0.00116	95 178	110	95 123	4 172 729	43.84
31	0.00117	0.00117	95 068	111	95 012	4 077 606	42.89
32	0.00149	0.00149	94 957	141	94 886	3 982 594	41.94
33	0.00144	0.00144	94 816	136	94 748	3 887 708	41.00
34	0.00154	0.00154	94 680	145	94 607	3 792 960	40.06
35	0.00168	0.00168	94 535	158	94 456	3 698 353	39.12
36	0.00175	0.00175	94 377	165	94 294	3 603 897	38.18
37	0.00180	0.00180	94 212	169	94 127	3 509 603	37.25
38	0.00185	0.00185	94 043	173	93 956	3 415 476	36.31
39	0.00191	0.00191	93 870	179	93 780	3 321 520	35.38
40	0.00218	0.00218	93 691	204	93 589	3 227 740	34.45
41	0.00240	0.00240	93 487	224	93 375	3 134 151	33.52
42	0.00263	0.00263	93 263	245	93 140	3 040 776	32.60
43	0.00304	0.00304	93 018	282	92 877	2 947 636	31.68
44	0.00318	0.00317	92 736	293	92 589	2 854 759	30.78
45	0.00352	0.00351	92 443	324	92 281	2 762 170	29.87

表8 （续完）

年龄	死亡率 m_x	死亡概率 q_x	尚存人数 l_x	死亡人数 d_x	平均生存人年数 L_x	总人年数 T_x	平均预期寿命 $\mathring{e}_x$
46	0.00375	0.00374	92 119	344	91 947	2 669 889	28.98
47	0.00430	0.00429	91 775	393	91 578	2 577 942	28.08
48	0.00459	0.00458	91 382	418	91 173	2 486 364	27.20
49	0.00525	0.00524	90 964	476	90 726	2 395 191	26.33
50	0.00586	0.00584	90 488	528	90 224	2 304 465	25.46
51	0.00602	0.00600	89 960	539	89 690	2 214 241	24.61
52	0.00721	0.00718	89 421	642	89 100	2 124 551	23.75
53	0.00767	0.00764	88 779	678	88 440	2 035 451	22.92
54	0.00898	0.00894	88 101	787	87 707	1 947 011	22.09
55	0.00965	0.00960	87 314	838	86 895	1 859 304	21.29
56	0.01064	0.01058	86 476	914	86 019	1 772 409	20.49
57	0.01152	0.01145	85 562	979	85 072	1 686 390	19.70
58	0.01303	0.01295	84 583	1 095	84 035	1 601 318	18.93
59	0.01399	0.01389	83 488	1 159	82 908	1 517 283	18.17
60	0.01557	0.01545	82 329	1 271	81 693	1 434 375	17.42
61	0.01726	0.01711	81 058	1 386	80 365	1 352 682	16.68
62	0.02008	0.01988	79 672	1 583	78 880	1 272 317	15.96
63	0.02143	0.02120	78 089	1 655	77 261	1 193 437	15.28
64	0.02393	0.02365	76 434	1 807	75 530	1 116 176	14.60
65	0.02574	0.02541	74 627	1 896	73 679	1 040 646	13.94
66	0.02922	0.02880	72 731	2 094	71 684	966 967	13.29
67	0.02854	0.02814	70 637	1 987	69 643	895 283	12.67
68	0.03342	0.03287	68 650	2 256	67 522	825 640	12.02
69	0.03692	0.03625	66 394	2 406	65 191	758 118	11.41
70	0.04062	0.03981	63 988	2 547	62 714	692 927	10.82
71	0.04493	0.04394	61 441	2 699	60 091	630 213	10.25
72	0.05119	0.04991	58 742	2 931	57 276	570 122	9.70
73	0.05209	0.05077	55 811	2 833	54 394	512 846	9.18
74	0.05633	0.05479	52 978	2 902	51 527	458 452	8.65
75	0.06350	0.06155	50 076	3 082	48 535	406 925	8.12
76	0.07156	0.06909	46 994	3 246	45 371	358 390	7.62
77	0.08116	0.07799	43 748	3 411	42 042	313 019	7.15
78	0.08480	0.08135	40 337	3 281	38 696	270 977	6.71
79	0.09367	0.08948	37 056	3 315	35 398	232 281	6.26
80	0.10506	0.09982	33 741	3 368	32 057	196 883	5.83
81	0.11711	0.11063	30 373	3 360	28 693	164 826	5.42
82	0.13290	0.12462	27 013	3 366	25 330	136 133	5.03
83	0.13983	0.13069	23 647	3 090	22 102	110 803	4.68
84	0.14300	0.13346	20 557	2 743	19 185	88 701	4.31
85	0.18187	0.16671	17 814	2 969	16 329	69 516	3.90
86	0.19101	0.17436	14 845	2 588	13 551	53 187	3.58
87	0.18903	0.17271	12 257	2 116	11 199	39 636	3.23
88	0.21630	0.19519	10 141	1 979	9 151	28 437	2.80
89	0.24078	0.21491	8 162	1 754	7 285	19 286	2.36
90+	0.30809	1.00000	6 408	6 408	12 001	12 001	1.87

表9 **1981年吉林省人口寿命表**

年龄	死亡率 m_x	死亡概率 q_x	尚存人数 l_x	死亡人数 d_x	平均生存人年数 L_x	总人年数 T_x	平均预期寿命 $\overset{o}{e}_x$
0	0.01998	0.01978	100000	1978	98 681	6 890 473	68.90
1	0.00323	0.00322	98 022	315	97 864	6 791 792	69.28
2	0.00194	0.00194	97 707	189	97 612	6 693 928	68.51
3	0.00148	0.00148	97 518	144	97 446	6 596 316	67.64
4	0.00099	0.00099	97 374	96	97 326	6 498 870	66.74
5	0.00083	0.00083	97 278	80	97 238	6 401 544	65.80
6	0.00073	0.00073	97 198	70	97 163	6 304 306	64.86
7	0.00064	0.00064	97 128	62	97 097	6 207 143	63.90
8	0.00059	0.00059	97 066	57	97 037	6 110 046	62.94
9	0.00049	0.00049	97 009	47	96 985	6 013 009	61.98
10	0.00053	0.00053	96 962	51	96 936	5 916 024	61.01
11	0.00044	0.00044	96 911	42	96 890	5 819 088	60.04
12	0.00044	0.00044	96 869	42	96 848	5 722 198	59.07
13	0.00051	0.00051	96 827	49	96 802	5 625 350	58.09
14	0.00058	0.00058	96 778	56	96 750	5 528 548	57.12
15	0.00071	0.00071	96 722	68	96 688	5 431 798	56.15
16	0.00073	0.00073	96 654	70	96 619	5 335 110	55.19
17	0.00087	0.00087	96 584	84	96 542	5 238 491	54.23
18	0.00100	0.00100	96 500	96	96 452	5 141 949	53.28
19	0.00122	0.00122	96 404	117	96 345	5 045 497	52.33
20	0.00111	0.00111	96 287	106	96 234	4 949 152	51.40
21	0.00108	0.00108	96 181	103	96 129	4 852 918	50.45
22	0.00127	0.00127	96 078	122	96 017	4 756 789	49.50
23	0.00124	0.00124	95 956	118	95 897	4 660 772	48.57
24	0.00128	0.00128	95 838	122	95 777	4 564 875	47.63
25	0.00125	0.00125	95 716	119	95 656	4 469 098	46.69
26	0.00130	0.00130	95 597	124	95 535	4 373 442	45.74
27	0.00125	0.00125	95 473	119	95 413	4 277 907	44.80
28	0.00144	0.00144	95 354	137	95 285	4 182 494	43.86
29	0.00132	0.00132	95 217	125	95 154	4 087 209	42.92
30	0.00152	0.00152	95 092	144	95 020	3 992 055	41.98
31	0.00143	0.00143	94 948	135	94 880	3 897 035	41.04
32	0.00180	0.00180	94 813	170	94 728	3 802 155	40.10
33	0.00167	0.00167	94 643	158	94 564	3 707 427	39.17
34	0.00190	0.00190	94 485	179	94 395	3 612 863	38.23
35	0.00209	0.00209	94 306	197	94 207	3 518 468	37.30
36	0.00211	0.00211	94 109	198	94 010	3 424 261	36.38
37	0.00213	0.00213	93 911	200	93 811	3 330 251	35.46
38	0.00241	0.00241	93 711	225	93 598	3 236 440	34.53
39	0.00253	0.00253	93 486	236	93 368	3 142 842	33.61
40	0.00288	0.00288	93 250	268	93 116	3 049 474	32.70
41	0.00298	0.00298	92 982	277	92 843	2 956 358	31.79
42	0.00318	0.00317	92 705	293	92 558	2 863 515	30.88
43	0.00389	0.00388	92 412	358	92 233	2 770 957	29.98
44	0.00412	0.00411	92 054	378	91 865	2 678 724	29.09
45	0.00454	0.00453	91 676	415	91 468	2 586 859	28.21

表9　1981年吉林省人口寿命表　（续完）

年龄	死亡率 m_x	死亡概率 q_x	尚存人数 l_x	死亡人数 d_x	平均生存人年数 L_x	总人年数 T_x	平均预期寿命 $\mathring{e}_x$
46	0.00514	0.00513	91 261	468	91 027	2 495 391	27.34
47	0.00542	0.00541	90 793	491	90 547	2 404 364	29.48
48	0.00614	0.00612	90 302	552	90 026	2 313 817	25.62
49	0.00692	0.00690	89 750	619	89 440	2 223 791	24.77
50	0.00777	0.00774	89 131	689	88 786	2 134 351	23.94
51	0.00844	0.00840	88 442	742	88 071	2 045 565	23.12
52	0.00965	0.00960	87 700	841	87 279	1 957 494	22.32
53	0.01040	0.01035	86 859	898	86 410	1 870 215	21.53
54	0.01145	0.01138	85 961	978	85 472	1 783 805	20.75
55	0.01249	0.01241	84 983	1 054	84 456	1 698 333	19.98
56	0.01375	0.01366	83 929	1 146	83 356	1 613 877	19.22
57	0.01439	0.01429	82 783	1 182	82 192	1 530 521	18.48
58	0.01667	0.01653	81 601	1 348	80 927	1 448 329	17.74
59	0.01735	0.01720	80 253	1 380	79 563	1 367 402	17.03
60	0.02053	0.02032	78 873	1 602	78 072	1 287 839	16.32
61	0.02106	0.02084	77 271	1 610	76 466	1 209 767	15.65
62	0.02575	0.02542	75 661	1 923	74 699	1 133 301	14.97
63	0.02508	0.02477	73 738	1 826	72 825	1 058 602	14.35
64	0.02884	0.02843	71 912	2 044	70 980	985 777	13.70
65	0.03166	0.03117	69 868	2 177	68 779	914 887	13.09
66	0.03369	0.03313	67 691	2 242	66 570	846 108	12.49
67	0.03430	0.03372	65 449	2 206	64 346	779 538	11.91
68	0.03910	0.03835	63 243	2 425	62 030	715 192	11.30
69	0.04192	0.04106	60 818	2 497	59 569	653 162	10.73
70	0.04827	0.04713	58 321	2 748	56 947	593 593	10.17
71	0.02593	0.05157	55 573	2 865	54 140	536 646	9.65
72	0.05901	0.05732	52 708	3 021	51 197	482 506	9.15
73	0.06326	0.06132	49 687	3 046	48 164	431 309	8.68
74	0.06797	0.06574	46 641	3 066	45 108	383 145	8.21
75	0.07237	0.06984	43 575	3 043	42 053	338 037	7.75
76	0.08035	0.07725	40 532	3 131	38 966	295 984	7.30
77	0.08808	0.08436	37 401	3 155	35 823	257 018	6.87
78	0.08983	0.08597	34 246	2 944	32 774	221 195	6.45
79	0.10200	0.09705	31 302	3 037	29 783	188 421	6.01
80	0.11708	0.11061	28 265	3 126	26 702	158 638	5.61
81	0.12818	0.12046	25 139	3 028	23 625	131 936	5.24
82	0.14843	0.13818	22 111	3 055	20 583	108 311	4.89
83	0.14570	0.13581	19 056	2 587	17 762	87 728	4.60
84	0.16061	0.14867	16 469	2 448	15 245	69 966	4.24
85	0.19280	0.17585	14 021	2 465	12 788	54 721	3.90
86	0.19640	0.17884	11 556	2 066	10 523	41 933	3.62
87	0.19926	0.18121	9 490	1 719	8 630	31 410	3.30
88	0.21505	0.19417	7 771	1 508	7 017	22 780	2.93
89	0.23073	0.20687	6 263	1 295	5 615	15 763	2.51
90+	0.27890	1.00000	4 968	4 968	10 148	10 148	2.04

表10　　1981年黑龙江省人口寿命表

年龄	死亡率 m_x	死亡概率 q_x	尚存人数 l_x	死亡人数 d_x	平均生存人年数 L_x	总人年数 T_x	平均预期寿命 $\mathring{e}_x$
0	0.03530	0.03469	100 000	3 469	97 687	6 317 523	68.17
1	0.00361	0.00360	96 531	347	96 357	6 719 836	69.61
2	0.00281	0.00281	96 184	209	96 079	6 623 479	68.86
3	0.00133	0.00133	95 975	127	95 911	6 527 400	68.01
4	0.00099	0.00099	95 848	94	95 801	6 431 489	67.10
5	0.00073	0.00073	95 754	69	95 719	6 335 688	66.16
6	0.00066	0.00066	95 685	63	95 653	6 239 969	65.21
7	0.00048	0.00048	95 622	45	95 599	6 144 316	64.25
8	0.00047	0.00047	95 577	44	95 555	6 048 717	63.28
9	0.00046	0.00046	95 533	43	95 511	5 953 162	62.31
10	0.00052	0.00052	95 490	49	95 465	5 857 651	61.34
11	0.00044	0.00044	95 441	41	95 420	5 762 186	60.37
12	0.00051	0.00051	95 400	48	95 376	5 666 766	95.40
13	0.00056	0.00056	95 352	53	95 325	5 571 390	58.42
14	0.00064	0.00064	95 299	60	95 269	5 476 065	57.46
15	0.00072	0.00072	95 239	68	95 205	5 380 796	56.49
16	0.00092	0.00092	95 171	87	95 127	5 285 591	55.53
17	0.00093	0.00093	95 084	88	95 040	5 190 464	54.58
18	0.00108	0.00108	94 996	102	94 945	5 095 424	53.63
19	0.00130	0.00130	94 894	123	94 832	5 000 479	52.69
20	0.00129	0.00129	94 771	122	94 710	4 905 647	51.76
21	0.00107	0.00107	94 649	101	94 598	4 810 937	50.82
22	0.00120	0.00120	94 548	113	94 491	4 716 339	49.88
23	0.00111	0.00111	94 435	104	94 383	4 621 848	48.94
24	0.00129	0.00129	94 331	121	94 270	4 527 465	47.99
25	0.00127	0.00127	94 210	119	94 150	4 433 195	47.05
26	0.00124	0.00124	94 091	116	94 033	4 339 045	46.11
27	0.00126	0.00126	93 975	118	93 916	4 245 012	45.17
28	0.00134	0.00134	93 857	125	93 794	4 151 096	44.22
29	0.00121	0.00121	93 732	113	93 675	4 057 302	43.28
30	0.00135	0.00135	93 691	126	93 556	3 963 627	42.33
31	0.00139	0.00139	93 493	129	93 428	3 870 071	41.39
32	0.00159	0.00159	93 364	148	93 290	3 776 643	40.45
33	0.00155	0.00155	93 216	144	93 144	3 683 353	39.51
34	0.00175	0.00175	93 072	162	92 991	3 590 209	38.57
35	0.00182	0.00182	92 910	169	92 825	3 497 218	37.64
36	0.00194	0.00194	92 741	179	92 651	3 404 393	36.70
37	0.00205	0.00205	92 562	189	92 467	3 311 742	35.77
38	0.00221	0.00221	92 373	204	92 271	3 219 275	34.85
39	0.00223	0.00223	92 169	205	92 066	3 127 004	33.92
40	0.00267	0.00267	91 964	245	91 841	3 034 938	33.00
41	0.00293	0.00293	91 719	268	91 585	2 943 097	32.08
42	0.00312	0.00311	91 451	285	91 308	2 851 512	31.18
43	0.00362	0.00361	91 166	329	91 001	2 760 204	30.27
44	0.00400	0.00399	90 837	362	90 656	2 669 203	29.38
45	0.00458	0.00457	90 475	413	90 268	2 578 547	28.50

表10 （续完）

年龄	死亡率 m_x	死亡概率 q_x	尚存人数 l_x	死亡人数 d_x	平均生存人年数 L_x	总人年数 T_x	平均预期寿命 $\mathring{e}_x$
46	0.00479	0.00478	90 062	450	89 847	2 488 279	27.62
47	0.00536	0.00535	89 632	479	89 392	2 398 432	26.75
48	0.00616	0.00614	89 153	547	88 879	2 309 040	25.89
49	0.00661	0.00659	88 606	583	88 314	2 220 161	25.05
50	0.00794	0.00791	88 023	696	87 675	2 131 847	24.21
51	0.00769	0.00766	87 327	668	86 993	2 044 172	23.40
52	0.00930	0.00926	86 659	802	86 258	1 957 179	22.58
53	0.00991	0.00986	85 857	846	85 434	1 870 921	21.79
54	0.01136	0.01130	85 011	960	84 531	1 785 487	21.00
55	0.01221	0.01214	84 051	1 020	83 541	1 700 956	20.23
56	0.01367	0.01358	83 031	1 127	82 467	1 617 415	19.47
57	0.01483	0.01472	81 904	1 205	81 301	1 534 948	18.74
58	0.01620	0.01607	80 699	1 296	80 051	1 453 647	18.01
59	0.01680	0.01666	78 403	1 322	78 742	1 373 596	17.29
60	0.02051	0.02030	78 081	1 585	77 288	1 294 854	16.58
61	0.02049	0.02028	76 496	1 551	75 720	1 217 566	15.91
62	0.02515	0.02484	74 945	1 861	74 014	1 141 846	15.23
63	0.02600	0.02567	73 084	1 876	72 146	1 067 832	14.61
64	0.02724	0.02687	71 208	1 913	70 251	995 686	13.98
65	0.03113	0.03065	69 295	2 123	68 233	925 435	13.35
66	0.03339	0.03284	67 172	2 205	66 069	857 202	12.76
67	0.03306	0.03252	64 967	2 112	63 911	791 133	12.17
68	0.03892	0.03818	62 855	2 399	61 655	727 222	11.56
69	0.04135	0.04051	60 456	2 449	59 231	665 567	11.00
70	0.04841	0.04727	58 007	2 741	56 636	606 336	10.45
71	0.05023	0.04900	55 266	2 708	53 912	549 700	9.94
72	0.05925	0.05758	52 558	3 026	51 045	495 788	9.43
73	0.06124	0.05942	49 532	2 943	48 060	444 743	8.97
74	0.06474	0.06271	46 589	2 921	45 128	396 683	8.51
75	0.06582	0.06372	43 668	2 782	42 277	351 555	8.05
76	0.07493	0.07222	40 886	2 952	39 410	309 278	7.56
77	0.07966	0.07661	37 934	2 306	36 481	269 868	7.11
78	0.08712	0.08348	35 028	2 924	33 566	233 387	6.66
79	0.09581	0.09143	32 104	2 935	30 636	199 821	6.22
80	0.11220	0.10624	29 169	3 098	27 620	169 185	5.80
81	0.12303	0.11590	26 017	3 021	24 560	161 565	5.42
82	0.13232	0.12411	23 050	2 860	21 620	117 005	5.07
83	0.14825	0.13802	20 190	2 786	18 797	95 385	4.72
84	0.14888	0.13857	17 404	2 411	16 198	76 588	4.40
85	0.16404	0.15161	14 933	2 273	13 856	60 390	4.02
86	0.18188	0.16672	12 720	2 120	11 660	46 534	3.65
87	0.20166	0.18319	10 600	1 941	9 629	34 874	3.29
88	0.22497	0.20222	8 659	1 751	7 783	25 245	2.91
89	0.21559	0.19461	6 908	1 344	6 236	17 462	2.52
90+	0.28286	1.00000	5 564	5 564	11 226	11 226	2.01

表11

1981年上海市人口寿命表

年龄	死亡率 m_x	死亡概率 q_x	尚存人数 l_x	死亡人数 d_x	平均生存人年数 L_x	总人年数 T_x	平均预期寿命 $\overset{o}{e}_x$
0	0.01978	0.01959	100 000	1 959	98 693	7 291 396	72.91
1	0.00233	0.00233	98 041	228	97 927	7 192 703	73.36
2	0.00154	0.00154	97 813	150	97 738	7 094 776	72.53
3	0.00108	0.00108	97 663	105	97 610	6 997 038	71.64
4	0.00081	0.00081	97 558	79	97 518	6 899 428	70.72
5	0.00064	0.00064	97 479	62	97 448	6 801 910	69.77
6	0.00042	0.00042	97 417	40	97 397	6 704 462	68.82
7	0.00047	0.00047	97 377	45	97 354	6 607 065	67.85
8	0.00057	0.00057	97 332	55	97 304	6 509 711	66.88
9	0.00038	0.00038	97 277	36	97 259	6 412 407	65.91
10	0.00046	0.00046	97 241	44	97 219	6 315 148	64.94
11	0.00037	0.00037	97 197	35	97 179	6 217 929	63.94
12	0.00034	0.00032	97 162	33	97 145	6 120 750	62.99
13	0.00032	0.00032	97 129	31	97 113	6 023 605	62.01
14	0.00047	0.00047	97 098	45	97 075	5 926 492	61.03
15	0.00040	0.00040	97 053	38	97 034	5 829 417	60.06
16	0.00053	0.00053	97 015	51	96 989	5 732 383	59.08
17	0.00052	0.00052	96 964	50	96 939	5 635 394	58.11
18	0.00060	0.00060	96 914	58	96 885	5 538 455	57.14
19	0.00053	0.00053	96 856	51	96 830	5 441 570	56.18
20	0.00062	0.00062	96 805	60	96 775	5 344 740	55.21
21	0.00068	0.00068	96 745	65	96 712	5 247 965	54.24
22	0.00072	0.00072	96 680	69	96 645	5 151 253	53.28
23	0.00063	0.00063	96 611	60	96 581	4 054 608	52.31
24	0.00074	0.00074	96 551	71	96 515	4 958 027	51.35
25	0.00085	0.00085	96 480	82	96 439	4 861 512	50.38
26	0.00065	0.00065	96 398	62	96 367	4 765 073	49.43
27	0.00077	0.00077	96 336	74	29 299	4 668 706	48.46
28	0.00079	0.00079	96 262	76	96 224	4 572 407	47.49
29	0.00083	0.00083	96 186	79	96 146	4 476 183	46.53
30	0.00092	0.00092	96 107	88	96 063	4 380 037	45.57
31	0.00077	0.00077	96 019	73	95 982	4 283 974	44.61
32	0.00098	0.00098	95 946	94	95 899	4 187 992	43.64
33	0.00094	0.00094	95 852	90	95 807	4 092 093	42.69
34	0.00106	0.00106	95 762	101	95 711	3 996 286	41.73
35	0.00101	0.00101	95 661	96	95 613	3 900 575	40.77
36	0.00108	0.00108	95 565	103	95 513	3 804 962	39.81
37	0.00116	0.00116	95 462	110	95 407	3 709 449	38.85
38	0.00143	0.00143	95 352	136	95 284	3 614 042	37.90
39	0.00148	0.00148	95 216	140	95 146	3 518 758	36.95
40	0.00143	0.00143	95 076	135	95 008	3 423 612	36.00
41	0.00180	0.00180	94 941	170	94 856	3 328 604	35.05
42	0.00190	0.00190	94 771	180	94 681	3 233 748	34.12
43	0.00209	0.00209	94 591	197	94 492	3 139 067	33.18
44	0.00236	0.00236	94 394	222	94 283	3 044 575	32.25
45	0.00229	0.00229	94 172	215	94 064	2 950 292	31.32

表11 （续完）

年龄	死亡率 m_x	死亡概率 q_x	尚存人数 l_x	死亡人数 d_x	平均生存人年数 L_x	总人年数 T_x	平均预期寿命 $\mathring{e}_x$
46	0.00263	0.00263	93 957	247	93 833	2 856 228	30.39
47	0.00279	0.00279	93 710	261	93 579	2 762 395	29.47
48	0.00299	0.00299	93 449	279	93 309	2 668 816	28.55
49	0.00376	0.00375	93 170	349	92 995	2 575 507	27.64
50	0.00395	0.00394	92 821	365	92 638	2 482 512	26.74
51	0.00446	0.00445	92 456	411	92 250	2 389 874	25.84
52	0.00473	0.00472	92 045	434	91 828	2 297 624	24.96
53	0.00551	0.00549	91 611	502	91 360	2 205 796	24.07
54	0.00655	0.00653	91 109	594	90 812	2 114 436	23.20
55	0.00686	0.00684	90 515	619	90 205	2 023 624	22.35
56	0.00777	0.00774	89 896	695	89 548	1 933 419	21.50
57	0.00850	0.00846	89 201	754	88 824	1 843 871	20.67
58	0.00947	0.00943	88 447	834	88 030	1 755 047	19.84
59	0.01045	0.01040	87 613	911	87 157	1 667 017	19.02
60	0.01213	0.01206	86 702	1 045	86 179	1 579 680	18.22
61	0.01289	0.01281	85 657	1 097	85 108	1 493 681	17.43
62	0.01500	0.01489	84 560	1 259	83 930	1 408 573	16.65
63	0.01369	0.01626	83 301	1 354	82 624	1 324 643	15.90
64	0.01838	0.01821	81 947	1 492	81 201	1 242 019	15.15
65	0.02051	0.02030	80 455	1 633	79 638	1 160 818	14.42
66	0.02368	0.02340	78 822	1 844	77 900	1 081 180	13.71
67	0.02566	0.02533	76 978	1 949	76 003	1 003 280	13.03
68	0.02896	0.02855	75 029	2 142	73 958	927 277	12.35
69	0.03195	0.03145	72 887	2 292	71 741	853 319	11.70
70	0.03591	0.03528	70 595	2 490	69 350	781 578	11.07
71	0.04114	0.04031	68 105	2 745	66 732	712 228	10.45
72	0.04621	0.04517	65 360	2 952	63 884	645 496	9.87
73	0.05034	0.04910	62 408	3 064	60 876	581 612	9.31
74	0.05283	0.05147	59 344	3 054	57 817	520 736	8.77
75	0.05968	0.05795	56 290	3 262	54 659	462 919	8.22
76	0.06572	0.06363	53 028	3 374	51 341	408 260	7.69
77	0.07573	0.07297	49 654	3 623	47 842	356 919	7.18
78	0.08687	0.08325	46 031	3 832	44 115	309 077	6.71
79	0.09626	0.09184	42 199	3 875	40 261	264 962	6.27
80	0.10137	0.09648	38 324	3 697	36 475	224 701	5.86
81	0.11532	0.10903	34 627	3 775	32 739	188 226	5.43
82	0.13009	0.12215	30 852	3 768	28 968	155 487	5.03
83	0.13796	0.12906	27 084	3 495	25 336	126 519	4.67
84	0.14982	0.13938	23 589	3 287	21 945	101 183	4.28
85	0.17092	0.15751	20 302	3 197	18 703	79 238	3.90
86	0.18387	0.16839	17 105	2 880	15 665	60 535	3.53
87	0.19924	0.18119	14 225	2 577	12 936	44 870	3.15
88	0.22368	0.20118	11 648	2 343	10 476	31 934	2.74
89	0.24952	0.22184	9 305	2 064	8 273	21 458	2.30
90+	0.31827	1.00000	7 241	7 241	13 185	13 185	1.82

表12　　1981年江苏省人口寿命表

年龄	死亡率 m_x	死亡概率 q_x	尚存人数 l_x	死亡人数 d_x	平均生存人年数 L_x	总人年数 T_x	平均预期寿命 $\overset{o}{e}_x$
0	0.03356	0.03301	100 000	3 301	97 799	6 949 705	69.49
1	0.00478	0.00477	96 699	461	96 468	6 851 906	70.85
2	0.00346	0.00345	96 238	332	96 072	6 755 438	70.19
3	0.00241	0.00241	95 906	231	95 790	6 659 366	69.43
4	0.00174	0.00174	95 675	166	95 592	6 563 576	68.60
5	0.00146	0.00146	95 509	139	95 439	6 467 984	67.72
6	0.00123	0.00123	95 370	117	95 311	6 373 545	66.81
7	0.00099	0.00099	95 253	94	95 206	6 277 234	65.90
8	0.00089	0.00089	95 159	84	95 117	6 182 028	64.96
9	0.00065	0.00065	95 075	61	95 044	6 086 911	64.02
10	0.00054	0.00054	95 014	51	94 988	5 991 867	63.06
11	0.00051	0.00051	94 963	48	94 939	5 896 879	62.09
12	0.00049	0.00049	94 915	46	94 892	5 801 940	61.12
13	0.00050	0.00050	94 869	47	93 845	5 707 048	60.15
14	0.00055	0.00055	94 822	52	94 796	5 612 203	59.18
15	0.00055	0.00055	94 770	52	94 744	5 517 407	58.21
16	0.00065	0.00065	94 718	61	94 687	5 442 663	57.25
17	0.00078	0.00078	94 657	73	94 620	5 327 976	56.28
18	0.00078	0.00078	94 584	73	94 547	5 233 356	55.33
19	0.00102	0.00102	94 511	96	94 463	5 138 809	54.37
20	0.00114	0.00114	94 415	107	94 361	5 044 346	53.42
21	0.00095	0.00095	94 308	89	94 263	4 949 985	52.48
22	0.00115	0.00115	94 219	108	94 165	4 855 722	51.53
23	0.00107	0.00107	94 111	100	94 061	4 761 557	50.59
24	0.00119	0.00119	94 011	111	93 955	4 667 496	49.64
25	0.00121	0.00121	93 900	113	93 843	4 573 541	48.70
26	0.00107	0.00107	93 787	100	93 737	4 479 698	47.76
27	0.00117	0.00117	93 687	109	93 632	4 385 961	46.81
28	0.00117	0.00117	93 578	109	93 523	4 292 329	45.86
29	0.00112	0.00112	94 469	104	93 417	4 198 806	44.92
30	0.00137	0.00137	93 365	127	93 301	4 105 389	43.97
31	0.00115	0.00115	93 238	107	93 184	4 012 088	43.03
32	0.00133	0.00133	93 131	123	93 069	3 918 904	42.07
33	0.00135	0.00135	93 008	125	92 945	3 825 835	41.13
34	0.00149	0.00149	92 883	138	92 814	3 732 890	40.18
35	0.00163	0.00163	92 745	151	92 669	3 640 076	39.24
36	0.00174	0.00174	92 594	161	92 513	3 547 407	38.31
37	0.00169	0.00169	92 433	156	92 355	3 454 894	37.37
38	0.00207	0.00207	92 277	191	92 181	3 362 539	36.43
39	0.00204	0.00204	92 086	187	91 992	3 270 358	35.51
40	0.00237	0.00237	91 899	217	91 790	3 178 366	34.58
41	0.00248	0.00248	91 682	227	91 568	3 086 576	33.66
42	0.00272	0.00272	91 455	248	91 331	2 995 008	32.74
43	0.00301	0.00301	91 207	274	91 070	2 903 677	31.83
44	0.00351	0.00350	90 933	318	90 774	2 812 607	30.93
45	0.00340	0.00339	90 615	307	90 461	2 721 833	30.03

表12 （续完）

年龄	死亡率 m_x	死亡概率 q_x	尚存人数 l_x	死亡人数 d_x	平均生存人年数 L_x	总人年数 T_x	平均预期寿命 $\mathring{e}_x$
46	0.00399	0.00398	90 308	359	90 128	2 631 372	29.13
47	0.00443	0.00442	89 949	397	89 750	2 541 244	28.25
48	0.00491	0.00490	89 552	438	89 333	2 451 494	27.37
49	0.00503	0.00502	89 114	447	88 890	2 362 161	26.50
50	0.00628	0.00626	88 667	555	88 389	2 273 271	25.63
51	0.00628	0.00626	88 112	551	87 836	2 184 882	24.79
52	0.00711	0.00708	87 561	619	87 251	2 097 046	23.94
53	0.00776	0.00773	86 942	672	86 606	2 009 795	23.11
54	0.00895	0.00891	86 270	768	85 886	1 923 189	22.29
55	0.00978	0.00973	85 502	831	85 086	1 837 303	21.48
56	0.01042	0.01037	84 671	878	84 232	1 752 217	20.69
57	0.01074	0.01068	83 793	894	83 346	1 667 985	19.90
58	0.01351	0.01342	82 899	1 112	82 343	1 584 639	19.11
59	0.01355	0.01346	81 787	1 100	81 237	1 502 296	18.36
60	0.01612	0.01599	80 687	1 290	80 042	1 421 059	17.61
61	0.01626	0.01613	79 397	1 280	78 757	1 341 017	16.89
62	0.01966	0.01947	78 117	1 520	77 357	1 262 260	16.15
63	0.02144	0.02121	76 597	1 624	75 785	1 184 903	15.46
64	0.02168	0.02145	74 973	1 608	74 169	1 109 118	14.79
65	0.02379	0.02351	73 365	1 724	72 503	1034 949	14.10
66	0.02859	0.02819	71 641	2 019	70 631	962 446	13.43
67	0.02693	0.02657	69 622	1 849	68 697	891 815	12.80
68	0.03432	0.03374	67 773	2 286	66 630	823 118	12.14
69	0.03705	0.03638	65 487	2 382	64 296	756 488	11.55
70	0.04049	0.03969	63 105	2 504	61 853	692 192	10.96
71	0.04425	0.04329	60 601	2 623	59 289	630 339	10.40
72	0.04658	0.04552	57 978	2 639	56 658	571 050	9.84
73	0.05447	0.05303	55 339	2 934	54 872	514 392	9.29
74	0.05730	0.05570	52 405	2 918	50 946	460 520	8.78
75	0.06052	0.05874	49 487	2 906	48 034	409 574	8.27
76	0.06992	0.06756	46 581	3 147	45 007	361 540	7.76
77	0.07590	0.07312	43 434	3 175	41 846	316 533	7.28
78	0.08555	0.08204	40 259	3 302	38 608	274 687	6.82
79	0.09218	0.08812	36 957	3 256	35 329	236 079	6.38
80	0.09993	0.09517	33 701	3 207	32 097	200 750	5.95
81	0.11594	0.10959	30 494	3 341	28 823	168 653	5.53
82	0.13383	0.12544	27 153	3 406	25 450	139 830	5.14
83	0.13504	0.12650	23 747	3 003	22 245	114 380	4.81
84	0.14675	0.13672	20 744	2 836	19 326	92 135	4.44
85	0.15791	0.14635	17 908	2 620	16 598	72 809	4.06
86	0.16969	0.15642	15 288	2 391	14 092	56 211	3.67
87	0.18685	0.17089	12 897	2 203	11 795	42 119	3.26
88	0.22180	0.19966	10 694	2 135	9 626	30 324	2.83
89	0.22770	0.20443	8 559	1 749	7 684	20 698	2.41
90+	0.30101	1.00000	6 810	6 810	13 014	13 014	1.91

表13

1981年浙江省人口寿命表

年龄	死亡率 m_x	死亡概率 q_x	尚存人数 l_x	死亡人数 d_x	平均生存人年数 L_x	总人年数 T_x	平均预期寿命 $\mathring{e}_x$
0	0.03628	0.03563	100 000	3 563	97 624	6 951 552	69.51
1	0.00415	0.00414	96 437	399	96 237	6 853 928	71.07
2	0.00291	0.00291	96 038	279	95 898	6 757 691	70.36
3	0.00194	0.00194	95 759	185	95 666	6 661 793	69.56
4	0.00139	0.00139	95 574	132	95 508	6 566 127	68.70
5	0.00124	0.00124	95 442	118	95 383	6 470 619	67.79
6	0.00105	0.00105	95 324	100	95 274	6 375 236	66.87
7	0.00078	0.00078	95 224	74	95 187	6 279 962	65.94
8	0.00074	0.00074	95 150	70	95 115	6 184 775	65.00
9	0.00057	0.00057	95 080	54	95 053	6 089 660	64.04
10	0.00056	0.00056	95 026	53	94 999	5 994 607	63.08
11	0.00047	0.00047	94 973	44	94 951	5 899 608	62.11
12	0.00044	0.00044	94 929	41	94 908	5 804 657	61.14
13	0.00051	0.00051	94 888	48	94 864	5 709 749	60.17
14	0.00059	0.00059	94 840	55	94 812	5 614 885	59.20
15	0.00060	0.00060	94 785	56	94 757	5 520 073	58.23
16	0.00074	0.00074	94 729	70	94 694	5 425 316	57.27
17	0.00089	0.00089	94 659	84	94 617	5 330 622	56.31
18	0.00091	0.00019	94 575	86	94 532	5 236 005	55.36
19	0.00105	0.00105	94 489	99	94 439	5 141 473	54.41
20	0.00119	0.00119	94 390	112	94 334	5 047 034	53.47
21	0.00106	0.00106	94 278	99	94 228	4 952 700	52.53
22	0.00129	0.00129	94 179	121	94 118	4 858 472	51.58
23	0.00117	0.00117	94 058	110	94 003	4 764 354	50.65
24	0.00135	0.00135	93 948	126	93 885	4 670 351	49.71
25	0.00120	0.00120	93 822	112	93 766	4 576 466	48.77
26	0.00123	0.00123	93 710	115	93 652	4 482 700	47.83
27	0.00124	0.00124	93 595	116	93 537	4 389 048	46.89
28	0.00132	0.00132	93 479	123	93 417	4 295 511	45.95
29	0.00126	0.00126	93 356	117	93 297	4 202 094	45.01
30	0.00129	0.00129	93 239	120	93 179	4 108 797	44.06
31	0.00129	0.00129	93 119	120	93 059	4 015 618	43.12
32	0.00148	0.00148	92 999	137	92 930	3 922 559	42.17
33	0.00141	0.00141	92 862	130	92 797	3 829 629	41.24
34	0.00155	0.00155	92 732	143	92 660	3 736 832	40.29
35	0.00183	0.00183	92 589	169	92 504	3 644 172	39.35
36	0.00178	0.00178	92 420	164	92 338	3 551 668	38.42
37	0.00203	0.00203	92 256	187	92 162	3 459 330	37.49
38	0.00217	0.00217	92 069	199	91 969	3 367 168	36.57
39	0.00245	0.00245	91 870	225	91 757	3 275 199	35.65
40	0.00244	0.00244	91 645	223	91 533	3 183 442	34.73
41	0.00266	0.00266	91 422	243	91 300	3 091 909	33.82
42	0.00281	0.00281	91 179	256	91 051	3 000 609	32.90
43	0.00299	0.00299	90 923	271	90 787	2 909 558	32.00
44	0.00327	0.00326	90 652	295	90 504	2 818 771	31.09
45	0.00347	0.00346	90 357	312	90 201	2 728 267	30.19

表13 （续完）

年龄	死亡率 m_x	死亡概率 q_x	尚存人数 l_x	死亡人数 d_x	平均生存人年数 L_x	总人年数 T_x	平均预期寿命 $\mathring{e}_x$
46	0.00392	0.00391	90 045	352	89 869	2 638 066	29.29
47	0.00438	0.00437	89 693	391	89 497	2 548 197	28.41
48	0.00454	0.00453	89 302	404	89 100	2 458 700	27.53
49	0.00499	0.00498	88 898	442	88 677	2 369 600	26.65
50	0.00607	0.00605	88 456	535	88 188	2 280 923	25.78
51	0.00624	0.00622	87 921	546	87 648	2 192 735	24.93
52	0.00667	0.00665	87 375	581	87 084	2 105 087	24.09
53	0.00725	0.00722	86 794	626	86 481	2 018 003	23.25
54	0.00811	0.00808	86 168	696	85 820	1 931 522	22.41
55	0.00929	0.00925	85 472	790	85 077	1 845 702	21.59
56	0.01001	0.00996	84 682	843	84 260	1 760 625	20.79
57	0.01055	0.01049	83 839	879	83 399	1 676 365	19.99
58	0.01202	0.01195	82 960	991	82 464	1 592 966	19.20
59	0.01273	0.01265	81 969	1 036	81 451	1 510 502	18.42
60	0.01520	0.01509	80 933	1 221	80 322	1 429 051	17.65
61	0.01574	0.01562	79 712	1 245	79 089	1 348 729	16.92
62	0.01975	0.01956	78 467	1 534	77 700	1 269 640	16.18
63	0.02083	0.02062	76 933	1 586	76 140	1 191 940	15.49
64	0.02157	0.02134	75 347	1 607	74 543	1 115 800	14.80
65	0.02500	0.02469	73 740	1 820	72 830	1 041 257	14.12
66	0.02697	0.02661	71 920	1 913	70 963	968 427	13.46
67	0.02864	0.02824	70 007	1 976	69 019	897 464	12.81
68	0.02332	0.03277	68 031	2 229	66 916	828 445	12.17
69	0.03572	0.03509	65 802	2 308	64 648	761 529	11.57
70	0.03809	0.03738	63 494	2 373	62 307	696 881	10.97
71	0.04324	0.04232	61 121	2 586	59 828	634 574	10.38
72	0.04895	0.04778	58 535	2 796	57 137	574 746	9.81
73	0.05007	0.04885	55 739	2 722	54 378	517 609	9.28
74	0.05792	0.05629	53 017	2 984	51 525	463 231	8.73
75	0.06226	0.06038	50 033	3 020	48 523	411 706	8.22
76	0.06883	0.06654	47 013	3 128	45 449	363 183	7.72
77	0.07632	0.07351	43 885	3 225	42 272	317 734	7.24
78	0.08512	0.08165	40 660	3 319	39 000	275 462	6.77
79	0.09348	0.08931	37 341	3 334	35 674	236 462	6.33
80	0.10202	0.04707	34 007	3 301	32 356	200 788	5.90
81	0.11195	0.10602	30 706	3 255	29 078	168 432	5.48
82	0.12984	0.12192	27 451	3 346	25 778	139 354	5.07
83	0.13509	0.12654	24 105	3 050	22 580	113 576	4.71
84	0.14612	0.13617	21 055	2 867	19 621	90 996	4.32
85	0.16737	0.15445	18 188	2 809	16 783	71 375	3.92
86	0.17556	0.16139	15 379	2 482	14 138	54 592	3.54
87	0.20723	0.18777	12 897	2 421	11 686	40 454	3.13
88	0.23565	0.21081	10 476	2 208	9 372	28 768	2.74
89	0.23332	0.20894	8 268	1 727	7 404	19 396	2.34
90+	0.31577	1.00000	6 541	6 541	11 992	11 992	1.83

表14　　　　　　　　　1981年安徽省人口寿命表

年龄	死亡率 m_x	死亡概率 q_x	尚存人数 l_x	死亡人数 d_x	平均生存人年数 L_x	总人年数 T_x	平均预期寿命 $\mathring{e}_x$
0	0.03087	0.03040	100 000	3 040	97 973	6 930 332	69.30
1	0.00453	0.00452	96 960	438	96 741	6 832 359	70.46
2	0.00325	0.00324	96 522	312	96 366	6 735 618	69.78
3	0.00240	0.00240	96 210	230	96 095	6 639 252	69.00
4	0.00179	0.00179	95 980	171	95 894	6 543 157	68.17
5	0.00142	0.00142	95 809	136	95 741	6 447 263	67.29
6	0.00125	0.00125	95 673	119	95 613	6 351 522	66.38
7	0.00096	0.00096	95 554	91	95 508	6 355 909	65.46
8	0.00079	0.00079	95 463	75	95 425	6 160 401	64.53
9	0.00074	0.00074	95 388	70	95 353	6 064 976	63.58
10	0.00072	0.00072	95 318	68	95 284	5 969 623	62.62
11	0.00066	0.00066	95 250	62	95 219	5 874 339	61.67
12	0.00058	0.00058	95 188	55	95 160	5 779 120	60.71
13	0.00064	0.00064	95 133	60	95 103	5 683 960	59.74
14	0.00068	0.00068	95 073	64	95 041	5 588 857	58.78
15	0.00067	0.00067	95 009	63	94 977	5 493 816	57.82
16	0.00092	0.00092	94 946	87	94 902	5 398 839	56.86
17	0.00104	0.00104	94 859	98	94 810	5 303 937	55.91
18	0.00109	0.00109	94 761	103	94 709	5 209 127	54.97
19	0.00121	0.00121	94 658	114	94 601	5 114 418	54.03
20	0.00198	0.00198	94 544	187	94 450	5 019 817	53.09
21	0.00146	0.00146	94 357	137	94 288	4 925 367	52.19
22	0.00156	0.00156	94 220	146	94 147	4 831 079	51.27
23	0.00147	0.00147	94 074	138	94 005	4 736 932	50.35
24	0.00160	0.00160	93 936	150	93 861	4 643 927	49.42
25	0.00165	0.00165	93 786	154	93 709	4 549 066	48.50
26	0.00156	0.00156	93 632	146	93 559	4 455 357	47.58
27	0.00155	0.00155	93 486	144	93 414	4 361 798	46.65
28	0.00151	0.00151	93 342	140	93 272	4 268 384	45.72
29	0.00135	0.00135	93 202	125	93 139	4 175 112	44.79
30	0.00181	0.00181	93 077	168	92 993	4 081 973	43.85
31	0.00173	0.00173	92 909	138	92 840	3 988 980	42.93
32	0.00174	0.00174	92 771	160	92 691	3 896 140	41.99
33	0.00192	0.00192	92 611	161	92 530	3 803 449	41.06
34	0.00198	0.00198	92 450	177	92 361	3 710 919	40.13
35	0.00209	0.00209	92 273	182	92 182	3 618 558	39.21
36	0.00202	0.00202	92 091	192	91 995	3 526 376	38.29
37	0.00235	0.00235	91 899	185	91 806	3 434 381	37.37
38	0.00225	0.00225	91 714	215	91 606	3 342 575	36.44
39	0.00274	0.00274	91 499	205	91 396	3 250 969	35.53
40	0.00269	0.00269	91 294	250	91 169	3 159 573	34.60
41	0.00312	0.00312	91 044	244	90 922	3 068 404	33.70
42	0.00334	0.00333	90 800	283	90 658	2 977 482	32.79
43	0.00352	0.00351	90 517	301	90 366	2 886 824	31.89
44	0.00364	0.00363	90 216	316	90 058	2 796 458	30.99
45	0.00407	0.00406	89 900	326	89 737	2 706 400	30.10

表14 （续完）

年龄	死亡率 m_x	死亡概率 q_x	尚存人数 l_x	死亡人数 d_x	平均生存人年数 L_x	总人年数 T_x	平均预期寿命 $\mathring{e}_x$
46	0.00444	0.00443	89 574	363	89 392	2 616 663	29.21
47	0.00499	0.00498	89 211	395	89 013	2 527 271	28.32
48	0.00499	0.00498	88 816	442	88 595	2 438 258	27.45
49	0.00537	0.00536	88 374	173	88 137	2 349 663	26.58
50	0.00672	0.00670	87 901	588	87 607	2 261 526	25.72
51	0.00609	0.00607	87 313	529	87 048	2 173 919	24.89
52	0.00716	0.00713	86 784	618	86 475	2 086 871	24.04
53	0.00812	0.00809	86 166	697	85 817	2 000 396	23.21
54	0.00916	0.00912	85 469	779	85 079	1 914 579	22.40
55	0.00964	0.00959	84 690	812	84 284	1 829 500	21.60
56	0.01061	0.01055	83 878	884	83 436	1 745 216	20.80
57	0.01116	0.01110	82 994	921	82 533	1 661 780	20.02
58	0.01369	0.01360	82 073	1 116	81 515	1 579 247	19.24
59	0.01344	0.01335	80 957	1 080	80 417	1 497 732	18.50
60	0.01652	0.01638	79 887	1 308	79 223	1 417 315	17.74
61	0.01591	0.01578	78 569	1 239	77 949	1 338 092	17.03
62	0.01923	0.01905	77 330	1 473	76 593	1 260 143	16.29
63	0.02140	0.02117	75 857	1 605	75 054	1 183 550	15.60
64	0.02317	0.02290	74 252	1 700	73 402	1 108 496	14.92
65	0.02418	0.02389	72 552	1 733	71 685	1 035 094	14.26
66	0.02737	0.02700	70 819	1 912	69 863	963 409	13.60
67	0.02813	0.02774	68 907	1 911	67 951	893 546	12.96
68	0.03236	0.03184	66 996	2 133	65 929	825 595	12.32
69	0.03824	0.03752	64 863	2 433	63 646	759 666	11.71
70	0.04710	0.04602	62 430	2 873	60 993	696 020	11.14
71	0.04429	0.04333	59 557	2 580	58 267	635 027	10.66
72	0.04879	0.04763	56 977	2 713	55 620	576 760	10.12
73	0.05189	0.05058	54 264	2 744	52 892	521 140	9.60
74	0.06006	0.05831	51 520	3 004	50 018	468 248	9.08
75	0.05959	0.05787	48 516	2 807	47 112	418 230	8.62
76	0.06797	0.06574	45 709	3 004	44 207	371 118	8.11
77	0.06878	0.06649	42 705	2 839	41 285	326 911	7.65
78	0.08250	0.07923	39 866	3 158	38 287	385 626	7.16
79	0.07747	0.07458	36 708	2 737	35 339	247 339	6.73
80	0.09986	0.09511	33 971	3 230	32 356	212 000	6.24
81	0.10435	0.09918	30 741	3 048	29 217	179 644	5.84
82	0.12635	0.11884	27 693	3 291	26 047	150 427	5.43
83	0.13793	0.12903	24 402	3 148	22 828	124 380	5.09
84	0.14548	0.13562	21 254	2 882	19 813	101 552	4.77
85	0.14254	0.13306	18 372	2 444	17 150	81 739	4.44
86	0.16610	0.15336	15 928	2 442	14 707	64 589	4.05
87	0.17054	0.15714	13 486	2 119	12 426	49 882	3.69
88	0.19750	0.17942	11 367	2 039	10 347	37 456	3.29
89	0.17036	0.15699	9 328	1 464	8 596	27 109	2.90
90+	0.23761	1.00000	7 864	7 874	18 513	18 513	2.35

表15 **1981年福建省人口寿命表**

年龄	死亡率 m_x	死亡概率 q_x	尚存人数 l_x	死亡人数 d_x	平均生存人年数 L_x	总人年数 T_x	平均预期寿命 $\overset{o}{e}_x$
0	0.02283	0.02257	100 000	2 257	98 495	6 849 809	68.49
1	0.00503	0.00502	97 743	490	97 498	6 751 314	69.07
2	0.00325	0.00324	97 253	315	97 095	6 653 816	68.41
3	0.00215	0.00215	96 938	208	96 834	6 556 721	67.63
4	0.00160	0.00160	96 730	154	96 653	6 459 887	66.78
5	0.00125	0.00125	96 576	120	96 516	6 363 234	65.88
6	0.00111	0.00111	96 456	107	96 402	6 266 718	64.96
7	0.00092	0.00092	96 349	88	96 305	6 170 316	64.04
8	0.00085	0.00085	96 261	81	96 220	6 074 011	63.09
9	0.00071	0.00071	96 180	68	96 146	5 977 791	62.15
10	0.00070	0.00070	96 112	67	96 078	5 881 645	61.19
11	0.00067	0.00067	96 045	64	96 013	5 785 567	60.23
12	0.00069	0.00069	95 981	66	95 948	5 689 554	59.27
13	0.00076	0.00076	95 915	72	95 879	5 593 606	58.31
14	0.00080	0.00080	95 843	76	95 805	5 497 727	57.36
15	0.00084	0.00084	95 767	80	95 727	5 401 922	56.40
16	0.00092	0.00092	95 687	88	95 643	5 306 195	55.45
17	0.00112	0.00112	95 599	107	95 545	5 210 552	54.50
18	0.00111	0.00111	95 492	105	95 439	5 115 007	53.56
19	0.00129	0.00129	95 387	123	95 325	5 019 568	52.62
20	0.00145	0.00145	95 264	138	95 195	4 924 243	51.69
21	0.00140	0.00140	95 126	133	95 059	4 829 048	50.76
22	0.00152	0.00152	94 993	144	94 921	4 733 989	49.83
23	0.00144	0.00144	94 849	136	94 781	4 639 068	48.91
24	0.00172	0.00172	94 713	162	94 632	4 544 287	47.97
25	0.00155	0.00155	94 551	146	94 478	4 449 655	47.06
26	0.00150	0.00150	94 405	141	94 334	4 355 177	46.13
27	0.00163	0.00163	94 264	153	94 187	4 260 843	45.20
28	0.00159	0.00159	94 111	149	94 036	4 166 656	44.27
29	0.00151	0.00151	93 962	141	93 891	4 072 620	43.34
30	0.00170	0.00170	93 821	159	93 741	3 978 729	42.40
31	0.00179	0.00179	93 662	167	93 578	3 884 988	41.47
32	0.00174	0.00174	93 495	162	93 414	3 791 410	40.55
33	0.00193	0.00193	93 333	180	93 243	3 697 996	39.62
34	0.00208	0.00208	93 153	193	93 056	3 604 753	38.69
35	0.00208	0.00208	92 960	193	92 863	3 511 697	37.77
36	0.00249	0.00249	92 767	230	92 652	3 418 834	36.85
37	0.00256	0.00256	92 537	236	92 419	3 326 182	35.94
38	0.00279	0.00279	92 301	257	92 172	3 233 763	35.03
39	0.00280	0.00280	92 044	257	91 915	3 141 591	34.13
40	0.00322	0.00321	91 787	294	91 640	3 049 676	33.22
41	0.00320	0.00319	91 493	291	91 347	2 958 036	32.33
42	0.00350	0.00349	91 202	318	91 043	2 866 689	31.43
43	0.00386	0.00385	90 884	349	90 709	2 775 646	30.54
44	0.00442	0.00441	90 535	399	90 335	2 684 937	29.64
45	0.00468	0.00467	90 136	420	89 926	2 594 602	28.78

表15 （续完）

年龄	死亡率 m_x	死亡概率 q_x	尚存人数 l_x	死亡人数 d_x	平均生存人年数 L_x	总人年数 T_x	平均预期寿命 $\overset{o}{e}_x$
46	0.00509	0.00508	89 716	455	89 488	2 504 676	27.91
47	0.00550	0.00548	89 261	489	89 016	2 415 188	27.05
48	0.00621	0.00619	88 772	549	88 497	2 326 172	26.20
49	0.00692	0.00690	88 223	608	87 919	2 237 675	25.36
50	0.00755	0.00752	87 615	658	87 286	2 149 756	24.53
51	0.00763	0.00760	86 957	660	86 627	2 062 470	23.71
52	0.00886	0.00882	86 297	761	85 916	1 975 843	22.89
53	0.00937	0.00933	85 536	798	85 137	1 889 927	22.09
54	0.01055	0.01049	84 738	888	84 294	1 804 790	21.29
55	0.01139	0.01133	83 850	950	83 375	1 720 496	20.51
56	0.01220	0.01213	82 900	1 005	82 397	1 637 121	19.74
57	0.01322	0.01313	81 895	1 075	81 357	1 554 724	18.98
58	0.01487	0.01476	80 820	1 192	80 224	1 473 367	18.23
59	0.01662	0.01648	79 628	1 312	78 972	1 393 143	17.49
60	0.01815	0.01799	78 316	1 408	77 612	1 314 171	16.78
61	0.01984	0.01965	76 908	1 511	76 152	1 236 559	16.07
62	0.02299	0.02273	75 397	1 713	74 540	1 160 407	15.39
63	0.02461	0.02431	73 684	1 791	72 788	1 085 867	14.73
64	0.02595	0.02562	71 893	1 841	70 972	1 013 079	14.09
65	0.02858	0.02818	70 052	1 974	69 065	942 107	13.44
66	0.03169	0.03120	68 078	2 124	67 016	873 042	12.82
67	0.03401	0.03344	65 954	2 205	64 851	806 026	12.22
68	0.03646	0.03581	63 749	2 282	62 608	741 175	11.62
69	0.04155	0.04070	61 467	2 501	60 216	678 567	11.03
70	0.04320	0.04229	58 966	2 493	57 719	618 351	10.48
71	0.04992	0.04870	56 473	2 750	55 098	560 632	9.92
72	0.05310	0.05173	53 723	2 779	52 333	505 534	9.41
73	0.05782	0.05620	50 944	2 863	49 512	453 201	8.89
74	0.06468	0.06265	48 081	3 012	46 575	403 689	8.39
75	0.06733	0.06514	45 069	2 935	43 601	357 114	7.92
76	0.07715	0.07428	42 134	3 129	40 569	313 513	7.44
77	0.08613	0.08257	39 005	3 220	37 395	272 944	6.99
78	0.09282	0.08873	35 785	3 175	34 197	235 549	6.58
79	0.10362	0.09852	32 610	3 212	31 004	201 352	6.17
80	0.10792	0.10239	29 398	3 010	27 893	170 348	5.79
81	0.12805	0.12034	26 388	3 175	24 800	142 455	5.39
82	0.13564	0.12703	23 213	2 948	21 739	117 655	5.06
83	0.13596	0.12731	20 265	2 579	18 975	95 916	4.73
84	0.15815	0.14656	17 686	2 592	16 390	76 941	4.35
85	0.16813	0.15509	15 094	2 340	13 924	60 551	4.01
86	0.16978	0.15650	12 754	1 996	11 756	46 627	3.65
87	0.20346	0.18467	10 758	1 986	9 765	34 871	3.24
88	0.20488	0.18584	8 772	1 630	7 957	25 106	2.86
89	0.24190	0.21580	7 142	1 541	6 371	17 149	2.40
90+	0.29862	1.00000	5 601	5 601	10 778	10 778	1.92

表16　　1981年江西省人口寿命表

年龄	死亡率 m_x	死亡概率 q_x	尚存人数 l_x	死亡人数 d_x	平均生存人年数 L_x	总人年数 T_x	平均预期寿命 $\mathring{e}_x$
0	0.04772	0.04661	100 000	4 661	96 892	6 597 821	65.97
1	0.00938	0.00934	95 339	890	94 894	6 500 929	68.18
2	0.00613	0.00611	94 449	577	94 160	6 406 035	67.82
3	0.00401	0.00400	93 872	375	93 684	6 311 875	67.23
4	0.00272	0.00272	93 497	254	93 370	6 218 191	66.50
5	0.00220	0.00220	93 243	205	93 140	6 124 821	65.68
6	0.00169	0.00169	93 038	157	92 959	6 431 681	64.83
7	0.00142	0.00142	92 881	131	92 815	5 938 722	63.93
8	0.00125	0.00125	92 750	115	92 692	5 845 907	63.02
9	0.00105	0.00105	92 635	97	92 586	5 753 215	62.10
10	0.00092	0.00092	92 538	85	92 495	5 660 629	61.17
11	0.00087	0.00087	92 453	80	92 413	5 568 134	60.22
12	0.00075	0.00075	92 373	69	92 338	4 475 721	59.27
13	0.00075	0.00075	92 304	69	92 269	5 383 383	58.32
14	0.00084	0.00084	92 235	77	92 196	5 291 114	57.36
15	0.00089	0.00089	92 158	82	92 117	5 198 918	56.41
16	0.00102	0.00102	92 076	93	92 029	5 106 801	55.46
17	0.00107	0.00107	91 983	98	91 934	5 014 772	54.51
18	0.00116	0.00116	91 885	106	91 832	4 922 838	53.57
19	0.00133	0.00133	91 779	122	91 718	4 831 006	52.63
20	0.00152	0.00152	91 657	139	91 587	4 739 288	51.70
21	0.00135	0.00135	91 518	123	91 456	4 647 701	50.78
22	0.00152	0.00152	91 395	138	91 326	4 556 245	49.85
23	0.00142	0.00142	91 257	129	91 192	4 464 919	48.92
24	0.00166	0.00166	91 128	151	91 052	4 373 727	47.99
25	0.00163	0.00163	90 977	148	90 903	4 282 675	47.07
26	0.00156	0.00156	90 829	141	90 758	4 191 772	46.15
27	0.00153	0.00153	90 688	138	90 619	4 101 014	45.22
28	0.00150	0.00150	90 550	135	90 482	4 010 395	44.28
29	0.00163	0.00163	90 415	147	90 341	3 919 913	43.35
30	0.00187	0.00187	90 268	168	90 184	3 829 572	42.42
31	0.00174	0.00174	90 100	156	90 022	3 739 388	41.50
32	0.00191	0.00191	89 944	171	89 858	3 649 366	40.57
33	0.00188	0.00188	89 773	168	89 689	3 559 508	39.65
34	0.00224	0.00224	89 605	200	89 505	3 469 819	38.72
35	0.00231	0.00231	89 405	206	89 302	3 380 314	37.80
36	0.00240	0.00240	89 199	214	89 092	3 291 012	36.89
37	0.00260	0.00260	88 985	231	88 869	3 201 920	35.98
38	0.00268	0.00268	88 754	237	88 635	3 113 051	35.07
39	0.00270	0.00270	88 517	238	88 398	3 024 416	34.16
40	0.00318	0.00317	88 379	279	88 139	2 936 018	33.25
41	0.00323	0.00322	88 000	283	87 858	2 847 879	32.36
42	0.00355	0.00354	87 717	310	87 562	2 760 021	31.46
43	0.00360	0.00359	87 407	313	87 250	2 672 459	30.57
44	0.00393	0.00392	87 094	341	86 923	2 585 209	29.68
45	0.00431	0.00430	86 753	373	86 566	2 498 286	28.79

表16 （续完）

年龄	死亡率 m_x	死亡概率 q_x	尚存人数 l_x	死亡人数 d_x	平均生存人年数 L_x	总人年数 T_x	平均预期寿命 $\mathring{e}_x$
46	0.00447	0.00446	86 380	385	86 187	2 411 720	27.91
47	0.00516	0.00515	85 995	442	85 774	2 325 533	27.04
48	0.00570	0.00568	85 553	485	85 310	2 239 759	26.17
49	0.00599	0.00597	85 068	507	84 814	2 154 449	25.32
50	0.00688	0.00686	84 561	580	84 271	2 069 635	24.47
51	0.00704	0.00702	83 981	589	83 686	1 985 364	23.64
52	0.00790	0.00787	83 392	656	83 064	1 901 678	22.80
53	0.00851	0.00847	82 736	700	82 386	1 818 614	21.98
54	0.00924	0.00920	82 036	754	81 659	1 736 228	21.16
55	0.01047	0.01042	81 282	846	80 859	1 654 569	20.35
56	0.01118	0.01112	80 436	894	79 989	1 573 710	19.56
57	0.01280	0.01272	79 542	1 011	79 036	1 493 721	18.77
58	0.01435	0.01425	78 531	1 119	77 971	1 414 685	18.01
59	0.01579	0.01567	77 412	1 213	76 805	1 336 714	17.26
60	0.01867	0.01850	76 199	1 409	75 494	1 259 909	16.53
61	0.01916	0.01898	74 790	1 419	74 080	1 184 415	15.83
62	0.02191	0.02167	73 371	1 589	72 576	1 110 335	15.13
63	0.02460	0.02430	71 782	1 744	70 910	1 037 759	14.45
64	0.02613	0.02579	70 038	1 806	69 135	966 849	13.80
65	0.02804	0.02765	68 232	1 886	67 289	897 714	13.15
66	0.03013	0.02968	66 346	1 969	65 361	830 425	12.51
67	0.03335	0.03280	64 377	2 111	63 321	765 064	11.88
68	0.03897	0.03823	62 266	2 380	61 076	701 743	11.27
69	0.04094	0.04012	59 886	2 402	58 685	640 667	10.69
70	0.04765	0.04654	57 484	2 675	56 146	581 982	10.12
71	0.05176	0.05045	54 809	2 765	53 426	525 836	9.59
72	0.05776	0.05614	52 044	2 921	50 583	472 410	9.07
73	0.06307	0.06114	49 123	3 003	47 621	421 827	8.58
74	0.06814	0.06589	46 120	3 038	44 601	374 206	8.11
75	0.07314	0.07056	43 082	3 039	41 562	329 605	7.65
76	0.07994	0.07687	40 043	3 078	38 504	288 043	7.19
77	0.08393	0.08055	36 965	2 977	35 476	249 539	6.75
78	0.09875	0.09410	33 988	3 198	32 389	214 063	6.29
79	0.10462	0.09942	30 790	3 061	29 259	181 674	5.90
80	0.11840	0.11178	27 729	3 099	26 179	152 415	5.49
81	0.13616	0.12748	24 630	3 139	23 060	126 236	5.12
82	0.15156	0.14088	21 491	3 027	19 977	103 176	4.80
83	0.15333	0.14241	18 464	2 629	17 149	83 199	4.50
84	0.16846	0.15537	15 835	2 460	14 605	66 050	4.17
85	0.18181	0.16666	13 375	2 229	12 260	51 445	3.84
86	0.20230	0.18372	11 146	2 047	10 122	39 185	3.51
87	0.20258	0.18395	9 099	1 673	8 262	29 063	3.19
88	0.24430	0.21771	7 426	1 616	6 618	20 801	2.80
89	0.24248	0.21626	5 810	1 256	5 182	14 183	2.44
90+	0.28957	1.00000	4 554	4 554	9 001	9 001	1.97

表17　　1981年山东省人口寿命表

年龄	死亡率 m_x	死亡概率 q_x	尚存人数 l_x	死亡人数 d_x	平均生存人年数 L_x	总人年数 T_x	平均预期寿命 e_x^o
0	0.02026	0.02006	100 000	2 006	98 662	7 023 318	70.23
1	0.00289	0.00289	97 994	283	97 846	6 924 656	70.66
2	0.00174	0.00174	97 711	170	97 626	6 826 810	69.87
3	0.00132	0.00132	97 541	130	97 476	6 729 184	68.99
4	0.00109	0.00109	97 411	107	97 357	6 631 708	68.99
5	0.00087	0.00087	97 304	85	97 261	6 534 351	67.15
6	0.00081	0.00081	97 219	79	97 179	6 437 090	66.21
7	0.00071	0.00071	97 140	69	97 105	6 339 911	65.27
8	0.00058	0.00058	97 071	56	97 043	6 247 806	64.31
9	0.00056	0.00056	97 015	55	96 987	6 145 763	63.35
10	0.00049	0.00049	96 960	48	96 936	6 048 776	62.38
11	0.00045	0.00045	96 912	44	96 890	5 951 840	61.41
12	0.00048	0.00048	96 868	47	96 844	5 854 950	60.44
13	0.00051	0.00051	96 821	49	96 796	5 758 106	59.47
14	0.00058	0.00058	96 772	56	96 744	5 661 310	58.50
15	0.00058	0.00058	96 716	60	96 688	5 564 566	57.54
16	0.00078	0.00078	96 660	76	96 622	5 467 878	56.57
17	0.00087	0.00087	96 584	84	96 542	5 371 256	55.61
18	0.00094	0.00094	96 500	91	96 454	5 274 714	54.66
19	0.00122	0.00122	96 409	118	96 350	5 178 260	53.71
20	0.00163	0.00163	96 291	158	96 212	5 081 910	52.78
21	0.00120	0.00120	96 133	116	96 075	4 985 698	51.86
22	0.00140	0.00140	96 017	135	95 949	4 889 623	50.92
23	0.00119	0.00119	95 882	115	95 824	4 793 674	50.00
24	0.00141	0.00141	95 767	136	95 699	4 697 850	49.05
25	0.00143	0.00142	95 631	137	95 562	4 602 151	48.12
26	0.00126	0.00126	95 494	121	95 433	4 506 589	47.19
27	0.00125	0.00125	95 373	120	95 313	4 411 156	46.25
28	0.00134	0.00134	95 253	128	95 189	4 315 843	45.31
29	0.00117	0.00117	95 125	112	95 069	4 220 654	44.37
30	0.00145	0.00145	95 013	138	94 944	4 125 585	43.42
31	0.00120	0.00119	94 875	114	94 818	4 030 641	42.48
32	0.00152	0.00152	94 761	145	94 688	3 935 823	41.53
33	0.00160	0.00160	94 616	151	94 540	3 841 135	40.60
34	0.00164	0.00163	94 465	155	94 387	3 746 595	39.66
35	0.00161	0.00161	94 310	153	94 233	3 652 208	38.73
36	0.00190	0.00190	94 153	180	94 067	3 557 975	37.79
37	0.00206	0.00205	93 977	193	93 880	3 463 908	36.86
38	0.00223	0.00223	93 784	210	93 679	3 370 028	35.93
39	0.00205	0.00204	93 574	192	93 478	3 276 349	35.01
40	0.00261	0.00261	93 382	244	93 260	3 182 871	34.08
41	0.00243	0.00242	93 138	226	93 025	3 089 611	33.17
42	0.00281	0.00280	92 912	261	92 781	2 996 586	32.25
43	0.00307	0.00307	92 651	285	92 508	2 903 805	31.34
44	0.00316	0.00315	92 366	292	92 220	2 811 297	30.44
45	0.00360	0.00359	92 074	331	91 908	2 719 077	29.53
46	0.00389	0.00388	91 743	357	91 564	2 627 169	28.64
47	0.00431	0.00430	91 386	393	91 189	2 535 605	27.75
48	0.00473	0.00472	90 993	430	90 778	2 444 416	26.86
49	0.00508	0.00506	90 563	459	90 333	2 353 638	25.99
50	0.00634	0.00632	90 104	570	89 819	2 263 305	25.12
51	0.00570	0.00568	89 534	509	89 274	2 173 486	24.28

表17 （续完）

年龄	死亡率 m_x	死亡概率 q_x	尚存人数 l_x	死亡人数 d_x	平均生存人年数 L_x	总人年数 T_x	平均预期寿命 e_x^o
52	0.00716	0.00713	89 025	635	88 707	2 084 207	23.41
53	0.00738	0.00736	88 390	651	88 064	1 995 500	22.58
54	0.00841	0.00838	87 739	736	87 371	1 907 436	21.74
55	0.00911	0.00906	87 003	789	86 608	1 820 065	20.92
56	0.01006	0.01001	86 214	863	85 782	1 733 457	20.11
57	0.01073	0.01068	85 351	912	84 895	1 647 675	19.30
58	0.01281	0.01273	84 439	1 076	83 901	1 562 780	18.51
59	0.01258	0.01250	83 363	1 043	82 841	1 478 879	17.74
60	0.01637	0.01624	82 320	1 338	81 651	1 396 038	16.96
61	0.01525	0.01513	80 982	1 226	80 369	1 314 387	16.23
62	0.01977	0.01958	79 756	1 562	78 975	1 234 018	15.47
63	0.02118	0.02096	78 194	1 639	77 374	1 155 043	14.77
64	0.02329	0.02302	76 555	1 763	75 673	1 077 669	14.08
65	0.02504	0.02474	74 792	1 850	73 657	1 001 996	13.40
66	0.02885	0.02844	72 942	2 075	71 904	928 129	12.72
67	0.02856	0.02816	70 687	1 996	69 869	856 225	12.08
68	0.03502	0.03442	68 871	2 371	67 685	786 356	11.42
69	0.03895	0.03820	66 500	2 541	65 229	718 671	10.81
70	0.04559	0.04458	63 959	2 852	62 533	653 442	10.22
71	0.04558	0.04456	61 107	2 723	59 745	590 909	9.67
72	0.05644	0.05489	58 384	3 205	56 781	531 164	9.10
73	0.06016	0.05840	55 179	3 223	53 567	474 383	8.60
74	0.06725	0.06506	51 956	3 381	50 265	420 816	8.10
75	0.06900	0.06670	48 575	3 240	46 955	370 551	7.63
76	0.07821	0.07527	45 335	3 413	43 628	323 596	7.14
77	0.08302	0.07971	41 922	3 342	40 251	279 968	6.68
78	0.09781	0.09325	38 580	3 598	36 781	239 717	6.21
79	0.09911	0.09443	34 982	3 304	33 330	202 936	5.80
80	0.12751	0.11986	31 678	3 798	29 779	169 606	5.35
81	0.14123	0.13192	27 880	3 678	26 041	139 827	5.02
82	0.16883	0.15569	24 202	3 768	22 318	113 786	4.70
83	0.16955	0.15630	20 434	3 194	18 837	91 468	4.48
84	0.18615	0.17030	17 240	2 936	15 772	72 631	4.21
85	0.19036	0.17381	14 304	2 487	13 060	56 859	3.98
86	0.21244	0.19204	11 817	2 270	10 682	43 799	3.71
87	0.22288	0.20053	9 547	1 915	8 589	33 117	3.47
88	0.24698	0.21983	7 632	1 678	6 793	24 528	3.21
89	0.25290	0.22451	5 954	1 337	5 285	17 735	2.98
90	0.32298	0.27807	4 617	1 284	3 975	12 450	2.70
91	0.32881	0.28239	3 333	942	2 862	8 475	2.54
92	0.38851	0.32531	2 391	778	2 002	5 613	2.35
93	0.38374	0.32196	1 613	520	1 353	3 611	2.24
94	0.37802	0.31793	1 093	348	919	2 258	2.07
95	0.49550	0.39711	745	296	597	1 339	1.80
96	0.56538	0.44078	449	198	350	742	1.65
97	0.51705	0.41083	251	104	199	392	1.56
98	0.77326	0.55765	147	82	106	193	1.31
99	0.14946	0.13906	65	10	60	87	1.34
100+	0.45455	1.00000	55	55	27	27	0.49

表18　　1981年河南省人口寿命表

年龄	死亡率 m_x	死亡概率 q_x	尚存人数 l_x	死亡人数 d_x	平均生存人年数 L_x	总人年数 T_x	平均预期寿命 e_x^o
0	0.02067	0.02055	100 000	2 055	98 629	6 968 669	69.68
1	0.00399	0.00398	97 945	389	97 750	6 870 040	70.14
2	0.00245	0.00245	97 556	239	97 436	6 772 290	69.41
3	0.00183	0.00183	97 317	178	97 228	6 674 854	68.58
4	0.00132	0.00132	97 139	128	97 075	6 577 626	67.71
5	0.00117	0.00117	97 011	113	96 954	6 480 551	66.80
6	0.00103	0.00103	96 898	99	96 848	6 383 597	65.87
7	0.00082	0.00082	96 799	79	96 759	6 286 749	64.94
8	0.00073	0.00073	96 720	70	96 685	6 189 990	63.99
9	0.00062	0.00062	96 650	59	96 620	6 093 305	63.04
10	0.00064	0.00064	96 591	61	96 560	5 996 685	62.08
11	0.00059	0.00059	96 530	56	96 502	5 900 125	61.12
12	0.00059	0.00059	96 474	56	66 446	5 803 623	60.15
13	0.00063	0.00063	96 418	60	96 388	5 707 177	59.19
14	0.00061	0.00061	96 358	58	96 329	5 610 789	58.22
15	0.00067	0.00067	96 300	64	96 268	5 514 460	57.26
16	0.00082	0.00082	96 236	78	96 197	5 418 192	56.30
17	0.00096	0.00096	96 158	92	96 112	5 321 995	55.34
18	0.00099	0.00099	96 066	95	96 018	5 225 883	54.39
19	0.00121	0.00121	95 971	116	95 913	5 129 865	53.45
20	0.00189	0.00189	95 855	181	95 764	5 033 952	52.51
21	0.00114	0.00114	95 674	109	95 619	4 938 188	51.61
22	0.00131	0.00131	95 565	125	95 502	4 842 569	50.67
23	0.00122	0.00122	95 440	116	95 382	4 747 067	49.73
24	0.00146	0.00146	95 324	139	95 254	4 651 685	48.79
25	0.00149	0.00149	95 185	141	95 114	4 556 431	47.86
26	0.00136	0.00136	95 044	129	94 979	4 461 317	46.93
27	0.00144	0.00144	94 945	136	94 847	4 366 338	46.00
28	0.00149	0.00149	94 779	141	94 708	4 271 491	45.06
29	0.00130	0.00130	94 638	123	94 576	4 176 783	44.13
30	0.00160	0.00160	94 515	151	94 439	4 082 207	43.19
31	0.00145	0.00145	94 364	136	94 296	3 987 768	42.25
32	0.00171	0.00171	94 228	161	94 147	3 893 472	41.31
33	0.00158	0.00158	94 067	148	93 993	3 799 325	40.38
34	0.00164	0.00164	93 919	154	93 842	3 705 332	39.45
35	0.00189	0.00189	93 765	177	93 676	3 611 490	38.51
36	0.00188	0.00188	93 588	175	93 500	3 517 814	37.58
37	0.00225	0.00225	93 413	210	93 308	3 424 314	36.65
38	0.00225	0.00225	93 203	209	93 098	3 331 006	35.73
39	0.00224	0.00224	92 994	208	92 890	3 237 908	34.81
40	0.00263	0.00263	92 786	244	92 664	3 145 018	33.89
41	0.00262	0.00262	92 542	242	92 421	3 052 354	32.98
42	0.00304	0.00304	92 300	280	92 160	2 959 933	32.06
43	0.00298	0.00298	92 020	274	91 883	2 867 773	31.16
44	0.00336	0.00335	91 746	308	91 592	2 775 890	30.25
45	0.00364	0.00363	91 348	331	91 272	2 684 298	29.35

表18 （续完）

年龄	死亡率 m_x	死亡概率 q_x	尚存人数 l_x	死亡人数 d_x	平均生存人年数 L_x	总人年数 T_x	平均预期寿命 e_x^o
46	0.00412	0.00411	91 107	374	90 920	2 593 026	28.46
47	0.00430	0.00429	90 733	389	90 538	2 502 106	27.57
48	0.00519	0.00578	90 344	467	90 110	2 411 568	26.69
49	0.00555	0.00553	89 877	497	89 628	2 321 458	25.82
50	0.00670	0.00668	89 380	597	89 081	2 231 830	24.97
51	0.00644	0.00642	88 783	569	88 498	2 142 749	24.13
52	0.00730	0.00727	88 214	641	87 893	2 054 251	23.28
53	0.00822	0.00819	87 573	717	87 214	1 966 358	22.45
54	0.00895	0.00891	86 856	773	86 469	1 879 144	21.63
55	0.00991	0.00986	86 083	848	85 659	1 792 675	20.82
56	0.01077	0.01071	85 235	912	84 779	1 707 016	20.02
57	0.01111	0.01105	84 323	931	83 857	1 622 237	19.23
58	0.01391	0.01381	83 392	1 151	82 816	1 538 380	18.44
59	0.01390	0.01380	82 241	1 134	81 674	1 455 564	17.69
60	0.01769	0.01753	81 107	1 421	80 396	1 373 890	16.93
61	0.01624	0.01611	79 686	1 283	79 044	1 293 494	16.23
62	0.02105	0.02083	78 403	1 633	77 586	1 214 450	15.48
63	0.02173	0.02150	76 770	1 650	75 945	1 136 864	14.80
64	0.02322	0.02295	75 120	1 724	74 258	1 060 919	14.12
65	0.02515	0.02482	73 396	1 821	72 485	986 661	13.44
66	0.02836	0.02796	71 575	2 001	70 574	914 176	12.77
67	0.03046	0.03000	69 574	2 087	68 530	843 602	12.12
68	0.03622	0.03558	67 487	2 401	66 286	775 072	11.48
69	0.03911	0.03836	65 086	2 496	63 838	708 786	10.88
70	0.04612	0.04508	62 590	2 821	61 179	644 948	10.30
71	0.04428	0.04332	59 769	2 589	58 474	583 769	9.76
72	0.05563	0.05412	57 180	3 094	55 633	525 295	9.18
74	0.06178	0.05993	54 086	3 241	52 465	469 662	8.68
73	0.06491	0.06287	50 845	3 196	49 247	417 197	8.20
75	0.06936	0.06704	47 649	3 194	46 052	367 950	7.72
76	0.07511	0.07239	44 455	3 218	42 864	321 898	7.24
77	0.07925	0.07623	41 237	3 143	39 665	279 052	6.76
78	0.09248	0.08839	38 094	3 367	36 410	239 387	6.28
79	0.09637	0.09194	34 727	3 192	33 131	202 977	5.84
80	0.12205	0.11503	31 535	3 627	29 721	169 846	5.38
81	0.13347	0.12512	27 908	3 491	26 162	140 125	5.02
82	0.15143	0.14077	24 417	3 437	22 698	113 963	4.66
83	0.16822	0.15517	20 980	3 255	19 352	91 265	4.35
84	0.19362	0.17653	17 725	3 128	16 161	71 913	4.05
85	0.17987	0.16503	14 597	2 408	13 393	55 752	3.81
86	0.19914	0.18111	12 189	2 207	11 085	42 359	3.47
87	0.20004	0.18185	9 982	1 815	9 074	31 274	3.13
88	0.22378	0.20126	8 167	1 643	7 345	22 200	2.78
89	0.22740	0.20418	6 524	1 332	5 858	14 855	2.27
90+	0.33719	1.00000	5 192	5 192	8 997	8 997	1.73

表19 1981年湖北省人口寿命表

年龄	死亡率 m_x	死亡概率 q_x	尚存人数 l_x	死亡人数 d_x	平均生存人年数 L_x	总人年数 T_x	平均预期寿命 e_x^o
0	0.04045	0.03965	100 000	3 965	97 356	6 556 433	65.56
1	0.00663	0.00661	96 035	634	95 718	6 459 077	67.25
2	0.00445	0.00444	95 401	423	95 189	6 363 359	66.70
3	0.00273	0.00273	94 978	259	94 848	6 268 170	65.99
4	0.00200	0.00200	94 719	189	94 624	6 173 322	65.17
5	0.00173	0.00173	94 530	163	94 448	6 078 698	64.30
6	0.00141	0.00141	94 367	133	94 300	5 984 250	63.41
7	0.00121	0.00121	94 234	114	94 177	5 889 950	62.50
8	0.00113	0.00113	94 120	106	94 067	5 795 773	61.57
9	0.00096	0.00096	94 014	90	93 969	5 701 706	60.64
10	0.00085	0.00085	93 924	79	93 884	5 607 737	59.70
11	0.00082	0.00082	93 845	76	93 807	5 513 853	58.75
12	0.00074	0.00074	93 769	69	93 734	5 420 046	57.80
13	0.00087	0.00087	93 700	81	93 659	5 326 312	56.84
14	0.00091	0.00091	93 619	85	93 576	5 232 653	55.89
15	0.00097	0.00097	93 534	90	93 489	5 139 077	54.94
16	0.00115	0.00115	93 444	107	93 390	5 045 588	53.99
17	0.00141	0.00141	93 337	131	93 271	4 952 198	53.05
18	0.00160	0.00160	93 206	149	93 131	4 858 927	53.13
19	0.00175	0.00175	93 057	162	92 976	4 765 796	51.21
20	0.00233	0.00233	92 895	216	92 787	4 672 820	50.30
21	0.00184	0.00184	92 679	170	92 594	4 580 033	49.41
22	0.00212	0.00212	92 509	196	92 411	4 487 439	48.50
23	0.00195	0.00195	92 313	180	92 223	4 395 028	47.61
24	0.00190	0.00190	92 133	175	92 045	4 302 805	46.70
25	0.00184	0.00184	91 958	169	91 873	4 210 760	45.79
26	0.00185	0.00185	91 789	169	91 704	4 118 887	44.87
27	0.00178	0.00178	91 620	163	91 538	4 027 183	43.95
28	0.00199	0.00199	91 457	181	91 366	3 935 645	43.03
29	0.00172	0.00172	91 276	156	91 198	3 844 279	42.11
30	0.00208	0.00208	91 120	189	91 025	3 753 081	41.18
31	0.00193	0.00193	90 931	175	90 843	3 662 056	40.27
32	0.00205	0.00205	90 756	186	90 663	3 571 213	39.34
33	0.00213	0.00213	90 570	192	90 474	3 480 550	38.42
34	0.00221	0.00221	90 378	199	90 278	3 390 076	37.50
35	0.00263	0.00263	90 179	237	90 060	3 299 798	36.59
36	0.00268	0.00268	89 942	241	89 821	3 209 738	35.68
37	0.00262	0.00262	89 701	235	89 583	3 119 917	34.78
38	0.00294	0.00294	89 466	263	89 334	3 030 334	33.87
39	0.00291	0.00291	89 203	259	89 073	2 941 000	32.96
40	0.00321	0.00320	88 944	284	88 802	2 851 927	32.06
41	0.00330	0.00329	88 660	291	88 514	2 763 125	31.16
42	0.00375	0.00374	88 369	330	88 204	2 674 611	30.26
43	0.00389	0.00388	88 039	341	87 868	2 586 407	29.37
44	0.00430	0.00429	87 698	376	87 510	2 498 539	28.49
45	0.00465	0.00464	87 322	405	87 119	2 411 029	27.61

表19 （续完）

年龄	死亡率 m_x	死亡概率 q_x	尚存人数 l_x	死亡人数 d_x	平均生存人年数 L_x	总人年数 T_x	平均预期寿命 e^o_x
46	0.00513	0.00512	86 917	445	86 694	2 323 910	26.73
47	0.00566	0.00564	86 472	487	86 228	2 237 216	25.87
48	0.00630	0.00628	85 985	539	85 715	2 150 988	25.01
49	0.00698	0.00696	85 446	594	85 149	2 065 273	24.17
50	0.00844	0.00840	84 852	712	84 496	1 980 124	23.33
51	0.00789	0.00786	84 140	661	83 809	1 895 628	22.52
52	0.00921	0.00917	83 479	765	83 096	1 811 819	21.70
53	0.01017	0.01012	82 714	837	82 295	1 728 723	20.90
54	0.01127	0.01121	81 877	917	81 418	1 646 428	20.10
55	0.01283	0.01275	80 960	1 032	80 444	1 565 010	19.33
56	0.01279	0.01271	79 928	1 015	79 420	1 484 566	18.57
57	0.01453	0.01443	78 913	1 138	78 344	1 405 146	17.80
58	0.01704	0.01690	77 775	1 314	77 118	1 326 802	17.05
59	0.01845	0.01828	76 461	1 397	75 762	1 249 684	16.34
60	0.02334	0.02307	75 064	1 731	74 198	1 173 922	15.63
61	0.02148	0.02125	73 333	1 558	72 554	1 099 724	14.99
62	0.02703	0.02667	71 775	1 914	70 818	1 027 170	14.31
63	0.02940	0.02897	69 861	2 023	68 849	956 352	13.68
64	0.02973	0.02929	67 838	1 986	66 845	887 503	13.08
65	0.03129	0.03081	65 852	2 028	64 838	820 658	12.46
66	0.03526	0.03465	63 824	2 211	62 718	755 820	11.84
67	0.03814	0.03743	61 613	2 306	60 460	693 102	11.24
68	0.04304	0.04213	59 307	2 498	58 058	632 642	10.66
69	0.04702	0.04594	56 809	2 609	55 504	574 584	10.11
70	0.05585	0.05433	54 200	2 944	52 728	519 080	9.57
71	0.05923	0.05753	51 256	2 948	49 782	466 352	9.09
72	0.06452	0.06250	48 308	3 019	46 798	416 570	8.62
73	0.06982	0.06747	45 289	3 055	43 761	369 772	8.16
74	0.07755	0.07466	42 234	3 153	40 657	326 011	7.71
75	0.07749	0.07460	39 081	2 915	37 623	285 354	7.30
76	0.08637	0.08279	36 166	2 994	34 669	247 731	6.84
77	0.09513	0.09081	33 172	3 012	31 666	213 062	6.42
78	0.10394	0.09881	30 160	2 980	28 670	181 396	6.01
79	0.11532	0.10903	27 180	2 963	25 698	152 726	5.61
80	0.12848	0.12072	24 217	2 923	22 755	127 028	5.24
81	0.13903	0.13000	21 294	2 768	19 910	104 273	4.89
82	0.15854	0.14690	18 526	2 721	17 165	84 363	4.55
83	0.17708	0.16268	15 805	2 571	14 519	67 198	4.25
84	0.17947	0.16469	13 234	2 179	12 144	52 679	3.98
85	0.18994	0.17347	11 055	1 917	10 096	40 535	3.66
86	0.21268	0.19224	9 138	1 756	8 260	30 439	3.33
87	0.21739	0.19608	7 382	1 447	6 658	22 179	3.00
88	0.24927	0.22165	5 935	1 315	5 277	15 521	2.61
89	0.25205	0.22384	4 620	1 034	4 103	10 244	2.21
90+	0.34184	1.00000	3 586	3 586	6 141	6 141	1,71

表20　　　　　　　　　　　　**1981年湖南省人口寿命表**

年龄	死亡率 m_x	死亡概率 q_x	尚存人数 l_x	死亡人数 d_x	平均生存人年数 L_x	总人年数 T_x	平均预期寿命 e_x^o
0	0.05251	0.05117	100 000	5 117	96 588	6 543 522	65.43
1	0.00852	0.00848	94 883	804	94 481	6 446 934	67.94
2	0.00562	0.00560	94 079	526	93 816	6 352 453	67.52
3	0.00365	0.00364	93 553	340	93 383	6 258 637	66.89
4	0.00250	0.00250	93 213	233	93 096	6 165 254	66.14
5	0.00219	0.00219	92 980	203	92 878	6 072 158	65.30
6	0.00174	0.00174	92 777	161	92 696	5 979 280	64.44
7	0.00142	0.00142	92 616	131	92 550	5 886 584	63.55
8	0.00130	0.00130	92 485	120	92 425	5 794 034	62.64
9	0.00117	0.00117	92 365	108	92 311	5 701 609	61.72
10	0.00103	0.00103	92 257	95	92 209	5 609 298	60.80
11	0.00093	0.00093	92 162	85	92 119	5 517 089	59.86
12	0.00083	0.00083	92 077	76	92 039	5 424 970	58.91
13	0.00096	0.00096	92 001	88	91 957	5 332 931	57.96
14	0.00098	0.00098	91 913	90	91 868	5 240 974	57.02
15	0.00101	0.00101	91 823	92	91 777	5 149 106	56.07
16	0.00111	0.00114	91 731	104	91 679	5 057 329	55.13
17	0.00136	0.00136	91 627	124	91 565	4 965 650	54.19
18	0.00146	0.00146	91 503	133	91 436	4 874 085	53.26
19	0.00175	0.00175	91 370	159	91 290	4 782 649	52.34
20	0.00216	0.00216	91 211	197	91 112	4 691 359	51.43
21	0.00167	0.00167	91 014	151	90 938	4 600 247	50.54
22	0.00206	0.00206	90 863	187	90 769	4 509 309	49.62
23	0.00198	0.00198	90 676	179	90 586	4 418 510	48.72
24	0.00216	0.00216	90 497	195	90 399	4 327 954	47.82
25	0.00210	0.00210	90 302	189	90 207	4 237 555	46.92
26	0.00200	0.00200	90 113	180	90 023	4 147 348	46.02
27	0.00197	0.00197	89 932	177	89 844	4 057 325	45.11
28	0.00201	0.00201	89 756	180	89 666	3 967 481	44.20
29	0.00207	0.00207	89 576	185	89 483	3 877 851	43.29
30	0.00217	0.00217	89 391	193	89 294	3 788 332	42.37
31	0.00198	0.00198	89 198	176	89 110	3 699 038	41.46
32	0.00230	0.00230	89 022	204	88 920	3 609 928	40.55
33	0.00222	0.00222	88 818	197	88 719	3 521 008	39.64
34	0.00233	0.00233	88 621	206	88 518	3 432 289	38.72
35	0.00287	0.00287	88 415	253	88 288	3 343 771	37.81
36	0.00280	0.00280	88 162	246	88 039	3 255 483	36.92
37	0.00246	0.00246	87 916	216	87 808	3 167 444	36.02
38	0.00302	0.00302	87 700	264	87 568	3 079 636	35.11
39	0.00310	0.00310	87 436	271	87 300	2 992 068	34.22
40	0.00315	0.00315	87 165	274	87 028	2 904 768	33.32
41	0.00335	0.00334	86 891	290	86 746	2 817 740	32.42
42	0.00353	0.00352	86 601	304	86 449	2 730 994	31.53
43	0.00392	0.00391	86 297	337	86 128	2 644 545	30.64
44	0.00407	0.00406	85 960	348	85 786	2 558 417	29.76
45	0.00436	0.00435	85 612	372	85 426	2 472 631	28.88

表20 （续完）

年龄	死亡率 m_x	死亡概率 q_x	尚存人数 l_x	死亡人数 d_x	平均生存人年数 L_x	总人年数 T_x	平均预期寿命 e_x^o
46	0.00493	0.00492	85 240	419	85 030	2 387 205	28.80
47	0.00521	0.00520	84 821	441	84 600	2 302 175	27.14
48	0.00567	0.00565	84 380	476	84 142	2 217 575	26.28
49	0.00610	0.00608	83 904	510	83 649	2 133 433	25.42
50	0.00697	0.00695	83 394	579	83 104	2 049 784	24.57
51	0.00708	0.00706	82 815	584	82 523	1 966 680	23.74
52	0.00790	0.00787	82 231	647	81 907	1 884 157	22.91
53	0.00826	0.00823	81 584	671	81 248	1 802 250	22.09
54	0.00929	0.00925	80 913	748	80 539	1 172 002	21.26
55	0.01029	0.01024	80 165	820	79 755	1 640 463	20.46
56	0.01119	0.01113	79 345	883	78 903	1 560 708	19.66
57	0.01279	0.01271	78 462	997	77 963	1 481 805	18.88
58	0.01476	0.01465	77 465	1 134	76 898	1 403 842	18.12
59	0.01607	0.01594	76 331	1 216	75 723	1 326 944	17.38
60	0.01830	0.01813	75 115	1 361	74 434	1 251 221	16.65
61	0.01836	0.01819	73 754	1 341	73 083	1 176 787	15.95
62	0.02296	0.02270	72 413	1 643	71 591	1 103 704	15.24
63	0.02377	0.02349	70 770	1 662	69 939	1 032 113	14.58
64	0.02505	0.02474	69 108	1 709	68 253	962 174	13.92
65	0.02680	0.02645	67 399	1 782	66 508	893 921	13.26
66	0.03028	0.02983	65 617	1 957	64 638	827 413	12.60
67	0.03230	0.03179	63 660	2 023	62 648	762 775	11.98
68	0.03777	0.03707	61 637	2 284	60 495	700 127	11.35
69	0.04242	0.04154	59 353	2 465	58 120	639 632	10.77
70	0.04938	0.04819	56 888	2 741	55 517	581 512	10.22
71	0.05095	0.04968	54 147	2 690	52 802	525 995	9.71
72	0.05698	0.05940	51 457	2 850	50 032	473 193	9.19
73	0.06089	0.05909	48 607	2 872	47 171	423 161	8.70
74	0.06569	0.06360	45 735	2 908	44 281	375 990	8.22
75	0.06988	0.06752	42 827	2 891	41 381	331 709	7.74
76	0.07685	0.07401	39 936	2 955	34 458	290 328	7.26
77	0.08747	0.08380	36 981	3 099	35 431	251 870	6.81
78	0.09413	0.08990	33 882	3 045	32 359	216 439	6.38
79	0.10662	0.10122	30 837	3 121	29 276	184 080	5.96
80	0.11782	0.11127	27 716	3 083	26 174	154 804	5.58
81	0.13028	0.12231	24 633	3 012	23 127	128 630	5.22
82	0.14683	0.13679	21 621	2 957	20 142	105 503	4.87
83	0.15944	0.14767	18 664	2 756	17 286	85 361	4.57
84	0.15916	0.14743	15 908	2 345	14 735	68 075	4.27
85	0.16821	0.15516	13 563	2 104	12 511	53 340	3.93
86	0.19098	0.17433	11 459	1 997	10 460	40 829	3.56
87	0.21771	0.19634	9 462	1 857	8 533	30 369	3.20
88	0.24589	0.21897	7 605	1 665	6 772	21 836	2.87
89	0.22708	0.20393	5 940	1 211	5 334	15 064	2.53
90*	0.27659	1.00000	4 729	4 729	9 730	9 730	2.05

表21　　1981年广东省人口寿命表

年龄	死亡率 m_x	死亡概率 q_x	尚存人数 l_x	死亡人数 d_x	平均生存人年数 L_x	总人年数 T_x	平均预期寿命 e_x^o
0	0.01949	0.01930	100 000	1 930	98 713	7 129 324	71.29
1	0.00472	0.00471	98 070	461	97 839	7 030 611	71.68
2	0.00320	0.00319	97 609	311	97 453	6 932 772	71.02
3	0.00233	0.00233	97 298	226	97 185	6 835 319	70.25
4	0.00162	0.00162	97 072	157	96 993	6 738 134	69.41
5	0.00135	0.00135	96 915	130	96 850	6 641 141	68.52
6	0.00113	0.00113	96 785	109	96 730	6 544 291	67.61
7	0.00085	0.00085	96 676	82	96 635	6 447 561	66.69
8	0.00073	0.00073	96 594	70	96 559	6 350 926	65.74
9	0.00063	0.00063	96 524	60	96 494	6 254 367	64.79
10	0.00063	0.00063	96 464	60	96 434	6 157 873	63.83
11	0.00059	0.00059	96 404	56	96 376	6 061 439	62.87
12	0.00060	0.00060	96 348	57	96 319	5 965 063	61.91
13	0.00059	0.00059	96 291	56	96 263	5 868 744	60.94
14	0.00064	0.00064	96 235	61	96 204	5 772 481	59.98
15	0.00065	0.00065	96 174	62	96 143	5 676 277	59.02
16	0.00069	0.00069	96 112	66	96 079	5 580 134	58.05
17	0.00079	0.00079	96 046	75	96 008	5 484 055	57.09
18	0.00083	0.00083	95 971	79	95 931	5 388 047	56.14
19	0.00086	0.00086	95 892	82	95 851	5 292 116	55.18
20	0.00103	0.00103	95 810	98	95 761	5 196 265	54.23
21	0.00096	0.00096	95 712	91	95 666	5 100 504	53.29
22	0.00106	0.00106	95621	101	95 570	5 004 838	52.34
23	0.00096	0.00096	95 520	91	95 474	4 909 268	51.39
24	0.00114	0.00114	95 429	108	95 375	4 813 941	50.44
25	0.00120	0.00120	95 321	114	95 264	4 718 419	49.50
26	0.00116	0.00116	95 207	110	95 152	4 623 155	48.55
27	0.00117	0.00117	95 097	111	95 041	4 528 003	47.61
28	0.00126	0.00126	94 986	119	94 926	4 432 962	46.66
29	0.00126	0.00126	94 867	119	94 807	4 338 036	45.72
30	0.00155	0.00155	94 748	146	94 675	4 243 229	44.78
31	0.00134	0.00134	94 602	126	94 539	4 148 554	43.85
32	0.00154	0.00154	94 476	145	94 403	4 054 015	42.91
33	0.00160	0.00160	94 331	150	94 256	3 959 612	41.97
34	0.00170	0.00170	94 181	160	94 101	3 865 356	41.04
35	0.00189	0.00189	94 021	177	93 932	3 771 255	40.11
36	0.00200	0.00200	93 844	187	93 750	3 677 323	39.18
37	0.00202	0.00202	93 657	189	93 562	3 583 573	38.26
38	0.00239	0.00239	93 468	223	93 356	3 490 011	37.33
39	0.00235	0.00253	93 245	235	93 127	3 396 655	36.42
40	0.00302	0.00302	93 010	280	92 870	3 303 528	35.51
41	0.00276	0.00726	92 730	255	92 602	3 210 658	34.62
42	0.00309	0.00309	92 475	285	92 332	3 118 056	33.71
43	0.00319	0.00318	92 190	293	93 043	3 025 724	32.82
44	0.00359	0.00358	91 897	328	91 733	2 933 681	31.92
45	0.00378	0.00377	91 569	345	91 396	2 841 948	31.03

表21 （续完）

年龄 x	死亡率 m_x	死亡概率 q_x	尚存人数 l_x	死亡人数 d_x	平均生存人年数 L_x	总人年数 T_x	平均预期寿命 e_x^o
46	0.00416	0.00415	91 224	378	91 035	2 750 552	30.15
47	0.00417	0.00416	90 846	377	90 657	2 659 517	29.27
48	0.00471	0.00470	90 469	425	90 256	2 568 860	28.39
49	0.00494	0.00493	90 044	443	89 822	2 478 604	27.52
50	0.00619	0.00617	89 601	552	89 325	2 388 782	26.66
51	0.00592	0.00590	89 049	525	88 786	2 299 457	25.82
52	0.00672	0.00670	88 524	593	88 227	2 210 671	24.97
53	0.00733	0.00730	87 931	641	87 610	2 122 444	24.13
54	0.00791	0.00788	87 290	687	86 946	2 034 834	23.31
55	0.00884	0.00880	86 603	762	86 222	1 947 888	22.49
56	0.00955	0.00950	85 841	815	85 433	1 861 666	21.68
57	0.01030	0.01025	85 026	871	84 590	1 776 233	20.89
58	0.01225	0.01218	84 155	1 025	83 642	1 691 643	20.10
59	0.01193	0.01186	83 130	985	82 637	1 608 001	19.34
60	0.01563	0.01551	82 145	1 274	81 508	1 525 364	18.56
61	0.01569	0.01557	80 871	1 259	80 241	1 443 856	17.85
62	0.01839	0.01822	79 612	1 450	78 887	1 363 615	17.12
63	0.01973	0.01954	78 162	1 527	77 398	1 284 728	16.43
64	0.02122	0.02100	76 635	1 609	75 830	1 207 330	15.75
65	0.02329	0.02302	75 026	1 727	74 162	1 130 500	15.08
66	0.02552	0.02520	73 299	1 847	72 375	1 057 338	14.42
67	0.02671	0.02636	71 452	1 883	70 510	984 963	13.78
68	0.03082	0.03035	69 569	2 111	68 513	914 453	13.14
69	0.03183	0.03133	67 458	2 113	66 401	845 940	12.54
70	0.03824	0.03752	65 345	2 451	64 119	779 539	11.92
71	0.03927	0.03851	62 894	2 422	61 683	715 420	11.37
72	0.04439	0.04343	60 472	2 626	59 159	653 737	10.81
73	0.04566	0.04464	57 846	2 582	56 555	594 578	10.27
74	0.05237	0.05103	55 264	2 820	53 854	538 023	9.73
75	0.05558	0.05408	52 444	2 836	51 026	484 169	9.23
76	0.06123	0.05941	49 608	2 947	48 134	433 143	8.73
77	0.06407	0.06208	46 661	2 896	45 213	385 009	8.25
78	0.07299	0.07042	43 765	3 081	42 224	339 796	7.76
79	0.07441	0.07174	40 684	2 918	39 225	297 572	7.31
80	0.08956	0.08572	37 766	3 237	36 147	258 347	6.84
81	0.09654	0.09209	34 529	3 179	32 939	222 200	6.43
82	0.10511	0.09986	31 350	3 130	29 785	189 261	6.03
83	0.10325	0.09818	28 220	2 770	26 835	159 476	5.65
84	0.12109	0.11418	25 450	2 905	23 997	132 641	5.21
85	0.13119	0.12311	22 545	2 775	21 157	108 644	4.81
86	0.13976	0.13063	19 770	2 582	18 479	87 487	4.42
87	0.14486	0.13508	17 188	2 321	16 027	69 008	4.01
88	0.16683	0.15399	14 867	2 289	13 722	52 981	3.56
89	0.17395	0.16003	12 578	2 012	11 572	39 259	3.12
90+	0.21094	1.00000	10 566	10 566	27 687	27 687	2.62

表22　　1981年广西壮族自治区人口寿命表

年龄	死亡率 m_x	死亡概率 q_x	尚存人数 l_x	死亡人数 d_x	平均生存人年数 L_x	总人年数 T_x	平均预期寿命 e_x^o
0	0.03264	0.03212	100 000	3 212	97 858	7 009 746	70.09
1	0.00759	0.00756	96 788	731	96 422	6 911 888	71.41
2	0.00563	0.00561	95 057	538	95 788	6 815 466	70.95
3	0.00377	0.00376	95 519	359	95 339	6 719 678	70.34
4	0.00222	0.00222	95 160	211	95 054	6 624 339	69.61
5	0.00181	0.00181	94 949	171	94 863	6 529 285	68.76
6	0.00138	0.00138	94 778	130	94 713	6 434 422	67.88
7	0.00111	0.00111	94 648	105	94 595	6 339 709	66.98
8	0.00090	0.00090	94 543	85	94 500	6 245 114	66.05
9	0.00076	0.00076	94 458	71	94 422	6 150 614	65.11
10	0.00077	0.00077	94 387	72	94 351	6 056 192	64.16
11	0.00073	0.00073	94 315	68	94 281	5 961 841	63.21
12	0.00068	0.00068	94 247	64	94 215	5 867 560	62.25
13	0.00071	0.00071	94 183	66	94 150	5 773 345	61.29
14	0.00064	0.00064	94 117	60	94 087	5 679 195	60.34
15	0.00065	0.00065	94 057	61	94 026	5 585 108	59.38
16	0.00076	0.00076	93 996	71	93 960	5 491 082	58.41
17	0.00080	0.00080	93 925	75	93 887	5 397 122	57.46
18	0.00083	0.00083	93 850	77	93 811	5 303 235	56.50
19	0.00105	0.00105	93 773	98	93 724	5 209 424	55.55
20	0.00129	0.00129	93 675	120	93 615	5 115 700	54.61
21	0.00107	0.00107	93 555	100	93 505	5 022085	53.68
22	0.00104	0.00104	93 455	97	93 406	4 928 580	52.73
23	0.00106	0.00106	93 358	98	93 300	4 885 174	51.79
24	0.00122	0.00122	93 260	113	93 239	4 741 865	50.84
25	0.00135	0.00135	93 147	125	93 084	4 648 662	49.90
26	0.00122	0.00122	93 022	113	92 965	4 555 578	48.97
27	0.00131	00.0131	92 909	121	92 848	4 462 613	48.03
28	0.00139	0.00139	92 788	128	92 724	4 369 765	47.09
29	0.00151	0.00151	92 660	139	92 590	4 277 041	46.15
30	0.00173	0.00173	92 521	160	92 441	4 184 451	45.22
31	0.00171	0.00171	92 361	157	92 282	4 092 010	44.30
32	0.00198	0.00198	92 204	182	92 113	3 999 728	43.37
33	0.00205	0.00205	92 022	188	91 928	3 907 615	42.46
34	0.00220	0.00220	91 834	202	91 733	3 815 687	41.54
35	0.00245	0.00245	91 632	224	91 520	3 723 954	40.64
36	0.00247	0.00247	91 408	225	91 295	3 632 434	39.73
37	0.00251	0.00251	91 183	228	91 069	3 541 139	38.83
38	0.00273	0.00273	90 955	248	90 831	3 450 070	37.93
39	0.00281	0.00281	90 707	254	90 580	3 359 239	37.03
40	0.00346	0.00345	90 453	312	90 297	3 268 659	36.13
41	0.00328	0.00327	90 141	294	89 994	3 178 362	35.25
42	0.00341	0.00340	89 847	305	89 694	3 088 368	34.37
43	0.00332	0.00331	89 542	296	89 394	2 998 674	33.48
44	0.00384	0.00383	89 246	341	89 075	2 909 280	32.59
45	0.00419	0.00418	88 905	371	88 719	2 820 205	31.72

表22 （续完）

年龄	死亡率 m_x	死亡概率 q_x	尚存人数 l_x	死亡人数 d_x	平均生存人年数 L_x	总人年数 T_x	平均预期寿命 e_x^o
46	0.00435	0.00434	88 534	384	88 342	2 731 486	30.85
47	0.00437	0.00436	88 150	384	87 958	2 643 144	29.98
48	0.00488	0.00487	87 766	427	87 552	2 555 186	29.11
49	0.00475	0.00474	87 339	413	87 132	2 467 634	28.25
50	0.00587	0.00585	86 926	508	86 672	2 380 502	27.38
51	0.00591	0.00589	86 418	509	86 163	2 293 830	26.54
52	0.00659	0.00657	85 909	564	85 627	2 207 667	25.69
53	0.00688	0.00686	85 345	585	85 052	2 122 040	24.86
54	0.00734	0.00731	84 760	619	84 450	2 036 988	24.03
55	0.00814	0.00811	84 141	682	83 800	1 952 538	23.20
56	0.00886	0.00882	83 459	736	83 091	1 868 738	22.39
57	0.00986	0.00981	82 723	811	82 317	1 785 647	21.58
58	0.01114	0.01108	81 912	907	81 458	1 703 330	20.79
59	0.01123	0.01117	81 005	904	80 553	1 621 872	20.02
60	0.01451	0.01441	80 101	1 154	79 524	1 541 319	19.24
61	0.01440	0.01430	78 947	1 128	78 383	1 461 795	18.51
62	0.01687	0.01673	77 819	1 301	77 168	1 383 412	17.77
63	0.01826	0.01809	76 518	1 384	75 826	1 306 244	17.07
64	0.01871	0.01854	75 134	1 392	74 438	1 230 418	16.37
65	0.02055	0.02034	73 742	1 499	72 992	1 155 980	15.67
66	0.02190	0.02166	72 243	1 564	71 461	1 082 988	14.99
67	0.02572	0.02539	70 679	1 794	69 782	1 011 527	14.31
68	0.02900	0.02859	68 885	1 969	67 900	941 745	13.67
69	0.02868	0.02827	66 916	1 891	65 970	873 845	13.05
70	0.03701	0.03634	65 025	2 363	63 843	807 875	12.42
71	0.03765	0.03695	62 662	2 315	61 504	744 032	11.87
72	0.04320	0.04229	60 347	2 552	59 071	682 528	11.31
73	0.04395	0.04300	57 795	2 485	56 552	623 457	10.78
74	0.04635	0.04530	55 310	2 505	54 057	566 905	10.24
75	0.05087	0.04961	52 805	2 619	51 495	512 848	9.71
76	0.05483	0.05337	50 186	2 678	48 847	461 353	9.19
77	0.05762	0.05601	47 508	2 660	46 178	412 506	8.68
78	0.06737	0.06517	44 848	2 922	43 387	366 328	8.16
79	0.06648	0.06434	41 926	2 697	40 577	322 941	7.70
80	0.08493	0.08147	39 229	3 195	37 631	282 364	7.19
81	0.09230	0.08823	36 034	3 179	34 444	244 733	6.79
82	0.10093	0.09608	32 855	3 156	31 277	210 289	6.40
83	0.10884	0.10322	29 699	3 065	28 166	179 012	6.02
84	0.11615	0.10977	26 634	2 923	25 172	150 846	5.66
85	0.10888	0.10326	23 711	2 448	22 487	125 674	5.30
86	0.13233	0.12412	21 263	2 639	19 943	103 187	4.85
87	0.12214	0.11511	18 624	2 143	17 552	83 244	4.46
88	0.14581	0.13590	16 481	2 239	15 361	65 692	3.98
89	0.13510	0.12650	14 242	1 802	13 341	50 331	3.53
90+	0.18359	1.00000	12 440	12 440	36 990	36 990	2.97

表23　　1981年四川省人口寿命表

年龄	死亡率 m_x	死亡概率 q_x	尚存人数 l_x	死亡人数 d_x	平均生存人年数 L_x	总人年数 T_x	平均预期寿命 e_x^o
0	0.06003	0.05828	100 000	5 828	96 114	6 396 435	63.96
1	0.01131	0.01125	94 172	1 059	93 642	6 300 321	66.90
2	0.00797	0.00794	93 113	739	92 734	6 206 679	66.65
3	0.00572	0.00570	92 374	526	92 111	6 113 936	66.18
4	0.00365	0.00364	91 848	334	91 681	6 021 825	65.56
5	0.00257	0.00257	91 514	235	91 396	5 930 144	64.80
6	0.00211	0.00211	91 279	192	91 183	5 838 748	63.96
7	0.00165	0.00165	91 087	150	91 012	5 747 565	63.09
8	0.00144	0.00144	90 937	130	90 872	5 656 553	62.20
9	0.00127	0.00127	90 807	115	90 749	5 565 681	61.29
10	0.00116	0.00116	90 692	105	90 639	5 474 932	60.36
11	0.00110	0.00110	90 587	99	90 537	5 384 293	59.43
12	0.00105	0.00105	90 488	95	90 440	5 293 756	58.50
13	0.00107	0.00107	90 393	96	90 345	5 203 316	57.56
14	0.00110	0.00110	90 297	99	90 247	5 112 971	56.62
15	0.00114	0.00114	90 198	102	90 147	5 022 724	55.68
16	0.00125	0.00125	90 096	112	90 040	4 932 577	54.74
17	0.00126	0.00126	89 984	116	89 926	4 842 537	53.81
18	0.00132	0.00132	89 868	118	89 809	4 752 611	52.88
19	0.00157	0.00157	89 750	140	89 680	4 662 802	51.95
20	0.00175	0.00175	89 610	156	89 532	4 573 122	51.03
21	0.00158	0.00158	89 454	141	89 383	4 483 590	50.12
22	0.00182	0.00182	89 313	162	89 232	4 394 207	49.20
23	0.00182	0.00182	89 151	162	89 070	4 304 975	48.28
24	0.00195	0.00195	88 989	173	88 902	4 215 905	47.37
25	0.00186	0.00186	88 816	165	88 733	4 127 003	46.46
26	0.00183	0.00183	88 651	162	88 570	4 038 270	45.55
27	0.00187	0.00187	88 489	165	88 406	3 949 700	44.63
28	0.00191	0.00191	88 324	168	88 240	3 861 294	43.71
29	0.00197	0.00197	88 156	173	88 069	3 773 054	42.79
30	0.00214	0.00214	87 983	188	87 889	3 684 985	41.88
31	0.00204	0.00204	87 795	179	87 705	3 597 096	40.97
32	0.00226	0.00226	87 616	198	87 517	3 509 391	40.05
33	0.00231	0.00231	87 418	201	87 317	3 421 874	39.14
34	0.00233	0.00233	87 217	203	87 115	3 334 557	38.23
35	0.00267	0.00267	87 014	232	86 898	3 247 442	37.32
36	0.00271	0.00271	86 782	235	86 664	3 160 544	36.41
37	0.00268	0.00268	86 547	231	86 431	3 073 880	35.51
38	0.00309	0.00309	86 316	266	86 183	2 987 449	34.61
39	0.00338	0.00337	86 050	289	85 905	2 901 266	33.71
40	0.00350	0.00349	85 761	299	85 611	2 815 361	32.82
41	0.00386	0.00385	85 462	329	85 297	2 729 750	31.94
42	0.00389	0.00388	85 133	330	84 968	2 644 453	31.06
43	0.00430	0.00429	84 803	363	84 621	2 559 485	30.18
44	0.00456	0.00455	84 440	384	84 248	2 474 864	29.30
45	0.00501	0.00500	84 056	420	83 846	2 390 616	28.44

表23 （续完）

年龄	死亡率 m_x	死亡概率 q_x	尚存人数 l_x	死亡人数 d_x	平均生存人年数 L_x	总人年数 T_x	平均预期寿命 e_x^o
46	0.00546	0.00545	83 636	455	83 408	2 306 770	27.58
47	0.00605	0.00603	83 181	501	82 930	2 223 362	26.72
48	0.00639	0.00637	82 680	526	82 417	2 140 432	25.88
49	0.00710	0.00707	82 154	580	81 864	2 058 015	25.05
50	0.00839	0.00835	81 574	681	81 233	1 976 151	24.22
51	0.00814	0.00811	80 893	656	80 565	1 894 918	23.42
52	0.00916	0.00912	80 237	731	79 871	1 814 353	22.61
53	0.00967	0.00962	79 506	764	79 124	1 734 482	21.81
54	0.01078	0.01072	78 742	844	78 320	1 655 358	21.02
55	0.01195	0.01188	77 898	925	77 435	1 577 038	20.24
56	0.01264	0.01256	76 973	966	76 490	1 499 603	19.48
57	0.01407	0.01397	76 007	1 061	75 476	1 423 113	18.72
58	0.01662	0.01648	74 946	1 235	74 328	1 347 637	17.98
59	0.01764	0.01749	73 711	1 289	73 066	1 273 309	17.27
60	0.02160	0.02137	72 422	1 547	71 648	1 200 243	16.57
61	0.02050	0.02029	70 875	1 438	70 156	1 128 595	15.92
62	0.02399	0.02371	69 437	1 646	68 614	1 058 439	15.24
63	0.02589	0.02556	67 791	1 732	66 925	989 825	14.60
64	0.02728	0.02691	66 059	1 777	65 170	922 900	13.97
65	0.02873	0.02832	64 282	1 820	63 372	857 730	13.34
66	0.03245	0.03193	92 462	1 994	61 465	794 358	12.71
67	0.03457	0.03398	60 468	2 054	59 441	732 893	12.12
68	0.03902	0.03827	58 414	2 235	57 296	673 452	11.52
69	0.04265	0.04176	56 179	2 346	55 006	616 156	10.96
70	0.04897	0.04780	53 833	2 573	52 546	561 150	10.42
71	0.05041	0.04917	51 260	2 520	50 000	508 604	9.92
72	0.05610	0.05457	48 740	2 659	47 410	458 604	9.40
73	0.06047	0.05870	46 081	2 704	44 729	411 194	8.92
74	0.06569	0.06360	43 377	2 758	41 998	366 465	8.44
75	0.06895	0.06665	40 619	2 707	39 265	324 467	7.98
76	0.07591	0.07313	37 912	2 772	36 526	285 202	7.52
77	0.08370	0.08034	35 140	2 823	33 728	248 676	7.07
78	0.09292	0.08879	32 317	2 869	30 882	214 948	6.65
79	0.09958	0.09486	29 448	2 793	28 051	184 066	6.25
80	0.11678	0.11034	26 655	2 941	25 184	156 015	5.85
81	0.12113	0.11421	23 714	2 708	22 360	130 831	5.51
82	0.13084	0.12281	21 006	2 579	19 716	108 471	5.16
83	0.14294	0.13341	18 427	2 458	17 198	88 755	4.81
84	0.15384	0.14285	15 969	2 281	14 828	71 557	4.48
85	0.17023	0.15688	13 688	2 147	12 614	56 729	4.14
86	0.17437	0.16039	11 541	1 851	10 615	44 115	3.82
87	0.18455	0.16896	9 690	1 637	8 871	33 500	3.45
88	0.21083	0.19072	8 053	1 535	7 285	24 629	3.05
89	0.21357	0.19296	6 518	1 257	5 889	17 344	2.66
90*	0.25940	1.00000	5 261	5 261	11 455	11 455	2.17

表24　　　　　　　　1981年贵州省人口寿命表

年龄	死亡率 m_x	死亡概率 q_x	尚存人数 l_x	死亡人数 d_x	平均生存人年数 L_x	总人年数 T_x	平均预期寿命 e_x^o
0	0.07407	0.07142	100 000	7 142	95 238	6 135 212	61.35
1	0.02314	0.02288	92 858	2 124	91 796	6 039 974	65.04
2	0.01550	0.01538	90 734	1 395	90 036	5 948 178	65.55
3	0.00961	0.00956	89 339	854	88 912	5 858 142	65.57
4	0.00575	0.00573	88 485	507	88 231	5 769 230	65.20
5	0.00389	0.00388	87 978	341	87 807	5 680 999	64.57
6	0.00264	0.00264	87 637	231	87 521	5 593 192	63.82
7	0.00210	0.00210	87 406	183	87 314	5 505 671	62.98
8	0.00180	0.00180	87 223	157	87 144	5 418 357	62.12
9	0.00152	0.00152	87 066	132	87 000	5 331 213	61.23
10	0.00144	0.00144	86 934	125	86 871	5 244 213	60.32
11	0.00138	0.00138	86 809	119	86 749	5 157 342	59.41
12	0.00122	0.00122	86 690	105	86 637	5 070 593	58.49
13	0.00117	0.00117	86 585	101	86 534	4 980 956	57.56
14	0.00134	0.00134	86 484	115	86 426	4 897 422	56.62
15	0.00133	0.00133	86 369	114	86 312	4 810 996	55.70
16	0.00144	0.00144	86 255	124	86 193	4 724 684	54.77
17	0.00155	0.00155	86 131	133	86 064	4 638 491	53.85
18	0.00160	0.00160	85 998	137	85 929	4 552 427	52.93
19	0.00192	0.00192	85 861	164	85 779	4 466 498	52.02
20	0.00210	0.00210	85 697	179	85 607	4 380 719	51.11
21	0.00161	0.00161	85 518	137	85 449	4 295 112	50.22
22	0.00190	0.00190	85 381	162	85 300	4 209 663	49.30
23	0.00193	0.00193	85 219	164	85 137	4 124 363	48.39
24	0.00196	0.00196	85 055	166	84 927	4 039 226	47.48
25	0.00199	0.00199	84 889	168	84 805	3 954 254	46.58
26	0.00209	0.00209	84 721	177	84 632	3 869 449	45.67
27	0.00220	0.00220	84 544	185	84 451	3 784 817	44.76
28	0.00224	0.00224	84 359	188	84 265	3 700 366	43.86
29	0.00236	0.00236	84 171	198	84 072	3 616 101	42.96
30	0.00240	0.00240	83 973	201	83 872	3 532 029	42.06
31	0.00237	0.00237	83 772	198	83 673	3 448 157	41.16
32	0.00238	0.00238	83 574	198	83 475	3 364 484	40.25
33	0.00249	0.00249	83 376	207	83 272	3 281 009	39.35
34	0.00268	0.00268	83 169	222	83 058	3 197 737	38.44
35	0.00300	0.00300	82 947	248	82 823	3 114 679	37.55
36	0.00311	0.00311	82 699	257	82 570	3 031 856	36.66
37	0.00294	0.00294	82 442	242	82 321	2 949 286	35.77
38	0.00334	0.00333	82 200	273	82 063	2 866 965	34.87
39	0.00335	0.00334	81 927	273	81 790	2 784 902	33.99
40	0.00378	0.00377	81 654	307	81 500	2 703 112	33.10
41	0.00365	0.00364	81 347	296	81 199	2 621 612	32.22
42	0.00386	0.00385	81 051	312	80 895	2 540 413	31.34
43	0.00401	0.00400	80 739	322	80 578	2 459 518	30.46
44	0.00447	0.00446	80 417	358	80 238	2 378 940	29.58
45	0.00471	0.00470	80 059	376	79 871	2 298 702	28.71

表24 （续完）

年龄	死亡率 m_x	死亡概率 q_x	尚存人数 l_x	死亡人数 d_x	平均生存人年数 L_x	总人年数 T_x	平均预期寿命 e_x^o
46	0.00491	0.00490	79 683	390	79 488	2 218 831	27.84
47	0.00517	0.00516	79 293	409	79 088	2 139 343	26.98
48	0.00561	0.00559	78 884	440	78 664	2 060 255	26.11
49	0.00593	0.00591	78 444	463	78 212	1 981 591	25.26
50	0.00715	0.00712	77 981	555	77 703	1 903 379	24.40
51	0.00701	0.00699	77 426	541	77 155	1 825 676	23.57
52	0.00764	0.00761	76 885	585	76 592	1 748 521	22.74
53	0.00831	0.00828	76 300	631	75 984	1 671 929	21.91
54	0.00931	0.00927	75 669	701	75 318	1 595 945	21.09
55	0.01169	0.01162	74 968	871	74 532	1 520 627	20.28
56	0.01135	0.01129	74 097	836	73 679	1 446 095	19.51
57	0.01163	0.01156	73 261	846	72 838	1 372 416	18.73
58	0.01395	0.01385	72 415	1 002	71 914	1 299 578	17.94
59	0.01452	0.01442	71 413	1 029	70 898	1 227 664	17.19
60	0.01817	0.01801	70 384	1 267	69 750	1 156 766	16.43
61	0.01852	0.01835	69 117	1 268	68 483	1 087 016	15.72
62	0.02169	0.02146	67 849	1 456	67 121	1 018 533	15.01
63	0.02285	0.02259	66 393	1 499	65 643	951 412	14.33
64	0.02408	0.02379	64 894	1 543	64 122	885 769	13.64
65	0.02673	0.02638	63 351	1 671	62 515	821 647	12.96
66	0.02990	0.02946	61 680	1 817	60 771	759 132	12.30
67	0.03385	0.03329	59 863	1 992	58 867	698 361	11.66
68	0.03641	0.03576	57 871	2 069	56 836	639 494	11.05
69	0.03993	0.03915	55 802	2 184	54 710	582 658	10.44
70	0.04831	0.04717	53 618	2 529	52 353	527 948	9.84
71	0.05233	0.05100	51 089	2 605	49 786	475 595	9.30
72	0.05814	0.05650	48 484	2 739	47 114	425 809	8.78
73	0.06316	0.06123	45 745	2 800	44 345	378 695	8.27
74	0.06857	0.06630	42 945	2 847	41 521	334 350	7.78
75	0.07602	0.07324	40 098	2 936	38 630	292 829	7.30
76	0.09101	0.08705	37 162	3 234	35 545	254 199	6.84
77	0.09246	0.08837	33 928	2 998	32 429	218 654	6.44
78	0.10080	0.09596	30 930	2 968	29 446	186 225	6.02
79	0.11233	0.10636	27 962	2 974	26 475	156 779	5.60
80	0.13952	0.13042	24 988	3 258	23 359	130 304	5.21
81	0.13979	0.13066	21 730	2 839	20 310	106 945	4.92
82	0.16122	0.14919	18 891	2 818	17 482	86 635	4.58
83	0.17174	0.15816	16 073	2 542	14 802	69 153	4.30
84	0.18901	0.17269	13 531	2 336	12 363	54 351	4.01
85	0.19579	0.17833	11 195	1 996	10 197	41 988	3.75
86	0.21440	0.19364	9 199	1 781	8 308	31 791	3.45
87	0.21849	0.19697	7 418	1 461	6 687	23 483	3.16
88	0.23455	0.20993	5 957	1 250	5 332	16 796	2.81
89	0.26725	0.23575	4 707	1 109	4 152	11 464	2.43
90+	0.28052	1.00000	3 598	3 598	7 312	7 312	2.03

表25　　**1981年云南省人口寿命表**

年龄	死亡率 m_x	死亡概率 q_x	尚存人数 l_x	死亡人数 d_x	平均生存人年数 L_x	总人年数 T_x	平均预期寿命 e_x^o
0	0.08640	0.08282	100 000	8282	94 478	6 073 692	60.73
1	0.01955	0.01936	91 718	1775	90 830	5 979 214	65.19
2	0.01288	0.01280	89 943	1151	89 367	5 888 384	65.46
3	0.00856	0.00852	88 792	756	88 414	5 799 017	65.31
4	0.00555	0.00553	88 036	486	87 793	5 710 603	64.86
5	0.00409	0.00408	87 550	357	87 371	5 622 810	64.22
6	0.00291	0.00291	87 193	253	87 066	5 535 439	63.48
7	0.00210	0.00210	86 940	182	86 849	5 448 373	62.66
8	0.00191	0.00191	86 758	165	86 675	5 361 524	61.79
9	0.00152	0.00152	86 593	131	86 527	5 274 849	60.91
10	0.00133	0.00133	86 462	114	86 405	5 188 322	60.00
11	0.00137	0.00137	86 348	118	86 289	5 101 917	59.08
12	0.00122	0.00122	86 230	105	86 177	5 015 628	58.16
13	0.00120	0.00120	86 125	103	86 073	4 929 451	57.23
14	0.00121	0.00121	86 022	104	85 970	4 843 378	56.30
15	0.00129	0.00129	85 918	110	85 863	4 757 408	55.37
16	0.00131	0.00731	85 808	112	85 752	4 671 545	54.44
17	0.00144	0.00144	85 696	123	85 634	4 585 793	53.51
18	0.00161	0.00161	85 573	137	85 504	4 500 159	52.58
19	0.00189	0.00189	85 436	161	85 355	4 414 655	51.67
20	0.00195	0.00195	85 275	166	85 192	4 329 300	50.76
21	0.00170	0.00170	85 109	144	85 037	4 244 108	49.86
22	0.00211	0.00211	84 965	179	84 875	4 159 071	48.95
23	0.00197	0.00197	84 786	167	84 702	4 074 196	48.05
24	0.00208	0.00208	84 619	176	84 531	3 989 494	47.14
25	0.00201	0.00201	84 443	169	84 358	3 904 963	46.24
26	0.00191	0.00191	84 274	160	84 194	3 820 605	45.33
27	0.00210	0.00210	84 114	176	84 026	3 736 411	44.42
28	0.00216	0.00216	83 938	181	83 847	3 652 385	43.51
29	0.00214	0.00214	83 757	179	83 667	3 568 538	42.60
30	0.00230	0.00230	83 578	192	83 482	3 484 871	41.69
31	0.00206	0.00206	83 386	171	83 300	3 401 389	40.79
32	0.00241	0.00241	83 215	200	83 115	3 318 089	39.87
33	0.00245	0.00245	83 015	203	82 913	3 234 974	38.96
34	0.00247	0.00247	82 812	204	82 710	3 152 061	38.06
35	0.00284	0.00284	82 608	234	82 491	3 069 351	37.15
36	0.00293	0.00293	82 374	241	82 253	2 986 860	36.25
37	0.00302	0.00302	82 133	248	82 009	2 904 607	35.36
38	0.00319	0.00318	81 885	260	81 755	2 822 598	34.47
39	0.00338	0.00337	81 625	275	81 487	2 740 843	33.57
40	0.00348	0.00347	81 350	282	81 209	2 659 356	32.69
41	0.00367	0.00366	81 068	296	80 920	2 578 147	31.80
42	0.00395	0.00394	80 772	318	80 613	2 497 227	30.91
43	0.00425	0.00424	80 454	341	80 283	2 416 614	30.03
44	0.00429	0.00428	80 113	342	79 942	2 336 331	29.16
45	0.00468	0.00467	79 771	372	79 585	2 256 389	28.28

表25 （续完）

年龄	死亡率 m_x	死亡概率 q_x	尚存人数 l_x	死亡人数 d_x	平均生存人年数 L_x	总人年数 T_x	平均预期寿命 $\mathring{e}_x$
46	0.00495	0.00494	79 399	392	79 203	2 176 804	27.41
47	0.00565	0.00563	79 007	444	78 785	2 097 601	26.54
48	0.00575	0.00573	78 563	450	78 338	2 018 816	25.69
49	0.00599	0.00597	78 113	466	77 880	1 940 478	24.84
50	0.00735	0.00732	77 647	568	77 363	1 862 598	23.98
51	0.00730	0.00727	77 079	560	76 799	1 785 235	23.16
52	0.00797	0.00794	76 519	607	76 215	1 708 436	22.32
53	0.00876	0.00872	75 912	661	75 581	1 632 221	21.50
54	0.00954	0.00949	75 251	714	74 894	1 556 640	20.68
55	0.01151	0.01144	74 537	852	74 111	1 481 746	19.87
56	0.01128	0.01122	73 685	826	73 272	1 407 635	19.10
57	0.01217	0.01210	72 859	881	72 418	1 334 363	18.31
58	0.01487	0.01476	71 978	1 062	71 447	1 261 945	17.53
59	0.01573	0.01561	70 916	1 106	70 363	1 190 498	16.78
60	0.01909	0.01891	69 810	1 320	69 150	1 120 135	16.04
61	0.01996	0.01976	68 490	1 353	67 813	1 050 985	15.34
62	0.02318	0.02291	67 137	1 538	66 368	983 172	14.64
63	0.02481	0.02451	65 599	1 607	64 795	916 804	13.97
64	0.02493	0.02462	63 992	1 575	63 204	852 009	13.31
65	0.02792	0.02754	62 417	1 718	61 558	788 805	12.63
66	0.03205	0.03154	60 699	1 914	59 742	727 247	11.98
67	0.03530	0.03469	58 785	2 039	57 765	667 505	11.35
68	0.04175	0.04090	56 746	2 320	55 586	609 740	10.74
69	0.04404	0.04309	54 426	2 345	53 252	554 154	10.18
70	0.05056	0.04931	52 081	2 568	50 797	500 901	9.61
71	0.05483	0.05337	49 513	2 642	48 192	450 104	9.09
72	0.06132	0.05950	46 871	2 788	45 477	401 912	8.57
73	0.06867	0.06639	44 083	2 926	42 620	356 435	8.08
74	0.07480	0.07210	41 157	2 967	39 673	313 815	7.62
75	0.07967	0.07662	38 190	2 926	36 727	274 142	7.17
76	0.09132	0.08733	35 264	3 079	33 724	237 415	6.73
77	0.10112	0.09625	32 185	3 097	30 636	203 691	6.32
78	0.11175	0.10584	29 088	3 078	27 549	173 055	5.94
79	0.11393	0.10779	26 010	2 803	24 608	145 506	5.59
80	0.13600	0.12734	23 207	2 955	21 729	120 898	5.20
81	0.14920	0.13884	20 252	2 811	18 846	99 169	4.89
82	0.16771	0.15473	17 441	2 698	16 092	80 323	4.60
83	0.17313	0.15934	14 743	2 349	13 568	64 231	4.35
84	0.19054	0.17397	12 394	2 156	11 316	50 663	4.08
85	0.21249	0.19208	10 238	1 966	9 255	39 347	3.84
86	0.20132	0.18291	8 272	1 513	7 515	30 092	3.63
87	0.21699	0.19575	6 759	1 323	6 097	22 577	3.34
88	0.22407	0.20150	5 436	1 095	4 888	16 480	3.03
89	0.22271	0.20040	4 341	869	3 906	11 592	2.67
90+	0.25460	1.00000	3 472	3 472	7 686	7 686	2.21

表26

1981年陕西省人口寿命表

年龄	死亡率 m_x	死亡概率 q_x	尚存人数 l_x	死亡人数 d_x	平均生存人年数 L_x	总人年数 T_x	平均预期寿命 e_x^o
0	0.04901	0.04784	100 000	4 784	96 810	6 481 575	64.81
1	0.00583	0.00581	95 216	553	94 939	6 384 765	67.05
2	0.00389	0.00388	94 663	367	94 479	6 289 826	66.44
3	0.00273	0.00273	94 296	257	94 167	6 195 347	65.70
4	0.00191	0.00191	94 039	179	93 949	6 101 180	64.87
5	0.00155	0.00155	93 860	145	93 787	6 007 231	64.00
6	0.00125	0.00125	93 715	117	93 656	5 913 444	63.10
7	0.00100	0.00100	93 598	93	93 551	5 819 788	62.17
8	0.00087	0.00087	93 505	81	93 464	5 726 237	61.23
9	0.00084	0.00084	93 424	78	93 385	5 632 773	60.29
10	0.00079	0.00079	93 346	73	93 309	5 539 388	59.34
11	0.00081	0.00081	93 273	75	93 235	5 446 079	58.38
12	0.00068	0.00068	93 198	63	93 166	5 352 844	57.43
13	0.00079	0.00079	93 135	73	93 098	5 259 678	56.47
14	0.00086	0.00086	93 062	80	93 022	5 166 580	55.51
15	0.00088	0.00088	92 982	81	92 941	5 073 558	54.56
16	0.00088	0.00088	92 901	81	92 860	4 980 617	53.61
17	0.00112	0.00112	92 820	103	92 768	4 887 757	52.65
18	0.00119	0.00119	92 717	110	92 662	4 794 989	51.71
19	0.00132	0.00132	92 607	122	92 546	4 702 327	50.77
20	0.00143	0.00143	92 485	132	92 419	4 609 781	49.84
21	0.00142	0.00142	92 353	131	92 287	4 517 362	48.91
22	0.00148	0.00148	92 222	136	92 154	4 425 075	47.98
23	0.00172	0.00172	92 086	158	92 007	4 332 921	47.05
24	0.00192	0.00192	91 928	176	91 840	4 240 914	46.13
25	0.00187	0.00187	91 752	171	91 666	4 194 074	45.22
26	0.00177	0.00177	91 581	162	91 500	4 057 408	44.30
27	0.00186	0.00186	91 419	170	91 334	3 965 908	43.38
28	0.00173	0.00173	91 249	157	91 170	3 874 574	42.46
29	0.00169	0.00169	91 092	153	91 015	3 783 404	41.53
30	0.00192	0.00192	90 939	174	90 852	3 692 389	40.60
31	0.00176	0.00176	90 765	159	90 685	3 601 537	39.67
32	0.00228	0.00228	90 606	206	90 503	3 510 852	38.74
33	0.00213	0.00213	90 400	192	90 304	3 420 349	37.83
34	0.00212	0.00212	90 208	191	90 112	3 330 045	36.91
35	0.00245	0.00245	90 017	220	89 907	3 239 933	35.99
36	0.00263	0.00263	89 797	236	89 679	3 150 026	35.07
37	0.00254	0.00254	89 561	227	89 447	3 060 347	34.17
38	0.00283	0.00283	89 334	252	89 208	2 970 900	33.25
39	0.00290	0.00290	89 082	258	88 953	2 881 692	32.34
40	0.00318	0.00317	88 824	281	88 683	2 792 739	31.44
41	0.00308	0.00308	88 543	272	88 407	2 704 056	30.53
42	0.00351	0.00350	88 271	308	88 117	2 615 649	29.63
43	0.00375	0.00374	87 963	328	87 799	2 527 532	28.73
44	0.00406	0.00405	87 635	354	87 458	2 439 733	27.83
45	0.00418	0.00417	87 281	363	87 099	2 352 275	26.95

表26　　　　　　　　　　　　　　　　　　　　　　（续完）

年龄	死亡率 m_x	死亡概率 q_x	尚存人数 l_x	死亡人数 d_x	平均生存人年数 L_x	总人年数 T_x	平均预期寿命 e^o_x
46	0.00470	0.00469	86 918	407	86 714	2 265 176	26.06
47	0.00545	0.00544	86 511	470	86 276	2 178 462	25.18
48	0.00577	0.00575	86 041	494	85 794	2 092 186	24.31
49	0.00624	0.00622	85 547	532	85 281	2 006 392	23.45
50	0.00738	0.00735	85 015	624	84 703	1 921 111	22.59
51	0.00820	0.00817	84 391	689	84 046	1 836 408	21.76
52	0.00831	0.00828	83 702	693	83 355	1 752 362	20.93
53	0.00919	0.00915	83 009	759	82 629	1 669 007	20.10
54	0.01098	0.01092	82 250	898	81 801	1 586 378	19.28
55	0.01171	0.01164	81 352	946	80 879	1 504 577	18.29
56	0.01293	0.01285	80 406	1 033	79 889	1 423 698	17.70
57	0.01381	0.01372	79 373	1 088	78 829	1 343 809	16.93
58	0.01677	0.01663	78 285	1 301	77 634	1 264 980	16.15
59	0.01779	0.01763	76 984	1 357	76 305	1 187 346	15.42
60	0.02034	0.02014	75 627	1 523	74 865	1 111 041	14.69
61	0.02103	0.02081	74 104	1 542	73 333	1 036 176	13.98
62	0.02674	0.02639	72 562	1 914	71 605	962 843	13.26
63	0.02896	0.02855	70 648	2 017	69 639	891 238	12.61
64	0.03004	0.02960	68 631	2 031	67 615	821 599	11.97
65	0.03388	0.03332	66 600	2 219	65 490	753 984	11.32
66	0.04038	0.03958	64 381	2 548	63 107	688 494	10.69
67	0.04055	0.03974	61 833	2 457	60 604	625 387	10.11
68	0.04630	0.04525	59 376	2 686	58 033	564 783	9.51
69	0.05460	0.05315	56 690	3 013	55 183	506 750	8.93
70	0.05837	0.05671	53 677	3 044	52 155	451 567	8.41
71	0.06736	0.06517	50 633	3 299	48 983	399 412	7.88
72	0.07688	0.07403	47 334	3 504	45 582	350 429	7.40
73	0.08602	0.08247	43 830	3 614	42 023	304 847	6.95
74	0.09272	0.08861	40 216	3 563	38 434	262 824	6.53
75	0.09744	0.09291	36 653	3 405	34 950	224 390	6.12
76	0.11494	0.10869	33 248	3 613	31 441	189 440	5.69
77	0.12156	0.11459	29 635	3 395	27 937	157 999	5.33
78	0.12826	0.12053	26 240	3 162	24 659	130 062	4.95
79	0.15890	0.14720	23 078	3 397	21 379	105 403	4.56
80	0.16568	0.15301	19 681	3 011	18 175	84 024	4.26
81	0.18950	0.17310	16 670	2 885	15 227	65 849	3.95
82	0.22126	0.19922	13 785	2 746	12 412	50 622	3.67
83	0.23238	0.20819	11 039	2 298	9 890	38 210	3.46
84	0.25018	0.22236	8 741	1 943	7 769	28 320	3.23
85	0.26112	0.23097	6 798	1 570	6 013	20 551	3.02
86	0.26042	0.23042	5 228	1 204	4 626	14 538	2.78
87	0.28851	0.25214	4 024	1 014	3 517	9 912	2.46
88	0.37027	0.31243	3 010	940	2 540	6 395	2.12
89	0.34469	0.29402	2 070	608	1 766	3 855	1.86
90+	0.42398	1.00000	1 462	1 462	2 089	2 089	1.42

表27

1981年甘肃省人口寿命表

年龄	死亡率 m_x	死亡概率 q_x	尚存人数 l_x	死亡人数 d_x	平均生存人年数 L_x	总人年数 T_x	平均预期寿命 e_x^o
0	0.03977	0.03580	100 000	3 580	97 613	6 603 202	66.03
1	0.00714	0.00711	96 420	686	96 077	6 505 589	67.47
2	0.00411	0.00410	95 734	393	95 538	6 409 512	66.95
3	0.00302	0.00302	95 341	288	95 197	6 313 974	66.23
4	0.00213	0.00213	95 053	202	94 952	6 218 777	65.42
5	0.00153	0.00153	94 851	145	94 779	6 123 825	64.56
6	0.00122	0.00122	94 706	116	94 648	6 029 046	63.66
7	0.00088	0.00088	94 590	83	94 549	5 934 398	62.74
8	0.00079	0.00079	94 507	75	94 470	5 839 849	61.79
9	0.00066	0.00066	94 432	62	94 401	5 745 379	60.84
10	0.00068	0.00068	94 370	64	94 338	5 650 978	59.88
11	0.00067	0.00067	94 306	63	94 275	5 556 640	58.92
12	0.00065	0.00065	94 243	61	94 213	5 462 365	57.96
13	0.00072	0.00072	94 182	68	94 148	5 368 152	57.00
14	0.00074	0.00074	94 114	70	94 079	5 274 004	56.04
15	0.00086	0.00086	90 044	81	94 004	5 179 925	55.10
16	0.00096	0.00096	93 963	90	93 918	5 085 921	54.13
17	0.00104	0.00104	93 873	98	93 824	4 992 003	53.18
18	0.00109	0.00109	93 775	102	93 724	4 898 179	52.23
19	0.00112	0.00112	93 673	105	93 621	4 804 455	51.29
20	0.00136	0.00136	93 568	127	93 452	4 710 834	50.35
21	0.00132	0.00132	93 336	123	93 275	4 617 382	49.47
22	0.00155	0.00155	93 213	145	93 141	4 524 107	48.54
23	0.00167	0.00167	93 068	155	92 991	4 430 966	47.61
24	0.00170	0.00170	92 913	158	92 834	4 337 975	46.69
25	0.00155	0.00155	92 755	144	92 683	4 245 141	45.77
26	0.00164	0.00164	92 611	152	92 535	4 152 458	44.84
27	0.00160	0.00160	92 459	148	92 395	4 059 923	43.91
28	0.00154	0.00154	92 331	142	92 250	3 967 528	42.97
29	0.00164	0.00164	92 169	151	92 094	3 875 278	42.05
30	0.00178	0.00178	92 018	164	91 936	3 783 184	41.11
31	0.00167	0.00167	91 854	153	91 778	3 691 248	40.19
32	0.00192	0.00192	91 701	176	91 613	3 599 470	39.25
33	0.00183	0.00183	91 525	168	91 441	3 507 857	38.33
34	0.00195	0.00195	91 357	178	91 268	3 416 416	37.40
35	0.00202	0.00202	91 179	184	91 087	3 325 148	36.47
36	0.00230	0.00230	90 995	209	90 891	3 234 061	53.54
37	0.00230	0.00230	90 786	209	90 682	3 143 170	34.62
38	0.00256	0.00256	90 577	232	90 461	3 052 488	33.70
39	0.00256	0.00256	90 345	231	90 230	2 962 027	32.79
40	0.00288	0.00288	90 114	260	89 984	2 871 797	31.87
41	0.00281	0.00281	89 854	242	89 728	2 781 813	30.96
42	0.00325	0.00324	89 602	291	89 457	2 692 085	30.04
43	0.00369	0.00368	89 311	329	89 147	2 602 628	29.14
44	0.00405	0.00404	88 982	359	88 803	2 513 481	28.25
45	0.00453	0.00452	88 623	401	88 427	2 424 678	27.36
46	0.00475	0.00474	88 222	418	88 013	2 336 255	26.48
47	0.00493	0.00492	87 804	432	87 588	2 248 242	25.61
48	0.00604	0.00602	87 372	526	87 109	2 160 654	24.73
49	0.00643	0.00641	86 846	557	86 568	2 073 545	23.88
50	0.00711	0.00708	86 289	611	85 984	1 986 977	23.03

表27 （续完）

年龄	死亡率 m_x	死亡概率 q_x	尚存人数 l_x	死亡人数 d_x	平均生存人年数 L_x	总人年数 T_x	平均预期寿命 e_x^o
51	0.00909	0.00905	85 678	775	85 291	1 900 993	22.19
52	0.00934	0.00930	84 903	790	84 508	1 815 702	21.39
53	0.00992	0.00987	84 113	830	83 698	1 731 194	20.58
54	0.01017	0.01012	83 283	843	82 862	1 647 496	19.78
55	0.01204	0.01197	82 440	987	81 947	1 564 634	18.98
56	0.01294	0.01286	81 453	1 047	80 930	1 482 687	18.20
57	0.01365	0.01356	80 406	1 090	79 861	1 401 757	17.43
58	0.01743	0.01728	79 316	1 371	78 631	1 321 896	16.67
59	0.01878	0.01861	77 945	1 451	77 218	1 243 265	15.95
60	0.02160	0.02137	76 494	1 635	75 677	1 166 047	15.24
61	0.02258	0.02232	74 859	1 670	74 024	1 090 370	14.57
62	0.02567	0.02534	73 189	1 855	72 262	1 016 346	13.89
63	0.02830	0.02791	71 334	1 991	70 339	944 084	13.23
64	0.02879	0.02838	69 343	1 968	68 359	873 745	12.60
65	0.03313	0.03259	67 375	2 196	66 277	805 386	11.95
66	0.03693	0.03626	65 179	2 363	63 998	739 109	11.34
67	0.04088	0.04006	62 816	2 516	61 558	675 111	10.75
68	0.04561	0.04459	60 300	2 689	58 956	613 553	10.18
69	0.04893	0.04776	57 611	2 752	56 235	554 597	9.63
70	0.05685	0.05528	54 859	3 033	53 343	498 362	9.08
71	0.06371	0.06174	51 826	3 200	50 226	445 019	8.59
72	0.07164	0.06916	48 626	3 363	46 945	394 793	8.12
73	0.07399	0.07135	45 263	3 230	43 648	347 848	7.69
74	0.08076	0.07763	42 033	3 263	40 402	304 200	7.24
75	0.08790	0.08420	38 770	3 264	37 138	263 798	6.80
76	0.09679	0.09232	35 506	3 278	33 867	226 660	6.38
77	0.10417	0.09901	32 228	3 191	30 633	192 793	5.98
78	0.12016	0.11335	29 037	3 291	27 392	162 160	5.58
79	0.12760	0.11995	25 746	3 088	24 202	134 768	5.23
80	0.13806	0.12915	22 658	2 926	21 195	110 566	4.88
81	0.16120	0.14918	19 732	2 944	18 260	89 371	4.53
82	0.20120	0.18281	16 788	3 069	15 254	71 111	4.24
83	0.19835	0.18045	13 719	2 476	12 481	51 857	4.07
84	0.21351	0.19292	11 243	2 169	10 159	43 376	3.86
85	0.23710	0.21197	9 074	1 923	8 113	33 217	3.66
86	0.24963	0.22193	7 151	1 587	6 358	25 104	3.51
87	0.23330	0.20893	5 564	1 162	4 983	18 746	3.37
88	0.33568	0.28744	4 402	1 265	3 770	13 763	3.13
89	0.26697	0.23553	3 137	739	2 768	9 993	3.19
90	0.31159	0.26959	2 308	646	2 075	7 225	3.01
91	0.35000	0.29787	1 752	522	1 491	5 150	2.94
92	0.36719	0.31023	1 230	382	1 039	3 659	2.97
93	0.29348	0.25593	848	217	740	2 620	3.09
94	0.24444	0.21782	631	137	563	1 880	2.98
95	0.21429	0.19355	494	96	446	1 317	2.67
96	0.37037	0.31250	398	124	336	871	2.46
97	0.37931	0.31884	274	87	231	535	1.95
98	0.50000	0.40000	187	75	150	304	1.63
99	0.13158	0.12346	112	14	105	154	1.38
100+	0.51613	1.00000	98	98	49	49	0.50

表28　1981年青海省人口寿命表

年龄	死亡率 m_x	死亡概率 q_x	尚存人数 l_x	死亡人数 d_x	平均生存人年数 L_x	总人年数 T_x	平均预期寿命 e_x^o
0	0.09601	0.09161	100 000	9 161	93 892	6 079 944	60.79
1	0.01272	0.01264	90 839	1 148	90 265	5 986 052	65.89
2	0.00793	0.00790	89 691	708	89 337	5 895 787	65.73
3	0.00525	0.00524	88 983	466	88 750	5 806 450	65.25
4	0.00380	0.00379	88 517	335	88 349	5 717 700	64.59
5	0.00237	0.00237	88 182	208	88 078	5 629 351	63.83
6	0.00191	0.00191	87 974	168	87 890	5 541 273	62.98
7	0.00180	0.00180	87 806	158	87 727	5 453 383	62.10
8	0.00111	0.00111	87 648	97	87 599	5 363 656	61.21
9	0.00108	0.00108	87 551	94	87 504	5 278 057	60.28
10	0.00103	0.00103	87 457	90	87 412	5 190 550	59.34
11	0.00104	0.00104	87 367	90	87 322	5 103 141	58.41
12	0.00107	0.00107	87 277	93	87 230	5 015 819	57.47
13	0.00112	0.00112	87 184	97	87 135	4 928 589	56.53
14	0.00118	0.00118	87 087	102	87 030	4 841 454	55.59
15	0.00128	0.00128	86 985	111	86 929	4 754 418	54.65
16	0.00160	0.00160	86 874	138	86 805	4 667 489	53.72
17	0.00156	0.00156	86 736	135	86 668	4 580 684	52.81
18	0.00171	0.00171	86 661	148	86 527	4 494 016	51.89
19	0.00217	0.00217	86 453	187	86 359	4 407 489	50.98
20	0.00225	0.00225	86 266	194	86 169	4 321 130	50.09
21	0.00196	0.00196	86 072	168	85 988	4 234 961	49.20
22	0.00207	0.00207	85 904	177	85 815	4 148 973	48.29
23	0.00178	0.00178	85 727	152	85 651	4 063 158	47.39
24	0.00183	0.00183	85 575	156	85 497	3 977 507	46.47
25	0.00240	0.00240	85 419	205	85 316	3 892 010	45.56
26	0.00230	0.00230	85 215	195	85 116	3 806 694	44.67
27	0.00213	0.00213	85 019	181	84 928	3 721 578	43.77
28	0.00198	0.00198	84 838	167	84 754	3 636 650	42.86
29	0.00218	0.00218	84 671	184	84 579	3 551 896	41.94
30	0.00208	0.00208	84 487	175	84 399	3 467 317	41.03
31	0.00256	0.00256	84 312	215	84 204	3 382 918	40.12
32	0.00303	0.00303	84 097	254	83 970	3 298 714	39.22
33	0.00255	0.00255	83 843	213	83 736	3 214 744	38.34
34	0.00229	0.00229	83 630	191	83 534	3 131 008	37.43
35	0.00273	0.00273	83 439	227	83 325	3 047 474	36.52
36	0.00312	0.00312	83 212	259	83 082	2 964 149	35.62
37	0.00318	0.00317	82 953	262	82 822	2 881 067	34.73
38	0.00349	0.00348	82 691	287	82 547	2 798 245	33.83
39	0.00329	0.00327	82 404	269	28 269	2 715 698	32.95
40	0.00362	0.00361	82 135	296	81 987	2 633 429	32.06
41	0.00379	0.00378	81 839	309	81 684	2 551 442	31.17
42	0.00385	0.00384	81 530	313	81 373	2 469 758	30.29
43	0.00442	0.00441	81 217	358	81 038	2 388 385	29.40
44	0.00422	0.00421	80 859	340	80 689	2 307 347	28.53
45	0.00495	0.00494	80 519	397	80 320	2 226 658	27.65

表28　　　　　　　　　　　　　　　　　　　　　　　　　　　　　　（续完）

年龄	死亡率 m_x	死亡概率 q_x	尚存人数 l_x	死亡人数 d_x	平均生存人年数 L_x	总人年数 T_x	平均预期寿命 e_x^o
46	0.00487	0.00486	80 122	389	79 927	2 146 338	26.78
47	0.00559	0.00557	79 733	444	79 511	2 066 411	25.91
48	0.00680	0.00678	79 289	537	79 020	1 986 900	25.05
49	0.00677	0.00675	78 752	531	78 486	1 907 880	24.22
50	0.00773	0.00770	78 221	602	77 920	1 829 394	23.38
51	0.00930	0.00926	77 619	718	77 260	1 751 474	22.56
52	0.00945	0.00941	76 901	723	76 539	1 674 214	21.77
53	0 00987	0.00982	76 178	748	75 804	1 597 675	20.97
54	0.01120	0.01114	75 430	840	75 010	1 521 871	20.17
55	0.01328	0.01319	74 590	983	74 098	1 446 861	19.36
56	0.01301	0.01293	73 607	951	73 131	1 372 763	18.64
57	0.01502	0.01491	72 656	1 083	72 114	1 299 632	17.88
58	0.01601	0.01588	71 573	1 136	71 005	1 227 518	17.15
59	0.01756	0.01741	70 437	1 226	69 824	1 156 513	16.41
60	0.02167	0.02144	69 211	1 483	68 469	1 086 689	15.70
61	0.02295	0.02269	67 728	1 536	66 960	1 018 220	15.03
62	0.02647	0.02612	66 192	1 728	65 328	951 260	14.37
63	0.02583	0.02550	64 464	1 643	63 642	885 932	13.74
64	0.02918	0.02876	62 821	1 806	61 918	822 290	13.08
65	0.03078	0.03031	61 015	1 849	60 090	760 372	12.46
66	0.03611	0.03547	59 166	2 098	58 117	700 282	11.83
67	0.04052	0.03972	57 068	2 266	55 935	642 165	11.25
68	0.04597	0.04494	54 802	2 462	53 571	586 230	10.69
69	0.04052	0.03972	52 340	2 078	51 301	532 659	10.17
70	0.05161	0.05031	50 262	2 528	48 998	481 358	9.57
71	0.06169	0.05984	47 734	2 856	46 306	432 360	9.05
72	0.06960	0.06726	44 878	3 018	43 369	386 054	8.60
73	0.06946	0.06713	41 860	2 810	40 455	342 685	8.18
74	0.07877	0.07579	39 050	2 959	37 570	302 230	7.73
75	0.07837	0.07541	36 091	2 721	34 730	264 660	7.33
76	0.08813	0.08441	33 370	2 816	31 962	229 930	6.89
77	0.08707	0.08344	30 554	2 549	29 279	197 968	6.47
78	0.10966	0.10396	28 005	2 911	26 549	168 689	6.02
79	0.12532	0.11793	25 094	2 959	23 614	142 140	5.66
80	0.13832	0.12937	22 135	2 863	20 703	118 526	5.35
81	0.15578	0.14452	19 272	2 785	17 879	97 823	5.07
82	0.18291	0.16758	16 487	2 762	15 106	79 944	4.84
83	0.17176	0.15818	13 725	2 171	12 639	64 838	4.72
84	0.17863	0.16398	11 554	1 894	10 607	52 199	4.51
85	0.18766	0.17156	9 660	1 657	8 831	41 592	4.30
86	0.20915	0.18935	8 003	1 515	7 245	32 761	4.09
87	0.15985	0.14802	6 488	960	6 008	25 516	3.93
88	0.18717	0.17115	5 528	946	5 055	19 508	3.52
89	0.21986	0.19808	4 582	907	4 128	14 453	3.15
90+	0.19534	1.00000	3 675	3 675	10 325	10 325	2.80

表29　　**1981年宁夏回族自治区人口寿命表**

年龄	死亡率 m_x	死亡概率 q_x	尚存人数 l_x	死亡人数 d_x	平均生存人年数 L_x	总人年数 T_x	平均预期寿命 e_x^o
0	0.06192	0.06006	100 000	6 006	95 995	6 551 567	65.51
1	0.01118	0.01107	93 994	1 040	93 474	6 455 572	68.68
2	0.00584	0.00582	92 954	633	92 637	6 352 098	68.44
3	0.00379	0.00378	92 321	348	92 147	6 269 461	67.90
4	0.00256	0.00256	91 973	235	91 855	6 177 314	67.16
5	0.00199	0.00199	91 738	182	91 647	6 085 459	66.33
6	0.00151	0.00151	91 556	138	91 487	5 993 812	65.46
7	0.00106	0.00106	91 418	96	91 370	5 902 325	64.56
8	0.00094	0.00094	91 322	85	91 279	5 810 955	63.63
9	0.00067	0.00067	91 237	61	91 206	5 719 676	62.69
10	0.00080	0.00080	91 176	72	91 140	5 628 470	61.73
11	0.00074	0.00074	91 104	67	91 070	5 537 330	60.78
12	0.00065	0.00065	91 037	59	91 007	5 446 260	58.82
13	0.00056	0.00056	90 978	50	90 953	5 355 253	58.86
14	0.00068	0.00068	90 928	61	90 897	5 254 300	57.89
15	0.00093	0.00093	90 867	84	90 285	5 173 403	56.93
16	0.00088	0.00088	90 783	79	90 743	5 082 578	55.98
17	0.00102	0.00102	90 704	92	90 658	4 991 835	55.03
18	0.00099	0.00099	90 612	89	90 567	4 901 177	54.08
19	0.00133	0.00133	90 523	120	90 463	4 810 610	53.14
20	0.00137	0.00137	90 403	123	90 341	4 720 147	52.21
21	0.00132	0.00132	90 280	119	90 220	4 629 806	51.28
22	0.00153	0.00153	90 161	137	90 092	4 539 586	50.34
23	0.00141	0.00141	90 024	125	89 961	4 449 494	49.42
24	0.00173	0.00173	89 898	155	89 820	4 359 533	48.49
25	0.00149	0.00149	89 743	133	89 576	4 269 713	47.57
26	0.00135	0.00135	89 610	120	89 550	4 180 037	46.64
27	0.00142	0.00135	89 490	127	89 426	4 090 487	45.70
28	0.00144	0.00144	89 363	128	89 299	4 001 061	44.77
29	0.00145	0.00145	89 235	129	89 170	3 911 762	43.83
30	0.00167	0.00167	89 106	148	89 032	3 822 592	42.89
31	0.00150	0.00150	88 958	133	88 891	3 733 550	41.96
32	0.00152	0.00152	88 825	135	88 757	3 644 659	41.03
33	0.00148	0.00148	88 690	131	88 624	3 565 912	40.09
34	0.00192	0.00192	88 559	170	88 474	3 467 288	39.15
35	0.00244	0.00244	88 389	215	88 281	3 378 814	38.22
36	0.00182	0.00182	88 174	160	88 094	3 290 533	37.31
37	0.00195	0.00195	88 014	171	87 928	3 203 439	36.38
38	0.00228	0.00228	87 843	200	87 743	3 114 511	35.45
39	0.00266	0.00266	87 643	233	87 526	3 026 768	34.53
40	0.00224	0.00224	87 410	195	87 312	2 939 242	33.62
41	0.00255	0.00255	87 215	222	87 104	2 851 930	32.69
42	0.00279	0.00279	86 993	242	86 872	2 764 826	31.78
43	0.00336	0.00335	86 751	290	86 606	2 577 954	30.86
44	0.00337	0.00336	86 461	290	86 316	2 591 348	29.97
45	0.00364	0.00363	86 171	312	86 015	2 505 032	29.07

表29　1981年宁夏回族自治区人口寿命表　（续完）

年龄	死亡率 m_x	死亡概率 q_x	尚存人数 l_x	死亡人数 d_x	平均生存人年数 L_x	总人年数 T_x	平均预期寿命 e_x^o
46	0.00396	0.00395	85 959	339	85 689	2 419 017	28.17
47	0.00460	0.00450	85 520	392	85 324	2 333 328	27.28
48	0.00512	0.00511	85 128	435	84 919	2 248 004	26.40
49	0.00467	0.00466	84 593	394	84 496	2 163 094	25.54
50	0.00491	0.00490	84 299	413	84 092	2 078 598	24.65
51	0.00710	0.00707	83 886	593	83 589	1 994 506	23.77
52	0.00795	0.00792	83 293	559	82 963	1 910 917	22.94
53	0.00843	0.00839	82 634	593	82 287	1 827 954	22.12
54	0.00872	0.00868	81 941	711	81 585	1 745 667	21.30
55	0.01076	0.01070	81 230	869	80 795	1 664 082	20.48
56	0.01082	0.01076	80 361	864	79 929	1 583 287	19.70
57	0.01119	0.01113	79 497	884	79 055	1 503 358	18.91
58	0.01342	0.01333	78 613	1 047	78 089	1 424 303	18.11
59	0.01457	0.01446	77 566	1 121	77 005	1 346 214	17.35
60	0.01678	0.01664	76 445	1 272	75 809	1 269 209	16.60
61	0.01656	0.01642	75 173	1 234	74 556	1 193 400	15.87
62	0.02023	0.02008	73 939	1 480	73 199	1 118 844	15.13
63	0.02490	0.02459	72 459	1 781	71 568	1 045 545	14.43
64	0.02355	0.02328	70 678	1 645	69 865	974 077	13.78
65	0.02767	0.02729	69 033	1 883	68 091	904 222	13.09
66	0.02652	0.02617	67 150	1 757	66 271	836 131	12.45
67	0.03365	0.03309	65 393	2 163	64 311	769 860	11.77
68	0.03279	0.03226	63 230	2 039	62 210	705 549	11.15
69	0.04291	0.04201	61 191	2 570	59 906	633 339	10.51
70	0.04397	0.04302	58 621	2 521	57 360	583 433	9.95
71	0.05219	0.05086	56 100	2 853	54 673	526 073	9.37
72	0.06504	0.06393	53 247	3 404	51 545	471 400	8.85
73	0.06848	0.06621	49 843	3 300	48 193	419 855	8.42
74	0.07474	0.07205	46 543	3 353	44 866	371 662	7.98
75	0.07329	0.07070	43 190	3 053	41 653	326 796	7.56
76	0.08133	0.07815	40 137	3 136	38 569	286 133	7.10
77	0.09176	0.08773	37 001	3 246	35 378	246 564	6.66
78	0.10050	0.09569	33 755	3 230	32 140	211 186	6.25
79	0.11174	0.10583	30 525	3 280	28 910	179 046	5.86
80	0.13502	0.12648	27 295	3 452	25 569	150 136	5.50
81	0.14023	0.13104	23 843	3 124	22 281	124 567	5.22
82	0.13425	0.12581	20 719	2 606	19 416	102 286	4.93
83	0.18571	0.17077	18 113	3 093	16 566	82 870	4.57
84	0.17953	0.15474	15 020	2 474	13 783	66 304	4.41
85	0.17269	0.15896	12 546	1 994	11 549	52 521	4.18
86	0.22043	0.19855	10 552	2 095	9 504	40 972	3.88
87	0.18357	0.16822	8 457	1 422	7 746	31 468	3.72
88	0.23077	0.20590	7 035	1 455	6 307	23 722	3.37
89	0.17877	0.15410	5 580	915	5 122	17 415	3.12
90+	0.20952	1.00000	2 665	2 665	12 293	12 293	2.63

表30　　1981年新疆维吾尔自治区人口寿命表

年龄	死亡率 m_x	死亡概率 q_x	尚存人数 l_x	死亡人数 d_x	平均生存人年数 L_x	总人年数 T_x	平均预期寿命 e_x^o
0	0.12983	0.12192	100 000	12 192	91 871	6 000 024	60.00
1	0.03281	0.03228	87 808	2 834	86 391	5 908 153	67.28
2	0.01513	0.01502	84 974	1 276	84 336	5 821 762	68.51
3	0.00637	0.00635	83 698	531	83 432	5 737 426	68.54
4	0.00304	0.00304	83 167	252	83 041	5 653 994	67.98
5	0.00201	0.00201	92 915	166	82 832	5 570 953	67.18
6	0.00154	0.00154	92 749	127	82 685	5 488 121	66.32
7	0.00120	0.00120	92 622	99	82 572	5 405 436	65.42
8	0.00103	0.00103	92 523	84	82 481	5 322 864	64.50
9	0.00089	0.00089	92 439	73	82 402	5 240 383	63.56
10	0.00095	0.00095	92 366	78	82 327	5 157 981	62.62
11	0.00080	0.00080	92 288	65	82 255	5 075 654	61.68
12	0.00095	0.00095	92 223	78	82 184	4 993 399	60.72
13	0.00091	0.00091	92 145	74	82 108	4 911 215	59.78
14	0.00100	0.00100	92 071	82	82 030	4 829 107	58.84
15	0.00101	0.00101	91 989	82	81 948	4 747 077	57.89
16	0.00113	0.00113	91 907	92	81 861	4 665 129	56.95
17	0.00118	0.00118	91 815	96	81 767	4 583 268	56.01
18	0.00166	0.00166	91 719	135	81 651	4 501 501	55.08
19	0.00142	0.00142	91 584	115	81 526	4 419 850	54.47
20	0.00223	0.00223	91 469	181	81 378	4 338 324	53.25
21	0.00168	0.00168	91 288	136	81 220	4 256 946	52.36
22	0.00186	0.00186	91 152	150	81 017	4 175 726	51.45
23	0.00156	0.00156	91 002	126	80 930	4 094 649	50.54
24	0.00166	0.00166	80 876	134	80 809	4 013 710	49.62
25	0.00221	0.00221	80 742	148	80 653	3 932 901	48.70
26	0.00187	0.00187	80 564	150	80 489	3 852 248	47.81
27	0.00176	0.00176	80 414	141	80 343	3 771 759	46.90
28	0.00209	0.00209	80 273	167	80 189	3 691 416	45.98
29	0.00113	0.00113	80 106	90	80 061	3 611 227	45.08
30	0.00290	0.00290	80 016	232	79 900	3 531 166	44.13
31	0.00170	0.00170	79 784	135	79 716	3 453 266	43.25
32	0.00214	0.00214	79 649	170	79 564	3 371 550	42.33
33	0.00201	0.00201	79 479	159	79 399	3 291 986	41.41
34	0.00161	0.00161	79 320	127	79 256	3 212 587	40.50
35	0.00308	0.00308	79 103	243	79 071	3 133 331	39.56
36	0.00262	0.00262	78 950	206	78 847	3 054 260	38.68
37	0.00233	0.00233	78 744	183	78 652	2 975 413	37.78
38	0.00284	0.00284	78 561	223	78 449	2 896 761	36.87
39	0.00192	0.00192	78 338	150	78 263	2 818 312	35.97
40	0.00401	0.00400	78 188	359	78 008	2 740 049	35.04
41	0.00263	0.00263	77 829	204	77 727	2 662 041	34.20
42	0.00375	0.00374	77 625	290	77 480	2 584 314	33.29
43	0.00365	0.00364	77 335	231	77 194	2 506 834	32.41
44	0.00309	0.00309	77 054	238	76 925	2 429 640	31.53
45	0.00652	0.00650	76 816	499	76 566	2 352 705	30.62

表30　　　　　　　　　　　　　　　　　　　　　　　　　　　（续完）

年龄	死亡率 m_x	死亡概率 q_x	尚存人数 l_x	死亡人数 d_x	平均生存人年数 L_x	总人年数 T_x	平均预期寿命 e_x^o
46	0.00460	0.00459	76 317	350	76 142	2 276 139	29.82
47	0.00440	0.00439	75 967	333	75 800	2 199 997	28.95
48	0.00667	0.00665	75 634	502	75 383	2 124 197	28.08
49	0.00364	0.00363	75 132	272	74 996	2 048 814	27.26
50	0.01178	0.01171	74 800	876	74 422	1 973 818	26.36
51	0.00705	0.00703	73 964	520	73 724	1 899 396	25.67
52	0.00901	0.00897	73 464	658	73 135	1 825 672	24.85
53	0.00928	0.00924	72 806	672	72 470	1 752 537	24.07
54	0.00742	0.00739	72 134	533	71 867	1 680 067	23.29
55	0.01425	0.01415	71 601	1 013	71 094	1 608 200	22.46
56	0.01183	0.01176	70 588	830	70 173	1 537 106	21.77
57	0.01118	0.01112	69 758	775	69 370	1 466 933	21.02
58	0.01451	0.01441	68 983	994	68 486	1 397 563	20.25
59	0.00745	0.00742	67 989	504	67 737	1 329 077	19.54
60	0.03573	0.03510	67 485	2 368	66 301	1 261 340	18.69
61	0.01637	0.01627	65 117	1 057	64 588	1 195 039	18.35
62	0.02170	0.02147	64 060	1 375	63 372	1 130 451	17.64
63	0.02249	0.02224	62 685	1 394	61 988	1 067 079	17.02
64	0.01697	0.01683	61 291	1 031	60 775	1 005 091	16.39
65	0.03370	0.03314	60 260	1 997	59 261	944 316	15.67
66	0.02432	0.02403	58 763	1 400	57 563	885 055	15.19
67	0.02530	0.02498	56 863	1 420	56 153	827 492	14.55
68	0.03248	0.03195	55 443	1 771	54 557	771 339	13.91
69	0.01599	0.01586	53 672	851	53 246	716 782	13.35
70	0.08684	0.08323	52 821	4 396	50 623	663 536	12.56
71	0.03580	0.03517	48 425	1 703	47 573	612 913	12.16
72	0.05879	0.05238	46 722	2 447	45 498	565 340	12.10
73	0.04994	0.04872	44 275	2 157	43 196	519 842	11.74
74	0.03085	0.03038	42 118	1 279	41 478	476 646	11.31
75	0.07738	0.07450	40 839	3 042	39 318	435 168	10.65
76	0.06035	0.05839	37 797	2 206	36 694	395 850	10.47
77	0.04599	0.04496	35 591	1 600	34 791	359 156	10.09
78	0.07711	0.07425	33 991	2 523	32 729	324 365	9.54
79	0.02515	0.02484	31 468	781	31 077	291 636	9.26
80	0.17603	0.16179	30 687	4 964	28 208	260 559	8.49
81	0.06597	0.06386	25 723	1 642	24 902	232 354	9.03
82	0.10816	0.10031	24 081	2 427	22 867	207 452	8.61
83	0.08428	0.08087	21 654	1 751	20 778	184 585	8.52
84	0.05193	0.05062	19 903	1 007	19 399	163 807	8.23
85	0.11711	0.11063	18 896	2 090	17 851	144 408	7.64
86	0.08055	0.07743	16 806	1 301	16 155	126 557	7.53
87	0.08452	0.08109	15 505	1 257	14 876	110 402	7.12
88	0.08359	0.08024	14 248	1 143	13 676	95 526	6.70
89	0.02095	0.02073	13 105	271	12 969	81 850	6.24
90+	0.09771	1.00000	12 834	12 834	68 881	68 881	5.36

第 Ⅳ 部分

人 口 统 计

一、户数、人口数

表1 全国历年户数、人口数

年 份	户 数（万户）	人 口 数 （万人）		
		合 计	男	女
1949		54 167	28 145	26 022
1950		55 196	28 669	26 527
1951		56 300	29 231	27 069
1952		57 482	29 833	27 649
1953	13 579	58 796	30 468	28 328
1954	13 553	60 266	31 242	29 024
1955	13 754	61 465	31 809	29 656
1956	14 048	62 828	32 536	30 292
1957	14 431	64 653	33 469	31 184
1958	14 420	65 994	34 195	31 799
1959	14 661	67 207	34 890	32 317
1960	14 699	66 207	34 283	31 924
1961	15 307	65 859	33 880	31 979
1962	15 533	67 295	34 517	32 778
1963	15 637	69 172	35 533	33 639
1964	15 759	70 499	36 142	34 359
1965	15 953	72 538	37 128	35 410
1966	16 098	74 542	38 189	36 353
1967	16 341	76 368	39 115	37 253
1968	16 671	78 534	40 226	38 308
1969	17 072	80 671	41 289	39 382
1970	17 515	82 992	42 686	40 306
1971	17 962	85 229	43 819	41 410
1972	18 221	87 177	44 813	42 364
1973	18 555	89 211	45 876	43 335
1974	18 906	90 859	46 727	44 132
1975	19 311	92 420	47 564	44 856
1976	19 787	93 717	48 257	45 460
1977	20 235	94 974	48 908	46 066
1978	20 648	96 259	49 567	46 692
1979	20 986	97 252	50 192	47 350
1980	21 396	98 705	50 785	47 920
1981	22 056	100 072	51 519	48 553
1982	21 953	101 541	52 310	49 231
1983	23 001	102 495	52 865	49 630
1984	23 476	103 475	53 422	50 053
1985	24 112	104 532	54 012	50 520
1986	24 927	105 721	54 605	51 116
1987	25 834	108 073	55 658	52 415

注：本表各年人口包括大陆29个省、自治区、直辖市和现役军人数字。

表2 **1987年各省、自治区、直辖市户数、人口数**

地　　区	户 数（户）	人口数（人） 合计	男	女	人/户	性别比（女=100）
华 北 区						
北京市	2 994 089	9 926 150	5 063 736	4 862 414	3.32	104.14
天津市	2 308 645	8 324 515	4 241 574	4 082 941	3.61	103.89
河北省	14 220 198	56 957 951	29 285 797	27 672 154	4.01	105.83
山西省	6 687 083	26 908 122	14 111 645	12 796 477	4.02	110.28
内蒙古自治区	4 868 729	20 535 985	10 737 778	9 798 207	4.22	109.59
东 北 区						
辽宁省	10 118 461	37 773 636	19 304 474	18 469 162	3.73	104.52
吉林省	5 726 739	23 363 983	11 968 943	11 395 040	4.08	105.04
黑龙江省	8 102 864	33 639 815	17 222 960	16 416 855	4.15	104.91
华 东 区						
上海市	3 801 850	12 495 087	6 287 744	6 207 343	3.29	101.30
江苏省	17 236 785	63 480 088	32 417 148	31 062 940	3.68	104.36
浙江省	11 672 963	41 211 921	21 373 805	19 838 116	3.53	107.74
安徽省	12 783 857	52 866 217	27 499 888	25 366 329	4.14	108.41
福建省	6 111 768	28 005 196	14 471 757	13 533 439	4.58	106.93
江西省	7 562 209	35 589 531	18 422 715	17 166 816	4.71	107.32
山东省	19 603 742	78 894 784	40 291 936	38 602 848	4.02	104.38
中 南 区						
河南省	17 796 619	79 334 734	40 737 930	38 596 804	4.46	105.55
湖北省	12 111 832	50 580 806	26 086 909	24 493 897	4.18	106.50
湖南省	14 858 500	57 826 065	30 125 904	27 700 161	3.89	108.76
广东省	14 154 444	64 472 237	33 213 174	31 259 063	4.55	106.25
广西壮族自治区	8 076 349	40 163 961	20 820 489	19 343 472	4.97	107.64
西 南 区						
四川省	26 789 893	104 583 717	54 138 432	50 445 285	3.90	107.32
贵州省	6 617 388	30 513 897	15 653 665	14 860 232	4.61	105.34
云南省	7 214 588	35 129 988	17 869 363	17 260 625	4.87	103.53
西藏自治区	362 778	2 079 499	1 023 122	1 056 377	5.73	96.85
西 北 区						
陕西省	7 237 946	30 881 941	16 125 687	14 756 254	4.27	109.28
甘肃省	4 385 380	21 034 099	10 870 429	10 163 670	4.80	106.95
青海省	834 970	4 175 345	2 138 319	2 037 026	5.00	104.97
宁夏回族自治区	879 620	4 351 553	2 245 877	2 105 676	4.95	106.66
新疆维吾尔自治区	3 221 086	14 063 267	7 197 704	6 865 563	4.37	104.84

表3　　台湾、香港、澳门历年人口数　　（万人）

年　份	台湾人口	香港、澳门人口
1949	739	186
1950	755	236
1951	787	206
1952	813	213
1953	844	224
1954	875	237
1955	908	249
1956	939	262
1957	969	274
1958	1 004	285
1959	1 043	297
1960	1 079	308
1961	1 115	318
1962	1 151	341
1963	1 188	359
1964	1 226	387
1965	1 263	369
1966	1 299	373
1967	1 330	383
1968	1 365	392
1969	1 433	399
1970	1 468	409
1971	1 499	405
1972	1 529	408
1973	1 556	416
1974	1 585	425
1975	1 615	437
1976	1 651	444
1977	1 681	451
1978	1 714	472
1979	1 748	490
1980	1 781	514
1981	1 814	526
1982	1 846	538
1983	1 873	520
1984	1 899	536
1985	1 923	586
1986	1 945	595
1987	1 967	604

资料来源：台湾《统计月报》、《联合国人口年鉴》、《联合国统计月报》。

二、城乡人口

表4　全国历年城乡人口数*　（万人）

年　份	全国人口数	市　镇		乡　村	
		人口数	%	人口数	%
1949	54 167	5 765	10.6	48 402	89.4
1950	55 196	6 169	11.2	49 027	88.8
1951	56 300	6 632	11.8	49 668	88.2
1952	57 482	7 163	12.5	50 319	87.5
1953	58 796	7 826	13.3	50 970	86.7
1954	60 266	8 249	13.7	52 017	86.3
1955	61 465	8 285	13.5	53 180	86.5
1956	62 828	9 185	14.6	53 643	85.4
1957	64 653	9 949	15.4	54 704	84.6
1958	65 994	10 721	16.2	55 273	83.8
1959	67 207	12 371	18.4	54 836	81.6
1960	66 207	13 073	19.7	53 134	80.3
1961	65 859	12 707	19.3	53 152	80.7
1962	67 295	11 659	17.3	55 636	82.7
1963	69 172	11 646	16.8	57 526	83.2
1964	70 499	12 950	18.4	57 549	81.6
1965	72 538	13 045	18.0	59 493	82.0
1966	74 542	13 313	17.9	61 229	82.1
1967	76 368	13 548	17.7	62 820	82.3
1968	78 534	13 838	17.6	64 896	82.4
1969	80 671	14 117	17.5	66 554	82.5
1970	82 992	14 424	17.4	68 568	82.6
1971	85 229	14 711	17.3	70 518	82.7
1972	87 177	14 935	17.1	72 242	82.9
1973	89 211	15 345	17.2	73 866	82.8
1974	90 859	15 595	17.2	75 264	82.8
1975	92 420	16 030	17.3	76 390	82.7
1976	93 717	16 341	17.4	77 376	82.6
1977	94 974	16 669	17.6	78 305	82.4
1978	96 259	17 245	17.9	79 014	82.1
1979	97 542	18 495	19.0	79 047	81.0
1980	98 705	19 140	19.4	79 565	80.6
1981	100 072	20 171	20.2	79 901	79.8
1982	101 514	21 154	20.8	80 387	79.2
1983	102 495	24 126	23.5	78 369	76.5
1984	103 475	33 006	31.9	70 469	68.1
1985	104 537	38 244	36.6	66 288	63.4
1986	105 721	43 753	41.4	61 968	58.6
1987	108 073	50 362	46.6	57 711	53.4

* 不包含台湾省。

表5　　1987年各省、自治区、直辖市市镇人口数　　（人）

地　区	市镇		市		镇	
	人口数	其中：非农业人口	人口数	其中：非农业人口	人口数	其中：非农业人口
华 北 区						
北京市	7 189 821	5 842 131	6 710 344	5 468 540	479 477	373 591
天津市	5 939 833	4 473 162	5 543 775	4 314 271	396 058	158 891
河北省	21 019 480	7 303 677	11 069 556	5 487 038	9 949 924	1 816 639
山西省	15 383 276	5 369 677	6 658 724	3 564 233	8 724 552	1 805 444
内蒙古自治区	9 885 621	5 629 297	5 953 909	3 677 752	3 931 712	1 951 545
东 北 区						
辽宁省	26 804 166	14 945 922	18 322 588	12 456 531	8 481 578	2 489 391
吉林省	15 976 246	8 420 441	9 011 940	5 332 028	6 964 306	3 088 413
黑龙江省	21 452 068	12 660 297	12 469 513	8 420 850	8 982 555	4 239 447
华 东 区						
上海市	7 988 685	7 679 995	7 217 737	7 111 295	770 948	568 700
江苏省	28 812 867	10 311 593	18 036 502	7 416 910	10 776 365	2 894 683
浙江省	21 271 193	6 149 398	12 455 706	3 784 257	8 815 487	2 365 141
安徽省	16 555 490	6 791 461	8 663 352	4 147 201	7 892 138	2 644 260
福建省	12 749 234	4 072 271	4 459 425	2 233 380	8 289 809	1 838 891
江西省	11 159 416	5 349 913	6 148 792	2 946 904	5 010 624	2 403 009
山东省	46 739 559	9 557 398	2 458 869	6 696 047	22 150 690	2 861 351
中 南 区						
河南省	19 847 249	8 078 276	8 349 750	5 301 490	11 497 499	2 776 786
湖北省	36 269 951	10 192 920	20 227 119	7 036 795	16 042 832	3 156 125
湖南省	22 573 671	7 373 044	12 319 036	4 592 046	10 254 635	2 780 998
广东省	55 509 425	13 603 981	12 547 688	6 510 601	42 961 737	7 093 380
广西壮族自治区	15 292 242	4 172 781	5 623 940	2 324 658	9 668 302	1 848 123
西 南 区						
四川省	29 468 059	12 353 963	16 028 730	7 248 439	13 439 329	5 105 524
贵州省	9 354 952	3 205 844	5 268 838	1 993 381	4 086 114	1 212 463
云南省	9 904 828	3 486 131	5 586 801	2 053 702	4 318 027	1 432 429
西藏自治区	263 496	185 255	191 526	126 310	71 970	58 945
西 北 区						
陕西省	12 444 447	5 085 593	5 773 287	3 158 791	6 671 160	1 926 802
甘肃省	8 481 588	3 121 069	5 562 217	2 319 592	2 919 371	801 477
青海省	1 431 510	990 187	684 732	582 121	746 778	408 066
宁夏回族自治区	1 703 867	897 423	1 133 898	657 451	569 969	239 972
新疆维吾尔自治区	6 298 721	3 866 590	4 505 975	2 780 939	1 792 746	1 085 651

表6　　全国历年非农业、农业人口数*　　（万人）

年份	全国人口数	非农业		农业	
		人口数	%	人口数	%
1949	54 167	9 441	17.4	44 726	82.6
1950	55 196	9 137	16.6	46 059	83.4
1951	56 300	8 674	15.4	47 626	84.6
1952	57 482	8 291	14.4	49 191	85.6
1953	58 796	8 729	14.8	50 067	85.2
1954	60 266	9 229	15.3	51 037	84.7
1955	61 465	9 335	15.2	52 130	84.8
1956	62 828	10 002	15.9	52 826	84.1
1957	64 653	10 618	16.4	54 035	83.6
1958	65 994	12 210	18.5	53 784	81.5
1959	67 207	13 567	20.2	23 640	79.8
1960	66 207	13 731	20.7	52 476	79.3
1961	65 859	12 415	18.9	53 444	81.1
1962	67 295	11 271	16.7	56 024	83.3
1963	69 172	11 584	16.7	57 588	83.3
1964	70 499	11 677	16.6	58 822	83.4
1965	72 538	12 122	16.7	60 416	83.3
1966	74 542	12 340	16.6	62 202	83.4
1967	76 368	12 637	16.5	63 731	83.5
1968	78 534	12 554	16.0	65 980	84.0
1969	80 671	12 403	15.4	68 262	84.6
1970	82 992	12 660	15.3	70 332	84.7
1971	85 229	13 350	15.7	71 879	84.3
1972	87 177	13 632	15.6	73 545	84.4
1973	89 211	13 992	15.7	75 219	84.3
1974	90 859	14 079	15.5	76 780	84.5
1675	92 420	14 278	15.4	78 142	84.6
1976	93 717	14 517	15.5	79 200	84.5
1977	94 974	14 674	15.5	80 280	84.5
1978	96 259	15 230	15.8	81 029	84.2
1979	97 542	16 186	15.6	81 356	83.4
1980	98 705	16 800	17.0	81 905	83.0
1981	100 072	17 413	17.4	82 659	82.6
1982	101 541	17 910	17.6	83 631	82.4
1983	102 495	18 378	17.9	84 117	82.1
1984	103 475	19 686	19.0	83 789	81.0
1985	104 532	21 054	20.1	83 478	79.9
1986	105 721	20 902	19.8	84 819	80.2
1987	108 073	21 592	20.0	85 648	80.0

* 不包含台湾省。

表7　　1987年各省、自治区、直辖市非农业人口、农业人口数　　（人）

地　　区	总人口数	非农业		农业	
		人口数	%	人口数	%
华北区					
北京市	9 926 150	6 011 720	60.56	3 914 430	39.44
天津市	8 324 515	4 563 536	54.82	3 760 979	45.18
河北省	56 957 951	8 122 861	14.26	48 835 090	85.74
山西省	26 908 122	5 722 564	21.27	21 185 558	78.73
内蒙古自治区	20 535 985	6 059 386	29.51	14 476 599	70.49
东北区					
辽宁省	37 773 636	15 521 703	41.09	22 251 933	58.91
吉林省	23 363 983	8 835 237	37.82	14 528 746	62.18
黑龙江省	33 639 815	13 916 419	41.37	19 723 396	58.63
华东区					
上海市	12 495 087	8 223 072	65.81	4 272 015	34.19
江苏省	63 480 088	11 752 643	18.51	51 727 445	81.49
浙江省	41 211 921	6 660 513	16.16	34 551 408	83.84
安徽省	52 866 217	7 836 447	14.82	45 029 770	85.18
福建省	28 005 196	4 663 479	16.65	23 341 717	83.35
江西省	35 589 531	6 582 218	18.49	29 007 313	81.51
山东省	78 894 784	10 450 043	13.25	68 444 741	86.75
中南区					
河南省	79 334 734	9 630 458	12.14	69 704 276	87.86
湖北省	50 580 806	11 107 807	21.96	39 472 999	78.04
湖南省	57 826 065	8 431 488	14.58	49 394 577	85.42
广东省	64 472 237	14 315 030	22.20	50 157 207	77.80
广西壮族自治区	40 163 961	5 105 336	12.71	35 058 625	87.29
西南区					
四川省	104 583 717	15 204 810	14.54	89 378 907	85.46
贵州省	30 513 897	3 727 940	12.22	26 785 957	87.78
云南省	35 129 988	4 194 250	11.94	30 935 738	88.06
西藏自治区	2 079 499	292 940	14.09	1 786 559	85.91
西北区					
陕西省	30 881 941	5 577 314	18.06	25 304 627	81.94
甘肃省	21 034 099	3 364 046	15.99	17 670 053	84.01
青海省	4 175 345	1 213 791	29.07	2 961 554	70.93
宁夏回族自治区	4 351 553	973 703	22.38	3 377 850	77.62
新疆维吾尔自治区	14 063 267	4 621 976	32.87	9 441 291	67.13

三、人口自然变动

表8　　全国历年人口自然变动*　　（‰）

年份	出生率			死亡率			自然增长率		
	全国	市	县	全国	市	县	全国	市	县
1949	36.00			20.00			16.00		
1950	37.00			18.00			19.00		
1951	37.80			17.80			20.00		
1952	37.00			17.00			20.00		
1953	37.00			14.00			23.00		
1954	37.97	42.45	37.51	13.18	8.07	13.21	24.79	34.83	23.80
1955	32.60	40.67	31.74	12.28	9.30	12.60	20.32	31.37	19.14
1956	31.90	37.87	31.24	11.40	7.43	11.84	20.50	30.44	19.40
1957	34.03	44.48	32.81	10.80	8.47	11.07	23.23	36.01	21.74
1958	29.22	33.55	28.41	11.98	9.22	11.50	17.24	24.33	15.91
1959	24.78	29.43	23.78	14.59	10.92	14.61	10.19	18.51	9.17
1960	20.86	28.03	19.35	25.43	13.77	28.58	4.57	14.26	−9.23
1961	18.02	21.63	16.99	14.24	11.39	14.58	3.78	10.24	2.41
1962	37.01	35.46	37.27	10.02	8.28	10.32	26.99	27.18	26.95
1963	43.37	44.05	43.19	10.04	7.13	10.49	33.33	37.37	32.70
1964	39.14	32.17	40.27	10.50	7.27	12.17	27.64	24.90	28.10
1965	37.88	26.59	39.53	9.50	5.69	10.05	28.38	20.90	29.47
1966	35.05	20.85	36.71	8.83	5.59	9.47	26.22	15.26	27.24
1967	33.96			8.43			15.53		
1968	35.59			8.21			27.38		
1969	34.11			8.03			26.08		
1970	33.43			7.66			25.83		
1971	30.65	21.30	31.86	7.32	5.35	7.57	23.33	15.95	24.29
1972	29.77	19.30	31.19	7.61	5.29	7.93	22.16	14.01	23.26
1973	27.93	17.35	29.36	7.04	4.96	7.33	20.89	12.39	22.03
1974	24.82	14.50	26.23	7.34	5.24	7.63	17.48	9.26	18.60
1975	23.01	14.71	24.17	7.32	5.39	7.59	15.69	9.32	16.58
1976	19.91	13.12	20.85	7.25	6.60	7.35	12.66	6.52	13.50
1977	18.93	13.38	19.70	7.68	5.51	7.06	12.06	7.87	12.64
1978	18.25	13.56	18.91	6.25	5.12	6.42	12.00	8.44	12.49
1979	17.82	13.67	18.43	6.21	5.07	6.39	11.61	8.60	12.04
1980	18.21	14.17	18.82	6.34	5.48	6.47	11.87	8.69	12.35
1981	20.91	16.45	21.55	6.36	5.14	6.53	14.55	11.31	15.02
1982	21.09	18.24	21.97	6.60	5.28	7.00	14.49	12.96	14.97
1983	18.62	15.99	19.89	7.08	5.92	7.69	11.54	10.07	12.20
1984	17.50	15.00	17.90	6.69	5.86	6.73	10.81	9.14	11.17
1985	17.80	14.02	19.17	6.57	5.96	6.66	11.23	8.06	12.51
1986	20.77	17.39	21.94	6.69	5.75	6.74	14.08	11.64	15.20
1987	21.00	15.80	22.61	6.60	5.25	7.01	14.40	10.55	15.60

* 不包台含湾省。

表9　　1987年各省、自治区、直辖市人口自然变动　　(‰)

地　　区	出　生　率	死　亡　率	自然增长率
全国总计			
华北区			
北京市	21.40	5.37	16.03
天津市	18.98	5.60	13.38
河北省	15.56	5.56	10.00
山西省	15.32	5.87	9.45
内蒙古自治区	15.49	4.30	11.19
东北区			
辽宁省	17.26	5.27	11.99
吉林省	15.34	5.48	9.86
黑龙江省	14.04	4.24	9.80
华东区			
上海市	15.33	6.66	8.67
江苏省	15.42	5.79	9.63
浙江省	15.95	5.99	9.96
安徽省	15.45	5.01	10.44
福建省	21.24	5.32	15.92
江西省	14.24	5.42	8.82
山东省	17.43	5.64	11.79
中南区			
河南省	16.80	5.65	11.15
湖北省	16.28	6.42	9.86
湖南省	15.74	6.23	9.51
广东省	15.02	4.80	10.22
广西壮族自治区	17.32	5.05	12.27
西南区			
四川省	16.79	6.46	10.33
贵州省	16.93	6.51	10.42
云南省	18.71	6.10	12.61
西藏自治区	24.19	7.95	16.24
西北区			
陕西省	16.78	5.56	11.22
甘肃省	15.02	4.73	10.29
青海省	17.45	5.03	12.42
宁夏回族自治区	20.83	3.77	17.06
新疆维吾尔自治区	21.03	5.96	15.07

表10　　1987年各省、自治区、直辖市市人口自然变动　　（‰）

地　　区	出生率	死亡率	自然长增率
全国总计			
华北区			
北京市	15.40	5.08	10.32
天津市	14.87	5.33	9.54
河北省	14.70	4.92	9.78
山西省	15.69	4.83	10.86
内蒙古自治区	15.64	3.58	12.06
东北区			
辽宁省	17.13	5.04	12.09
吉林省	16.22	5.43	10.79
黑龙江省	14.99	4.57	10.42
华东区			
上海市	15.51	6.87	8.64
江苏省	15.36	5.92	9.44
浙江省	16.23	5.99	10.24
安徽省	14.72	4.53	10.19
福建省	18.88	5.28	13.60
江西省	15.33	5.35	9.98
山东省	17.27	5.39	11.88
中南区			
河南省	15.08	4.34	10.74
湖北省	15.80	5.93	9.87
湖南省	14.74	5.78	8.96
广东省	14.88	4.76	10.12
广西壮族自治区	17.38	4.54	12.84
西南区			
四川省	15.51	5.84	9.67
贵州省	16.49	5.80	10.69
云南省	15.02	5.20	9.82
西藏自治区	20.77	6.47	14.30
西北区			
陕西省	16.21	4.67	11.54
甘肃省	14.43	4.44	9.99
青海省	13.20	3.48	9.72
宁夏回族自治区	17.68	3.35	14.33
新疆维吾尔自治区	16.44	3.98	12.46

四、1987年313个城市人口数与自然变动

表11 1987年313个城市人口数与自然变动

城市名称	总人口数	其中:非农业人口数	出生		死亡		备注
			人数	‰	人数	‰	
北京市	6 710 344	5 468 540	102 450	15.40	33 612	5.01	
天津市	5 543 775	4 314 271	81 785	14.87	29 319	5.33	
石家庄市	1 218 738	986 879	17 823	14.82	4 576	3.81	
唐山市	1 435 585	979 742	23 683	16.65	6 709	4.72	
秦皇岛市	463 549	333 319	8 273	18.14	2 288	5.02	
邯郸市	1 027 814	778 074	13 634	13.35	4 265	4.18	
邢台市	371 810	282 641	6 922	18.90	1 579	4.31	1985年撤消，1961年恢复设市。
保定市	601 384	467 160	7 059	12.28	2 307	4.01	
张家口市	643 941	511 182	9 205	14.46	3 435	5.40	
承德市	342 471	238 550	4 865	14.31	1 574	4.63	
沧州市	310 137	218 925	5 054	16.50	1 179	3.85	
廊坊市	544 950	135 797	7 446	13.82	2 777	5.15	
衡水市	300 766	89 697	5 554	18.74	1 878	6.34	
泊头市	464 402	64 408	5 789	12.47	2 624	5.65	1958年撤消，1981年恢复设市。
太原市	1 975 957	1 479 713	33 585	17.20	8 262	4.23	
大同市	1 037 859	739 821	17 466	16.97	4 211	4.09	
阳泉市	524 404	334 315	7 602	14.61	2 614	5.02	
长治市	485 212	292 862	7 857	16.39	2 268	4.73	
晋城市	633 110	118 738	8 027	12.81	4 571	7.29	
忻州市	405 079	84 796	5 496	13.65	2 616	6.50	
榆次市	430 786	179 401	6 333	14.79	2 252	5.26	1963年撤消，1971年恢复设市。
临汾市	550 803	169 906	7 721	14.10	2 497	4.56	
侯马市	164 243	70 798	2 145	13.22	512	3.16	1963年撤消，1971年恢复设市。
运城市	451 271	93 883	7 255	16.25	2 064	4.62	
呼和浩特市	828 255	605 250	11 156	13.62	3 061	3.74	1953年前称"归绥市"，1954年改现名。
包头市	1 133 725	935 915	16 508	14.66	3 581	3.18	
乌海市	268 818	245 683	5 399	20.26	579	2.17	1975年由原乌达和海勃湾市合并而成。
赤峰市	915 616	315 560	15 803	17.45	3 336	3.68	
海拉尔市	191 769	166 451	2 714	14.42	803	4.27	
满州里市	124 845	111 641	1 680	13.79	427	3.50	
扎兰屯市	391 273	118 515	5 779	14.80	1 707	4.37	
牙克石市	397 531	354 975	5 990	15.15	1 598	4.04	
乌兰浩特市	205 844	141 488	2 642	13.08	822	4.07	1964年撤消，1980年恢复设市。
通辽市	658 929	232 546	12 655	19.42	2 813	4.32	
二连浩特市	8 181	7 918	132	16.67	12	1.52	
锡林郭勒市	105 244	75 041	1 941	18.70	365	3.52	
集宁市	171 330	152 844	2 602	15.42	578	3.43	
东胜市	130 770	66 968	1 835	14.9	442	3.39	
临河市	383 861	111 099	4 736	12.50	887	2.34	

表11 （续1）

城市名称	总人口数	其中：非农业人口数	出生 人数	出生 ‰	死亡 人数	死亡 ‰	备注
沈阳市	4 368 271	3 411 455	73 413	16.97	22 870	5.29	
大连市	2 276 451	1 618 774	38 719	17.18	11 992	5.32	1980年前称“旅大市”，1981年改现名。
瓦房店市	973 247	236 752	18 052	18.63	5 173	5.34	
鞍山市	1 326 826	1 148 201	23 043	17.55	5 790	4.41	
抚顺市	1 294 712	1 150 679	20 900	16.30	7 158	5.58	
本溪市	858 507	725 643	15 688	18.48	4 069	4.79	
丹东市	608 451	491 104	9 623	16.00	3 266	5.43	1964年前称“安东市”，1965年后改现名。
锦州市	807 006	641 032	13 094	16.41	3 672	4.60	
营口市	525 729	391 461	7 474	14.50	2 114	4.10	
阜新市	704 378	607 909	13 008	18.66	3 178	4.56	
辽阳市	597 821	460 551	10 130	17.07	3 243	5.46	
盘锦市	386 716	307 639	4 151	11.04	677	1.80	
铁岭市	298 411	228 876					
朝阳市	343 947	201 958	6 380	18.98	1 592	4.74	1964年撤消，1979年恢复设市。
长春市	2 002 054	1 556 773	29 951	15.32	10 026	5.13	
吉林市	1 199 445	971 118	18 952	16.00	6 074	5.13	
四平市	371 404	293 366	6 379	17.32	2 150	5.84	
辽源市	386 129	328 243	7 829	20.49	2 368	6.20	
通化市	380 026	304 314	6 183	16.43	2 369	6.29	
浑江市	692 212	458 302	10 557	15.24	4 294	6.20	
白城市	314 308	205 905	5 304	17.00	1 615	5.18	
延吉市	240 334	195 373	4 054	17.31	1 262	5.39	
图们市	1 103 584	81 947	1 793	17.48	651	6.35	
哈尔滨市	2 707 381	2 327 709	40 273	14.98	14 711	5.47	
齐齐哈尔市	1 325 644	1 018 359	21 544	16.40	6 030	4.59	
鸡西市	823 138	650 264	9 183	11.20	3 522	4.30	
鹤岗市	612 144	492 209	9 805	16.20	2 816	4.65	
双鸭山市	441 127	361 621	6 613	15.10	1 950	4.45	
大庆市	879 591	601 276	14 096	16.26	3 125	3.61	1978年前称“安达市”，1979年后改现名。
伊春市	835 314	770 331	13 227	15.89	3 986	4.79	
佳木斯市	586 828	449 435	9 449	16.32	3 048	5.26	
七台河市	338 634	182 553	6 446	19.38	837	2.52	
牡丹江市	654 380	531 251	10 126	15.71	2 821	4.38	
绥芬河市	23 191	15 249	236	10.35	55	2.41	
绥化市	745 586	211 434	9 695	13.07	3 177	4.28	
安达市	428 730	131 359	5 334	12.52	1 724	4.05	1984年由安达县改设市。
黑河市	139 198	81 529	2 229	16.10	657	4.75	
北安市	441 283	203 556	5 310	12.06	1 527	3.47	1963年撤消，1982年恢复设市。
五大连池市	20 726	6 369	274	13.28	84	4.07	
上海市	7 217 737	7 111 295	111 050	15.51	49 219	6.87	
南京市	2 390 681	1 972 185	30 534	13.05	12 638	5.40	
无锡市	878 000	751 891	11 718	13.48	5 149	5.92	

表11　　（续2）

城市名称	总人口数	其中：非农业人口数	出生 人数	出生 ‰	死亡 人数	死亡 ‰	备注
徐州市	855 654	752 542	14 076	16.59	3 472	4.09	
常州市	633 083	484 707	8 200	14.00	3 257	5.56	
苏州市	736 246	649 410	9 178	12.58	4 743	6.50	
常熟市	1 012 820	149 993	14 750	14.63	7 372	7.31	1958年撤消，1983年恢复设市。
南通市	428 191	306 020	5 083	11.99	2 006	4.73	
连云港市	485 276	316 693	11 012	23.01	2 102	4.39	
淮阴市	399 871	211 082	4 876	12.34	2 039	5.16	1957年前称清江市，1958年改称淮阴市；1964年又改为清江市，1983年复改为淮阴市。
盐城市	1 286 499	204 688	20 945	16.42	6 969	5.46	
扬州市	408 439	283 638	5 377	13.30	2 167	5.36	
泰州市	218 694	141 063	2 991	13.83	1 279	5.91	1958年撤消，1962年恢复设市。
镇江市	430 758	339 047	4 982	11.68	2 449	5.74	
杭州市	1 291 623	1 049 016	18 701	14.60	7 070	5.52	
宁波市	1 048 493	520 405	15 134	14.54	6 331	6.08	
温州市	543 900	383 337	8 063	14.94	2 270	4.21	
嘉兴市	708 994	206 357	14 464	20.58	4 790	6.82	1962年撤消，1979年恢复设市。
湖州市	985 489	214 465	16 462	16.80	7 579	7.74	1962年撤消，1979年恢复设市。
绍兴市	264 656	169 185	4 132	15.81	1 688	6.46	1962年撤消，1979年恢复设市。
金华市	276 209	131 441	4 227	15.51	1 627	5.97	1962年撤消，1979年恢复设市。
衢州市	215 484	102 904	2 979	13.98	1 166	5.47	
椒江市	396 820	69 221	6 014	15.27	1 991	5.06	
合肥市	927 013	669 421	12 703	13.89	3 766	4.12	
芜湖市	516 648	409 459	6 516	12.70	2 893	5.64	
蚌埠市	638 699	419 443	10 847	17.20	2 944	4.67	
淮南市	1 111 161	655 204	17 956	16.31	4 116	3.74	
马鞍山市	384 498	278 648	4 939	13.01	1 559	4.11	
淮北市	513 841	324 686	8 248	16.91	1 206	2.47	1970年前称濉溪市，1971年后改现名。
铜陵市	246 724	209 117	2 999	12.37	958	3.95	1957年前称铜官山市，1958年后改现名。
安庆市	448 390	234 682	6 676	15.01	2 611	5.87	
阜阳市	215 225	163 693	3 860	18.24	807	3.81	
宿州市	229 409	131 340	4 248	18.69	593	2.61	
滁州市	376 961	112 112	5 331	14.28	1 834	4.91	
六安市	176 163	132 921	2 260	13.03	706	4.07	
巢湖市	742 170	114 615	8 127	10.96	3 982	5.37	
黄山市	150 338	21 416	2 817	18.73	1 036	6.89	
屯溪市	107 297	63 742	1 502	14.03	633	5.91	1963年撤消，1975年恢复设市。
福州市	1 236 560	831 933	26 927	22.06	6 860	5.62	
厦门市	569 757	360 168	8 545	15.15	2 935	5.20	
莆田市	279 019	78 610	4 854	17.61	1 407	5.10	
三明市	221 200	150 958	3 417	15.59	888	4.05	
永安市	277 322	107 259	5 453	19.86	1 454	5.30	
泉州市	453 911	167 445	9 487	21.13	2 393	5.33	

表11 （续3）

城市名称	总人口数	其中：非农业人口数	出生		死亡		备注
			人数	‰	人数	‰	
漳州市	323 942	169 352	5 533	17.23	1 684	5.24	
南平市	431 447	162 412	6 660	15.52	2 316	5.40	
邵武市	272 211	81 337	4 001	14.78	1 357	5.01	
龙岩市	394 056	123 906	8 485	21.76	2 034	5.22	
南昌市	1 259 728	1 003 266	15 789	12.88	5 461	4.45	
景德镇市	589 643	314 775	8 242	14.08	3 679	6.29	
萍乡市	1 328 187	403 848	24 439	18.56	7 821	5.94	
九江市	400 203	268 442	4 633	11.73	1 913	4.84	
新余市	635 032	148 978	7 151	11.38	3 042	4.84	1963年撤消，1983年恢复设市。
鹰潭市	123 364	69 617	1 804	14.83	506	4.16	
赣州市	360 133	203 193	8 940	25.14	1 662	4.67	
宜春市	795 838	144 829	11 272	14.26	4 605	5.83	
上饶市	153 196	123 638	2 160	14.47	635	4.25	
吉安市	274 390	140 847	4 094	17.77	1 510	6.55	
抚州市	178 083	111 632	2 741	15.55	1 096	6.22	1964年撤消，1969年恢复设市。
济南市	2 144 236	1 257 291	38 006	17.91	11 686	5.51	
青岛市	1 296 738	1 199 134	18 008	14.02	6 911	5.38	
淄博市	2 372 496	801 242	42 418	18.04	12 385	5.27	
枣庄市	1 644 607	297 083	27 599	16.95	7 830	4.81	
东营市	557 082	216 706	6 216	11.34	1 930	3.52	
烟台市	756 923	369 181	13 241	17.76	4 216	5.66	
潍坊市	1 073 066	332 197	18 255	17.15	6 880	6.46	
济宁市	792 881	229 298	16 145	20.56	3 972	5.06	
泰安市	1 352 892	218 867	22 016	16.35	7 625	5.66	1963年撤消，1982恢复设市。
莱芜市	1 074 027	154 377	17 465	16.41	5 611	5.27	
新泰市	1 199 704	186 177	19 049	16.10	5 449	4.60	
威海市	232 990	71 004	4 531	19.73	1 223	5.32	
滨州市	498 188	108 065	8 796	17.74	2 691	5.43	
德州市	290 067	168 651	5 710	19.94	1 401	4.89	
聊城市	750 553	139 288	11 874	15.96	3 744	5.03	1963年撤消，1983年恢复设市。
临清市	617 881	92 280	7 552	12.29	3 595	5.85	1963年撤消，1983年恢复设市。
临沂市	1 410 302	185 151	20 002	14.31	7 200	5.15	1963年撤消，1983年恢复设市。
菏泽市	1 036 831	147 660	19 023	18.52	4 734	4.61	1963年撤消，1983年恢复设市。
郑州市	1 581 483	1 064 997	21 498	13.75	6 168	3.94	
开封市	647 760	472 779	11 370	17.71	3 004	4.68	
洛阳市	1 089 653	697 472	17 736	16.47	4 680	4.35	
平顶山市	866 187	403 030	14 204	16.62	4 388	5.14	
安阳市	557 842	371 717	8 893	16.06	2 471	4.46	
鹤壁市	336 789	190 925	3 769	11.38	1 597	4.28	
新乡市	558 797	433 042	8 029	14.52	1 750	3.17	
焦作市	535 013	363 962	7 267	13.80	2 009	3.81	
濮阳市	256 691	93 071	3 163	12.79	1 103	4.46	

表11 （续4）

城市名称	总人口数	其中：非农业人口数	出生		死亡		备注
			人数	‰	人数	‰	
许昌市	260 574	182 245	4 005	15.76	1 186	4.61	
漯河市	170 097	110 474	2 707	16.23	886	5.31	
三门峡市	167 053	94 079	2 818	17.41	607	3.75	
义马市	99 126	59 727	1 257	13.33	336	3.56	
商邱市	211 558	145 250	3 783	18.17	753	3.62	
周口市	232 954	122 685	3 283	14.27	1 082	4.70	1958年撤销，1980年恢复设市。
驻马店市	222 022	111 766	2 968	13.55	947	4.32	1958年撤销，1980年恢复设市。
南阳市	312 200	208 140	4 001	12.99	1 509	4.90	
信阳市	243 951	176 165	3 421	14.16	1 258	5.21	
武汉市	3 571 168	3 106 592	54 086	15.31	20 612	5.84	
黄石市	480 070	429 939	6 879	14.63	1 870	3.98	
十堰市	354 291	251 571	5 479	15.82	1 412	4.08	
沙市市	294 409	240 100	4 702	16.29	1 479	5.12	
宜昌市	424 498	353 150	5 118	12.14	2 213	5.25	
襄樊市	460 753	351 029	6 485	14.37	1 980	4.39	
随州市	1 316 523	180 237	21 482	16.45	7 967	6.10	
老河口市	426 673	110 111	5 762	13.56	2 512	5.91	
鄂州市	851 445	174 823	15 590	18.45	4 527	5.36	
荆门市	973 451	187 986	15 475	16.03	5 648	5.85	
孝感市	1 227 538	139 829	17 101	13.98	7 015	5.74	
咸宁市	415 077	121 472	7 255	17.67	2 660	6.48	
丹江口市	437 911	102 698	6 605	15.20	2 993	6.89	
恩施市	694 660	85 075	11 305	16.38	4 057	5.88	
长沙市	1 226 819	1 029 953	17 779	14.70	7 244	5.99	
株洲市	527 110	371 407	7 744	14.89	2 295	4.41	
醴陵市	887 038	102 424	12 925	14.71	4 867	5.54	
湘潭市	629 468	411 055	8 805	14.13	3 095	4.97	
衡阳市	630 695	445 608	9 052	14.52	3 383	5.43	
邵阳市	483 103	227 934	8 045	16.79	2 556	5.33	
岳阳市	439 921	263 674	4 853	11.26	1 998	4.64	1962年撤销，1975年恢复设市。
益阳市	383 492	166 947	5 769	15.22	2 178	5.75	
常德市	237 317	190 043	3 098	13.25	1 451	6.21	
津市市	223 218	75 679	3 242	14.68	1 558	7.06	1952年撤销，1953年恢复设市； 1963年撤销，1979年恢复设市。
娄底市	276 696	110 612	4 282	15.77	1 450	5.34	1962年撤销，1980年恢复设市。
冷水江市	300 867	130 389	4 392	14.95	1 443	4.91	1962年撤销，1969年恢复设市。
郴州市	209 076	160 940	2 527	12.32	899	4.38	1963年撤销，1977年恢复设市。
资兴市	342 671	103 637	4 769	13.98	2 110	6.18	
永州市	525 819	75 843	7 617	14.61	3 108	5.96	
冷水滩市	380 539	74 636	5 513	14.67	2 173	5.78	1962年撤销，1984年恢复设市。
怀化市	445 816	111 593	7 474	16.95	1 932	4.38	
洪江其	86 591	54 608	1 251	14.49	593	6.87	1963年撤销，1979年恢复设市。
吉首市	205 012	68 815	3 809	18.84	1 120	5.54	

表11 （续5）

城市名称	总人口数	其中：非农业人口数	出生		死亡		备注
			人数	‰	人数	‰	
大庸市	371 368	42 693	7 048	19.14	2 361	6.41	
广州市	3 417 112	2 718 216	45 679	13.49	17 906	5.28	
韶关市	381 057	324 119	4 228	11.23	1 513	4.02	
深圳市	286 927	245 210	3 078	11.31	583	2.14	
珠海市	175 345	110 569	2 732	16.05	693	4.07	
汕头市	786 660	513 312	11 336	14.53	3 768	4.83	
潮州市	1 239 110	276 609	17 858	14.48	6 479	5.25	
佛山市	332 837	264 773	4 655	14.21	1 709	5.22	
中山市	1 090 322	254 044	21 625	19.99	5 398	4.99	
江门市	253 257	192 803	3 250	13.17	1 169	4.74	
湛江市	967 886	363 824	14 100	14.72	3 876	4.05	
茂名市	468 226	149 679	5 936	12.93	2 013	4.39	
梅县市	765 023	185 557	12 046	15.91	3 750	4.95	
惠州市	199 478	131 442	2 642	13.62	783	4.04	
东莞市	1 248 639	276 563	19 962	16.11	5 510	4.45	
肇庆市	198 239	155 972	2 462	12.56	845	4.31	
南宁市	998 737	660 084	14 696	14.98	4 031	4.11	
柳州市	679 267	561 028	10 339	15.50	3 618	5.42	
桂林市	478 169	341 044	6 355	13.43	2 095	4.43	
梧州市	272 019	204 009	3 950	14.64	1 470	5.45	
北海市	184 600	99 598	3 013	16.53	761	4.18	
凭祥市	83 377	15 524	1 650	19.93	417	5.04	
台山市	123 691	50 667	1 265	10.75	342	2.91	
玉林市	1 283 161	132 449	24 570	19.36	5 493	4.33	
百色市	279 762	83 790	4 365	15.73	1 576	5.68	
河池市	272 303	73 911	4 990	18.28	1 480	5.42	
钦州市	968 854	102 554	21 240	22.21	3 880	4.06	
海口市	311 733	227 918	5 515	18.02	1 433	4.68	
三亚市	329 161	78 737	5 717	17.50	1 271	3.89	
成都市	2 694 265	1 613 581	38 730	14.51	15 276	5.72	
重庆市	2 888 519	2 178 606	43 869	15.34	17 000	5.94	
自贡市	940 290	376 514	17 566	18.84	5 444	5.84	
攀枝花市	560 628	383 833	7 060	12.76	2 180	3.94	1986年前称渡口市，1987年后改为现名。
泸州市	377 766	248 695	6 067	16.24	2 172	5.82	
德阳市	782 224	186 437	11 857	15.30	4 723	6.09	
绵阳市	870 516	243 274	12 847	14.86	5 549	6.42	
广元市	831 638	169 737	14 311	17.34	5 542	6.72	
遂宁市	1 216 388	132 454	16 611	13.78	7 960	6.60	
内江市	320 577	205 615	6 066	19.23	1 583	5.02	
乐山市	1 049 615	328 865	14 610	13.99	6 105	5.84	
万县市	292 717	145 844	4 713	16.26	1 869	6.45	
涪陵市	1 003 283	167 197	18 317	18.42	5 061	5.09	

表11　　（续6）

城市名称	总人口数	其中：非农业人口数	出生		死亡		备注
			人数	‰	人数	‰	
宜宾市	655 562	227 216	9 471	14.57	4 016	6.18	
南充市	252 882	167 725	3 863	15.49	1 340	5.37	
华蓥市	327 471	87 903	5 392	16.62	1 660	5.12	
达县市	233 195	167 091	3 063	13.57	1 077	4.77	
雅安市	286 064	93 558	4 350	15.31	1 521	5.35	1959年撤销，1983年恢复设市。
西昌市	445 130	124 294	7 534	17.11	2 720	6.18	
贵阳市	1 431 074	937 967	20 499	14.47	7 388	5.21	
六盘水市	1 683 583	327 610	27 989	16.75	9 547	5.71	
遵义市	362 754	247 369	7 261	20.25	2 042	5.70	
安顺市	218 297	732 138	2 955	13.60	1 235	5.68	1962年撤消，1966年恢复设市。
凯里市	356 348	103 462	6 298	17.85	2 200	6.24	
都匀市	397 062	128 570	7 857	19.91	2 613	6.62	1962年撤消，1966年恢复设市。
昆明市	1 547 191	443 912	16 628	10.86	7 109	4.64	
东川市	277 066	65 715	3 577	12.90	1 373	4.95	
昭通市	573 877	82 997	11 308	19.94	2 877	5.07	
曲靖市	792 117	159 756	10 469	13.36	4 043	5.16	
楚雄市	387 816	71 631	5 291	13.72	2 216	5.75	
玉溪市	305 033	54 638	5 993	19.88	1 636	5.43	
个旧市	356 622	208 290	5 967	16.91	2 054	5.82	
开远市	224 058	85 466	3 778	17.04	1 166	5.26	
大理市	406 931	120 657	7 867	19.52	2 364	5.87	1959年前称下关市，1960年改称为大理市；1962年复改称下关，1983年改现名。
保山市	707 482	58 001	12 078	17.20	3 885	5.53	
畹町市	8 608	2 639	192	22.57	59	6.93	
拉萨市	117 679	105 791	2 201	19.53	633	5.62	
西安市	2 576 926	1 822 677	41 883	16.88	10 761	4.34	
铜川市	402 833	279 073	6 727	16.68	1 733	4.30	
宝鸡市	376 632	300 653	5 159	13.87	1 658	4.46	
咸阳市	683 289	312 352	11 923	17.73	2 878	4.28	
渭南市	713 997	117 731	10 644	14.95	4 282	6.02	
韩城市	319 162	74 195	4 245	13.55	1 623	5.18	
汉中市	426 136	155 944	5 921	14.00	2 412	5.70	1964年撤销，1980恢复设市。
延安市	274 312	96 166	5 050	18.61	1 043	3.84	
兰州市	1 416 130	1 120 562	21 444	15.28	5 961	4.25	
嘉峪关市	97 998	75 020	1 175	11.71	321	3.20	
金昌市	143 398	98 176	1 619	11.36	419	2.94	
天水市	982 958	229 340	12 209	12.54	4 481	4.60	
白银市	336 022	188 432	4 261	12.89	888	2.69	1963年撤销，1985年恢复设市。
玉门市	185 197	91 162	2 664	14.42	717	3.88	
酒泉市	284 572	81 625	5 317	18.84	1 481	5.25	1964年撤销，1985年恢设市。
张掖市	406 980	78 171	6 768	16.77	2 408	5.97	1961年撤销，1985年恢设市。
武威市	825 592	124 737	11 766	14.36	3 909	4.77	

表11 （续完）

城市名称	总人口数	其中：非农业人口数	出生		死亡		备注
			人数	‰	人数	‰	
平凉市	372 098	92 479	4 405	11.92	1 767	4.78	1964年撤消，1983年恢复设市。
西峰市	245 703	44 953	3 251	13.47	1 018	4.22	
临夏市	157 196	74 746	2 464	15.89	640	4.13	1973年撤消，1983年恢复设市。
西宁市	622 761	526 866	8 280	13.40	2 234	3.61	
格尔木市	61 971	55 255	695	11.22	130	2.10	
银川市	433 621	313 905	6 211	14.69	1 180	2.79	
石嘴山市	263 872	243 429	3 753	14.46	637	2.45	
吴忠市	234 582	60 155	6 022	25.89	1 081	4.65	1963年撤消，1983年恢复设市。
青铜峡市	201 823	39 962	3 720	18.60	834	4.17	1963年撤消 1984年恢复设市。
乌鲁木齐市	1 055 852	986 156	12 733	12.16	2 798	2.67	
克拉玛依市	197 367	182 390	2 794	14.46	419	2.17	
石河子市	543 431	300 907	6 273	11.51	2 313	4.25	
奎屯市	220 182	114 912	2 775	12.59	820	3.72	
吐鲁番市	209 060	56 192	5 192	25.19	1 010	4.90	
哈密市	277 513	153 451	3 340	12.10	908	3.29	
昌吉市	243 715	116 659	3 251	13.54	738	3.07	
伊宁市	244 417	161 668	5 749	23.87	1 147	4.76	
塔城市	122 023	41 701	1 775	14.63	404	3.33	
阿勒泰市	170 977	77 946	2 677	15.75	597	3.51	
博乐市	146 231	45 017	2 217	15.45	545	3.80	
库尔勒市	234 497	138 531	3 103	13.35	499	2.15	
阿克苏市	348 668	148 300	6 276	18.21	1 926	5.59	
喀什市	214 104	158 940	6 621	31.84	1 605	7.72	
和田市	122 600	66 641	3 762	30.84	814	6.67	

第 V 部分

计 划 生 育

中国的计划生育政策

赵延配

中国现行的计划生育政策是中国共产党和人民政府为实现现阶段的人口目标，所制定的调节人们生育行为的具体规定和措施。它的任务是把人们的生育行为纳入国家发展计划的轨道，从而有效地控制人口数量，提高人口素质，使人口的发展与经济社会发展相适应，与环境保护、资源利用相协调。

任何一项政策都是人们对该项事物发展规律的认识。中国的计划生育政策是随着党和人民对人口问题认识的不断深化和计划生育工作的开展而不断完善的。

一、中国计划生育政策的内容

中国现行的计划生育政策包括控制人口的目标和实现目标的措施。

（一）关于计划生育工作的目标

计划生育工作目标是社会主义建设总目标、总任务的组成部分。我国的人口目标是到本世纪末力争把人口总数控制在12亿左右，有关专家预测，到二十一世纪中叶，可能把我国人口总数控制在14—15亿。

为了实现上述目标，确定的生育政策是：提倡晚婚、晚育、少生、优生，提倡一对夫妇只生育一个孩子。国家干部和职工、城镇居民除特殊情况经过批准外，一对夫妇只生育一个孩子；农村某些群众确有实际困难，包括独女户，要求生二胎的，经过批准可以间隔几年后生第二胎，不论哪一种情况都不能生三胎；少数民族地区也要提倡计划生育，具体要求和做法可由有关省、自治区根据当地实际情况制定。

党中央决定实行这样的政策的出发点，是既要坚定不移地把计划生育工作抓紧，又要从实际出发，使计划生育政策能够为多数群众所接受，得到他们的支持。只有这样，计划生育工作才有更坚实的基础，才能长期稳定地坚持下去。

贯彻中央的政策精神，各省、自治区、直辖市都根据本地的实际情况作了规定。对国家干部和职工、城镇居民中的“特殊情况”规定的条件不尽相同，大体上有：①第一个孩子有非遗传性残疾，不能成长为正常劳动力的；②夫妇一方或双方是独生子女的；③再婚夫妇，一方为初婚或者双方合计再婚前不超过两个子女的；④婚后多年未孕，依法收养一个孩子后又怀孕的；⑤夫妇双方均系归国华侨和台、港澳同胞的。

对于农民夫妇，各地的规定不尽相同，大体有三种情况：

第一种情况，除上述对国家干部和职工，城镇居民特殊情况规定的五种情况外，还有以下几种特殊情况可以生育第二胎：①两代或两代以上单传的；②男到有女无儿家结婚落户的；③兄弟几人中只有一个有生育能力的；④残废军人或夫妇一方残废，基本丧失劳动力的；⑤深山区或沿海渔区的特殊困难户；⑥农村夫妇有其他特殊困难的。第二种情况，提倡一对夫妇只生育一个孩子，除上述各种特殊情况者外，要求生育第二胎的独女户，间隔几年以后可以允许生二胎。第三种情况，提倡一对夫妇只生育一个孩子，凡有实际困难要求生育第二个孩子的，普遍予以安排。

目前，各地对少数民族生育孩子的规定，都较汉族宽一些，一般允许农村中的少数民族夫妇生育两个孩子，个别的允许生育三个或四个。

提高人口质量是计划生育政策的重要组成部分，在控制人口数量的同时，国家十分重视优生优育工作。《中华人民共和国婚姻法》规定，禁止近亲结婚和禁止未经治愈的麻风病患者或其他在医学上认为不应结婚的疾病患者结婚。禁止早婚，这是我国法律条款中对优生的基本要求。为了制定出较为具体的促进人口素质提高的政策，近年来，我国广大的医务人员和医学科学工作者在生命科学和优生学方面，进行了有益的探索和研究工作。有关优生的孕期、围产期保健、新生儿保健和婴幼儿教育工作也在广泛进行着。

根据我国的人口发展目标和现在的医学水平，目前国家正着手制定优生优育法规，将对优生优育做出具体规定。

（二）实现计划生育目标的具体措施

为保证目标的实现，国家采取了一套互相联系、互相配合的综合措施，主要包括：

1．思想教育措施。利用各种方法和手段，宣传党和政府的计划生育方针政策，宣传马克思主义人口理论知识，宣传避孕节育、优生优育知识。从而使广大群众理解党和政府规定的政策，增强贯彻执行这些政策的自觉性。

2．晚婚、间隔措施。我国的《婚姻法》规定，男25岁、女23岁结婚为晚婚。夫妇达到晚婚年龄结婚后生育第一胎为晚育。我国历史上有早婚早育的习惯，新中国成立初，平均初婚年龄为18.57岁，经过宣传教育，达到目前的22岁左右。

3．节育技术措施。我国的计划生育技术措施，包括暂时性措施、永久性措施和补救性措施。国家向育龄夫妇免费提供各种避孕药具和技术服务。提倡已生育一个孩子的夫妇采取暂时性措施；已生育两个孩子的夫妇采取永久性措施；计划外怀孕的夫妇采取补救性措施。避孕方法在国家指导下由群众自愿选择。

为了保证育龄夫妇的安全，国家规定节育手术要严格按照《节育手术常规》进行，保证手术质量。对于妇女避孕失败或其他健康原因，怀孕后又不愿生孩子的，在本人自愿、健康条件允许、并具有安全可靠的技术保证条件下，政府允许人工流产。这也是妇女自身的权利，国家将在技术方面提供服务。

4．奖励和限制措施。国家对响应国家号召、自觉实行计划生育的家庭给予奖励。对独生子女父母及其家庭的奖励，一般地说，城镇中终生只生育一个孩子的家庭在子女满14周岁之前，有的由国家按月或按年发给数量不等的奖励费；有的延长独生子女母亲的产假，产假期间工资照发；有的在入托、入学、招生、就医、招工、分房等方面给独生子女及家庭以照顾。农村对独生子女家庭，有的多分给承包田或减少承包粮；有的给一定数额的奖励费；也有的在生产、生活上给他们提供优越条件或提供技术服务，帮助他们致富等。在有条件的地方，也在就医、入托、入学、招工、宅基地分配等方面，享受到种种优待和服务。

对不按计划生育的夫妇和完不成国家人口计划的单位及领导人，国家也在经济上给予限制，在一定时期或一次性征收一定费用，具体的征收额及限制办法，由于各地经济发展水平不同，数额和办法也不同。有的地方对不按计划生育的夫妇，除进行经济限制外，还要取消其产假期间应该享受的社会福利待遇；是党、团员的还要受到一定的组织处分。

5．行政组织措施。计划生育工作是一项伟大的社会系统工程。搞好这项工作必须要有一套行之有效的社会组织措施。在我国计划生育工作实践中形成的这些措施主要有：

（1）完整的组织系统。县以上各级人民政府都设立计划生育委员会，作为同级政府一个职能部门，主管计划生育工作。国务院还规定了政府各业务部门应该承担的有关计划生育工作的任务。

（2）“两种生产”一起抓的管理措施。各级政府都把人口的生产和物质资料的生产指标一起下达。一起承包，一起评比检查。从而更好地协调“两种生产”的相互关系。

（3）相互照应的社会措施。各项社会措施或政策都要注意有利于国家控制人口数量、提高人口素质基本国策的推行。

二、中国现行计划生育政策的形成过程

中国的计划生育政策是随着全党全国人民对社会主义条件下人口发展规律和人口与经济之间密切关系认识的过程提出、形成和不断完善起来的。

（一）提出和实行节制生育阶段

1949年，中华人民共和国成立以后，国家用三年时间恢复和发展生产，医治战争创伤，巩固新生的人民政权。限于当时的历史条件，党和政府不可能制定完整的人口或计划生育政策。而且由于战争年代死伤人口较多，恢复生产和开展经济建设本身需要大量的劳动力，因此，国家采取了严格限制人工流产、禁止绝育的办法，加上这个时期宣传和鼓励“人畜两旺”，客观上也刺激了人们的生育。这一时期我国人口增长速度很快，人口自然增长率由1949年16‰上升到1952年的20‰，总人口也由1949年的54 167万增加到1952年的57 482万，形成了建国后第一次人口生育高峰。

1953年以后，我国大规模的经济建设开始了。广大青年积极投身于社会性生产之中，他们希望少生孩子，减少拖累，摆脱家庭羁绊，纷纷要求节制生育。为此，1954年中央人民政府卫生部公布《关于改进避孕及人工流产问题的通报》，允许群众自愿实行人工流产。1955年，党中央发出文件，明确指出：“为了国家、家庭和新生一代人的利益，我们党是赞成适当地节制生育的。”到1956年，《全国农业发展纲要（草案）》中，要求，“除了少数民族的地区以外，在一切人口稠密的地方，宣传和推广节制生育，提倡有计划地生育子女”。1958年以后，主张节制生育控制人口的理论受到错误地批判，节制生育的方针政策也无法贯彻执行了。人口增长仍处于自流状态。

（二）由节制生育到计划生育

1959年至1961年我国国民经济遇到困难，人口增长大幅度下降。1962年以后随着经济的恢复，人口增长出现补偿性大幅度上升。1963年出生率高达43‰，人口自然增长率高达33.33‰。人口压力很大。1962年，中央和国务院发出《关于认真提倡计划生育的指示》，要求“在城市和人口稠密的农村提倡节制生育，适当控制人口自然增长率，使生育问题由毫无计划状态逐渐走向有计划的状态。”这是党和政府第一次把“节制生育”改称“计划生育”。它表明，党和政府已经把控制我国人口增长的问题同社会主义制度对人口发展的要求紧密联系起来了。但是计划生育的目的，当时尚未明确，到1972年，国务院才明确提出，实行计划生育的目的是“使人口增长与国民经济发展相适应”。1973年，人口发展开始列入到国民经济发展计划中。接着提出了对夫妇生育子女数目的要求是“晚、稀、少”，“一对夫妇生育子女数最好一个、最多两个”。对于少数民族的计划生育也规定“采取有利于人口增长和生育发展的适当措施，但对个别子女过多、有节育要求的，也给予指导和帮助。”至此，中国计划生育的政策基本形成。

（三）号召一对夫妇只生育一个孩子

1978年召开的中共十一届三中全会，恢复了党的实事求是的思想路线，及时把全党、全国工作的重点转移到以经济为中心的社会主义现代化建设上来。随着实事求是思想路线的确立和贯彻，全党、全国人民对我国人口问题的认识进一步深化，把实行计划生育提到基本国策的高度，发出了一系列文件，阐述党和政府的计划生育方针政策，指导计划生育工作顺利进行。1980年，中共中央发出《关于控制我国人口增长问题致全体共产党员、共青团员的公开信》，号召全体共产党员、共青团员和广大群众为国家和民族的未来发展着想，自觉实行计划生育，提倡一对夫妇只生育一个孩子。这一号召的提出，是在控制我国人口增长问题上的正确抉择。我国人口基数大，年龄构成轻，增长快。人口的过快增长已经对社会经济的发展造成了压力。必须严格控制人口增长，才能使人口与经济社会发展相适应，与资源利用、环境保护相协调。这里必须明确，提倡一对夫妇生育一个孩子，并不是要求每对夫妇都只生育一个孩子。《公开信》在号召一对夫妇只生育一个孩子的同时，要求对某些群众确有符合政策规定的实际困难，可以同意他们生育两个孩子。根据这一精神，多年来全国各地一直在进行摸索和试验，力图找到得到多数群众拥护，又能有效控制我国人口增长的生育政策。通过试点认识到，我国处于社会主义初级阶段，广大农村生产力水平还比较低，家庭还是生产单位，生产和生活又主要靠人的体力，这种状况在短期内是不会根本改变的。而且我国的传统习惯是妇女结婚后住到男家，只有一个女孩子的农户，将在生产上、生活上遇到更多的困难。安排这样的家庭再生一个孩子，即使第二个孩子仍然是女孩，两个人也能协作进行生产和照顾家庭生活。所以到目前为止，除一些自治区和直辖市外，多数省已执行除规定的特殊情况外，允许独生女户间隔几年后生育第二胎。有的省尚未执行；有的在研究执行这一政策的具体方法；有的准备待第三次人口生育高峰后执行。

实践证明，凡已执行这种生育政策，工作又做得好的地方，既得到了多数群众的拥护，又有效地控制了人口过快增长。

当然，我国处于社会主义初级阶段，在社会主义条件下的人口和计划生育问题，还有许多未经实践和认识的规律，与之相应的计划生育政策也不可能十全十美，现行的计划生育政策只是我国特定历史阶段的政策，我们还要继续在实践中摸索，随着实践和认识的发展，进一步完善我国的计划生育政策。

三、中国计划生育政策的实施原则

（一）坚持计划调节和政策引导相结合的原则

在社会主义初级阶段，我们实行的是有计划的商品经济，各项社会事业的发展都是有计划的进行的。人口的生产是社会发展的重要内容，所以必须实行计划调节。国家制定的人口发展的长期、中期及年度计划都属于计划调节的内容。各地规定的生育政策及实现生育政策的各项措施就是政策引导的内容。我们要做到计划调节和政策引导相结合，必须把指标和政策一致起来，政策内容和执行结果一致起来。否则政策得不到贯彻，控制人口的计划也难实现，进而影响社会发展计划的实现。

（二）坚持国家指导与群众自愿相结合的原则

国家指导就是根据社会主义建设的总任务、总目标制定人口发展规划，制定政策、法规和工作方针，提供宣传、技术和药具服务。群众自愿就是群众自觉地把家庭利益同国家民族利益结合起来，按照国家的政策与计划，合理地安排自己的生育胎次和生育时间，选择避孕药具，采取避孕措施。

国家指导具有一定的约束性，它是计划生育政策得以顺利进行的必要条件。与此同时，计划生育工作要以宣传教育为中心，引导群众自觉自愿实行计划生育。

（三）区别对待、分类指导的原则

区别对待、分类指导的原则就是坚持实事求是，根据不同地区、不同人群、不同的经济文化发展水平、不同的民族以及不同的计划生育工作基础，提出不同的要求，因地制宜，实行分类指导。

我国地域辽阔，人口众多，各地地理条件差别很大，人口分布也极不平衡。城乡之间、地区之间、民族之间的经济文化生活水平，以及医疗保健条件、宗教信仰、工作基础等都有显著差别。因此必须从实际出发，依照不同情况，区别对待，分类指导。

我国的计划生育政策对不同人群提出了不同生育胎次的要求，是区别对待、分类指导原则的具体体现。在计划生育的具体措施上，我国始终贯彻了这一原则。

（四）坚持“三为主”的原则

“三为主”就是在计划生育工作中，以宣传教育为主，避孕为主，经常工作为主。它从关心育龄夫妇、为他们服务、满足他们的需要出发，从向他们传播关于人口与计划生育的科学知识入手，做耐心细致的思想工作，启发群众执行计划生育政策，自觉落实节育措施，防止计划外怀孕。各级党委和政府把计划生育作为一项中心任务，坚持“三为主”原则，体现了党的政策、党的群众路线和科学态度的一致性，它源于群众的创造，受到了群众的欢迎，坚持这项原则促进了计划生育工作向制度化方向发展。

四、我国计划生育政策的实施效果

（一）大多数群众接受和拥护现行计划生育政策。几千年来人们认为生育是家庭的私事，个人的自由。通过计划生育政策的实施，短短几十年的时间，人们的生育观念已经发生了很大变化。因此，自觉实行计划生育的人越来越多。1987年计划生育率为74.2%，以后各年的计划生育率也均在70%以上。一些工作做得好的地方计划生育率在90%以上。

（二）促进了人民群众生育意愿的变化。我国是一个封建传统很深的国家，“多子多福”、“养儿防老”等旧的观念在群众中还十分普遍。随着人民物质文化水平的提高以及多年的计划生育宣传实践，人民群众已逐步认识到了“少生、优生、优育”对国家和个人的好处，因此，群众的生育意愿已由多生多育向少生优生转化。

（三）计划生育政策的实施，使人口得到了有效控制。计划生育政策的实施，使过去盲目增长的人口纳入了国家计划，实现了计划调节，从而有力地促进了人口与社会经济的协调发展。

1．人口出生率、自然增长率大幅度下降。1950年，人口出生率和自然增长率分别为37‰和19‰；1970年为33.4‰和25.8‰；到1987年已下降到了21.04‰和14.4‰。如按1970年生育水平推算已累计少生了两亿多人。

2．妇女初婚年龄提高，总和生育率下降。妇女初婚年龄由50年代的19岁，提高到80年代的22岁，总和生育率也由60年代的5.68、70年代的4.01下降到1984年的2.00。

3．在年龄结构上，少年儿童比例下降，老年人口比例上升。1964年0～14岁人口占40.69%，65岁以上人口占3.56%，到1987年，0～14岁人口下降为28.68%，65岁以上人口比例上升到了5.46%。年龄中位数1964年为20.2岁，1982年提高到22.9岁，1987年为24.2岁。我国人口年龄结构已由年轻型转变为成年型。

目前，我国正处于长达十几年的生育高峰期，控制人口增长和提高人口素质的任务还是十分艰巨的。今后十几年，是我国人口控制的关键时期，这一时期的人口控制工作做好了，就可为下个世纪的人口发展打下一个良好的基础。因此，计划生育工作只能加强，不能放松，要全面理解，认真贯彻执行中央确定的现行计划生育政策，并使这一政策继续稳定下来。

（作者工作单位：国家计划生育委员会）

伟大的创举，胜利的实践

——十一届三中全会以来计划生育工作回顾

彭志良　赵延配

从新中国成立到党的十一届三中全会（以下简称“三中全会”），将近30年的时间里，我国的计划生育工作经历了曲折的不断前进的过程。对于人口问题认识的不断深化，对计划生育重视程度的不断提高和工作的加强，还是三中全会以后这几年。这期间，我国控制人口工作的进展和成就是多方面的。

一、人口研究工作有了新发展，为计划生育政策和人口规划的制定提供了理论依据

1979年，马寅初及他的《新人口论》得到了彻底平反，对我国的人口理论研究而言这是一个转机。此后，人口研究机构犹如雨后春笋，纷纷成立。到1987年年底，全国已有人口研究机构63个，人口科学研究活动出现了百家争鸣、欣欣向荣的活跃局面。人口理论工作者与实践工作者相结合，对人口和计划生育问题的研究，无论是深度或广度都有空前的进展。

首先，对社会主义条件下存不存在人口问题，有了较一致的看法。这就是，我国社会主义初级阶段仍然存在着人口问题，它的主要表现是人口与经济社会发展不适应。

其次，对多年来争论不休的“人手论”和“人口论”，用马克思主义观点全面加以分析，从而得出比较一致的结论。

1．人口的存在和发展是由社会生产方式决定的。评价一个国家或地区的人口是多好还是少好，不能离开当时当地的社会历史背景和社会生产对人口的需求。

2．人是生产者也是消费者。在社会发展过程中，作为一个社会经济范畴的人口，是社会基本生产力和消费者的矛盾统一。离开作为社会基本生产力的那一部分人口的活动，便无法满足社会需要，社会本身也无法存在。同时，全体人口作为消费者而起作用，又是进行再生产的一个必要条件。所以，一定数量和一定密度及一定增长速度的人口，是社会发展必不可少的条件。但是作为既是生产者又是消费者的人口的发展，必须和物质资料生产的发展相适应，只有这样才能促进社会的发展。

3．人口对社会发展起促进或延缓作用。人口数量、人口密度和人口增长对社会面貌、社会发展不起决定性作用。但是，人口的增长对社会的发展是有影响的，它能促进或者延缓社会的发展。

总之，我国目前人口是多了而不是少了。因此，我们必须严格控制人口增长，这就是结论。它对统一全党全国人民实行计划生育、严格控制我国人口增长的认识和齐心协力开展计划生育工作，具有重要的现实意义和历史意义。

第三，根据马克思主义关于社会主义条件下人口再生产和物质资料再生产之间相互关系的论述，提出了“两种生产一起抓”的观点。这就为把人口再生产纳入社会主义建设计划之中奠定了理论基础。从而大大提高了各级党委与政府对计划生育工作的重视程度。

第四，进行了广泛的人口调查，摸清了我国的人口底数，为制定计划生育政策和人口规划提供了科学依据。三中全会以后，我国于1982年分别进行了第三次全国人口普查和千分之一人口生育率抽样调查。之后，年年都搞定点抽样调查，并用多种方法对人口未来发展进行了预测，提出了我国人口的短期规划和长远设想，为有目的地控制我国人口增长奠定了基础。

二、在战略思想上明确了计划生育工作的地位

三中全会以后，党和政府系统地总结了建国以来我国在控制人口方面的经验教训，坚定了实行计划生育的决心。1982年，中共中央、国务院发出了《关于进一步作好计划生育工作的指示》，明确指出，“控制人口增长的问题，是我国现代化建设中面临的一个重大问题，也是全党和全国各族人民十分关心的问题。”“我们的出路在于实行正确的经济政策，在积极发展生产的同时，坚定地、毫不动摇地实行计划生育，使人口增长同国民经济增长相适应”。党的第十二次全国代表大会，则进一步提出，“在我国社会和经济发展中，人口问题始终是极为严重的问题，实行计划生育是我国的一项基本国策。”邓小平同志则明确指出，我国实行计划生育，控制人口数量，提高人口素质的目的是为了发展生产，促进社会主义现代化的发展，使国家尽快摆脱贫穷落后和不发达状态，以增强国力，提高人民的物质文化水平。这些论述反映出党和政府将我国人口和计划生育工作摆到了重要的战略地位。

三、完善了具有中国特色的计划生育政策

三中全会以后，我们确定了实现社会主义现代化分三步走的奋斗目标。与经济发展计划相适应，国家制定了到本世纪末把我国人口控制在十二亿左右的奋斗目标，并预测了下世纪中期人口发展目标。规定了具体的生育政策，即提倡晚婚晚育、少生优生，提倡一对夫妇只生育一个孩子；国家干部和职工、城镇居民除特殊情况经过批准外，一对夫妇只生育一个孩子；农村某些群众确有实际困难，包括独女户，要求生二胎的，经过批准可以间隔几年以后生二胎；不论哪一种情况都不能生三胎；少数民族地区也要提倡计划生育，具体要求和做法可由有关省、自治区根据当地实际情况制定。同时，也比较完整地提出了实现生育政策的各项措施。

制定计划生育政策的指导思想也较原先进一步明确了。首先，明确了计划生育的总原则是使人口的发展与经济社会发展相适应，与资源利用、环境保护相协调。它表明，我国的计划生育已与国家总体利益和长远利益联系起来了；其次，现行计划生育政策的出发点是，既要坚定不移地把计划生育工作抓紧，又要从实际出发，使计划生育政策能够为多数群众所接受，得到他们的支持；第三，提倡一对夫妇只生一个孩子，同时对不同地区的具体要求实行区别对待、分类指导，不搞一刀切。三中全会实事求是的思想路线，在制定和执行计划生育政策上得到充分体现。

四、计划生育工作的管理机构得到了加强

我国的计划生育工作，从来是在党和政府的领导下，通过各部门、各方面的共同努力及

广大群众的自觉行动开展的。自解放到1973年，国家没有专门从事计划生育工作的机构和人员。1973年国务院成立了计划生育领导小组，但计划生育的日常工作主要靠卫生和妇联干部去做。第五届全国人民代表大会常务委员会第十七次会议认为，计划生育领导小组作为一个临时机构，与它所负担的长期艰巨的任务是不相适应的，决定设立国家计划生育委员会，管理全国的计划生育工作。随后，各省(自治区、直辖市)、市（地、盟）、县（旗）均在政府机构中设立了计划生育委员会，乡（城市的街道、厂、矿企业）设立了计划生育办公室，配备了计划生育工作的专职人员，形成了从上到下一套组织系统和管理工作网。目前，全国乡以上的专职计划生育干部发展到近15万人。这就为进一步搞好计划生育工作提供了组织保证。

五、计划生育工作的各项事业也有了发展

1980年起到1985年，各地陆续建立了16所省属计划生育宣传教育培训中心，可同时容纳4 000名学员学习。这期间，国家计生委还组建了北京计划生育宣传教育中心、南京计划生育管理学院、中国人口情报中心。全国有23个省、自治区、直辖市成立了宣教分中心，7个省成立了情报分中心。各地培训中心及院校建成后，积极开展培训工作，已为基层培养了一批计划生育专业人才，对基层计划生育工作的开展起了一定的推动作用。

截止1987年，仅计划生育系统的科研所就有18个。自1978年全国科学大会开始，计划生育的科学研究工作已列入国家科学攻关计划，全国形成了具有一定研究能力的三支力量……计划生育系统、卫生系统、高等教育系统的科研机构和研究队伍。科研人员认真贯彻国家科学技术改革的方针，以应用研究为主，同时重视基础理论研究。1978年以来，经过评审，共评出部委级科技进步奖成果48项，其中，有1项受到国家奖励，5项受到国家表彰，2项被评为国家级科技进步成果二等奖。目前，我国男性节育技术已居于世界领先地位。

避孕药具的生产与供应是计划生育工作的重要物质保障，三中全会以后，计划生育部门与各部门密切配合，在药具生产与供应工作上下了很大功夫，避孕药具的节育效果及社会经济效益均有很大提高。各级基层计划生育部门普遍建立了药具管理机构，省、地、县建立了药具管理站，乡、村也有专人负责药具的管理与发放。由于避孕药具的发放渠道畅通，基本上满足了人民群众的需要。到目前为止，避孕药具生产厂家已有36个，能生产4大类17种避孕药具，年生产量达到3 000万份。

六、人口控制取得了明显效果

三中全会以来，计划生育工作取得了举世公认的伟大成就。

首先，广大人民群众的生育意愿发生了很大变化。我国是一个封建传统很深的国家，群众一向认为“多子多福”。经过十几年来的计划生育工作的宣传和实践，群众的生育意愿开始向“少生优生”转化。

其次，人们的生育行为正被纳入计划轨道。解决初期我国妇女的初育年龄一般在20岁左右，到目前已提高到24岁左右。我国在控制人口上自70年代就提出“晚、稀、少”，号召一对夫妇生育两个孩子。但是，多胎生育率仍很高。到1987年多胎率已降到16%（见表1）。

表1　1980～1987多胎生育情况

年份	多胎率（%）	年份	多胎率（%）
1980	31.4	1984	19.5
1981	28.1	1985	19.7
1982	27.3	1986	17.3
1983	20.1	1987	16.0

表2　　1979～1987年全国计划生育率变化情况

年份	1979	1980	1981	1982	1983	1984	1985	1986	1987
计生率(%)	60.6	67.8	68.1	69.7	74.2	75.5	—	—	—

表3　部分年份总和生育率状况

年份	总和生育率	年份	总和生育率
1950	5.81	1981	2.63
1952	6.47	1982	2.50
1960	4.30	1983	2.10
1964	7.50	1984	2.00
1970	5.81	1985	2.20
1978	2.72	1986	2.40
1979	2.75	1987	2.40
1980	2.24		

计划生育率自1979年以来逐年上升（见表2）。

总和生育率，70年代以前，除三年自然灾害以外，每年均在5.70以上，此后逐年下降，到1978年降至2.72。1984年又降至2.00（见表3),之后虽有所回升，但始终保持在2.4左右。

第四，人口的有效控制促进了社会经济的发展。

60年代和70年代初，年平均出生人数在2 500万左右，80年代在育龄妇女人数较以往增加许多情况下，年平均出生人数则降低到2 000万左右。1964年到1973年的年平均自然增加人数为2 074万人，1978年以后年平均自然增加人数降至1 309万人。据推测，如按1978年生育水平计算，十年来全国已累计少生了一亿多人口。如按1987年国家统计局抽样调查推算的抚养一个新生儿到16岁所需抚养费，城镇为18 740元，农村为6 695 元计算，三中全会以来少生的人口为国家节省社会与家庭抚养费约为9 500 余亿元。它对解决我国人民的温饱问题，促进经济建设和社会事业的发展有十分重要的作用。

七、初步探索出中国式的计划生育道路

回顾我国计划生育的历史，我们的主要经验是坚持实事求是的思想路线，一切从我国的国情出发，走中国式的计划生育道路。

（一）各级党委和政府把计划生育列入重要议事日程，加强对它的领导

十一届三中全会以后，党和政府把计划生育摆到基本国策的高度，《中华人民共和国宪法》规定了“国家推行计划生育”的条款，《婚姻法》规定了晚婚、晚育、计划生育、优生优育的内容。国家还把计划生育的目标纳入了经济和社会发展计划之中，第七届全国人民代表大会提出的“七五”期间政府工作十项任务，把计划生育工作列入为其中的一项。许多地方政府安排工作、总结工作时，都把计划生育列为重要内容之一。1988年1月30日李鹏总理在听取全国计生委主任会议汇报时说：“如果你其他方面的工作都很好，但是，你没有把人口控制住，也不能作为一个好的、称职的市长、县长、乡长”。现在，不少地方把计划生育工作作为干部任期责任制的重要内容，把计划生育工作的好坏，作为考核各级干部的重要依据。群众深有体会地说：“计划生育‘老大难’，‘老大’（指各级主要领导）一抓就不难”。各级领导的重视，确实是做好计划生育工作的关键一环。

（二）建立健全各级计划生育管理机构

三中全会以来，国家把计划生育机构列为国务院和各级政府的职能部门，配备了专(兼)职干部，形成了层层有人管，各级有人抓，一杆子插到底的工作网。

此外，在党和政府的领导下，各有关部门通力合作也是必不可少的。为此，1981年国务院专门发出文件，规定了国务院各有关部委分工协作的职责任务。此后，这些部门都把支持

计划生育工作作为自己义不容辞的责任，各自从自己的业务范围出发，主动承担部分计划生育工作任务，推动了计划生育工作的深入开展。

（三）采取国家指导和群众自愿相结合的方法开展计划生育工作

国家从思想上、法律上、政策上、组织上、技术上、财政上、物质上等各个方面为群众实行计划生育进行指导和帮助，包括制定法规、条例，制定人口发展战略和人口计划，制定计划生育工作方针政策，开展宣传教育，提供计划生育咨询、避孕药具和节育技术服务。从国家和人民群众的根本利益出发，体现了党和政府对计划生育的领导，这是计划生育能顺利开展，取得巨大成就的根本保证。

群众按照党和国家的计划生育方针政策和人口计划，结合自己家庭和个人的实际情况，自觉地选择、落实节育措施，合理安排生育胎次和生育时间，尽到一个公民应尽的义务。

实践证明，国家指导和群众自愿相结合，是实行计划生育的正确原则，计划生育关系到群众的切身利益，如果没有他们的自觉自愿行动，是行不通的。

（四）在贯彻执行党和政府的计划生育方针政策时，实行区别对待、分类指导的原则

我国幅员辽阔，各地之间的自然条件、经济、地理、文化传统、习惯差距很大，计划生育工作水平也参差不齐。多年来，党和政府在计划生育工作上，实行了区别对待、分类指导的原则。首先是区别居住情况，对城市，要求育龄夫妇除特殊情况经过批准外，一对夫妇只生育一个孩子；对农村夫妇除提倡一对夫妇只生一个孩子外，某些群众确有实际困难，包括独女户要求生二胎的，可以间隔几年以后生第二胎；不论哪一种情况都不能生第三胎。其次是区别民族。对汉族和人口在1 000万以上的少数民族，在生育胎次上，控制得严一些；对人口在1 000万以下的少数民族控制得宽一些。第三是区别职业，对一般的工人、农民控制得严一些，对矿工、渔民、牧民则宽一些等等。第四是区别人口密度和自然资源丰欠。对人口密度高、自然资源相对不足地区的夫妇生育子女数控制得相对严一些，对人口密度较低、自然资源较丰富地区的夫妇生育子女数控制得松一些。

不仅在生育政策上，而且在为实现生育政策所采取的各种措施上，也实行区别对待、分类指导。如宣传教育、节育措施、奖励处罚等，都要针对不同对象，采取不同的形式和方法。

区别对待、分类指导的方法，被群众誉为一把钥匙开一把锁的方法，它的针对性强，收效明显，是实事求是地指导我国计划生育工作的好方法。

（五）把宣传教育作为中心环节，着眼于疏导

计划生育说到底是要改变人们几千年来的生育习惯，是一场深刻的思想革命。因此，我国计划生育工作从一开始就把宣传教育作为中心环节，用疏导的办法，耐心进行思想政治工作，教育群众，收到了显著效果。多年来，在宣传教育上，采取的方法多种多样。

一是“三普及”教育。即普及党的计划生育方针政策；普及人口理论基本知识；普及避孕节育、优生优育知识。使群众对计划生育的意义、政策及科学知识，有一个较全面的了解，提高实行计划生育的自觉性。

二是“算账对比”教育。算人口多少与人均粮食、土地、收入帐；算计划生育开展前后人口增长数量帐；算少生优生孩子对国家和家庭的好处帐等等。通过算帐对比，使人们进一步认识到实行计划生育、控制人口增长的重要意义，进一步提高他们实行计划生育的自觉性。

三是实行系列教育，或叫“五期教育”。即把育龄夫妇分为青春期、新婚期、孕产期、育儿期、更年期等，针对不同时期的需求进行针对性教育。通过这些教育，增加他们计划生育、优生优育的知识，达到少生优生优教的目的。

（六）推行“三为主”工作方法，为育龄夫妇做好服务。即宣传教育为主，避孕节育为主，经常工作为主。为了实现“三为主”，各地群众创造了“五访”、“五问”（“五访”就是访只生育一个孩子后不要求再生育的夫妇，访计划生育战线上模范人物和积极分子，访做了节育手术的同志，访因计划生育问题受处罚的同志，访新婚夫妇。“五问”就是问寒，问暖，问母女（子）健康，问家庭困难，问对工作的意见）、“三服务到家”（即宣传工作服务到家，避孕药具服务到家，妇女儿童保健服务到家）和帮助致富等方法。

所有这些，都反映出我国的计划生育工作是为人民着想，为人民服务的，因此它得到了人民的拥护和支持，使我国的计划生育工作取得了举世瞩目的成就。

我国的计划生育工作虽然取得了伟大成就，但是面临的任务十分艰巨。一方面面临长达十多年的新的人口出生高峰期；另一方面，计划生育工作本身也还存在一些问题，计划外二胎和多胎生育还占相当大的比例。随着形势的发展，一些新情况新问题也不断出现。并且一时还没有找到有效的解决办法，比如早婚早育问题，流动人口的计划生育管理问题等等。

要实现我国控制人口的目标，必须进一步统一全党、全国人民对计划生育工作的认识，稳定现行计划生育政策，抓紧工作，严格执行现行政策。

（作者工作单位：国家计划生育委员会）

1987年中国计划生育工作国际交往

燕建德　张志荣　陈泉根　王湘瑛

1987年中国计划生育方面的外事交往很多，一些国际性的人口会议都派团参加。下面就以这方面的情况为主，对几个国际会议的情况做一综述。

一、第24届联合国人口委员会会议

这次会议于1987年1月28日至2月6日在纽约联合国总部召开。我国派国家计划生育委员会副主任常崇煊率4人代表团出席会议。27个成员国代表及有关国家和国际组织的代表共92人出席了会议。会议主要议题为1974年世界人口会议建议执行情况、1984年国际人口会议所建议的后续活动和世界人口行动计划执行情况。大会听取并讨论了联合国副秘书长拉斐汀·阿罕默德（RAFEEUDDIN AHMED）代表经济和社会事务委员会、副秘书长谢其美代表技术合作发展部、人口司司长卡斯特兰德（JEAN—CLAUDECHASTELAND）代表人口司所做的工作报告。

大会讨论并通过了人口委员会建议经济和社会事务委员会敦促联合国秘书长继续监督世界人口发展趋势的研究和人口政策的实施，做好审议“世界人口行动”的准备工作。

我国代表常崇煊在大会发言中阐述了我国政府在人口、计划生育问题上的一贯立场和政策；强调了我国人口按计划增长的必要性和可行性；对联合国系统内各人口机构为控制人口所做的努力表示赞赏。

二、国际人口政策与发展计划讨论会

联合国人口基金1987年5月4日至7日在墨西哥城召开首届国际人口政策与发展计划讨论会。来自亚、非、拉美及东欧共48个国家的108名代表和51名国际组织、民间团体的特邀代表出席了会议。中国国家计划生育委员会副主任彭玉应邀出席，并当选为大会副主席。

墨西哥总统德拉马德里主持了开幕式并致词。他在致词中希望通过这次会议制定出一个造福于各国人民和促进世界和平与稳定的人口政策。

联合国人口基金执行主任拉斐丝·沙迪克在开幕式上做主旨演讲。她在演讲中回顾与评价了发展政策和人口政策，并提出了将两者结合实施的建议。

讨论期间，代表们还听取了“人口增长与发展计划”、“人口分布与发展计划”、“人口结构与发展计划”、“人口政策的实施”及“在发展计划中的人口政策”五个专题报告。专家们从各个不同的人口增长模式、人口分布、人口结构等特点，阐述了人口增长与社会、经济发展诸因素的密切关系，从而建议从组织机构、研究、培训等方面着手制定出相应的政策，并推动这一政策的实施。

代表们在人口增长与发展计划关系的讨论中强调，社会经济诸因素对人口过渡的影响。贫困和高出生形成了一个恶性循环。提高人们的生活水平，特别是穷人的生活水平，改善妇女地位，降低婴儿和儿童死亡率是发展的一个重要条件。

代表们在“人口分布”的讨论中，共同认识到经济发展政策对人口分布产生强烈的影响。就业机会、教育、住房改善和较好的医疗条件，在发展中国家成为人口从农村流入城市的主要原因。能源和生态环境也是其因素之一。许多发展中国家面临人口分布不平衡的严峻形势，采取相应措施已成为当务之急。

与会代表对会议的建议书进行了讨论。建议书中指出，要达到人口与发展的结合，需要创造国内、国际的有利条件，如政府的高度重视、高级机构的建立、精确的信息流通、足够的方法手段、训练有素的人员以及国际社会的有效合作。建议书表示，在世界范围内通过提高妇女地位、提高妇女受教育率和就业率、降低婴儿死亡率、减少童工现象、消灭贫困、组织促进农村经济发展等活动，降低人口高出生等现象，以逐步达到世界人口的稳定增长。建议书号召：在政府一级建立高一级的组织机构，如国家人口委员会，协调决策机构，促进实现人口与发展计划的结合；建立相应的学术研究机构，为决策服务；建立相应的管理信息系统，汇集、分析数据，为决策反馈，在不断变化的形势下调整目标和工作重点；建立一支训练有素的工作队伍；加强国家、地区和世界范围的人员培训及培训交流活动。

三、亚太地区人口政策高级决策人员及管理人员研讨会

亚太经社会于1987年1月14日至19日在泰国普吉市召开了亚太地区人口政策高级决策人员和管理人员研讨会。来自十几个国家和国际组织的代表及一些国际著名的人口学家出席了会议。中国国家计划生育委员会办公厅副主任李宏规等二人，也参加了会议。

会议对当前亚太地区的人口和生育状况以及发展趋势；影响生育率提高或下降的主要因素，以及亚太各国在控制人口增长中的一些问题进行了学术性的研究和讨论。

会上泰国、印度等国家分别介绍了各自国家的人口政策和人口控制工作的进展情况。我国代表也在会上介绍了中国的人口政策及计划生育工作情况。与会代表对70年代以来，中国政府在控制人口数量，降低生育率方面所取得的巨大成绩给予了充分的肯定。认为中国是亚洲国家在控制人口方面的一个榜样。

会议经过讨论，提出了以下建议：

要充分认识到人口与社会、经济之间有着紧密的联系；

各国政府要进一步重视人口状况在经济发展中的重要性；

要不断地提高人口素质；

要进一步加强政府的人口政策并提供服务；

要加强家庭服务系统；

政府要根据本国的人口发展及自然资源，不断地修订自己的政策；

要独立自主、自力更生，充分发挥自愿人员及基层组织在家庭计划中的作用；

为能更有效地实施人口规划，需要进一步加强培训、教育、指导、管理信息系统，并对其进行检查与估价。

四、第14届亚洲寄生虫控制及计划生育国际会议

第14届亚洲寄生虫控制及计划生育国际会议于1987年10月26日至30日在孟加拉国首都达卡举行。以国家计划生育委员会王湘英为团长的中国代表团出席了会议。

70年代以来，人口的过快增长引起国际上各界人士的关注。为了在广大农村地区顺利地开展计划生育工作，日本家族计划国际协力财团自1974年以来，先后在一些发展中国家开展了控制寄生虫、计划生育和改善营养相结合的项目试点活动。我国自1984年起参加了这个合作项目，并先后派团参加了第11、12和13届亚洲控制寄生虫及计划生育国际会议。

这次会议的主题是"结合项目——促进妇幼保健的战略"。

会议听取了亚洲寄生虫控制组织秘书长的工作报告；还听取了孟加拉国代表的中心发言，并分组就如何深化项目宗旨，扩大实施范围，争取更多国际组织支持等问题进行了讨论。会上表彰了一批在实施项目活动中做出突出贡献的基层计划生育工作者和项目工作人员，并向他们颁发了"森下奖金"。

会议期间，中国代表团本着积极参加会议各项活动，吸取各国有益经验，加强与各国同行友好交流的精神参加了会议。中国代表在大会上介绍中国结合项目一年来进展情况的国别报告，并散发了各试点地区的书面介绍材料。中国代表团团长担任了第三次会议的执行主席，并在闭幕式上代表全体与会人士向东道国政府及会议的组织者致了谢词。会下，中国代表广泛与各国代表进行了接触，增进了相互了解，吸取了其他国家执行结合项目的有益经验。

（作者工作单位：国家计划生育委员会外事局）

第 Ⅵ 部分
调 查 报 告

1987年中国老年人口抽样调查报告

田雪原

列入“七五”国家社科重点的“中国老年人口调查和老年社会保障改革研究”项目，按照原订计划，在有关部门特别在国家统计局城乡抽样调查队的密切合作下，1987年中进行了全国60岁以上老年人口抽样调查；20个省、自治区、直辖市的地方老年人口抽样调查也同时完成。现在，第一批电子计算机汇总的《中国1987年60岁以上老年人口抽样调查资料》已正式出版，和读者见面了。现将这次全国老年人口抽样调查的情况，调查的主要结果，报告如下：

关于抽样调查

为什么要组织一次全国老年人口的抽样调查呢？概括起来说，主要是为了适应实践和理论发展两个方面的需要。在实践方面，众所周知，当前解决中国人口问题的首要任务是大力控制人口的数量，以及提高人口的质量，贯彻计划生育基本国策。然而当人口的数量增长受到控制，出生率下降后，人口的年龄结构在不声不响地发生着变化，出现了老龄化的倾向，大街小巷楚楚窜动的人头中多了点点白发，使我们在经受一场人口数量激增的同时，正面临着一场人口老龄化“银色浪潮”的冲击。事实上，中国自70年代生育率大幅度下降以来，人口的年龄结构已由年轻型跨入成年型初期，并将以比较快的速度完成由成年型向老年型的转变，加速走向老龄化。1982年普查全国65岁以上老年人口为4 927万，按照人口年龄构成推移，1990年可增加到7 398万，2000年可增加到8 648万，2010年可增加到10 542万，2020年可增加到15 093万，2030年可增加到19 816万，2040年可增加到25 653万。大致的趋势是：以1982年老年人口绝对数量作基数28年后可翻一番，再过20年再翻一番，到2040年达到最高峰值时老年人口数量为1982年的5.2倍，净增2亿多。其数量之大，相当于1980年世界老年人口数量之和，或接近于届时所有发达国家老年人口数量之和。与此相适应的是，65岁以上老年人口占总人口的比例，可从1982年的4.9%提高到1990年的6.6%，2000年的6.9%，2010年的7.9%，2020年的10.6%，2030年的13.5%，2040年的17.4%左右，以后则稍有下降并趋于稳定①。亦即本世纪末我国人口年龄结构可步入初步老龄化阶段，2020年达到成熟老龄化阶段，2040年达到老龄化较高阶段，将仅次于瑞典、联邦德国、日本等65岁以上老年人口比例超过20%的国家，居于世界比较高的水平。

根据联合国国际经济和社会事务部的预测，1950年世界65岁以上老年人口约占总人口的5.1%，发达国家占7.6%，发展中国家占3.9%；到2025年世界65岁以上老年人口所占比例可上升到占9.7%，发达国家上升到占17.4%，发展中国家上升到占8.2%。相比之下发达国

① 参见《2000年的中国人口和就业》中位预测，人口总数1990年为11.19亿，2000年为12.48亿，2010年为13.38亿，2020年为14.25亿，2030年为14.67亿，2040年为14.71亿。

家65岁以上老年人口比例从7%上升到17%大约花80年的时间，而我国只需花40年的时间，我国人口老龄化的速度将比发达国家快1倍。这对于一个经济上不够发达的国家，按照现在的发展远景规划本世纪末达到小康水平，下一个世纪中期达到一般发达国家水平，将带来一系列重要问题，如何妥善地解决老有所养等问题将变得十分突出，需要及早制订方略，着手改革，筹措解决。养老制度的改革不能等到一批人进入老年以后才开始，而必须在他们进入劳动过程后就开始，要有一个一定的提前量。但要进行养老制度的改革，不可不弄清老年人口在衣、食、住、行、劳动、就业、学习、婚姻、家庭、医疗、健康、交往、活动、困难、要求等方面的现状，开展相应的调查特别是能够推论全国的抽样调查，取得比较全面系统的科学数据资料。

在理论方面，老年学作为一门边缘性较强的学科发展起来，已经经历了几十年甚至上百年的历史。尤其是二次世界大战后加速发展起来，在老年医学、老年生物学、老年心理学等偏重老年自然科学获得发展的同时，老年社会科学方面有了更快的发展，老年人口学、老年社会学、老年经济学等纷纷建立和发展起来。美国、日本、法国、荷兰、比利时等国还出版了许多论著，作了不少社会调查，创办了多种老年学杂志，召开过多次老年科学学术讨论会。我国老年科学起步较晚，作为一门独立性的学科提出来是1949年中华人民共和国成立以后的事情。1958年中国科学院曾建立过老年学研究室，1964年在北京曾召开过一次全国老年学和老年医学的学术讨论会，但一是多限于自然科学主要是医学方面的内容；二是在随后的10年动乱期间同其它许多学科一样，难逃被摧残的命运，老年学特别是老年学的社会科学方面的研究，则基本上是一块空白。近10年来随着有关学科，特别是人口科学研究的深入揭示了人口老龄化的进程，老龄问题突出出来，老年科学研究也发展起来，并于1986年正式成立了全国性学术组织中国老年学学会。然而由于时间短基础薄弱，现缺少较有影响的论著，也缺乏全面系统的社会调查，特别是能够推论全国老年人口总体的调查，同学科发展不相适应。为了改变这种状况，取得能够代表中国老年人口总体的完整资料，为老年科学研究奠定一个比较可靠的基础，在1986年11月召开的全国哲学社会科学“七五”规划会议上，中国社会科学院人口研究所提出“中国老年人口调查和老年社会保障改革研究”课题，被列入“七五”国家社科重点项目。该项目的第一阶段，就是进行全国60岁以上老年人口抽样调查，以及组织协调20个省市区地方老年人口的调查。

重点课题和第一步调查任务确定后，先组织起课题组和拟订全国抽样调查方案。课题组以中国社科院人口研究所为主体聘请中国老年学学会、公安部、民政部、劳动人事部、国家计委、国家统计局、中国老龄问题全国委员会等领导同志组成课题顾问和领导小组，确定了课题组全部参加人员。课题组组成后，即对老年人口抽样调查方案和问卷设计进行了反复的分析和讨论，并与上海社会科学院人口研究所一起，在上海作了试点调查。上海试点调查共调查3 201名60岁以上老年人口，占1986年全市老年人口的2.0‰，其中男性老年人口1 434人，女性1 767人；城市人口2 201人，乡村人口1 000人。上海试点调查采取封闭式调查问卷，问卷的设计参考了美国、加拿大、日本等国的老年人口调查项目，结合我国实际拟了包括老年人口年龄、性别和文化构成，老年人口的收入、就业和职业，老年人口婚姻、生育和家庭，老年人口供养、生活料理和在家庭中的地位，老年人口健康、医疗和营养，以及老年人口居住、时间安排和外出活动等方面共56个栏目201问，基本上包括了老年人口生存和发展的主要方面。上海试点调查证明调查问卷设计基本上是合理的、可行的，并通过实地调查取得的入户访问和培训调查员的经验，对调查问卷和总体设计又进行了改进。为了进行全国范围内的抽样调查，我们同国家统计局城乡抽样调查队达成协议，同他们一起又对总体调查方案和问卷设计进行了反复讨论修改，并联合广东进行又一次试点调查，完成了全国抽样调查前的各项准备工作，之后的具体调查由抽样调查队组织进行。

这次全国老年人口抽样调查的标准时间定为1987年6月30日24时，全部调查在1987年7月1日至15日完成。调查的对象为60岁（1927年6月30日以前出生）以上老年人口，全国共3 6755人，其中市镇17 819人，包括28个省、自治区、直辖市（西藏除外）的全部特大、大城市，部分中、小城市和镇，共223个；乡村18 936人，包括28个省、自治区、直辖市共830个县。方法采用分层、多阶段、整群随机抽样：分层是指全国分成市镇和乡村两部分，市镇又分成市和镇二层，市又分成特大、大、中、小四个层次。多阶段是指各调查市、镇、县依据不同规模分为三个阶段（特大和大城市）和二个阶段（中小城市、镇和县）：

第一阶段：区抽街道；乡抽村。

第二阶段：街道抽居委会；村抽居民户。

第三阶段：居委会抽居民户。

整群随机抽样是指市镇将抽中的居民家庭对60岁以上老年人口进行登记，在取得老年人口占全部抽中人口比例和老年人口性别比基础上，将抽到的老年人口作为总体按一定规模分组再抽样：特大城市抽210人，大城市抽95人，中等城市抽85人，小城市抽110人，镇抽55人；乡村按照农村抽样调查队已有的农村住户调查的66 000经常性调查户直接抽选，由于这些经常性调查户是严格按照随机抽样原则建立起来的，符合本次全国老年人口抽样调查要求。

课题领导小组和统计局城乡调查队的领导同志，都十分重视调查质量。即使本次调查的基本队伍由城乡抽样调查队4 000多名专业队伍来执行，调查误差很小，但还是反复强调质量，并采取一系列措施，抓住各个主要环节，把可能发生的误差减少到最低限度，保证调查和电子计算机汇总过程中的质量。

首先，在总体设计上满足了以推论全国老年人口总体所需要的样本量。如前所述，农村样本量的选定严格按照随机抽样的原则进行，从调查队已有的846个县66 000农户中调查了18 936个60岁以上老年人口，包括大陆29个省、自治区、直辖市东西南北中各方，呈星罗棋布的均衡分布；城镇则按照60岁以上老年人口占8%和允许误差控制在0.005的原则，计算出应抽取134 000户，而考虑到对边远山区县有更大代表性的需要，扩大到150 000户。然后在取得对这150 000户老年人口进行调查登记基础上，再进行17 819个60岁以上老年人口的二相样本的抽选，以保证其具有足以推论全国老年人口总体的性质，并对省一级有代表性。

其次，严格控制非抽样误差。样本量和抽样方法的科学选择固然是基础，但要提高调查的精确度，还必须从各个步骤上尽力减少误差，主要采取了如下一些办法：

一是调查问卷设计采用红白相间彩色印刷和自动编码，调查员在指定的颜色区内只填写编码，不写文字，可减少登记误差；绝大多数问题采用封闭式问卷设计，被调查人在问卷列举的并列回答中选择，可减少回答误差；被调查对象年龄等关键问题以不同方式提问二次，通过验证减少误差。

二是进行调查员培训。尽管从事调查的大多是专业抽样调查队伍，但调查前普遍进行了调查员培训，使调查员领会老年人口抽样调查的意义、目的、要求，学习《全国城市（农村）老年人口基本情况调查调查员须知》，熟悉问卷中的各种指标、编码和注意事项。

三是坚持数据检查。各地在收回调查表后，先由发出单位进行初审，对填写不够规范的表格重点审核，不合格的可重新抄写，然后装订成册；在上电子计算机录入前，再对调查表审核一遍，对各种逻辑关系进行审核，不合格的不予通过；计算机汇总程序中包含逻辑检查，使违反逻辑规定的不合理数据，无法进入电子计算机。

四是控制录入误差。由于问卷是套色印刷，需要录入部分十分醒目，不易出错；同时由于采用自动编码设计，不用经过人工编码等中介环节即可直接上机录入，也可减少误差；逻辑检查程序的设计，也帮助消除录入上的误差。

五是加强审核和验收。课题组和负责电子计算机汇总的同志一道，对汇总出来的数据随汇总随进行审核，并召开专门会议对抽样调查结果进行论证和验收。经审定，证明抽样调查达到原设计要求，质量是比较高的，数据资料是可靠的。

调查主要结果分析

由于本次抽样调查规模大、项目多、组织严密、质量比较高，第一批电子计算机汇总数据资料已把全国老年人口基本情况展现在我们面前。但限于篇幅，本报告只能从宏观角度，对目前全国60岁以上老年人口现状加以概括，对其中最重要的一些问题作必要的分析。

（一）老年人口年龄、性别和文化构成

老年人口年龄、性别和文化构成不是本次抽样调查的重点，因为这部分数据资料完全可以通过其它抽样调查，特别是通过人口普查取得。但是，由于年龄、性别和文化构成属于人口方面的基础资料，且同我们所要研究的各种老年人口问题关系密切，还是有必要首先展示一下它的概貌。

1. 年龄构成

1987年抽样调查60岁以上老年人口加权汇总年龄构成见表1：

表1　　全国60岁以上老年人口年龄构成（加权汇总）

岁	男女合计(%)	男(%)	女(%)	性别比(女=100)
合　计	100.0	100.0	100.0	89.2
60～64	36.7	40.4	33.4	107.8
65～69	26.0	27.0	25.1	96.1
70～74	18.5	17.6	19.2	82.1
75～79	11.1	9.4	12.6	66.1
80～84	5.4	4.0	6.7	53.8
85～89	1.8	1.3	2.3	48.4
90+	0.5	0.3	0.7	37.5

由上表看出，全国老年人口年龄构成具有典型“金字塔”特点：随着年龄组年岁的提高所占比例逐步降低，无论男女合计老年人口还是男性或女性老年人口，这种阶梯式变动都非常明显。如将60岁以上老年人口作为一个总体观察，对比1982年全国人口普查，60～64岁占60岁以上老年人口比例上升1个百分点，80岁以上占60岁以上老年人口比例上升1.1个百分点，从总的情况看男女合、男性、女性各年龄组所占比例变动不大。这里借用总体人口年龄中位数计算公式：

$$X_{md}=X_i+\frac{0.5-\sum_{0}^{md-1}C_x}{C_{md}}\cdot d$$

以60岁为起点，以60岁以上老年人口作总体，计算出1987年中60岁以上老年人口年龄中位数为67.6岁，同1982年普查基本相同。即1987年中67.6岁以下老年人口占据一半，另一半则在67.6岁以上，老年人口中较低年龄组人口所占比例增大一些。这对于我们认识老年人口现状，分析老年人口健康、就业、参与社会活动能力，考虑老年社会保障制度的改革等说来，具有一定的意义，是一项具有基础性质的指标。

2. 性别构成

就一般情况而论，老年人口性别比与总体人口性别比比较要偏低一些，因为同一老年人口年龄组男性死亡率一般高于女性，女性寿命相对更长一些，所占比例更大一些。但少数国家也有例外的情况，据联合国《人口年鉴1977》提供的资料，该年有非洲的贝宁、利比亚，亚洲的印度、马尔代夫，拉丁美洲的古巴等20多个国家65岁以上老年人口性别比在100以上，男性多于女性。对其产生的原因众说不一，有的归之于女性老年人口地位的低下，有的归结为宗教原因，但女性老年人口年龄别死亡率要更高一些，则是共同的认识。我国同世界上绝大多数国家一样，60岁以上老年人口性别比要比总人口性别比低许多，表1加权汇总为89.2，同1982年普查比较接近。同时随着老年人口年龄组年龄的升高，性别比逐步下降，由60～64岁的107.8下降到70～74岁的82.1，80～84岁的53.8，90岁以上的37.5，符合一般发展规律。

3. 文化构成

我国历次人口普查和人口登记，6岁以上人口文化程度均采用大学毕业、大学肄业或在校、高中、初中、小学、不识字或识字很少6个档次，有时前二个档次合并为具有大学文化程度人口，最后一个档次亦作文盲半文盲人口。本次老年人口抽样调查从老年人口实际和相关分析研究需要出发，将老年人口文化程度分作大学、中专、高中、初中、小学、识字不多、不识字6个档次，其中中专与高中为同一档次不同类型。不难看出，按照这样区分方法得到的资料，在进行对比和相关分析时只能进行同一档次的比较，无法进行不同档次的比较，而且不同指标反映的人口文化程度还会发生矛盾，出现甲地具有大学文化程度人口所占比例高于乙地，但识字不多或不识字所占比例也高于乙地，难以判断甲乙二地高低的情况。这就需要找到一个能够反映总体人口综合的、具有平均性质的文化水平指标，并且具有简单明了、可比性强的指标，这就是按人口平均所受教育的年限。显然，只要给出不同文化档次人口数和每个档次平均所受教育年限，其总体人口平均所受教育年限便可求出。然而由于不同历史时期各类学校学制长短不一，同时毕业与肄业、高年级与低年级可能相差好几年，各档次人口平均所受教育年限实际上是一个很难确定的量，在没有取得关于这个问题全国的专门数据情况下，只能取其近似值，故不宜采用人均教育年限概念，而称之为人口文化素质指数，尽管其含义是指人口平均接受教育的时间。从我国实际情况出发，取具有大学文化程度人口平均接受教育年限近似值为16年，中专和高中为11年，初中为8年，小年为4年，不识字或识字很少为0.25年，计算出1987年中全国60岁以上老年人口的文化指数为2.00，反映着老年人口总体具有的文化水平。

有了这一指标，可以比较清楚地看出目前我国老年人口具有的文化程度和结构。最重要的有下列各点：

一是同全国人口具有的文化程度相比，老年人口居于更低的水平。按照相同方法和相同平均教育年限近似值，并依据1987年中全国1%人口抽样调查提供的资料计算，该年全国人口文化指数为4.65，比60岁以上老年人口高2.65，即全国人口文化素质指数为60岁以上老年人口的2.3倍。老年人口文化素质指数如此低，反映了新中国成立以前教育落后，广大人民群众无力上学就读的情况。

二是随着老年人口年龄的升高，文化程度呈不断下降的相反趋势。例如，抽样调查60～64岁组人口文化素质指数为2.67，高于老年人口总体2.00的水平；70～74岁下降到1.57，降低到老年人口总体水平以下；到80～84岁更下降到1.10，仅相当于老年人口总体的0.6。这反映了历史越是往前追溯，人们所受教育越低的情况。

三是男性老年人口文化水平大大高于女性。例如，抽样调查市男性老年人口文化素质指数为5.29，市女性为1.73，男性为女性的3.1倍；县男性老年人口文化素质指数为2.13，县女性为0.41，男性为女性的4.5倍，强烈地反映出旧中国在文化教育上的男尊女卑状况。

四是城乡之间老年人口文化程度相差悬殊，城市大大高于乡村。抽样调查表明，1987年中市老年人口文化素质指数为3.64，镇为3.50，县为1.22，市、镇、县之比为3：2.9：1，市与镇差别不大，市镇老年人口文化素质指数大致为乡村的3倍，高出很多。这反映出旧中国乡村教育尤其落后的历史状况。

（二）老年人口的婚姻和生育

老年人口作为总体人口中的一部分，在婚姻和生育方面有着同一般成年人口相似之处，也有一些不同的地方，带有明显的历史烙印，并同老年人口的生活、劳动、学习、健康、活动等紧密联系在一起。1987年全国老年人口抽样调查表明，60岁以上老年人口在婚姻和生育方面的现状和特点，集中地体现在以下几方面：

1. 婚姻状况中的低配偶率和高丧偶率

老年人口的婚姻状况，系指老年人口未婚、有配偶、离婚、丧偶的情况，由于老年人口赡养等因素的影响，老年人口分居率也比一般成年人口为高，所以本次全国老年人口抽样调查增加“分居”一项。1987年全国60岁以上老年人口抽样调查的老年人口婚姻状况见表2：

表2　全国老年人口按年龄分组婚姻状况（加权汇总）　（%）

岁	60+	60～64	65～69	70～74	75～79	80～84	85～89	90+
合计	100.00	100.00	100.00	100.00	100.00	100.00	100.00	100.00
未婚	0.62	0.79	0.49	0.45	0.75	0.53	0.17	0.61
有配偶	60.27	78.02	66.00	49.35	34.70	21.84	14.97	13.58
分居	1.88	1.59	1.79	2.23	2.62	2.15	0.35	0.61
离婚	0.64	0.65	0.77	0.54	0.58	0.59	0.17	0.61
丧偶	36.57	18.93	30.92	47.40	61.32	74.86	84.31	84.56

表2的明显特点是老年人口有配偶率低和丧偶率高。例如，1982年普查30～34岁人口有配偶率达93.9%，40～44岁93.4%，而1987年老年人口抽样调查60岁以上有配偶率仅为60.3%，82岁以上下降到20%以上。与此同时30～34岁人口丧偶率仅有0.6%，40～44岁2.5%，60岁以上上升到36.6%，80岁以上则上升到75%以上。老年人口不仅有配偶率低、丧

偶率高，而且随着年龄的增高而加剧，看来是一种普遍规律，因为老年人口年龄别死亡率随着年龄的升高而上升，是共同的。

老年人口婚姻状况中“一低一高”的特点在性别结构上有很大差异。一般说来，成年时期女性人口有配偶率不同程度的高于男性，如1982年普查24岁男性人口有配偶率为48.7%，女性为78.8%；35～39岁男性为90.8%，女性为98.2%；而1987年全国老年人口抽样调查65～69岁市男性有配偶率下降到88.3%，女性则下降到57.7%；90岁以上市男性下降到42.9%，市女性则下降到只有3.7%，镇和县的情况也基本雷同。丧偶率成年时期男性与女性之间差别不甚显著，特别在45岁以前，如1982年普查24岁男性丧偶率与女性丧偶率均为0.1%；35～39岁男性为0.7%，女性为1.2%；但到了老年则相差悬殊，1987年抽样调查65～69岁市男性老年人口为10.2%，市女性为39.6%；90岁以上市男性为50.0%，市女性为92.6%，镇和乡村变动趋势也大致相同①。不仅中国，国外绝大多数国家亦如此，如1975年75岁以上老年人口有配偶的比例瑞典男性占54%，女性占20%；日本男性占63%，女性占15%；墨西哥男性占67%，女性占32%②。这其中有国外离婚率较高的影响，但主要的还是老年人口年龄别死亡率较高，同一年龄组中男性更高于女性，女性寿命比男性要长一些的结果。在这个意义上说，孤寡老人问题重点是寡居的女性老年人口问题。

城市与乡村老年人口的有配偶率和丧偶率有一定差别。抽样调查表明，1987年全国市60岁以上老年人口有配偶率为68.5%，镇为66.7%，高于全国60.3%的水平；县为55.6%，低于全国4.7个百分点。丧偶率市为29.4%，镇为31.2%，低于全国36.6%的水平；县为40.6%，高于全国4.0个百分点。这表明，城市与乡村比较，乡村无配偶的孤寡老人所占比例更大一些，问题更突出一些。

2. 结婚次数多者比例小、初婚年龄低者比例大

1987年全国老年人口抽样调查60岁以上老年人口按结婚次数划分，只结过一次婚的占81.9%，结过二次婚的14.9%，结过三次婚的占1.7%，未结过婚的占1.2%，结婚四次以上的占0.3%。男性与女性老年人口比较，只结过一次婚的男性所占比例低于女性，而结过三次婚以上的高于女性。其中结过一次婚的比例市男性占81.5%，市女性占85.6%；镇男性占80.7%，镇女性占81.1%；县男性占81.8%，县女性占83.0%。而结过三次婚的市男性占1.9%，市女性占0.9%；镇男性占2.2%，镇女性占1.5%；县男性占2.2%，县女性占1.5%，结婚在四次以上的情形也相类似。不同文化程度老年人口在结婚次数上并不存在明显的不同，只是在未结过婚的人所占比例上表现出一定差别：全国具有大学文化程度老年人口未结过婚的占3.3%，高中占3.0%，初中占1.7%，小学占1.3%，不识字或识字很少占0.9%，未结过婚老年人口所占比例依据其文化程度的降低而降低。总的看，中国老年人口的婚姻关系相当稳定，只结过一次婚的占据绝大多数，具有典型的东方色彩。

抽样调查表明，全国老年人口的初婚年龄在15～19岁的占47.0%，20～24岁的占35.2%，25～29岁的占11.8%，30～34岁的占4.2%，35岁以上的占1.8%，表明中国过去很强的早婚传统习惯。而且这种传统习惯在年龄越大的人中表现越加充分，老年人口中较高年龄组结婚更早一些。60岁以上老年人口各年龄组在15～19岁结婚所占比例，60～64岁组占43.8%，65～69岁组占46.0%，70～74岁组占49.4%，75～79岁组占50.8%，80～84岁组占53.8%，85～89

① 资料来源：1982年人口数据引自《中国1982年人口普查资料》，中国统计出版社，1985年。

② 资料来源：United Nations，1977；Demographic Yearbook 1976。

岁组占54.3%，90岁以上占61.0%，随着年龄的升高呈阶梯式上升。同时初婚年龄提高后，则随着老年人口年龄的升高而呈阶梯式下降的趋势，如初婚年龄在20～24岁所占比例，60～64岁组占37.1%，70～74岁下降到33.7%，80～84岁下降到33.3%，90岁以上下降到26.4%；初婚年龄在25～29岁所占比例，60～64岁组占13.8%，70～74岁组占10.3%，80～84组占7.8%，90岁以上占7.5%。从另外的角度看，说明随着时代的前进后来人大大减少了早婚现象，初婚年龄有逐步提高的趋势。

老年人口文化程度同初婚年龄关系密切：具有大学文化程度老年人口初婚年龄在20～24岁所占比例最高，占36.0%；其次为25～29岁，占26.4%；再次为15～19岁，占22.0%。而高中、中专、初中、小学初婚年龄所占比例最高的也为20～24岁，占40%左右；但居于第二位的则为15～19岁，所占比例在30%上下，比具有大学文化程度高许多；居于第三位的为25～29岁，所占比例不足20%，比具有大学文化程度低许多。文盲半文盲以初婚年龄在15～19岁所占比例最高，达53.0%；其次为20～24岁，占32.9%；再次为25～29岁，占9.4%，不仅同具有大学文化程度老年人口有天壤之别，而且同具有中小学文化程度老年人口也差别很大，文盲半文盲老年人口更具有鲜明的早婚特点。

城市和农村老年人口按初婚年龄5岁为一组区分，所占比例排列顺序相同，即初婚年龄所占比例最大为15～19岁，依次为20～24岁、25～29岁、30～34岁和35岁以上。但比例高低有所不同，特别是初婚年龄在15～19岁相差很大：市占40.3%，镇占41.1%，县占51.0%，乡村比城市要高出10个百分点。初婚年龄在20～24岁所占比例城乡之间差别不大，初婚年龄在25岁以上所占比例城市要大大高于乡村，大约高出10个百分点。

老年人口初婚年龄在性别上的差异是显而易见的，无论城市还是乡村男性老年人口初婚年龄所占比例都以20～24岁为最高，市占37.1%，镇占37.2%，县占40.9%；女性则以15～19岁为最高，市占56.9%，镇占57.0%，县占66.0%。而在25～29岁初婚年龄较高年龄组所占比例比较中，市男性所占比例要比女性高出18.3个百分点，镇要高出15.5个百分点，县更高出13.2个百分点。这种情况说明，老年人口中女性早婚现象尤其严重，初婚年龄比男性更低。

3. 早育现象严重和生育子女数量多

早婚的一个直接的后果是早育，女性老年人口生育年龄分布中较低年龄组所占比例甚高，较高年龄很低。抽样调查加权汇总资料表明，在全部生育胎次中16～20岁生育的占26.8%，16～23岁生育的占67.2%，16～25岁生育的占81.7%，26岁以后生育的仅占18.3%。而1981年全部育龄妇女生育分布中15～20岁生育的仅占3.5%，比全国老年人口抽样调查低23.3个百分点；15～23岁生育的占20.7%，比全国老年人口抽样调查低46.5个百分点；15～25岁生育的占43.9%，比全国老年人口抽样调查低37.8个百分点；26岁以上生育的占56.1%，比全国老年人口抽样调查高出37.8个百分点。这说明我国80年代育龄妇女的年龄别生育率同40年代中期以前已大不相同，40年代中期以前早育现象十分普遍。

同老年女性人口的这种早婚早育情况相适应的，是所生子女数量的增多。抽样调查加权数据汇总资料说明，全国女性老年人口按生育头胎年龄划分成生育1胎、2胎……直到8胎以上共8个档次，凡在25岁以前生育头胎一生共生育8胎以上的居于首位，而其中17～19岁生育头胎的共生育8胎以上的比例高达40%～50%；其次是或生育7胎、或生育6胎、或生育5胎所占的比例；而生育1胎或2胎所占比例很小。在26～34岁生育头胎的，多数人一生只生育3胎，只有

26、27、28岁生育头胎的一生共生4胎或5胎。而35岁以后生育头胎的，多数一生只生育1胎，少数生育2胎。

同生育胎次多少关系较为密切的，还需提及女性老年人口所具有的文化程度。在抽样调查的全部具有大学文化程度女性老年人口中，以生育3胎所占比例最高，中学文化程度以生育4胎为最高，小学和文盲半文盲以生育8胎以上位居榜首。具体说来具有大学文化程度女性老年人口生育3胎所占比例为22.6%，高中为14.4%，初中为14.8%，小学为8.5%，文盲半文盲为8.6%；而生育8胎以上所占比例大学为4.8%，高中为11.3%，初中为13.2%，小学为19.5%，文盲半文盲为26.5%。总的趋势是生育3胎以下所占比例，依据文化程度的上升而升高；生育3胎以上所占比例，依据文化程度的上升而下降。女性老年人口文化水平同生育子女数量成反比的趋势呈有规律的分布。

（三）老年人口家庭规模和类型

家庭是人口生命活动的基本细胞，老年人口作为总体人口中的一个特殊部分，在家庭的规模和结构上自然有其自己的特点。这些特点不仅同老年人口的基本特征有关，而且也同一个国家的生产力发展水平，传统文化的影响等休戚相关。

1．老年人口家庭规模

抽样调查加权汇总数字表明，1987年中全国60岁以上老年人口家庭平均每户4.9人，比1982年普查全国家庭平均4.4人多0.5人，比1987年1%人口抽样调查4.2人多0.7人。在家庭规模结构上，居于本次老年人口抽样调查第一位的为5人户，占18.9%；1982年普查居总人口家庭第一位的为4人户，占19.5%。居于第二位的本次抽样调查为6人户，占16.6%；普查为5人户，占18.4%。居于第三位的抽样调查为4人户，占14.1%；普查为3人户，占16.0%。而居于最末一位的抽样调查为1人户，占2.6%；普查为8人以上户，占6.9%。就相同规模的户所占比例比较，除2人户所占比例抽样调查高于普查外，其余1人户、3人户、4人户所占比例普查均高于抽样调查；而5人户、6人户、7人户和8人以上户所占比例，抽样调查均高于普查，显示出老年人口家庭规模比一般家庭规模大的特征。

在老年人口家庭规模结构上，不同年龄组之间、不同文化程度之间、不同收入之间和城乡之间存在明显差异。全国加权汇总60岁以上老年人口中，60～64岁年龄组3人户所占比例最高，占18.4%；65～69岁和70～74岁组5人户所占比例最高，分别占19.0%和19.8%；75岁以上组则是6人户所占比例最高，75～79岁占20.4%，80～84岁占22.4%，85～89岁占22.2%，90岁以上组占18.0%，老年人口中较低年龄组家庭规模相对小一些，较高年龄组相对大一些。

不同文化程度老年人口家庭规模存在一定差别，全国加权汇总具有大学文化程度老年人口以2人户所占比例最高，占30.8%。具有中小学文化程度老年人口家庭规模也以2人户所占比例最高，但存在着程度上的差别：高中占27.4%，中专占26.3%，初中占21.4%，小学占18.0%，大致上大学、高中、初中、小学老年人口2人户所占比例，每下降1级降低约3个百分点，文化程度越高家庭规模越小，文化程度越低家庭规模越大。

老年人口收入水平同家庭规模关系也较为密切。加权汇总老年人口月收入在25元以下以6人户所占比例最高，占19.5%；月收入在26～70元以5人户所占比例最高，占20.1%；月收入在71元以上以2人户所占比例最高，占30.8%，其中月收入超过100元的2人户所占比例超过40%。总的趋势是收入越低家庭规模越大，收入越高家庭规模越小，清晰地呈现出人口规模以每户6人、5人、2人为主的三个台阶。

城市同乡村比较，乡村老年人口家庭规模要大一些：市和镇平均为每户3.7人，乡村为5.5人，乡村比城市多1.8人。市、镇、县比较，1～4人户所占比例市为68.1%，镇为64.8%，县仅占29.2%；其中1～3人户所占比例市超过50%，镇接近50%，市镇相当接近，而县仅占16.7%，相差33个百分点以上。可谓悬殊。5人以上户所占比例则倒了过来：县高于镇，镇高于市，但镇和市十分接近。如5人户所占比例市为17.0%，镇为17.8%，县为19.9%；6人户所占比例市为8.8%，镇为9.9%，县为21.3%。可见4人户和5人户所占比例城市和乡村差别较小，3人户以下和6人户以上差距则拉得很大。

2．老年人口家庭类型

老年人口家庭类型同老年人口家庭规模结构紧密相连，抽样调查1987年中老年人口家庭类型结构如下表：

表3　　**60岁以上老年人口家庭类型结构**　　（%）

	全国	市	镇	县
单身户	3.4	5.2	6.5	1.9
一对夫妇户	12.9	20.9	22.5	7.5
二代户	29.2	34.6	31.1	26.9
三代户	50.0	36.9	37.6	58.0
四代以上户	3.0	1.6	1.7	3.8
独身与其他亲属及非亲属户	0.4	0.4	0.2	0.6
其他	1.0	0.4	0.3	1.4

由表3看出，全国城乡老年人口家庭类型均以三代户所占比例最大，大约占全部老年人口家庭的50%，但城市要比这一比例低13个百分点左右，乡村要高出8个百分点。其次为父母和子女以及祖父母和孙子（女）组成的二代户，全国约占29.2%，市占34.6%，镇占31.1%，县占26.9%，城市高于乡村。再次为一对夫妇户，全国占12.9%，市占20.9%，镇占22.5%，县占7.5%，城市高于县13个百分点以上。值得一提的是老年人口单身户城市大大高于乡村，市居第四位，而乡村四代以上户占第四位，单身户只能排在第五位。可以看出，目前我国老年人口家庭结构主干家庭当排在首位，第二是核心家庭，第三是联合家庭，第四为单身家庭，第五为除以上四类以外的其他家庭。我们已经摆脱了封建社会那种以联合大家庭为主的家庭结构，但还没有象全国总人口那样进入到以核心家庭为主体的结构，老年人口家庭正处于由大家庭向小家庭转化之中，有着明显的过渡性性质。

（四）老年人口收入和经济地位

经济是基础。弄清我国老年人口经济状况是解决老有所养，进行老年社会保障制度改革的前提，也是本次抽样调查的重点之一。

1．经济来源

抽样调查表明，目前在老年人口劳动收入（包括再就业）、退休金、储蓄和保险金、社会救济、金融资产性收入、子女（或其他亲属）供给、出售财物、亲友赠送等10种收入形式中，退休金、子女供给和劳动收入是老年人口经济收入来源的“三大支柱”，占到全部收入的90%以上。老年人口在经济来源上的差别和不同，也主要表现在“三大支柱”所占比例的不同和结构的变动上。

城市与乡村比较，城市以退休金占绝对优势，市老年退休金占全部经济收入来源的63.7%，镇占56.3%，仅此一项超过其他各项收入之和；居第二位的是子女（或少数其他亲属）供给，市占16.8%，镇占21.0%，居第三位的是老年人口自身劳动，包括重新就业所得收入，市占14.6%，镇占14.7%；县则以老年人口自身劳动收入居第一位，占50.7%；子女供给居第二位，占38.1%；退休金居第三位，占4.7%。可见市和镇比较接近，而市镇和县比较，“三大支柱”中第一和第三支柱倒了一个个儿：作为市镇第一支柱的退休金，变成县的微小第三支柱；而作为县的第一支柱的劳动收入，也变成市镇只起辅助作用的第三支柱。不难看出，目前城市老年人口经济收入来源主要依赖国家和企业，子女供给和本人继续从事劳动只是一种辅助形式；乡村则体现老年人口自食其力同子女供给并重，并且自食其力略超过子女供给的特点。

老年人口主要经济收入来源同老年人口年龄构成关系密切，总的趋势是随着老年人口年龄组的升高，来自退休金和劳动收入部分所占比例逐步降低，而来自子女（或少数其他亲属）供给部分不断上升。如市老年人口60～64岁组来自退休金部分所占比例高达66.1%，到70～74岁组降至62.3%，80～84岁组降至48.3%；来自本人劳动，包括再就业收入部分所占比例，也由20.5%降至9.8%和2.2%；来自子女包括少数其他亲属供给部分所占比例，则由9.4%上升到21.7%和41.0%。镇和县变动的趋势亦如此，在上述三个年龄组中，县老年人口来自劳动收入部分所占比例由66.5%，下降到33.4%和7.7%；来自子女供给部分由占23.0%上升到占55.5%和78.6%；至于退休金所占比例在乡村本来就很小，变动不甚明显。可见，对于不同年龄组老年人口说来，“三大支柱”的承受力也是不同的，并且有规律可循。

老年人口主要经济收入来源构成在性别上表现的差别和不同，是值得重视的。抽样调查表明，尽管退休金在市男性和女性老年人口经济收入中所占比例最高，但男占74.1%，女占49.0%，男比女高出25.1个百分点；劳动收入男占18.9%，女仅占8.5%，男比女高出10.4个百分点；而子女包括少数其他亲属供给量下降到仅占4.9%，女猛增到33.6%，女比男高出28.7个百分点，成为仅次于退休金的第二大收入。镇男性与女性老年人口经济收入来源构成差别和不同更为明显，“三大支柱”排列次序迥然不同：排在第一位的男性为退休金，占71.0%；女性为子女（或少数其他亲属）供给，占41.6%。排在第二位的男为劳动收入，占18.7%；女为退休金，占35.0%。排在第三位的男为子女(或少数其他亲属)供给，占6.9%，女为劳动收入，占8.9%。乡村又是一番情景：排在第一位的县男性老年人口收入为劳动收入，占62.9%；女性为子女供给，占58.1%。第二位男为子女供给，占24.6%；女为劳动收入，占32.5%。退休金男排在第三位，占7.1%；女则仅占1.2%，小于亲友赠送所占收入比例，在乡村女性老年人口收入中作为“支柱”之一已不复存在。总起来看，在老年人口经济收入来源构成中，男性侧重于退休金和劳动收入，偏重自立型；女性侧重于子女供给，偏重依附型。男女别老年人口经济收入来源上的这种差别和不同，直接影响到经济收入的水平和经济地位。

2. 收入水平

由于我国生产力发展水平不高，加上过去长期实行的是低工资、多就业的政策，老年人口离退休金也不高，决定着其经济收入水平不可能很高。根据1987年全国60岁以上老年人口抽样调查提供的资料，如将月平均收入在45元以下定为低收入，46～100元定为中等收入，101元以上定为高收入，则市老年人口低收入占16.0%，中等收入占36.7%，高收入占27.3%。由收入比例较高向较低排列顺序是：中等收入、高收入、低收入，还有20%左右无收入老年人口。镇的排列顺序是：中等收入占30.7%，低收入占25.6%，高收入占19.6%。同市比较，中等收入所占比例下降6.0个百分点，低收入上升9.6个百分点，高收入下降7.7个百分点。此外还有24.1%无收入，比市上升4.1个百分点。县的排列顺序是低收入占80.7%，比市低收入和无收入之和所占比例上升44.6个百分点，比镇上升31.0个百分点；中等收入占18.2%，比市下降18.5个百分点，比镇下降12.5个百分点；高收入占1.1%，比市下降26.2个百分点，比镇下降18.5个百分点。可见从价值形式上看，城市和乡村老年人口经济收入水平有较大差距；但考虑到全国城市和乡村物价指数的差别，从实物形式上看差别会有所缩小。

老年人口中较低年龄组和较高年龄组之间，经济收入水平相差颇大。以75～79岁组同60～64岁组比较，市无收入所占比例由14.0%上升到28.8%，低收入由11.0%上升到26.3%，中等收入由36.1%下降到33.3%，高收入由38.5%下降到11.6%；镇无收入由18.5%上升到33.5%，低收入由16.3%上升到37.2%，中等收入由33.6%下降到24.5%，高收入由31.6%下降到4.9%；县低收入由78.1%上升到82.5%，中等收入由20.4%下降到16.6%，高收入由1.5%下降到0.9%。80岁以上无收入和较低收入所占比例继续上升，较高收入所占比例继续下降，这是总的趋势。因此，在我国老年人口总收入水平不高情况下，相对说来较高年龄组老年人口收入水平更低一些，是提供社会救济保障的重点对象。

男女不同性别老年人口的经济收入水平，城乡之间情形不尽相同。在城市，男性高于女性很多：市男性老年人口无收入仅占2.8%，女性占35.3%，女性高于男性32.5个百分点；低收入男占4.7%，女占26.1%，女高于男21.4个百分点；中等收入男占41.1%，女占32.9%，男高于女8.2个百分点；高收入男占51.5%，女占5.7%，男高于女45.8个百分点。镇男性老年人口无收入仅占4.3%，女性高达41.7%，女性高于男性37.4个百分点；低收入男占12.6%，女占37.1%，女高于男24.5个百分点；中等收入男占45.5%，女占17.6%，男高于女27.9个百分点；高收入男占37.6%，女占3.6%，男高于女34个百分点。可见，在城市男性老年人口月收入大大高于女性，男性以较高收入居多，女性以较低收入和无收入居多。然而令人不解的是乡村男性和女性老年人口月平均收入水平几乎没有差别：低收入男性占80.5%，女性占80.8%；中等收入男占18.2%，女性也占18.2%；高收入男占1.2%，女性占1.0%。为什么乡村男女不同性别老年人口月收入相差不多呢？这要从经济收入来源构成上去寻找。县男性老年人口收入的62.9%来自本人劳动，而他们的劳动又主要是从事力所能及的农业劳动，相当多数是辅助性劳动，收入不高。女性老年人口58.1%的收入来自子女供给，随着农村改革的深入和生产的发展，她们子女的收入普遍增加，供给也有较大增加，致使女性老年人口收入同男性老年人口旗鼓相当。此外，由于乡村老年夫妇同子孙（女）共同居住生活所占比例颇高，月平均收入水平是按全家年收入平均下来计算的，老年夫妇之间不宜分开计算，受到客观条件限制的结果。实际上在男性和女性分开自立门户的老年人口中，男性收入水平还是明显高于女性的。

3．经济地位

由于老年人口经济收入较有保证，城市按月份领取离退金人居多 乡村继续从事各种劳动的人占较大比例，同社会经济活动保持着一定的联系；同时也由于传统文化影响，尊老敬老仍为人们所称颂，较少西方那种年龄歧视，老年人口在社会和家庭经济生活中还占有一定的地位。抽样调查反映的城乡老年人口在家庭中的经济地位见表4：

表4　　60岁以上老年人口在家庭中的经济地位　　（％）

	市	镇	县
起支配作用	41.5	39.9	18.7
支配部分	22.7	21.9	18.4
支配本人	13.3	14.2	13.2
无支配权	18.5	20.5	49.7
不　详	4.0	3.5	0.0

从表4看出，老年人口在家庭中的经济地位市和镇比较接近，就支配本人经济和支配部分家庭经济所占比例，市、镇、县差别也不大，相差最大的，一是老年人口在家庭经济中起支配作用的城市占40％左右，乡村只有不足20％；二是无经济支配权的城市在20％左右，乡村占到老年人口的半数。这表明，城市老年人口在家庭中的经济地位要普遍高于乡村，城市中市略高于镇。

（五）老年人口就业和职业

如前所述，劳动收入和退休金、子女供给一起构成老年人口经济来源“三大支柱”，同时一些老龄化较严重国家经历过的老年人口重新就业的挑战所带来的影响至深，本次抽样调查对老年人口就业部分所列项目较为详尽，包括老年人口原职业、是否离退休、继续工作职业、重新就业职业、就业动机、未再就业原因、是否想再就业、离退休前不工作原因等13个变量，所得数据资料比较丰富。这里就其中的几个重要问题，概述如下：

1. 就业率

老年人口就业率可以分成二个层次：一层是60岁以上老年人口总就业率，另一层是市和镇60岁以上离退休老年人口再就业率，乡村由于普遍没有退休制度，因而也无退休老年人口再就业率问题。1987年抽样调查老年人口总就业率见表5：

表5　　60岁以上老年人口总就业率　　（％）

市			镇			县		
男女合计	男	女	男女合计	男	女	男女合计	男	女
15.0	20.4	10.2	11.6	17.9	6.0	31.5	53.0	12.4

由表5看出，目前全国60岁以上老年人口的总就业率，以城乡区分，乡村高于城市，抽样调查县比市高出16.5个百分点，比镇高出19.9个百分点。以性别区分，男性均高于女性：市男比女高出10.2个百分点，镇男比女高出11.9个百分点，县男比女高出40.6个百分点，相差最大。乡村中超过半数的60岁以上男性老年人口从事性质不同、强度不等的各种职业劳动，它一方面说明在我国生产力水平不高，农业生产力比较落后情况下，相当多数乡村老年人口还不得不自食其力；另一方面乡村老年人口参与较多的各种劳动，对乡村经济以及老年

人口自身的发展都会有一定的作用，是值得研究的问题。

城市经济体制改革的深入发展，给离退休后的老年人口以新的再就业机会。1987年抽样调查情况见表6：

表6　　市、镇60岁以上老年人口离退休后再就业率　　（%）

市			镇		
男女合计	男	女	男女合计	男	女
18.0	22.6	8.2	13.2	16.0	5.1

以表5同表6比较，城市60岁以上老年人口离退休后再就业率要高于老年人口总就业率，其中市高出3个百分点，镇高出1.6个百分点。值得指出的是，随着经济上进一步开放、搞活和劳动人事制度上的改革，老年人口离退休后再就业有上升的趋势。这种趋势无疑有利于增加老年人口收入，增强参与社会活动能力，丰富老年人口生活；同时也会带来一定的问题，特别是在我国生产年龄人口正处于高潮时期，劳动力供大于求，就业压力不断增大的情况下，更要认真妥善地解决。

2．就业动机

中国目前的退休年龄，一般为男60岁，女55岁，少数行业根据劳动工种退休年龄有所调整。那么老年人口到了退休年龄继续坚持工作或离退休后又重新找到工作的目的是什么呢？本次抽样调查从经济需要、发挥特长、精神寄托、工作需要四个方面了解到，市老年人口离退休后再就业的首要目的是经济需要，即为了满足生存目的的需要，占34.0%；其次是工作需要，属于社会发展方面的需要，占28.1%；再次是为了发挥其特长，适应社会对各方面人才的需要，占20.0%；最后是老年人口离退休后不甘于整天无所事事的寂寞生活，为了满足精神寄托方面的需要，占17.9%。镇的情况略有不同，工作需要略高于经济需要，前者占36.6%，后者占32.9%；精神寄托也高于发挥特长，分别占20.9%和9.6%。从总体上观察，在当前国民经济由温饱向小康型过渡阶段，老年人口重新就业的主要目的是经济上的需要，是合乎规律的。从相反方面看，抽样调查市6 655名和镇1 636名离退休未再就业老年人口中，除安度晚年、照顾子女和配偶等原因不想再就业，以及基于健康原因不能再就业者外，在经济上需要但找不到工作和经济上不需要也不想再工作二者中，后者与前者的比例大体上是“四六开”，经济上需要而找不到工作者居多。在农村，由于普遍无退休制度因而无再就业，一般为自然延长劳动，再就业动机便不好调查。但大量老年人口从事力所能及的以农业为主的劳动，其谋生和养老的性质是一目了然的，比城市要更加突出。

老年人口再就业动机，依据离退休时职业的不同而呈明显差别。本次抽样调查参照1982年人口普查职业的划分，把老年人口职业分成专业人员、干部、办事人员、商业人员、服务人员、农林牧渔劳动者、生产工人、其它共8类。众所周知，西方一些国家依据人们从事各种职业的不同性质，分成“白领工人”和“蓝领工人”，产业结构和职业结构的变动很大程度体现在“白领”“蓝领”结构变动上。我国产业结构和职业结构处于由落后向先进转化过程之中，简单的分成“白领”与“蓝领”未免有些绝对化，应有一个中间过程。据此，可以把专业人员、干部和办事人员视为“白领职工”，商业人员和服务人员视为“灰领职工”，农林牧渔劳动者和生产工人视为“蓝领职工”，则三部分老年职工的就业动机有很大不同：

“白领”老年职工的就业动机主要是工作需要，约占40%；其次专业人员和干部为精神寄托，分别占36.8%和32.6%，办事人员为经济需要，占24.1%。“灰领”和“蓝领”职工主要是经济需要，占42%以上；其次“灰领”为工作需要，商业人员和服务人员分别占27.9%和23.4%，“蓝领”或为精神寄托，或为发挥特长，工作需要所占比例大大下降。这说明，在肯定我国老年人口再就业以经济上需要为主的大前提下，还要作具体的分析。专业技术人员、干部和办事人员这些“白领”老年职工再就业，则主要是工作即社会发展的需要，其他“灰领”和“蓝领”老年职工则主要出于经济需要的目的。

3. 职业构成

由于我国城乡之间产业构成和职业构成上的不同，本次抽样调查城乡老年人口职业选择的指标不尽相同，不好完全比较。就城市而言，市与镇老年人口职业构成有相同的趋势，也有程度上的差异。按八大类别划分，市就业老年人口所占比例依次为生产工人占22.9%，办事人员17.6%，专业人员占16.5%，服务人员占14.3%，干部占9.8%，商业人员占7.1%，农林牧渔劳动者占0.4%，其他占11.6%。镇依次为办事人员占21.8%，生产工人占17.9%，专业人员占17.9%，服务人员占12.8%，商业人员占12.1%，干部占10.3%，农林牧渔劳动者占0.5%，其他占6.7%。可见，现阶段城市老年人口所从事的职业仍以生产工人和专业人员所占比例较高，市镇均占 1/3 左右；而服务人员和商业人员市镇均占24%左右，不足四分之一，表现出老年人口职业构成还没有摆脱以“生产型”为主的特点。至于乡村老年人口职业构成，“生产型”更为典型。根据抽样调查的5 922名县老年人口职业情况，从事农林牧渔生产劳动的占86.5%，同他们成年时期从事劳动的职业改变不大。

尽管如此，老年人口就业同他们原来从事的职业相比还是有所变化，发生了带有倾向性的转移。以市离退休老年人口现职业与原职业所占比例比较，八大类职业中属于下降的有三类：生产工人所占比例下降20.7个百分点，干部下降5.3个百分点，专业人员下降2.3个百分点。这些人转移到何种职业中去了呢？农林牧渔劳动者所占比例未变，不增不减，主要转向是：服务人员所占比例上升9.2个百分点，办事人员上升4.7个百分点，商业人员上升1.7个百分点，其他上升12.7个百分点。从具体转移的方向和数量比例来看，生产工人以转向服务人员为最多，占全部生产工人转为其他职业的34.4%；其次是向办事人员和商业人员转移，分别占13.4%和13.1%。干部以转向办事人员比例最高，占51.2%，其他均在13%以下。专业人员以转向办事人员所占比例最高，占45.3%，其余均在17%以下。老年人口再就业由生产工人主要转向服务人员，以及商业和办事人员，干部和专业人员主要转向办事人员，是历史的潮流，代表着一定的老年人口再就业的方向。

（六）老年人口供养和医疗

老年人口供养同老年人口经济收入来源、在家庭中的经济地位有密切关系，但又不能等同；老年人口医疗费用的支出和医疗状况，同老年人口收入和在家庭中的地位，尤其同供养情况直接相连，故将二者放在一起分析。

1. 供养情况

本次抽样调查关于老年人口供养方式城市分作依靠本人工资收入、离退休金、配偶供养、子女供养、亲友供养和政府救济六类，乡村分作依靠本人收入、配偶供养、子女供养、亲友供养、政府供养和集体供养六类，二者有可比之处，也有不完全可比的地方。就城市而言，市和镇的情况比较相近：都以退休金作为主要供养方式，市占56.1%，镇占47.5%，市比镇稍高，但都占据一半左右的比例；其次是子女供养，市占22.4%，镇占27.8%，镇稍高于市；再次为配偶供养，市占13.0%，镇占14.3%，镇略高于市；本人工资收入供养部分市占6.8%，镇占7.1%，二者相当接近；而依靠亲友和政府救济供养，二项相加市占不足2%，县占3%稍高一些，所起作用有限。县的情况出入很大，子女供养比例高达67.5%；其次是靠本人劳动所得供养，占26.2%；再次靠配偶供养，占5.0%；其余三项加到一起尚不足2%，所起作用甚微。这种情况大体上同城乡老年人口经济收入来源相呼应，体现在养老方式上，城市以国家和企业供养为主，乡村以家庭子女供养为主。

不同年龄老年人口在供养方式上存在着不容忽视的差别和不同。抽样调查资料说明，随着老年人口年龄的增高，子女供养方式不断增加；其他供养方式，在城市主要是依靠离退休金供养，在乡村主要是依靠本人劳动所得供养则不断削弱。如市离退休金供养方式在60～64岁组占63.7%，70～74岁占51.3%，80～84岁占29.5%，90岁以上仅占13.2%；镇在相应年龄组的比例为55.7%、43.7%、22.9%和14.8%。同时子女供养方式所占比例，市由9.4%上升到29.6%、62.8%和83.8%，在75～79岁组超过离退金供养方式所占比例；镇由11.8%上升到38.7%、65.4%和74.1%，也在75～79岁组超过离退金供养方式所占比例。在乡村，子女供养方式由45.2%上升到83.5%、95.1%和95.8%，居于第二位的本人劳动所得供养方式由45.0%，下降到占12.7%、2.5%和2.1%。

不同性别老年人口供养方式也存在一定的差别和不同。在城市，男性老年人口离退金供养所占比例要高于女性，抽样调查市男性为81.9%，女性为33.1%，男性高出女性48.8个百分点；镇男性为76.7%，女性为21.6%，男性高出女性55.1个百分点。而女性老年人口子女供养所占比例则上升到居于首位，大大高于男性，市高出30.3个百分点，镇高出34.7个百分点。在乡村，本人劳动所得供养比例男性为44.8%，女性为9.6%，男性高出女性35.2个百分点；而男性子女供养比例为52.6%，女性为80.7%，女性高于男性28.1个百分点。在老年人口供养方式上，男性倾向于自立型，女性倾向于依靠子女型。

2. 医疗状况

1987年抽样调查老年人口医疗费用支付方式及构成见表7：

表7　　60岁以上老年人口医疗费用支付构成　　（%）

	全国	市	镇	县
合　计	100.0	100.0	100.0	100.0
自　费	71.7	26.7	45.1	94.7
半自费	9.9	22.1	19.2	3.1
公　费	18.4	51.2	35.7	2.2

表7表明，就全国老年人口作为总体观察，公费、半自费与自费的比例大体上“三七开”，公费与自费、半自费的比例大体上“二八开”，公费医疗程度还不够高。但城乡之间情况不同，市和镇公费医疗程度较高，市老年人口中一半以上享有公费医疗，镇也有一半以上老年人口享有公费和半自费医疗；县享有公费和半自费老年人口比例却十分有限，两项相加只有5.3%，94.7%的人医疗费用自理。

老年人口医疗费用支付方式构成同年龄构成关系密切，基本趋势是随着年龄组年龄的增高，自费所占比例不断升高，公费所占比例逐步下降，而半自费所占比例变动较小。如全国老年人口加权汇总的自费支付医疗费用所占比例60～64岁为65.4%，70～74岁为76.5%，80～84岁为82.4%，90岁以上上升到86.5%。公费所占比例相应由24.9%，下降到13.7%、7.8%和3.7%。抽样调查资料表明，随着老年人口年龄组的升高这“一升一降”的运动轨迹，市、镇、县有着惊人的相似之处，反映了公费医疗随着时间的前进逐步扩大发展的历程。

不同性别老年人口支付医疗费构成，也存在较大不同，总的情况是自费所占比例女性高于男性，公费所占比例男性高于女性。抽样调查市男性老年人口自费支付占9.0%，女性占42.5%，女性比男性高出33.5个百分点；镇男性占17.7%，女性占69.3%，女性高出男性51.6个百分点；县男性占92.7%，女性占96.5%，女性高出男性3.8个百分点。公费医疗所占比例则倒了过来，市男性占79.1%，女性占26.4%，男性高出女性52.7个百分点；镇男性占60.5%，女性占13.9%，男性高出女性46.6个百分点；县男性占4.3%，女性占0.3%，男性高出女性4.0个百分点。相比之下，男性老年人口公费医疗所占比例远比女性为高，尤其是城市已经达到比较高的水平；而在乡村，虽然男性与女性也有不小差距，但由于总水平都相当低，也就显得无足轻重了。

抽样调查提供了老年人口每年负担医疗费用的具体情况。市老年人口中有25.4%没有个人医疗费用负担，或者完全公费，或者一直没有生过病；19.8%个人年负担医疗费用在10元以下，23.0%在11～50元之间，8.0%在51～80元之间，10.6%在81～150元之间，13.2%在151元以上。镇14.9%老年人口没有个人医疗费用负担，17.0%在10元以下，27.6%在11～50元之间，12.0%在51～80元之间，13.3%在81～150元之间，15.2%在151元以上。县老年人口54.7%个人医疗费用负担在10元以下，29.8%在11～50元之间，9.1%在51～100元之间，6.4%在101元以上。从老年人口总体上看，个人医疗费用负担不算重，但在经济不够发达和老年收入较低情况下，也不是很轻，乡村则比较重。市老年人口有68.5%的人看病无任何困难，31.5%的人看病有距离远或身体行动不便等各种困难，其中经济困难占到老年总人口的14.3%。镇老年人口64.2%的人看病无困难，略低于市；20.3%的人看病经济上有困难，比市所占的比例高一些。县老年人口中真正看病无困难的仅占5.2%，其余94.8%的人有程度不同的各种困难，其中经济上有困难的占到老年人口总数的61.8%，可见对多数乡村老年人口来说缺衣少药、无钱看病还是一个很大的问题。追其根源，主要在于乡村老年人口经济收入低，保障系数小；同时也同乡村医疗卫生事业发展不够快，不能适应包括老年人口在内的人口增长的需要有密切关系。

（七）老年人口健康和生活料理

老年人口健康状况怎样，对晚年生活影响极大，它决定着老年人口就业、参与社会活动的能力，决定着生活自理的程度，同老年人口的地位也有很大关系。

1. 健康状况

抽样调查加权汇总的全国老年人口健康状况，属良好一类的占16.3%，较好占28.3%，一般占27.9%，较差占17.6%，很差占9.3%，不详占0.7%。良好和较好占44.6%，较差和很差占26.9%，前者高于后者17.7个百分点。从总的情况看，不够健康的约占1/4多一些，将近2/4是健康的，1/4多一些为健康状况一般者。值得注意的是，城市和乡村老年人口健康状况相当接近，这同其他一些指标有很大不同。如健康状况良好者市占15.0%，镇占13.5%，县占17.5%，乡村略高于城市；较好市占30.6%，镇占32.4%，县占26.3%，城市稍高于乡村；较差市占18.0%，镇占18.7%，县占17.2%，相当接近；很差市占10.6%，镇占11.4%，县占8.2%，乡村所占比例略低一点儿。综合起来观察，城市老年人口健康者所占比例要略高于乡村，同时不够健康者所占比例也略高于乡村，城乡老年人口健康水平差别不大，基本上是良好的。

男女别老年人口健康状况有一定差距。健康者所占比例市男性老年人口为49.4%，女性为42.3%，男性高于女性7.1个百分点；镇男性为49.5%，女性为42.7%，男性高于女性6.8个百分点；县男性为47.7%，女性为40.4%，男性高于女性7.3个百分点。不够健康者所占比例城市女性则明显高于男性：市女性占31.2%，男性占25.6%，女性高于男性5.6个百分点；镇女性占32.6%，男性占27.2%，女性高于男性5.4个百分点；县女性占27.3%，男性占23.2%，女性高于男性4.1个百分点。男性和女性老年人口健康状况的这种差别原因很多，它同男女别老年人口的年龄构成、经济收入、就业、医疗、参与社会的活动能力等，都有一定的联系。

2. 生活料理

同老年人口健康状况基本良好直接相关，老年人口生活料理体现了以本人料理为主，同时同传统文化和老年人口家庭规模、家庭类型相适应，子女照顾和帮助料理仍占有一定的比例的特点。见表8：

表8　　60岁以上老年人口生活料理和求助

	全国	市	镇	县
合　计	100.0	100.0	100.0	100.0
本　人	83.8	86.6	85.6	82.2
配　偶	3.5	5.3	5.3	2.4
子　女	11.9	6.9	7.8	14.8
亲　友	0.5	0.5	0.5	0.5
保　姆	0.1	0.3	0.4	0.0
邻　居	0.1	0.2	0.4	0.0
社　会	0.1	0.2	0.1	0.1

由表8看出，目前全国83.8%的60岁以上老年人口生活料理由本人负责，城市还要稍高一些，乡村稍低一些；11.9%由子女进行料理，但城乡差别较大：市只有6.9%，镇7.8%，县则上升到14.8%，说明乡村老年人口日常生活上依赖子女的程度更大一些。依靠配偶照料全国占3.5%，市和镇占5.3%，乡村占2.4%，城市比乡村更高一些。其余依靠亲友、保姆、邻居、社会照料，全部相加全国不足1%，城市略高一些，乡村略低一些。不过依靠保姆、邻居和社会照料的老年人口，城市中增加较快，今后随着家庭小型化趋势的发展，社会保障制度改革的深入，这些非由老年人口本人和直系亲属照料的形式，会有快一些的发展。

老年人口生活料理在不同性别间存在一定差异，男性自己料理的程度稍高一些，由子女料理要低一些，依靠配偶料理也稍高一些；女性自己料理程度稍低一些，由子女料理更高一些，依靠配偶料理也稍低一些。如由老年人口本人料理，市男性占87.2%，女性占86.2%，男性高于女性1.0个百分点；县男性占85.6%，女性占79.2%，男性高于女性6.4个百分点。由老年人口子女料理市男性占3.7%，女性9.8%，女性高于男性6.1个百分点；县男性占

10.7%，女性占18.4%，女性高于男性7.7个百分点。而由配偶料理所占比例，市男性占8.3%，女性占2.6%，男性高于女性5.7个百分点；县男性占3.1%，女性占1.9%。男性高于女性1.2个百分点。这表明，在老年人口生活料理中，男性对配偶的依赖性要大于女性，在城市已超过由子女料理所占比例，在各种老年人口生活料理中居于第二位。

（八）老年人口居住和活动

1．居住面积和条件

由于部分老年人口同子孙（女）同住一室，无法单独调查老年人口本人居住面积，本次抽样调查是按老年人口全家人均居住面积计算的。如果粗略地将人均居住面积在6平方米以下作为较少户，6～12平方米作为一般户，12平方米以上作为较多户，三者所占比例市分别为23.0%、49.7%和27.3%，镇分别为14.1%、47.9%和38.0%，县分别为10.1%、34.9%和55.0%。若以人均较少居住面积为1，较少、一般、较高之比市为1.0：2.2：1.2，镇为1.0：3.4：2.7，县为1.0：3.4：5.4。可见就老年人口平均占有的住房面积而言，县高于镇，镇高于市，乡村老年人口住房相对宽敞一些，城市相对狭小一些。其中人均居住面积在4平方米以下尤以市所占比例为高，占5.0%，比镇高2.8个百分点，比县高1.3个百分点。

然而按家庭人口平均计算的老年人口居住面积并不能够完全代表老年人口的住房水平，因为居住面积虽小但有单独居室，一般要比居住面积大但同子孙(女)共住的要好。从居住条件看，城市中老年人口独居一室的所占比例很高，市占73.5%，镇占77.1%；二代同住一室的占其次，市占18.2%，镇占17.2%；三代同住一室的再次，市占5.9%，镇占3.9%；此外还有少数老年人口无正式居室，市占2.4%，镇占1.8%。乡村老年人口独居一室所占比例要低于城市许多，约有半数老年人口居住条件较好，宽敞舒适，环境较佳；另有一半居住条件不够好，包括1.7%无正式居室的老年人口，就居住条件而论，乡村尚不如城市。将居住面积和居住条件综合起来观察，在目前我国住房比较紧张，对居住条件要求不高情况下，显然城市老年人口住房问题要更突出一些。抽样调查表明，老年人口感到在住房方面不存在什么问题的，市占66.9%，镇占71.9%，县占69.1%，占据老年人口多数，市所占比例略低一些；感到存在某些问题，包括居住面积较少，或与后代同住一室，或房屋质量较差等市占19.6%，镇17.7%，县占24.8%，县稍高于市镇；而感到问题严重，或居住面积过小，或几代人同住一室，或属于危房、棚户、无正式居住室等市占12.5%，镇占9.3%，县占5.3%，城市高于乡村许多。约有1/10的城市老年人口住房无可靠保障，是老年人口各种问题中值得重视的突出问题之一。

2．活动和时间安排

老年人口在做什么？本次抽样调查城市从9个方面、乡村从8个方面辑录了老年人口在一天24小时的全部活动，见表9和表10。

由以上二表看出，除“其它”一项外，在老年人口日活动中睡眠占据的时间最多，市占据全天时间的35.6%，镇占据37.0%，县占据38.6%；其次为家务劳动，市占据14.4%，镇占据14.4%，县占据14.2%；第三城市为老年人口的文体活动，市占据12.4%，镇占据10.5%，县为生产劳动占据9.3%；第四城市为工作劳动，市占据5.9%，镇占据5.3%，县为串门聊天占据7.9%。比较城乡老年人口日活动时间分配异同发现，睡眠、工作和其它三项所占比例城市低于乡村，而文化、体育、娱乐活动所占据时间明显多于乡村，是乡村的3倍以上，说明城乡老年人口的文化生活差距颇大。难怪本次抽样调查中有31.4%乡村老年人

表9　　城市老年人口日活动时间分配　　（小时）

	市			镇		
	男女合计	男	女	男女合计	男	女
合　计	24.0	24.0	24.0	24.0	24.0	24.0
睡　眠	8.6	8.6	8.6	8.9	8.7	9.0
工作劳动	1.4	2.2	0.7	1.3	2.1	0.6
学习阅读	0.6	1.0	0.2	0.5	0.9	0.2
体育活动	0.6	0.8	0.4	0.4	0.6	0.2
看电视	1.8	1.8	1.8	1.5	1.6	1.5
其它文娱活动	0.6	0.8	0.5	0.6	0.9	0.4
家务劳动	3.5	2.1	4.7	3.5	2.3	4.5
社会交往	0.9	0.9	0.9	1.2	1.2	1.2
其　它	6.1	5.8	6.4	6.1	5.7	6.4

表10　　乡村老年人口日活动时间分配　　（小时）

	男女合计	男	女
合　计	24.0	24.0	24.0
睡　眠	9.3	9.2	9.3
生产劳动	2.2	3.7	0.9
家务劳动	3.0	2.0	3.8
文体活动	0.5	0.6	0.5
看电视	0.4	0.5	0.4
学习阅读	0.1	0.2	0.0
串门聊天	1.9	1.8	2.0
其　它	6.6	6.2	7.0

口提出增设文化娱乐场所要求，并位居各项“最大困难”调查项目榜首，我们要用20世纪80年代的眼光看待乡村新型老年人口的要求。

不同性别之间老年人口日活动时间分配的最大不同，是女性老年人口用在家务劳动方面的时间大大高于男性，市高出2.6小时，镇高出2.2小时，县高出1.8小时；而用在学习阅读和文体活动上面的时间，男性大大高于女性，市高出1.5小时，镇高出1.7小时，县高出0.4小时；用在生产劳动和工作上的时间男性也高于女性，市高出1.5小时，镇高出1.5小时，县高出2.8小时。这“一低二高”说明，尽管我国老年女性人口地位有很大提高，增强了参与生产劳动和文化体育活动的能力，但直至晚年而无法摆脱的家务劳动是一具沉重的负担。抽样调查市女性老年人口中有9.3%把家务劳动视作最大困难，镇上升到占12.2%，县上升到15.0%，如何使城乡女性老年人口从繁重的家务劳动中解脱出来，是一项需要经过长期奋斗才有可能逐步解决的任务。

随着经济上改革、开放、搞活的深入进行，商品经济的发展和人民生活水平的提高，同时也随着老年人口健康的增进，老年流动人口增加较多，参与社会活动能力增强。抽样调查表明，城市以本市、本镇为界限，1986年超越这一界限之外的老年人口平均外出次数市达0.6次，镇达1.0次；乡村以自然村为界，超越这一界限的老年人口平均外出次数达6.3次。勿须多加说明，城乡老年人口外出次数的这种不同纯系确定外出的定义范围不同，而不具有可比的性质。但它确实说明，如果还抱着老年人口只能是抱残守缺，死守故土的观念，那将是多么的陈腐和不合时宜。抽样调查表明，在老年人口外出次数中居于首位的，城市仍为探亲访友，市占46.6%，镇占42.3%；乡村赶集则上升到第一位，占48.4%。居于第二位的市为调查研究，占17.2%；镇为旅游，占16.5%；县为探亲访友，占39.9%。居于第三位的市为旅游，占13.8%；镇为调查研究，占14.4%；县为旅游，占0.6%。老年人口外出的这种结构，有两种新的趋势特别引人注目：一是乡村老年人口外出中赶集所占比例如此之高，说明乡村老年人口活动已同商品经济发展结下不解之缘，大量老年人口出没于各种农贸市场，构成老年人口活动的直接的经济动因。二是旅游作为老年人口活动的一个新项目，一些过去从未出过门的老年人口，包括乡村老年人口跋涉千里游览名山大川，不能不说是一件十分新鲜的事情。然而这样的新鲜事情却大有方兴未艾之势，从一个侧面揭示出我国老年人口活动正在经历由传统型向现代型的转变，是现代化必然引起的老年人口活动方式的转变。

（作者工作单位：中国社会科学院人口研究所）

中国74城镇人口迁移概况

马　侠

在中国社会科学院的领导下和联合国人口活动基金的资助下，中国社会科学院人口研究所和上海社会科学院人口所、湖南省人口所和杭州大学等16个省市社科院和高等院校的人口研究单位，共同合作进行的“中国74城镇人口迁移与城镇化调查研究”，由于课题研究的现实意义和理论意义，被列为国家“七五”期间社会科学重点研究项目。全部调查已于1986年底完成，总共取得有效问卷25 000份，在16省市74城镇调查家庭户23 895份样本，集体户1 643份样本，合计调查人口100 267人，复盖面为4 350万人，调查数据经与国家统计局出版的1986年人口变动情况资料汇编主要数据对照检验，证明调查质量良好。依照原设计74城镇抽样调查数据只能代表各自城镇，不可推论全国，然而考虑到74城镇分布在16省市，超过大陆29省市区的半数以上，6大行政区内，每个大区起码有两个省市参加调查，被调查的43个城市约占1986年全国城市总数的10%，被调查的31个镇约占建制镇总数的0.6%，多数省份的调查包括特大、大、中、小、镇系列，还兼顾不同功能的城镇。因此可以说调查取得的数据资料有相当大的代表性，可以做为学术研究的参考资料和制定政策的科学依据。本文使用此项调查数据重点探讨以下几个问题。

一、中国农村人口面向城镇的迁移是大趋势

建国以来，先后有上千万农村人口有组织的或是自发的由内地和沿海省份迁往边疆进行农业垦殖。全国各地陆续修建了8万6千多座大小水库，因土地被淹没的库区农民也有上千万人迁到省内外易地而耕。这两类农村人口迁移的流向是由农村迁往农村。十年动乱期间有1 700万知青上山下乡和大批干部下放农村劳动，这次人口流向是由城市迁往农村。这三类人口迁移的数量都不算小，然而比起30多年来农村人口向城镇的大迁移则相形见细。

1949年中国城镇人口为5 765万人，1985年增加到38 244万人，粗略计算城镇原有人口总数加上经过37年的人口自然增长数，大致等于1949年城镇人口总数的两倍，也就是1.2亿人口左右。而其余2.6亿人口的来源应由三部分组成，即原有城镇区划扩大而增加的人口、国家

新增设建制城镇而增加的人口和由农村迁入城镇而增加的人口。三者之中只有最后部分是由于迁移行为使得城镇人口增长，那么，建国以来迁入城镇人口的数量有多大呢？

74城镇抽样调查结果表明，被调查的15个特大城市迁入人口占常住总人口的百分比分别在18～57%之间；6个大城市迁入人口占常住人口百分比分别在30～76%之间；12个中等城市迁入人口占常住总人口百分比分别在18～43%之间；10个小城市迁入人口占常住总人口的百分比分别在16～56%之间；31个建制镇的迁入人口占常住人口百分比分别在14～91%之间，各种类型城镇迁入人口比重高低不一，悬殊较大。所以需要进一步分别求得五类城镇迁入人口的加权平均比重，以及求得74城镇迁入人口总数的加权平均比重。所得结果表明：被调查的五类城镇的迁入人口加权平均比重分别是32.66%、46.50%、34.01%、38.95%，和44.71%，而被调查的所有城镇的迁入人口加权平均比重是34.39%，也就是说在被调查的70多个城镇的常住人口中，有1/3以上人口是迁入人口（见表1）。

表1　　迁入人口占城镇人口比重　　（%）

	迁入人口占各自城镇总人口比重	迁入人口占各类城镇总人口加权平均比重	迁入人口占74城镇总人口加权平均比重
15个特大城市	18～57	32.66	
6个大城市	30～76	46.50	34.39
12个中等城市	18～43	34.01	
10个小城市	16～56	38.95	
31个镇	14～91	44.71	

然而在占城镇总人口的1/3以上的迁入人口中，约有52%以上的迁入人口是城镇之间的迁移，甲城之迁出，即乙城之迁入，两者相抵，这部分迁移人口对于城镇化的总进展没有影响作用，只有占迁入人口总数45.23%的由农村迁入城镇人口对于全国的城镇化发展有直接影响（见表2）。

表2　　按迁出地划分的迁入人口比重　　（%）

迁入城镇人口比重 / 迁出地	特大城市	大城市	中等城市	小城市	镇	五类城镇
合计	100	100	100	100	100	100
市	36.71	36.78	34.73	33.25	15.36	31.48
镇	16.02	22.58	24.22	24.68	25.75	21.14
农村	44.50	38.68	39.38	40.93	56.90	45.23
其他	2.77	1.97	1.67	1.13	2.00	2.15

前已述及74城镇调查有相当大的代表性，因此我们可以使用迁入被调查74城镇人口占常住人口比重34.39%和由农村迁入被调查城镇人口占迁入总人口比重45.23%这两个系数，估算出1949～1986年的30多年来由农村迁入城镇人口概数。公式为：$IMUP = UP_{86} \cdot C_1 \cdot C_2$

式中：IMUP为1949～1986年由农村迁入城镇人口数。

UP_{85} 为1985年底全国城镇人口总数

C_1 为系数1

C_2 为系数2

根据这公式推算出，在短短30年中，大约6 000万人口由农村迁入城镇，这样庞大而持续的迁移流，在中国历史上也是不曾有过的。中国历史上出现过的人口迁移流，如汉代以后北方民族不断南下入侵中原；西晋和两宋时期中原人民躲避战乱而迁移居江左；元代游牧民族的西征；清代对关外的移民开发；抗日战争期间沿海和内地人民的西迁；以及国民党溃败逃离大陆等等人口迁徙规模之大在当时都算是相当可观的，然而上述任何一次迁移流比之当代中国农村人口向城镇的大迁移都是微不足道的。

农村人口转变为城镇人口以后，其中绝大多数人发生了职业类型的转变，即由原来从事农业转变为从事非农业，74城镇调查数据表明由农村迁入城镇的人口中，迁移前从事农业的人口在五类城镇中分别占迁入人口总数的16～20%左右。迁入后仍然从事农业的人口只占迁入人口的2～6%。农村人口向城镇转移过程和农业人口转变为非农业人口过程，或者说城市化过程是人类社会发展到一定阶段所不可避免的发展趋势。尽管长期以来，我国采取控制城市人口发展规模和限制人口迁入城市的政策，但是实际上仍然阻止不住农村人口向城市的大迁移，特别是中国向四化进军开始以后，农村人口的这两种转变随之也在同步进行。

发达国家大致经历200多年使其原来占绝对多数的农业人口减少到现在只占经济活动人口的5～15%，其余人口都已转变为非农产业人口，这是任何国家都要经历的过程，这一点没有人再怀疑了。但是关于这种居住地区类型上的转变，即农村人口转变为城镇人口的必然性和必要性，却往往被人们忽视，所以在讨论农村剩余劳动力的出路时，比较普遍的议论是“发展乡镇企业进行就地转移”。不发生居住地类型转变的只求职业类型的“就地转变”，其着眼点似乎是，这样可以避免农村人口涌入城市后由此带来种种不良后果。然而事实上，即便是在农村发展乡镇企业，由于聚集经济效益的要求，乡镇企业的集聚发展，仍然会使乡镇企业集聚的大村落转变为镇，从而使先完成职业转变的非农人口，若干年后在不发生迁移行为的情况下就地转变为城镇人口。在资本主义工业发展史上手工业作坊发达的村落最后演变为城镇的事例是屡见不鲜的。

社会生产力的发展使农村释放出大量剩余劳动力，这些剩余劳力寻找农业以外的生产资料与之结合。并在非农场地进行劳动生产。这是农村人口面向城镇迁移的本质所在，因此在理论上和实践上应该认识到：当代中国农村人口正处在上述两种转移的历史阶段，农村人口向城镇迁移是大趋势。

二、城乡社区隔绝与人口流动呆滞

当代中国城镇人口迁移是在沸腾的社会大变革的时代背景和社会主义制度下进行的，所以迁移活动不能不带有时代的和社会的烙印，这些烙印所形成的城镇人口迁移的一些特点既鲜明又独特。

（一）城镇人口迁移的波动性

在一般情况下，城镇人口迁移的频率是平缓的，迁入和迁出人口数量上升和下降一般是渐变的。然而中国三十多年来城镇人口迁移的历程，则是在大起大落、忽升忽降、起伏多变的波动中发展的。五类城镇迁入人口呈现出来的图象是高峰和凹谷相间的极不规则的锯齿形状

（见图1）。由图1可见，第一个五年计划期间，城镇之间以及城镇从农村吸收的劳动力的数量是相当大的。三年困难时期开始截断了农村人口迁入城镇的增长势头，城市大批复员转业军人被精简返乡务农，十年动乱期间知青下乡、干部下放，致使城镇流失上千万人口。动乱结束后大批知青和下放干部回返城市，方使城镇流失人口得到补偿。八十年代初在城市工作会议上提出："控制大城市、合理发展中等城市、积极发展小城市"的城市发展政策，又使城市人口逐渐增加，1984年政府允许农民自筹资金、自理口粮进入小城镇务工经商以后，城镇人口迁移活动日趋活跃。建国以来政治运动的频繁、经济发展的波折，与城镇人口迁移轨迹的跳动变化、起伏走向是惊人的相似。城镇人口迁移受非经济因素的干扰造成的波动性和

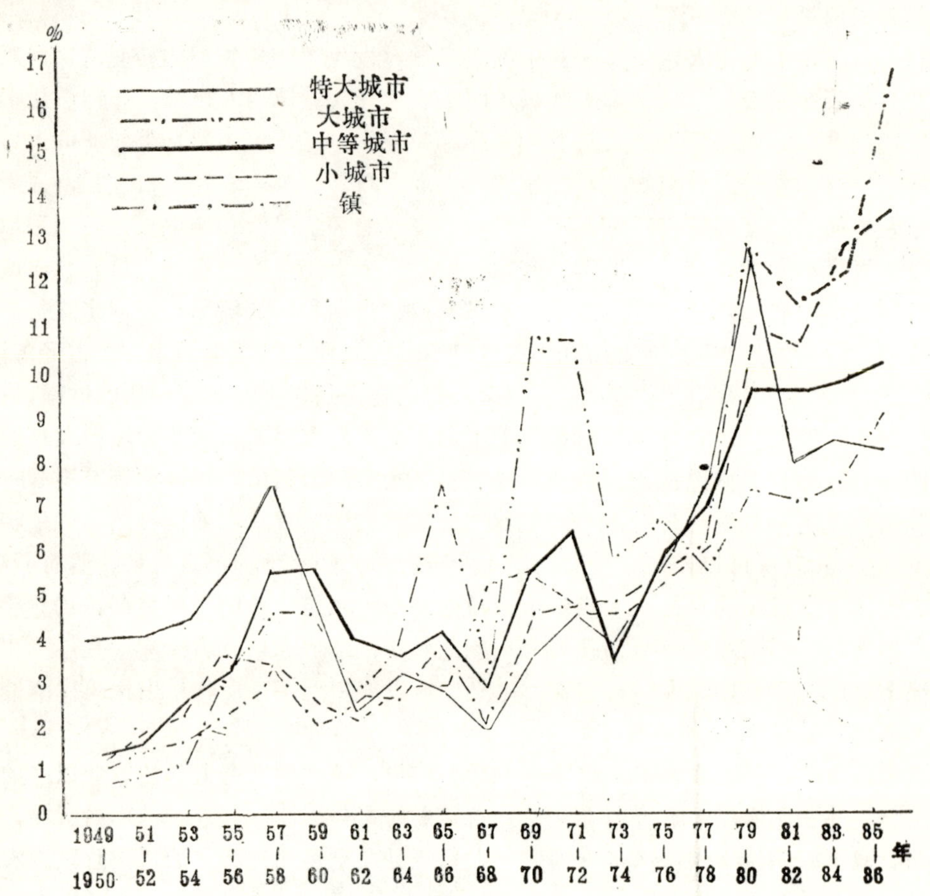

图1 各类城镇历年迁入人口占1949～1986年迁人口总数的比重

异常性是中国城镇人口迁移的特点之一。

（二）迁移人口构成、迁移因果的近似性

中国各类城镇迁移人口的构成和迁移原因以及效果都是相当近似的。

1. 迁入人口的性别构成，五类城镇一律男性多于女性，男性比重都在52%～58%之间，女性比重则在42%～48%之间（见表3）。

2. 迁入人口迁入时的年龄分布，五类城镇迁入人口都集中在15～19、20～24、25～29三个年龄组，其峰值都在20～24岁组。三者之和即15～30岁迁入人口占迁入总人口比重都

在22～27%之间，15～64岁全部劳动年龄人口比重都在78～82%之间，0～14岁被抚养人口比重都在16～21%之间，65岁以上被赡养人口比重都在1～1.5%之间。各类城镇迁入人口的年龄分布的近似性是相当明显的（见图2 图3）。

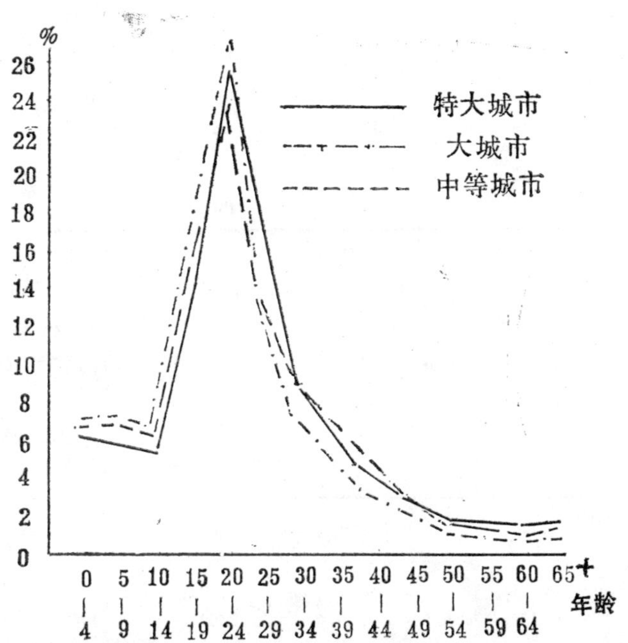

图2　按迁入时年龄划分的特大、大、中城市迁入人口占1949～1986年迁入人口总数的比重（%）

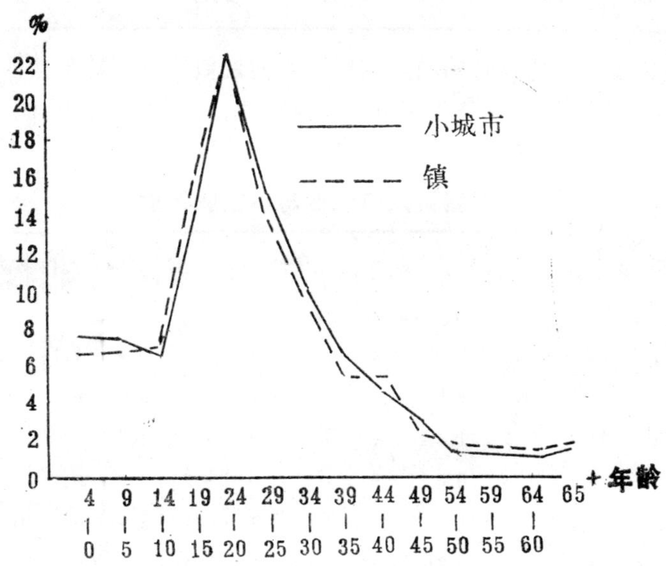

图3　按迁入时年龄划分的小城市和镇迁入人口占1949～1986年迁入人口总数的比重（%）

表3　　1949～1986年迁入人口性别构成　　（%）

城镇 性别	特大城市	大城市	中等城市	小城市	镇
男	3 103	2 758	3 170	2 213	4 435
%	54	58	54	52	55
女	6 989	2 025	2 699	2 033	3 679
%	46	42	46	48	45
合计	15 092	4 783	5 869	4 246	8 114
%	100	100	100	100	100

3．五类城镇迁入人口迁入时的文化构成，大学水平比重都在5～7%之间，大学肄业比重在0.2～1%之间，高中水平比重在17～22%之间，初中水平比重在28～31%之间，小学比重在24～34%之间，文盲比重在11～16%之间，迁入人口文化构成的近似性也是相当明显的（见表4）。

表4　　迁入人口迁入时的文化构成　　（%）

文化程度 城镇	合计	情况不明	大学	大学肄业	高中	初中	小学	识字不多或不识字
特大城市	100	0.3	7.3	0.4	22.1	31.6	24.9	13.4
大城市	100	0.6	5.6	0.2	17.7	29.3	34.8	11.8
中等城市	100	0.3	6.7	1.0	20.2	28.8	29.3	13.7
小城市	100	0.5	6.1	0.4	19.4	28.7	28.3	16.5
镇	100	0.4	4.7	0.5	20.5	31.0	28.6	14.3

4．五类城镇迁入人口迁入时的职业构成比重的近似性是一目了然的，其中尤以办事人员、专业技术人员、商业饮食服务业人员、其他在业、在校学生、其他不在业等类人口的职业构成所占比重最为接近（见表5）。

表5　　迁入城镇人口职业与不在业构成　　（%）

职业 城市类型	合计	不详	工人	农民	干部	办事人员	专业技术人员	商业饮食服务	军人	其他在业	离休退休	在校学生	待业待学	家务	其它不在业
特大城市	100	0.1	24.0	22.3	8.3	2.0	4.9	1.6	7.3	3.9	1.1	9.9	3.3	8.6	2.8
大城市	100	0.0	26.0	24.2	5.5	2.6	4.6	1.2	5.6	4.5	0.6	9.0	6.2	7.8	2.2
中等城市	100	0.1	21.3	22.7	11.4	2.2	5.1	1.2	7.2	3.2	1.0	9.7	4.4	7.6	2.9
小城市	100	0.1	22.1	20.5	10.4	2.9	4.2	1.8	6.2	3.2	0.7	9.1	5.0	10.8	3.0
镇	100	0.0	22.7	18.1	11.3	3.7	4.8	2.7	4.7	3.9	0.9	10.3	4.0	9.8	3.1
合计	100	0.06	23.34	21.54	9.31	2.55	4.8	1.71	6.41	3.8	0.94	9.74	4.15	8.83	2.82

5．在迁入城镇的各项原因中，除少数项目略有差异以外，其余多数项目都是很近似的。例如特大城市因工作调动迁入人口略低于其他各类城镇是因为实施严格控制特大城市人

口规模政策的影响。而特大城市因知青返城和学习培训而迁入的人口比重略高于其他类型城镇，则是由于当年知青上山下乡数量较大而教育培训机构又多集中在特大城市所致。又如大城市因招工顶替与投亲寄养两项迁入人口比重也高于其它类型城镇，是由于被调查的六大城市多系新兴工业城市所致，其它各项迁入原因的迁入人口比重都较近似，其中尤以分配工作、务工经商、离休退休、落实政策等项原因迁入人口比重在各类城镇之间最为接近（见表6）。

6. 迁入城镇前后的效益比较。在五类城镇迁入人口中，在经济收入上比迁入前有所提高的，都占2/3左右。经济收入和迁入前状况差不多的都在16～24%之间，较迁入前有所下降的都占5%左右。尽管迁入城镇后经济收入受益人口，其受益程度高低在不同类城镇间存在差别，然而在经济收入上迁入人口的受益面（受益人口比重）在不同类型城镇之间却是近似的。这种近似状态在住房条件、工作与专业、学习与受教育机会、文化精神生活、生活环境

表6　　城镇迁入人口的迁入原因比重　　（%）

迁移原因 / 城镇	情况不明	劳动型					社会型				政策型		学习型	其它
		工作调动	分配工作	复员转业	招工顶替	务工经商	投亲寄养	离休退休	婚迁	随迁	知青返城	落实政策	学习培训	
合　计	0	19.0	7.47	5.76	9.65	1.72	8.64	0.94	8.93	23.46	4.0	1.67	3.09	5.6
特大城市	0	16.0	6.3	7.0	9.2	2.0	9.0	1.3	7.8	20.5	7.5	1.6	4.6	6.7
大城市	0	20.2	7.5	5.3	17.0	0.5	15.3	0.5	7.4	19.8	1.0	0.6	2.4	2.5
中等城市	0	21.5	9.5	5.8	9.1	0.6	6.8	0.9	10.0	25.0	2.5	1.5	2.1	4.6
小城市	0	19.9	6.5	4.8	5.2	1.3	7.6	0.7	11.6	29.9	1.6	1.6	2.2	7.2
镇	0.2	21.5	8.6	4.1	8.8	2.8	5.8	0.8	9.7	26.5	1.6	2.5	1.9	5.3

等非经济效益方面也同样存在。除个别略高或略低外，在多数情况下，同一种效益在不同类城镇迁入人口中的受益面都是近似的（见表7）。

这里所说的调查数据显示的各类城镇迁入人口构成和因果的近似性，不是说完全相等，或没有任何差别，而是说从总体上看来是比较接近的。形成这种近似性主要有两方面的原因，一方面迁移人口年龄轻，文化程度稍高，有抱负有追求，不满足于原居住地的生活、学习和工作条件，这些因素促使了迁移行为的发生，主观条件的一致性形成迁移人口构成的近似性。另一方面，城镇在物质生活条件和精神生活条件上虽有差别，然而其吸收迁入人口的标准和迁入人口的基本待遇大致相同，这是形成迁入人口构成和迁移效益的客观原因。

（三）人口迁移机制的呆滞性

从前述的两个特性即城镇人口迁移历程的波动性、各类城镇人口迁移变化的近似性以及各类城镇迁移人口构成及因果的近似性中，我们观察到城镇人口迁移的另一特点是城镇人口迁移机制的呆滞性。这种特点主要表现在：决定城镇迁移人口的数量主要是计划比例调配机制，决定城镇迁移人口的素质主要是行政功能筛选机制。

从迁入城镇的理由和途径的调查资料中，我们看到属于劳动型的工作调动、招工顶替、分配工作、复员转业等四种迁入人口约占迁入总人口的40%以上，且都是按计划比例调配的；属于社会型的随迁、婚迁、投亲寄养、离休退休和学习型的学习培训合计约占45%左右，是“准”有计划按限额批准迁入的；属于政策型的知青返城和落实政策的约占5%，虽是非正

表7　　迁入城镇人口迁入前后比较　　（%）

比较项目及城镇类别 \ 迁入前后比较	合计	情况不明	较好	一样	较差	比较项目及城镇类别 \ 迁入前后比较	合计	情况不明	较好	一样	较差
经济收入						学习与教育机会					
特大城市	100	7	73	16	4	特大城市	100	4	70	21	5
大城市	100	9	70	16	5	大城市	100	7	66	21	6
中等城市	100	3	76	16	5	中等城市	100	2	67	24	7
小城市	100	8	64	24	5	小城市	100	5	57	29	9
镇	100	4	68	23	5	镇	100	2	68	23	7
住房条件						文化精神生活					
特大城市	100	3	64	19	14	特大城市	100	3	77	16	4
大城市	100	5	67	18	10	大城市	100	5	74	14	7
中等城市	100	2	68	20	10	中等城市	100	2	75	17	6
小城市	100	3	64	20	13	小城市	100	3	67	19	10
镇	100	2	64	20	14	镇	100	2	76	16	6
工作与专业						生活环境					
特大城市	100	7	66	23	4	特大城市	100	3	77	15	5
大城市	100	10	62	24	4	大城市	100	5	76	12	7
中等城市	100	3	69	24	4	中等城市	100	2	76	16	6
小城市	100	8	56	31	5	小城市	100	2	73	17	8
镇	100	4	64	28	4	镇	100	2	77	15	7

常性人口迁移，并非经常出现，但也须有计划按步骤逐渐迁返。最后剩下劳动型中的自然选择性的务工经商迁移人口比重只存1.7%，说明自发选择性的迁移机会是极为有限的，中国城镇人口迁移的计划比例调配机制的作用远大于自发选择性人口迁移机制。这当然不是说计划性是不必要的，也不是说计划性人口迁移完全不是出于自愿的，而只是强调计划调配留给人们迁移地点的选择和职业种类的选择余地是很小的，因此从某种意义上来说，难以发挥人们最大的潜力。

城镇的繁荣昌盛，有赖于吸收天下英才进行两种文明的建设。而中国城镇吸收劳力和智力的社会运行机制是通过行政功能进行筛选，即通过调动、转业、分配、招工等行政手段逐级挑选。当然这种机制也是可以把许多优秀人才选拔出来的，然而在缺乏地域上的自主流动和职业上的自愿选择条件下，也会出现一些有真才实学的人因无法通过种种过滤渠道，而不能进入发挥所长的岗位。抑或即便有机会进入城市却因种种原因沉淀一隅而无用武之地，这种人口封闭呆滞的状态对于经济社会的发展是很不利的。对比一些发展中国家的城市人口迁移状况也说明了这一点。表8所示泰国城市人口迁移原因中，除去应雇主要求移动等少数几项原因属于被动的迁移以外，其他各项原因都属自主性的迁移选择。这里无意鼓吹放任的人口自由迁移，完全没有计划的失去控制的人口迁移必会导致大城市的恶性膨胀，这是不足为法的，而纯粹单一的计划性人口迁移机制，也会阻碍人才流动、科技文化交流和经济社会多方面的发展。因此在计划性和自主选择性之间，寻找一种协调平衡的人口迁移机制是当今面临的选择。

城镇人口迁移既有迁入又有迁出，以上虽然只论及迁入部分，但是考虑到城镇迁出人口绝大部分仍然是迁往其他城镇，而迁到农村的极为有限，城镇之间的人口迁移，甲城之迁入，即乙城之迁出，所以可以从迁入人口状况来观察和分析迁出人口的状况。因此不再赘述人口迁出了。

表8　　泰国城市人口迁移原因　　(%)

迁移理由	曼谷郎布拉	其它城市	迁移理由	曼谷郎布拉	其它城市
提高生活标准	2.1	3.3	返回家里	2.8	2.3
寻找工作	13.8	4.9	婚　迁	2.1	7.2
得到工作岗位	25.9	32.0	房屋与土地	3.4	2.6
雇主要求移动	8.0	22.7	其　它	9.2	10.7
继续升学	16.5	5.8	无 理 由	1.6	2.1
随亲属迁	10.6	4.9	情况不明	3.4	1.2
随友人迁	0.7	0.2	合　计	100.0	100.0

资料来源：《泰国人口》，联合国亚太经济社会委员会出版的《国别丛书》第3册。

三、封闭式人口向开放式人口的转变

（一）封闭式人口根源与僵化的经济模式

人类在漫长的发展过程中，不断通过迁移和流动，从而扩大了物质资料的生产领域和提高了人口自身的素质。如果地域之间抑或城乡之间被人为的隔绝，截断了人口迁移和流动的渠道，也就缩小和限制了人们施展创造才能的天地。建国以后随着生产资料所有制改造的完成，工农联盟的加强，旧社会遗留下来的城乡对抗矛盾消失了，但城乡差别依然存在，同时又显现出新的城乡隔绝状态。这里所说的城乡隔绝不是指城乡之间没有来往，工农之间没有支援，而是说城乡两种类型居民、全民和集体两种所有制经济、工农两大产业部门的劳动者，不能进行自由对换。城乡存在着两种不同的经济，城市以全民所有制经济为主，农村以集体所有制经济为主，市民和农民分属这两种经济，他们不能自行更换所有制类型，也不能自行更换职业类型，更不能自行更换居住地点。农村人口迁入城市，不仅意味着取得城市居民身份，也意味着取得非农职业的身份，往往还意味着改变所有制的劳动单位，以及取得国家平价定量配给某些生活必需品（如粮、油等）的权利和身份。建国以来许多城市把中世纪遗留下来的城墙拆除了，把护城的壕沟填平了，然而一种无形的城墙仍然阻挡着农村人口自由迁入城市。这种新的障碍物已然不是像恩格斯所说的那种高耸云际的城楼和埋葬氏族制度的深陷壕沟，而是户口迁移管理制度、职业计划安排制度和城市粮油生活必需品的平价定量供应制度。

之所以造成城乡隔绝状态与我们对于建设社会主义的经济体制的理论，在认识上的误解和实践上的失误有关。若干年来我们误认为社会主义经济只能是计划经济，商品经济是资本主义经济，把二者的差别误解为社会主义和资本主义的对立，进而还把全民所有制经济、集体所有制经济以及个体所有制之间的差别，当做是互不相容的。

在这种僵化的经济思想指导之下的实践是，在城市里以全民所有制经济为主和集体所有制经济为辅，全力组织有计划的产品生产，在消费和分配领域里，国家延续实行部分战时定量配给制和低工资制。在农村里集体所有制经济一方面组织农民进行有计划的农产品生产，同时在消费和分配领域里，仍然保持着部分自给自足的自然经济和平均分配制度。在这种经济框架里，不同所有制经济里的劳动者不能自己选择劳动岗位及其所有制类型，不能自行改变职业类型，从而也就不能自行改变定居地点和居住地类型。因此留给可供农业人口转变为非农业人口与农村人口转变为城镇人口的数量必然受两个方面的限制。第一，劳动岗位的限制，农业人口转变为非农业人口的数量，不能超过城市全民和集体经济提供的就业岗位数量；第二，生活消费必需品供应的限制，农村人口转变为城市人口，不能超过城市粮油配给物品的总供应数量。这种被简单化理解的社会主义所有制经济模式和计划运行机制，学术界有人概括为："高度集中的以行政管理为主的排斥市场经济的模式"，是形成城乡隔绝、人口迁移和流动呆滞状况的重要原因之一。

另一方面由于我们在城市发展方面片面地理解了马克思主义的城乡对立论和城乡溶合论，往往夸大城市的弊端，忽视城市的本质功能，因而对于城市建设裹足不前，以为采取削足适履的办法降低城市设施条件就可以达到缩小城乡差别的目的。结果许多城市人口自然增长迅速，但市政设施增添有限，住房奇缺，所有配套事业短少，城市早已处在超负荷运转，客观上原有城市难以吸收更多农业人口进入城市，更谈不上充分发挥城市对农村的辐射和带动作用。此外在认识上也强调产业上的工农结合和"亦工亦农"，忽视农业人口转变产业类型的历史发展趋势，误以为采取措施限制农民离开土地似乎符合"城乡溶合论"的方向，殊不知"亦工亦农"在经济发展史中始终是一种处于辅助地位的过渡形式。社会经济发展的主导方向是产业分工，和多次农业劳动人口向第二、第三产业转变。由于上述这些原因造成城乡隔绝和人口呆滞状态。显然这种人口封闭状态对于社会经济发展是不利的。然而要想改变这种状态也绝非一蹴可及，不是打开城门让农民自由迁入迁出就能解决的。它和一种经济模式向另一种经济模式的转换一样，同样要考虑到运行机制的连续性和不同体制间的连续性。

80年代初我国先后提出："控制大城市、合理发展中等城市和积极发展小城市"的政策和"允许农民自筹资金自理口粮进入小城镇务工经商"的政策，这种有控制、有发展、有封闭、有开放的政策是适应改革开放的过渡措施。目前在城市就业岗位不充足，住房条件不宽裕，市政设施不完备，平价配给粮油制还没有条件取消的条件下，国家采取行政手段控制农业人口涌入城市仍然是必要的。将来城镇达到粮油副食无须凭证供应，市政设施、住房、入学、医疗等条件都有相当大的改善的情况下，城市半封闭状态将会进一步缓解，但还不能完全解除对大城市人口迁移的控制。

当前为适应开放搞活和发展计划性商品经济，以及农村剩余劳动力寻找就业出路的需要，城市里出现的自发性务工经商的流动人口，是解决农村人口进行两种转变的一种缓冲形式，即以一种季节性的或周期性的，钟摆往返式的，或不定期的轮番式的和接力式的（你来我往、兄来弟往）人口流动，首先解决了职业上的转变，暂不解决居住地类型的转变，这种人口流动形式是农民把进行两种转变一次性解决分解为两次解决的一种过渡形式。它是农村人口大规模迁入城镇进行两种转变的前奏，预示农村人口将会源源不断地迁入城镇进行永久性定居，对于此点我们应该在认识上和实践上有所准备。

（二）封闭式人口向开放式人口转变的战略决策

由封闭式人口向开放式人口转变的根本解决途径，决定于中国传统经济模式的转变，这需要一定的时间。当前根据改革开放和发展计划性商品经济形势和城镇人口移动的特点，提供一些决策性建议，做为促进城市开放性人口迁移和流动的近期措施与长远战略。

1. 封闭式人口向开放式人口的转变，应纳入中国人口发展战略的内涵。前已述及出生、死亡、迁移同是人口发展过程，迁移虽是人口的一种社会变动，但其对社会发展以及人口自身发展的重要性不亚于人口出生和死亡等自然变动。中国原有人口基数大、增长快、素质有待提高，这些特点早已引起国家的重视，为此把“控制人口数量，提高人口素质”定为国策是极其正确的。然而人口封闭状态给社会经济发展和人口自身的消极影响，还远未引起普遍重视。人口封闭状况妨碍人才流动、信息交流，妨碍远缘联姻，影响人口素质的提高，这对于全民族素质的发展是很不利的。因此把向开放型人口转变列入人口发展战略是有积极意义和深远影响的。

2. 城市发展政策的补充

我国现行的“控制大城市，合理发展中等城市和积极发展小城市”的城市发展政策，一般来说是正确的可行的。然而城市规模大小虽是城市发展的重要参数，但不应视为城市发展与否的唯一依据。所以在制定城市发展方案时，还应把城市潜力和功能做为城市发展的依据。可参照巴西城市发展纲要经验将我国城市划分为以下四种类型：

（1）减压城市区。对于人口数量大（超过百万）、密度高、工业密集的城市地区，如上海市应列为减压区，通过调整产业结构，收缩和改造劳动密集型产业，发展技术密集型产业，对原有产品的扩大再生产采取内部挖潜和更新技术设备的途径，不使人员和厂房继续扩大。严格控制人口机械增长，务使城市人口发展只限于自然增长的限度以内。

（2）有控制的城市发展地区。对于人口规模已经相当大的城市，由于特殊的、政治上和文化上的需要（例如列为国际政治、文化交流中心的城市），兴建一系列大型建筑群和各种特殊设施，这样的城市仍可有控制地吸收农村人口迁入就业。

（3）大力发展的城市地区。位于沿海或内地确有丰富资源、能源、交通运输条件和其它经济开发所不可缺少的条件，以及生产产品在国外国内销售市场有广阔前景的城市地区，列为大力发展的新的经济基地和地区中心城市，可吸收农村劳动力和其他城市人才前往就业。

（4）特殊功能城市地区。新开放的沿海港口城市、经济特区、新开发的能源基地和大型矿区、未来要建设的科学城、新开辟的旅游区、原有和新发现的名胜古迹和生态自然保护区等拥有特殊功能的城市和地区，都应加以开发建设和加以特殊保护。

对于现代城市按上述潜力和功能原则区分不同情况，有选择地加以发展和促进农村人口的两种转移有积极意义。

根据上述原则还可仿照国外经验，选定一批（如100个城市）有发展潜力的城市作为重点发展城市，给予投资、财政、信贷、税收、就业、工资等方面的优惠，以便对于智力流动和劳动力流动给以方向性引导。

3. 城市人口迁移政策的调整

近年以来人口迁移政策已经进行了一些调整，如放宽科技干部、煤矿井下职工家属由农村迁入城市，在此基础上还应进一步放宽迁移政策。

为适应开放搞活、人才交流的需要，可考虑先准许高级知识分子在减压区以外的各类城市之间的迁移。

在城市总体规模不变的基础上，在生产需要和生活条件允许的前提下，可考虑城市之间必要的迁移，在实施步骤上可先准许同级城市之间的人口迁移。

可考虑准许“三投靠”人口（即失去劳动能力及离休退休退职的老人投靠子女，或未成年子女投靠父母或监护人，两地分居夫妻互相投靠）进入城镇。

可考虑准许外调，支边复员转业职工，离休退休退职以后返回迁出地或原籍安度晚年。

可考虑准许拥有高额资金农村人口迁入各类城镇定居务工经商。众所周知，人是城市的主体，文化是城市的灵魂，而资金被誉为城市的血液。当今中国城市最为缺乏的不是劳动人口而是资金，没有充裕的资金进行生产建设，城市的吸引力、承载力、幅射力就都受到限制。回顾秦灭六国后，徙天下豪富二十万入咸阳的历史故事，发人深省的是封建帝王已经认识到在自然经济条件下，城市的繁荣有赖于输入拥有财富的人口。何况当今社会主义商品经济条件下，城市发展依靠自身积累和政府投资以外，准许拥有高额资金的个人或家庭迁入定居兴办实业，也不失为筹集资金、繁荣经济和发展城市的途径之一。

4．全国城市发展近期目标应列入国民经济社会发展五年计划，包括城镇增长数量和城镇人口增长数量以及重点发展城镇数目等项指标，此外城镇发展的远景规划也应列入国民经济和社会发展长期规划。

5．计划生育、优生、迁移管理、劳动就业、人事调配等工作，除分别由国家计委、卫生部、公安部、民政部、劳动人事部等单位分管外，建议成立一协调机构，综合统筹人口政策。

6．制定迁移立法，建立移民机构，国家应制定人口迁移立法保护移民权利，规定移民的义务。在迁入人口数量较大的新经济开发区、经济特区，应建立移民机构主管移民事务。

（作者工作单位：中国社会科学院人口研究所）

1987年中国9省、自治区儿童情况抽样调查报告

吴　军　竺　平

我国有3亿多儿童，接近全国总人口的1/3。他们是二十一世纪我国经济和科学技术赶超世界发达国家的先锋和骨干。党和政府十分关心儿童事业，继1983年底进行儿童基本情况抽样调查之后，1987年7月，经国务院办公厅批准，国家统计局与卫生部、公安部、民政部、全国妇联、共青团中央联合，在联合国儿童基金会资助下，对内蒙古等9省、自治区的儿童情况，进行了一次抽样调查。调查取得了较丰富的儿童资料，积累了组织儿童情况调查的工作经验。

一、主要工作

9省、自治区儿童情况抽样调查历经三个阶段，主要做了以下几项工作：

（一）准备阶段（1984年底至1987年6月）

1．9省、自治区的确定

1984年，经国家统计局、对外经济贸易部及联合国儿童基金会协商，将中国儿童情况调查作为1985～1989年我国政府与联合国儿童基金会第3合作周期协议的项目之一。为了使调查资料能反映我国儿童的情况，兼顾沿海与内地、边远少数民族地区等不同地理位置和不同经济发展程度等因素，经多次研究，决定参加调查的9省、自治区是：华北地区的内蒙古自治区，东北地区的黑龙江省，华东地区的浙江省、山东省，华中地区的湖北省、广东省，西

南地区的四川省、云南省，西北地区的宁夏回族自治区。

2．组建调查领导班子、挑选并严格培训调查人员

儿童调查在蕴酿阶段及开展工作的初期，由国家统计局社会司负责各项具体工作。随工作的逐渐铺开，于1986年8月报经国务院办公厅批准，由国家统计局、卫生部、公安部、民政部、全国妇联、共青团中央联合组成中国儿童情况抽样调查领导小组，下设办公室处理日常工作。

9省、自治区及各抽中县市先后于1987年4月底前成立了领导小组和办公室，选调了11 218名调查、体检人员，从1987年3月至6月按中国儿童情况抽样调查办公室制定的调查方案，自上而下逐级对全体调查、体检人员进行了严格的业务培训并进行了测试。对测试不合格人员进行了补课或调换。

3．拟定调查方案

调查方案从1985年开始至1987年初定稿，历时两年，经过8次修改。其间，为了验证调查方案的科学性、可行性，组织了两次较大规模的试填。第1次是1985年10月在湖北省随州市，由国家统计局社会司组织9省、自治区具体负责儿童调查的业务骨干参加。第2次是1986年5月至8月，由9省、自治区儿童调查办公室组织各抽中县市具体负责儿童调查的业务骨干参加。除试填外，还征询了有关专家的意见，邀请联合国儿童基金会选派专家咨询，组成儿童统计考察团赴美国、加拿大考察，反复征求各地和有关部门的修改意见，不断充实、完善，最后形成内容比较丰富、基本上科学可行的调查方案。

4．抽选调查样本点

根据要能推算9省、自治区儿童情况的要求和勤俭节约便于组织的原则，调查采用分层两阶段不等概率整群抽样的方法。

分层指省、自治区将所辖县市按城市和农村（分为平原、丘陵、山区或高原三种）进行分层。具体分层情况见表1。

表1　　儿童调查分层情况　　（层）

	合计	城市	农村小计	平原农村	丘陵农村	山区或高原农村
总　计	872(42)	114(9)	758(33)	117(9)	223(10)	358(14)
内蒙古	88(4)	15(1)	73(3)	15(1)	58(2)	—
黑龙江	78(4)	16(1)	62(3)	21(1)	27(1)	14(1)
浙　江	76(4)	9(1)	67(3)	23(1)	16(1)	28(1)
山　东	113(5)	18(1)	95(4)	49(2)	19(1)	27(1)
湖　北	68(4)	13(1)	55(3)	14(1)	14(1)	27(1)
广　东	109(5)	16(1)	93(4)	25(1)	22(1)	46(2)
四　川	195(8)	14(1)	181(7)	22(1)	59(2)	110(4)
云　南	126(5)	10(1)	116(4)	—	8(1)	108(3)
宁　夏	19(3)	3(1)	16(2)	8(1)	—	8(1)

注：括号内为抽中层数。

两阶段是指省、自治区抽选县市，再从县市抽选基层样本点（大致相当于居民委员会或村民委员会的规模）。具体办法是在各省、自治区的每层中用不等概率无放回方法抽取所需

县市，在每个样本县市内，按简单随机抽样方法抽取10个基层样本点。

不等概率指县市以其人口总数成正比的概率中选，而每个样本县市均抽10个基层样本点，因而对每个县市和基层样本点来讲，中选概率是不相等的。

整群指抽中基层样本点所辖全部家庭户及儿童都作为调查对象。

为了保证抽样方法正确，1986年3月在北京举办了抽样调查培训班，讲解了抽样调查有关理论和方法，然后按所讲方法完成了全部抽样工作（见表2）。

表2　9省、自治区抽选县市数

地区	合计	市	县小计	平原县	丘陵县	山区或高原县
总计	84	18	66	18	20	28
内蒙古	8	2	6	2	4	—
黑龙江	8	2	6	2	2	2
浙江	8	2	6	2	2	2
山东	10	2	8	4	2	2
湖北	8	2	6	2	2	2
广东	10	2	8	2	2	4
四川	16	2	14	2	4	8
云南	10	2	8	—	2	6
宁夏	6	2	4	2	—	2

各省、自治区抽中县市名单如下：

①内蒙古自治区：包头市、赤峰市、通辽县、翁牛特旗、多伦县、四子王旗、乌拉特前旗、乌拉特中旗。

②黑龙江省：齐齐哈尔市、鸡西市、宁安县、尚志县、五常县、肇州县、呼兰县、德都县。

③浙江省：杭州市、金华市、余姚县、海盐县、义乌县、新昌县、文城县、岱山县。

④山东省：青岛市、泰安市、寿光县、商河县、莘县、梁山县、莱阳县、临沭县、胶南县、栖霞县。

⑤湖北省：黄石市、荆门市、新州市、洪湖县、应城县、枣阳县、圻阳县、崇阳县。

⑥广东省：广州市、惠州市、三水县、廉江县、惠来县、恩平县、高州县、罗定县、连县、乐东县。

⑦四川省：成都市、德阳市、绵竹县、青神县、长寿县、资中县、宜宾县、南充县、綦江县、广元县、南江县、茂汶县、色达县、会东县、云阳县、彭水县。

⑧云南省：玉溪市、曲靖市、陆良县、宣威县、绥江县、勐海县、弥勒县、云县、华坪县、景东县

⑨宁夏回族自治区：银川市、吴忠市、平罗县、灵武县、西吉县、彭阳县。

（二）调查阶段（1987年7月至8月）

完成入户调查对儿童进行体检和手工汇总等任务。

儿童调查以7月1日零时为标准时点，各样本县市根据本地实际情况，分别组成三支或两支调查体检队伍，分赴各基层调查点入户登记、对儿童逐个体检。各调查体检队队长严把质

量关，按计划进度督促调查体检人员认真进行体检、登记后，坚持四查（自查、互查、议查、复查）基础上，按统一要求逐级进行手工汇总，至8月底完成手工汇总任务，于10月经《人民日报》和中央人民广播电台正式公布了调查的主要结果。

（三）调查后期阶段（1987年9月至1989年底）

1．用电子计算机进行数据处理。

从1987年4月开始，中国儿童调查办公室与香港拨萃电脑有限公司、核工业部二院计算中心合作，多次举办数据处理培训班，培训编码人员、ALTOS微机操作人员和程序使用人员。于1987年底成立数据处理指挥小组，负责完成数据处理任务。

2．资料整理与分析研究。

手工汇总主要结果公布之后，随即开始对调查资料进行分析研究。各级儿童调查办公室及时向当地政府报告了当地儿童教育、保健工作的突出问题，引起党政领导的重视，指示有关部门研究、寻求解决问题的措施。中央和各地报刊、电台报道了几十篇简要的分析研究文章，为促进儿童工作做出了初步贡献。

为了进一步开发利用调查资料，儿童调查办公室还在不同层次举办了调查资料分析方法研讨会。

按照计划，中国儿童调查办公室和各省、自治区办公室将分别整理并公开出版中英文本的儿童调查资料专辑和分析论文专辑。中国儿童调查办公室还将与联合国儿童基金会驻华代表处合作，召开中国儿童调查国际讨论会，进一步运用调查资料为发展儿童事业服务。

二、儿童调查的主要特点和经验

（一）紧密联系实际，具有中国特色

此次儿童调查既注重借鉴、学习国外有益的经验，更注意紧密联系实际，使调查形成中国的特色。例如，确定抽样方案时，我们未按发达国家以区域选群的作法，而充分利用我国户籍管理相当健全的优势，按户口管理辖区来选择家庭户，以确定整群的范围。又如，调查时间和数据处理方法，也突出地考虑了我国的实际情况，具有自己的特点。

（二）各级领导重视、各部门各方面通力合作、群众积极支持

儿童调查是经国务院办公厅批准，在9省、自治区领导和各有关部门的重视、支持下进行的。省（自治区）、县（市）两级儿童调查领导小组的组长，大部分是省政府负责人和县长，基层领导更把儿童调查作为大事来抓。各级领导挂帅出征，亲临第一线，了解情况，指导工作，从政治、思想、后勤等方面给予有力的支持。参加调查的各单位发挥各自专长通力合作是儿童调查得以顺利进行的决定因素。

各地结合具体情况，采用多种形式，大力开展宣传工作，使广大基层干部和群众达到一清（清楚调查目的）、四知道（知道调查范围、登记时间、登记项目、体检要求）两自愿（自愿申报、自愿体检），收到良好的效果。群众积极支持调查，儿童见面率、体检率高达97%。不但很多城市、平原农村地区儿童见面率、体检率达到100%，而且不少边远地区、条件艰苦的山区、高原县，儿童见面率、体检率也达到100%。

（三）制定了比较科学、可行的调查方案

这次儿童调查制定的调查方案、内容、方法和组织工作都吸取了国内外有益的经验，邀请国内外有关专家做好咨询工作，又经过实践试点，使调查方案不断充实、完善，内容丰

富，方法科学，为高质量完成调查任务打下了良好的基础。

（四）建立严格的规章制度，实行岗位责任制

儿童调查是一项综合性的社会调查，需要各有关部门密切配合。调查中，各省、自治区都制定了岗位责任制。各级儿童调查办公室制定了工作计划，明确了工作任务、步骤、进度和质量要求。对调查指导员、调查员、体检人员，做到任务到组、责任到人、职责分明、分工合作。儿童调查办公室还对调查、体检、复查、抽查等各个工作环节制定了具体规定，建立了及时汇报制度，逐级负责，及时了解并解决调查中出现的新情况、新问题，从而保证这项复杂的综合性社会调查得以顺利进行。

三、调查内容

儿童情况抽样调查的内容有十部分。

第一部分：本户情况

本户情况指被抽中村（居）委会户籍管理范围内的家庭户的情况。这部分主要指标有：

1．本户人口。包括：（1）在本户有常住户口，且在本户生活的人口；（2）在本户居住，但尚未登记常住户口的人口。如持迁移证、出生证、复员退伍证、释放证及计划外生育等情况未登记常住户口的人口；（3）户口虽不在本户，但因各种原因在本户居住已满一年的人口；（4）经常在本户生活，但户口在机关、企事业单位集体户中的人口；（5）本户户口已迁出的全托或住校学习的儿童。

2．本户0～14岁儿童人数。指调查标准时点本户人口中，全部0～14岁儿童。

3．在校儿童人数。指本户儿童中，在小学一年级及以上各级各类学校学习取得学籍的儿童

4．1986年本户纯收入。指城镇居民家庭生活费收入和农村农民纯收入。

第二部分：本户儿童情况

包括儿童姓名、性别、出生时间、是否登记常住户口、未登记常住户口原因、民族、是否是独生子女等指标。

第三部分：儿童的家长情况

包括儿童和谁生活在一起、儿童父母亲的职业与文化程度等指标。

第四部分：儿童接受教育情况

包括儿童已入托（校）情况、未入托（校）情况及未入托（校）原因等指标。

第五部分：儿童喂养情况

包括0～1岁儿童在0～3个月时喂养方式，0～1岁儿童辅食添加种类和时间等指标。

第六部分：儿童身体健康情况

包括0～14岁儿童呼吸道感染、急性感染性腹泻发病及诊治情况、先天畸形、后天致残、内脏及体格发育情况，0～5岁儿童佝偻病患病情况，6～14岁儿童视力检查与龋齿检查情况等指标。

第七部分：0～5岁儿童预防接种情况

包括卡介苗、小儿麻痹糖丸、百白破（百日咳、白喉、破伤风）和麻疹疫苗的预防接种情况。

第八部分：14岁儿童和家长意向调查

这部分除了14岁儿童及家长的基本情况外，还包括家长对孩子学习、生活能力的教育培养及希望的情况，14岁儿童对学习、生活、社会、家长等问题的认识与看法。

第九部分：1986年抽样点儿童死亡情况

包括死亡儿童的性别、年龄、死亡原因、死亡诊断单位等指标。

第十部分：调查点的社会环境

包括调查点的地形及教育、卫生保健设施情况等指标。

四、我国儿童的基本状况

这次调查在九省、自治区抽中的84个县市中共调查了19.24万户家庭，总计81.17万人口，其中0～14岁儿童为23.47万人，通过调查对我国儿童的基本状况有了比较清楚的了解：

（一）儿童占人口的比重为28.9%

调查结果，儿童占人口比重为28.9%，较1983年抽查时的31.4%下降了2.5个百分点。说明我国的计划生育工作几年来是有成效的。

目前我国儿童占人口的比重虽然较一般发展中国家低，但仍较发达国家高。1986年世界一些主要国家儿童占人口的比重为：英国20.9%，法国22.6%，日本22.8%，加拿大23.0%，美国23.4%，南斯拉夫25.3%，苏联26.3%，罗马尼亚26.7%，新加坡26.9%，泰国37.9%，印度38.5%，印度尼西亚40.4%，埃及41.7%。

（二）儿童接受教育情况基本良好

1. 有92.9%的儿童与父母生活在一起。

在这次调查的23.47万名儿童中，有92.9%与父母生活在一起，由双亲抚养。这对儿童身心健康成长具有重要作用。据对1.45万名14岁儿童调查，有82.5%的家长比较注意培养儿童独立生活能力，有72.3%的家长关心儿童学习，有51.3%的家长期望孩子将来能上大学。这反映大部分儿童有一个较良好的家庭环境。

2. 托幼事业有一定发展，入托（园）儿童比重增加。

在调查的9.31万名0～5岁儿童中，有13.5%送入了托儿所、幼儿园或学前班，较1983年底抽查时的9.6%，增加3.9个百分点。在城市，有38.9%的0～5岁儿童接受托儿所、幼儿园或学前班的学前教育，较1983年底的32.1%，增加6.8个百分点。农村0～5岁儿童入托（园）率为6.7%，较1983年底的4.3%，增加2.4个百分点。

3. 约3/4的学龄儿童在校学习。

在被调查的14.6万名6～14岁学龄儿童中，有10.86万人在中小学学习，在校率为76.7%，较1983年底的75.7%略有增加。

4. 绝大部分行政村和街道辖区内设有完全小学或初级小学。

这次抽查了1062个农村的行政村和城市的街道居委会，有966个辖区内设有完全小学或初级小学，占91.0%，为绝大部分儿童就近上小学创造了条件。

（三）儿童喂养保健情况较好

1. 约2/3的婴儿得到母乳喂养。

母乳优于其他代用食品，可以增强婴儿对疾病的免疫力，是科学育儿的重要内容。这次调查了3.26万名0～1岁婴幼儿童，在0～3月龄时用母乳喂养的占66.4%。其中，农村为69.5%，城市为53.9%。

2．患过急性呼吸道感染和腹泻的儿童不到1/5。

急性呼吸道感染和腹泻，是两种儿童常见疾病，对儿童身体健康影响甚大。其中腹泻被联合国儿童基金会列为儿童死亡的首要原因。在调查的23.47万名儿童中，两周内患过这两种或其中一种常见疾病的儿童有4.2万人，占18.0%。

3．大多数儿童程度不同地进行了预防接种。

按照国家免疫计划，对麻疹疫苗、小儿麻痹糖丸、卡介苗和百白破三联针（指百日咳、白喉、破伤风）6种传染病的4种疫苗的预防接种工作，到1988年应在省、自治区、直辖市一级单苗接种率分别达到85%的要求。这次在被调查的0～5岁儿童中，麻疹疫苗接种率达到69.6%，其中城市为85.5%，农村为65.3%；小儿麻痹糖丸服用率达到73.6%，其中城市为89.9%，农村为69.3%；百白破三联针接种率达到67.9%，其中城市为85.5%，农村为61.2%；卡介苗接种率达到52.5%，其中城市为76.6%，农村为46.1%。

4．大部分儿童居住地段初具医疗、保健条件。

随着经济的发展，各地已陆续建立了医疗保健网点。这次调查的1 062个农村行政村和城市街道居委会，辖区内建有基层卫生诊所（院）或有卫生员的有930个，占87.6%。说明大部分儿童的保健工作有人管，患了疾病，可就近得到初步诊治。

（四）儿童中存在的主要问题

1．学前教育比较薄弱。

调查结果，有86.5%学龄前（0～5岁）儿童尚未入托（园），有些边远山区、少数民族地区至今尚未开办过托儿所、幼儿园。这对开发儿童智力，及时对儿童进行启蒙教育很不利。

2．近1/4学龄（6～14岁）儿童不在学校学习。

在被调查的14.16万名学龄儿童中，有17.3%不在学校学习，还有约6%的学龄儿童在托儿所、幼儿园、学前班，这么多学龄儿童不在学校学习会产生文盲，将影响提高儿童文化科学素质。

3．近半数儿童患有龋齿。

在被调查的14.03万名6～14岁儿童中，患有龋齿的占47.7%。说明随着经济发展和人们生活水平提高，儿童食品中糖类增加，但儿童膳食科学、口腔卫生、医疗保健等工作未得到相应加强。

4．控制人口增长的效果在城乡间极不平衡。

例如，儿童占人口的比重，城市为24.0%，农村为30.5%；农村中，平原地区为28.2%，丘陵地区为30.2%，山区或高原地区为32.4%。

又如，独生子女率，城市为43.3%，农村为14.0%；农村中，平原地区为18.1%，丘陵地区为14.7%，山区或高原地区为10.8%。

调查结果反映儿童中存在的一些主要问题，要求全社会及各有关部门应有针对性地做多方面的工作。要加强儿童营养科学的研究和应用，大力倡导并推广母乳喂养婴儿等科学育儿方法，普及儿童卫生保健知识，进一步提高儿童身体素质。同时，还应加强学前教育，认真贯彻义务教育法。在继续抓好城市儿童工作同时，着重加强农村儿童工作，特别要抓好控制人口增长、实行优生优育，以利提高儿童素质。

五、资料的代表性和质量检查

（一）质量抽查情况

儿童调查在询问、体检、登记工作结束后，在调查、体检人员自查、互查、议查、复查的基础上，立即组织了对每个调查点的质量抽查。每个点抽查10户，对调查内容进行了全面检查。抽查结果，人口总差错率为1.0‰，儿童人数差错率为0.9‰，儿童性别差错率为0.8‰。

（二）与不同来源所获得的同类资料进行比较

1. 儿童占人口的比例。

与儿童抽样调查同时进行的是全国1%人口抽样调查，其规模、范围都远远超过儿童调查，1%调查结果表明，儿童占人口的比例为28.7%，与儿童情况抽样调查所得儿童占人口的比例28.9%很相近，两个数值的比值为0.9931：1。

2. 儿童在校率。

国家教委向国外提供的我国7～14岁学龄儿童在校率为85%，这次儿童调查7～14岁学龄儿童在校率为84.6%，二者基本一致。

此外，这次调查获得的儿童入托率、四苗接种率等一些重要指标，经征询有关部门和专家意见，也认为是准确的、可信可用。

中国1987年9省、自治区儿童情况抽样调查，取得了丰富的儿童资料，为促进儿童事业的发展做出了积极的贡献。但是，这次调查由于规模大、内容比较复杂，缺少经验，还存在一些不足和需要研究总结的问题，如有些工作安排不细，使省、自治区手工汇总等工作被动。又如调查指标的详略取舍，特别是一次较大规模的社会调查中安排工作量很大、专业性很强的体检是否恰当，以及如何更经济更高效地组织儿童调查、进一步提高调查质量、水平、效益等问题还值得探讨和在今后的调查中去努力解决。

（作者工作单位：国家统计局社会司）

中国婴儿死亡情况抽样定点调查报告

周有尚　饶克勤　张德英　林沛林　程汉涛

婴儿死亡水平及其变化规律是衡量和评价一个国家和地区社会经济、卫生保健发展及人群健康状况的重要指标。目前，我国部分市、县开展了出生、死亡登记，虽然取得了一些婴儿死亡原因的资料，但由于这些登记点相对集中在城市地区和经济较发达的沿海农村地区，对全国的代表性不强。同时，婴儿死亡登记的影响因素较多，尤其是新生儿死亡往往不报出生又不做死亡登记，易造成漏报，严重地影响了婴儿死亡率的准确性。各方面对现已公布的婴儿死亡率水平抱有较大的疑问。为了较为准确地了解和掌握全国、城市、农村婴儿死亡水平、婴儿死亡原因及其变动情况，以及婴儿死亡、死亡原因与社会经济水平、卫生保健条件之间的关系，同时摸清出生死亡登记系统、婴儿死亡可能的漏报水平，在卫生部的领导和组织下，于1987年进行了全国范围内抽样定点调查。

一、调查范围、内容和方法

（一）调查范围与抽样定点的要求

调查在全国2.5%人口的范围内，以出生、死亡婴儿为调查对象，样本单位的规模在50万人左右，城市以市区，农村以县为抽样定点单位。采取分层整群的方法，共抽取了22个城市和40个县。

从抽取的40个农村县来看，由于考虑到可行性的因素较多，对全国的代表性偏好。

（二）调查内容和方法

1. 调查县（市）的社会经济、文化教育、卫生保健事业发展情况以及当地人口数量、出生和死亡情况。

2. 本县（市）1986年内未满一周岁婴儿死亡情况调查。

调查方法和步骤：①依靠基层行政组织和卫生保健部门，按（城市：居委会、街道；农村：村、乡）逐级收集婴儿死亡名单；②核实婴儿死亡名单及数量，检查有无遗漏情况，包括到医院产科、妇保部门和农村基层接生员核实查对等工作；③组织调查专门班子（包括医务人员、妇保人员和妇联干部等）逐个调查，填写卡片；④婴儿死因归类和分类按照国际疾病分类原则进行。

3. 产妇分娩情况调查，随机抽取相当于每年出生1 000名婴儿的人口范围区域（例如：年出生率在10‰，抽取相当于10万人范围的区域；年出生率在20‰，抽取相当于5万人范围的区域）内1985和1986两年的分娩的全部产妇，并追踪婴儿存活情况；同时调查产妇的分娩日期、分娩情况（活产、死产、死胎）、接生方式（新法、旧法、自接）。

4. 1986年出生婴儿的婴母分娩及婴儿体重情况。资料来源主要从接生部门抄录。项目包括分娩日期、性别、胎龄、顺产或难产、出生体重。整理婴儿及性别与出生体重、胎龄分布表。

（三）调查的培训和实施

整个过程分二个阶段：一是准备、培训阶段：包括拟定调查方案，抽样定点、进行预调查、举办培训班、布置调查任务。培训班由卫生部委托武汉同济医科大学举办。培训内容包括：统一调查表格、方法和填表要求；学习婴儿疾病的国际分类诊断标准和要求；填写根本死因的技术方法与国际死因归类方法；婴儿死亡漏报的审核及补查方法；调查质量的审核和调查表格验收标准与要求等。二是调查阶段。1986年婴儿死亡率调查是在1987年上半年实施的，各地按调查表格要求，进行调查，及时审核，组织验收。

（四）资料的整理和计算机处理

各点调查完毕后，全部资料送到武汉同济医科大学。对每张卡片进行根本死因的确定并对调查的每一个项目进行编码输入PDP7311型计算机，输入数据近100万个，产生表格200余份。

二、调查结果与分析

（一）调查点婴儿死亡率水平

这次调查的全国62个点1986年出生人数为47.3万人，相当于当年全国出生总数的2.5%。62个调查点中出生未活满1周岁的婴儿数14 866人，婴儿死亡率为32.6‰，其中男性婴儿死亡率为34.70‰，女性婴儿死亡率为30.40‰。男婴死亡率高出女婴死亡率15%（见表1、表2）。各点婴儿死亡率差异较大，婴儿死亡率最低的是上海市静安区，为9.47‰；最高的是青海省湟中县，为80.40‰。各调查点中，婴儿死亡率在20‰以下的有15个点，占24.2%；在20～50‰之间的有37个点，占60.8%；在50‰以上的有10个，占15.0%。

（二）婴儿死亡率的城乡差异

城乡的社会经济、医疗卫生条件的差异同样反映在婴儿死亡率上。此次调查的22个城市（其中大城市10个，中小城市12个），平均婴儿死亡率为19.69‰。其中大城市为16.43‰，中小城市为23.44‰。各城市之间，婴儿死亡率也存在较大的差异。例如在大城市中，以上海市静安区婴儿死亡率较低为9.47‰，而哈尔滨市道外区、兰州市七里区则为27.6‰，28.1‰，约为前者的3倍。其它大城市婴儿死亡率分布在12.9～18.8‰之间。在中小城市中，除宜春市较高为54.22‰外，其余中小城市婴儿死亡率都分布在25‰以下。农村共有40个调查点，平均婴儿死亡率为36.02‰。农村各点的婴儿死亡率差异也是较大的，以启东县婴儿死亡率较低为19.79‰，以青海湟中县最高为80.4‰。各个大行政区之间，由于地理环境的不同，经济、文化及卫生情况的差异，婴儿死亡率水平亦有一定的差别。中南地区、华东地区及华

表1　1986年城市调查点婴儿死亡率　（‰）

城市		婴儿死亡率	新生儿死亡率	占婴儿死亡%	1981年		1985年	
					婴儿死亡率	与86年比（81年为1）	婴儿死亡率	与86年比（85年为1）
总计		19.69	13.20	67.00				
其中：大城市		16.40	11.90	72.50				
北京市	东城区	12.94	9.16	70.75	18	1.99	10.87	1.20
天津市	红桥区	17.93	12.54	69.94	16	1.12	11.74	1.50
上海市	静安区	9.47	6.26	66.13	12	0.79	12.59	0.80
黑龙江省	哈尔滨市	27.55	25.65	93.10	18	1.53	18.19	1.50
吉林省	长春市	15.13	6.97	67.82	16	0.94	12.40	1.20
陕西省	西安市	16.53	12.88	77.92	22	0.75	8.50	1.94
甘肃省	兰州市	28.10	20.64	72.80	20	1.41		
四川省	成都市	13.64	9.18	67.35	28	0.49	14.46	0.94
云南省	昆明市	18.81	15.78	83.90	19	0.99	11.40	1.64
山东省	青岛市	13.89	10.30	74.17	13	1.07		
中小城市		23.40	14.70	62.50				
江苏省	苏州市	13.30	8.96	67.37	17	0.78	14.64	0.90
浙江省	余姚市	23.60	15.42	65.34	23	1.03		
安徽省	安庆市	25.24	16.39	64.49	33	0.76	22.62	1.12
福建省	厦门市	12.10	4.98	41.18	11	1.10		
江西省	宜春市	54.22	29.81	54.97	48	1.13	45.11	1.20
湖北省	宜昌市	21.75	16.31	75.00	18	1.21	19.54	1.11
湖南省	常德市	19.25	14.30	74.29	28	0.69	18.98	1.01
广东省	佛山市	14.06	10.15	72.22	8	1.76	9.76	1.44
新疆	石河子市	19.70	14.32	72.72	21	0.94	24.93	0.79

注：内蒙古通辽市、辽宁省丹东市和广西桂林市因出生数有误，故未列出。

表2　　　　　　　　　　农村调查点婴儿死亡率　　　　　　　　　　（‰）

地 区 县	婴儿死亡率	新生儿死亡率	占婴儿死亡 %	1981年 婴儿死亡率	1981年 与86年比（81年为1）	1985年 婴儿死亡率	1985年 与86年比（85年为1）
总　计	36.02	24.42	67.79				
其中：华北地区	31.90	23.00	71.90				
北京市　密云县	23.42	18.48	78.92	26	0.90		
天津市　蓟　县	34.81	25.44	73.08	15	2.32		
河北省　蔚　县	52.58	37.67	71.65	33	1.59		
赵　县	24.31	18.30	75.27	8	3.04		
山西省　稷山县	30.61	17.92	58.53	11	2.78	27.33	1.10
阳城县	40.75	28.77	65.77	49	0.83	18.93	2.10
内蒙古　丰镇县	19.40	15.52	80.00	28	0.69		
东北地区	40.20	31.00	77.10				
黑龙江省　海伦县	61.72	47.69	77.27	34	1.81		
吉林省　公主岭市	37.58	28.51	75.85	14	2.08		
华东地区	31.30	19.70	63.00				
江苏省　启东县	19.79	8.74	44.18	27	0.73	19.06	1.00
淮安县	25.20	13.14	50.16	32	0.82	23.23	1.10
浙江省　富阳县	27.20	17.64	65.35	22	1.23	30.60	0.90
江西省　上高县	52.04	31.43	60.40	57	0.91	31.64	1.64
安徽省　固镇县	55.75	34.23	61.40	19	2.93	28.96	1.96
庐江县	42.01	27.04	64.35	36	1.17		
山东省　莱芜市	27.22	21.68	79.66	21	1.30		
掖　县	23.41	17.96	76.71	17	1.38		
中南地区	29.10	20.50	70.50				
河南省　汲　县	28.24	21.69	76.81	17	1.66		
唐河县	32.38	24.55	75.83	13	2.49	9.08	3.57
夏邑县	21.30	14.97	69.44	13	1.64		
禹　县	26.05	16.00	61.43	38	0.68	15.54	1.68
湖北省　云梦县	25.76	16.41	68.40	47	0.64		
麻城县	28.93	16.44	56.86	61	0.47	27.60	1.05
湖南省　临澧县	42.25	23.47	55.65	53	0.80	34.06	1.24
溆蒲县	61.54	37.61	61.11	40	1.54	51.80	1.19
广东省　揭阳县	29.13	21.07	72.34	7	4.16	32.07	0.91
英德县	31.73	25.48	80.30	30	1.06		
广　西　武鸣县	31.58	21.00	66.51	20	1.58		
西南地区	44.70	26.40	59.00				
四川省　双流县	33.40	17.50	52.93	47	0.71	34.26	0.97
什邡县	24.03	14.25	59.30	36	0.67	29.07	0.83
阆中县	42.13	26.95	63.96	47	0.90	31.16	1.35
贵州省　铜仁县	71.65	41.50	57.93	52	1.38		
松桃县	80.29	44.79	55.78	46	1.75	56.00	1.43
云南省　通海县	31.47	23.43	74.47	36	0.87	40.80	0.77
西北地区	56.00	37.70	67.30				
陕西省　大荔县	52.56	39.66	75.44	23	2.28		
甘肃省　榆中县	45.32	29.36	64.48	29	1.56	28.19	1.61
青海省　湟中县	80.40	60.5	75.25	70	1.15		
宁　夏　同心县	59.50	37.97	63.81	60	0.99		
新　疆　伊宁县	44.31	17.58	39.68	76	0.58		

北地区的婴儿死亡率差别不大，分别为29.1‰，31.3‰和31.9‰。东北地区稍高为40.2‰，而西南及西北较高，分别是44.7‰和56.0‰（见表1、表2）。

城乡婴儿死亡率比较，总的来说是农村婴儿死亡率高于城市。但是，在一些经济、地理条件较好的农村地区，如江苏、浙江较富裕的县，其婴儿死亡率是较低的，甚至低于某些城市。

（三）婴儿死亡的月龄及日龄分布

1. 婴儿死亡的月龄分布。婴儿死亡的月龄分布以未满一个月（即出生至未满28天）居多，占68.04%。随后死亡百分比迅速下降，出生后一个月死亡只占8.53%，2个月死亡占5.51%。死亡百分比随月龄上升而逐月下降，6个月以后，各月死亡百分比都在2%以下，死亡时月龄在6个月以上者合计，只占婴儿死亡总数的9.0%。按性别区分，男女的婴儿死亡月龄分布趋势是一致的，只是在未满一个月死亡百分比，男性稍高于女性。

城市婴儿死亡月龄的分布，大城市与中小城市及农村有一定的差异。大城市中，未满一个月的新生儿死亡占较大的比重，为75.64%，而中小城市及农村分别为63.80%和67.79%，婴儿死亡月龄在6个月以上者，大城市只占婴儿死亡总数的5.65%，而中小城市及农村则为10.6%和9.17%（见表3）。

从上所述无论城乡，新生儿死亡均占婴儿死亡的2/3以上。因此，减少和预防新生儿死亡是降低婴儿死亡的重点工作。

表3　**婴儿死亡月龄分布**

月龄	男	女	合计	其中		
				大城市	中小城市	农村
0—28天	68.64	67.31	68.04	75.64	63.80	67.79
1月	8.55	8.50	8.53	6.48	8.81	8.70
2	5.54	5.48	5.51	5.57	5.45	5.51
3	3.58	3.98	3.76	2.99	5.59	3.62
4	2.54	3.00	2.75	2.16	3.21	2.67
5	2.24	2.61	2.41	1.50	2.66	2.47
6	2.18	2.18	2.18	1.33	2.38	2.24
7	1.64	1.76	1.69	0.83	2.34	1.71
8	1.59	1.73	1.65	1.08	1.68	1.71
9	1.27	1.13	1.21	0.91	1.19	1.24
10	1.10	1.22	1.15	0.83	1.05	1.20
11	1.13	1.11	1.12	0.67	1.96	1.07
合计	100.00	100.00	100.00	100.00	100.00	100.00

2. 新生儿死亡分布。新生儿（0～27天）占婴儿死亡的68.04%，新生儿死亡率为2.09‰，其中男婴22.5‰，女婴19.3‰，男婴高于女婴16%。各个调查点新生儿死亡占婴儿死亡的百分比是不相同的，较低的只占到40%，较高的可占到93%。各点的新生儿死亡率水平以厦门市最低为4.98‰，而青海省湟中县则达60.50‰，两者相差12倍。

在新生儿死亡日龄的分布中，死于当天的占新生儿死亡的33.80%，死于头3天的占50.76%。随着年龄增长，死亡百分比也随之下降。若按死亡周龄计算，新生儿死于第一周的占71.7%，死于第二周即下降到16.9%，到第四周时只有3.9%，相当于第一周的1/20。男女新生儿死亡的日龄分布趋势基本上是一致的。城乡的新生儿死亡日龄分布，总的趋势也是一致的，但各日龄、周龄的比重则有一定的差异，大城市死于当天的占36.34%，而中小城市及农村则偏低一些，为33.2%和33.5%。以周龄计算，大城市死于第一周的比重为75.5%，而后者则为72.4%和71.4%（见表4）。

从未满1周岁的婴儿死亡来看，死于出生当天的，占婴儿死亡总数的23.0%；死于第一周的，占34.5%。因此，降低婴儿死亡率重点工作在新生儿，特别是在第一周。

表4　新生儿死亡日龄分布

日龄	男	女	合计	其中		
				大城市	中小城市	农村
0～	33.97	33.60	33.80	36.34	33.22	33.53
1～	9.64	9.05	9.37	9.81	9.17	9.33
2～	7.91	7.19	7.59	10.14	8.17	7.41
3～	6.75	7.06	6.89	6.13	6.82	7.00
4～	4.95	4.86	4.91	4.79	5.59	4.81
5～	4.46	4.71	4.57	4.35	4.92	4.67
6～	4.67	4.41	4.55	3.90	4.47	4.62
7～13	16.76	17.07	16.89	14.72	15.65	17.13
14～20	7.26	7.81	7.50	6.91	7.94	7.57
21～27	3.63	4.28	3.92	2.90	4.03	3.93
合计	100.00	100.00	100.00	100.00	100.00	100.00

（四）婴儿死因分类构成和死亡率

1. 婴儿死因分类和主要死因。婴儿的死因分类是按照1987年卫生部统计报表死因分类即ICD-9分类法进行的，与以往分类有所不同，在比较时请注意。

按调查点的统计，婴儿死因分类构成及死亡率见表5～表13。婴儿死因中以新生儿病居首位①；死亡率为14.83‰，占总死亡数的47.46%；其次是呼吸系病，死亡率为6.61‰，占21.16%，第三位是先天畸形，死亡率为2.89‰，占9.23%。这三位死因共占总死亡数的77.85%。第四位是损伤和中毒；第五位是消化系病。按性别区分，男女婴儿死因构成分布，基本上是一致的，只是首位死因新生儿病男性婴儿比重略高于女性。主要死因的性别比较，男婴死亡率高于女婴15～20%左右。我国婴儿死因分类构成情况与死亡率水平最低的日本对比，日本婴儿首位死因是“起源于围产期若干情况”（相当于我国的新生儿病），死亡率为2.32‰，占婴儿死亡的42.1%；第二位为先天异常，死亡率1.68‰，占30.6%；第三位为意外死亡，死亡率为0.32‰，占5.7%；第四位呼吸系病，死亡率为0.26‰，占4.75%。中日对比，中国死因死亡率水平均高于日本，构成分类比重也有差异，最明显是呼吸系病，中国排列在第二位死因，占婴儿死亡的21.2%，死亡率为日本的25倍，而日本呼吸病死因仅占4.7%，排列在第四位。以上情况说明我国在加强妇幼保健，提高助产和新生儿护理工作方面还有大量工作要做。

在我国城乡婴儿死亡率水平是有差异的，但在死因分类构成对比，其前五位死因排列位次则是一致的。只是由于死因死亡率的水平不同，其构成比重也有差异。从各死因死亡率水

① 新生儿病相当于第九次国际死因分类ICD—9　760—779起源于围产期的若干情况。

表5 中国城乡婴儿死亡构成及死亡率(男女合计) (‰)

死因分类	未满28天			1～2个月			3～5个月			6～11个月			合计		
	例数	率	%	例数	率	%	例数	率	%	例数	率	%	例数	率	%
1 传染病	48	0.10	0.48	131	0.28	5.86	156	0.34	11.83	180	0.39	13.48	515	1.09	3.48
2 肿瘤	8	0.02	0.08	9	0.02	0.40	19	0.04	1.44	14	0.03	1.05	50	0.11	0.34
3 内、营、代、免疫疾病	59	0.12	0.60	71	0.15	3.18	64	0.14	4.85	56	0.12	4.19	250	0.53	1.69
4 血液和造血器官疾病	21	0.04	0.21	10	0.02	0.45	4	0.01	0.30	7	0.02	0.52	42	0.09	0.28
5 神经系病	6	0.01	0.06	3	0.01	0.13	5	0.01	0.38	1	0.00	0.07	15	0.03	0.10
6 心脏病	3	0.01	0.03	2	0.00	0.09	6	0.01	0.45	12	0.03	0.90	23	0.05	0.16
7 呼吸系病	1126	2.38	11.37	984	2.12	44.01	538	1.17	40.79	482	1.05	36.10	3130	6.61	21.15
8 消化系病	141	0.30	1.42	196	0.42	8.77	172	0.37	13.04	266	0.58	19.93	775	1.64	5.24
9 泌尿系病				3	0.01	0.13	2	0.00	0.15	4	0.01	0.30	9	0.02	0.06
10 先天畸形	894	1.89	9.03	215	0.46	9.62	133	0.29	10.08	124	0.27	9.29	1366	2.88	9.23
11 新生儿病	6944	14.67	70.11	79	0.17	3.53							7023	14.82	47.47
12 败血症				142	0.31	6.35	50	0.11	3.79	44	0.10	3.30	236	0.50	1.60
13 损伤和中毒	566	1.20	5.71	342	0.74	15.30	133	0.29	10.08	107	0.23	8.01	1148	2.42	7.76
14 其他	22	0.05	0.22	6	1.01	0.27	24	0.05	1.82	28	0.06	2.10	80	0.17	0.54
15 诊断不明	67	0.14	0.68	43	0.09	1.92	13	0.03	0.99	10	0.02	0.75	133	0.28	0.90
合计	9905	20.92	100.00	2236	4.82	100.00	1319	2.86	100.00	1335	2.90	100.00	14795	32.63	99.99

表6　　中国城乡婴儿死亡构成及死亡率（男）　　（‰）

死因分类	未满28天			1～2个月			3～5个月			6～11个月			合　计		
	例数	率	%	例数	率	%	例数	率	%	例数	率	%	例数	率	%
1 传染病	28	0.11	0.51	76	0.31	6.10	77	0.32	11.29	100	0.42	13.74	281	1.15	3.45
2 肿瘤	5	0.02	6.00	4	0.01	0.32	12	0.05	1.75	8	0.03	1.10	29	0.12	0.36
3 内、营、代、免疫疾病	26	0.01	0.47	36	0.15	2.89	22	0.09	3.22	26	0.10	3.57	110	0.45	1.35
4 血液和造血器官疾病	14	0.05	0.25	7	0.02	0.56	2	0.00	0.29	1	0.0	0.14	24	0.10	0.29
5 神经系病	5	0.02	0.09	2	0.00	0.16	2	0.00	0.29	1	0.0	0.14	10	0.04	0.12
6 心脏病				1	0.00	0.08	4	0.01	0.58	4	0.01	0.55	9	0.04	0.11
7 呼吸系病	614	2.50	11.17	521	2.17	41.81	280	1.17	41.05	270	1.13	37.09	1 685	6.88	20.67
8 消化系病	71	0.29	1.29	119	0.49	9.55	86	0.36	12.60	134	0.56	18.41	410	1.68	5.03
9 泌尿系病				3	0.01	0.24	2	0.00	0.29	4	0.01	0.55	9	0.04	0.11
10 先天畸形	485	1.98	8.83	129	0.53	10.35	83	0.34	12.17	66	0.27	9.07	763	3.12	9.36
11 新生儿病	3 903	15.94	71.03	51	0.21	4.09							3 954	16.16	48.51
12 败血症				77	0.32	6.18	24	0.10	3.51	27	0.11	3.71	128	0.52	1.57
13 损伤和中毒	293	1.19	5.33	195	0.81	15.65	67	0.28	9.82	71	0.29	9.75	626	2.56	7.68
14 其他	14	0.05	0.25	3	0.01	0.24	14	0.05	2.05	12	0.05	1.65	43	0.18	0.53
15 诊断不明	37	0.15	0.67	22	0.09	1.77	7	0.02	1.02	4	0.01	0.55	70	0.29	0.86
合　计	5 495	22.45	100.00	1 246	5.20	100.00	682	2.86	100.00	728	3.05	100.00	8 151	34.70	100.00

表7　　中国城乡婴儿死亡构成及死亡率（女）　　（‰）

死因分类	未满28天			1～2个月			3～5个月			6～11个月			合计		
	例数	率	%	例数	率	%	例数	率	%	例数	率	%	例数	率	%
1 传染病	20	0.09	0.45	55	0.25	5.56	79	0.35	12.40	80	0.36	13.18	234	1.02	3.52
2 肿瘤	3	0.01	0.07	5	0.02	0.51	7	0.03	1.10	6	0.03	0.99	21	0.09	0.32
3 内、营、代、免疫疾病	33	0.14	0.75	35	0.16	3.54	42	0.19	6.59	30	0.13	4.94	140	0.61	2.11
4 血液和造血器官疾病	7	0.03	0.16	3	0.01	0.30	2	0.01	0.31	6	0.03	0.99	18	0.08	0.27
5 神经系病	1	0.00	0.02	1	0.00	0.10	3	0.01	0.47				5	0.02	0.08
6 心脏病	3	0.01	0.07	1	0.00	0.10	2	0.01	0.31	8	0.04	1.32	14	0.06	0.21
7 呼吸系病	512	2.24	11.61	463	2.06	46.77	258	1.16	40.50	212	0.95	34.93	1 445	6.32	21.75
8 消化系病	70	0.31	1.59	77	0.34	7.78	86	0.39	13.50	132	0.59	21.75	365	1.60	5.49
9 泌尿系病															
10 先天畸形	409	1.79	9.27	86	0.38	8.69	50	0.22	7.85	58	0.26	9.56	603	2.64	9.08
11 新生儿病	3 041	13.29	68.96	28	0.12	2.83							3 069	13.42	46.19
12 败血症				65	0.29	6.57	26	0.12	4.08	17	0.08	2.80	108	0.47	1.63
13 损伤和中毒	273	1.19	6.19	147	0.66	14.85	66	0.30	10.36	36	0.16	5.93	522	2.28	7.86
14 其他	8	0.03	9.18	3	0.01	0.30	10	0.04	1.57	16	0.07	2.64	37	0.16	0.56
15 诊断不明	30	0.13	0.68	21	0.09	2.12	6	0.03	0.94	6	0.03	0.99	63	0.28	0.95
合计	4 410	19.28	100.00	990	4.41	100.00	637	2.85	100.00	607	2.73	100.00	6 644	30.35	100.00

表8　　中国城市婴儿死亡构成及死亡率（男女合计）　　（‰）

死因分类	未满28天			1～2个月			3～5个月			6～11个月			合　计		
	例数	率	%	例数	率	%	例数	率	%	例数	率	%	例数	率	%
1 传染病	6	0.04	0.34	29	0.22	7.77	39	0.30	16.12	43	0.33	19.72	117	0.87	4.49
2 肿瘤	4	0.03	0.23	2	0.02	0.54	7	0.05	2.89	5	0.04	2.29	18	0.13	0.69
3 内、营、代、免疫疾病	11	0.08	0.62	6	0.05	1.61	9	0.07	3.72	3	0.02	1.38	29	0.22	1.11
4 血液和造血器官疾病	2	0.01	0.11	1	0.01	0.27							3	0.02	0.12
5 神经系病	4	0.03	0.23				1	0.01	0.41				5	0.04	0.19
6 心脏病	3	0.02	0.17				5	0.04	2.07	11	0.08	5.05	19	0.14	0.73
7 呼吸系病	153	1.14	8.62	133	1.01	35.66	68	0.52	28.10	49	0.37	22.48	403	3.01	15.45
8 消化系病	26	0.19	1.46	37	0.28	9.92	28	0.21	11.57	38	0.29	17.43	129	0.96	4.95
6 泌尿系病										1	0.01	0.46	1	0.01	0.04
10 先天畸形	232	1.73	13.07	53	0.40	14.21	40	0.30	16.53	31	0.24	14.22	356	2.65	13.65
11 新生儿病	1 270	9.47	71.55	26	0.20	6.97				7	0.05	3.21	1 296	9.67	49.69
12 败血症				30	0.23	8.04	13	0.10	5.37	6	0.05	2.75	49	0.37	1.88
13 损伤和中毒	55	0.41	3.10	50	0.38	13.40	26	0.20	10.74	21	0.16	9.63	152	1.13	5.83
14 其他	3	0.02	0.17				5	0.04	2.07	8	0.06	3.67	16	0.12	0.61
15 诊断不明	6	0.04	0.34	6	0.05	1.61	1	0.01	0.41	2	0.02	0.92	15	0.11	0.58
合　计	1 775	13.24	100.00	373	2.82	100.00	242	1.83	100.00	218	1.66	100.00	2 608	19.69	100.00

表9　　中国城市婴儿死亡构成及死亡率（男）　　（‰）

死因分类	未满28天			1～2个月			3～5个月			6～11个月			合计		
	例数	率	%	例数	率	%	例数	率	%	例数	率	%	例数	率	%
1 传染病	5	0.07	0.50	17	0.25	7.49	19	0.28	15.08	21	0.31	17.65	62	0.89	4.20
2 肿瘤	3	0.04	0.30				5	0.07	3.97	2	0.03	1.68	10	0.14	0.68
3 内、营、代、免疫疾病	4	0.06	0.40	4	0.06	1.76	4	0.06	3.17	1	0.01	0.84	13	0.19	0.88
4 血液和造血器官疾病	1	0.01	0.10										1	0.01	0.07
5 神经系病	3	0.04	0.30										3	0.04	0.20
6 心脏病							4	0.06	3.17	4	0.06	3.36	8	0.12	0.54
7 呼吸系病	88	1.27	8.77	80	1.17	35.24	32	0.47	25.40	33	0.49	27.73	233	3.36	15.80
8 消化系病	17	0.25	1.69	27	0.40	11.89	15	0.22	11.90	20	0.29	16.81	79	1.14	5.36
9 泌尿系病										1	0.01	0.84	1	0.01	0.07
10 先天畸形	127	1.83	12.66	31	0.45	13.66	24	0.35	19.05	13	0.19	10.92	195	2.81	13.22
11 新生儿病	731	10.55	72.88	17	0.25	7.49							748	10.79	50.71
12 败血症				18	0.26	7.93	5	0.07	3.97	3	0.04	2.52	26	0.38	1.76
13 损伤和中毒	21	0.30	2.09	31	0.45	13.66	15	0.22	11.90	15	0.22	12.61	82	1.18	5.56
14 其他	1	0.01	0.10				2	0.03	1.59	4	0.06	3.36	7	0.10	0.47
15 诊断不明	2	0.03	0.20	2	0.03	0.88	1	0.01	0.79	2	0.03	1.68	7	0.10	0.47
合　　计	1 003	14.47	100.00	227	3.32	100.00	126	1.85	100.00	119	1.75	100.00	1 475	21.28	100.00

表10　　中国城市婴儿死亡构成及死亡率（女）　　（‰）

死因分类	未满28天			1～2个月			3～5个月			6～11个月			合　计		
	例数	率	%	例数	率	%	例数	率	%	例数	率	%	例数	率	%
1 传染病	1	0.02	0.13	12	0.19	8.22	20	0.31	17.24	22	0.35	22.22	55	0.85	4.85
2 肿瘤	1	0.02	0.13	2	0.03	1.37	2	0.03	1.72	3	0.05	3.03	8	0.12	0.71
3 内、营、代、免疫疾病	7	0.11	0.91	2	0.03	1.37	5	0.08	4.31	2	0.03	2.02	16	0.25	1.41
4 血液和造血器官疾病	1	0.02	0.13	1	0.02	0.68							2	0.03	0.18
5 神经系病	1	0.02	0.13				1	0.02	0.86				2	0.03	0.18
6 心脏病	3	0.05	0.39				1	0.02	0.86	7	0.11	7.07	11	0.17	0.97
7 呼吸系病	65	1.00	8.42	53	0.83	36.30	36	0.56	31.03	16	0.25	16.16	170	2.62	15.00
8 消化系病	9	0.14	1.17	10	0.16	6.85	13	0.20	11.21	18	0.28	18.18	50	0.77	4.41
9 泌尿系病															
10 先天畸形	105	1.62	13.60	22	0.34	15.07	16	0.25	13.79	18	0.28	18.18	161	2.49	14.21
11 新生儿病	539	8.32	69.82	9	0.14	6.16							548	8.46	48.37
12 败血症				12	0.19	8.22	8	0.13	6.90	3	0.05	3.03	23	0.36	2.03
13 损伤和中毒	34	0.52	4.40	19	0.30	13.01	11	0.17	9.48	6	0.09	6.06	70	1.08	6.18
14 其他	2	0.03	0.26				3	0.05	2.59	4	0.06	4.04	9	0.14	0.79
15 诊断不明	4	0.06	0.52	4	0.06	2.74							8	0.12	0.71
合　计	772	11.92	100.00	146	2.28	100.00	116	1.82	100.00	99	1.55	100.00	1133	17.49	100.00

表11　中国农村婴儿死亡构成及死亡率（男女合计）　（‰）

死因分类	未满28天			1～2个月			3～5个月			6～11个月			合计		
	例数	率	%	例数	率	%	例数	率	%	例数	率	%	例数	率	%
1 传染病	42	0.12	0.52	102	0.31	5.48	117	0.36	10.86	137	0.42	12.26	398	1.17	3.27
2 肿瘤	4	0.01	0.05	7	0.02	0.38	12	0.04	1.11	8	0.03	0.81	32	0.09	0.26
3 内、营、代、免疫疾病	48	0.14	0.59	65	0.20	3.49	55	0.17	5.11	53	0.16	4.74	221	0.65	1.81
4 血液和造血器官疾病	19	0.06	0.23	9	0.03	0.48	4	0.01	0.37	7	0.02	0.63	39	0.11	0.32
5 神经系病	2	0.01	0.02	3	0.01	0.16	4	0.01	0.37	1	0.00	0.09	10	0.03	0.08
6 心脏病	0	0.00	0.00	2	0.01	0.11	1	0.00	0.09	1	0.00	0.09	4	0.01	0.03
7 呼吸系病	973	0.87	11.97	851	2.57	45.68	470	1.43	43.64	433	1.32	38.76	2 727	8.03	22.38
8 消化系病	115	0.34	1.41	159	0.48	8.53	144	0.44	13.37	228	0.69	20.41	646	1.90	5.30
9 泌尿系病				3	0.01	0.16	2	0.01	0.19	3	0.01	0.27	8	0.02	0.07
10 先天畸形	662	1.95	8.14	162	0.49	8.70	93	0.28	8.64	93	0.28	8.33	1 010	2.98	8.29
11 新生儿病	5 674	16.72	69.79	53	0.16	2.84							5 727	16.87	46.99
12 败血症				112	0.34	6.01	37	0.11	3.44	38	0.12	3.40	187	0.55	1.53
13 损伤和中毒	511	1.51	6.29	292	0.88	15.67	107	0.32	9.94	86	0.26	7.70	996	2.93	8.17
14 其他	19	0.06	0.23	6	0.02	0.32	19	0.06	1.76	20	0.06	1.79	64	0.19	0.53
15 诊断不明	61	0.18	0.75	37	0.11	1.99	12	0.04	1.11	8	0.02	0.72	118	0.35	0.97
合计	8 130	23.95	100.00	1 863	5.62	100.00	1 077	3.27	100.00	1 117	3.40	100.00	12 187	36.02	100.00

表12　中国农村婴儿死亡构成及死亡率（男）　（‰）

死因分类	未满28天			1～2个月			3～5个月			6～11个月			合计		
	例数	率	%	例数	率	%	例数	率	%	例数	率	%	例数	率	%
1 传染病	23	0.13	0.51	59	0.35	5.79	58	0.34	10.43	79	0.47	12.97	219	1.25	3.28
2 肿瘤	2	0.01	0.04	4	0.02	0.39	7	0.04	1.26	6	0.04	0.99	19	0.11	0.28
3 内、营、代、免疫疾病	22	0.13	0.49	32	0.19	3.14	18	0.11	3.24	25	0.15	4.11	97	0.55	1.45
4 血液和造血器官疾病	13	0.07	0.29	7	0.04	0.69	2	0.01	0.36	1	0.01	0.16	23	0.13	0.34
5 神经系病	2	0.01	0.04	2	0.01	0.20	2	0.01	0.36	1	0.01	0.16	7	0.04	0.10
6 心脏病				1	0.01	0.10							1	0.01	0.01
7 呼吸系病	526	3.00	11.71	441	2.58	43.28	248	1.46	44.60	237	1.40	38.92	1 452	8.28	21.75
8 消化系病	54	0.31	1.20	92	0.54	9.03	71	0.42	12.77	114	0.67	18.72	331	1.89	4.96
9 泌尿系病				3	0.02	0.29	2	0.01	0.36	3	0.02	0.49	8	0.05	0.12
10 先天畸形	358	2.04	7.97	98	0.57	9.62	59	0.35	10.61	53	0.31	8.70	568	3.24	8.51
11 新生儿病	3 172	18.08	70.61	34	0.20	3.34							3 206	18.27	48.02
12 败血症				59	0.35	5.79	19	0.11	3.42	24	0.14	3.94	102	0.58	1.53
13 损伤和中毒	272	1.55	6.06	164	0.96	16.09	52	0.31	9.35	56	0.33	9.20	544	3.10	8.15
14 其他	13	0.07	0.29	3	0.02	0.29	12	0.07	2.16	8	0.05	1.31	36	0.21	0.54
15 诊断不明	35	0.20	0.78	20	0.12	1.36	6	0.04	1.08	2	0.01	0.33	63	0.36	0.94
合计	4 492	25.60	100.00	1 019	5.96	100.00	556	3.27	100.00	609	3.59	100.00	6 676	38.05	100.00

表13 中国农村婴儿死亡构成及死亡率（女） （‰）

死因分类	未满28天			1～2个月			3～5个月			6～11个月			合　计		
	例数	率	%	例数	率	%	例数	率	%	例数	率	%	例数	率	%
1 传染病	19	0.12	0.52	43	0.27	5.09	59	0.37	11.32	58	0.36	11.42	179	1.09	3.25
2 肿瘤	2	0.01	0.05	3	0.02	0.36	5	0.03	0.96	3	0.02	0.59	13	0.08	0.24
3 内、营、代、免疫疾病	26	0.16	0.71	33	0.21	3.91	37	0.23	7.10	28	0.18	5.51	124	0.76	2.25
4 血液和造血器官疾病	6	0.04	0.16	2	0.01	0.24	2	0.01	0.38	6	0.04	1.18	16	0.10	0.29
5 神经系病	0	0.00	0.00	1	0.01	0.12	2	0.01	0.38				3	0.02	0.05
6 心脏病	0	0.00	0.00	1	0.01	0.12	1	0.01	0.19	1	0.01	0.20	3	0.02	0.05
7 呼吸系病	447	2.73	12.29	410	2.56	48.58	222	1.39	42.61	196	0.23	38.58	1 275	7.78	23.14
8 消化系病	61	0.37	1.68	67	0.42	7.94	73	0.46	14.01	114	0.72	22.44	315	1.92	5.72
9 泌尿系病															
10 先天畸形	304	1.85	8.36	64	0.40	7.58	34	0.21	6.53	40	0.25	7.87	442	2.70	8.02
11 新生儿病	2 502	15.26	68.77	19	0.12	2.25							2 521	15.38	45.74
12 败血症				53	0.33	6.28	18	0.11	3.45	14	0.09	2.76	85	0.52	1.54
13 损伤和中毒	239	1.46	6.57	128	0.80	15.17	55	0.34	10.56	30	0.19	5.91	452	2.76	8.20
14 其他	6	0.04	0.16	3	0.02	0.36	7	0.04	1.34	12	0.08	2.36	28	0.17	0.51
15 诊断不明	26	0.16	0.71	17	0.11	2.01	6	0.04	1.15	6	0.04	1.18	55	0.34	1.00
合　计	3 638	22.19	100.00	844	5.26	100.00	521	3.27	100.00	508	3.20	100.00	5 511	33.61	100.00

表14 中国城乡新生儿死因

死因分类	当天			1～2天			3～6天			0～6天		
	例数	率	%	例数	率	%	例数	率	%	例数	率	%
传染病	2	0.00	0.06	1	0.00	0.06	8	0.02	0.38	11	0.02	0.15
肿瘤	1	0.00	0.03				1	0.00	0.05	2	0.00	0.03
内、营、代、免疫疾病	8	0.02	0.24	12	0.03	0.71	12	0.03	0.58	32	0.07	0.45
血液和造血器官疾病	5	0.01	0.15	4	0.01	0.24	4	0.01	0.19	13	0.03	0.18
神经系病				2	0.00	0.12	2	0.00	0.10	4	0.01	0.06
心脏病	1	0.00	0.03				1	0.00	0.05	2	0.00	0.03
呼吸系病												
消化系病	5	0.01	0.15	7	0.01	0.41	33	0.07	1.59	45	0.10	0.63
泌尿系病												
先天异常	345	0.73	10.35	154	0.33	9.10	186	0.39	8.94	685	1.45	9.64
无脑畸胎	88	0.19	2.64	4	0.01	0.24	3	0.01	0.14	95	0.20	1.34
脊椎裂	50	0.11	1.50	19	0.04	1.12	25	0.05	1.20	94	0.20	1.32
脑积水	35	0.07	1.05	12	0.03	0.71	7	0.01	0.34	54	0.11	0.76
先心病	31	0.07	0.93	36	0.08	2.13	41	0.09	1.97	108	0.23	1.52
腭裂	10	0.02	0.30	17	0.04	1.00	26	0.05	1.25	53	0.11	0.75
消化道异常	9	0.02	0.27	23	0.05	1.36	49	0.10	2.36	81	0.17	1.14
四肢畸形	4	0.01	0.12	2	0.00	0.12	5	0.01	0.24	11	0.02	0.15
其它畸形	118	0.25	3.54	41	0.09	2.42	30	0.06	1.44	189	0.40	2.66
新生儿病	2867	6.06	86.02	1357	2.87	80.15	1673	3.53	80.43	5897	12.45	82.99
早产及未成熟儿	655	1.38	19.65	342	0.72	20.20	224	0.47	10.77	1221	2.58	17.18
产伤及窒息	2174	4.59	65.23	906	1.91	53.51	876	1.85	42.12	3956	8.36	55.67
产伤	8	0.02	0.24	3	0.01	0.18	2	0.00	0.10	13	0.03	0.18
出生窒息	1855	3.92	55.66	262	0.55	15.48	47	0.10	2.26	2164	4.57	30.45
颅内出血	71	0.15	2.13	117	0.25	6.91	91	0.19	4.38	279	0.59	3.93
呼吸窘迫	70	0.15	2.10	56	0.12	3.31	17	0.04	0.82	143	0.30	2.01
先天肺炎	27	0.06	0.81	202	0.43	11.93	694	1.47	33.37	923	1.95	12.99
吸入性肺炎	127	0.27	3.81	250	0.53	14.77	5	0.01	0.24	382	0.81	5.38
肺出血	16	0.03	0.48	16	0.03	0.95	20	0.04	0.96	52	0.11	0.73
新生儿破伤风	2	0.00	0.06	9	0.02	0.53	251	0.53	12.07	262	0.55	3.69
新生儿败血症	9	0.02	0.27	40	0.08	2.36	127	0.27	6.11	176	0.37	2.48
新生儿溶血症	4	0.01	0.12	4	0.01	0.24	26	0.05	1.25	34	0.07	0.48
新生儿黄胆	3	0.01	0.09	7	0.01	0.41	32	0.07	1.54	42	0.09	0.59
新生儿硬化症	20	0.04	0.60	49	0.10	2.89	137	0.29	6.59	206	0.44	2.90
其它疾病	5	0.01	0.15	4	0.01	0.24	5	0.01	0.24	14	0.03	0.20
诊断不明	9	0.02	0.27	15	0.03	0.89	19	0.04	0.91	43	0.09	0.61
损伤和中毒	85	0.18	2.55	137	0.29	8.09	136	0.29	6.54	358	0.76	5.04
合计	3333	7.04	100.00	1693	3.58	100.00	2080	4.39	100.00	7106	15.01	100.00

构成和死亡率（男女合计） （‰）

7～13天			14～20天			21～27天			合　　计		
例数	率	%	例数	率	%	例数	率	%	例数	率	%
16	0.03	0.96	11	0.02	1.46	10	0.02	2.66	48	0.10	0.48
4	0.01	0.24	1	0.00	0.13	1	0.00	0.27	8	0.02	0.08
11	0.02	0.66	9	0.02	1.20	7	0.01	1.86	59	0.12	0.60
5	0.01	0.30	2	0.00	0.27	1	0.00	0.27	21	0.04	0.21
1	0.00	0.06	1	0.00	0.13				6	0.01	0.06
1	0.00	0.06							3	0.01	0.03
587	1.24	35.23	358	0.76	47.54	181	0.38	48.14	1 126	2.38	11.37
37	0.08	2.22	38	0.08	5.05	21	0.04	5.59	141	0.30	1.42
115	0.24	6.90	64	0.14	8.50	30	0.06	7.98	894	1.89	9.03
									95	0.20	0.96
20	0.04	1.20	6	0.01	0.80	7	0.01	1.86	127	0.27	1.28
8	0.02	0.48	1	0.00	0.13	2	0.00	0.53	65	0.14	0.66
25	0.05	1.50	26	0.05	3.45	9	0.02	2.39	168	0.35	1.70
13	0.03	0.78	13	0.03	1.73	2	0.00	0.53	81	0.17	0.82
27	0.06	1.62	11	0.02	1.46	8	0.02	2.13	127	0.27	1.28
5	0.01	0.30				1	0.00	0.27	17	0.04	0.17
17	0.04	1.02	7	0.01	0.93	1	0.00	0.27	214	0.45	2.16
762	1.61	45.74	200	0.42	26.56	81	0.17	21.54	6 940	14.66	70.09
73	0.15	4.38	25	0.05	3.32	13	0.03	3.46	1 332	2.81	13.45
71	0.15	4.26	21	0.04	2.79	12	0.03	3.19	4 060	8.57	41.01
3	0.01	0.18				2	0.00	0.53	18	0.04	0.18
3	0.01	0.18	4	0.01	0.53	3	0.01	0.80	2 174	4.59	21.96
43	0.09	2.58	13	0.03	0.73	5	0.01	1.33	340	0.72	3.43
9	0.02	0.54	2	0.00	0.27	1	0.00	0.27	155	0.33	1.57
									923	1.95	9.32
1	0.00	0.06	1	0.00	0.13	1	0.00	0.27	385	0.81	3.89
12	0.03	0.72	1	0.00	0.13				65	0.14	0.66
311	0.66	18.67	34	0.07	4.52	5	0.01	1.33	612	1.29	6.18
162	0.34	9.72	76	0.16	10.09	40	0.08	10.64	454	0.96	4.59
7	0.01	0.42	2	0.00	0.27				43	0.09	0.43
29	0.06	1.74	4	0.01	0.53	2	0.00	0.53	77	0.16	0.78
109	0.23	0.54	38	0.08	5.05	9	0.02	2.39	362	0.76	3.66
6	0.01	0.36	2	0.00	0.27				22	0.05	0.22
13	0.03	0.78	6	0.01	0.80	5	0.01	0.33	67	0.14	0.68
108	0.23	6.48	61	0.13	8.10	39	0.08	10.37	566	1.20	5.72
1 666	3.52	100.00	753	1.59	100.00	376	0.79	100.00	9 901	20.91	100.00

表15 **中国城乡男性新生儿死因**

死因分类	当天			1～2天			3～6天			0～6天		
	例数	率	%	例数	率	%	例数	率	%	例数	率	%
传染病	2	0.01	0.11				5	0.02	0.44	7	0.03	0.18
肿瘤	1	0.00	0.05				1	0.00	0.09	2	0.01	0.05
内、营、代、免疫疾病	1	0.00	0.05	5	0.02	0.51	8	0.03	0.70	14	0.06	0.35
血液和造血器官疾病	5	0.02	0.27	3	0.01	0.31	2	0.01	0.17	10	0.04	0.25
神经系病				2	0.01	0.21	1	0.00	0.09	3	0.01	0.08
心脏病												
呼吸系病												
消化系病	3	0.01	0.16	5	0.02	0.51	18	0.07	1.57	26	0.11	0.65
泌尿系病												
先天异常	176	0.72	9.46	96	0.39	9.86	109	0.45	9.49	381	1.56	9.56
无脑畸胎	33	0.13	1.77	2	0.01	0.21	2	0.01	0.17	37	0.15	0.93
脊椎裂	20	0.08	1.07	12	0.05	1.23	14	0.06	1.22	46	0.19	1.15
脑积水	19	0.08	1.02	8	0.03	0.82	2	0.01	0.17	29	0.12	0.73
先心病	22	0.09	1.18	23	0.09	2.36	20	0.08	1.74	65	0.27	1.63
腭裂	4	0.02	0.21	10	0.04	1.03	17	0.07	1.48	31	0.13	0.78
消化道异常	7	0.03	0.38	19	0.08	1.95	34	0.14	2.96	60	0.25	1.51
四肢畸形	3	0.01	0.16	1	0.00	0.10	2	0.01	0.17	6	0.02	0.15
其它畸形	68	0.28	3.65	21	0.09	2.16	18	0.07	1.57	107	0.44	2.69
新生儿病	1 620	6.62	87.05	766	3.13	78.64	918	3.75	79.90	3 304	13.50	82.93
早产及未成熟儿	387	1.58	20.80	179	0.73	18.38	107	0.44	9.31	673	2.75	16.89
产伤及窒息	1 203	4.92	64.64	525	2.15	53.90	465	1.90	40.47	2193	8.96	55.05
产伤	5	0.02	0.27	1	0.00	0.10	2	0.01	0.17	8	0.03	0.20
出生窒息	1 014	4.14	54.49	155	0.63	15.91	19	0.08	1.65	1 188	4.85	29.82
颅内出血	49	0.20	2.63	74	0.30	7.60	59	0.24	5.13	182	0.74	4.57
呼吸窘迫	34	0.14	1.83	32	0.13	3.29	8	0.03	0.70	74	0.30	1.86
先天肺炎	18	0.07	0.97	115	0.47	11.81	365	1.49	31.77	498	2.03	12.50
吸入性肺炎	73	0.30	3.92	139	0.57	14.27	2	0.01	0.17	214	0.87	5.37
肺出血	10	0.04	0.54	9	0.04	0.92	10	0.04	0.87	29	0.12	0.73
新生儿破伤风	1	0.00	0.05	6	0.02	0.62	149	0.61	12.97	156	0.64	3.92
新生儿败血症	9	0.04	0.48	23	0.09	2.36	72	0.29	6.27	104	0.42	2.61
新生儿溶血症	3	0.01	0.16	2	0.01	0.21	20	0.08	1.74	25	0.10	0.63
新生儿黄胆	2	0.01	0.11	4	0.02	0.41	21	0.09	1.83	27	0.11	0.68
新生儿硬化症	15	0.06	0.81	27	0.11	2.77	84	0.34	7.31	126	0.51	3.16
其它疾病	4	0.02	0.21	3	0.01	0.31	2	0.01	0.17	9	0.04	0.23
诊断不明	6	0.02	0.32	11	0.04	1.13	10	0.04	0.87	17	0.11	0.68
损伤和中毒	43	0.18	2.31	83	0.34	8.52	75	0.31	6.53	201	0.82	5.05
合计	1 861	7.60	100.00	974	3.98	100.00	1 149	4.69	100.00	3 984	16.28	100.00

构成和死亡率　　　　　　　　　　　　　　　　　　　　（‰）

7～13天			14～20天			21～27天			合　计		
例数	率	%	例数	率	%	例数	率	%	例数	率	%
9	0.04	0.99	4	0.02	0.99	8	0.03	4.12	28	0.11	0.51
1	0.00	0.11	1	0.00	0.25	1	0.00	0.52	5	0.02	0.09
2	0.01	0.22	5	0.02	1.24	5	0.02	2.58	26	0.11	0.47
3	0.01	0.33				1	0.00	0.52	14	0.06	0.25
1	0.00	0.11	1	0.00	0.25				5	0.02	0.09
333	1.36	36.63	195	0.80	48.27	86	0.35	44.33	614	2.51	11.18
15	0.06	1.65	17	0.07	4.21	13	0.05	6.70	71	0.29	1.29
59	0.24	6.49	32	0.13	7.92	13	0.05	6.70	485	1.98	8.83
									37	0.15	0.67
10	0.04	1.10				2	0.01	1.03	58	0.24	1.06
3	0.01	0.33				1	0.00	0.52	33	0.13	0.60
14	0.06	1.54	15	0.06	3.71	5	0.02	2.58	99	0.40	1.80
8	0.03	0.88	6	0.02	1.49				45	0.18	0.82
16	0.07	1.76	8	0.03	1.98	3	0.01	1.55	87	0.36	1.58
3	0.01	0.33				1	0.00	0.52	10	0.04	0.18
5	0.02	0.55	3	0.01	0.74	1	0.00	0.52	116	0.47	2.11
428	1.75	47.08	118	0.48	29.21	49	0.20	25.26	3 899	15.93	71.01
40	0.16	4.40	15	0.06	3.71	6	0.02	3.09	734	3.00	13.37
41	0.17	4.51	13	0.05	3.22	10	0.04	5.15	2 257	9.22	41.10
1	0.00	0.11				2	0.01	1.03	11	0.04	0.20
2	0.01	0.22	4	0.02	0.99	3	0.01	1.55	1 197	4.89	21.80
28	0.11	3.08	6	0.02	1.49	3	0.01	1.55	219	0.89	3.99
7	0.03	0.77	1	0.00	0.25	1	0.00	0.52	83	0.34	1.51
									498	2.03	9.07
			1	0.00	0.25	1	0.00	0.52	216	0.88	3.93
3	0.01	0.33	1	0.00	0.25				33	0.13	0.60
173	0.71	19.03	18	0.07	4.46	2	0.01	1.03	349	1.43	6.36
88	0.36	9.68	42	0.17	10.40	25	0.10	12.89	259	1.06	4.72
6	0.02	0.66	1	0.00	0.25				32	0.13	0.58
17	0.07	1.87	4	0.02	0.99	1	0.00	0.52	49	0.20	0.89
63	0.26	6.93	25	0.10	6.19	5	0.02	2.58	219	0.89	3.99
3	0.01	0.33	2	0.01	0.50				14	0.06	0.25
6	0.02	0.66	2	0.01	0.50	2	0.01	1.03	37	0.15	0.67
49	0.20	5.39	27	0.11	6.68	16	0.07	8.25	293	1.20	5.34
909	3.71	100.00	404	1.65	100.00	194	0.79	100.00	5 491	22.44	100.00

表16　　中国城乡女性新生儿死因

死因分类	当天			1～2天			3～6天			0～6天		
	例数	率	%	例数	率	%	例数	率	%	例数	率	%
传染病				1	0.00	0.14	3	0.01	0.32	4	0.02	0.13
肿瘤												
内、营、代、免疫疾病	7	0.03	0.48	7	0.03	0.97	4	0.02	0.43	18	0.08	0.58
血液和造血器官疾病				1	0.00	0.14	2	0.01	0.21	3	0.01	0.10
神经系病							1	0.00	0.11	1	0.00	0.03
心脏病	1	0.00	0.07				1	0.00	0.11	2	0.01	0.06
呼吸系病												
消化系病	2	0.01	0.14	2	0.01	0.28	15	0.07	1.61	19	0.08	0.61
泌尿系病												
先天畸形	169	0.74	11.48	58	0.25	8.07	77	0.34	8.27	304	1.33	9.74
无脑畸胎	55	0.24	3.74	2	0.01	0.28	1	0.00	0.11	58	0.25	1.86
脊椎裂	30	0.13	2.04	7	0.03	0.97	11	0.05	1.18	48	0.21	1.54
脑积水	16	0.07	1.09	4	0.02	0.56	5	0.02	0.54	25	0.11	0.80
先心病	9	0.04	0.61	13	0.06	1.81	21	0.09	2.26	43	0.19	1.38
腭裂	6	0.03	0.41	7	0.03	0.97	9	0.04	0.97	22	0.10	0.70
消化道异新	2	0.01	0.14	4	0.02	0.56	15	0.07	1.61	21	0.09	0.67
四肢畸形	1	0.00	0.07	1	0.00	0.14	3	0.01	0.32	5	0.02	0.16
其它畸形	50	0.22	3.40	20	0.09	2.78	12	0.05	1.29	82	0.36	2.63
新生儿病	1 247	5.45	84.71	591	2.58	82.20	755	3.30	81.10	2 593	11.34	83.06
早产及未成熟儿	268	1.17	18.21	163	0.71	22.67	117	8.51	12.57	548	2.40	17.55
产伤及窒息	971	4.25	65.96	381	1.67	52.99	411	1.80	44.15	1 763	7.71	56.47
产伤	3	0.01	0.20	2	0.01	0.28				5	0.02	0.16
出生窒息	841	3.68	57.13	107	0.47	14.88	28	0.12	3.01	976	4.27	31.26
颅内出血	22	0.10	1.49	43	0.19	5.98	32	0.14	3.44	97	0.42	3.11
呼吸窘迫	36	0.16	2.45	24	0.10	3.34	9	0.04	0.97	69	0.30	2.21
先天肺炎	9	0.04	0.61	87	0.38	12.10	329	1.44	35.34	425	1.86	13.61
吸入性肺炎	54	0.24	3.67	111	0.49	15.44	3	0.01	0.32	168	0.73	5.38
肺出血	6	0.03	0.41	7	0.03	0.97	10	0.04	1.07	23	0.10	0.74
新生儿破伤风	1	0.00	0.07	3	0.01	0.42	102	0.45	10.96	106	0.46	3.40
新生儿败血症				17	0.07	2.36	55	0.24	5.91	72	0.31	2.31
新生儿溶血症	1	0.00	0.07	2	0.01	0.28	6	0.03	0.64	9	0.04	0.29
新生儿黄胆	1	0.00	0.07	3	0.01	0.42	11	0.05	1.18	15	0.07	0.48
新生儿硬化症	5	0.02	0.34	22	0.10	3.06	53	0.23	5.69	80	0.35	2.56
其它疾病	1	0.00	0.07	1	0.00	0.14	3	0.01	0.32	5	0.02	0.16
诊断不明	3	0.01	0.20	4	0.02	0.56	9	0.04	0.97	16	0.07	0.51
损伤和中毒	42	0.18	2.85	54	0.24	7.51	61	0.27	6.55	157	0.69	5.03
合　计	1 472	6.44	100.00	719	3.14	100.00	931	4.07	100.00	3 122	13.65	100.00

构成和死亡率 （‰）

7～13天			14～20天			21～27天			合计		
例数	率	%	例数	率	%	例数	率	%	例数	率	%
7	0.03	0.92	7	0.03	2.01	2	0.01	1.10	20	0.09	0.45
3	0.01	0.40							3	0.01	0.07
9	0.04	1.19	4	0.02	1.15	2	0.01	1.10	33	0.14	0.75
2	0.01	0.26	2	0.01	0.57				7	0.03	0.16
									1	0.00	0.02
1	0.00	0.13							3	0.01	0.07
254	1.11	33.55	163	0.71	46.70	95	0.42	52.20	512	2.24	11.61
22	0.10	2.91	21	0.09	6.02	8	0.03	4.40	70	0.31	1.59
56	0.24	7.40	32	0.14	9.17	17	0.07	9.34	409	1.79	9.27
									58	0.25	1.32
10	0.04	1.32	6	0.03	1.72	5	0.02	2.75	69	0.30	1.56
5	0.02	0.66	1	0.00	0.29	1	0.00	0.55	32	0.14	0.73
11	0.05	1.45	11	0.05	3.15	4	0.02	2.20	69	0.30	1.56
5	0.02	0.66	7	0.03	2.01	2	0.01	1.10	36	0.16	0.82
11	0.05	1.45	3	0.01	0.86	5	0.02	2.75	40	0.17	0.91
2	0.01	0.26							7	0.03	0.16
12	0.05	1.59	4	0.02	1.15				98	0.43	2.22
334	1.46	44.12	82	0.36	23.50	32	0.14	17.58	3041	13.29	68.96
33	0.14	4.36	10	0.04	2.87	7	0.03	3.85	598	2.61	13.56
30	0.13	3.96	8	0.03	2.29	2	0.01	1.10	1803	7.88	40.88
2	0.01	0.26							7	0.03	0.16
1	0.00	0.13							977	4.27	22.15
15	0.07	1.98	7	0.03	2.01	2	0.01	1.10	121	0.53	2.74
2	0.01	0.26	1	0.00	0.29				72	0.31	1.63
									425	1.86	9.64
1	0.00	0.13							169	0.74	3.83
9	0.04	1.19							32	0.14	0.73
138	0.60	18.23	16	0.07	4.58	1	0.01	1.65	263	1.15	5.96
74	0.32	9.78	34	0.15	9.74	15	0.07	8.24	195	0.85	4.42
1	0.00	0.13	1	0.00	0.29				11	0.05	0.25
12	0.05	1.59				1	0.00	0.55	28	0.12	0.63
46	0.20	6.08	13	0.06	3.72	4	0.02	2.20	143	0.63	3.24
3	0.01	0.40							8	0.03	0.18
7	0.03	0.92	4	0.02	1.15	3	0.01	1.65	30	0.13	0.68
59	0.26	7.79	34	0.15	9.74	23	0.10	12.64	273	1.19	6.19
757	3.31	100.00	349	1.53	100.00	182	0.80	100.00	4410	19.28	100.00

平来看，新生儿死亡率在农村是16.90‰，而城市是9.67‰，仅为农村的一半；呼吸系病死亡率农村为8.03‰，城市为3.00‰，相当于农村的1/3；先天畸形虽然在城市死因分类构成的百分比要比农村高出约一倍，但两者死亡率水平却是很接近的：城市为2.43‰，农村为2.98‰。此外，城乡婴儿死因在消化系病及意外损伤方面也有较大的差异，农村不仅在构成比重上高于城市，而且在死亡率水平上也有较大的差异，消化系病死亡率农村是城市的4倍，意外损伤则为城市的6倍（见表8～表13）。

2. 不同月龄婴儿死因分类构成。不同月龄婴儿死因构成分布是不同的。在新生儿时期，死因为新生儿病者最多，占总死亡数的70.1%；其次是呼吸系病，占11.4%；第三为先天畸形，占9.03%，三者共计90.5%。在1～2月婴儿死因中，以呼吸系病为最多，占44.0%；其次是意外损伤，占15.3%；第三位是先天畸形。随着婴儿死亡月龄的增高，死因构成虽有所改变，却仍以呼吸病为主，但比重在逐渐降低，意外死亡也开始减少，而传染病、消化系病的比重则开始上升。城乡对比，在新生儿时期，新生儿病死亡在城乡都占到70%左右，第二位死因在城市是先天畸形而农村是呼吸系病。在3～5月及6～11月龄死因中，农村是以呼吸系病占首位，占死亡数的40%左右；其次是消化系病及传染病。在城市则以先天畸形为第一位死因，占总死亡的1/4左右。虽然先天畸形在城市占较大的比重，农村只占8%左右，但从死亡率水平来看，城乡水平基本上是一致的。城市第二位死因是呼吸系病，其所占比重相当于农村的一半，但死亡率只相当于农村的1/5。消化系病死因比较就更为显著，城市低于农村。

（五）新生儿死因分类构成和死亡率（见表14、15、16）

1. 在新生儿病的构成分布中，以产伤窒息为主，占新生儿病死亡的58.31%，其次是早产和未成熟儿，占19.4%，上述两项死因共占77.7%。新生儿破伤风占8.8%，（死亡率为1.29‰），败血症占6.53%，硬化症占5.21%。我国新生儿第二位死因是呼吸系病，主要是新生儿肺炎。第三位死因是先天异常。先天异常中，以先天性心脏病居多，占先天异常中的18.79%，其次是消化道先天异常及脊柱裂，各占14.21%，三项合计为47.2%。无脑畸胎占10.6%，腭裂与唇裂占9.06%。

2. 新生儿死因分类。从表14～16可见各周的死因构成分布也是不相同的。在第一周，主要是新生儿病，占死亡总数的83.0%；其次是先天异常，占9.6%；第三位是意外损伤，占5.0%。在新生儿病中，早产占20.8%，产伤和窒息占67.8%（其中分娩缺氧窒息占54.7%，先天性肺炎占23.3%，吸入性肺炎占9.7%）。进一步分析第一周内各日龄的死因构成情况，虽然都以新生儿病为主要死因，占死亡总数80%以上，但新生儿病的构成却已起着变化。如新生儿病死因中的早产在当天死因构成中占22.8%，而后比重逐步下降，在3～6天时只13.4%了；产伤与窒息在当天死亡的新生儿病中占75.8%，到3～6天时为52.4%。在第二周的死因构成中，新生儿病死亡，虽然仍是首位死因，但比重已下降到45.5%，而其中主要是新生儿破伤风，约占一半左右，其次是新生儿败血症及硬化症。这三种病死亡主要集中在第二周内，第二周的第二位死因是肺炎，占35.3%，第三位死因仍是先天异常，占6.9%。到第三周，虽然各种疾病死亡率均下降，但呼吸系病下降的幅度相对较小，因而它的比重越来越大了，占47.5%，在第四周仍占48.3%。而新生儿病死亡在第三、四周中仅占26.4%和21.3%，其中新生儿破伤风及硬化症死亡迅速减少。第四周新生儿病死亡数仅相当于第一周的1.4%。

3. 城乡的新生儿死因分析。城乡的新生儿死亡率水平比较，城市为13.2%，仅为农村24.0‰的一半左右。但从死因构成分布来看，均以新生儿病为首位死因，占新生儿死亡总数城市为71.5%，农村69.8%。两者比重基本相同，其中均以窒息为主，约占一半左右。但也有不同点，反映城乡的差异。例如，城市无产伤死亡；新生儿破伤风死亡仅是少数，死亡率为0.20‰，而农村还有一定的比重，占新生儿死亡的10.3%，死亡率为1.7‰，相当于城市的8倍。第二位死因，城市是先天异常，占13.08%，农村是呼吸系病，占11.97%。第三位死因，城市是呼吸系病，占8.62%，而农村是先天异常，占8.14%。从死亡率水平来看，城市呼吸系病死亡率仅为农村的一半，而先天异常死亡率两者差异不大，城市是1.73‰，而农村是1.95‰。在先天异常的构成中，亦均以先天性心脏病占首位；约占20%左右，其次是消化道畸形，脊椎裂等（见表17）。

表17　中国城乡新生儿前三位死因死亡率（/10万）及其构成（1986）

死因	城市		农村		合计	
	死亡率	%	死亡率	%	死亡率	%
新生儿病	946.0	(71.6)	1 671.1	(69.8)	1 465.7	(70.0)
其中：早产儿及未成熟儿	167.9	17.7	326.1	19.5	281.3	19.2
产伤及窒息	573.0	60.6	969.9	58.0	857.4	58.5
新生儿破伤风	20.1	2.1	172.4	10.3	129.2	8.8
新生儿败血症	72.4	7.6	105.2	6.3	95.9	6.5
新生儿溶血症	9.7	1.0	8.8	0.5	9.1	0.6
新生儿黄胆	18.6	2.0	15.3	0.9	16.3	1.1
新生儿硬化症	84.3	8.9	73.4	4.4	76.4	5.2
小计		100.0		100.0		100.0
先天异常	173.1	(13.1)	195.0	(8.1)	188.8	(9.0)
其中：无脑畸胎	13.4	7.8	22.7	11.6	20.1	10.6
脊椎裂	11.9	6.9	32.7	16.8	26.8	14.2
脑积水	6.7	3.9	16.5	8.5	13.7	7.3
先心病	31.3	18.1	37.1	19.0	35.5	18.8
腭裂	15.7	9.0	17.7	9.1	17.1	9.1
消化道畸形	20.1	11.6	29.5	15.1	26.8	14.2
其它	73.9	42.7	38.9	19.9	48.8	25.8
小计		100.0		100.0		100.0
呼吸系病	114.1	(8.6)	286.7	(12.0)	237.8	(11.4)
合计	1 233.2	(93.3)	2 152.8	(89.9)		(90.5)

注：（ ）内为对婴儿死亡总数的百分比。

（六）影响婴儿死亡的因素

影响婴儿死亡因素是多方面的。现就有关季节变化、出生体重，怀孕周数、婴儿就诊情况等资料进行统计分析如下。

1．季节变化的影响。婴儿死亡率的季节变动也是反映社会经济和保健水平的一个重要方面。各个季节月份的婴儿出生人数是依据每个点抽样调查2 000人，共计12万名产妇分娩的季节分布的构成取得各比例而推算得出的，并依此计算相应的各个季节月份死亡率。可以看到季节变化对婴儿死亡率是有一定的影响。一般说来5、6、7月的死亡率最低，2、3月及11月死亡率最高。各个月份死亡率水平存在差异的原因，一方面可能是寒冷季节有关，另一方面季节变换时，季节气象变化大，可能也是影响婴儿死亡的一个重要方面。各月婴儿死亡率水平，最低与最高之比，约为1∶1.3。季节影响在城乡上的反映，既有相同之处，也有不同之处。城乡都以2、3、4月寒冷季节的婴儿死亡率较高，以6、7月的死亡率较低，8月份婴儿死亡率稍有回升，可能与高温季节有关，9月后又复下降。在秋冬季节，城市婴儿死亡率水平相对平稳，而在农村秋冬婴儿死亡率是较高的（见表18）。

表18　　婴儿季节月份死亡率　　（‰）

月份	婴儿死亡数	死亡率	其中 城市	农村
1	1 278	29.9	20.8	33.6
2	1 266	33.9	22.5	38.1
3	1 295	35.1	23.4	39.6
4	1 063	32.1	22.0	35.7
5	944	29.4	21.9	32.1
6	925	26.4	16.5	30.9
7	1 092	28.9	17.9	34.3
8	1 132	29.8	20.7	33.4
9	1 287	32.1	17.3	38.8
10	1 501	31.2	19.6	35.7
11	1 679	33.7	19.3	38.6
12	1 352	31.8	17.4	37.9

2．怀孕周数的影响。怀孕不足月、早产是婴儿死亡的重要原因，怀孕周数越低，婴儿死亡率水平越高。怀孕低于36周时，婴儿死亡率高达321‰，即是说三个婴儿中就有一个死亡。怀孕36周婴儿死亡率仍高达82‰，随着怀孕周数的增加，死亡率也逐步降低，怀孕39～41周，即足月产的婴儿死亡率是22.3‰，低于婴儿死亡率平均水平，达到婴儿死亡率的最低点。怀孕42周以上时，胎儿生长过大，婴儿死亡率稍有升高（见表19）。

表19　　怀孕周数与婴儿死亡率　　（‰）

怀孕周数	婴儿死亡率	其中 城市	农村
<36	321.7	306.6	313.2
36～	82.7	88.1	78.9
37～	28.9	26.3	29.7
38～	33.2	22.5	36.0
39～	17.1	9.7	20.8
40～	29.0 } 22.3	15.6 } 12.4	34.5 } 27.6
41～	12.9	7.2	15.5
42～	30.4 } 26.6	16.6	35.5 } 30.3
43+	19.5	21.4	18.1

城乡怀孕周数对婴儿死亡影响的趋势是一致的，怀孕低于37周时，城乡的婴儿死亡率水平都很高，城市早产婴儿死亡率水平无大差异，基本相同。怀孕38周以后，城市婴儿死亡率

就低得多，足月产(39～41周)的婴儿死亡率，城市为12.4‰。而农村为27.5‰，高出城市一倍。这里可看到，对早产婴儿的保护措施效果，城乡差异不大，而正常分娩后的情况明显反映了城乡差异。

3．出生体重的影响。出生体重反映胎儿发育成熟情况，因此，出生体重对婴儿存活有很大的影响。出生体重低于2 000克即2公斤者，婴儿死亡率极高，为543.6‰，而后随着出生体重增加而死亡率水平逐步下降（见表20）。

表20 出生体重与婴儿死亡率 （‰）

出生体重(克)	婴儿死亡率	其中	
		城市	农村
<2 000	543.6	556.2	473.8
2 000～	193.2	159.8	188.0
2 250～	65.1	54.3	57.3
2 500～	38.3	29.8	38.9
2 750～	19.6	15.0	18.7
3 000～	19.4	10.3	24.4
3 500～	21.9	10.4	28.9
4 000～	45.6	33.1	50.1
4 250＋	81.9	38.8	104.2

在2 500克以下，城乡低体重婴儿死亡率水平都较高，差异不大，当出生体重在5.5～7.0市斤时，城市婴儿死亡率水平较低，在10‰左右，而农村在20～30‰之间，比城市高出一、二倍。当出生体重超过8市斤时，城市婴儿死亡率虽然也上升，但城乡之比，仍然是1∶2。

4．医疗服务水平的影响。婴儿死前的医疗情况，亦可反映医疗卫生服务情况。依据各点统计，婴儿死前曾住院治疗的占34.0%，门诊占23.4%，未曾诊治的占43.6%。进一步按婴儿死亡年龄区分进行医疗情况统计，在第一周内死亡的婴儿死前住院医疗占33.2%，门诊和未经诊治的分别占52.4%和14.4%。在这一阶段住院率较高，与住院分娩有关。随着年龄增大，住院治疗的比重略有上升，门诊医疗则由14.4%上升至35.1%，未经治疗的比例虽然逐步下降到25.9%，仍说明在婴儿后期仍有1/4死前未曾诊治（见表21）。

婴儿死前医疗情况在城乡有较大的差异，在大城市，医疗卫生条件较好，因此医疗服务水平也较好。大城市中死前住院医疗的占82.9%，未经诊疗只占9.4%。中小城市住院治疗占47.3%，未经诊治占28.5%，而农村住院者只占27.6%，而未诊治者占48.8%。反映出城乡的巨大差异。在大城市，第一周死亡婴儿住院治疗达91.3%，由于大城市中基本上都是住院分娩，所以住院率也较高，随着年龄增大，住院比例有所下降，约在70%左右。从农村来看，婴儿死前住院治疗却是随着年龄增大而上升的，第一周死亡住院者只占23.6%，而后住院比例逐步增大，在6～11月死亡婴儿住院比例已上升到39.1%。同时未经诊治也由60.4%下降到26.5%(见表22)。综上所述，在农村婴儿幼小时，由于身体适应情况较差，发病较急以及地理交通和医疗卫生条件限制，因而未诊比例较大，当婴儿长大，上述情况有所改变时，求诊率也相应增高。

表21　　婴儿死前医疗情况分类统计　　（%）

婴儿死亡年龄	住院	门诊	未治
0～6天	33.2	14.4	52.4
7～13天	28.9	28.2	42.9
14～27天	34.3	29.9	38.8
1月	31.5	28.7	39.7
2月	35.6	29.0	35.4
3～5月	41.3	30.4	28.3
6～11月	39.0	35.1	25.9
合计	34.0	23.4	43.6

表22　　婴儿死前医疗情况的城乡差异　　（%）

婴儿死亡年龄	大城市			中小城市			农村		
	住院	门诊	未治	住院	门诊	未治	住院	门诊	未治
0～6天	91.3	2.7	6.0	57.6	12.5	29.8	23.6	16.0	60.4
7～13天	75.6	9.9	14.5	42.9	25.7	31.4	23.1	30.2	46.8
14～27天	75.3	11.2	13.5	40.2	35.5	24.3	29.7	27.4	32.1
1月	79.3	8.1	12.6	36.2	33.3	30.5	27.4	29.7	42.9
2月	75.8	12.1	12.1	29.5	37.2	33.3	32.3	29.8	37.9
3～5月	70.5	15.4	14.1	46.3	31.9	21.9	38.4	31.3	30.3
6～11月	50.0	33.3	16.7	32.9	41.6	25.5	39.2	34.2	26.5
合计	83.0	7.6	9.4	47.3	24.2	28.5	27.6	23.6	48.8

三、婴儿死亡的漏报水平与全国婴儿死亡率的估算

将62个点婴儿死亡率水平与该点1981年和1985年死亡水平相比。如果假定婴儿死亡率不变的话，1986年62个点婴儿死亡率超出1981和1985年婴儿死亡率的部分可以认为是当年的漏报部分，从而推算出婴儿死亡的漏报率，如果假定婴儿死亡率不断下降的话，那1981和1985年婴儿死亡的漏报水平更高。

（一）各点与1982年人口普查计算出的1981年各点的婴儿死亡率比较，约有一半的点的水平高于1981年，平均超出70%，最高的可达3～4倍。另有一半较1981年低，平均低25%（见表1、表2）。总的来说，各点1986年婴儿死亡率平均超出1981年27%，按城乡区分比较，城市两个年度差异不显著，故可认为城市地区1981年漏报部分为1981年至1986年城市婴儿死亡率下降的部分。农村两个年度比较平均超出1981年43.7%，故可认为，1981～1986年

间，农村地区婴儿死亡率保持不变的话，1981年婴儿死亡率至少漏报了43.7%。

（二）依据1985年已开展的死亡登记报告的35个调查点比较，有25个点1986年婴儿死亡率高于1985年的水平，只有10个点低于1985年的水平。35个点平均统计，1986年高出1985年29%，其中城市高出10%，农村地区高出39%，这实际上反映了现有登记点婴儿死亡的漏报水平。

根据第三次人口普查城乡婴儿死亡率的结果，假定1981～1986年城乡婴儿死亡率保持不变的话，估计1986年全国城乡婴儿死亡率如下：

1986年全国城市婴儿死亡率20.0‰

1986年全国农村婴儿死亡率41.26%＋（1＋43.7%）＝59.3‰

1986年全国婴儿死亡率（20.0‰×0.21）＋（59.3‰×0.79）＝51.05‰

其中：41.26‰为1981年农村婴儿死亡率，0.21和0.79分别为1986年城乡人口占全国人口的比重。

全国婴儿死亡率估算为51.1‰，与目前国际组织依据我国生育率调查推算出来的婴儿死亡率水平相接近。我们认为这一水平比较实际地反映了我国婴儿死亡率水平。

四、结　论

中国婴儿死亡定点调查结果表明，所选点是有代表性的，所收集的资料是比较完整和准确可靠的。62个调查点的资料统计，婴儿死亡率为32.60‰。依据各点与1981年普查资料对比，以1981年全国婴儿死亡率为基础考虑到可能的漏报率，估计1986年全国婴儿死亡率水平在51.1‰左右。

婴儿死亡率男性高于女性。城乡之间，婴儿死亡率水平之比约为1∶1.80，新生儿死亡率在各地区之间差异较大，最低与最高水平之比为1∶12。

婴儿死亡月龄及日龄分布，当天死亡占婴儿死亡的22%，新生儿死亡占68%。

婴儿死亡的主要原因，首位是新生儿病占47.5%，其次是呼吸系病占21.2%，先天异常占9.2%，三者共占77.9%。

（作者工作单位：周有尚　林沛林　程汉涛　武汉同济医科大学；
饶克勤　张德英　中华人民共和国卫生部）

1987年中国残疾人抽样调查报告

武海波

经国务院批准，从1987年4月1日开始在全国范围内进行残疾人调查。这项调查，是我国有史以来的第一次，也是当今世界规模最大的一次。根据1987年12月8日全国残疾人抽样调查领导小组、国家统计局发布的《关于全国残疾人抽样调查主要数据公报》，全国各类残疾人的总数约有5 164万人。其中，听力语言残疾约1 770万人，智力残疾约1 017万人，肢体残疾约755万人，视力残疾约755万人，精神病残疾约194万人；综合残疾约673万人。通过这次调查，不仅掌握了各类残疾人的人数、地区分布、年龄结构和致残原因，而且获得了他们的医疗、康复、教育、就业、婚姻、家庭和参与社会活动等丰富的资料。为今后制订我国社会发展规划和促进残疾人事业发展提供可靠的依据；为国家进一步做好残疾人工作，解决残疾人问题，提供可靠的决策依据。

一、抽样调查其主要数据是可靠的

鉴于中国地广人多，地区差异性大，残疾人分布很不均匀；又是一个发展中国家，经济和科学发展比较落后，在调查项目多，财力、物力有限的情况，采取了抽样调查的方法。

抽样方法是科学的。在大陆29个省、自治区、直辖市内，分别根据当地的地形地势、经济文化发展和残疾人分布等条件，运用概率比例抽样方法，共划223个层，分三级随机抽取424个县（市、市辖区）、1 800个乡（镇、街道）和3 000多个村民委员会或居民委员会。随机、等距全国抽取3 169个样本单位。

入户调查控制了质量。为使调查取得准确数据，强调入户调查、直接见面。调查员和医生分别入户。全国共调查369 817户，1 579 314人，调查总人数占全国总人数的1.5‰；住户调查员入户见面1 537 455人，见面率为97.35%；按照《残疾人筛查表》筛出可疑残疾人 176 888人，占调查总人数的11.20%；经医生对可疑残疾人逐人进行检查诊断，根据分类标准和划分残疾等级，确定视力、听力语言、智力、肢体、精神病五类残疾和综合残疾共77 343人，占调查总人数的4.90%。据此推算总体，调查基础是可靠的。

严格质量抽查。各省在入户调查结束后，随机抽取2～3%的样本单位重新入户检查。全国经对10 080户，43 228人的质量抽查结果表明：住户调查人数的差错率为1.06‰，定性残疾人数的差错率为1.16‰。符合原设计不超过2‰的要求；全国调查的精确度为99.30%，超过了设计要求。

二、全国样本量具有两个代表性

中国残疾人调查领导小组邀请了我国50多位专家和10多位外国专家，经过10多次专家会议的反复研究，并接受了世界卫生组织专家的咨询，后经国务院批准，确定全国的样本量为150万人，是世界上最大的样本量。

确定样本量，考虑了全国和地方两个代表性。没有全国的代表性，这次调查便失掉了意义；没有地方的代表性，地方不能掌握本地区残疾人的情况和数字，不利于解决本地区残疾人的各种问题。

样本量大，调查难度亦大。为取得经验，使全国调查获得成功，在1985年和1986年分别在北京市、湖北省进行调查试点。

三、调查的对象和残疾人标准

这次调查的对象是视力、听力、语言、智力、肢体和精神病残疾五类残疾人；有两种或两种以上残疾的人，为综合残疾人。

为保证调查数据的准确，组织有关医学专家研究制订五类《残疾人标准》。其中：视力、听力、智力残疾人标准，与国际标准基本一致；对精神病残疾，根据我国的实际情况，按先定病、后定残的要求，制订精神病残疾人标准；肢体残疾人标准，是我国自行制订的。五类《残疾人标准》，经调查前两次试点和正式入户调查的实践检验，基本是科学的、可行的。

四、组织机构和投入人力

领导这次全国残疾人抽样调查的，是经国务院正式批准成立的中国残疾人抽样调查领导小组。参加领导小组的有民政部、国家统计局、国家计划委员会、卫生部、国家教育委员会、公安部、财政部、国务院人口普查领导小组8个政府部门和中国残疾人福利基金会、中国盲人聋哑人协会两个全国性群众团体。由民政部牵头，领导小组下设办公室，负责各部门之间的协调和分工，制定各类残疾人的标准，提出调查方案，组织对调查方案的实施等日常事物。各省、自治区、直辖市也成立了相应的机构。

全国残疾人抽样调查是一次特殊性的社会调查，组成了一支特殊的调查队。调查队由正、付队长和调查员、医生、统计员组成。全国共组建了420个调查队，基本上一县一队。调查队员10 815人，其中正、副队长1 274人，调查员5 514人，医生3 420人，统计员447人，行政事务员160人。全国残疾人抽样调查办公室对各省调查队骨干进行了一级培训，并在北京、湖北进行试点；各省对全部调查人员进行了二级培训和试点。采用统一教材，并经一次性测验合格后编入调查队。不少调查员参加过人口普查工作；选调的医务人员中，医师以上的占75.2%，具有5年以上临床经验的占89.8%。调查队伍的素质较好。

入户调查期间，全国出动了4.4万多人深入调查现场，除调查人员外，省、县两级抽调干部2 800名，乡、村基层干部9 500多名，随调查队进行监督指导。

五、投入的时间和资金

鉴于我国国土辽阔，人口众多，地理和经济条件有很大差别的实际情况，调查的标准时回确定在1987年4月1日0时，4月1日入户调查，实现了全国统一行动。从准备到结束共花了3年又10个月的时间。大致分三阶段。

准备阶段。从1984年筹备，1985年2月14日国务院批准多次调查，到1987年4月1日0时正式开始调查，共花了两年多的时间。

数据收集阶段。从1987年4月1日0时正式调查开始，至1987年12月8日发布《关于全国残疾人抽样调查主要数据公报》，共花了8个月的时间。

后期阶段。即数据处理和资料编印阶段。从主要数据公布之日，至1987年12月30日以全国残疾人抽样调查领导小组的名义向国务院做了《中国残疾人情况》的报告，宣告全部调查工作的结束。

至于调查资料的开发利用，统计、计划部门可以做，各级有关政府部门、群众团体也可以做，社会科学院、科学院以及有关专家都可以参与。将会持续更长的时间。

这次调查国家财政支出2 350万元，其中，中央财政支出2 000万元，地方财政支出350万元。每调查一个人平均投入资金13.95元。

六、宣传工作的特殊作用

残疾人问题是一个社会问题。如果以平均每户3.82人计算，残疾人问题是直接牵动着2亿多人口切身利益的重大社会问题。在全国范围内进行残疾人调查，是全社会的任务，需要得到全社会的支持。不仅需要残疾人知道，残疾人家长知道，也需要全社会所有人知道。这次调查，得到了各部门、各阶层和广大干部、群众的热情支持和积极合作。宣传舆论工作发

附表

全国残疾人抽样调查手工汇总主要数据

地区	调查人数		定性残疾人		听力语言残疾		智力残疾		肢体残疾		视力残疾		精神病残疾		综合残疾	
	总人数	抽样比(‰)	人数	占调查人数%	人数	占调查人数%	人数	占调查人数%	人数	占调查人数%	人数	占调查人数%	人数	占调查人数%	人数	占调查人数%
全国总计	1 579 314	1.50	77.343	4.897	26 516	1.68	15 233	0.96	11 304	0.72	11 303	0.72	2 907	0.18	10 080	0.64
华北区																
北京市	25 940	2.66	1 201	4.63	442	1.70	169	0.65	253	0.98	120	0.46	76	0.29	141	0.54
天津市	20 058	2.45	861	4.29	343	1.71	78	0.39	183	0.91	86	0.43	35	0.17	136	0.68
河北省	77 944	1.39	4 062	5.21	1 626	2.08	440	0.57	735	0.94	486	0.62	819	0.24	586	0.75
山西省	50 921	1.92	2 257	4.43	752	1.48	379	0.74	513	1.01	250	0.49	107	0.21	356	0.50
内蒙古自治区	30 357	1.50	1 282	4.22	491	1.62	230	0.75	181	0.60	181	0.60	37	0.12	162	0.53
东北区																
辽宁省	51 918	1.39	2 113	4.07	663	1.28	355	0.68	387	0.75	324	0.62	139	0.27	245	0.47
吉林省	35 804	1.55	2 061	5.76	483	1.35	720	2.01	305	0.85	224	0.63	89	0.25	240	0.67
黑龙江省	50 605	1.52	1 774	3.51	460	0.91	346	0.68	351	0.69	329	0.65	80	0.16	208	0.41
华东区																
上海市	31 609	2.56	1 274	4.03	441	1.40	171	0.54	158	0.50	237	0.75	95	0.30	172	0.54
江苏省	87 569	1.40	4 204	4.80	1 785	2.04	581	0.66	473	0.54	706	0.81	96	0.11	563	0.64
浙江省	50 814	1.25	2 436	4.79	1 057	2.08	394	0.78	286	0.56	324	0.64	101	0.20	274	0.54
安徽省	60 157	1.15	2 760	4.59	903	1.50	552	0.92	312	0.52	498	0.83	82	0.14	413	0.68
福建省	50 960	1.85	2 428	4.76	935	1.83	518	1.02	311	0.61	258	0.51	115	0.23	291	0.57
江西省	52 144	1.49	2 357	4.52	713	1.37	533	1.02	379	0.73	372	0.71	65	0.12	295	0.57
山东省	109 035	1.40	4 885	4.48	1 529	1.40	850	0.78	936	0.86	633	0.58	237	0.22	700	0.64
中南区																
河南省	117 666	1.51	6 790	5.77	2 618	2.22	880	0.75	837	0.71	1 106	0.94	170	0.14	1 179	1.00
湖北省	61 362	1.23	3 960	6.45	1 443	2.35	632	1.03	480	0.78	764	1.25	79	0.13	562	0.91
湖南省	80 147	1.41	3 907	4.87	1 354	1.69	691	0.86	573	0.71	686	0.86	135	0.17	468	0.58
广东省	88 533	1.40	3 500	3.95	1 122	1.67	807	0.91	441	0.50	577	0.65	154	C.17	399	0.45
广西壮族自治区	51 864	1.31	2 866	5.53	727	1.40	1 053	2.03	300	0.58	376	0.73	72	0.14	338	0.65
西南区																
四川省	145 198	1.41	7 934	5.46	2 860	1.97	1 961	1.35	960	0.66	927	0.64	381	0.23	895	0.62
贵州省	40 891	1.36	1 846	4.51	502	1.23	458	1.12	331	0.81	243	0.59	87	0.21	225	0.55
云南省	52 219	1.51	3 318	6.35	1 055	2.02	928	1.78	273	0.52	528	1.01	79	0.15	455	0.87
西藏自治区	5 321	2.63	385	7.24	64	1.20	23	0.43	174	3.27	53	1.00	17	0.32	54	1.02
西北区																
陕西省	51 800	1.70	2 629	5.08	832	1.61	510	0.98	400	0.77	436	0.84	94	0.18	357	0.69
甘肃省	37 424	1.81	1 909	5.10	569	1.52	477	1.27	313	0.84	291	0.78	62	0.16	197	0.53
青海省	5 105	3.66	642	4.25	199	1.32	159	1.05	127	0.84	70	0.46	13	0.09	74	0.49
宁夏回族自治区	15 080	3.55	512	3.40	187	1.24	79	0.52	103	0.68	73	0.48	22	0.15	48	0.32
新疆维吾尔自治区	30 869	2.23	1 190	3.86	361	1.17	259	0.84	229	0.74	145	0.47	49	0.16	147	0.48

挥了特殊的作用。全国新闻单位，根据调查工作进程，适时地向国内外展开广泛的宣传。在调查准备期间，1986年11月25日在北京召开了记者招待会，会后各新闻单位发布消息32篇；同年底中共中央宣传部发出通知，转发全国残疾人抽样调查领导小组《关于开展全国残疾人抽样调查宣传工作的报告》；领导小组印发了宣传工作计划、宣传提纲和宣传画。在收集数据期间，1987年4月1日在北京举行全国残疾人抽样调查暨纪念封发行大会之后，各地新闻单位发表消息39篇，中国国际广播电台向38个国家广播消息。数据收集工作完成后，1987年12月7日召开了全国残疾人抽样调查主要数据发布会，11个中央新闻单位以头版头条发表消息。

调查是为了解决残疾人的问题。我国自古以来就有关心、帮助残疾人的传统美德。解放以来，政府和社会各界在这方面做了大量工作，我国残疾人事业有了很大的发展，取得了一定成绩。但扶助残疾人走向生活、走向社会、减少残疾等许多工作有待我们去开拓。各级政府和社会各界将充分利用这次调查所得的资料和提供的情况，找出规律，唤起群众，提高防残、治残、扶残工作的水平，把残疾人事业推向一个新的阶段。

（作者工作单位：民政部综合计划司）

1987年北京市离退休职工和60岁以上老年居民调查报告

张一华　彭守桓

北京市人口老龄化发展十分迅速，即将成为老年型人口地区。这对北京的社会和经济发展将产生一系列影响。为获取基础资料，以便进一步开展人口老化问题的研究，做好当前的老龄工作，我们在区、街道的共同努力下，完成了对10 061例城镇离退休职工和60岁及以上老年居民基本情况的调查。

一、调查的方式、对象及主要内容

1986年下半年，根据市老龄问题委员会的部署，各区、县分别对在所属街道居住的离退休职工和60岁及以上老年居民普查建卡。由各街道老龄、民政部门干部入户逐人进行调查登记，建立卡片。

在全市普查建卡的基础上，在西城、宣武、崇文和石景山 4 个区的7个街道选取了 36 个居委会的老年人卡片进行了间接调查和统计分析。这36个居委会是参照北京居民构成的情况，分别从干部知识分子聚居区、工人聚居区、“老北京”居民聚居区等不同类型选出的。这些单位的登记卡片比较完整可靠。调查的主要内容有：姓名、性别、年龄、民族、文化程度、政治面目、籍贯、原职业状况、婚姻状况、居住状况、经济来源、目前状况等。计算机汇总工作由北京市劳动局统计处负责完成。

我们对机器汇总结果做了分析，认为，这次调查的主要数据和我们掌握的一些资料基本相符，能够反映出目前北京市离退休职工和60岁及以上老年人队伍的基本状况。但由于调查人员缺乏统一的训练，也存在某些项目调查口径不够统一的缺点，在汇总时，我们做了认真处理。

二、资料分析

这次调查的36个居委会共有常住人口71 483人，有离退休职工和60岁及以上老年居民人口10 637人，占常住人口总数的14.88%。实际调查10 061人，占离退休职工和60岁及以上老年居民人口总数的94.58%；占常住人口总数的14.07%。现将调查的情况，分别概述如下：

（一）年龄、性别构成

调查的10 061名老年人，按性别、年龄分析其构成情况如表1。

表1　　年龄、性别构成

年龄＼人数	各年龄组人数				占调查总数 %	占常住人口 %
	合计	男性	女性	性比例（女=100）		
总计	10 061	3 816	6 245	61.10	100.00	14.07
49～	133	10	123	8.13	1.32	0.19
50～54	964	77	887	8.68	9.58	1.35
55～59	1 911	376	1 535	24.50	19.00	2.67
60～64	2 553	1 145	1 408	81.32	25.38	3.57
65～69	1 930	954	976	97.75	19.18	2.70
70～74	1 309	709	600	118.17	13.01	1.83
75～79	735	347	388	89.43	7.31	1.03
80～89	483	185	298	62.08	4.80	0.68
90+	43	13	30	43.33	0.43	0.06

由表1可知：

1.老年人口在总人口的比重较高，接近老龄化地区水平。10 061人中，有60岁及以上人口7 053人，占36个居委会常住人口71 483人的9.87%；65岁及以上人口为4 500人，占常住人口总数的6.30%。已离退休人口和60岁以上人口占常住人口总数达14.07%。

2.“青年”老人占多数。10 061人中，60岁以下的有3 008人，占30%；60～64岁的人数最多，达2 553人，占25.37%，70岁以下的共7 491人占74.56%，80岁以上高龄老人仅有526人，占总数的5.22%；60岁以上老年人口平均年龄为75.67岁，其中男74.01岁，女77.18岁。

3.女性人口明显多于男性。在10 061人中，男性3 816人，占37.93%；女性6 245人，占62.07%。从各年龄组的分布情况看，除70～74岁年龄组外，其余各年龄组女性人数明显多于男性。而其中又以60岁以下和80岁以上两段差距较大。60岁以下的女性人数是男性人数的5.5倍，原因是目前一般男性在60岁退休，女性多在50～55岁退休；80岁以上女性人数是男性人数的1.66倍，因高龄老人中女性死亡率低于男性。

（二）籍贯分布与民族构成

1.在调查的10 061例离退休职工和60岁及以上人口中，除西藏、青海、宁夏、新疆4个省、区外，籍贯分布遍及全国26个省、区、市，其中河北省居第一位，为3 853人，占38.30%；北京市居第二位，为2 709人，占26.93%；山东省居第三位，为938人，占9.32%；辽宁省居第四位，为558人，占5.55%。以上4省、市合计为7 500人，占80.53%，其它各省、市、区合计为2 651人，占19.47%。这一情况充分反映了北京是历史名城，是文化、政治中心，老年人口多数是从外地迁来的。

2.在10 061名老年人中，汉族最多，共9 600人，占95.42%。其次为回族237人，占2.36%；

满族177人，占1.76%；蒙族25人，占0.25%；藏族4人，占0.04%。其他民族18人，占0.18%。

（三）社会构成与地区分布情况

1.老年人口以离退休职工为主体，且离休干部比重相对较高。在调查的10 061人中，有离休干部1 259人，占12.51%；退休职工5 608人，占55.74%；退职职工86人，占0.85%；退养人员454人，占4.51%；无业居民2 510人，占24.95%；其他144人，占1.43%。离退休职工共有7 407人，占调查总数的73.62%。说明本市城区老人以离退休职工为主体，而离休干部比重高达12.51%也是值得注意的特点。

2.各地区老年人口分布不平衡。汇总数据表明，各居委会的离退休职工和60岁及以上老年人口分布不平衡。从绝对数量看，在200人至400人之间的居多数，有29个居委会，占80.56%；不足200人的4个，400人以上的3个，其中最少的45人，最多的440人，最大差额400人。

从比重看，在36个居委会中，离退休职工和60岁及以上老年人所占本居委会总人数的比重不到10%的仅有2个（石景山区苹果园街道二区居委会、崇文区龙潭街道小兴隆街居委会）。超过20%的有西城区月坛街道复兴（4）、铁四和二龙路街道北闹等3个居委会。

3.老年人口政治素质较高。从老年人口的政治面目看，10 061人中，有共产党员1 877人，占总数的18.66%；非党员8 133人，占80.84%，民主党派51人，占0.50%。党员主要集中在离退休职工中。1 259名离休干部中，党员占82.05%；5 608名退休职工中，党员占12.50%（见表2）。

表2　各类人员政治面目构成

类别	总计	党员	%	非党员	%	民主党派	%
总计	10 061	1 877	18.66	8 133	80.84	51	0.51
离休	1 259	1 033	82.05	222	17.63	4	0.32
退休	5 608	701	12.50	4 876	86.95	31	0.55
退职	86	2	2.33	82	95.35	2	2.33
退养	454	30	6.61	424	93.39	0	0.00
纯居民	2 510	32	1.27	2 473	98.53	5	0.20
其它	144	79	54.86	56	38.89	9	6.25

（四）原职业状况

在10 061例被调查人口中，原为工人的最多，技术工人和普通工人合计为5 129人，占所调查人口总数的50.98%。其次为无业人口2 510人，占总数的24.95%。再次为负责人和一般干部1 607人，占15.97%。体现了北京市工人多、干部多的特点（见表3）。

1.性别与原职业的关系。在某些职业中，男女比例相差很大。如教师、医护人员和普通工人中女性占大多数，她们分别占同职业人口总数的68.97%、66.67%和61.53%。而科技人员、负责人、干部、技术工人和文体工作者多为男性，分别占同职业人口总数的65.53%、65.19%、62.64%、64.74%和83.33%。无业人口女性占绝对多数，其比例为无业人口总数的95.74%。

2.原职业与年龄的关系。无业居民中，高龄老人所占的比重较大。2 510名无业居民中，80岁以上的339人，占13.51%，大大超过调查总数中80岁以上人口526人，占5.23%的比重，

表3　原职业构成

性别 \ 职业		总计	教师	医护	科技	负责人	干部	技工	普工	文体	其它	无业
总计	人数	10 061	261	87	293	994	613	1 245	3 884	30	144	2 510
	%	100.00	2.59	0.86	2.91	9.88	6.09	12.37	38.60	0.30	1.43	24.95
男	人数	3 816	81	29	192	648	384	806	1 494	25	50	107
	%	37.93	31.03	33.33	65.53	65.19	62.64	64.74	38.47	83.33	34.72	4.26
女	人数	6 245	180	58	101	346	229	439	2 390	5	94	2 403
	%	62.07	68.97	66.67	34.47	34.81	37.36	35.26	61.53	16.67	65.28	95.74

而60岁以下的技术工人与普通工人共2 137人，占技术工人与普通工人总数5 129人的41.67%，超出10 061人中60岁以下的占30%的比重。

（五）文化程度

10 061人中，小学文化程度的3 849人居第一位，占38.26%；文盲、半文盲3 189人居第二位，占31.70%；初中程度的1 523人居第三位，占15.14%；大专程度的786人居第四位，占7.80%；高中及中专程度的714人居第五位，占7.10%。所调查的老年人口文化水平相对来说，低于劳动年龄人口，但同1982年全国60岁以上老人中小学占16.3%，文盲、半文盲占79.41%，大学仅占0.31%的情况相比，这次调查的老人文化水平明显高于全国平均水平。

1.原职业与文化程度密切相关。在调查的10 061例人口中，原职业为教师、科技工作者、医护人员、负责人和文体工作者，文化程度较高。在调查的261例教师中，具有大专学历的有134人，占51.34%；293例科技工作者中，具有大专学历的145人，占49.49%。无业居民文化程度较低，在调查的2 510人中，小学文化程度占26.78%；文盲、半文盲占66.30%，合计占93.08%。

各居委会因老年人口职业构成不同，文化程度也有较大差别。大体是干部、知识分子聚居区的人口文化程度较高。如西城区月坛街道复兴（四）居委会具有大专学历的115人，占43.89%；教育局居委会具有大专学历的16人，占35.56%。工人和“老北京”居民聚居区的人口文化程度偏低。如石景山区苹果园街道一区居委会在调查的116人中，没有1人具备大专学历，高中程度仅有1人，占0.86%；初中28人，占24.14%；小学、文盲、半文盲合计为87人，占75.00%。又如，“老北京”居民聚居区的西城区二龙路街道宗帽胡同居委会，也是没有1人具备大专学历，高中程度的7人，占2.33%，初中程度的37人，占12.29%，而小学、文盲、半文盲合计为257人，占85.38%。

2.男性人口文化程度高于女性。在10 061例人口中，男性文化程度明显高于女性。如女性小学程度的2 197人，占35.18%；文盲、半文盲2 777人，占44.47%，仅两项合计4 974人，占女性总数6 245人的79.65%。而男性小学、文盲、半文盲共2 064人，占男性总数54.09%（见表4）。

3.60～74岁人口文化程度较高。从年龄分组看，具有高中以上文化程度的相对集中在60～74岁3个年龄组。如具有大专程度的3个年龄组合计为558人，占具有大专程度总数786人的70.99%；具有中专程度的3个年龄组合计为97人，占具有中专程度总数148人的65.54%；

表4　　　　　　　　男性、女性人口文化程度

文化程度 / 性别	合计	大学	%	中专	%	高中	%	初中	%	小学	%	文盲	%
总　计	10 061	786	7.81	148	1.47	566	5.63	1 523	15.14	3 849	38.26	3 189	31.70
男	3 816	489	12.81	65	1.70	298	7.81	900	23.58	1 652	43.29	412	10.80
女	6 245	297	4.76	83	1.33	268	4.29	623	9.98	2 197	35.18	2 777	44.47

具有高中程度的3个年龄组合计为426人，占具有高中程度566人的75.27%。

小学程度及文盲、半文盲相对集中在60岁以下和80岁以上年龄人口。形成这种状况的原因主要是：（1）由于我国退休制度规定，部分工人退休年龄比干部、知识分子退休年龄早5～10年，因此，在低年龄组工人较多，文化程度偏低；（2）旧中国广大劳动人民受教育机会少，因此，高龄老人文化程度偏低。

（六）婚姻状况

在调查的10 061人中，有配偶的7 658人，占总人数的76.12%；丧偶的2 330人，占23.16%；未婚的44人，占0.44%；离婚的29人，占0.29%。这一情况说明，多数老年人有配偶，离婚率很低，婚姻生活比较稳定。但丧偶、未婚和离婚的老年人口共为2 403人占23.6%，将近1/4的单身老年人需要照顾（见表5）。

表5　　　　　　　　男女人口婚姻状况

项目 / 分类	有偶		丧偶		未婚		离婚		总计	
	人	%	人	%	人	%	人	%	人	%
合　计	7 658	76.12	2 330	23.16	44	0.44	29	0.29	10 061	100
男　性	3 305	86.61	493	12.92	14	0.37	4	0.10	3 816	100
女　性	4 353	69.70	1 837	29.42	30	0.48	25	0.40	6 245	100

1.女性老人丧偶多于和早于男性。男性有偶人数为3 305人，占男性总数的86.61%；女性有偶人数为4 353人，占女性总数的69.70%。从丧偶情况看，女性占其总数的29.42%，男性占其总数的12.92%，女性丧偶率较男性多16.50%。

从丧偶人数年龄分布情况看，男性相对集中在60～89岁，女性相对集中在55～89岁，女性丧偶率增大较男性提前5岁。在这一年龄段中丧偶人数分别占丧偶总人数的93.52%、93.03%。男性以70～74岁丧偶比重大，占丧偶总人数的24.14%，女性分布比较均匀（见图1）。

2.离退休人员有配偶的比例较高。离休干部为87.77%，退休职工为82.26%。无业居民有偶率最低，仅为56.18%（见表6）。这与无业居民中女性较多、年龄较大有关。

3.从原职业来分析老年人口的婚姻状况，教师、医护、工人等职业中丧偶率较大，文体工作者离婚率略高（见表7）。

4.婚姻状况与老年人现状的关系。外出参

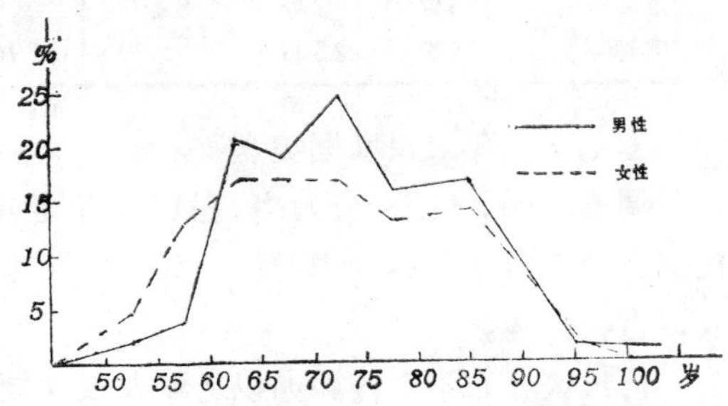

图1　男、女老年人口丧偶率比较

表6　　　　各类人员婚姻状况

类别	总计	有偶	%	丧偶	%	未婚	%	离婚	%
总计	10 061	7 658	76.12	2 330	23.16	44	0.44	29	0.29
离休	1 259	1 105	87.77	145	11.52	3	0.24	6	0.48
退休	5 608	4 613	82.26	953	16.99	26	0.46	16	0.29
退职	86	60	69.77	25	29.07	—	—	1	1.16
退养	454	352	77.53	101	22.25	1	0.22	—	—
无业居民	2 510	1 410	56.18	1 081	43.07	14	0.56	5	0.20
其他	144	118	81.94	25	17.36	—	—	1	0.69

表7　　　　原职业与婚姻状况关系

类别	总计	有偶	%	丧偶	%	未婚	%	离婚	%
总计	10 061	7 658	76.12	2 330	23.16	44	0.44	29	0.29
纯居民	2 510	1 410	56.18	1 081	43.07	14	0.56	5	0.20
教师	261	192	73.56	64	24.52	5	1.92	—	—
医护	87	70	80.46	16	18.39	—	—	1	1.15
专业技术人员	293	253	86.35	39	13.31	1	0.34	—	—
负责人	994	874	87.93	114	11.47	2	0.20	4	0.40
一般干部	613	531	86.62	78	12.72	4	0.65	—	—
技术工人	1 245	1 061	85.22	175	14.06	3	0.24	6	0.48
普通工人	3 884	3 137	80.76	721	18.56	15	0.39	11	0.28
文体工作者	30	24	80.00	5	16.67	—	—	1	3.33
不便分类人员	144	106	73.61	37	25.69	—	—	1	0.69

加工作和社会活动的老年人中，有配偶的比重均高于总人数中有配偶的比重。丧偶的人的比重低于总人数中丧偶比重，说明有配偶的老年人能有较多的时间和精力参与社会活动（见表8）。

表8　　　　婚姻状况与老年人现状

类别	总计	有偶	%	丧偶	%	未婚	%	离婚	%
总计	10 061	7 658	76.12	2 330	23.16	44	0.44	29	0.29
料理家务	4 900	3 723	75.98	1 142	23.31	19	0.39	16	0.33
受聘工作	1 067	940	88.10	121	11.34	2	0.19	4	0.37
个体开业	154	127	82.47	25	16.23	1	0.65	1	0.65
居委会工作	364	283	77.75	81	22.25	—	—	—	—
公益工作	337	279	82.79	57	16.91	—	—	1	0.30
安度晚年	3 239	2 306	71.19	904	27.91	22	0.68	7	0.22

（七）老年人口家庭类型

调查表明，在10 061人中，有4 167位老年人与配偶居住在一起，占41.42%；有2 955人与配偶、子女合居，占29.37%；有2 397位老人本人与子女居住在一起，占23.82%；独居518人，占5.15%。

1.地区分布不平衡。如以老年人仅同配偶居住的项目看，最低为石景山区一区居委会，仅占10.34%；最高为夕照寺西里达81.54%；其次为广内老墙根居委会达到66.16%。

有的地区独居老人数量较多，如西城区二龙路街道广宁伯街居委会独居的30人，占12.99%；崇文区前门街道草一居委会独居32人，占11.55%；龙潭街道小兴隆街居委会独居23人，占10.65%；这些独居老人，无疑会对社会服务提出更高、更多的要求，应予特别关注。

2.从年龄与家庭类型来分析，大体上是：与配偶同居和与配偶子女同居两项的趋势相同，年龄较轻时，比重较大，随着年龄增大，比重逐步减小；老人单独与子女同居的比重随年龄增长逐步加大。如60～64岁为18.49%，到90～99岁时为76.19%。60岁以上老年人独居的比例也随年龄的增长而加大。如60～64岁为3.09%，到80～89岁达到13.66%。值得注意的是526名80岁以上高龄老人中，竟有69人独居，占13.12%（见表9）。

表9　　老年人口年龄与家庭类型关系分析

家庭类型＼年龄		总计	49	50～54	55～59	60～64	65～69	70～74	75～79	80～89	90～99	100+
总计	人	10061	133	964	1911	2553	1930	1309	735	483	42	1
	%	100.00	100.00	100.00	100.00	100.00	100.00	100.00	100.00	100.00	100.00	100.00
与配偶同居	人	4178	63	485	843	1082	844	542	242	75	2	—
	%	41.53	47.37	50.31	44.11	42.38	43.73	41.41	32.93	15.53	4.76	—
与子女同居	人	2408	20	165	338	472	430	361	299	290	32	1
	%	23.93	15.04	17.12	17.69	18.49	22.28	27.58	40.68	60.04	76.19	100.00
独居	人	520	3	16	32	79	115	127	79	66	3	—
	%	5.17	2.26	1.66	1.67	3.09	5.96	9.70	10.75	13.66	7.14	—
与配偶子女同居	人	2955	47	298	698	920	541	279	115	52	5	—
	%	29.37	35.34	30.91	36.53	36.04	28.03	21.31	15.65	10.77	11.90	—

3.从性别与家庭类型关系来看，与配偶同居和与配偶及子女同居的男性比例高于女性；与子女同居和独居的比例女性高于男性（见表10）。

表10　　男性、女性老年人口家庭类型分析

性别＼类型	合计		与配偶同居		与子女同居		独居		与配偶子女同居	
	人数	%	人数	%	人数	%	人数	%	人数	%
总计	10061	100.00	4178	41.53	2408	23.93	520	5.17	2955	29.37
男性	3016	100.00	1788	46.86	583	15.28	150	3.93	1295	33.94
女性	6245	100.00	2390	38.27	1025	29.22	370	5.92	1660	26.58

（八）经济状况

在调查中，由于一些老年人不愿填写经济状况，本项调查只汇集5124人提供的情况，收入金额系1986年数字，退休职工的人均收入金额较1987年约低8～10元，现初步分析如下：

1.离休、退休、退职、退养人口收入状况。调查表明，离休、退休、退职、退养四种人员经济收入差距较大。离休干部有81.5%的人收入在100元以上；退休职工有将近70%的收入在50元至100元之间；退职职工收入全都在70元以下，其中50元以下的占78.95%；退养职工收入全都在70元以下，收入在50元以下的占98.49%（见表11）。

表11　　　　离退休人员月收入

分类 \ 金额及人数	总计		50元以下		51～70元		71～100元		101～150元		151～200元		201元以上	
	人	%	人	%	人	%	人	%	人	%	人	%	人	%
总计	5 124	100	1 342	26.19	1 424	27.79	1 486	29.00	443	8.65	276	5.39	153	2.99
离休	789	100	5	0.63	15	1.90	126	15.97	251	31.81	256	32.45	136	17.24
退休	3 985	100	996	25.00	1 401	35.16	1 360	34.13	192	4.82	19	0.48	17	0.43
退职	19	100	15	78.95	4	21.05	—	—	—	—	—	—	—	—
退养	331	100	326	98.59	4	1.21	—	—	—	—	1	0.30	—	—

2.各种职业人口收入状况。从原职业看，退休金收入在100元以上的，以各类负责人的比重最高，占负责人总数的81.71%；文体工作者次之，占文体工作者的72%；专业技术人员占其总数的46.61%；干部、医护人员、教师分别占其总数的33.85%、27.42%、25.25%。普通工人中退休金收入在100元以上的仅占3.55%。而收入在50元以下的，则以普通工人最多，占其总数的38.53%。

（九）健康状况

对老年人口的健康状况的调查，主要根据老年人自已陈述和周围人员掌握的情况进行登记。调查表明，在10 061人中，身体健康的居第一位，有7 019人，占69.76%；有病的居第二位，有2 908人，占28.90%；生活不能自理的仅有134人，占1.33%（见表12）。

表12　　　　各种职业人员健康状况

类别		总计	教师	医护	科技	负责人	干部	技工	工人	文体	其它	无业
总计	人	10 061	261	87	293	994	613	1 245	3 884	30	144	2 510
	%	100.0	2.60	0.86	2.91	9.88	6.09	12.37	38.60	0.30	1.43	24.95
健康	人	7 019	153	52	186	589	379	936	2 896	19	110	1 699
	%	69.76	58.62	59.77	63.48	59.26	61.83	75.18	74.56	63.33	76.39	67.69
有病	人	2 908	106	33	105	387	226	299	947	9	31	765
	%	28.90	40.61	37.93	35.84	38.93	36.87	24.02	24.38	30.00	21.53	30.48
不能自理	人	134	2	2	2	18	8	10	41	2	3	46
	%	1.33	0.77	2.30	0.68	1.81	1.31	0.80	1.06	6.67	2.08	1.83

1.健康状况与原职业的关系。具体分析，职业不同其健康状况也是不同。（1）健康人口：技术工人居第一位，有936人，占其总人数的75.18%；普通工人居第二位，有2 896人，占其总人数的74.56%；其他人口居第三位，有110人，占其总人数的76.39%。（2）有病人口：教师居第一位，有106人，占其总人数的40.61%；负责人居第二位有387人，占其总人数的38.93%；医护人员居第三位有33人，占其总人数的37.93%。（3）不能自理人口：文体工作者居第一位有2人，占其总人数的6.67%；其他人口居第二位有3人，占其总人数的2.59%；医护工作者居第三位有2人，占其总人数的2.30%。总的看，原从事体力劳动的人

口，身体健康状况较好。

2.健康状况与婚姻的关系。从老年人的健康状况与婚姻状况的关系看，两者是相关的。10 061人，有配偶的老人中，身体健康的占有配偶总数的70.17%，居第一位；丧偶、离婚、未婚的健康人数分别占其总人数的68.67%、65.52%、59.09%。有病的和生活不能自理的人口中，有配偶的占其总数的28.61%，低于无配偶（见表13）。这一情况说明，解决好老年人的婚姻问题，有利于老年人健康长寿。

表13　　身体健康状况与婚姻关系

健康状况＼婚姻状况		总计	有偶	丧偶	未婚	离婚
总计	人数	10 061	7 658	2 330	44	29
	%	100.00	76.12	23.16	0.44	0.29
健康	人数	7 019	5 374	1 600	26	19
	%	69.76	70.17	68.67	59.09	65.52
有病	人数	2 908	2 191	691	16	10
	%	28.90	28.61	29.66	36.36	34.48
不能自理	人数	134	93	39	2	—
	%	1.33	1.21	1.67	4.55	—

（十）目前状况

在调查的10 061人中，目前从事家务劳动的有4 900人，占总人数的48.71%；受聘再工作的1 067人，占10.60%；个体开业的154人，占1.53%；参加居委会工作的364人，占3.62%；参加其它社会公益活动的337人，占3.35%；在家安度晚年的3 239人，占32.19%。这一情况说明，料理家务和安度晚年的占调查总人数的80.90%，只有近20%的人外出参加社会劳动和活动（见表14）。

表14　　外出参加活动与年龄关系

项目＼人数＼年龄	总计		60岁以下		60～69岁		70～79岁		80岁以上	
	人	%	人	%	人	%	人	%	人	%
总计	7 551	100	2 583	100	3 475	100	1 306	100	187	100
料理家务	3 355	44.43	1 597	61.83	1 300	37.41	423	32.39	35	18.72
受聘工作	1 045	13.84	292	11.30	637	18.33	108	8.27	8	4.28
个体开业	123	1.63	54	2.09	57	1.64	12	0.92	—	—
居委会工作	266	3.52	128	4.96	110	3.17	28	2.14	—	—
公益工作	300	3.97	67	2.59	145	4.17	73	5.59	15	8.02
安度晚年	2 462	32.60	445	17.23	1 226	35.28	662	50.69	129	68.98

对老年人口在家或外出工作，与老年人的健康状况、年龄、原职业、文化程度、婚姻状况都有一定的相关。

1.外出参加活动与年龄的关系。据对离退休职工和其他不便分类人员7 551人统计分析，总的趋势是年龄越大，从事各项劳动和活动比例越低，安度晚年的比重越大。从各年龄段来比较，60岁以下人口中，有61.83%的人从事家务劳动，20.94%的外出劳动和工作，只有

17.23%的人在家安度晚年。而80岁及以上人口中，料理家务的占18.72%，外出工作和活动的仅占12.3%，而安度晚年的达68.98%。从外出参加活动的内容看，除参加公益工作一项年龄增大，比重增加外，其余均呈下降趋势。另外受聘工作以60～69岁的比重最大，达18.33%，说明这一年龄段的老年人劳动参与率最高。

2.目前状况与原职业的关系。受聘再工作的以科技工作者比重最大，占科技人员总数的23.89%，其次为技术工人，占20.56%，再次为干部占15.50%；从事个体开业的以技术工人比重较高，占技术工人总数的6.83%，其次为医护人员，占医护人员总数的5.75%。从事居委会工作的教师、医护工作者、工人、无业居民比重相近，均在4%左右。从事公益活动的负责人明显高于其余各种职业，负责人外出工作的共有247人，从事公益活动的有103人，占外出活动的人的52.63%（见表15）。

表15　　目前状况与原职业关系

目前状况 / 原职业	总计	%	家务劳动	%	受聘	%	开业	%	居委会工作	%	公益活动	%	安度晚年	%
总　计	10 061	100.00	4 900	48.7	1 067	10.61	154	1.53	364	3.62	337	3.35	3 239	32.19
教　师	261	2.59	139	53.26	23	8.81	—	—	9	3.45	17	6.51	73	27.97
医　护	87	0.86	41	47.13	16	18.39	5	5.75	4	4.60	3	3.45	18	20.69
科　技	293	2.91	96	32.76	70	23.89	—	—	2	0.68	8	2.73	117	39.93
负责人	994	9.88	306	30.78	103	10.36	3	0.30	11	1.11	130	13.08	441	44.37
干　部	613	6.09	230	37.52	95	15.5	5	0.82	17	2.77	17	2.77	249	40.62
技　工	1 245	12.37	436	35.02	256	20.56	85	6.83	20	2.25	24	1.93	476	38.23
工　人	3 884	38.6	2 036	52.42	462	11.89	84	2.16	185	4.76	89	2.29	1 028	26.47
文　体	30	0.30	10	33.33	3	0.10	—	—	—	—	3	0.10	14	46.67
其　它	144	1.43	54	37.50	14	9.72	1	0.69	6	4.17	2	1.39	67	46.53
无　业	2 510	24.95	1 552	61.83	25	1.00	31	1.24	102	4.06	44	1.75	756	30.12

3.离退休人员的目前状况。从离退休人员的现状看，受聘工作的以退休职工比重最高，占退休职工总数的16.21%；从事居委会工作的以退养职工最多，占退养职工的16.08%；从事公益活动的以离休干部比重最大，占离休干部的6.51%（见表16）。

表16　　离退休人员目前状况

类别 / 人数 / 项目	离休		退休		退职		退养	
	人	%	人	%	人	%	人	%
总　计	1 259	100.00	5 608	100.00	86	100.00	454	100.00
料理家务	446	35.42	2 522	44.97	54	62.79	301	66.30
受聘工作	111	8.82	909	16.21	4	4.65	11	2.42
个体开业	1	0.08	115	2.05	1	1.16	5	1.10
居委会工作	14	1.11	180	3.21	1	1.16	73	16.08
公益工作	82	6.51	105	1.87	4	4.65	18	3.96
安度晚年	605	48.05	1 777	31.69	22	25.58	46	10.13

值得注意的问题是，有近1/5的人，特别是一些文化程度较高、有业务专长和领导经验

的人闲置在家，未能发挥作用。可以说是对人才的一种浪费，应该给他们创造条件，开辟途径，以便使他们继续发挥自己的聪明才智，为四化做贡献。

三、几点建议

上述调查表明，我市1986年城区60岁及以上老年人口已达常住人口总数的9.87%，即将进入老年型地区，人口老龄化将对我市政治经济和人民生活带来重大的影响。为妥善解决人口老龄化所带来的一系列的问题，建议在我市城市建设总体规划予以适当安排。现仅就本次调查涉及的老年人口本身的需求问题提出几点建议。

（一）本市城区老龄工作要以离退休职工为重点，同时兼顾无业老年居民。这次调查的10 061人中，退休职工占55.74%，离休干部占12.51%。两者共占总数的73.62%，成为老年人口的主体。离退休、退职和退养职工中，党员多达占总数的23.84%；从职业看，单位负责人、知识分子较多。这部分人中，对精神生活有较高层次的追求，老年工作需充分考虑这一特点。

另一方面，无业老年居民占25%，这部分人员中，女性占95.74%，小学及以下文化程度的占90%以上，其中从事家务劳动的占61.83%，大部分人依靠配偶、子女赡养，他们当中，赡养纠纷较多，医疗方面困难较大，合法权益易受到侵犯，需要政府和社会关怀他们生活保障问题。

根据以上特点，我市的老龄工作要采取照顾重点、统筹兼顾的方针，建立起比较合理的老年社会保障体系，对具有不同需求的群体，分别给予关怀照顾，保证老年人安度晚年。

（二）积极开发老年智力资源，发挥老年人在精神文明建设和物质文明建设中的作用。随着老年人口的迅速增长，老年离退休金和医疗福利费用也大幅度增加，将给国家和社会带来沉重的负担。解决这个问题的有效对策是，变消极供养为积极发挥老年人的作用，为社会继续创造财富，以减轻劳动年龄人口的负担。这样做，还可以增加老年人的收入，充实老年人的晚年生活。从调查的情况看，在10 061人中，已参加社会劳动和公益活动的不足20%，参与社会的范围也较小。这在某种程度上说，缩短了人才使用年限，对当前急需人才的四化建设是一种损失。建议党和政府的有关部门对这一问题进行专门的研究，制订适当的政策，发动社会各方面采取多种措施，多渠道、多层次、多形式地创造条件，使具有继续发挥作用的条件和愿望的老年人能为四化建设做力所能及的工作。

（三）进一步巩固、发展国家、集体、家庭三结合的养老方式。我国有尊老敬老和子女赡养的优良传统，解放以来，党和政府对老年人的晚年生活又多方关怀，形成了国家、集体、家庭三结合，以家庭为主的养老方式，基本上保证老年人安度晚年。从今后发展看，由家庭来照顾老年人，仍将是适合我国经济发展情况较好的办法。但由于当前各项条件的发展和变化，要继续实行这种养老办法，需从多方面创造条件，才能更好地巩固和发展。从老年人本身的情况看，这次调查表明，独居和仅与配偶同居的人已占46.52%；丧偶老年人达到23.88%。随着工业化的发展，和独生子女数量增多，核心家庭特别是以老年夫妇组成的核心家庭将继续增长，需要帮助的、身边无子女的老年人将会增多。从子女的情况看，普遍就业和竞争机制引入各行各业，中青年人十分繁忙，照顾老年人的精力和时间相对减少。为此建议：一要大力发展家庭服务行业和老年服务事业，帮助家庭照顾老年人；二要发展老年福利事业，修建老年公寓、兴办“托老所”、“老年活动中心”等等，作为家庭养老的辅助措施，运用社会的力量来扶助老年人；三是适当解决老年婚姻问题，使单身老年人重享家庭温暖。在现行分配房屋政策上，也要适当考虑子女照顾老人的问题。

与此同时，要加强尊老敬老和赡养老人的教育，协调两代人之间的关系，使家庭生活更加融洽。

（四）关于老年人的经济收入问题。调查情况表明，离退休职工退休金收入在100元以下的占其总数的82.97%，这些老年人都深感物价上涨的威胁，普遍觉得生活不如未退休时。老年无业居民依靠配偶和子女生活，更感经济上的困难。妥善解决经济收入问题，是保证老年生活安定、家庭和睦的重要方面。为此建议：一是适当考虑退休金与物价指数挂钩问题，如条件不成熟可否采取适当补贴的办法，解决部分收入过少的离退休职工生活困难。二是改变目前养老费用单一依靠退休金的办法，近期可以采取鼓励老年人从事力所能及的劳动、工作的办法，增加一些收入；从长远考虑，要改革老年保险制度，多种途径解决养老费用问题。

本次调查仅仅就老年人的基本情况进行了初步统计分析，情况表明，我市城区老年人口数量虽大，但年龄较轻，还具有相当的活力，预计距离老年人口进一步高龄化还有十多年的时间，我们要抓紧这一有利时机，从各方面做好准备，迎接高龄化时期的到来。解决好老年人的问题，不仅仅是老年人本身的问题，对于中年人、青年人都有重大的影响，将会给整个人类带来希望。北京是中国的首都，我们有责任从理论上和实践上在这方面创造出新的业绩来，才不辜负全国人民对于我们的期望。

（作者工作单位：北京市老龄问题委员会）

武汉市“六五”期间城市迁移人口调查报告

陈贤寿　黄红云

人口迁移，又称“人口机械变动”，本文主要是指人口由一个常住地到另一个地方居住的户籍地变动。是重要的人口变动形式。人口迁移有助于人口基因的交流；有助于政治、经济、文化、科学技术交流；扩大人类的生存范围；促进经济和文化技术的发展。

为了全面、系统地掌握人口迁移规律和迁移特点，分析迁移人口的相关因素，正确制定迁移政策，加强对迁移人口的管理，预测今后城市人口发展和迁移的影响，促进城市经济、文化和科学技术发展，武汉市人民政府于1986年对7个城区“六五”期间的迁移人口和市区解放以来人口迁移史进行了全面调查。1987年对调查数据进行了处理，并进行了分析研究。

现根据调查资料，对“六五”期间城市迁移人口的构成和解放以来市区人口迁移史，以及与迁移人口相关因素进行一般分析研究。

一、“六五”期间城市迁移人口的基本构成

迁移人口，受多种因素影响。迁移人口构成对一个地区的人口分布、人口结构、经济建设、文化、科学技术、社会服务等有很大影响。“六五”期间形势较稳定，迁移人口没有突发性变化。

（一）性别比高，年龄结构轻

调查表明，“六五”期间因迁移净增的人口中男性占55.73%，女性占44.27%，性别比

（以女性为100，下同）为125.89，比常住人口高16.71%。但从各年龄组性别比构成看，低年龄组性别比高，30岁及以下人口为154.87，其中，16岁至20岁为277.47；二是高年龄组性别比低，31岁及以上人口为50.58。形成低年龄组性别比高是由于招工顶替，招生分配中男青年多于女青年引起的。但在高年龄组性别比则较低，原因是婚迁和随迁女多于男。

调查还表明，在“六五”期间迁移人口的平均年龄21.02岁，年龄中位数18.92岁。因招工顶替、招生分配，复员转业和婚姻等迁入的占64.59%，在迁移人口中30岁及以下人口占81.47%，比常住人口中同龄人口比重高28.54%。16岁至20岁的迁移人口占30岁及以下人口的51.20%，比常住人口高2.65倍。60岁及以上迁移人口占1.99%，比常住人口低78.8%。

（二）文化素质高于常住人口

“六五”期间迁移人口的文化构成特点一是文化程度普遍较高，高中以上文化程度人口占12岁及以上人口的比重在60%以上，平均文化程度也高于常住人口。迁出人口的平均文化程度分别高于迁入人口1.51年。二是大学和高中文化程度人口比重在迁入和迁出中差别大。如迁出人口中大学文化程度人口比重是迁入人口的5.26倍，形成迁移人口文化构成差异的主要原因是院校的招生分配。武汉的高等院校居中南各城市之首，招生分配量大，招生时是高中毕业，分配时是大学毕业，形成了文化程度上的低进高出（见表1）。

表1　“六五”期间迁移人口文化构成状况

项　目	12岁以上人口（万人）	占迁移人口比重%	大　学%	高　中%	初　中%	小　学%	文　盲%	平均文化程度（学年）
迁　入	27.88	76.51	13.16	48.45	23.91	12.20	2.28	10.81
迁　出	12.70	71.93	37.42	29.43	20.50	10.30	2.35	12.32

（三）迁移人口的行业、职业状况

迁移人口的在业结构是研究迁移的重要内容。在业结构受经济发展规模与城市产业结构的影响，同时对城市未来经济建设，文化、科学技术发展也有直接影响。调查资料表明，迁入人口中在业人口为17.76万人，占48.74%；迁出人口中在业人口为8.52万人，占48.24%。

由于招生分配，招工顶职，婚迁随迁，投亲靠友，复员转业等使行业构成出现了明显差别。这些人绝大多数来自农村和部队；使行业构成形成以下特点：一是农、牧、林、渔业人口占的比重大。如迁入在业人口中农、牧、林、渔业人口占29.79%。二是产业结构不平衡。迁入在业人口中第一产业人口比重是迁出在业人口中第一产业人口比重的6.03倍；相反，迁出在业人口中第三产业人口比重是迁入在业人口中第三产业人口比重的1.46倍（见表2）。

迁移人口中在业人口的职业构成也是不平衡的，差别较大。由于改革开放，各类专业技术人员出外搞技术协作和出国援助使得各类专业技术人员占在业人口的比重出现明显差别；迁出是迁入的2.19倍，净迁移人口中出现了负值。因大学生毕业分配时无职业，造成迁出在业人口中不便分类的其他劳动者比重分别高于迁入人口0.64倍（表见3）。

（四）迁移人口主要来去于省内其他市县

迁移人口地区构成对人才、文化、信息、科学技术交流有一定作用。“六五”期间迁移人口地区构成是以省内其他市县为主。迁出人口中外省市区占比重最大。形成这一构成特点是由于中央和省在汉的企事业单位，需要招工或调人时，基本上不从市区和市辖县招调，而主要从省内其他市县招调（见表4）。

表2　　迁移人口中在业人口的行业构成

行业	迁入		迁出		净迁移	
	人数（万人）	%	人数（万人）	%	人数（万人）	%
在业人口	17.76	100	8.52	100	9.24	100
农、牧、林、渔业	5.29	29.79	0.35	4.11	4.94	53.46
矿业及木材采运业	0.13	0.73	0.06	0.70	0.07	0.76
电、煤、水生产供应业	0.41	2.31	0.32	3.76	0.09	0.97
制造业	2.36	13.29	1.17	13.73	1.19	12.88
地质勘探和普查业	0.24	1.36	0.18	2.11	0.06	0.65
交通运输、邮电通信业	1.05	5.91	0.97	11.38	0.08	0.87
建筑业	1.32	7.43	0.60	7.04	0.72	7.79
商业、饮食、物资供销仓储业	0.52	2.93	0.31	3.64	0.21	2.27
住宅、公用事业、居民服务业	0.21	1.18	0.13	1.53	0.08	0.87
卫生、体育、社会福利业	0.62	3.49	0.40	4.69	0.22	2.38
教育、文化、艺术事业	1.43	8.05	0.81	9.51	0.62	6.71
科研、综合技术事业	0.37	2.08	0.28	3.29	0.09	0.97
金融保险业	0.08	0.45	0.07	0.80	0.01	0.11
国家机关、党政团体	0.56	3.15	0.37	4.34	0.19	2.06
其它行业	3.17	17.86	2.50	29.37	0.67	7.25

表3　　迁移人口中在业人口的职业构成

职业	迁入		迁出		净迁移	
	人数（万人）	%	人数（万人）	%	人数（万人）	%
在业人口	17.76	100	8.52	100	9.24	100
各类专业技术人员	1.93	10.87	2.3	23.83	−0.10	−1.08
国家机关、党群组织、企事业负责人	0.32	1.80	0.13	1.52	0.19	2.06
办事人员和有关人员	1.35	7.60	0.66	7.76	0.29	7.47
商业工作人员	0.46	2.59	0.30	3.52	0.16	1.73
服务性工作人员	0.63	3.55	0.28	3.29	0.35	3.79
农、牧、林、渔劳动者	5.20	29.28	0.29	3.40	4.91	53.14
生产运输工人和有关人员	4.49	25.28	2.17	25.47	2.32	25.10
不便分类的其他劳动者	3.38	19.03	2.66	31.22	0.72	7.79

表4　　迁移人口的地区构成

地区	迁入		迁出		净迁移	
	人数（万人）	%	人数（万人）	%	人数（万人）	%
合　　计	36.58	100	18.11	100	18.47	100
本市郊县	4.68	12.79	1.46	8.06	3.22	17.43
省内其他市县	14.21	38.85	5.49	30.31	8.71	47.16
外省市区	11.88	32.48	7.49	41.36	4.40	23.82
部队及其他	5.81	15.88	3.67	20.27	2.14	11.59

（五）迁移人口的初婚率低

婚姻状况对人口再生产影响最大。迁移人口由于年龄结构轻，20岁及以下人口占迁移人口的比重为72.93%，使迁移人口初婚率低于常住人口。因此，常住人口初婚率分别高于迁入人口、迁出人口18.80、26.98个百分点（见表5）。

表5　　迁移人口婚姻构成

婚姻状况	迁入		迁出		净迁移	
	人数（万人）	%	人数（万人）	%	人数（万人）	%
总人口	36.58	100	18.11	100	18.47	100
婚龄人口	19.88	54.35	10.19	56.27	9.69	52.48
未婚	9.38	47.18	5.59	54.86	3.80	39.22
已婚	10.11	50.86	4.40	43.18	5.72	59.03
离婚	0.08	0.40	0.04	0.39	0.04	0.41
丧偶	0.31	1.56	0.16	1.57	0.13	1.34

由于婚迁、随迁、搬迁等使迁入人口已婚率高于迁出人口7.78个百分点。同时由于招生分配等因素影响，使迁出人口未婚率高于迁入人口7.68个百分点。

（六）工作调动，招生分配是人口迁移的主要原因

迁移原因受城市建设规模、经济、自然、政策、社会等多因素影响。因此，迁移原因构成复杂（见表6）。

表6　　“六五”期间迁移人口的迁移原因构成

迁移原因	迁入		迁出		净迁移	
	人数（万人）	%	人数（万人）	%	人数（万人）	%
合计	36.58	100	18.11	100	18.47	100
工作调动	4.80	13.12	2.39	13.20	2.41	13.05
招工顶职	1.55	4.24	0.10	0.55	1.45	7.85
招生分配	13.02	35.59	5.91	35.64	7.11	38.49
随迁搬迁	4.20	11.48	0.91	5.02	3.29	17.81
投亲靠友	3.60	9.84	1.46	8.06	2.14	11.59
参军复转	4.36	11.92	1.83	10.11	2.53	13.70
结婚迁移	0.96	2.62	0.12	0.66	0.84	4.55
劳改释放	2.34	6.40	2.78	15.35	−0.44	−2.38
其他	1.75	4.79	2.61	14.41	−0.86	−4.66

不同历史条件下，迁移原因构成重点不尽相同。“六五”期间城市迁移人口的主要迁移原因一是工作调动、招生分配，占48%以上。二是随迁搬迁、投亲靠友、参军复员在净迁移人口中比重较高，占43.10%。三是随迁搬迁和投亲靠友的多。

（七）迁移人口主要来自农村

调查数据表明，迁移人口中农村人口所占比重较大，反映了城市经济发展规模的需要，也合乎人口城市化发展的要求。“六五”期间迁移人口中农村人口比重较大。因迁移净增人口中农村占80.55%，多是因结婚而迁移的。据调查，1987年上半年市区净迁入人口96.95%来自农村（见表7）。

表7　　迁移人口的城乡构成比重　　（%）

项　　目	迁　入		迁　出		净迁移	
	（城）	（乡）	（城）	（乡）	（城）	（乡）
合　　计	57.18	42.82	74.18	25.82	19.45	80.55
工作调动	97.74	2.26	98.66	1.34	96.83	3.17
招工顶职	6.77	93.23	91.39	8.61	0.64	99.36
招生分配	54.90	45.10	99.63	0.37	17.81	82.19
投亲靠友	11.80	88.20	49.83	50.17	0	100
结婚迁入	0.85	99.15	3.62	96.38	0	100
随迁搬迁	14.67	85.33	70.75	29.25	2.77	97.23

（八）武昌、青山迁移人口比重大

武昌区是省委、省政府所在地，又是文化区。中央和省属大单位和高等院校大多数在武昌区。每年招生分配，干部职工招调量大。青山是新兴工业区，人口迁移量大。“六五”期间两区的迁移净增人口占城区迁移净增人口的59.01%。与此相反，江岸、江汉两区是老区，是以商业为主，中央和省属大型企业不多，人口迁移量不大。“六五”期间两区的迁移净增人口只占城区迁移净增人口的20.37%。“六五”期间年平均迁移净增率武昌、青山两区为22.42%；江岸、江汉两区为8.50%。武昌、青山两区比江岸、江汉两区高13.92个千分点（见表8）。

表8　　“六五”期间各区迁移人口

地　区	迁　入		迁　出		净迁移	
	人数（万人）	%	人数（万人）	%	人数（万人）	%
合　　计	36.58	100	18.11	100	18.47	100
江岸区	4.17	11.40	1.79	9.90	2.38	12.89
江汉区	2.37	6.49	0.97	5.35	1.40	7.58
硚口区	4.59	12.55	2.55	14.08	2.04	11.04
汉阳区	2.17	5.92	0.96	5.30	1.21	6.55
武昌区	18.13	49.50	9.31	51.40	8.82	47.75
青山区	4.01	10.95	1.93	10.65	2.08	11.26
洪山区	1.14	3.13	0.60	3.32	0.54	2.93

（九）迁移人口出生率高

“六五”期间迁移人口出生率高是突出特点。迁移人口平均出生率比常住人口高3个千分点。迁移人口中育龄妇女占31%，比常住人口高2个百分点。迁移人口中育龄妇女一般生育率为58.34%，比常住人口中育龄妇女高5.67个千分点；迁移人口“六五”期间出生率为17.70‰。

迁移人口的出生率和一般生育率都高于常住人口，主要原因一是年龄结构年轻，迁移人口的平均年龄只有21.02岁。二是育龄妇女比重大，特别是生育高峰年龄的育龄妇女比重比常住人口高4.01%。三是农村高生育力的影响。因招工顶职、招生分配、随迁婚迁、投亲靠友而迁入的占80.29，其中90%来自农村。

（十）迁移人口的民族构成

“六五”期间迁入、迁出人口中民族构成比重是比较平衡的。少数民族人口在迁移人口的比重高于常住人口中少数民族人口比重的0.7个百分点（见表9）。

表9　　迁移人口的民族构成

民族	迁入		迁出		净迁移	
	人数（人）	%	人数（人）	%	人数（人）	%
合计	365 778	100	181 073	100	184 705	100
汉族	361 508	98.83	179 147	98.95	183 761	98.73
回族	1 662	0.45	822	0.45	840	0.45
土家族	824	0.23	290	0.16	534	0.29
壮族	545	0.15	289	0.16	256	0.14
满族	342	0.09	224	0.12	118	0.06
苗族	309	0.08	115	0.06	194	0.11
其他民族	588	0.17	186	0.10	402	0.22

二、市区人口迁移史分析研究

（一）市区人口迁移历史状况

武汉是我国重要的特大城市之一，位于长江中游，在南北陆路，东西水路的十字交叉点上，素以九省通衢而闻名于世。它独特的地理条件和发达的水陆交通，使武汉市在政治、经济、文化，科学技术、信息和市场等方面在湖北省，乃至中南地区占有极其重要的地位。因此，武汉对外的吸引作用，不仅表现在本省各市县，而且还表现在全国各省、自治区、直辖市。形成了武汉市区人口流动量、人口净迁入量大的特点。

根据调查的迁移人口历史资料可知，1949年末市区总人口为101.83万人；1987年末市区总人口为357.12万人；38年来市区人口净增255.29万人，平均每年净增6.72万人。净增总人口是1987年末市区总人口的71.49%；是1949年末市区总人口的2.51倍。年平均增长速度为3.33%。净增总人口中自然增长人口为135.40万人（含迁入人口的自然增长人口），平均每年3.56万人，占净增总人口的53.04%。净增总人口中迁移净增人口为119.89万人（不含迁入人口的自然增长人口），占43.93%，平均每年3.16万人。38年来迁入人口的自然增长人口为55.23万人。38年来迁移净增人口及其迁入人口的自然增长人口共175.12万人，是1987年末总人口的49.04%，是1949年末市区总人口的1.72倍。

迁入人口的自然增长情况是，出生84.62万人，死亡29.39万人，自然增长为55.23万人。迁入人口出生率为21.83‰，死亡率为7.58‰，自然增率为14.25‰（见表10）。

38年来迁移人口中城乡构成比重发生了一定的变化，迁入人口中城乡构成比重不稳定，迁出人口中乡村比重小（见表11）。

38年来市区迁移人口中15岁及以上人口占81.57%。在15岁及以上人口中在业人口占79.27%；不在业人口占20.73%。各个时期分职业的迁移人口构成(见表12、13)。

表10　　38年来各个时期迁移净增人口及其迁入人口的自然变动

项　　目	合　计	1950～1959年	1960～1969年	1970～1979年	1980～1987年
迁移人口净增数（万人）	119.89	104.90	−52.33	33.04	34.28
迁移净增率（‰）	12.52	65.35	−20.97	12.40	12.92
迁入人口出生人数（万人）	84.61	23.80	27.20	15.10	18.51
迁入人口出生率（‰）	21.83	40.31	26.72	14.82	14.83
迁入人口死亡人数（万人）	29.40	6.82	8.05	6.69	7.84
迁入人口死亡率（‰）	7.58	11.55	7.91	6.56	6.28
迁入人口自然增长（万人）	55.21	16.98	19.15	8.41	10.67
迁入人口自然增长率（‰）	14.25	28.76	18.81	8.26	8.55
迁移及其自然增长（万人）	175.12	121.88	−33.17	41.46	44.95

表11　　迁移人口城乡构成　　（%）

项　目	迁　入		迁　出		净迁移	
	城	乡	城	乡	城	乡
合　计	50.37	49.63	72.78	27.22	23.50	76.50
1950～1959年	48.19	51.81	70.48	29.52	23.58	76.42
1980～1987年	56.05	43.85	78.38	21.62	20.76	79.24

表12　　各个时期分职业的迁移人口构成比重　　（%）

职　业	合　计	1950～1959年	1960～1969年	1970～1979年	1980～1987年
合　计	100	100	100	100	100
工　人	33.33	29.41	31.25	35.52	38.46
农　民	39.56	44.12	40.63	42.62	27.56
干　部	13.78	14.34	10.94	10.93	17.31
专业技术人员	2.52	2.57	1.56	2.73	2.56
其　他	10.81	9.56	15.62	8.20	14.11

表13　　各种职业分年代的迁移人口构成比重　　（%）

职　业	合　计	1950～1959年	1960～1969年	1970～1979年	1980～1987年
合　计	100	40.30	9.48	27.11	23.11
工　人	100	35.56	8.89	28.89	26.66
农　民	100	44.94	9.74	29.21	16.11
干　部	100	41.94	7.53	21.51	29.02
专业技术人员	100	41.18	5.88	29.41	23.53
其　他	100	35.62	13.70	20.55	30.13

市区迁移人口按迁移原因分，经济活动性迁移人口占44.65%，政策性迁移人口占9.08%，社会性迁移人口占46.27%（见表14）。

表14　　各个时期按迁移原因分的迁移人口比重构成　　（%）

迁移原因	合计	1950～1959年	1960～1969年	1970～1979年	1980～1987年
合计	100	100	100	100	100
经济活动性	44.65	49.34	35.51	45.02	39.41
政策性	9.08	2.21	18.69	21.51	4.66
社会性	46.27	48.45	45.80	33.47	55.93

市区迁移人口按年代分，1950～1959年占43.21%，1960～1969年占10.23%，1970～1979年占24%，1980～1987年占22.56%（见表15）。

表15　　各种迁移原因按年代分的迁移人口构成比重　　（%）

迁移原因	合计	1950～1959年	1960～1969年	1970～1979年	1980～1987年
合计	100	43.21	10.23	24.00	22.56
经济活动性	100	47.75	8.14	24.20	19.91
政策性	100	10.53	21.05	56.84	11.58
活动性	100	45.25	10.12	17.36	27.27

迁移人口的性别比为122.29，劳动年龄人口性别比为123.80。迁移人口的年龄结构比较年轻，年龄中位数为24.37岁。14岁及以下人口占18.43%，60岁及以上人口占1.62%，劳动年龄人口占79.95%。迁移人口中育龄妇女占28.65%，占妇女总人数的63.69%。

迁移人口中12岁及以上人口占91.31%。在12岁及以上人口中有文化人口占78.77%，文盲、半文盲人口占21.23%。在文盲、半文盲人口中女性占73.40%。在12岁及以上人口中男性文盲、半文盲占10.36%，女性文盲、半文盲人口占34.25%。12岁及以上迁移人口中，高中以上文化程度人口比重是逐年上升的，80年代比50年代上升了28.60个百分点。小学以下文化程度人口比重是逐年下降的，80年代比50年代下降了41.37个百分点。在业人口中高中以上文化程度人口比重为30.13%，工人为21.78%，农民为12.73%，干部为50.75%，办事员为38.46%，专业技术人员为88.24%，其他在业人员为30.67%。不在业人口为20.34%（见表16）。

表16　　各个时期迁移人口文化构成　　（%）

年份	合计	大学	高中	初中	小学	文盲、半文盲
合计	100	4.60	16.74	32.01	25.42	21.23
1950～1959	100	2.44	6.11	23.47	34.72	33.26
1960～1969	100	5.38	6.45	33.33	30.11	24.73
1970～1979	100	2.97	29.70	42.37	13.14	11.82
1980～1987	100	10.09	27.06	36.24	19.27	7.34

（二）市区迁移人口历史的特点分析

38年来市区迁移增减人口变化基本上是呈双峰型。即两头高，中间低（见图1）。从曲线的变化看，38年中有28年属于迁移增加，10年为迁移减少。曲线变化很不稳定。

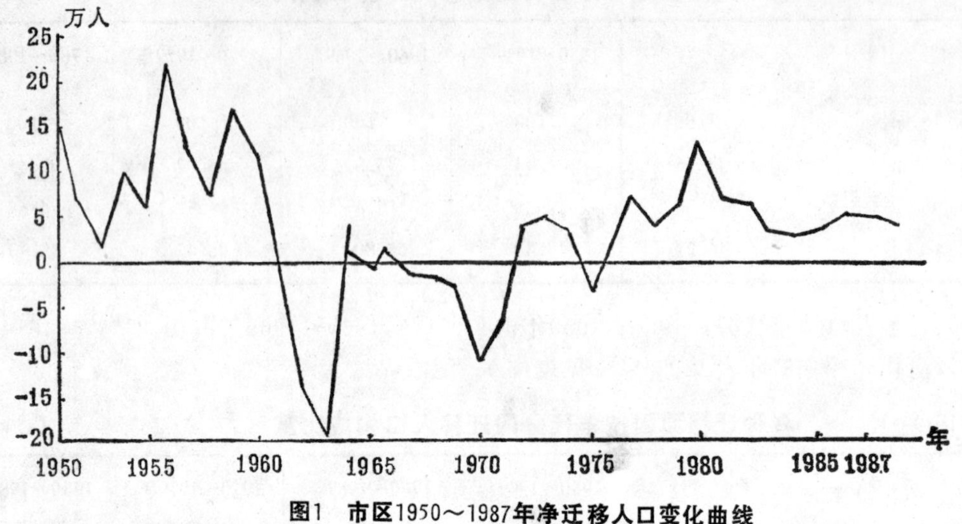

图1 市区1950～1987年净迁移人口变化曲线

由曲线变化可以看出，迁移人口具有明显的阶段性。1949年末至1959年末为高速增长期，10年间迁移增加人口为104.90万人，占38年来迁移净增人口的87.50%，平均每年10.49万人。1959年末至1970年末为曲折下降期，11年间迁移净减人口为58.92万人，即迁出大于迁入，平均每年减少5.36万人。1970年末至1987年末为低速增长期，17年间迁移净增人口为73.91万人，平均每年增4.35万人。38年时间迁移净增人口达119.89万人。如果加上迁入人口的自然增长人口55.23万人，共计为175.12万人，是1987年末市区总人口的49.04%，即是说目前市区总人口中有一半是迁移净增人口及迁入人口中的自然增长人口。它不仅高于我国同期总人口的发展速度，而且明显高于我国9个特大城市同期总人口的发展速度。

资料表明，迁移增加人口中来自农村的比重都在76%以上，而且有上升的趋势；80年代来自农村的比重比50年代上升了2.82个百分点。1987年迁移净增人口中来自农村的比重已在80%以上。将来势必继续上升。

迁入人口出生率为21.83‰，比常住人口出生率高4.80%。38年来市区出生人数为209.51万人；其中迁入人口中的出生人数为86.92万人，是市区出生人数的41.49%，是因迁移增加人口的72.50%。这充分说明迁移净增人口对城市人口发展有着重要的影响。

迁移增加人口中工人、农民在38年来各个时期的比重都大。50年代为73.53%，60年代为71.88%，70年代为78.14%，80年代为66.02%。50年代比重高是由于许多大型项目的兴建而迁入大量工人和农民。70年代比重高是因为大批知识青年上山下乡就业后返城。

三、城市迁移人口与相关因素分析

迁移人口是十分活跃的动态人口，其变量受多种因素的影响。由于各个历史时期的条件不同，影响变量的因素也不尽相同。在影响变量的多因素中，自然有几个主要因素。在分析"六五"期间城市迁移人口结构和解放以来市区迁移人口历史状况时，发现城市经济发展规模、政策失误、迁移人口管理上的漏洞、城市文化教育事业的发展是影响城市迁移人口的主要原因。

分析相关因素对迁移人口的影响规律，50年代城市迁移人口主要受城市经济发展规模的影响；60年代、70年代政策失误对城市迁移人口影响最大；80年代城市文化教育事业的发展是影响城市迁移人口的重要因素；迁移人口管理上的漏洞对各个时期城市迁移人口也有较大影响。

（一）城市经济发展规模对城市迁移人口的影响最大

解放以来城市经济发展规模对城市迁移人口的影响以50年代为最大，而且是直接影响。50年代是我市经济全面恢复和大发展时期，许多大型项目陆续兴建。如武汉长江大桥，武汉钢铁公司，第一冶金建筑公司，武汉重型机床厂，武汉锅炉厂，武昌造船厂，武昌车辆厂等。当时由于城市人口满足不了经济发展规模的需要，就大量吸收城市外人口参与建设。在被吸收的外地人口中绝大多数是劳动人口；但这些人中有相当多的一部份人是携家带口而来，使得50年代城市净迁移人口数量特别大。10年时间，市区迁移净增达104.90万人，占38年来市区迁移净增人口的87.50%；相当1949年末市区总人口的1.03倍，占1959年末市区总人口的41.21%。从迁入人口看，直接从事经济活动的工人、农民占净迁移在业人口的73.53%。

60年代和70年代因受多种因素影响城市经济发展规模在某些方面有些缩减，同样形成了对城市迁移人口的较大影响；但这种影响是间接的。20年时间城市净迁移人口出现了负值；即迁出人口大于迁入人口。净迁移人口曲线出现了10年正值、10年负值。

80年代形势稳定，市区经济发展规模也扩大了，与市区人口发展规模基本适应。目前市区人口规模完全可以满足市区经济发展规模的进一步扩大。因此城市迁移人口比较稳定。8年时间净迁移人口曲线都是正值，每年平均迁移净增人口4.29万人。但这个数字仍然大于我市目前的就业率和劳动生产率的需要。

（二）政策失误是影响城市迁移人口的重要因素

解放38年来，政策上有两次大的失误，主要反映在60年代和70年代，使得城市经济发展规模缩减，城市迁移人口变化不定。1958年的大跃进，人民公社由于违背了当时的历史条件和事物发展规律；造成了后来城市经济发展规模的大缩减。大批城市人口的下放回乡，使60年代初市区净迁移人口出现了负值。仅1960～1962年迁出人口就比迁入人口多34.73万人，占60年代净迁移人口负值的66.36%。1966年开始的"文化大革命"使城市经济发展受到严重的破坏，由于执行了知识青年上山下乡，干部下放劳动等极左政策，造成了1966～1970年迁出人口超过迁入人口达24.99万人。到70年代中后期，由于拨乱反正，落实政策，大批上山下乡的知识青年和下放干部回城，形成1976～1979年城市迁移人口净增的小高峰。5年时间，迁移人口净增30.82万人，平均每年6.16万人，占70年代迁移人口净增数的93.27%。此外，知识青年返城时，农民提出要按比例带走一部分农村青年。因此，在落实知识青年返城政策时，又从农村带入7万多农村青年。

（三）迁移人口管理上的漏洞对城市迁移人口的影响不可忽视

城市迁移人口管理制度是贯彻国家人口政策，促进城市经济社会发展的重要保证。解放后武汉城市迁移人口管理制度随着各个时期不同历史条件的变化而多次变动，经历了一个由建立到发展，完善的过程。这一过程可分为5个时期。即1949～1952年的统一管理，迁移登记；1953～1957年的控制迁移，统一审批；1958～1978年的曲折发展，分权审批；～19791984年的落实政策，条块审批和1985年以后的整顿管理，划分权限。

五个时期的迁移人口管理都有一定的漏洞，1955～1982年间尤为严重。在这一较长时期中，迁移人口管理制度由力争统一到分权、分散、失控、整顿、划分权限。由此使能批准进入武汉市人口迁移审批权由解放初期的市公安局统一审批，发展到目前的包括中央、湖北省、武汉市、在汉驻军四大块，44个单位的64个部门。单位、部门如此之多，政策口径何以统一，政策掌握必然严松不一。直至目前，虽然武汉市成立了城市迁移人口管理领导小组，目的是为了有效控制城市迁移人口，把迁移人口终审权集中到市领导小组，各单位和部门只有初审权，但是阻力相当大，中央、湖北省、在汉驻军都不愿意放权。这三个审批大块的审批部门占整个审批部门的57.1%，而他们的审批数量却占62.48%。看来这种局面将继续影响武汉的迁移人口管理。武汉市从多方面控制城市人口规模，而中央在汉单位、湖北省、在汉驻军只考虑他们的具体问题，很少考虑武汉市人口规模的控制。

（四）教育事业的发展对城市迁移人口的相关作用

武汉市是湖北省的文化中心，也是中南地区的教育中心。解放以来，文化教育事业不断发展，高等院校不断扩大和增加。1987年末武汉市有高等院校35所，在校学生达9.66万人。与1949年比较，高等院校数增加了25所，在校学生数增加了20.47倍。特别是80年代文化教育事业发展很快，高等院校数由1980年的26所增加到1987年的35所，在校学生数由1980年的4.88万人增加到1987年的9.66万人（见表17）。

表17　　80年代招生分配人口对净迁人口的影响

项目 \ 年份	合计	1980	1981	1982	1983	1984	1985	1986	1987
迁移增加人口（万人）	34.03	6.10	5.90	3.09	2.55	2.93	4.00	4.79	4.67
其中招生分配（万人）	11.20	0.97	1.07	1.14	1.22	1.55	2.08	1.94	1.23
占迁移增加人口比重（%）	32.91	15.90	18.14	36.89	47.84	52.90	52.00	40.50	26.34

1980～1987年市区迁移净增人口为34.03万人，其中招生分配人口为11.20万人，占32.91%，招生分配迁入的人口占迁入人口的52.81%，说明毕业生的留城率很高，对城市人口迁移有重要的相关作用。

（作者工作单位：陈贤寿　武汉市统计局
黄红云　武汉市社会科学研究所）

西藏自治区妇女生育率抽样调查报告

屈锡华

一、抽样方案设计

（一）目的与原则

1982年人口普查与1‰人口生育率抽样调查以来，全国除台湾外，西藏是唯一未进行生育率抽样调查的大陆省区。而且，由于西藏高原的特殊情况，人口普查时全区均未调查婚姻、生育等7个重要项目。这就使得西藏人口的生育资料仍延续着几乎为空白的境地，为补救西藏人口的生育资料，这次西藏妇女生育率抽样调查做了开端性的工作。

西藏高原地广人稀，更著高寒气候，实地调查任务十分艰巨。调查方案设计必须考虑到西藏的特殊地理环境与具体条件，注重调查的可行性分析，制定切实有效的调查方案。同时以一定的样本量反映对总体的代表性，而对单个样本则要求信息的准确性。因此方案设计的原则是：突出重点调查项目，尽可能获得较多的妇女生育信息。在抽样技术方面，原则上采用分层（类）、整群抽取的作法，随机性则体现在样本群的选取及在某些调查点上随机个样调查等方面。

（二）问卷设计

根据以上原则，用藏、汉两种文字设计了“西藏妇女生育情况调查表”（见附表1）。

（三）样本量决策、样本群与样本点

西藏人口共180余万，育龄妇女45万，老年妇女15万。若采用1‰人口抽样，样本绝对量甚小，不可能对妇女生育状况作动态分析。生育率研究必须以纵向分析为主线，而各同龄生育群在一个时期内的生育力合成则表现为年代生育水平。故决定以群体生育经历作为研究主体。显然，同龄（或分年龄组）妇女平均生育子女数是衡量其群体生育水平的一个重要指标。

样本量实际体现样本对于总体在某些特征上相似程度的规定性，或者说在某种定义与说法下的代表性。而样本含量的决策则依据于妇女生育群随机样本子女数均值为近似正态分布的假设。

以全国生育资料（电子计算机汇总——七、家庭、婚姻、生育）为参照，经计算，40～49岁妇女生育子女数频率分布的均值为5，方差为4.35，若假定西藏藏族同批妇女（40～49岁）平均生育子女数也在5个左右，估计误差为±0.1，则在95%置信度下，该年龄组的样本必须达到：

$$n=\lambda^2\sigma^2/d^2=4\times4.36/(0.1)^2=1744$$

按5个10岁组概算，共应获取8 720个样本。

实地调查从1985年5～7月，历时3个月，取得有效样本9 798个，其中70岁以下样本8 802个，达到了样本目标数。

除阿里地区外，在其余5个地（市）均抽取了样本子集。农、牧区以村（组）为群、拉萨市调查了城关区的两个居民小组。西藏人口的职业构成十分鲜明，适宜采用职业分类调查，于是选择了昌都地直机关与昌都镇作为干部职工与城镇在业人口的类型代表。

（四）数据处理、样本统计量及估计方差

样本数据的汇总、分类及统计分析均是在计算机上实现的。方案设计只对类样本含量下限作了粗略考虑（不少于800），但未给定抽样比。事实上各统计数据是在事后分类统计的基础上计算的。因此，从最终抽样效果来说，此次调查是不等比的类型抽样，即一般类型抽样。关于样本统计量与估计量方差则采用分层（类）抽样的相应公式：

$$\overline{Y}_{st}=\sum_h W_h\overline{Y}_h$$

$$V(\overline{Y}_{st})=S^2(\overline{Y}_{st})=\sum_h\frac{W_h^2S_h^2}{n_h}-\sum_h\frac{W_hS^2}{N}$$

即总体均值估计量Yst（st表示分层stratified）与Yst方差的无偏估计量S^2（Yst）。式中，

h表示层（类）标号，其余各符号表示：

W_h：层（类）权数； Y_h：类均值； S^2_h：类方差； N：总体含量。

二、婚育基础数据

（一）婚姻状况

1.婚姻现状与数据说明。婚姻是影响生育的重要因素。由于西藏在民主改革后期仍有一段较长时间处于自然生育过程，因此，对于藏族妇女婚姻状况的研究，是分析生育率不可缺少的内容。

附表2列出了藏族育龄妇女在调查时点的婚姻现状。调查最大时差3月，基于婚姻关系的相对稳定性，将参照时间统一定为1985年7月，以便取得时间的一致性要求。此外，婚姻状况项目中有少数缺项，以及在编码时将填写不清的样本一并作缺损值处理，使得该项目在育龄妇女段仅取得3415个有效样本。且表中数据未分类处理。其中农、牧民所占比例未达到分类权数。但经初步分析，35岁以上藏族育龄妇女的婚姻状况在农、牧民与干部、职工两大类间无显著性差别，故综合为一体尚不失代表性。

2.未婚年龄分布（见表1）。未婚与已婚是婚姻状态的两个基本方面，初婚年龄将二者从时间上分离开来。因此，从状态的理论分析角度，未婚与已婚完全可作等价的讨论。

表1　　西藏育龄妇女未婚年龄分布（1985年7月）　　（%）

年龄组	15	16	17	18	19	20	21	22	23	24	25	26	27	28	29	30	31	
未婚比	100	98.8	98.9	91.4	82.8	71.9	59.6	36.2	30.6	21.5	11.7	11.5	8.9	3.3	3.7	5.0	2.3	
年龄组	32	33	34	35	36	37	38	39	40	41	42	43	44	45	46	47	48	49
未婚比	2.9	4.5	2.2	2.2	1.2	5.0	0.0	4.2	3.3	3.8	2.0	1.7	1.2	1.1	5.6	4.5	3.9	4.0

藏族育龄妇女的未婚年龄分布在25岁以下年龄段同全国的情况基本一致，但25岁以上的未婚比较高。下面7个数是按5岁结组的组平均未婚比（%）：

94.59、44.58、7.90、3.46、2.52、1.95、3.68，并非成递减排序，最后一个5岁组较之相邻3个组的未婚比都高，与全国资料的突出差异正表现于此。按单年龄组样本量加权平均计算，35～49岁年龄段平均未婚比也高达2.63%，而全国的相应数字约0.22%，确存在显著的差别。即使除去抽样误差与统计误差，藏族中、壮年妇女未婚比仍较高，且壮年未婚比高于中年。

3.女性初婚年龄。由于样本含量所限，只计算了分类（育龄妇女）与分年龄段（样本总体10岁组）的平均初婚年龄（见表2）。

表2　　藏族女性平均初婚年龄

年龄组（岁）	15～24	25～34	35～44	45～54	55+
平均初婚年龄（岁）	20.70	22.15	22.36	21.25	21.13

藏族育龄妇女仍以干部、工人、农牧民三类分划，各类妇女平均初婚年龄分别为23.56、22.52和21.41岁，按序相差1岁左右。可见干部职工与农牧民或者说城镇与农牧区女性初婚年龄的差异是明显的。若按类权平均，得出1985年藏族育龄妇女平均初婚年龄约21.55岁。由此估计西藏民主改革以来的30年中女性平均初婚年龄在21～22岁之间。

当然，年代间的差别必定存在，这一点可从分年龄段的初婚年龄情况得到反映。老年妇女(55岁以上)的平均初婚年龄为21.13岁。这个数据是近3 000个有效样本值的统计均数，置信度较高。可作为民主改革前(1935～1955年)藏族妇女平均初婚年龄估计值。45～54岁年龄段的平均初婚年龄为21.28岁，这批妇女大多是在民主改革初期至60年代初结婚的，较之民主改革前初婚年龄略有提高。同样、25～44岁妇女的平均初婚年龄在22岁左右，说明从60年代中期至70年代，女性初婚年龄比民主改革前期上升了近1岁。由于15～24岁年龄段中仍有不少未婚青年，估计其平均初婚年龄仍在21岁左右。与70年代相比较，有明显下降趋势。

顺便指出，在藏工作的汉族干部、职工育龄妇女平均初婚年龄为21.98岁，比藏族干部职工低1～2岁，仅略高于农牧民。

4.再婚、离婚及丧偶状况。为同全国资料作对比分析，按1982年人口普查时全区女性12～46岁年龄构成计算出1985年西藏人口总体育龄已婚妇女婚姻现状构成，与全国分民族（不包含西藏藏族与汉族）以及分城镇、农村的相应数据汇集于表3中。

表3 全国已婚育龄妇女婚姻现状构成比较(%)

分类＼项目	初婚 λ_1	再婚 λ_2	离婚 λ_3	丧偶 λ_4
西藏	92.84	4.20	1.64	1.32
全国	94.15	4.20	0.27	1.37
少数民族	83.86	12.67	1.17	2.30
汉族	94.59	4.02	0.12	1.27
城镇	95.67	2.06	0.72	1.55
农村	93.85	4.62	0.19	1.34

从表3中数据可大致看出，藏族已婚育龄妇女初婚、再婚与丧偶比重与全国及全国农村相接近。唯离婚比重大，相当于全国离婚比重的6倍，但却与全国少数民族不甚悬殊。

当然，表3中各类人口年龄构成有所差异，且西藏与全国数据尚存在时间差，因此只可进行粗略的比较。

5.藏族妇女婚姻状态特点。妇女终身未婚比重与离婚比重大可以说是西藏藏族妇女婚姻状态的两个特点。前者与藏族人口性比例、人口密度以及高原地理环境有关，后者却与传统习俗有关。

西藏人口长期以来男多女少，性比例极低。加之西藏高原人口密度极小，远离公路干线的山村、牧场交通闭塞，客观条件大大缩小了人们的社会活动范围。而婚姻受生活与生产活动区域的限制性较大。因此有理由推断，西藏地广人稀、乡区交通困难的特定地理环境使得性比例在局部范围内有可能对婚姻状态构成产生强烈的影响，或者说为婚姻状况与性比例构成相关联提供了条件。

长期失调的性比例在一定条件下对婚姻构成有影响作用，从而破坏稳态婚姻构成，这一结论至少说在70年代前的西藏高原是成立的。那么，藏族老年人口的性比例更低（男性人口死亡速度高于女性为部分因素），过去的交通与生活水平更无法与现在相比，则老年妇女的未婚比例理应更高。根据调查资料，分析了50～55岁妇女的未婚情况。该年龄段取得523个样本，有18人终身未婚（不等价于未育），未婚比达3.44%，确印证了上述分析的结论。

藏族已婚妇女中离婚比重大，并不意味着离婚率高。汉族已婚妇女离婚比重仅0.12%，而藏族高达1.64%，相当于前者的13倍还多。决不可由此得出藏族婚姻关系松散的说法。事实上藏族已婚人口中的婚姻关系历来是严谨的，形成离婚比重大这一表面现象的根本原因是藏族中年以上离婚、丧偶妇女保持其婚姻现状者居多，即多数离婚、丧偶妇女不再配偶重新组建家庭。这一点才是藏族已婚人口婚姻状态的内在特征。

（二）育龄妇女年龄别平均生育量

1.分类比较。西藏育龄妇女年龄别平均生育子女数列在附表3，以藏、汉干部职工以及农牧民为分类。统计数据反映出：农牧民平均生育子女数多于干部职工。40岁以上农牧民妇女平均生育有4～5个子女，而干部职工为2.5～3.5个，平均少1～2个子女。其中藏、汉两类干部职工的平均生育量又存在差异，37岁以下藏族干部职工妇女的生育量普遍高于汉族。37岁以上的情形则相反，汉族干部职工的生育量一般均高于藏族。确切地说，中年以上藏族干部职工妇女平均生育2.5～3.0个子女，汉族则为3.0～3.5个。

藏族干部职工与农牧民平均生育量在30岁前的差异主要由初婚早迟不同所致，32～35岁年龄段平均相差0.28个，十分接近。尔后藏族干部职工基本稳定在2.75左右，而农牧民生育子女数仍随年龄组上升。可看出两类妇女生育水平的真正差别是在35岁后各年龄组，特别37岁是显著差异的分界线。37岁以上各组子女数相差1个以上。37～39，40～44，45～49各组的平均差值分别为1.02个，1.26个，1.73个，可见两类育龄妇女在生育数量方面的差别是较大的。

2.已婚与早婚生育。表4给出了15～35岁藏族干部职工与农牧民已婚妇女平均生育子女数，除从已婚妇女生育的角度印证上面的分析外，在初婚、初产年龄段还发现一逆反现象：16～18岁农牧民妇女平均生育子女数随年龄上升而递减，同样的情形发生在藏族干部职工的18～20岁三个年龄组。

表4　　15～35岁总已婚妇女平均生育子女数　　（个）

年龄（岁）＼类别	藏族干部、职工	农、牧民	年龄（岁）＼类别	藏族干部、职工	农、牧民
15	0.00	0.00	26	1.51	2.11
16	0.00	0.98	27	1.59	2.19
17	0.00	0.76	28	1.67	2.28
18	0.95	0.48	29	1.83	2.33
19	0.80	1.02	30	1.92	2.29
20	0.62	1.05	31	2.04	2.56
21	0.84	1.36	32	2.33	2.78
22	0.74	1.45	33	2.35	2.50
23	0.85	1.48	34	2.43	3.09
24	1.10	1.61	35	2.45	3.11
25	1.25	1.97			

这一现象显然由早婚生育所致，或者说早婚妇女中有相当一部分是迫于先孕而结婚的，即在形式上采取结婚与生育几乎同步的作法。

三、动态生育数据

动态生育分析是以时间为变化，再现同期群的连续生育过程，连续的含义是假定群体生育行为在生育期内不间断而言。

附表4给出了藏族干部职工与农牧民30～31、35～36、40～41以及45～46岁两类妇女4个同期生育群的年龄别生育率。虽经两岁结组，样本量也很有限，每群样本仅120左右。数据波动大，因此放弃诸如峰值生育年龄、90%生育年龄等点状分析，而仅就农牧民的4个同期生育群作生育年龄区间及区间生育量的讨论（见表5）。

表5　　　　**农牧民四个同期生育群生育年龄区间分析**

区间划分 \ 生育群(岁) \ 区间分析		区　　间	区间长度	区间累计生育频率	区间频率均值
I_1	30～31	〔20，31）	11	1.987	0.1806
〔a，b）	35～36	〔21，35）	14	2.427	0.1734
$f_a \geq 0.1$	40～41	〔20，37）	17	3.467	0.2039
$f_{b-1} \geq 0.1$	45～46	〔20，37）	17	3.913	0.2302
I_2	30～31	〔23，28）	5	1.140	0.2280
〔c，d）	35～36	〔24，29）	5	1.133	0.2266
$f_c \geq 0.2$	40～41	〔22，31）	9	2.419	0.2688
$f_{d-1} \geq 0.2$	45～46	〔23，34）	11	3.128	0.2844
I_1-I_2	30～31	〔20，23）U〔28，31）	3+3	0.439+0.409	0.1463，0.1363
〔a，c）	35～36	〔21，24）U〔29，35）	3+6	0.458+0.836	0.1527，0.1393
U〔d，b）	40～41	〔20，22）U〔31，37）	2+6	0.265+0.783	0.1325，0.1305
	45～46	〔20，23）U〔34，37）	3+3	0.409+0.376	0.1363，0.1253

表5中的生育年龄区间是这样划分的：在生育年龄全域上，依频率值的大小划分出I_1=〔a，b），I_2=〔c，d）两个子区间。不妨称之为正规生育年龄区间与高峰生育年龄区间。4个同期生育群的I_1区间左端点均在19.5～20.5岁之间，起点较为一致。即是说农牧民妇女进入正规生育区的生育年龄均在20岁左右，是一稳定值，在年代上基本没有多大变动。但右端点却不然，它们分别是30、34与36岁，因此区间长度就大不一致了。中青年妇女比壮年妇女的0.1生育年限要少3～6年。

表5最后两列数据进一步表现出区间生育数量上的差异。区间累计生育量与频率均值基本呈递增排序，因此群体之间的平均生育量悬殊较大。这从0.1持续生育年限与区间频率均值两方面均得以反映。较之壮年妇女，中青年育龄妇女的正规生育年龄区间短、频率均值也低，因而大大减少了生育量。

四、总体生育状态模拟

（一）样本分类含量及抽样比

样本分类及分类样本含量如下图所示：

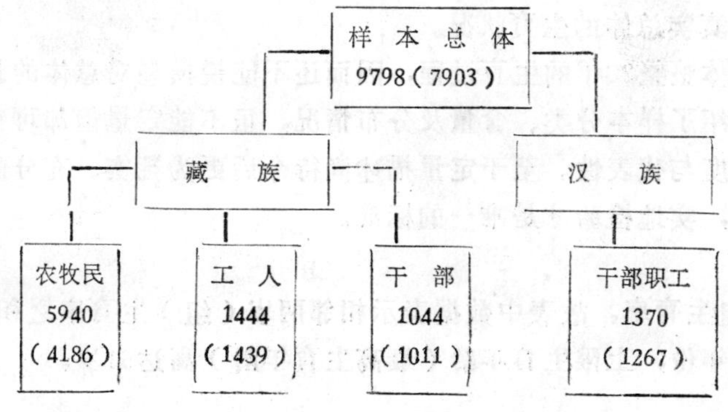

其中括号内的数字为在业人口数。农牧民在业上限年龄定为60岁，干部职工为55岁。

按1982年普查女性人口数据，15岁以上妇女总数为604 113人。因此，若以样本总量来说，相当于16‰的抽样。事实上因样本类别构成与总体类别构成大不一致，远远达不到这样大的抽样比。从在业人口角度，总抽样比仍为16‰左右，但类别间的抽样比悬殊极大。依上图排序的各类人口抽样比为：9‰、80‰、50‰、66‰，由于农牧民是在业人口主体，因而对于在业妇女总体，至多相当于9‰左右的抽样。

（二）类型加权——职业同构

采用职业同构的方式构选总体，模拟总体生育模型。根据1982年普查民族与职业分类资料，全区在业妇女498 215人，其中在藏的汉族女职工（包括干部）19 047人，约占4%（假定1982～85年内调人员与在此期间参加工作的汉族职工人数大体相等，仍保持这一结构比——均指女性）。按前面的类型划分，藏族干部、工人各有18 000，其余为农牧民。照此在业人口类型（职业）结构，计算出总体各年龄组育龄妇女平均生育子女数（见表6），并在各类妇女年代生育频率基础上，以分类权数构选了总体年代生育模型（见附表5）。

表6　　西藏育龄妇女平均生育子女数——总体模拟（1985年7月）

年龄	平均子女数	年龄	平均子女数	年龄	平均子女数	年龄	平均子女数
15	0.000	24	1.298	33	2.316	42	3.740
16	0.016	25	1.683	34	2.765	43	4.041
17	0.038	26	1.868	35	2.530	44	4.209
18	0.070	27	1.782	36	2.921	45	4.100
19	0.262	28	2.050	37	3.448	46	4.463
20	0.403	29	1.914	38	3.659	47	4.191
21	0.783	30	2.104	39	3.502	48	4.369
22	0.773	31	2.484	40	3.653	49	4.288
23	1.105	32	2.561	41	4.026		

（三）模型相似程度检验

关于模型对总体的相似程度可由普查数据得到局部检查。

第三次人口普查1981年全区出生婴儿数为57 643人，根据普查，同年人口出生率为30.93‰。

而由1981年人口构成（两岁结组）与生育模型（1981年年龄别生育率）计算出的婴儿数为57 295人，人口出生率为30.74‰。

由总体生育模型计算出的1981年出生率与人口普查1981年出生率的比值为0.994，说明总体生育模型能很好地反映真实总体的生育状况。

当然，模型表现的是总体整整30年的生育过程，因而还不能说模型对总体的相似程度有这样高。前面较为详细地介绍了样本分类、含量及分布情况，虽不能定量但却可在一定程度上呈现出模型同总体的相似度与代表性。至于定量描述尚待今后更为翔实、充分的生育资料与之对照检查的过程中产生，实地检验才是唯一的标准。

（四）年代生育水平

附表5是两岁组的年龄组生育率，故表中数据表示相邻两岁（组）生育率之和。最后一个年龄组上限不定，在个别年份，上限生育年龄（最高生育年龄）高达51岁。

与分析同期群年龄别生育率一样，我们将不讨论峰值生育年龄、峰值生育率等，仅对年代生育水平及其演化过程与发展趋势作一点扼要的分析。

根据总体生育模型数据，描绘了1955～1984年总和生育率曲线（见图）。同全国情形相比较，西藏人口自民主改革以来的30年间，总和生育率没有大起大落的状况，唯经历了一个虽然缓慢但却持续稳定的下降过程。因而曲线较为平滑，波动甚微。若从数量上分析，这30年生育过程大致可分为三个发展阶段。第一阶段为高水平生育（自然生育）时期，时间包括50年代后期与整个60年代，即民主改革后的15年。在此期间，总和生育率平均保持在5.5以上，直到70年代初才开始缓减。经过10年的连续下降过程，总和生育率降至3.5左右。下降是稳步的、持久的。故70年代这10年为第二个发展阶段，即生育率下降的时期。这是西藏生育史上经历伟大转折的年代。在这段时间内，完成了从高到中等生育水平的具有历史意义的过渡。

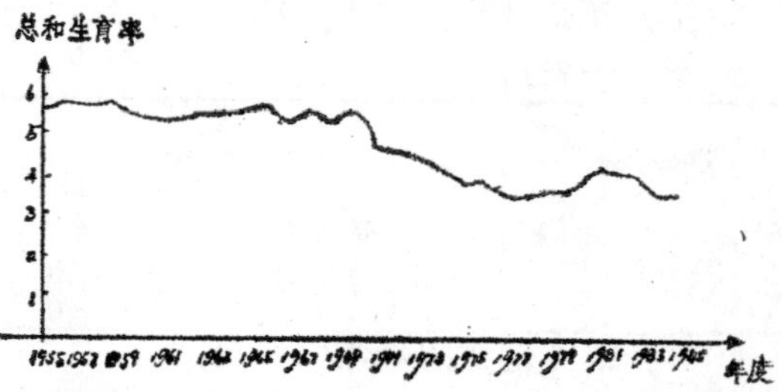

西藏自治区1955～1984年总和生育率曲线图

曲线在80年代初有一个小起伏，但很快回复到70年代末的水平高度。于是可以说第三个阶段为巩固与保持中等生育水平时期，或许80年代后期也在这个历程中，并将成为低生育水平这一最终生育层次的起点。

（五）结论

抽样统计数据充分说明，藏族中青年育龄妇女的生育量在明显减少。而妇女生育量减少的表象后面，无疑为婴、幼儿存活率的提高与死亡率的下降。更深刻的含义则是西藏社会进步与经济发展的作用。农牧民物质生活水平大幅度提高以及在全区范围内医疗卫生、妇幼保健以及社会福利事业的蓬勃发展已经显著地提高了藏族人民的身体素质与健康水平。特别是文化素质的提高，使藏族妇女已超脱出传统的、历史的自然生育状态，向着个人生育意愿与同社会经济发展相适应的现代生育观念及其生育行为变革。

（作者工作单位：四川大学人口研究所）

致　谢

赴藏调查与采集资料期间，得到西藏自治区人民政府办公厅、计生委、妇联、公安厅、社科院、卫生厅妇幼处暨计生办，以及经计委统计局等单位领导的大力支持，特此表示由衷的谢意。自治区妇联主任娜珍同志、卫生厅妇幼处处长卓玛同志、以及昌都地区妇联、山南、日喀则、那曲等地区卫生局、乃东县妇幼保健站的众多的同志们，作者诚挚地感谢她们的辛勤劳动与难能可贵的热情支持。她们的工作热忱与对西藏人口发展高度重视的精神极为感人。

1985年西藏妇女生育率抽样调查的成果是作者同以上领导及同志们共同劳动的结晶，并愿以此作为献给西藏自治区成立20周年大庆的一件迟到的礼物。

附表1　妇女情况调查表（15～70周岁）

县（市、区）　　乡（街道）　　村（居委会）

户主名：

1．姓名：

2．出生时间：　　年　　月　　日　　周岁

3．民族：　　宗教信仰：

4．文化程度：　文盲　小学　初中　高中　大专　未上过学但能识字看报

5．职工：　农民　牧民　农牧民　工人　干部　学生　个体业　家务

6．婚姻状况：　未婚　初婚　再婚　离婚　丧偶

7．初婚时间：　　年　　月　　日　　周岁

8．生育情况：

活产顺序	出生时间	性别	存活情况	1975～1985年死亡孩子		婴母年龄（周岁）
				死亡时间	存活时间	
	年　月　日			年　月　日		

9．请回忆你的母亲的情况：

①你的母亲共生育过子女　　人，其中男　　人，女　　人，现存亲生子女　　人。

②你的母亲的初婚年龄：　　，在你出生时你的母亲已多大年龄：　　，

姊妹中你排行第几（指出生的先后顺序）：

③你的母亲仍健在吗？

今年多大年龄：　　你赡养她吗？（赡养、未赡养）

若已去逝，她的寿命是多少岁：　　，是　　年　　月　　日去逝的。

附表2　藏族育龄妇女婚姻状况

年龄（岁）	合计	未婚	初婚	再婚	离婚	丧偶	年龄（岁）	合计	未婚	初婚	再婚	离婚	丧偶
总　计	3 415	694	2 439	172	61	49	总　计	3 415	694	2 439	172	61	49
15	57	57					33	110	5	96	7	1	1
16	84	84					34	92	2	80	7	1	2
17	90	89	1				35	89	2	81	2	3	1
18	93	85	8				36	81	1	70	7	3	
19	64	53	11				37	101	5	89	6	1	
20	114	82	30		1	1	38	95		80	6	5	4
21	89	53	36				39	71	3	55	7	2	4
22	94	34	59	1			40	108	2	92	9	4	1
23	108	33	73	1	1		41	79	3	68	6		2
24	93	20	70		1	2	42	100	2	77	13	3	5
25	94	11	81	2			43	146	2	120	20	3	1
26	139	16	118	2	3		44	81	1	69	5	2	4
27	158	14	138	4	1	1	45	94	1	80	10	2	1
28	121	4	110	5		2	46	72	4	60	4	3	1
29	108	4	98	4	1	1	47	88	4	65	6	10	3
30	141	7	126	6	1	1	48	76	3	48	18	4	3
31	130	3	117	8		2	49	50	2	36	3	4	5
32	105	3	97	3	1	1							

附表3 **西藏育龄妇女年龄别平均生育子女数**

合计样本量	年龄（岁）	分类			合计样本量	年龄（岁）	分类		
		$\overline{B}^1$	$\overline{B}^2$	$\overline{B}^3$			$\overline{B}^1$	$\overline{B}^2$	$\overline{B}^3$
74	15			0.000	170	33	1.607	2.282	2.351
101	16			0.016	172	34	1.964	2.239	2.842
113	17	0.000	0.000	0.038	154	35	1.955	2.380	2.568
137	18	0.000	0.000	0.070	158	36	2.238	2.309	3.000
145	19	0.000	0.103	0.286	156	37	2.423	2.600	3.561
197	20	0.013	0.132	0.442	146	38	2.937	2.734	3.764
211	21	0.065	0.258	0.857	142	39	3.182	2.542	3.609
193	22	0.190	0.419	0.827	165	40	3.177	2.899	3.756
186	23	0.362	0.577	1.180	174	41	3.150	2.836	4.181
159	24	0.405	0.833	1.375	203	42	3.143	2.675	3.873
151	25	0.763	1.092	1.771	252	43	3.369	2.728	4.174
211	26	0.839	1.321	1.957	220	44	3.600	2.867	4.342
240	27	0.963	1.466	1.843	240	45	3.416	2.846	4.228
193	28	1.111	1.600	2.128	191	46	3.565	2.787	4.635
180	29	1.204	1.765	1.957	212	47	3.433	2.565	4.353
225	30	1.333	1.829	2.160	219	48	3.370	2.807	4.537
210	31	1.479	2.000	2.567	187	49	3.333	2.725	4.454
183	32	1.688	2.368	2.627					

注：$\overline{B}^1$为在藏汉族职工、干部；$\overline{B}^2$为藏族职工、干部；$\overline{B}^3$为农、牧民及其他。

附表4 **藏族干部职工及农牧民四个同期生育群年龄别生育频率（fr）** （‰）

年龄组(岁) / 分类 / 生育年龄(岁)	30～31		35～36		40～41		45～46	
	B^2	B^3	B^2	B^3	B^2	B^3	B^2	B^3
15	11	33	0	10	0	0	0	0
16	8	14	5	25	5	19	8	10
17	11	34	0	16	9	43	12	16
18	35	63	13	37	41	49	16	35
19	43	86	19	62	72	76	33	59
20	90	130	113	92	86	148	65	98
21	112	169	127	140	102	117	80	151
22	111	140	201	143	128	305	116	160
23	160	250	212	175	145	181	161	244
24	201	202	197	214	258	344	212	255
25	240	254	220	276	261	251	165	280
26	210	187	167	177	218	353	219	339
27	199	247	204	234	250	244	194	329
28	186	198	159	232	238	336	211	298
29	103	111	141	152	192	177	271	329
30		100	145	194	173	228	244	323
31			118	145	165	156	170	269
32			55	115	118	174	223	244
33			49	117	125	134	203	218
34			74	113	76	128	134	173
35					55	80	87	105
36					65	111	78	98
37					66	71	77	89
38					27	58	76	79
39					43	69	53	56
40							37	62
41							24	44
42							8	34
43							4	12
44							3	12
45								8

注：B^2：藏族干部、职工。B^3：农、牧民。

附表5　1955～1984年年龄别生育率（两岁组累计）

年份	1955	1956	1957	1958	1959	1960	1961	1962	1963	1964	1965	1966	1967	1968	1969
总和生育率	5.687	5.888	5.841	5.871	5.570	5.362	5.427	5.510	5.531	5.602	5.797	5.253	5.764	5.367	5.692
15—	0.019	0.012	0.026	0.007	0.035	0.013	0.020	0.072	0.061	0.036	0.067	0.046	0.056	0.036	0.035
17—	0.057	0.063	0.085	0.036	0.076	0.058	0.073	0.105	0.080	0.167	0.118	0.106	0.051	0.084	0.051
19—	0.239	0.206	0.149	0.203	0.170	0.154	0.169	0.198	0.130	0.215	0.288	0.217	0.295	0.216	0.156
21—	0.284	0.368	0.343	0.303	0.284	0.291	0.335	0.318	0.347	0.404	0.336	0.372	0.450	0.447	0.430
23—	0.359	0.326	0.325	0.519	0.392	0.268	0.389	0.424	0.517	0.475	0.460	0.529	0.474	0.502	0.663
25—	0.540	0.413	0.526	0.519	0.480	0.572	0.477	0.487	0.629	0.511	0.678	0.594	0.601	0.692	0.617
27—	0.500	0.454	0.638	0.449	0.575	0.549	0.521	0.667	0.582	0.520	0.676	0.584	0.634	0.533	0.569
29—	0.609	0.569	0.533	0.544	0.641	0.418	0.622	0.560	0.559	0.609	0.643	0.443	0.645	0.532	0.659
31—	0.763	0.596	0.656	0.574	0.552	0.509	0.558	0.431	0.547	0.578	0.496	0.501	0.552	0.395	0.573
33—	0.469	0.520	0.614	0.572	0.545	0.571	0.494	0.517	0.497	0.426	0.377	0.417	0.473	0.422	0.442
35—	0.340	0.373	0.443	0.428	0.530	0.494	0.454	0.504	0.403	0.374	0.405	0.347	0.460	0.372	0.399
37—	0.412	0.478	0.399	0.351	0.327	0.359	0.373	0.400	0.386	0.445	0.384	0.254	0.309	0.374	0.373
39—	0.397	0.385	0.378	0.343	0.226	0.272	0.233	0.300	0.314	0.305	0.342	0.322	0.280	0.222	0.229
41—	0.247	0.364	0.322	0.273	0.342	0.208	0.193	0.153	0.128	0.232	0.205	0.205	0.234	0.249	0.228
43—	0.122	0.275	0.174	0.278	0.139	0.188	0.247	0.138	0.111	0.132	0.122	0.149	0.097	0.143	0.108
45—	0.134	0.184	0.071	0.212	0.092	0.215	0.115	0.076	0.129	0.088	0.078	0.082	0.057	0.080	0.077
47—	0.086	0.185	0.076	0.143	0.071	0.145	0.091	0.081	0.048	0.040	0.082	0.045	0.048	0.038	0.050
49＋	0.110	0.117	0.083	0.117	0. 093	0.078	0.063	0.079	0.063	0.045	0.040	0.040	0.048	0.030	0.033

附表5 （续完）

年　份	1970	1971	1972	1973	1974	1975	1976	1977	1978	1979	1980	1981	1982	1983	1984
总和生育率	4.715	4.604	4.446	4.199	3.925	3.987	3.553	3.477	3.693	3.610	4.248	4.155	4.103	3.587	3.579
15—	0.033	0.028	0.016	0.034	0.030	0.031	0.017	0.000	0.000	0.041	0.025	0.040	0.067	0.014	0.000
17—	0.046	0.122	0.098	0.085	0.043	0.083	0.064	0.025	0.068	0.064	0.104	0.162	0.170	0.111	0.125
19—	0.155	0.133	0.256	0.205	0.204	0.211	0.220	0.264	0.149	0.152	0.384	0.247	0.272	0.488	0.303
21—	0.361	0.254	0.350	0.202	0.378	0.318	0.292	0.219	0.388	0.335	0.579	0.627	0.552	0.587	0.486
23—	0.370	0.473	0.540	0.296	0.462	0.251	0.311	0.490	0.352	0.431	0.702	0.484	0.626	0.529	0.529
25—	0.548	0.688	0.438	0.505	0.552	0.455	0.513	0.301	0.506	0.562	0.426	0.447	0.578	0.453	0.566
27—	0.625	0.514	0.588	0.646	0.496	0.531	0.591	0.333	0.537	0.370	0.619	0.524	0.369	0.428	0.363
29—	0.499	0.386	0.488	0.451	0.344	0.488	0.245	0.445	0.443	0.350	0.381	0.400	0.440	0.260	0.272
31—	0.475	0.467	0.453	0.371	0.369	0.356	0.335	0.320	0.337	0.377	0.259	0.315	0.304	0.138	0.253
33—	0.338	0.346	0.338	0.379	0.271	0.306	0.227	0.307	0.223	0.220	0.222	0.296	0.270	0.132	0.250
35—	0.329	0.340	0.237	0.275	0.255	0.218	0.206	0.233	0.190	0.177	0.185	0.189	0.143	0.124	0.116
37—	0.312	0.254	0.198	0.249	0.161	0.195	0.216	0.169	0.160	0.192	0.111	0.141	0.088	0.112	0.085
39—	0.181	0.183	0.182	0.211	0.102	0.155	0.106	0.150	0.109	0.153	0.091	0.103	0.089	0.077	0.110
41—	0.120	0.176	0.095	0.121	0.109	0.203	0.097	0.078	0.082	0.092	0.100	0.097	0.075	0.058	0.070
43—	0.118	0.157	0.071	0.094	0.076	0.089	0.040	0.065	0.038	0.035	0.031	0.032	0.025	0.031	0.049
45—	0.118	0.038	0.063	0.053	0.039	0.049	0.045	0.055	0.067	0.026	0.014	0.028	0.014	0.022	0.013
47—	0.056	0.025	0.024	0.014	0.021	0.038	0.018	0.015	0.034	0.026	0.008	0.015	0.014	0.013	0.007
49+	0.031	0.020	0.011	0.008	0.013	0.010	0.010	0.008	0.010	0.007	0.007	0.008	0.007	0.010	0.000

第 Ⅶ 部分

中国人口与世界人口对比

一、人口发展情况

表1 **人口、面积和人口密度（一）**

	人口[①]（百万人）					面积（千平方公里）	1985年人口密度（人/平方公里）
	1950年	1960年	1970年	1980年	1985年		
世界总计	2 516	3 019	3 693	4 450	4 837	135 807	36
亚　洲	1 376	1 668	2 102	2 584	2 818	27 573	102
东　亚	671	791	986	1 176	1 250	11 761	106
其中：中国[②]	552	662	830	987	1 045	约9 600	109
南　亚	704	877	1 116	1 408	1 568	15 812	99
中南亚	480	595	754	949	1 056	6 777	156
东南亚	182	226	288	361	400	4 493	89
西南亚	42	56	74	98	113	4 542	25
欧　洲	572	640	701	750	771	27 338	28
西　欧	122	135	148	154	154	995	155
南　欧	109	118	128	140	143	1 315	108
东　欧	89	97	103	109	112	990	113
北　欧	72	76	80	82	83	1 636	51
苏　联	180	214	242	265	279	22 402	12
非　洲	224	280	361	479	555	30 313	18
西　非	65	81	106	144	169	6 143	27
东　非	63	80	106	143	166	6 357	26
北　非	52	65	83	108	123	8 525	14
中　非	27	33	40	52	60	6 613	9
南　非	17	21	26	33	37	2 675	14
大洋洲	12.6	15.8	19.3	22.9	24.6	8 510	3
其中：澳大利亚和新西兰	10.1	12.7	15.4	17.9	19.0	7 956	2
美　洲	331	415	510	613	668	42 072	16
北美洲	166	199	227	252	264	21 525	12
拉丁美洲	165	217	283	361	405	20 547	20
南美洲	111	147	190	240	268	17 817	15
中美洲	37	50	68	92	105	2 495	42
加勒比海区	17	20	25	30	342	235	136

① 年中数。由于四舍五入的原因，表中分项之和不完全等于总计。② 年末数。不包括台湾省和港、澳地区。
资料来源：联合国《人口年鉴》1985年；中国国家统计局《中国统计年鉴》1987年。

表2 **人口、面积和人口密度（二）**

国家或地区	年中人口数（百万人）						面积（平方公里）	1986年人口密度（人/平方公里）
	1970年	1980年	1983年	1984年	1985年	1986年		
亚洲								
中国①	829.92	987.05	1 024.95	1 034.75	1 045.32	1 057.21	约9 600 000	110
阿富汗	14.87	15.95	17.22	17.67	18.14	18.61	653 300	28
巴林	0.22	0.35	0.38	0.40	0.42	0.41	622	659
孟加拉国②	68.12	88.68	94.65	96.73	98.66	100.62	143 998	698
不丹	1.05	1.28	1.36	1.39	1.42	1.45	46 000	31
文莱	0.13	0.19	0.21	0.22	0.22	0.24③	5 725	42
缅甸	27.03	33.64	36.75	37.61	37.15③	39.41③	676 581	58
塞浦路斯	0.60	0.63	0.65	0.66	0.67	0.67	9 251	72
柬埔寨	6.94	6.40	6.82	7.06	7.28	7.49	181 035	41
民主也门④	1.44	1.97	2.16	2.23	2.29	2.36	336 869	70
东帝汶⑤	0.60	0.58	0.62	0.64	0.66	0.68	18 899	36
印度	533.96	668.34	712.81	728.62	743.32	758.37	2 974 700	255
印度尼西亚	117.88	146.36	156.45	159.89	164.05	166.94	1 904 569	87
伊朗	28.66	39.30③	44.18	45.96	47.82	49.76	1 648 000	30
伊拉克	9.44	13.24	14.82	15.36	15.90	16.45	438 446	37
以色列	2.97	3.88	4.11	4.16	4.23	4.30	14 000⑥	307
日本	103.40	116.81	119.26	120.02	120.75	121.49	377 748	322
约旦	2.30	2.92	3.25	3.38	3.51	3.66	96 188	38
朝鲜民主主义人民共和国	46.13	56.15	59.35	60.41	61.44	62.45	222 209	281
南朝鲜	32.24	38.12	39.93	40.51	41.06	41.57	98 992	420
科威特	0.75	1.37	1.57	1.64	1.71	1.79	17 818	100
老挝	2.96	3.68	3.92	4.02	4.12	4.22	236 800	18
黎巴嫩	2.47	2.67	2.64	2.64	2.67	2.71	10 400	261
马来西亚	10.39	13.70	14.82	15.19	15.68	16.11	329 589	49
马尔代夫	0.12	0.14	0.17	0.17	0.18	0.19	298	637
蒙古	1.25	1.66	1.80	1.84	1.89	1.94	1 566 500	1
尼泊尔	11.49	14.01	15.74③	16.11	16.63	17.13	147 181	116
阿曼	0.65	0.98	1.14	1.19	2.00③	…	300 000	7⑨
巴基斯坦	60.61	82.58	90.48	93.29	96.18	99.16	796 098	124
巴勒斯坦⑦	…	…	…	…	…	…	27 090	…
菲律宾	36.85	48.32	52.06	53.35	54.67	56.00	299 700	187
卡塔尔	0.11	0.23	0.28	0.29	0.31	0.33	11 000	30
沙特阿拉伯	5.75	9.37	10.66	11.09	11.54	12.01	2 149 690	6
锡金⑧	0.19	0.24	0.25	0.26	0.26	0.27	7 100	38
新加坡	2.07	2.41	2.50	2.53	2.56	2.59	618	4 191
斯里兰卡	12.52	14.75	15.42	15.60	15.84	16.12	65 610	246
叙利亚	6.26	8.70	9.61	9.93	10.27	10.61	185 180	57
泰国	36.37	46.72③	49.73	50.71	51.68	52.65	514 000	102
土耳其	35.32	44.44	47.28	48.27	49.27	50.30	780 576	64
阿拉伯联合酋长国	0.22	0.98	1.21	1.27	1.33	1.38	85 470	16
越南	42.73	54.18	57.47	58.57	59.71	60.92	329 556	185
也门	4.84	5.98	6.48	6.66	6.85	7.05	195 000	36
欧洲								
阿尔巴尼亚	2.14	2.67	2.84	2.90	2.96	3.02	28 748	105
安道尔	0.02	0.03	0.04	0.04	0.04	0.05	465	107
奥地利	7.47	7.55	7.55	7.55	7.56	7.56	83 853	90
比利时	9.66	9.85	9.86	9.86	9.86	9.91	30 519	325
保加利亚	8.49	8.86	8.94	8.96	8.96	8.96	110 912	81
捷克斯洛伐克	14.33	15.31	15.41	15.46	15.50	15.53	127 896	121
丹麦⑩	4.93	5.12	5.11	5.11	5.11	5.12	43 080	119
法罗群岛（丹）	0.04	0.04	0.04	0.04	0.05	0.05	1 399	36
芬兰	4.61	4.78	4.86	4.88	4.90	4.92	337 032	15
法国	50.77	53.88	54.73	54.95	55.17	55.39	551 602	100
民主德国⑪	17.06	16.74	16.70	16.67	16.64	16.62	108 333	153
联邦德国	60.71	61.56	61.42	61.18	61.02	61.05	248 212	246
直布罗陀（英占）	0.03	0.03	0.03	0.03	0.03	0.03	6	5 000
希腊	8.79	9.64	9.85	9.90	9.93	9.97	131 990	76
匈牙利	10.34	10.71	10.69	10.67	10.65	10.63	93 033	114
冰岛	0.20	0.23	0.24	0.24	0.24	0.24	103 106	2
爱尔兰	2.95	3.40	3.51	3.54	3.55	3.54	70 282	50
意大利	53.82	56.43	56.84	57.00	57.13	57.22	301 263	190
列支敦士登	0.02	0.03	0.03	0.03	0.03	0.03	160	188
卢森堡	0.34	0.36	0.37	0.37	0.37	0.36	2 586	139
马耳他	0.33	0.36	0.38	0.38	0.38	0.38	316	1 203

表2 （续1）

国家或地区	年中人口数（百万人）						面积（平方公里）	1986年人口密度（人/平方公里）
	1970年	1980年	1983年	1984年	1985年	1986年		
摩纳哥	0.02	0.03	0.03	0.03	0.03	0.03	1.9	15 789
荷兰	13.03	14.14	14.36	14.42	14.48	14.56	41 548⑫	350
挪威	3.88	4.09	4.13	4.14	4.15	4.17	386 974	11
波兰	32.53	35.58	36.57	36.91	37.20	37.46	312 683	120
葡萄牙	8.87	9.77	10.01	10.09	10.16	10.29	92 072	112
罗马尼亚	20.25	22.20	22.55	22.62	22.72	23.17	237 500	98
圣马力诺	0.02	0.02	0.02	0.02	0.02	0.02	61	328
西班牙	33.75	37.54	38.17	38.34	38.50	38.67	504 750	77
瑞典	8.04	8.31	8.33	8.34	8.35	8.37	449 964	19
瑞士	6.27	6.32	6.42	6.44	6.47	6.50	41 293	157
苏联	242.77	265.54	272.54	275.07	277.54	280.14	22 402 200	13
英国	55.63	56.36	56.35	56.46	56.62	56.76	244 100	233
南斯拉夫	20.37	22.30	22.80	22.96	23.24	23.27	255 804	91
非洲								
阿尔及利亚	13.75	18.67	20.52	21.05	21.72	22.42	2 381 741	9
安哥拉	5.59	7.72③	8.34	8.54	8.75	8.98	1 246 700	7
贝宁	2.72	3.42	3.72③	3.83	3.93	4.04	112 622	36
博茨瓦纳	0.58	0.82	1.01	1.05	1.09	1.13	582 000	2
布基纳法索	5.38	6.15	6.41	6.53	6.64	6.75	274 200	25
布隆迪	3.54	4.12	4.46	4.59	4.72	4.85	27 834	174
喀麦隆	6.75	8.50	9.57	9.87	10.19	10.45	475 000	22
佛得角	0.27	0.30	0.31	0.32	0.33	0.33	4 033	82
中非	1.82	2.31	2.46	2.52	2.61	2.74	622 984	4
乍得	3.64	4.48	4.79	4.90	5.02	5.14	1 284 000	4
科摩罗	0.27	0.38	0.42	0.43	0.44	0.48	2 235	215
刚果	1.20	1.53	1.65	1.70	1.74	1.79	324 000	6
科特迪瓦	5.55	8.17	9.30	9.46	9.81	10.16	322 463	32
吉布提	0.17	0.36	0.38	0.41	0.43	0.46	23 000	20
埃及	33.05	42.13	45.92	47.19	48.50	49.61	1 002 000	50
赤道几内亚	0.29	0.35	0.38	0.38	0.39	0.40	28 051	14
埃塞俄比亚	30.62	38.52	41.39	42.44	43.35	44.93	1 223 600	37
加蓬	0.95	1.06	1.11	1.13	1.15	1.17	267 667	4
冈比亚	0.46	0.60	0.62③	0.63	0.64	0.66	10 367	64
加纳	8.61	11.54	12.70	13.15	13.59	14.04	239 000	59
几内亚	4.39	5.41	5.79	5.93	6.07	6.22	245 857	25
几内亚比绍	0.53	0.81	0.86	0.88	0.89	0.91	36 125	25
肯尼亚	11.25	16.67	18.77	19.54	20.33	21.16	582 646	36
莱索托	1.06	1.34	1.46	1.47	1.53	1.56	30 344	51
利比里亚	1.32	1.85	2.04	2.11	2.19③	2.22	111 370	20
利比亚	1.99	2.97	3.47	3.62	3.60	3.74	1 759 540	2
马达加斯加	6.72	8.70	9.40	9.73	9.98	10.30	627 000	16
马拉维	4.61	6.05	6.62	6.84	7.06	7.28	118 485	61
马里	5.69	7.10	7.74	7.97	8.21	8.44	1 240 192	7
毛里塔尼亚	1.25	1.63	1.78	1.83	1.89	1.95	1 185 000	2
毛里求斯	0.81	0.93	0.96	0.98	0.99	0.99	2 040	485
摩洛哥	15.31	20.05③	20.88③	21.41	21.94	22.48	458 730	49
莫桑比克	8.15	12.13	13.11	13.46	13.81	14.17	799 380	18
纳米比亚（西南非洲）⑬	1.04	1.35	1.47	1.51	1.55	1.59	824 292	2
尼日尔	4.02	5.31	5.77	5.94	6.11	6.70	1 267 000	5
尼日利亚	57.22	80.56	89.02	92.04	95.20	98.52	923 768	107
留尼汪岛（法）	0.45	0.51	0.53	0.54	0.53	0.54	2 510	215
卢旺达	3.69	5.16	5.76	5.87	6.07	6.27	26 338	238
圣多美和普林西比	0.07	0.09	0.09	0.09	0.11	0.11	996	110
塞内加尔	4.39	5.70	6.32	6.40	6.44	6.61	196 192	34
塞舌尔	0.05	0.06	0.06	0.06	0.07	0.07	444	158
塞拉利昂	2.84	3.30	3.47	3.54	3.60	3.67	72 326	50
索马里⑭	2.79	4.02	4.42	4.54	4.65	4.76	637 657	7
南非	22.46	28.61	30.80	31.59	32.39	33.22	1 221 037	27
苏丹	13.86	18.68	20.36	20.95	21.55	22.18	2 505 813	9
斯威士兰	0.42	0.55	0.61	0.63	0.65	0.67	17 363	39
多哥	1.96	2.55	2.79	2.87	2.96	3.05③	56 600	54
突尼斯	5.13	6.39	6.84	7.03	7.26	7.23	164 150	44
乌干达	9.81	13.11③	14.47	14.96	15.48	16.02	238 461	67
坦桑尼亚⑮	13.27	18.58	20.41	21.06	21.73	22.46	945 087	24
西撒哈拉	0.08	0.13	0.15	0.15	0.15	0.16	266 000	0.6

表2 （续2）

国家或地区	年中人口数（百万人）						面积（平方公里）	1986年人口密度（人/平方公里）
	1970年	1980年	1983年	1984年	1985年	1986年		
扎伊尔	21.64	26.38	28.16[3]	29.67	30.36	30.85	2 344 885	13
赞比亚	4.25	5.83	6.24	6.45	6.67	6.90	752 617	9
津巴布韦	5.31	7.10	7.74	7.98	8.38	8.41	390 759	22
大洋洲								
美属萨摩亚	0.03	0.03	0.03	0.03	0.04	0.04	197	203
澳大利亚	12.51	14.70	15.38	15.56	15.76	15.97	7 682 300	2
库克群岛（新）	0.02	0.02	0.02	0.02	0.02	0.02	240	83
斐济	0.52	0.63	0.68	0.69	0.70	0.70	18 333	38
法属玻利尼西亚	0.11	0.15	0.17	0.17	0.16	0.17	4 000	43
关岛（美）	0.09	0.11	0.12	0.12	0.11[3]	0.12	541	203
基里巴斯	0.05	0.06	0.06	0.06	0.06	0.06	684	88
密克罗尼西亚（美托管）	0.10	0.13	0.14	0.15	0.15	0.16	1 833	87
瑙鲁	0.007	0.007	0.008	0.008	0.008	…	22	364[9]
新喀里多尼亚（法）	0.11	0.14	0.15	0.15	0.15	0.15	19 103	8
新西兰	2.81	3.11	3.20	3.23	3.25	3.25	268 103	12
纽埃岛（新）	0.005	0.003	0.003	0.003	0.003	…	258	12[9]
巴布亚新几内亚	2.42	2.96	3.18	3.25	3.33	3.40	461 693	7
所罗门群岛	0.16	0.23	0.25	0.26	0.27	0.28	29 785	9
托克劳群岛（新）	0.002	0.002	0.002	0.002	0.002	…	12	167[9]
汤加	0.09	0.09	0.10	0.10	0.10	0.11	697	158
图瓦卢	…	0.008	0.008	0.008	0.008	…	26	308[9]
瓦努阿图	0.08	0.12[3]	0.13	0.13	0.14	0.14	11 880	12
瓦利斯群岛和凯科斯群岛（法）	0.01	0.011	0.012	0.012	0.012	…	153	78[9]
西萨摩亚	0.08	0.13	0.15	0.15	0.15	0.16	2 947	54
北美洲								
百慕大群岛（英）	0.05	0.05	0.05	0.06	0.06	…	53	1 132[9]
加拿大	21.30	24.04	24.89	25.13	25.36	25.61	9 976 139	3
格陵兰岛（丹）	0.05	0.05	0.05	0.05	0.05	0.05	2 175 600	0.023
圣皮埃尔岛和密克隆岛（法）	0.006	0.006	0.006	0.006	0.006	…	242	25[9]
美国	205.05	227.74	234.54	237.00	239.28	241.60	9 372 614	26
拉丁美洲								
安提瓜和巴布达	0.07	0.08	0.08	0.08	0.08	0.08	442	181
阿根廷	23.96	28.24	29.63	30.10	30.56	31.03	2 776 889	11
巴哈马	0.17	0.21	0.22	0.23	0.23	0.24	13 935	17
巴巴多斯	0.24	0.25	0.25	0.25	0.25	0.25	431	580
伯利兹	0.12	0.15	0.16	0.16	0.17	0.17	22 965	7
玻利维亚	4.93	5.60	6.08	6.25	6.43	6.55	1 098 581	6
巴西	92.52	121.29[3]	129.77	132.66	135.56	138.49	8 511 965	16
英属维尔京群岛	0.01	0.011	0.012	0.012	0.013	…	153	85[9]
开曼群岛（英）	0.01	0.017	0.019	0.019	0.02	…	259	77[9]
智利	9.50	11.14	11.72	11.92	12.12	12.33	741 767	17
哥伦比亚	20.53	25.89	27.50	28.06	28.62	29.19	1 141 748	26
哥斯达黎加	1.73	2.25[3]	2.44[3]	2.42[3]	2.49	2.67[3]	51 100	52
古巴	8.55	9.72	9.90	9.99	10.10	10.25	110 860	92
多米尼加联邦	0.07	0.07	0.08	0.08	0.08	0.08	751	107
多米尼加共和国	4.06	5.44	5.96	6.10	6.24	6.42	48 442	133
厄瓜多尔	6.05	8.12	8.86	9.11	9.38	9.65	283 561	34
萨尔瓦多	3.53	4.51	4.72	4.78	4.82	4.91	21 156	232
法属圭亚那	0.05	0.07	0.08	0.08	0.08	0.08	90 000	0.889
格林纳达	0.09	0.11	0.11	0.11	0.11	0.11	344	320
瓜德罗普岛（法）	0.32	0.33	0.33	0.33	0.33	0.33	1 780	185
危地马拉	5.25	6.92	7.52	7.74	7.96	8.19	108 889	75
圭亚那	0.71	0.87	0.92	0.94	0.79[3]	0.97[3]	214 969	5
海地	4.24	5.01[3]	5.12[3]	5.18	5.27	5.36	27 750	193
洪都拉斯	2.64	3.69	4.09	4.23	4.37	4.51	112 088	40
牙买加	1.87	2.13	2.27	2.30	2.34	2.37	10 991	216
马尔维纳斯群岛（福克兰群岛，阿、英争议）	0.002	0.002	0.002	0.002	0.002	…	12 173	0.164[9]
马提尼克岛（法）	0.33	0.31	0.33	0.33	0.33	0.33	1 100	300
墨西哥	51.18	69.39	74.63	76.29	77.94	79.56	1 972 547	40
蒙特塞拉特岛（英）	0.01	0.01	0.01	0.01	0.01	0.01	102	98

表2 （续完）

国家或地区	年中人口数（百万人）						面积（平方公里）	1986年人口密度（人/平方公里）
	1970年	1980年	1983年	1984年	1985年	1986年		
荷属安的列斯群岛	0.21	0.19	…	…	…	…	993	191⑯
尼加拉瓜	1.83	2.73	3.06	3.16	3.27	3.38	130 000	26
巴拿马⑰	1.49	1.96	2.09	2.13	2.18	2.23	77 082	29
巴拉圭	2.35	3.15	3.47	3.58	3.69	3.81	406 752	9
秘鲁	13.19	17.30	18.71	19.20	19.70	20.21③	1 285 215	16
波多黎各岛（美）	2.71	3.21	3.27	3.28	3.28	3.50	8 897	393
圣克里斯托弗和尼维斯	0.05	0.04	0.05	0.05	0.05	0.05	269	186
圣卢西亚	0.10	0.12	0.13	0.13	0.14	0.14	616	227
圣文森特和格林纳丁斯	0.09	0.10	0.11	0.11	0.10	0.10	389	257
苏里南⑱	0.37	0.35	0.37	0.37	0.37	0.38	163 265	2
特立尼达和多巴哥	0.96	1.08	1.15	1.17	1.18	1.20	5 130	233
特克斯群岛和凯科斯群岛（英）	0.006	0.007	0.008	0.008	0.008	…	430	19⑨
美属维尔京群岛	0.07	0.098	0.104	0.108	0.105	…	344	305⑨
乌拉圭	2.81	2.91	2.97	2.99	3.01	2.98	176 215	17
委内瑞拉	10.60	15.02	16.39	16.85	17.32	17.79	912 050	20

① 年末数，不包括台湾省和港澳地区。② 1949年8月8日，印度和不丹签定“永久和平和友好条约”，规定不丹对外关系接受印度的“指导”。③ 数字和以前年份不可比。④ 1975年11月28日宣告独立。1976年7月15日印度尼西亚通过一项“特别法案”，把东帝汶并为印度尼西亚的一个“省”。⑤ 不包括印度控制下的查谟、克什米尔等地和锡金。⑥ 根据1947年联合国关于巴勒斯坦“分治”决议的规定，以色列面积为14 000平方公里。⑦ 目前整个巴勒斯坦地区被以列占领。⑧ 原为印度的“保护国”，1975年4月23日被进一步并为印度的一个“邦”。⑨ 1985年数字。⑩ 不包括格陵色兰岛和法罗群岛。⑪ 包括西柏林。⑫ 包括斯瓦巴德群岛等。⑬ 前南非委任统治地，现被南非非法吞并。⑭ 在白人种族主义者统治下。⑮ 原称西属撒哈拉。1976年2月27日波利萨里奥阵线宣布“阿拉伯撒哈拉民主共和国”诞生。⑯ 1980年数字。⑰ 包括巴美共管的巴拿马运河区。⑱ 苏里南的面积中有近20 000平方公里的地区同圭亚那有争议。

资料来源：联合国《人口年鉴》1985；联合国《统计月报》1988年1月；中国国家统计局《中国统计年鉴》1987年。

表3　　人口发展速度和年平均增长速度　　（%）

国家或地区	发展速度（1980年=100）					1981～1986年年平均增长速度
	1970年	1983年	1984年	1985年	1986年	
亚洲						
中国	84.1	103.8	104.8	105.9	107.1	1.2
阿富汗	93.2	108.0	110.8	113.7	116.7	2.6
巴林	62.9	108.6	114.3	120.0	117.1	2.7
孟加拉国	76.8	106.7	109.1	111.3	113.5	2.1
不丹	82.0	106.3	108.6	110.9	113.3	2.1
文莱	68.4	110.5	115.8	115.8	126.3	4.0[1]
缅甸	80.4	109.2	111.8	…	…	2.8
塞浦路斯	95.2	103.2	104.8	106.3	106.3	1.0
柬埔寨	108.4	106.6	110.3	113.8	117.0	2.7
民主也门	73.1	109.6	113.2	116.2	119.8	3.1
东帝汶	103.4	106.9	110.3	113.8	117.2	2.7
印度	79.9	106.7	109.0	111.2	113.5	2.1
印度尼西亚	80.5	106.9	109.2	112.1	114.1	2.2
伊朗	…	112.4	116.9	121.7	126.6	4.0
伊拉克	71.3	111.9	116.0	120.1	124.2	3.7
以色列	76.5	105.9	107.2	109.0	110.8	1.7
日本	88.5	102.1	102.7	103.4	104.0	0.7
约旦	78.8	111.3	115.8	120.2	125.3	3.8
朝鲜民主主义人民共和国	82.2	105.7	107.6	109.4	111.2	1.8
南朝鲜	84.6	104.7	106.3	107.7	109.1	1.5
科威特	54.7	114.6	119.7	124.8	130.7	4.6
老挝	80.4	106.5	109.2	112.0	114.7	2.3
黎巴嫩	92.5	98.9	98.9	100.0	101.5	0.2
马来西亚	75.8	108.2	110.9	114.5	117.6	2.7
马尔代夫	85.7	121.4	121.4	128.6	135.7	5.2
蒙古	75.0	108.4	110.8	113.9	116.9	2.6
尼泊尔	82.0	…	102.4[2]	105.7[2]	108.8[2]	2.9[3]
阿曼	66.3	116.3	121.4	…	…	5.0[1]
巴基斯坦	73.4	109.6	113.0	116.5	120.1	3.1
菲律宾	76.3	107.7	110.4	113.1	115.9	2.5
卡塔尔	47.8	121.7	126.1	134.8	143.5	6.2
沙特阿拉伯	61.4	113.8	118.4	123.2	128.2	4.2
新加坡	85.9	103.7	105.0	106.2	107.5	1.2
斯里兰卡	84.9	104.5	105.8	107.4	109.3	1.5
叙利亚	72.0	110.5	114.1	118.0	122.0	3.4
泰国	…	106.4	108.5	110.6	112.7	2.0
土耳其	79.5	106.4	108.6	110.9	113.2	2.1
阿拉伯联合酋长国	22.4	123.5	129.6	135.7	140.8	5.9
越南	78.9	106.1	108.1	110.2	112.4	2.0
也门	80.1	108.4	111.4	114.5	117.9	2.8
欧洲						
阿尔巴尼亚	80.1	106.4	108.6	110.9	113.1	2.1
奥地利	98.9	100.0	100.0	100.1	100.1	0.02
比利时	98.1	100.1	100.1	100.1	100.6	0.1
保加利亚	95.8	100.9	101.1	101.1	101.1	0.2
捷克斯洛伐克	93.6	100.7	101.0	101.2	101.4	0.2
丹麦	96.3	99.8	99.8	99.8	100.0	0.0
芬兰	96.4	101.7	102.1	102.5	102.9	0.5
法国	94.2	101.6	102.0	102.4	102.8	0.5
民主德国	101.9	99.8	99.6	99.4	99.3	−0.1
联邦德国	98.6	99.8	99.4	99.1	99.2	−0.1
希腊	91.2	102.2	102.7	103.0	103.4	0.6
匈牙利	96.5	99.8	99.6	99.4	99.3	−0.1
冰岛	87.0	104.3	104.3	104.3	104.3	0.7
爱尔兰	86.8	103.2	104.1	104.4	104.1	0.7
意大利	95.4	100.7	101.0	101.2	101.4	0.2
卢森堡	94.4	102.8	102.8	102.8	100.0	0.0
马耳他	91.7	105.6	105.6	105.6	105.6	0.9
荷兰	92.1	101.6	102.0	102.4	103.0	0.5
挪威	94.9	101.0	101.2	101.5	102.0	0.3
波兰	91.4	102.8	103.7	104.6	105.3	0.9
葡萄牙	90.8	102.5	103.3	104.0	105.3	0.9
罗马尼亚	91.2	101.6	101.9	102.3	104.4	0.7
西班牙	89.9	101.7	102.1	102.6	103.0	0.5
瑞典	96.8	100.2	100.4	100.5	100.7	0.1
瑞士	99.2	101.6	101.9	102.4	102.8	0.5

表3 （续1）

国家或地区	发展速度（1980年=100）					1981—1986年年平均增长速度
	1970年	1983年	1984年	1985年	1986年	
苏联	91.4	102.6	103.6	104.5	105.5	0.9
英国	98.7	99.9	100.2	100.5	100.7	0.1
南斯拉夫	91.3	102.2	102.9	104.2	104.3	0.7
非洲						
阿尔及利亚	73.6	109.9	112.7	116.3	120.1	3.1
安哥拉	72.4	108.0	110.6	113.3	116.3	2.6
贝宁	…	108.8	112.0②	114.9②	118.1②	2.8③
博茨瓦纳	70.7	…	104.0	107.9	111.9	3.8
布基纳法索	87.5	104.2	106.2	108.0	109.8	1.6
布隆迪	85.9	108.3	111.4	114.6	117.7	2.8
喀麦隆	79.4	112.6	116.1	120.0	122.9	3.5
佛得角	90.0	103.3	106.7	110.0	110.0	1.6
中非	78.8	106.5	109.1	113.0	118.6	2.9
乍得	81.3	106.9	109.4	112.1	114.7	2.3
科摩罗	71.1	110.5	113.2	115.8	126.3	4.0
刚果	78.4	107.8	111.1	113.7	117.0	2.7
科特迪瓦	67.9	113.8	115.8	120.1	124.4	3.7
吉布提	47.2	105.6	113.9	119.4	127.8	4.2
埃及	78.4	109.0	112.0	115.1	117.8	2.8
赤道几内亚	82.9	108.6	108.6	111.4	114.3	2.3
埃塞俄比亚	79.5	107.5	110.2	112.5	116.6	2.6
加蓬	89.6	104.7	106.6②	108.5②	110.4②	1.7③
冈比亚	76.7	…	101.6	103.2	106.5	2.1
加纳	…	110.1	104.0	117.8	121.7	3.3
几内亚	81.1	107.0	109.6	112.2	115.0	2.4
几内亚比绍	65.4	106.2	108.6	109.9	112.3	2.0
肯尼亚	67.5	112.6	117.2	122.0	126.9	4.1
莱索托	79.1	109.0	109.7	114.2	116.4	2.6
利比里亚	71.4	110.3	114.1	118.4	120.0④	3.1⑤
利比亚	67.0	116.8	121.9	…	103.9	3.9
马达加斯加	77.2	108.0	111.8	114.7	118.4	2.9
马拉维	76.2	109.4	113.1	116.7	120.3	3.1
马里	80.1	109.0	112.3	115.6	118.9	2.9
毛里塔尼亚	76.7	109.2	112.3	116.0	119.6	3.0
毛里求斯	87.1	103.2	105.4②	106.5②	106.5②	1.1
摩洛哥	76.4	…	102.5	105.1	107.7	2.5③
莫桑比克	…	108.1	111.0	113.8	116.8	2.6
纳米比亚（西南非洲）	77.0	108.9	111.9	114.8	117.8	2.8
尼日尔	75.7	108.7	111.9	115.1	126.2	4.0
尼日利亚	71.0	110.5	114.3	118.2	122.3	3.4
留尼汪岛（法）	88.2	103.9	105.9	103.9	105.9	1.0
卢旺达	71.5	111.6	113.8	117.6	121.5	3.3
塞内加尔	77.0	110.9	112.3	113.0	116.0	2.5
塞拉利昂	86.1	105.2	107.3	109.1	111.2	1.8
索马里	69.4	109.9	112.9	115.7	118.4	2.9
南非	78.5	107.7	110.4	113.2	116.1	2.5
苏丹	74.2	109.0	112.2	115.4	118.7	2.9
斯威士兰	76.4	110.9	114.5	118.2	121.8	3.3
多哥	76.9	109.4	112.5	116.1	119.6	3.0
突尼斯	80.3	107.0	110.0	113.6	…	2.6⑥
乌干达	…	110.4	114.1	118.1	122.2	3.4
坦桑尼亚	71.4	109.8	113.3	117.0	120.9	3.2
西撒哈拉	38.5	115.4	115.4②	115.4②	123.1②	3.5
扎伊尔	82.0	…	105.4	107.8	109.6	3.1③
赞比亚	72.9	107.0	110.6	114.4	118.4	2.9
津巴布韦	74.8	109.0	112.4	118.0	118.5	2.9
大洋洲						
澳大利亚	85.1	104.6	105.9	107.2	108.6	1.4
斐济	82.5	107.9	109.5	111.1	111.1	1.8
法属玻利尼西亚	73.3	113.3	113.3	106.7	113.3	2.1
关岛（美）	81.8	109.1	109.1	…	109.1	1.5
新西兰	90.4	102.9	103.9	104.5	104.5	0.7
巴布亚新几内亚	81.8	107.4	109.8	112.5	114.9	2.3
所罗门群岛	69.6	108.7	113.0	117.4	121.7	3.3
北美洲						
加拿大	88.6	103.5	104.5	105.5	106.5	1.0
美国	90.0	103.0	104.1	105.1	106.1	1.0

表3 （续完）

国家或地区	发展速度（1980年=100）					1981～1986年年平均增长速度
	1970年	1983年	1984年	1985年	1986年	
拉丁美洲						
阿根廷	84.8	104.9	106.6	108.2	109.9	1.6
巴哈马	81.0	104.8	109.5	109.5	114.3	2.3
伯利兹	80.0	106.7	106.7	113.3	113.3	2.1
玻利维亚	88.0	108.6	111.6	114.8	117.0	2.7
巴西	…	107.0	109.4	111.8	114.2	2.3
智利	85.3	105.2	107.0	108.8	110.7	1.7
哥伦比亚	79.3	106.2	108.4	110.5	112.7	2.0
哥斯达黎加	76.9	…	…	102.9⑦	…	2.9⑧
古巴	88.0	101.9	102.8	103.9	105.5	0.9
多米尼加共和国	74.6	109.6	112.1	114.7	118.0	2.8
厄瓜多尔	74.5	109.1	112.2	115.5	118.8	2.9
萨尔瓦多	78.3	104.7	106.0	106.9	108.9	1.4
危地马拉	75.9	108.7	111.8	115.0	118.4	2.9
圭亚那	81.6	105.7	108.0	…	…	2.0①
海地	84.6	…	101.2②	102.9②	104.7②	1.6③
洪都拉斯	71.5	110.8	114.6	118.4	122.2	3.4
牙买加	87.8	106.6	108.0	109.9	111.3	1.8
墨西哥	73.8	107.6	109.9	112.3	114.7	2.3
尼加拉瓜	67.0	112.1	115.8	119.8	123.8	3.6
巴拿马	76.0	106.6	108.7	111.2	113.8	2.2
巴拉圭	74.6	110.2	113.7	117.1	121.0	3.2
秘鲁	76.2	108.2	111.0	113.9	116.8	2.6
波多黎各岛（美）	84.4	101.9	102.2	102.2	…	0.4⑥
特立尼达和多巴哥	88.9	106.5	108.3	109.3	111.1	1.8
乌拉圭	96.6	102.1	102.7	103.4	102.4	0.4
委内瑞拉	70.6	109.1	112.2	115.3	118.4	2.9

① 为1981～1984年年平均增长速度。② 1983年=100的发展速度。③ 为1984～1986年年平均增长速度。④ 1985年=100的发展速度。⑤ 为1986年年增长速度。⑥ 为1981～1985年年平均增长速度。⑦ 1984年=100的发展速度。⑧ 为1985年年增长速度。

资料来源：根据表2计算。

表4　人口出生率、死亡率和自然增长率　（‰）

国家或地区	年　份①	出生率	死亡率	自然增长率
亚　洲				
中　国	1987	21.0	6.6	14.4
阿富汗	1979	48.1	22.3	25.8
巴　林	1980～1985	32.2	4.5	27.7
孟加拉国	1985	40.0	15.0	25.0
不　丹	1985	43.0	21.0	22.0
文　莱	1985	29.8	3.5	26.3
缅　甸	1980～1985	30.5	11.0	19.5
塞浦路斯	1980～1985	20.7	8.5	12.2
柬埔寨	1980～1985	45.5	19.7	25.8
民主也门	1985	46.0	19.0	27.0
东帝汶	1980～1985	48.0	23.0	25.0
印　度	1985	33.0	12.0	21.0
印度尼西亚	1985	32.0	12.0	20.0
伊　朗	1985	41.0	11.0	30.0
伊拉克	1980～1985	44.4	8.7	35.7
以色列	1986	23.1	6.8	16.3
日　本	1986	11.5	6.2	5.3
约　旦	1985	39.0	7.0	32.0
朝鲜民主主义人民共和国	1985	30.0	6.0	24.0
南朝鲜	1986	19.4	6.1	13.3
科威特	1984	34.7	2.8	31.9
老　挝	1980～1985	40.8	15.7	25.1
黎巴嫩	1980～1985	29.3	8.8	20.5
马来西亚	1985	31.7	5.0	26.7
马尔代夫	1986	45.3	8.1	37.2
蒙　古	1980～1985	35.9	8.5	27.4
尼泊尔	1980～1985	41.7	18.4	23.3
阿　曼	1980～1985	47.0	14.3	32.7
巴基斯坦	1985	44.0	15.0	29.0
菲律宾	1985	33.0	8.0	25.0
卡塔尔	1984	29.2	2.2	27.0
沙特阿拉伯	1980～1985	42.1	8.9	33.2
新加坡	1986	14.8	5.0	9.8
斯里兰卡	1985	24.3	6.2	18.1
叙利亚	1985	53.4	5.9	47.5
泰　国	1985	18.8	3.9	14.9
土耳其	1985	30.0	8.0	22.0
阿拉伯联合酋长国	1980～1985	29.8	4.3	25.5
越　南	1980～1985	31.0	10.2	20.8
也　门	1980～1985	48.6	18.4	30.2
欧　洲				
阿尔巴尼亚	1985	26.2	5.8	20.4
安道尔	1986	11.6	3.8	7.8
奥地利	1986	11.4	11.4	0.0
比利时	1986	11.8	11.1	0.7
保加利亚	1986	13.2	11.4	1.8
捷克斯洛伐克	1986	14.2	11.8	2.4
丹　麦	1986	10.8	11.4	－0.6
法罗群岛（丹）	1986	17.2	7.8	9.4
芬　兰	1986	12.4	9.6	2.8
法　国	1986	14.1	9.9	4.2
民主德国	1986	13.4	13.4	0.0
联邦德国	1986	10.2	11.5	－1.3
直布罗陀（英）	1986	17.4	9.9	7.5
希　腊	1986	11.3	9.2	2.1
匈牙利	1986	12.1	13.8	－1.7
冰　岛	1986	15.6	6.8	8.8
爱尔兰	1986	17.4	9.5	7.9
意大利	1985	10.1	9.5	0.6
列支敦士登	1983	13.2	5.7	7.5
卢森堡	1986	11.9	10.9	1.0
马耳他	1985	14.2	7.4	6.8
摩纳哥	1983	19.6	16.6	3.0
荷　兰	1986	12.7	8.6	4.1
挪　威	1986	12.6	9.8	2.8
波　兰	1986	16.9	10.0	6.9
葡萄牙	1985	12.5	9.6	2.9
罗马尼亚	1985	15.8	10.9	4.9
圣马力诺	1985	9.3	8.4	0.9
西班牙	1984	12.1	7.7	4.4
瑞　典	1986	12.2	11.1	1.1

国家或地区	年份①	出生率	死亡率	自然增长率
瑞士	1986	11.7	9.2	2.5
苏联	1986	19.9	9.7	10.2
英国	1986	13.3	11.6	1.7
南斯拉夫	1986	15.4	9.1	6.3
非洲				
阿尔及利亚	1980～1985	42.7	10.7	32.0
安哥拉	1980～1985	47.3	22.2	25.1
贝宁	1985	49.0	17.0	32.0
博茨瓦纳	1985	46.0	12.0	34.0
布基纳法索	1985	49.0	21.0	28.0
布隆迪	1985	47.0	18.0	29.0
喀麦隆	1985	47.0	14.0	33.0
佛得角	1985	34.6	8.4	26.2
中非	1985	42.0	16.0	26.0
乍得	1985	44.0	21.0	23.0
科摩罗	1986	50.4	15.8	34.6
刚果	1985	45.0	12.0	33.0
吉布提	1985	19.9	…	…
埃及	1985	36.0	10.0	26.0
赤道几内亚	1980～1985	42.5	21.0	21.5
埃塞俄比亚	1985	46.0	19.0	27.0
加蓬	1980～1985	33.8	18.1	15.7
冈比亚	1980～1985	48.4	29.0	19.4
加纳	1985	46.0	14.0	32.0
几内亚	1980～1985	46.8	23.5	23.3
几内亚比绍	1980～1985	40.7	21.7	19.0
科特迪瓦	1980～1985	45.6	15.6	30.0
肯尼亚	1980～1985	55.1	14.0	41.1
莱索托	1980～1985	41.8	16.5	25.3
利比里亚	1980～1985	48.7	17.2	31.5
利比亚	1980～1985	45.6	10.9	34.7
马达加斯加	1985	47.0	15.0	32.0
马拉维	1985	54.0	22.0	32.0
马里	1985	48.0	20.0	28.0
毛里塔尼亚	1980～1985	50.1	20.9	29.2
毛里求斯	1986	18.6	6.6	12.0
摩洛哥	1980～1985	36.4	11.3	25.1
莫桑比克	1980～1985	45.1	19.7	25.4
纳米比亚（西南非洲）	1980～1985	45.1	17.3	27.8
尼日尔	1980～1985	51.0	22.9	28.1
尼日利亚	1980～1985	50.4	17.1	33.3
留尼汪岛（法）	1985	24.8	5.7	19.1
卢旺达	1985	52.0	19.0	33.0
圣赫勒拿岛和阿森松岛等（英）	1986	15.6	8.2	7.4
圣多美和普林西比	1985	36.3	8.8	27.5
塞内加尔	1980～1985	46.4	20.9	25.5
塞舌尔	1986	26.2	7.6	18.6
塞拉利昂	1980～1985	47.4	29.7	17.7
索马里	1980～1985	47.9	23.3	24.6
南非	1980～1985	38.7	13.9	24.8
苏丹	1980～1985	45.9	17.4	28.5
斯威士兰	1980～1985	47.3	17.2	30.1
多哥	1980～1985	45.2	15.7	29.5
突尼斯	1980～1985	32.8	10.0	22.8
乌干达	1980～1985	50.3	16.8	33.5
坦桑尼亚	1980～1985	50.4	15.3	35.1
西撒哈拉	1972	20.9	4.5	16.4
扎伊尔	1980～1985	45.1	15.8	29.3
赞比亚	1980～1985	48.1	15.1	33.0
津巴布韦	1980～1985	47.1	12.2	34.9
大洋洲				
美属萨摩亚	1985	43.0	4.4	38.6
澳大利亚	1986	15.0	7.3	7.7
圣诞岛（澳）	1985	15.8	…	…
可可斯群岛（澳）	1986	19.8	…	…
库克群岛（新）	1985	21.0	4.5	16.5
斐济	1985	27.9	5.3	22.6
法属玻利尼西亚	1984	30.2	5.2	25.0
关岛（美）	1985	28.0	3.9	24.1
基里巴斯和图瓦卢	1971	21.9	6.5	15.4
瑙鲁	1975	22.6	5.1	17.5
新喀里多尼亚（法）	1985	23.5	5.7	17.8

表4 **（续完）**

国家或地区	年份①	出生率	死亡率	自然增长率
新西兰	1986	16.3	8.3	8.0
纽埃岛（新）	1985	30.3	5.4	24.9
诺福克岛（澳）	1981	10.8	7.6	3.2
密克罗尼西亚（美托管）	1981	31.3	4.3	27.0
巴布亚新几内亚	1985	33.3	12.3	21.0
西萨摩亚	1981	17.0	3.1	13.9
所罗门群岛	1969	36.1	13.0	23.1
托克劳群岛（新）	1983	21.9	5.0	16.9
汤加	1985	28.9	3.5	25.4
瓦努阿图	1966	45.0	20.0	25.0
瓦利斯群岛和富图纳群岛（法）	1978	41.1	10.6	30.5
北美洲				
百慕大群岛（英）	1984	15.1	7.1	8.0
加拿大	1986	14.8	7.3	7.5
格陵兰岛（丹）	1986	19.7	8.4	11.3
圣皮埃尔岛和密克隆岛（法）	1984	21.3	9.7	11.6
美国	1986	15.5	8.7	6.8
拉丁美洲				
安提瓜和巴布达	1985	14.8	5.0	9.8
阿鲁巴	1983	16.9	5.1	11.8
阿根廷	1985	23.0	9.0	14.0
巴哈马	1985	24.0	5.1	18.9
巴巴多斯	1986	16.1	8.2	7.9
伯利兹	1986	36.1	4.2	31.9
玻利维亚	1985	42.0	15.0	27.0
巴西	1985	19.3	5.9	13.4
英属维尔京群岛	1984	21.0	5.6	15.4
开曼群岛（英）	1986	16.7	6.0	10.7
智利	1985	21.6	6.1	15.5
哥伦比亚	1985	27.0	7.0	20.0
哥斯达黎加	1984	31.4	4.1	27.3
古巴	1986	16.2	6.1	10.1
多米尼加联邦	1984	20.8	5.2	15.6
多米尼加共和国	1984	26.7	4.6	22.1
厄瓜多尔	1985	21.8	5.3	16.5
萨尔瓦多	1984	29.8	6.0	23.8
马尔维纳斯群岛（福克兰群岛，阿、英争议）	1981	15.0	5.0	10.0
格林纳达	1979	25.1	7.0	18.1
瓜德罗普岛（法）	1985	20.4	7.0	13.4
危地马拉	1985	41.0	8.7	32.3
法属圭亚那	1985	30.0	6.1	23.9
圭亚那	1978	28.3	7.3	21.0
海地	1985	35.0	13.0	22.0
洪都拉斯	1985	42.0	9.0	33.0
牙买加	1984	23.4	5.4	18.0
马提尼克岛（法）	1986	18.2	6.4	11.8
墨西哥	1985	32.3	5.3	27.0
蒙特塞拉特岛（英）	1982	22.3	9.8	12.5
荷属安的列斯群岛	1981	18.4	5.1	13.3
尼加拉瓜	1986	41.7	8.0	33.7
巴拿马	1985	26.6	4.1	22.5
巴拉圭	1985	10.8	3.8	7.0
秘鲁	1985	35.5	10.0	25.5
波多黎各岛（美）	1985	19.4	7.1	12.3
圣克里斯托弗和尼维斯	1984	24.2	10.5	13.7
圣卢西亚	1984	30.1	5.5	24.6
圣文森特和格林纳丁斯	1984	26.2	6.5	19.7
苏里南	1980	28.0	6.5	21.5
特立尼达和多巴哥	1983	28.9	6.6	22.3
特克斯群岛和凯科斯群岛（英）	1982	25.5	3.6	21.9
美属维尔京群岛	1982	24.7	5.3	19.4
乌拉圭	1985	17.8	9.5	8.3
委内瑞拉	1985	29.0	4.6	24.4

① 1980～1985年所列数为联合国估计数。

资料来源：联合国《人口年鉴》1985年；联合国《统计月报》1988年1月；联合国《人口和生命统计报告》1987年10月1日；世界银行《世界发展报告》1987年；中国国家统计局《关于1987年国民经济和社会发展的统计公报》1988年2月23日。

表5　　人口出生时平均预期寿命　　（岁）

国家或地区	年份[1]	平均预期寿命	
		男	女
亚洲			
中国[2]	1986	67.7	71.4
阿富汗	1980～1985	36.6	37.3
巴林	1981	65.9	68.9
孟加拉国	1981	55.3	54.4
不丹	1980～1985	46.6	45.1
文莱	1981	70.13	72.69
缅甸	1980～1985	55.8	59.3
塞浦路斯	1978～1982	72.31	76.98
柬埔寨	1980～1985	42.0	44.9
民主也门	1980～1985	46.9	49.9
东帝汶	1980～1985	39.2	40.7
印度	1961～1970	46.4	44.7
印度尼西亚	1960	47.5	47.5
伊朗	1976	55.75	55.04
伊拉克	1980～1985	61.5	63.3
以色列	1984	73.1	76.6
日本	1984	74.54	80.18
约旦	1959～1963	52.6	52.0
朝鲜民主主义人民共和国[3]	1980～1985	64.6	71.0
南朝鲜	1978～1979	62.70	69.07
科威特	1970	66.4	71.5
老挝	1980～1985	48.3	51.2
黎巴嫩	1980～1985	63.1	67.0
马来西亚			
马来亚	1982	67.68	72.50
沙巴	1970	48.79	45.43
沙捞越	1970	51.15	52.69
马尔代夫	1982	53.44	49.51
蒙古	1980～1985	60.0	64.1
尼泊尔	1981	50.88	48.10
阿曼	1980～1985	51.0	53.7
巴基斯坦	1976～1978	59.04	59.20
菲律宾	1980～1985	60.2	63.7
卡塔尔	1980～1985	65.4	69.8
沙特阿拉伯	1980～1985	59.2	62.7
新加坡	1980	68.7	74.0
斯里兰卡	1981	67.78	71.66
叙利亚	1976～1979	63.77	64.70
泰国	1974～1975	57.63	63.56
土耳其	1966	53.7	53.7
阿拉伯联合酋长国	1980～1985	65.4	69.8
越南	1980～1985	56.7	61.1
也门	1980～1985	64.9	49.9
欧洲			
阿尔巴尼亚	1965～1966	64.9	67.0
奥地利	1984	70.07	77.25
比利时	1982	70.04	76.79
保加利亚	1978～1980	68.35	73.55
捷克斯洛伐克	1984	67.11	74.31
丹麦	1983～1984	71.5	77.5
法罗群岛（丹）	1976～1980	73.4	78.7
芬兰	1984	70.44	78.76
法国	1980～1982	70.42	78.58
民主德国	1984	69.64	75.42
联邦德国	1982～1984	70.84	77.47
希腊	1970	70.13	73.64
匈牙利	1984	65.55	73.66
冰岛	1983～1984	73.96	80.20
爱尔兰	1980～1982	70.14	75.62
意大利	1977～1979	70.61	77.19
卢森堡	1980～1982	70.00	76.70
马耳他	1984	70.74	75.02
荷兰	1983～1984	72.99	79.54
挪威	1982～1983	72.69	79.54
波兰	1984	66.84	74.97
葡萄牙	1975	65.09	72.86
罗马尼亚	1982～1984	66.98	72.61
西班牙	1975	70.41	76.21

国家或地区	年份①	平均预期寿命	
		男	女
瑞典	1984	73.84	79.89
瑞士	1981～1982	72.70	79.60
苏联	1971～1972	64.0	74.0
英国	1968～1970	67.8	73.8
英格兰和威尔士	1982～1984	71.6	77.6
北爱尔兰	1983	69.25	75.65
苏格兰	198～21984	69.85	75.89
南斯拉夫	198～01981	67.69	73.23
非洲			
阿尔及利亚	1982	58.51	61.38
安哥拉	1980～1985	40.4	43.6
贝宁	1980～1985	42.4	45.6
博茨瓦纳	1980～1981	52.71	59.31
布基纳法索	1960～1961	32.1	31.1
布隆迪	1970～1971	40.0	43.0
喀麦隆	1980～1985	49.2	52.6
佛得角	1979～1981	58.95	61.04
中非	1959～1960	33.0	36.0
乍得	1963～1964	29.0	35.0
科摩罗	1980～1985	48.3	51.7
刚果	1980～1985	44.9	48.1
科特迪瓦	1980～1985	48.8	52.2
埃及	1960	51.6	53.8
赤道几内亚	1980～1985	42.4	45.6
埃塞俄比亚	1980～1985	39.3	42.5
加蓬	1960～1961	25.0	45.0
冈比亚	1980～1985	33.5	36.5
加纳	1980～1985	50.3	53.8
几内亚	1980～1985	38.7	41.8
几内亚比绍	1980～1985	41.4	44.6
肯尼亚	1969	46.9	51.2
莱索托	1980～1985	46.3	52.3
利比里亚	1971	45.8	44.0
利比亚	1980～1985	56.6	60.0
马达加斯加	1966	37.5	38.3
马拉维	1977	38.16	41.16
马里	1976	46.91	49.66
毛里塔尼亚	1980～1985	42.4	45.6
毛里求斯岛	1982～1984	64.38	71.23
摩洛哥	1980～1985	56.6	60.0
莫桑比克	1980～1985	44.4	46.2
纳米比亚（西南非洲）	1980～1985	46.6	49.9
尼日尔	1980～1985	40.9	44.1
尼日利亚	1965～1966	37.2	36.7
留尼汪岛（法）	1963～1967	55.8	62.4
卢旺达	1978	45.1	47.7
塞内加尔	1980～1985	41.7	44.9
塞舌尔	1978～1982	66.16	73.46
塞拉利昂	1980～1985	32.5	35.5
索马里	1980～1985	39.3	42.5
南非	1980～1985	51.8	55.2
苏丹	1980～1985	46.6	49.0
斯威士兰	1980～1985	46.9	50.2
多哥	1961	31.6	38.5
突尼斯	1980～1985	60.1	61.1
乌干达	1980～1985	47.4	50.7
坦桑尼亚	1980～1985	49.3	52.7
扎伊尔	1980～1985	48.3	51.7
赞比亚	1980～1985	49.6	53.1
津巴布韦	1980～1985	54.0	57.6
大洋洲			
美属萨摩亚	1969～1971	65.0	69.1
澳大利亚	1984	72.59	79.09
库克群岛（新）	1974～1976	63.17	67.09
斐济	1980～1985	67.0	71.0
基里巴斯和图瓦卢	1958～1962	56.9	59.0
新西兰	1984	71.19	77.67
巴布亚新几内亚	1980～1985	51.2	52.7
西萨摩亚	1976	61.0	64.3

表5 （续完）

国家或地区	年份①	平均预期寿命	
		男	女
北美洲			
百慕大群岛（英）	1980	68.81	76.28
加拿大	1980～1982	71.87	78.94
格陵兰岛（丹）	1976	59.7	67.3
美国	1983	71.0	78.3
拉丁美洲			
安提瓜和巴布达	1959～1961	60.48	64.32
阿根廷	1975	65.43	72.12
阿鲁巴	1972～1978	68.3	75.5
巴哈马	1969～1971	64.0	69.3
巴巴多斯	1970～1980	67.15	72.46
伯利兹	1944～1948	44.99	48.97
玻利维亚	1980～1985	48.6	53.0
巴西	1960～1970	57.61	61.10
英属维尔京群岛	1946	49.53	54.76
智利	1975～1980	61.30	67.60
哥伦比亚	1980～1985	61.4	66.0
哥斯达黎加	1972～1974	66.26	70.49
古巴	1977～1978	72.32	75.77
多米尼加联邦	1958～1962	56.97	59.18
多米尼加共和国	1959～1961	57.15	58.59
厄瓜多尔	1974～1979	59.51	61.83
萨尔瓦多	1960～1961	56.56	60.42
格林纳达	1959～1961	60.14	65.60
瓜德罗普岛（法）	1975～1979	66.4	72.4
危地马拉	1972～1973	53.74	55.53
圭亚那	1959～1961	59.03	63.01
海地	1980～1985	51.2	54.4
洪都拉斯	1973～1975	53.38	56.93
牙买加	1959～1961	62.65	66.63
马提尼克岛（法）	1975～1979	67.00	73.50
墨西哥	1979	62.10	66.00
蒙特塞拉特岛（英）	1946	49.53	54.76
荷属安的列斯群岛	1966～1970	58.9	65.7
尼加拉瓜	1980～1985	58.7	61.0
巴拿马	1980～1985	69.20	72.85
巴拉圭	1980～1985	62.8	67.5
秘鲁	1960～1965	52.59	55.48
波多黎各岛（美）	1981～1983	70.53	77.39
圣克里斯托弗和尼维斯	1959～1961	57.97	61.90
圣卢西亚	1983	67.29	73.14
圣文森特和格林纳丁斯	1959～1961	58.46	59.67
苏里南	1963	62.5	66.7
特立尼达和多巴哥	1980	66.25	70.39
乌拉圭	1974～1976	65.66	72.41
委内瑞拉	1975～1980	64.85	70.70

① 1980～1985年所列数字为联合国估计数。② 人口普查数字。③ 不包括南朝鲜地区数。

资料来源：联合国《人口年鉴》1984年、1985年；中国国家统计局《中国统计年鉴》1987年。

二、人口构成情况

表6 **人口性别构成（1985年）**

	人口①（百万人）			对总计的％		
	总计	男	女	总计	男	女
世界总计	4 837	2 434	2 403	100	50.3	49.7
亚洲	2 818	1 443	1 375	100	51.2	48.8
东亚	1 250	640	610	100	51.2	48.8
其中：中国②	1 045	540	505	100	51.7	48.3
南亚	1 568	803	766	100	51.2	48.8
中南亚	1 056	546	510	100	51.7	48.3
东南亚	400	199	201	100	49.8	50.2
西南亚	113	58	55	100	51.3	48.7
欧洲	771	373	399	100	48.3	51.7
西欧	154	75	79	100	48.7	51.3
南欧	143	70	73	100	49.0	51.0
东欧	112	55	58	100	49.1	50.9
北欧	83	41	42	100	49.4	50.6
苏联	279	132	147	100	47.3	52.7
非洲	555	276	279	100	49.7	50.3
西非	169	84	85	100	49.7	50.3
东非	166	82	84	100	49.4	50.6
北非	123	62	61	100	50.4	49.6
中非	60	29	31	100	48.3	51.7
南非	37	18	19	100	48.6	51.4
大洋洲	24.6	12.4	12.2	100	50.4	49.6
其中：澳大利亚和新西兰	19.0	9.5	9.5	100	50.0	51.7
美洲	668	331	337	100	49.6	50.4
北美洲	264	129	135	100	48.9	51.1
拉丁美洲	405	203	202	100	50.1	49.9
南美	268	134	134	100	50.0	50.0
中美	105	53	52	100	50.5	49.5
加勒比海区	32	16	16	100	50.0	50.0

① 年中数。由于四舍五入的原因，表中分项之和不完全等于总计。② 年末数，不包括台湾省和港、澳地区。
资料来源：联合国《人口年鉴》1985年；中国国家统计局《中国统计年鉴》1987年。

表7 **人口年龄构成（1985年）**

	人口[1]（百万人）				对总计的%			
	总计	0～14岁	15～64岁	65岁以上	总计	0～14岁	15～64岁	65岁以上
世界总计	4 837	1 613	2 937	286	100	33	61	6
亚洲	2 818	973	1 714	132	100	34	61	5
东亚	1 250	364	814	71	100	29	65	6
其中：中国②	1 008	337	622	49	100	33	62	5
南亚	1 568	608	899	61	100	39	57	4
中南亚	1 056	409	605	42	100	39	57	4
东南亚	400	154	231	15	100	38	58	4
西南亚	113	46	63	4	100	41	55	4
欧洲	771	172	511	87	100	22	66	11
西欧	154	28	105	21	100	18	68	13
南欧	143	32	95	16	100	22	66	11
东欧	112	27	74	12	100	24	66	11
北欧	83	16	54	12	100	20	65	15
苏联	279	69	183	26	100	25	66	9
非洲	555	250	288	17	100	45	52	3
西非	169	79	85	4	100	47	50	3
东非	166	78	84	4	100	47	51	3
北非	123	52	67	4	100	42	54	4
中非	60	29	31	2	100	44	53	3
南非	37	15	20	1	100	42	55	4
大洋洲	24.6	6.8	15.7	2.1	100	28	64	8
其中：澳大利亚和新西兰	19.0	4.5	12.6	1.9	100	24	66	10
美洲	668	211	409	49	100	32	61	7
北美洲	264	58	176	30	100	22	67	11
拉丁美洲	405	153	233	18	100	38	58	4
南美	268	98	158	13	100	36	59	5
中美	105	45	57	4	100	43	54	3
加勒比海区	32	11	19	2	100	34	60	6

① 年中数。由于四舍五入的原因，表中分项数字之和不完全等于总计。② 1982年人口普查数字。

资料来源：联合国《人口年鉴》1985年；中国国家统计局《中国统计年鉴》1987年。

表8

人口性别和年龄构成

国家或地区	时间	人口数（千人）	性别构成（%）		年龄构成（%）		
			男	女	0～14岁	15～64岁	65岁以上
亚洲							
中国	1982.7.1	1 008 152	51.5	48.5	33.4	61.7	4.9
阿富汗	1984.6.30	14 367	50.5	49.5	46.1	50.2	3.7
巴林①	1985.7.1	417	59.5	40.5	32.3	65.5	2.1
孟加拉国	1981.7.1	90 457	51.5	48.5	45.8	51.3	2.9
文莱	1984.7.1	216	53.5	46.5	37.2	59.8	3.0
缅甸	1984.7.1	37 614	49.7	50.3	39.0	56.9	4.1
塞浦路斯	1984.7.1	657	49.8	50.2	25.2	64.2	10.6
民主也门	1977.7.1	1 797	49.5	50.5	49.4	47.0	3.6
印度	1985.7.1	750 859	51.6	48.4	38.1	57.9	4.0
印度尼西亚	1984.12.31	161 632	49.8	50.2	39.5	57.2	3.3
伊朗	1984.7.1	43 414	51.7	48.3	43.4	53.1	3.5
伊拉克③	1977.10.17	12 000	51.5	48.5	48.9	46.8	4.0
以色列	1984.7.1	4 159	49.9	50.1	32.7	58.5	8.8
日本	1984.10.1	120 235	49.2	50.8	22.0	68.1	9.9
约旦	1985.7.1	2 644	52.3	47.7	50.7	46.5	2.8
南朝鲜	1984.7.1	40 578	50.5	49.5	31.6	64.4	4.0
科威特	1985.7.1	1 710	56.9	43.1	40.0	58.7	1.3
马来西亚							
马来亚	1982.6.30	12 039	50.2	49.8	38.1	58.3	3.6
沙捞越	1980.6.10	1 236	50.2	49.8	41.6	54.9	3.5
马尔代夫④	1977.12.31	143	52.7	47.3	44.6	52.6	2.3
尼泊尔	1985.6.22	16 625	51.4	48.6	42.0	55.0	3.0
巴基斯坦	1981.3.1	84 254	52.5	47.5	44.5	51.3	4.2
菲律宾	1984.7.1	53 170	50.2	49.8	39.0	57.9	3.1
卡塔尔	1981.10.31	245	63.6	36.4	32.4	66.5	1.1
新加坡	1985.6.30	2 558	50.9	49.1	24.4	70.4	5.2
斯里兰卡	1984.7.1	15 599	51.0	49.0	35.3	60.4	4.3
叙利亚	1985.7.1	10 267	51.1	48.9	49.2	46.4	4.4
泰国	1985.7.1	51 301	50.3	49.7	36.4	60.3	3.3
土耳其③	1980.10.12	44 737	51.6	48.4	38.5	56.6	4.6
阿拉伯联合酋长国	1977.12.31	862	71.2	28.8	26.3	72.1	1.6
欧洲							
安道尔	1981.11.21	37	53.7	46.3	22.0	70.9	7.1
奥地利	1985.7.1	7 555	47.4	52.6	18.2	67.5	14.3
比利时	1982.7.1	9 856	48.8	51.2	19.6	66.3	14.1
保加利亚	1984.7.1	8 961	49.7	50.3	21.8	67.0	11.2
捷克斯洛伐克	1984.7.1	15 458	48.7	51.3	24.4	64.6	11.0
丹麦	1984.7.1	5 112	49.3	50.7	18.8	66.3	14.9
法罗群岛（丹）	1984.7.1	45	52.3	47.7	25.7	63.2	11.1
芬兰	1984.7.1	4 882	48.4	51.6	19.5	68.1	12.4
法国	1985.1.1	55 061	48.8	51.2	21.3	65.9	12.8
民主德国	1985.6.30	16 644	47.3	52.7	19.3	67.1	13.6
联邦德国	1984.7.1	61 175	47.8	52.2	15.6	69.7	14.7
希腊	1983.7.1	9 847	49.2	50.8	21.6	65.1	13.3
匈牙利	1984.7.1	10 668	48.3	51.7	21.7	66.1	12.2
冰岛	1984.7.1	239	50.3	49.7	26.5	63.4	10.1
爱尔兰	1984.4.15	3 535	50.2	49.8	29.7	59.7	10.6
意大利	1982.1.1	56 536	48.6	51.4	21.3	65.5	13.2
列支敦士登	1983.12.31	27	49.0	51.0	21.5	69.5	9.0
卢森堡	1984.1.1	366	48.6	51.4	24.2	62.6	13.2
马耳他	1983.12.31	329	48.6	51.4	24.2	66.8	9.0
摩纳哥	1982.3.4	27	46.6	53.4	11.9	65.6	22.5
荷兰	1985.1.1	14 454	49.5	50.5	19.7	68.3	12.0
挪威	1984.12.31	4 146	49.4	50.6	20.2	64.2	15.6
波兰	1984.6.30	36 914	48.8	51.2	25.3	65.2	9.5
葡萄牙	1983.6.30	10 009	48.2	51.8	24.5	63.8	11.7
罗马尼亚	1984.7.1	22 625	49.3	50.7	25.1	65.5	9.4
圣马力诺	1984.12.31	22	49.8	50.2	19.3	69.2	11.5
西班牙①	1981.3.1	37 682	49.1	50.9	25.6	63.0	11.3
瑞典	1985.6.30	8 350	49.4	50.6	17.5	64.6	17.9
瑞士	1982.7.1	6 467	49.1	50.9	18.5	67.8	13.7
英国							

表8 （续1）

国家或地区	时间	人口数（千人）	性别构成（%） 男	女	年龄构成（%） 0～14岁	15～64岁	65岁以上
英格兰和威尔士	1984.6.30	49 764	48.7	51.3	19.2	65.8	15.0
北爱尔兰	1982.6.30	1 567	49.0	51.0	26.1	62.0	11.9
苏格兰	1984.6.30	5 146	48.3	51.7	19.8	66.1	14.1
南斯拉夫	1981.6.30	22 471	49.4	50.6	24.6	66.3	9.1
非洲							
阿尔及利亚	1982.7.1	19 857	49.8	50.2	46.1	50.0	3.9
贝宁①	1879.3.20～30	3 331	47.9	52.1	48.8	45.9	5.2
博茨瓦纳	1984.8.19	1 051	47.5	52.5	48.3	48.0	3.7
布隆迪	1985.7.1	4 718	48.6	51.4	44.0	52.4	3.6
喀麦隆	1983.7.1	9 165	49.9	50.1	43.1	53.9	3.0
佛得角	1980.6.2	296	45.9	54.1	45.9	48.0	6.1
中非	1985.7.1	2 608	48.5	51.5	42.6	53.5	3.9
乍得	1978.7.1	4 308	51.5	48.5	37.4	59.9⑤	2.7⑥
科摩罗⑦	1980.9.15	335	49.9	50.1	47.5	47.8	4.3
科特迪瓦	1978.5.31	7 540	49.9	50.1	46.0	51.5	2.5
埃及	1983.7.1	45 915	50.7	49.3	39.9	56.5	3.6
埃塞俄比亚	1985.7.1	43 350	49.9	50.1	46.5	49.2	4.3
冈比亚	1980.7.1	601	50.6	49.4	41.9	55.9	2.2
几内亚比绍	1979.4.16～30	768	48.2	51.8	44.3	51.0	4.7
肯尼亚	1984.7.1	19 536	49.8	50.2	51.4	46.5	2.1
莱索托⑧	1976.4.12	1 217	48.3	51.7	39.1	53.7	5.2
利比里亚	1977.7.1	1 684	50.5	49.5	40.9	55.4	3.7
马拉维	1983.7.1	6 618	48.5	51.5	47.4	50.0	2.6
马里	1985.1.1	8 090	49.2	50.8	42.6	53.6	3.8
毛里求斯岛	1984.6.30	977	49.9	50.1	31.7	63.8	4.5
摩洛哥	1982.9.3	20 450	50.1	49.9	42.2	53.9	3.9
莫桑比克③	1980.8.1	11 674	48.6	51.4	46.4	48.1⑤	5.2⑥
留尼汪岛（法）	1982.3.9	516	49.0	51.0	33.4	61.7	4.9
卢旺达⑧	1978.8.15～16	4 800	48.6	51.4	45.6	51.4	2.8
塞内加尔⑧	1976.4.16	4 998	49.5	50.5	43.1	52.7	4.0
塞舌尔	1984.7.1	65	49.8	50.2	36.8	56.8	6.4
南非	1980.5.6	25 017	50.8	49.2	37.7	58.2	4.1
苏丹	1980.7.1	18 681	50.1	49.9	44.9	52.4	2.7
斯威士兰	1983.7.1	605	46.8	53.2	49.1	48.6	2.3
突尼斯①	1984.3.30	6 975	50.8	49.2	39.6	56.0	4.3
坦桑尼亚	1985.7.1	21 733	48.9	51.1	47.8	49.0	3.2
扎伊尔	1980.7.1	26 377	49.2	50.8	46.2	51.3	2.5
赞比亚	1977.7.1	5 302	49.2	50.8	46.5	51.0	2.5
津巴布韦	1983.6.30	7 740	49.2	50.8	50.9	47.4	1.7
大洋洲							
美属萨摩亚	1980.4.1	32	50.7	49.3	40.9	56.2	2.9
澳大利亚	1983.6.30	15 379	49.9	50.1	24.4	65.6	10.0
圣诞岛（澳）	1981.6.30	3	66.8	33.2	25.9	73.7	0.4
库克群岛（新）	1981.12.1	18	51.7	48.3	42.7	52.9	4.4
斐济①	1984.12.31	691	50.5	49.5	36.7	59.7	3.5
关岛（美）	1980.4.1	106	52.2	47.8	34.9	62.3	2.8
基里巴斯	1978.12.12	56	49.3	50.7	41.1	55.3	3.6
新喀里多尼亚（法）	1983.1.1	147	52.0⑨	48.0⑨	35.6	60.8	3.6
新西兰	1984.7.1	3 258	49.7	50.3	25.1	64.8	10.1
纽埃岛（新）⑩	1979.3.10	3	50.4	49.6	42.6	50.7	5.3
诺福克岛（澳）	1981.6.30	2	49.1	50.9	22.2	68.1	9.7
密克罗尼西亚（美托管）	1980.9.15	116	51.3	48.7	57.3	39.0	3.6
巴布亚新几内亚	1985.6.1	3 329	52.0	48.0	41.6	56.3	2.1
西萨摩亚⑪	1981.11.3	156	51.9	48.1	44.3	52.1	3.0
所罗门群岛	1978.7.1	213	52.2	47.8	48.4	48.3	3.3
托克劳群岛	1976.10.25	2	47.4	52.6	46.3	46.3	7.4
汤加⑧	1976.11.30	90	51.1	48.9	44.4	52.2	3.2
瓦努阿图	1979.1.15～16	111	53.2	46.8	45.4	51.7	2.9
北美洲							
百慕大群岛（英）	1985.7.1	56	48.8	51.2	21.3	69.8	8.9

表8 （续完）

国家或地区	时间	人口数（千人）	性别构成（%）		年龄构成（%）		
			男	女	0～14岁	15～64岁	65岁以上
加拿大	1985.6.1	25 359	49.5	50.5	21.5	68.1	10.4
格陵兰岛（丹）	1984.7.1	53	54.3	45.7	25.0	71.4	3.6
圣皮埃尔岛和密克隆岛(法)	1982.3.9	6	49.4	50.6	27.0	64.2	8.8
美国	1985.7.1	238 740	48.7	51.3	21.8	66.2	12.0
拉丁美洲							
阿根廷	1985.7.1	30 564	49.6	50.4	31.0	60.5	8.5
巴哈马	1980.7.1	210	49.7	50.3	38.1	57.8	4.1
巴巴多斯⑫	1980.5.12	244	47.4	52.6	29.4	59.5	10.4
伯利兹⑦	1980.5.12	143	50.3	49.7	45.8	49.3	4.5
玻利维亚	1982.7.1	5 916	49.4	50.6	43.0	53.7	3.3
巴西	1985.7.1	135 564	49.9	50.1	36.4	59.3	4.3
英属维尔京群岛①	1980.5.12	11	51.1	48.9	34.0	60.0	5.9
开曼群岛（英）	1989.10.8	17	48.6	51.4	29.1	63.9	7.0
智利	1984.7.1	11 878	49.5	50.5	31.4	63 0	5.6
哥伦比亚	1985.10.24	28 632	50.2	49.8	36.0	60.8	3.2
哥斯达黎加③	1984.3.1	2 415	49.8	50.2	29.6	63.0	7.1
古巴	1984.12.31	10 043	50.4	49.6	26.5	65.3	8.2
多米尼加联邦⑦	1981.4.7	74	49.8	50.2	39.8	52.6	7.2
多米尼加共和国	1980.7.1	5 431	49.9	50.1	58.7	38.2	3.1
厄瓜多尔	1984.7.1	9 115	50.3	49.7	42.1	54.2	3.7
萨尔瓦多	1985.12.31	4 773	49.2	50.8	46.0	50.4	3.6
法属圭亚那③	1982.3.9	73	52.1	47.9	32.6	62.4	4.7
格林纳达	1981.4.30	89	48.2	51.8	38.6	54.1	7.3
瓜德罗普岛（法）⑦	1982.3.9	327	49.0	51.0	31.1	61.1	7.4
危地马拉	1985.7.1	7 963	50.6	49.4	45.9	51.2	2.9
圭亚那③	1980.5.12	759	49.5	50.5	40.8	55.0	3.9
海地	1984.7.1	5 185	48.5	51.5	38.9	55.0	6.1
洪都拉斯	1985.7.1	4 372	50.1	49.9	46.9	50.2	2.9
牙买加	1981.10.1	2 205	49.6	50.4	50.7⑬	41.7⑭	7.6
马提尼克岛（法）⑧	1982.3.9	327	48.5	51.5	28.3	63.1	8.4
墨西哥	1985.7.1	78 524	50.1	49.9	41.8	54.6	3.6
蒙特塞拉特岛（英）	1982.7.1	12	48.4	51.6	30.5	56.8	12.7
荷属安的列斯群岛	1981.2.1	172	48.3	51.7	30.0	63.3	6.7
尼加拉瓜	1980.7.1	2 733	49.0	51.0	47.9	49.0	3.0
巴拿马	1984.7.1	2 134	51.0	49.0	38.1	57.5	4.4
巴拉圭	1982.7.11	3 030	50.2	49.8	40.8	54.9	4.3
秘鲁	1985.7.1	19 698	50.4	49.6	40.5	55.9	3.6
波多黎各岛（美）	1980.4.1	3 197	48.7	51.3	31.6	60.5	7.9
圣克里斯托弗和尼维斯⑧	1980.5.12	43	48.1	51.9	37.2	53.1	9.5
圣卢西亚	1984.7.1	134	48.5	51.5	44.4	50.0	5.6
圣文森特和格林纳丁斯①	1980.5.12	98	48.5	51.5	43.7	50.5	5.7
苏里南⑮	1980.7.1	355	49.6	50.4	39.3	55.2	4.4
特立尼达和多巴哥⑪	1982.7.1	1 129	49.9	50.1	34.2	59.7	5.5
特克斯群岛和凯科斯群岛(英)	1980.5.12	7	48.3	51.7	41.4	52.2	6.4
美属维尔京群岛	1980.4.1	97	47.8	52.2	36.0	59.4	4.6
乌拉圭	1980.7.1	2 908	49.4	50.6	35.7	53.9	10.4
委内瑞拉	1984.7.1	16 851	50.5	49.5	39.7	56.9	3.4

① 占人口数0.1%的年龄组不详。② 包括印度控制下的查谟、克什米尔等地数字。③ 占人口数0.3%的年龄组不详。④ 占人口数0.5%的年龄组不详。⑤ 为15～59岁年龄组占总计的百分比。⑥ 为60岁及60岁以上的年龄组占总计的百分比。⑦ 占人口数0.4%的年龄组不详。⑧ 占人口数0.2%的年龄组不详。⑨ 为1976年7月1日数字。⑩ 占人口数1.4%的年龄组不详。⑪ 占人口数0.6%的年龄组不详。⑫ 占人口数0.7%的年龄组不详。⑬ 为0～19岁年龄组占总计的百分比。⑭ 为20～64岁年龄组占总计的百分比。⑮ 占人口数1.1%的年龄组不详。

资料来源：联合国《人口年鉴》1984年、1985年；中国国家统计局《中国统计年鉴》1987年。

表9　　劳动年龄人口占总人口的比重①　　(%)

国家或地区	1965年	1985年
亚洲		
中国②	55	65
孟加拉国	51	53
不丹	55	55
缅甸	57	54
民主也门	52	51
印度	54	56
印度尼西亚	53	56
伊朗	50	53
伊拉克	51	50
以色列	59	60
日本	67	68
约旦	27	49
朝鲜民主主义人民共和国	52	58
南朝鲜	53	64
科威特	60	58
老挝	56	53
马来西亚	50	59
蒙古	54	56
尼泊尔	56	54
巴基斯坦	50	53
菲律宾	52	56
沙特阿拉伯	53	54
新加坡	53	67
斯里兰卡	54	62
叙利亚	46	48
泰国	51	59
土耳其	53	57
越南	…	55
也门	54	51
欧洲		
阿尔巴尼亚	52	59
奥地利	63	67
比利时	63	68
保加利亚	67	67
捷克斯洛伐克	65	64
丹麦	65	66
芬兰	65	67
法国	62	66
民主德国	61	67
联邦德国	65	70
希腊	65	65
匈牙利	66	66
爱尔兰	57	60
意大利	66	67
荷兰	62	69
挪威	63	64
波兰	62	66
葡萄牙	62	64
罗马尼亚	65	66
西班牙	64	65
瑞典	66	65
瑞士	65	67
苏联	62	66
英国	65	65
南斯拉夫	63	68
非洲		
阿尔及利亚	50	49
安哥拉	54	52
贝宁	52	49
博茨瓦纳	50	48
布隆迪	53	52
中非	57	55
乍得	55	55
刚果	55	51
埃及	54	55
埃塞俄比亚	52	51
加纳	52	48
几内亚	55	52
科特迪瓦	54	54
肯尼亚	48	45
莱索托	56	52
利比里亚	51	52
利比亚	53	50
马达加斯加	54	51
马拉维	51	47
马里	53	50
毛里求斯	52	63
毛里塔尼亚	52	53
摩洛哥	50	52
莫桑比克	55	51
尼日尔	51	51
尼日利亚	51	49
卢旺达	51	49
塞内加尔	53	52
塞拉利昂	54	55
索马里	49	53
南非	54	55
苏丹	53	52
多哥	52	50
突尼斯	50	56
乌干达	52	52
喀麦隆	55	50
坦桑尼亚	53	50
扎伊尔	52	51
赞比亚	51	48
津巴布韦	51	45
大洋洲		
澳大利亚	62	66
新西兰	59	65
巴布亚新几内亚	55	54
北美洲		
加拿大	59	68
美国	60	66
拉丁美洲		
阿根廷	63	60
玻利维亚	53	53
巴西	53	59
智利	56	63
哥伦比亚	49	59
哥斯达黎加	49	59
古巴	59	66
多米尼加共和国	47	53
厄瓜多尔	50	53
萨尔瓦多	50	60
危地马拉	50	53
海地	52	51
洪都拉斯	50	50
牙买加	51	56
墨西哥	49	54
尼加拉瓜	48	50
巴拿马	51	58
巴拉圭	49	51
秘鲁	51	56
特立尼达和多巴哥	53	61
乌拉圭	63	63
委内瑞拉	49	56

①　劳动年龄人口指15～64岁的人口。②　为世界银行估计数。

资料来源：世界银行《1987年世界发展报告》。

表10　　劳动力年平均增长率①　　(%)

国家或地区	1966～1980年	1981～1985年	1986～2000年②
亚洲			
中国③	2.4	2.5	1.4
孟加拉国	1.9	2.8	3.0
不丹	1.8	1.9	1.9
缅甸	2.2	1.9	1.8
民主也门	1.6	2.8	3.1
印度	1.7	2.0	1.8
印度尼西亚	2.1	2.4	2.2
伊朗	3.2	3.3	3.2
伊拉克	3.6	3.7	4.0
以色列	3.0	2.2	2.1
日本	1.0	0.9	0.5
约旦	1.7	4.4	4.2
朝鲜民主主义人民共和国	2.7	3.0	2.9
南朝鲜	2.8	2.7	1.9
科威特	6.9	6.2	3.5
老挝	1.6	1.8	2.2
马来西亚	3.4	2.9	2.6
蒙古	2.7	3.0	2.8
尼泊尔	1.6	2.3	2.3
巴基斯坦	2.6	3.2	2.8
菲律宾	2.5	2.5	2.4
沙特阿拉伯	4.9	4.4	3.5
新加坡	4.2	1.9	0.8
斯里兰卡	4.2	1.6	1.6
叙利亚	3.3	3.5	4.0
泰国	2.8	2.5	1.7
土耳其	1.7	2.3	2.0
越南	1.8	…	…
也门	0.7	2.6	3.4
欧洲			
阿尔巴尼亚	2.8	2.9	2.4
奥地利	0.2	0.8	0.1
比利时	0.7	0.7	0.1
保加利亚	0.2	0.0	0.2
捷克斯洛伐克	0.9	0.4	0.7
丹麦	1.2	0.6	0.2
芬兰	0.7	0.9	0.3
法国	0.8	0.9	0.5
民主德国	0.5	0.9	0.2
联邦德国	0.3	0.7	−0.5
希腊	0.5	0.6	0.3
匈牙利	0.1	0.0	0.3
爱尔兰	0.8	1.6	1.6
意大利	0.3	0.7	0.2
荷兰	1.4	1.4	0.5
挪威	1.8	0.8	0.7
波兰	1.1	0.7	0.7
葡萄牙	1.2	1.0	0.8
罗马尼亚	0.2	0.7	0.7
西班牙	0.6	1.3	0.8
瑞典	1.1	0.3	0.3
瑞士	0.8	0.7	−0.1
苏联	1.2	0.9	0.5
英国	0.3	0.5	0.2
南斯拉夫	0.9	1.0	0.7
非洲			
阿尔及利亚	2.2	3.6	3.7
安哥拉	2.2	1.7	2.1
贝宁	1.9	2.0	2.5
博茨瓦纳	2.4	3.5	3.4
布基纳法索	1.6	1.9	2.2
布隆迪	1.2	2.0	2.4
中非	1.2	1.3	1.8
乍得	1.6	1.8	2.1
刚果	2.0	1.8	2.2
埃及	2.2	2.6	2.7
埃塞俄比亚	2.1	1.7	2.2
加纳	1.9	2.7	2.9
几内亚	1.7	1.6	1.8
科特迪瓦	2.7	2.7	2.6
肯尼亚	3.6	3.5	3.7
莱索托	1.8	2.0	2.1
利比里亚	2.6	2.2	2.7
利比亚	3.6	3.7	3.5
马达加斯加	2.1	1.9	2.3
马拉维	2.2	2.6	2.6
马里	1.7	2.5	2.7
毛里求斯	1.8	2.7	3.1
毛里塔尼亚	1.8	2.7	3.1
摩洛哥	2.9	3.3	3.1
莫桑比克	3.2	…	…
尼日尔	1.8	2.3	2.6
尼日利亚	3.0	2.6	2.9
卢旺达	2.9	2.8	2.9
塞内加尔	3.1	1.9	2.1
塞拉利昂	0.9	1.1	1.4
索马里	3.1	2.0	1.7
南非	1.8	2.8	2.8
苏丹	2.4	2.8	3.1
多哥	2.7	2.3	2.5
突尼斯	2.8	3.1	2.8
乌干达	3.0	2.7	3.0
喀麦隆	1.7	1.8	2.2
坦桑尼亚	2.8	2.8	3.0
扎伊尔	1.7	2.3	2.5
赞比亚	2.7	3.2	3.5
津巴布韦	3.0	2.7	3.0
大洋洲			
澳大利亚	2.4	1.8	1.3
新西兰	1.9	1.8	1.2
巴布亚新几内亚	1.9	2.2	2.0
北美洲			
加拿大	3.2	1.4	0.9
美国	2.2	1.2	0.8
拉丁美洲			
阿根廷	1.1	1.1	1.5
玻利维亚	2.0	2.7	2.7
巴西	3.3	2.3	2.1
智利	2.2	2.6	1.7
哥伦比亚	2.6	2.8	2.3
哥斯达黎加	3.8	3.1	2.4
古巴	2.3	2.3	1.7
多米尼加共和国	2.8	3.5	2.9
厄瓜多尔	2.7	3.1	2.9
萨尔瓦多	3.3	2.9	3.3
危地马拉	2.3	2.8	3.3
海地	1.0	2.0	2.2
洪都拉斯	2.8	3.9	3.9
牙买加	2.0	2.9	2.4
墨西哥	3.9	3.2	3.0
尼加拉瓜	2.9	3.8	3.9
巴拿马	2.7	3.0	2.6
巴拉圭	3.2	3.1	2.8
秘鲁	2.9	2.9	2.8
特立尼达和多巴哥	1.9	2.5	2.1
乌拉圭	0.4	0.6	0.9
委内瑞拉	4.2	3.5	3.0

① 劳动力指10岁和10岁以上有经济活动能力的人，包括武装部队和失业者，但不包括家庭妇女、学生和其他无经济活动能力的人口。② 为预测数。③ 为世界银行估计数字。

资料来源：世界银行《1987年世界发展报告》。

表11 **城市人口占总人口的比重** （%）

国家或地区	1965年	1985年
亚洲		
中国①	18	22
孟加拉国	6	18
不丹	3	4
缅甸	21	24
民主也门	30	37
印度	19	25
印度尼西亚	16	25
伊朗	37	54
伊拉克	51	70
以色列	81	90
日本	67	76
约旦	47	69
朝鲜民主主义人民共和国	45	63
南朝鲜	32	64
科威特	78	92
老挝	8	15
马来西亚	26	38
蒙古	42	55
尼泊尔	4	7
巴基斯坦	24	29
菲律宾	32	39
沙特阿拉伯	39	72
新加坡	100	100
斯里兰卡	20	21
叙利亚	40	49
泰国	13	18
土耳其	32	46
阿拉伯联合酋长国	56	79
越南	16	20
也门		19
欧洲		
阿尔巴尼亚	32	34
奥地利	51	56
比利时	93	96
保加利亚	46	68
捷克斯洛伐克	51	66
丹麦	77	86
芬兰	44	60
法国	67	73
民主德国	73	76
联邦德国	79	86
希腊	48	65
匈牙利	43	55
爱尔兰	49	57
意大利	62	67
荷兰	86	88
挪威	37	73
波兰	50	60
葡萄牙	24	31
罗马尼亚	34	51
西班牙	61	77
瑞典	77	86
瑞士	53	60
苏联	52	66
英国	87	92
南斯拉夫	31	45
非洲		
阿尔及利亚	38	43
安哥拉	13	25
贝宁	11	35
博茨瓦纳	4	20
布基纳法索	6	8
布隆迪	2	2
中非	27	45
乍得	9	27
刚果	35	40
埃及	41	46
埃塞俄比亚	8	15
加纳	26	32
几内亚	12	22
科特迪瓦	23	45
肯尼亚	9	20
莱索托	2	17
利比里亚	23	37
利比亚	29	60
马达加斯加	38	45
马拉维	5	…
马里	13	20
毛里塔尼亚	7	31
摩洛哥	32	44
莫桑比克	5	19
尼日尔	7	15
尼日利亚	15	30
卢旺达	3	5
塞内加尔	27	36
塞拉利昂	15	25
索马里	20	34
南非	47	56
苏丹	13	21
多哥	12	21
突尼斯	40	56
乌干达	6	7
喀麦隆	16	42
坦桑尼亚	6	14
扎伊尔	19	39
赞比亚	24	48
津巴布韦	14	27
大洋洲		
澳大利亚	83	86
新西兰	79	83
巴布亚新几内亚	5	14
北美洲		
加拿大	73	77
美国	72	74
拉丁美洲		
阿根廷	76	84
玻利维亚	40	44
巴西	50	73
智利	72	83
哥伦比亚	54	67
哥斯达黎加	38	45
古巴	58	71
多米尼加共和国	35	56
厄瓜多尔	37	52
萨尔瓦多	39	43
危地马拉	34	41
海地	18	27
洪都拉斯	26	39
牙买加	38	53
墨西哥	55	69
尼加拉瓜	43	56
巴拿马	44	50
巴拉圭	36	41
秘鲁	52	68
特立尼达和多巴哥	30	64
乌拉圭	81	85
委内瑞拉	72	85

① 为世界银行估计数字。

资料来源：世界银行《1987年世界发展报告》。

表12 **城市人口年平均增长率①** （%）

国家或地区	1966～1980年	1981～1985年
亚洲		
中国②	2.6	3.3
孟加拉国	8.0	7.9
不丹	3.7	5.2
缅甸	2.8	2.8
民主也门	3.2	4.9
印度	3.6	3.9
印度尼西亚	4.7	2.3
伊朗	5.5	4.6
伊拉克	5.3	6.3
以色列	3.5	2.4
日本	2.1	1.8
约旦	5.3	4.0
朝鲜民主主义人民共和国	4.6	3.8
南朝鲜	5.7	2.5
科威特	8.2	5.1
老挝	4.8	5.6
马来西亚	4.5	4.0
蒙古	4.5	3.3
尼泊尔	5.1	5.6
巴基斯坦	4.3	4.8
菲律宾	4.0	3.2
沙特阿拉伯	8.5	6.1
新加坡	1.6	1.2
斯里兰卡	2.3	8.4
叙利亚	4.5	5.5
泰国	4.6	3.2
土耳其	4.3	4.4
阿拉伯联合酋长国	18.9	5.5
越南	4.1	3.4
巴门	10.7	7.3
欧洲		
阿尔巴尼亚	3.4	3.3
奥地利	0.1	0.7
比利时	0.5	0.4
保加利亚	2.8	1.7
捷克斯洛伐克	1.9	1.4
丹麦	1.1	0.3
芬兰	2.5	2.9
法国	2.7	1.0
民主德国	0.1	0.6
联邦德国	0.8	0.1
希腊	2.5	1.9
匈牙利	1.8	1.3
爱尔兰	2.2	2.7
意大利	1.0	0.9
荷兰	1.5	0.9
挪威	5.0	0.9
波兰	1.8	1.6
葡萄牙	2.0	3.3
罗马尼亚	3.4	1.0
西班牙	2.4	1.6
瑞典	1.0	1.2
瑞士	1.2	0.9
苏联	2.2	1.6
英国	0.5	0.3
南斯拉夫	3.0	2.5
非洲		
阿尔及利亚	3.8	3.7
安哥拉	6.4	5.8
贝宁	10.2	4.4
博茨瓦纳	15.4	4.5
布基纳法索	3.4	5.3
布隆迪	1.8	2.7
中非	4.8	3.9
乍得	9.2	3.9
刚果	3.5	3.6
埃及	2.9	3.4
埃塞俄比亚	6.6	3.7
加纳	3.4	3.9
几内亚	6.6	4.3
科特迪瓦	8.7	6.9
肯尼亚	9.0	6.3
莱索托	14.6	5.3
利比里亚	6.2	4.3
利比亚	9.7	6.7
马达加斯加	3.7	3.8
马拉维	7.8	…
马里	4.9	4.5
毛里塔尼亚	12.4	3.4
摩洛哥	4.2	4.2
莫桑比克	11.8	5.3
尼日尔	6.9	7.0
尼日利亚	4.8	5.2
卢旺达	6.3	6.7
塞内加尔	4.1	4.0
塞拉利昂	4.3	5.1
索马里	6.1	5.4
南非	2.6	3.3
苏丹	5.1	4.8
多哥	5.7	5.3
突尼斯	4.2	3.7
乌干达	4.1	3.0
喀麦隆	8.1	7.0
坦桑尼亚	8.7	8.3
扎伊尔	7.2	8.4
赞比亚	7.1	5.5
津巴布韦	7.5	5.0
大洋洲		
澳大利亚	0.2	1.4
新西兰	1.5	0.9
巴布亚新几内亚	8.4	4.9
北美洲		
加拿大	1.5	1.7
美国	1.2	2.3
拉丁美洲		
阿根廷	2.2	1.9
玻利维亚	2.9	5.6
巴西	4.5	4.0
智利	2.6	2.1
哥伦比亚	3.5	2.8
哥斯达黎加	3.7	3.8
古巴	2.7	0.8
多米尼加共和国	5.3	4.2
厄瓜多尔	5.1	3.7
萨尔瓦多	3.5	4.0
危地马拉	3.6	4.2
海地	4.0	4.1
洪都拉斯	5.5	5.2
牙买加	3.4	3.2
墨西哥	4.5	3.6
尼加拉瓜	4.6	4.5
巴拿马	3.4	2.6
巴拉圭	3.2	3.7
秘鲁	4.1	3.8
特立尼达和多巴哥	5.0	3.3
委内瑞拉	4.5	3.5

① 这个增长率是按世界银行人口估计数字计算得出，由于世界各国对“城市”定义不同，故在各国间比较时应慎重处理。② 为世界银行估计数字。

资料来源：世界银行《1987年世界发展报告》。

表13　　**农业人口及农业人口占总人口的比重①**

国家或地区	1970年		1980年		1986年	
	农业人口（千人）	占总人口的%	农业人口（千人）	占总人口的%	农业人口（千人）	占总人口的%
亚　洲						
中　　国②	685 680	82.6	795 650	80.6	619 680	58.6
阿　富　汗	9 004	66.1	9 801	61.0	9 923	57.2
孟加拉国	54 296	81.4	65 998	74.8	73 833	71.1
不　　丹	983	94.1	1 184	92.4	1 322	91.4
缅　　甸	16 014	59.1	17 866	53.0	18 691	49.4
塞浦路斯	237	38.5	164	26.1	153	22.6
柬　埔　寨	5 430	78.3	4 760	74.4	5 361	71.8
民主也门	760	50.8	764	41.1	779	35.4
印　　度	379 126	68.3	456 008	66.2	495 371	64.2
印度尼西亚	75 265	62.6	80 293	53.2	81 089	47.9
伊　　朗	12 140	42.8	13 686	35.4	13 620	29.7
伊　拉　克	4 404	47.1	4 044	30.4	3 884	23.6
以　色　列	287	9.7	241	6.2	213	5.0
日　　本	19 663	18.8	12 445	10.7	9 295	7.7
约　　旦	640	27.8	299	10.2	272	7.4
朝鲜民主主义人民共和国	7 333	52.8	7 715	42.8	7 749	37.1
南　朝　鲜	14 669	46.0	12 765	33.5	11 070	26.4
科　威　特	13	1.7	26	1.9	…	…
老　　挝	2 382	78.9	2 789	75.7	3 090	73.3
黎　巴　嫩	489	19.8	382	14.3	304	11.2
马来西亚	5 617	51.7	5 447	39.6	5 379	38.1
蒙　　古	597	47.8	662	39.8	667	34.0
尼　泊　尔	10 736	93.6	13 635	93.0	15 553	92.2
巴基斯坦	40 728	62.0	49 806	57.8	56 345	54.9
菲　律　宾	20 461	54.5	24 890	51.5	27 011	48.5
沙特阿拉伯	3 687	64.2	4 539	48.4	5 136	42.8
新　加　坡	71	3.4	38	1.6	31	1.2
斯里兰卡	6 917	55.3	7 907	53.4	8 611	52.4
叙　利　亚	3 141	50.2	2 844	32.3	2 915	26.7
泰　　国	28 005	77.0	31 365	67.4	33 064	63.3
土　耳　其	23 742	67.2	24 186	54.4	24 217	48.1
越　　南	32 732	76.6	36 555	67.5	38 620	63.4
也　　门	3 695	76.4	4 116	68.8	4 597	65.2
欧　洲						
阿尔巴尼亚	1 414	66.1	1 527	55.9	1 606	51.6
奥　地　利	960	12.9	586	7.8	442	5.8
比利时-卢森堡	506	5.1	307	3.0	229	2.2
保加利亚	2 895	34.1	1 563	17.6	1 229	13.7
捷克斯洛伐克	2 422	16.9	2 033	13.3	1 650	10.6
丹　　麦	551	11.2	374	7.3	286	5.6
芬　　兰	918	19.9	585	12.2	474	9.6
法　　国	6 489	12.8	4 322	8.0	3 310	6.0
民主德国	2 145	12.6	1 774	10.4	1 505	9.0
联邦德国	3 902	6.4	3 046	4.9	2 234	3.7
希　　腊	3 370	38.3	2 658	27.6	2 363	23.7
匈　牙　利	2 671	25.8	2 012	18.8	1 528	14.4
冰　　岛	31	15.2	20	8.8	17	6.9
爱　尔　兰	760	25.7	616	18.1	546	14.9
意　大　利	8 848	16.4	5 871	10.4	4 318	7.5
马　耳　他	22	6.7	19	5.1	17	4.4
荷　　兰	887	6.8	781	5.5	631	4.3
挪　　威	477	12.3	357	8.7	277	6.6
波　　兰	11 430	35.1	9 011	25.3	7 810	20.9
葡　萄　牙	2 874	33.3	2 675	27.1	2 108	20.5
罗马尼亚	9 044	44.7	6 040	27.2	4 804	21.0
西　班　牙	8 522	25.2	6 198	16.6	4 861	12.5
瑞　　典	747	9.3	529	6.4	422	5.0
瑞　　士	416	6.7	335	5.3	268	4.1
苏　　联	62 289	25.7	53 078	20.0	43 323	15.5
英　　国	1 576	2.8	1 475	2.6	1 262	2.2
南斯拉夫	9 497	46.6	6 586	29.5	5 493	23.6
非　洲						
阿尔及利亚	6 402	46.6	5 693	30.5	5 720	25.5
安　哥　拉	4 344	77.7	5 696	73.8	6 420	71.4
贝　　宁	2 191	80.9	2 453	70.2	2 716	65.0
博茨瓦纳	533	85.6	644	70.4	758	66.0
布基纳法索	4 480	88.3	5 337	86.7	6 082	85.3

表13 （续完）

国家或地区	1970年		1980年		1986年	
	农业人口（千人）	占总人口的%	农业人口（千人）	占总人口的%	农业人口（千人）	占总人口的%
布隆迪	3 231	93.5	3 802	92.7	4 462	91.9
喀麦隆	5 628	83.4	6 025	69.9	6 569	64.7
中非	1 555	82.9	1 664	72.4	1 760	66.7
乍得	3 292	90.1	3 728	84.6	4 028	78.3
刚果	781	65.0	955	62.5	1 085	60.7
埃及	17 173	52.0	18 956	45.7	20 407	42.5
埃塞俄比亚	26 017	85.0	30 742	79.8	34 373	76.7
加蓬	757	79.7	803	75.5	833	71.0
冈比亚	406	86.6	490	84.0	540	82.2
加纳	5 051	58.6	6 482	56.1	7 383	52.5
肯尼亚	9 577	84.8	13 582	81.0	16 898	78.7
莱索托	956	89.8	1 154	86.2	1 286	82.4
利比里亚	1 058	77.5	1 389	74.2	1 625	71.7
利比亚	574	28.9	540	18.2	519	13.9
马达加斯加	5 622	83.7	7 040	80.1	8 076	78.4
马拉维	4 090	90.5	4 958	83.3	5 643	78.6
马里	5 069	89.2	6 005	85.5	6 893	82.8
毛里塔尼亚	1 057	84.8	1 131	69.3	1 296	66.6
摩洛哥	8 786	57.4	8 792	45.4	8 965	39.9
莫桑比克	7 036	86.4	10 242	84.5	11 870	82.8
尼日尔	3 908	94.3	4 837	91.1	5 604	88.9
尼日利亚	40 602	71.0	54 894	68.1	65 210	66.2
卢旺达	3 483	93.7	4 773	92.8	5 769	91.9
塞内加尔	3 314	82.7	4 571	80.6	5 252	79.3
塞拉利昂	2 141	75.5	2 294	69.6	2 397	65.3
索马里	2 090	79.3	3 036	75.5	3 439	72.4
南非	8 160	35.9	5 253	18.4	5 657	17.0
苏丹	10 670	77.0	13 291	71.1	14 355	64.7
坦桑尼亚	12 098	89.5	15 924	84.4	19 012	81.5
多哥	1 550	76.7	1 864	73.0	2 166	71.0
突尼斯	2 162	42.2	2 237	35.0	2 032	28.1
乌干达	8 753	89.3	11 253	85.9	13 299	83.0
扎伊尔	15 407	79.1	18 480	71.5	21 013	68.1
赞比亚	3 209	76.6	4 128	73.1	4 865	70.5
津巴布韦	4 104	77.3	5 365	72.8	6 375	70.1
大洋洲						
澳大利亚	1 011	8.1	1 013	6.9	900	5.7
新西兰	334	11.8	354	11.3	327	9.9
北美洲						
加拿大	1 658	7.8	1 270	5.3	1 026	4.0
美国	9 875	39.4	8 863	3.9	7 416	3.1
拉丁美洲						
阿根廷	3 837	16.0	3 683	13.0	3 527	11.4
巴哈马	22	12.9	19	9.0	17	7.3
巴巴多斯	43	18.0	25	10.0	20	7.8
玻利维亚	2 253	52.1	2 586	46.4	2 846	43.5
巴西	43 043	44.9	37 788	31.2	37 235	26.9
智利	2 246	23.8	1 876	16.9	1 753	14.3
哥伦比亚	8 173	39.3	8 831	34.2	8 837	30.2
哥斯达黎加	746	43.1	711	31.2	714	26.8
古巴	2 592	30.2	2 315	23.8	2 127	21.0
多米尼加共和国	2 349	54.8	2 540	45.7	2 523	39.5
厄瓜多尔	3 077	50.9	3 151	38.8	3 250	33.7
萨尔瓦多	2 032	56.7	2 105	43.9	2 312	40.4
危地马拉	1 587	49.3	1 967	50.0	2 329	53.2
圭亚那	226	31.9	232	26.8	233	24.0
海地	3 276	71.1	3 861	66.5	4 231	62.6
洪都拉斯	1 759	66.7	2 300	62.3	2 664	59.1
牙买加	676	36.2	742	34.1	746	31.5
墨西哥	22 573	44.1	25 352	36.5	26 315	32.5
尼加拉瓜	1 053	51.3	1 284	46.3	1 399	41.3
巴拿马	629	41.1	614	31.4	606	27.2
巴拉圭	1 243	54.3	1 592	50.3	1 841	48.6
秘鲁	6 499	49.3	7 285	42.1	7 838	38.8
波多黎各岛（美）	419	15.4	140	4.4	129	3.7
乌拉圭	521	18.6	458	15.7	438	14.4
委内瑞拉	2 649	25.0	2 307	15.4	2 174	12.2

① 按年末人口数计算。② 不包括镇人口的乡村人口。
资料来源：联合国粮食及农业组织《生产年鉴》1986年；中国国家统计局《中国统计年鉴》1987年。

三、人均经济发展水平

表14　　国内生产总值和人均国内生产总值（1986年）

国家或地区	国内生产总值（百万美元）	人均国内生产总值（美元）
亚　洲		
中　国①	225 614	213
孟加拉国②	15 839	157
缅　甸③	7 974	202
塞浦路斯④	2 335	3 485
印　度③	219 063	286
印度尼西亚	75 229	451
伊　朗⑤④	168 100	3 802
以色列	27 587	6 416
日　本	1 957 780	16 115
约　旦	4 612	1 260
南朝鲜	98 145	2 361
科威特②	17 123	9 566
马来西亚	27 788	1 725
马尔代夫④	84	467
尼泊尔⑥	2 361	138
阿　曼④	10 350	8 347
巴基斯坦②	32 409	327
菲律宾	30 554	556
卡塔尔	4 950	15 000
沙特阿拉伯	77 415	6 446
新加坡	17 348	6 698
斯里兰卡	6 406	397
叙利亚	22 004	2 074
泰　国	41 766	802
土耳其	58 070	1 155
阿拉伯联合酋长国	21 329	15 456
也　门④	3 220	470
欧　洲		
奥地利	94 393	12 486
比利时	115 240	11 629
丹　麦	81 844	15 985
芬　兰	70 469	14 323
法　国	724 621	13 082
联邦德国	892 010	14 611
希　腊	39 753	3 987
匈牙利	23 756	2 235
冰　岛	3 868	16 117
爱尔兰	24 468	6 912
意大利	599 921	14 085
卢森堡④	4 024	10 877
马耳他④	1 018	2 679
荷　兰	175 335	12 042
挪　威	69 588	16 688
波　兰	73 895	1 973
葡萄牙④	20 687	2 022
罗马尼亚⑦	56 801	2 452
西班牙	229 097	5 924
瑞　典	131 070	15 660
瑞　士	135 416	20 833
英　国	547 749	9 650
南斯拉夫⑧	66 144	2 855
非　洲		
阿尔及利亚④	57 520	2 648
贝　宁④	1 113	283
博茨瓦纳②	1 148	1 016
布基纳法索④	1 027	155
布隆迪	1 294	267
喀麦隆②⑨	7 312	741
刚　果⑨	2 106	1 239
科特迪瓦④	6 295	642
埃　及②	54 708	1 103
埃塞俄比亚⑩	5 063	113
加　蓬④	3 421	2 975
冈比亚②	145	220
加　纳④	6 367	469
肯尼亚	6 921	327
莱索托④③	1 184	774
利比里亚④	811	370
利比亚	20 574	5 501
马达加斯加	2 672	259
马拉维	1 229	169
毛里塔尼亚⑨	698	381
毛里求斯④	1 061	1 072

表14

（续完）

国家或地区	国内生产总值（百万美元）	人均国内生产总值（美元）
摩洛哥	14 756	656
尼日尔④	1 519	249
尼日利亚④③	73 362	771
卢旺达④	1 711	282
塞内加尔⑨	2 324	363
塞舌尔④	169	2 599
塞拉利昂②	707	193
南非	61 578	1 854
苏丹②⑪	7 677	377
斯威士兰②	422	630
坦桑尼亚	4 425	197
多哥⑨	669	233
突尼斯	8 848	1 224
乌干达	1 802	121
扎伊尔④	2 952	97
赞比亚	1 656	240
津巴布韦④	5 025	600
大洋洲		
澳大利亚	168 168	10 530
斐济	1 319	1 884
新西兰③	27 703	8 524
所罗门群岛④	130	483
北美洲		
加拿大	363 606	14 198
美国	4 194 500	17 361
拉丁美洲		
安提瓜和巴布达	189	2 361
阿根廷	78 798	2 539
巴哈马⑫	1 449	6 586
巴巴多斯④	1 230	4 920
伯利兹	197	1 156
玻利维亚	5 494	839
巴西	262 617	1 896
智利	16 882	1 369
哥伦比亚	34 497	1 182
哥斯达黎加	4 325	1 620
多米尼加联邦⑨	85	1 068
多米尼加共和国	5 373	837
厄瓜多尔	11 128	1 153
萨尔瓦多	7 905	1 610
格林纳达	129	1 170
危地马拉	8 419	1 028
圭亚那	519	535
海地⑬	2 244	419
洪都拉斯	3 739	829
牙买加	2 433	1 027
墨西哥④	177 456	2 260
尼加拉瓜	6 553	1 939
巴拿马	5 121	2 297
巴拉圭	5 407	1 419
秘鲁	14 394	731
圣卢西亚⑬	141	1 083
圣文森特④	107	1 072
苏里南④	976	2 547
特立尼达和多巴哥④	7 404	6 275
乌拉圭	6 218	2 087
委内瑞拉	49 962	2 808

① 为国民收入数字。② 到6月30日止的年度数字。③ 自4月1日起的年度数字。④ 1985年数字。⑤ 自3月21日起的年度数字。⑥ 到7月15日止的年度数字。⑦ 为国民生产总值。⑧ 为物质生产总值。⑨ 1984年数字。⑩ 到7月7日止的年度数字。⑪ 1983年数字。⑫ 1982年数字。⑬ 到9月30日止的年度数字。

资料来源：根据联合国国际货币基金组织《国际金融统计年鉴》1986年、1987年，《国际金融统计月报》1988年4月，联合国《统计月报》1988年1月和中国国家统计局《中国统计年鉴》1987年等资料计算。

表15 人均国民收入

国家	按本国货币计算				按美元计算（美元）①		
	货币名称	1982年	1984年	1986年	1982年	1984年	1986年
中国	人民币元	423	547	741	222	235	213
保加利亚	列瓦	2 562	2 780	2 997	3 014	2 837	2 437
古巴	比索	1 242	1 371	1 254	1 461	1 523	1 581
捷克斯洛伐克	克朗	31 971	34 541	36 201	2 570	2 852	3 728
民主德国②	马克	12 470	13 791	15 171	4 988	4 522	7 586
匈牙利	福林	65 023	75 361	82 907	1 642	1 472	1 805
波兰	兹罗提	131 190	194 576	285 561	1 547	1 718	1 629
罗马尼亚	列伊	30 076	33 656	35 710	2 731	2 402	3 150
苏联	卢布	1 899	2 032	2 056	2 061	2 391	3 006
南斯拉夫③	第纳尔	129 244	289 787	1 077 920	2 570	1 896	2 843

① 按当年汇率折算，中国、波兰、罗马尼亚、南斯拉夫按平均汇率计算，其余国家均按年末汇率计算。② 按1985年可比价格计算。③ 为物质生产总值。

资料来源：联合国《统计月报》1988年1月、3月；国际货币基金组织《国际金融统计月报》1988年3月；《中国统计年鉴》1987年；《民主德国统计手册》1987年。

表16 人均国民收入指数（1980年＝100）

国家	1981年	1982年	1983年	1984年	1985年	1986年
中国	104	110	120	135	151	160
保加利亚	105	109	112	116	119	125
古巴	121	126	132	140	144	140
捷克斯洛伐克	99.8	99.7	102	105	107	110
民主德国	105	108	113	119	126	131
匈牙利	103	105	106	108	107	108
蒙古	105	111	115	118	121	124
波兰	87	82	86	90	92	96
罗马尼亚	101	104	107	115	121	…
苏联	102	106	109	111	114	118
越南	105	112	119	125	122	125

资料来源：经互会秘书处《经互会成员国统计年鉴》1986年、1987年；《中国统计年鉴》1987年。

表17 人口与国民收入年平均增长速度比较

国家	人口年平均增长速度		国民收入年平均增长速度①	
	1971～1980年	1981～1986年	1971～1980年	1981～1986年
中国	1.75	1.15	5.76	9.39
保加利亚	0.43	0.19	6.97	3.93
古巴	1.29	0.89	3.01②	6.63
捷克斯洛伐克	0.66	0.24	4.61	1.75
民主德国	−0.19	−0.12	4.75	4.46
匈牙利	0.35	−0.12	4.55	1.13
蒙古	2.88	2.63	6.11	6.59
波兰	0.90	0.86	5.39	0.17
罗马尼亚	0.92	0.72	9.19	4.87
苏联	0.90	0.90	5.00	3.65

① 国民收入年平均增长速度是根据1980年＝100的指数计算得出，中国则根据1952年＝100的指数计算得出的。② 为1976～1980年年平均增长速度。

资料来源：联合国《人口年鉴》1985年，《统计月报》1988年1月；《中国统计年鉴》1987年。

四、人均工业生产水平

表18　　人口与工业生产年平均增长速度比较　　（%）

国家或地区	人口年平均增长速度		工业生产年平均增长速度	
	1971～1980年	1981～1986年	1971～1980年	1981～1986年
亚　洲				
中　国	1.75	1.15	9.14	11.19
孟加拉国	2.67	2.13	…	1.91
塞浦路斯	0.49	1.03	4.09①	−8.20①
印　度	2.10②	2.13②	4.09	6.87
印度尼西亚	2.20	2.22	…	5.89
以色列	2.69	1.73	5.24	3.65
日　本	1.23	0.66	4.10	3.23
南朝鲜	1.69	1.45	19.39	11.77
马来西亚	2.80	2.74	8.56	7.11
蒙　古	2.90	2.63	8.56	9.14
巴基斯坦	3.14	3.10	4.56	8.59
菲律宾	2.74	2.49	6.16	17.34
新加坡	1.53	1.21	11.72③	2.50③
叙利亚	3.33	3.36	8.31	…
欧　洲				
奥地利	0.11	0.02	4.09	1.60
比利时	0.19	0.10	2.26	0.82
保加利亚	0.43	0.19	7.39	4.33
捷克斯洛伐克	0.66	0.24	5.80	2.80
丹　麦	0.38	0.00	2.38	3.93
芬　兰	0.37	0.48	4.56	2.65
法　国	0.60	0.46	2.90	0.17
民主德国	−0.19	−0.12	5.70	4.06
联邦德国	0.14	−0.14	2.00	1.13
希　腊	0.93	0.56	6.97	1.29
匈牙利	0.36	−0.12	4.80	1.75
爱尔兰	1.42	0.67	4.10	4.47
意大利	0.47	0.23	3.40	−0.17
卢森堡	0.58	0.00	0.00	3.65
荷　兰	0.83	0.49	3.06	0.98
挪　威	0.52	0.32	5.60	3.93
波　兰	0.90	0.86	7.40	0.49
葡萄牙	0.97	0.87	6.60	3.51
罗马尼亚	0.94	0.72	11.40	4.60
西班牙	1.01	0.50	5.10	1.13
瑞　典	0.33	0.12	0.95	1.60
瑞　士	0.81	0.47	1.10	1.29
苏　联	0.90	0.90	5.90	3.93
英　国	0.12	0.12	0.70	1.60
南斯拉夫	0.91	0.71	7.40	2.94
非　洲				
阿尔及利亚	3.11	3.14④	7.30	11.8④
马拉维	2.76	3.13	8.56③	3.09③
摩洛哥	2.73	…	5.97	1.91
塞内加尔	2.65	2.50	3.48	0.98
南　非	2.45	2.52	0.30①	0.17①
突尼斯	2.22	2.30④	7.18	3.85④
赞比亚	3.21	2.85	0.51	−2.11
津巴布韦	2.95	2.86	3.48	1.91
大洋洲				
澳大利亚	1.63	1.17⑤	2.10	0.40⑤
斐　济	1.94	1.77	…	3.51
北美洲				
加拿大	1.22	1.06	3.5	2.94
美　国	1.06	0.99	3.1	2.36
拉丁美洲				
阿根廷	1.66	1.58	2.0	−1.0
巴巴多斯	0.41	0.0	…	0.49
巴　西	2.74	2.25⑤	8.8	−0.2⑤
智　利	1.71	1.71	1.1③	0.98③
墨西哥	3.08	2.31	7.4	0.17

①　为矿业。②　不包括印度控制下的查谟、克什米尔和锡金的人口。③　为制造业。④　为1981～1983年平均增长速度。⑤　为1981～1985年平均增长速度。

资料来源：联合国《人口年鉴》1983年、1985年，《统计年鉴》1983～1984年，《统计月报》，1988年1月、3月；经互会秘书处《经互会成员国统计年鉴》1986年、1987年；《中国统计年鉴》1987年。

表19　　人均煤产量①　　（公斤）

国家或地区	1982年	1986年	国家或地区	1982年	1986年
亚洲			葡萄牙	18	23
			罗马尼亚	1 684	2 016
中国	656	846	西班牙	1 041	995
印度	191	224	苏联	2 397	2 401
印度尼西亚	3	9②	英国	2 215	1 901
伊朗	19	18②	南斯拉夫	2 414	2 450
日本	149	132			
朝鲜民主主义人民共和国	2 480	2 502②	非洲		
南朝鲜	514	567②	摩洛哥	36	41②
蒙古	229	254②	莫桑比克	30	28②
巴基斯坦	20	20	南非	4 558	5 334
菲律宾	11	21	赞比亚	101	82
泰国	40	100②	津巴布韦	371	481
土耳其	471	793			
越南	108	89②	大洋洲		
欧洲			澳大利亚	8 867	12 203
	576	605①	新西兰	710	964
阿尔巴尼亚	436	394			
奥地利	664	564	北美洲		
比利时	3 608	3 929			
保加利亚	8 103	8 231	加拿大	1 742	2 228
捷克斯洛伐克	400	300	美国	3 274	3 260
法国	16 529	18 728			
民主德国	3 629	3 300	拉丁美洲		
联邦德国					
希腊	2 798	3 830	阿根廷	18	13②
匈牙利	2 435	2 176	巴西	50	57②
爱尔兰	18	16②	智利	66	108
意大利	22	27	哥伦比亚	187	227
挪威	108	138	委内瑞拉	3	3
波兰	6 264	6 923			

①　煤产量为硬煤与褐煤之和。②　1985年人均产量。

资料来源：联合国《能源统计年鉴》1985年，《统计月报》1988年1月；《中国统计年鉴》1987年。

表20　　　　人均原油产量　　　　（公斤）

国家或地区	1982年	1986年
亚洲		
中国	101	124
巴林	6 014	5 063
文莱	40 490	35 914①
缅甸	41	44①
印度	28	41
印度尼西亚	430	397①
伊朗	2 836	1 862
伊拉克	3 518	5 003
日本	3	5
科威特	27 752	39 721
马来西亚	998	1 531①
阿曼	15 303	12 384①
巴基斯坦	6	20
菲律宾	9	10
卡塔尔	61 708	48 509
沙特阿拉伯	31 607	20 835
叙利亚	881	900①
泰国	0	22①
土耳其	52	43①
阿拉伯联合酋长国	53 484	43 070
欧洲		
阿尔巴尼亚	1 259	1 154①
奥地利	173	148
丹麦	331	708
法国	30	53
联邦德国	69	66
希腊	100	134
匈牙利	189	189
意大利	31	44
荷兰	114	317
挪威	5 965	9 845
波兰	7	5
罗马尼亚	523	453
西班牙	40	47
苏联②	2 269	2 194
英国	1 781	2 123
南斯拉夫	192	178
非洲		
阿尔及利亚	1 689	1 288
安哥拉	787	1 521
喀麦隆	572	869
刚果	2 780	3 131
埃及	736	824
加蓬	7 047	6 821
利比亚	16 631	13 303
尼日利亚	741	739
突尼斯	909	745①
扎伊尔	42	41
大洋洲		
澳大利亚	1 153	1 492
新西兰	209	399
北美洲		
加拿大	2 489	2 814
美国	1 832	1 772
阿根廷	864	719
玻利维亚	193	125
巴西	102	208
智利	174	131①
哥伦比亚	271	535
古巴	55	91
厄瓜多尔	1 249	1 525
墨西哥	1 957	1 741①
秘鲁	528	433
特立尼达和多巴哥	8 092	7 240
委内瑞拉	5 035	5 284

① 为1985年人均产量。② 包括凝析油。

资料来源：联合国《能源统计年鉴》1985年，《统计月报》1988年1月、3月；《中国统计年鉴》1987年。

（表21）

人均发电量

（度）

国家或地区	1982年	1986年
亚洲		
中国	323	425
阿富汗	58	58①
巴林	5 430	507①
孟加拉国	38	49
缅甸	41	47
塞浦路斯	1 788	2 131
印度	199	239
印度尼西亚	96	169①
伊朗	679	780①
伊拉克	972	1 180①
以色列	3 431	3 711①
日本	4 906	4 586
约旦	483	725
朝鲜民主主义人民共和国	2 503	2 355①
南朝鲜	1 199	1 556
科威特	8 011	9 175①
马来西亚	791	919
蒙古	867	1 475
阿曼	1 267	1 423①
巴基斯坦	201	279
菲律宾	410	344
卡塔尔	11 881	11 339①
沙特阿拉伯	3 032	2 808①
新加坡	3 182	4 040
斯里兰卡	136	160
叙利亚	617	685
泰国	358	469
土耳其	573	676①
阿拉伯联合酋长国	5 675	5 030①
越南	83	84
也门	44	43①
欧洲		
阿尔巴尼亚	989	1 066①
奥地利	5 597	5 213
比利时	5 074	5 880
保加利亚	4 536	4 669
捷克斯洛伐克	4 863	5 506
丹麦	4 637	5 564
芬兰	8 165	8 981
法国	4 871	6 073
民主德国	6 162	6 937
联邦德国	5 925	6 664
希腊	2 377	2 600
匈牙利	2 313	2 633
爱尔兰	3 025	3 522
意大利	3 210	3 313
卢森堡	1 427	2 833
荷兰	4 215	4 609
挪威	22 530	23 283
波兰	3 245	3 745
葡萄牙	1 537	1 816
罗马尼亚	3 066	3 089
西班牙	2 989	3 118
瑞典	11 946	15 904
瑞士	8 015	8 372
苏联	5 062	5 708
英国	4 818	5 302
南斯拉夫	2 753	3 299
非洲		
阿尔及利亚	473	565①
安哥拉	197	205①
喀麦隆	231	229
刚果	124	136①
埃及	507	479
加蓬	482	470①
加纳	407	223①
肯尼亚	105	123①
利比里亚	450	413①
利比亚	1 802	2 269①
马拉维	69	59
摩洛哥	301	317
莫桑比克	266	141①
尼日利亚	99	95①
塞内加尔	113	108①
南非	3 627	4 377
苏丹	51	48①
突尼斯	472	554①
乌干达	36	39
扎伊尔	167	152①
赞比亚	1 668	1 431
津巴布韦	553	708
大洋洲		
澳大利亚	6 939	7 951
斐济	4 345	1 766
新西兰	7 581	8 563
巴布亚新几内亚	420	470①
北美洲		
加拿大	15 731	18 297
美国	9 909	10 533
拉丁美洲		
阿根廷	1 365	1 063
巴西	1 198	1 423①
智利	1 031	1 207
哥伦比亚	949	936①
哥斯达黎加	1 059	1 135①
古巴	1 011	1 284
厄瓜多尔	478	479①
墨西哥	1 104	1 198①
巴拿马	1 024	1 162
秘鲁	623	615①
乌拉圭	2 087	2 193①
委内瑞拉	2 507	2 621①

① 为1985年人均发电量。

资料来源：联合国《能源统计年鉴》1985年，《统计月报》1988年1月、3月；《中国统计年鉴》1987年。

表22 **人均能源生产量(按标准能源计算)①** (公斤)

国家或地区	1982年	1985年	国家或地区	1982年	1985年
亚洲			英国	5 519	5 727
			南斯拉夫	1 335	1 574
中国	658	818			
阿富汗	207	224	非洲		
巴林	21 356	19 038			
孟加拉国	25	38	阿尔及利亚	4 339	4 780
文莱	120 055	109 477	安哥拉	1 157	1 902
缅甸	78	103	喀麦隆	848	966
印度	207	243	刚果	3 989	477
印度尼西亚	763	800	科特迪瓦	147	222
伊朗	4 320	3 549	埃及	1 159	1 454
伊拉克	5 099	6 361	加蓬	10 396	10 449
日本	359	407	加纳	54	37
朝鲜民主主义人民共和国	2 421	2 436	利比亚	25 252	21 680
			摩洛哥	46	50
南朝鲜	354	422	莫桑比克	58	41
科威特	45 049	51 164	尼日利亚	1 139	1 180
马来西亚	1 478	3 207	南非	3 409	4 083
蒙古	1 082	1 308	突尼斯	1 194	1 148
阿曼	31 591	25 262	扎伊尔	84	82
巴基斯坦	150	166	赞比亚	288	250
菲律宾	39	59	津巴布韦	380	330
卡塔尔	114 988	89 090			
沙特阿拉伯	47 385	22 367	大洋洲		
斯里兰卡	13	19			
叙利亚	1 305	1 339	澳大利亚	8 560	10 860
泰国	69	155	新西兰	2 458	3 096
土耳其	351	465			
阿拉伯联合酋长国	87 408	71 259	北美洲		
越南	112	93			
			加拿大	11 085	12 806
欧洲			美国	8 580	8 426
阿尔巴尼亚	2 374	2 250	拉丁美洲		
奥地利	1 175	1 106			
比利时	811	1 152	阿根廷	1 836	1 255
保加利亚	2 080	2 013	玻利维亚	889	713
捷克斯洛伐克	4 270	4 310	巴西	332	522
丹麦	471	1 110	智利	573	546
芬兰	955	1 004	哥伦比亚	864	974
法国	991	1 156	哥斯达黎加	126	137
民主德国	5 379	6 059	古巴	81	124
联邦德国	2 625	2 634	多米尼加共和国	16	15
希腊	475	929	厄瓜多尔	1 813	2 253
匈牙利	2 130	2 186	萨尔瓦多	37	40
爱尔兰	1 279	1 206	危地马拉	70	44
意大利	517	499	洪都拉斯	27	25
荷兰	7 090	7 143	墨西哥	3 601	3 202
挪威	20 355	25 215	尼加拉瓜	18	21
波兰	4 638	4 714	巴拿马	65	109
葡萄牙	103	153	秘鲁	899	815
罗马尼亚	3 966	3 990	苏里南	431	649
西班牙	680	780	特立尼达和多巴哥	15 334	14 307
瑞典	1 392	1 912	乌拉圭	208	263
瑞士	966	1 010	委内瑞拉	10 792	9 032
苏联	7 425	7 811			

① 各种能源(包括煤、焦炭、原油、天然气及人造气、电力等动力能源)均折算为每公斤7 000大卡含热量的标准煤。

资料来源：联合国《能源统计年鉴》1985年，《统计月报》1988年1月；《中国统计年鉴》1987年。

表23　　　　　　　　　　**人均钢产量**　　　　　　　　　　（公斤）

国家或地区	1982年	1986年	国或或地区	1982年	1986年
亚洲			西班牙	354	315
中国	37	49	瑞典	468	562
印度	16	15	苏联	545	575
日本	840	809	英国	243	259
南朝鲜	143	98	南斯拉夫	89	88
土耳其	43	76	非洲		
欧洲			南非	273	275
奥地利	620	613	大洋洲		
比利时	1 005	986	澳大利亚	479	428
保加利亚	291	323	新西兰	80	89
捷克斯洛伐克	978	973	北美洲		
丹麦	115	124	加拿大	482	550
芬兰	500	527	美国	285	302
法国	338	322	拉丁美洲		
民主德国	429	479	阿根廷	89	104
联邦德国	589	607	巴西	102	153
匈牙利	346	350	智利	42	57
意大利	424	397	哥伦比亚	8	12
卢森堡	9 470	10 300	古巴	29	40
荷兰	304	363	墨西哥	95	92
挪威	187	201	委内瑞拉	132	194
波兰	399	458			
罗马尼亚	581	607			

资料来源：联合国《统计月报》1988年1月、3月；《中国统计年鉴》1987年。

表24 **人均原煤消费量**①（公斤）

国家或地区	1982年	1985年
亚洲		
中国②	656	807
阿富汗	9	9
印度	176	201
印度尼西亚	2	6
伊朗	21	22
以色列	225	676
日本	825	917
朝鲜民主主义人民共和国	2 502	2 522
南朝鲜	747	1 003
马来西亚	7	35
蒙古	2 653	3 299
巴基斯坦	19	22
菲律宾	7	32
泰国	45	104
土耳其	495	864
越南	90	80
欧洲		
阿尔巴尼亚	643	659
奥地利	825	935
比利时	1 689	1 619
保加利亚	4 396	4 292
捷克斯洛伐克	8 053	8 124
丹麦	1 879	2 371
芬兰	621	1 068
法国	876	711
民主德国	16 855	18 916
联邦德国	2 573	3 460
希腊	2 832	3 843
匈牙利	2 653	2 395
冰岛	103	284
爱尔兰	376	440
意大利	259	423
卢森堡	773	548
荷兰	409	734
挪威	248	287
波兰	5 261	5 847
葡萄牙	54	160
罗马尼亚	1 845	2 254
西班牙	1 211	1 257
瑞典	296	496
瑞士	87	100
苏联	2 488	2 385
英国	1 980	1 876
南斯拉夫	2 520	3 143
非洲		
阿尔及利亚	35	74
埃及	32	26
马拉维	10	4
摩洛哥	38	48
莫桑比克	33	30
尼日尔	8	10
南非	3 172	3 476
扎伊尔	6	6
赞比亚	100	77
津巴布韦	301	259
大洋洲		
澳大利亚	4 798	5 252
斐济	35	23
新西兰	679	614
北美洲		
加拿大	1 684	1 903
美国	2 777	3 095
拉丁美洲		
阿根廷	41	39
巴西	84	124
智利	100	144
哥伦比亚	176	205
古巴	13	8
墨西哥	110	111
委内瑞拉	5	17

① 原煤包括硬煤和褐煤。② 为联合国估计数。

资料来源：联合国《能源统计年鉴》1985年。

表25　　人均原油消费量　　（公斤）

国家或地区	1982年	1985年
世界总计	597	567
亚洲		
中国	87	91
巴林	25 953	21 394
孟加拉国	13	10
缅甸	39	39
塞浦路斯	786	676
民主也门	1 584	1 638
印度	45	54
印度尼西亚	157	157
伊朗	692	829
伊拉克	596	944
以色列	2 020	1 631
日本	1 554	1 372
约旦	793	714
朝鲜民主主义人民共和国	111	128
南朝鲜	601	666
科威特	13 850	16 429
黎巴嫩	185	234
马来西亚	353	461
阿曼	0	1 135
巴基斯坦	54	52
菲律宾	180	152
卡塔尔	2 436	9 238
沙特阿拉伯	3 557	3 705
新加坡	14 239	13 908
斯里兰卡	124	104
叙利亚	965	1 152
泰国	159	154
土耳其	355	363
阿拉伯联合酋长国	2 963	5 011
欧洲		
阿尔巴尼亚	1 258	1 120
奥地利	975	979
比利时	2 529	2 033
保加利亚	1 435	1 411
捷克斯洛伐克	1 100	1 106
丹麦	1 017	1 278
芬兰	1 959	2 042
法国	1 449	1 408
民主德国	1 306	1 362
联邦德国	1 283	1 133
希腊	1 539	1 223
匈牙利	811	836
爱尔兰	138	353
意大利	1 449	1 143
荷兰	2 684	2 752
挪威	1 583	1 736
波兰	372	378
葡萄牙	799	706
罗马尼亚	1 008	1 101
西班牙	1 180	1 159
瑞典	1 570	1 717
瑞士	557	593
苏联	1 856	1 771
英国	1 214	1 229
南斯拉夫	567	551
非洲		
阿尔及利亚	1 067	1 008
安哥拉	136	163
喀麦隆	343	347
埃及	400	431
加蓬	1 132	1 051
加纳	88	83
科特迪瓦	146	171
肯尼亚	119	96
利比里亚	326	297
利比亚	1 773	2 222
马达加斯加	39	21
摩洛哥	212	204
莫桑比克	40	39
尼日利亚	87	95
塞内加尔	129	48
塞拉利昂	63	67
索马里	86	80
南非	457	430
苏丹	56	51
突尼斯	222	228
坦桑尼亚	28	27
扎伊尔	5	11
赞比亚	116	99
大洋洲		
澳大利亚	1 883	1 832
新西兰	713	505
北美洲		
加拿大	2 806	2 450
美国	2 508	2 478
拉丁美洲		
阿根廷	896	771
巴哈马	42 857	15 870
巴巴多斯	792	862
玻利维亚	178	153
巴西	407	405
智利	299	309
哥伦比亚	312	349
哥斯达黎加	187	160
古巴	689	684
多米尼加共和国	231	240
厄瓜多尔	709	638
萨尔瓦多	109	112
危地马拉	99	95
洪都拉斯	24	62
牙买加	389	449
墨西哥	899	770
尼加拉瓜	203	152
巴拿马	877	578
巴拉圭	69	54
秘鲁	433	416
波多黎各岛(美)	1 622	1 434
特立尼达和多巴哥	7 474	4 149
乌拉圭	568	373
委内瑞拉	2 794	2 517

资料来源：联合国《能源统计年鉴》1985年；《中国统计年鉴》1987年。

表26 人均电力消费量 （度）

国家或地区	1982年	1985年
世界总计	1 836	1 996
亚　洲		
中　国①	325	396
阿富汗	61	64
巴　林	5 287	4 931
孟加拉国	38	48
文　莱	2 676	4 021
缅　甸	42	47
塞浦路斯	1 776	1 972
民主也门	131	133
印　度	196	248
印度尼西亚	93	167
伊　朗	704	836
伊拉克	958	1 180
以色列	3 380	3 622
日　本	4 906	5 577
约　旦	483	704
朝鲜民主主义人民共和国	2 111	2 355
南朝鲜	1 200	1 520
科威特	7 772	8 663
黎巴嫩	500	523
马来西亚	796	962
蒙　古	1 304	1 541
阿　曼	1 269	1 423
巴基斯坦	192	251
菲律宾	410	386
卡塔尔	12 019	11 159
沙特阿拉伯	3 031	2 808
新加坡	3 159	3 840
斯里兰卡	134	152
叙利亚	594	683
泰　国	375	484
土耳其	611	719
阿拉伯联合酋长国	5 690	5 041
越　南	83	84
也　门	44	43
欧　洲		
阿尔巴尼亚	773	838
奥地利	5 021	8 626
比利时	5 127	5 686
保加利亚	4 834	5 064
捷克斯洛伐克	4 981	5 403
丹　麦	5 035	5 764
芬　兰	8 637	10 588
法　国	4 799	5 545
民主德国	6 232	6 799
联邦德国	6 035	6 722
希　腊	2 451	2 883
匈牙利	3 131	3 514
冰　岛	15 338	16 642
爱尔兰	3 022	3 253
意大利	3 301	3 592
卢森堡	10 055	11 088
马耳他	1 658	2 047
荷　兰	4 415	4 651
挪　威	21 030	24 777
波　兰	3 199	3 646
葡萄牙	1 818	2 081
罗马尼亚	3 098	3 368
西班牙	2 913	3 230
瑞　典	12 355	16 165
瑞　士	6 219	7 056
苏　联	4 985	5 445
英　国	4 828	5 232
南斯拉夫	2 839	3 221
非　洲		
阿尔及利亚	472	569
安哥拉	197	204
贝　宁	46	22
布基纳法索	17	17
布隆迪	35	32
喀麦隆	236	227
中　非	29	29
科摩罗	25	23
刚　果	140	152
吉布提	376	412
埃　及	517	495
赤道几内亚	38	38
埃塞俄比亚	19	19
加　蓬	484	469
冈比亚	66	65
加　纳	362	204
几内亚	88	82
科特迪瓦	222	182
肯尼亚	116	131
利比里亚	447	413
利比亚	1 866	2 266
马达加斯加	47	45
马拉维	70	74
马　里	17	20
毛里塔尼亚	60	55
毛里求斯	455	496
摩洛哥	301	317
莫桑比克	105	110
尼日尔	48	55
尼日利亚	98	93
卢旺达	28	29
塞内加尔	113	108
塞舌尔	768	816
塞拉利昂	79	77
索马里	17	31
南　非	3 222	3 294
苏　丹	51	48
多　哥	85	83
突尼斯	476	568
乌干达	22	40
坦桑尼亚	41	39
扎伊尔	163	150
赞比亚	1 141	1 052
津巴布韦	980	836
大洋洲		
澳大利亚	6 940	7 579
斐　济	496	572

表26 （续完）

国家或地区	1982年	1985年	国家或地区	1982年	1985年
新西兰	7 438	8 066	古巴	1 124	1 215
巴布亚新几内亚	402	446	多米尼加共和国	551	644
北美洲			厄瓜多尔	480	480
			萨尔瓦多	293	305
加拿大	14 460	16 522	危地马拉	222	220
美国	10 057	10 781	圭亚那	393	409
			海地	59	57
拉丁美洲			洪都拉斯	274	282
			牙买加	1 008	1 027
			墨西哥	1 100	1 182
阿根廷	1 367	1 481	尼加拉瓜	391	381
巴哈马	3 751	3 713	巴拿马	1 095	1 178
伯利兹	375	368	巴拉圭	279	464
玻利维亚	286	271	秘鲁	623	615
巴西	1 212	1 444	波多黎各岛(美)	3 600	3 569
智利	1 034	1 154	特立尼达和多巴哥	2 376	2 561
哥伦比亚	950	933	乌拉圭	1 253	1 303
哥斯达黎加	977	1 068	委内瑞拉	2 507	2 621

① 为联合国估计数。

资料来源：联合国《能源统计年鉴》1985年。

表27 人均能源消费量（按标准能源计算）① （公斤）

国家或地区	1982年	1985年
世界总计	1 831	1 888
亚洲		
中国	617	737
阿富汗	54	103
巴林	12 855	12 796
孟加拉国	49	57
缅甸	63	88
塞浦路斯	1 876	1 924
民主也门	812	1 031
印度	220	254
印度尼西亚	260	255
伊朗	1 139	1 252
伊拉克	597	649
以色列	2 468	2 435
日本	3 460	3 715
约旦	891	943
朝鲜民主主义人民共和国	2 649	2 681
南朝鲜	1 406	1 614
科威特	6 391	7 134
黎巴嫩	635	1 035
马来西亚	885	1 575
蒙古	1 531	1 801
阿曼	10 466	8 296
巴基斯坦	217	251
菲律宾	304	291
卡塔尔	26 685	20 854
沙特阿拉伯	3 607	3 606
新加坡	5 707	7 692
斯里兰卡	130	110
叙利亚	988	1 228
泰国	349	417
土尔其	767	923
阿拉伯联合酋长国	8 456	7 274
越南	126	118
也门	184	188
欧洲		
阿尔巴尼亚	1 259	1 288
奥地利	3 607	3 955
比利时	5 289	4 998
保加利亚	5 590	5 720
捷克斯洛伐克	6 126	6 231
丹麦	4 884	5 334
芬兰	4 735	5 234
法国	3 997	4 013
民主德国	7 312	7 791
联邦德国	5 449	5 748
希腊	2 077	2 332
匈牙利	3 825	3 892
冰岛	4 701	5 053
爱尔兰	3 329	3 084
意大利	3 146	3 290
卢森堡	10 973	11 532
马耳他	1 658	1 279
荷兰	6 103	5 752
挪威	6 182	6 507
波兰	4 426	4 636
葡萄牙	1 295	1 302
罗马尼亚	4 572	4 776
西班牙	2 271	2 183
瑞典	4 838	4 960
瑞士	3 417	3 805
苏联	5 762	6 131
英国	4 753	4 914
南斯拉夫	2 164	2 520
非洲		
阿尔及利亚	569	767
安哥拉	124	122
贝宁	49	39
布基纳法索	31	29
布隆迪	16	19
喀麦隆	408	447
中非	39	38
乍得	21	20
科摩罗	44	41
刚果	96	96
吉布提	293	264
埃及	583	662
赤道几内亚	93	94
埃塞俄比亚	21	18
加蓬	1 241	1 162
赞比亚	127	126
加纳	120	89
几内亚	75	71
科特迪瓦	184	208
肯尼亚	102	83
利比里亚	387	352
利比亚	2 714	3 536
马达加斯加	40	40
马拉维	48	37
马里	28	27
毛里塔尼亚	170	156
毛里求斯	249	289
摩洛哥	327	327
莫桑比克	96	90
尼日尔	58	60
尼日利亚	245	227
卢旺达	33	34
塞内加尔	202	167
塞舌尔	594	513
塞拉利昂	69	73
索马里	121	113
南非	2 794	3 068
苏丹	85	72
多哥	59	48
突尼斯	628	760
乌干达	24	25
坦桑尼亚	45	40
扎伊尔	63	65
赞比亚	376	323
津巴布韦	494	439

表27 （续完）

国家或地区	1982年	1985年	国家或地区	1982年	1985年
大洋洲			古　　巴	1 521	1 428
澳大利亚	6 272	6 558	多米尼加联邦	257	263
斐　济	570	412	多米尼加共和国	443	475
新西兰	3 516	3 432	厄瓜多尔	719	638
巴布亚新几内亚	293	300	萨尔瓦多	177	173
北美洲			危地马拉	212	198
加拿大	9 638	9 910	圭亚那	719	696
美　国	9 468	9 563	海　　地	53	51
拉丁美洲			洪都拉斯	219	220
阿根廷	1 673	1 703	牙买加	1 248	1 174
巴哈马	5 332	4 513	墨西哥	1 766	1 677
伯利兹	1 220	1 383	尼加拉瓜	345	307
玻利维亚	410	306	巴拿马	703	661
巴　西	689	692	巴拉圭	212	254
智　利	913	890	秘　　鲁	662	591
哥伦比亚	815	840	波多黎各岛（美）	3 214	3 460
哥斯达黎加	463	485	特立尼达和多巴哥	5 859	5 050
			乌拉圭	825	605
			委内瑞拉	3 248	3 150

① 各种燃料（包括煤、焦炭、原油、天然气及人造气、电力等动力能源）均折算为每公斤7000大卡含热量

资料来源：联合国《能源统计年鉴》1985年；《中国统计年鉴》1987年。

五、人均农业生产水平

表28 人口、农业生产和谷物总产量年平均增长速度比较（1981～1986年平均数）（%）

国家或地区	人口	农业生产	谷物总产量
亚洲			
中国	1.2	7.3①	4.4②
阿富汗	2.6	−0.1	−1.3
孟加拉国	2.7	2.4	2.6
不丹	2.1	2.3	9.6
缅甸	…	6.1	2.8
塞浦路斯	1.0	−1.4	−7.1
民主也门	3.1	0.2	−0.6
印度	2.1	3.8	2.8
印度尼西亚	2.2	4.7	5.0
伊朗	4.0	3.4	5.7
伊拉克	3.7	6.3	2.6
以色列	1.7	1.9	−7.5
日本	0.7	2.1	3.1
约旦	3.8	1.9	−18.6
柬埔寨	2.7	6.6	4.9
朝鲜民主主义人民共和国	2.5	3.6	3.9
南朝鲜	1.5	4.5	4.6
老挝	2.3	6.4	5.9
黎巴嫩	0.2	2.2	−12.6
马来西亚	2.7	3.3	−1.6
蒙古	2.6	2.1	22.6
尼泊尔	…	1.5	0.9
巴基斯坦	3.1	4.3	3.5
菲律宾	2.5	1.6	3.5
沙特阿拉伯	4.2	17.0	40.7
斯里兰卡	1.5	−0.3	3.4
叙利亚	3.4	2.6	14.0
泰国	2.0	3.2	2.4
土耳其	2.1	2.3	3.1
越南	2.1	4.8	5.6
也门	3.0	5.7	−7.5
欧洲			
阿尔巴尼亚	2.0	1.2	1.6
奥地利	0.02	0.2	0.9
比利时—卢森堡	0.1	1.1	…
保加利亚	0.2	1.2	0.6
捷克斯洛伐克	0.2	2.6	0.1
丹麦	0	4.0	2.0
芬兰	0.5	1.2	1.2
法国	0.5	1.1	0.7
民主德国	−0.1	1.8	3.2
联邦德国	−0.1	2.2	2.0
希腊	0.6	−0.3	−7.6
匈牙利	−0.1	1.2	0.3
爱尔兰	0.7	−0.4	0.3
意大利	0.2	−0.1	0.7
荷兰	0.5	2.3	−0.1
挪威	0.3	0.9	0.5
波兰	0.9	3.3	5.2
葡萄牙	0.9	0.9	2.0
罗马尼亚	0.7	3.7	7.1
西班牙	0.5	−0.1	−2.2
瑞典	0.1	0.6	1.5
瑞士	0.5	1.2	3.3
苏联	0.9	2.4	1.5
英国	0.1	1.5	3.8
南斯拉夫	0.7	0.6	2.7
非洲			
阿尔及利亚	3.1	2.7	1.4
安哥拉	2.6	−0.1	−5.7
贝宁	2.8	6.7	6.5
布基纳法索	1.6	7.7	10.6
布隆迪	2.8	3.3	7.7
喀麦隆	3.5	2.0	−1.5
中非	2.9	1.3	1.3
乍得	2.3	2.7	1.7
埃及	2.8	2.4	1.5
埃塞俄比亚	2.6	0.8	−0.4
加蓬	1.7	0.8	…
加纳	3.3	5.2	6.4
几内亚	2.4	0.9	−4.8
肯尼亚	4.1	4.1	5.5
莱索托	2.6	−0.7	−6.2
利比里亚	3.1	2.5	3.3
利比亚	…	10.1	4.9
马达加斯加	2.9	1.9	0.4
马拉维	3.1	2.2	2.8
马里	2.9	3.9	10.8
摩洛哥	…	4.4	9.8
莫桑比克	2.6	−0.1	4.1
尼日尔	4.0	1.0	0.5
尼日利亚	3.4	3.6	3.7
卢旺达	3.3	1.7	3.4
塞内加尔	2.5	5.5	6.4
索马里	2.9	1.0	16.7
南非	2.5	0.4	−3.1
苏丹	2.9	3.7	6.9
坦桑尼亚	3.2	1.7	17.8
多哥	3.0	0.5	0.1
突尼斯	…	2.2	−9.9
乌干达	3.4	7.5	0.4

表28 （续完）

国家或地区	人口	农业生产	谷物总产量
扎伊尔	…	2.7	5.8
赞比亚	2.9	2.4	2.4
津巴布韦	2.9	3.9	7.7
大洋洲			
澳大利亚	1.4	3.3	7.3
新西兰	0.7	1.2	12.0
北美洲			
加拿大	1.1	3.7	6.2
美国	1.0	1.1	2.7
拉丁美洲			
阿根廷	1.6	2.0	6.6
玻利维亚	2.7	0.6	5.3
巴西	2.3	2.3	1.9
智利	1.7	2.9	7.3
哥伦比亚	2.0	1.3	−0.3
哥斯达黎加	…	1.9	3.5
古巴	0.9	3.2	1.7
多米尼加共和国	2.8	1.1	−3.5
厄瓜多尔	2.9	3.3	2.1
萨尔瓦多	1.4	−3.2	−3.8
危地马拉	2.9	0.2	3.1
圭亚那	…	−1.0	…
海地	…	1.9	3.3
洪都拉斯	3.4	1.5	4.6
墨西哥	2.3	1.7	2.1
尼加拉瓜	3.6	0.6	7.4
巴拿马	2.2	2.0	2.8
巴拉圭	3.2	3.0	2.4
秘鲁	2.6	2.6	8.9
乌拉圭	0.4	1.8	1.4
委内瑞拉	2.9	1.9	5.7

① 中国和联合国粮食及农业组织农业生产指数计算口径不同，按联合国粮食及农业组织口径计算的1981～1986年农业生产年平均增长速度为5.2%。② 按粮食产量扣除大豆和薯类产量后计算。

资料来源：联合国粮食及农业组织《生产年鉴》1982年、1986年；联合国《统计月报》1988年1月；中国国家统计局《中国统计年鉴》1987年。

表29　　**人均耕地面积①**　　（公顷/人）

国家或地区	1975年	1985年
亚洲		
中国②	0.10	0.09
阿富汗	0.67	0.44
孟加拉国	0.11	0.09
不丹	0.07	0.07
文莱	0.03	0.01
缅甸	0.32	0.26
塞浦路斯	0.59	0.54
民主也门	0.07	0.06
印度	0.27	0.22
印度尼西亚	0.11	0.09
伊朗	0.47	0.29
伊拉克	0.46	0.33
以色列	0.10	0.08
日本	0.04	0.03
约旦	0.13	0.11
柬埔寨	0.41	0.40
朝鲜民主主义人民共和国	0.13	0.11
南朝鲜	0.06	0.05
老挝	0.24	0.21
黎巴嫩	0.08	0.08
马来西亚	0.08	0.07
蒙古	0.57	0.72
尼泊尔	0.18	0.14
阿曼	0.02	0.01
巴基斯坦	0.28	0.21
菲律宾	0.11	0.08
沙特阿拉伯	0.14	0.10
斯里兰卡	0.07	0.07
叙利亚	0.69	0.49
泰国	0.36	0.34
土耳其	0.62	0.50
越南	0.12	0.10
也门	0.24	0.18
欧洲		
阿尔巴尼亚	0.23	0.2
奥地利	0.23	0.19
比利时—卢森堡	0.09	0.08
保加利亚	0.45	0.43
捷克斯洛伐克	0.35	0.32
丹麦	0.52	0.51
芬兰	0.53	0.49
法国	0.33	0.32
民主德国	0.28	0.28
联邦德国	0.12	0.12
希腊	0.32	0.29
匈牙利	0.49	0.47
冰岛	0.04	0.03
爱尔兰	0.31	0.22
意大利	0.17	0.16
马耳他	0.04	0.03
荷兰	0.06	0.06
挪威	0.20	0.21
波兰	0.43	0.39
葡萄牙	0.24	0.20
罗马尼亚	0.46	0.44
西班牙	0.44	0.40
瑞典	0.37	0.36
瑞士	0.06	0.06
苏联	0.89	0.82
英国	0.12	0.12
南斯拉夫	0.34	0.30
非洲		
阿尔及利亚	0.43	0.32
安哥拉	0.45	0.34
贝宁	0.43	0.35
博茨瓦纳	1.96	1.25
布基纳法索	0.45	0.39
布隆迪	0.29	0.24
喀麦隆	0.73	0.58
中非	0.89	0.73
乍得	0.74	0.63
科摩罗	0.23	0.17
刚果	0.47	0.38
埃及	0.07	0.05
埃塞俄比亚	0.47	0.30
加蓬	0.23	0.25
冈比亚	0.29	0.26
加纳	0.11	0.08
几内亚	0.35	0.25
几内亚比绍	0.40	0.33
肯尼亚	0.13	0.09
莱索托	0.31	0.20
利比里亚	0.08	0.06
利比亚	0.72	0.50
马达加斯加	0.30	0.25
马拉维	0.43	0.33
马里	0.29	0.25
毛里塔尼亚	0.14	0.10
毛里求斯	0.12	0.10
摩洛哥	0.42	0.36
莫桑比克	0.29	0.21
尼日尔	0.47	0.61
尼日利亚	0.41	0.30
卢旺达	0.16	0.12
塞内加尔	1.00	0.81
索马里	0.33	0.23
南非	0.49	0.38
苏丹	0.77	0.58
坦桑尼亚	0.26	0.19
多哥	0.61	0.46
突尼斯	0.61	0.47
乌干达	0.35	0.32
扎伊尔	0.25	0.20
赞比亚	1.00	0.78
津巴布韦	0.40	0.32
大洋洲		
澳大利亚	3.04	3.07
新西兰	0.13	0.15
北美洲		
加拿大	1.91	1.84
美国	0.86	0.79

表29 （续完）

国家或地区	1975年	1985年	国家或地区	1975年	1985年
拉丁美洲			危地马拉	0.19	0.17
			圭亚那	0.47	0.61
			海地	0.12	0.11
阿根廷	0.95	0.86	洪都拉斯	0.47	0.36
巴巴多斯	0.14	0.13	牙买加	0.10	0.09
玻利维亚	0.65	0.51	墨西哥	0.37	0.30
巴西	0.50	0.47	尼加拉瓜	0.49	0.33
智利	0.50	0.44	巴拿马	0.25	0.20
哥伦比亚	0.16	0.14	巴拉圭	0.39	0.56
哥斯达黎加	0.14	0.11	秘鲁	0.19	0.17
古巴	0.26	0.25	波多黎各岛（美）	0.03	0.02
多米尼加共和国	0.20	0.18	乌拉圭	0.49	0.47
厄瓜多尔	0.24	0.17	委内瑞拉	0.23	0.18
萨尔瓦多	0.12	0.12			

① 按可耕地面积计算。② 为联合国粮食及农业组织估计数。

资料来源：联合国粮食及农业组织《生产年鉴》1986年；联合国《统计月报》1988年1月。

表30　　每万人平均灌溉面积　　（公顷/万人）

国家或地区	1975年	1985年
亚洲		
中国	467.1①	421.3
阿富汗	2105.3	1466.4
孟加拉国	182.5	210.1
缅甸	323.5	292.1
塞浦路斯	1516.1	1403.0
印度	561.5	534.0
印度尼西亚	355.6	430.3
伊朗	1767.5	1200.3
伊拉克	1409.2	1100.6
以色列	524.6	640.7
日本	284.2	242.7
约旦	133.3	122.5
柬埔寨	125.4	123.6
朝鲜民主主义人民共和国	567.8	525.0
南朝鲜	300.5	297.1
老挝	116.6	288.8
黎巴嫩	310.5	322.1
马来西亚	258.8	213.0
蒙古	158.6	222.2
尼泊尔	182.7	390.9
巴基斯坦	1922.4	1605.3
菲律宾	247.2	261.6
沙特阿拉伯	517.2	359.6
斯里兰卡	355.6	368.1
叙利亚	693.5	634.9
泰国	577.7	696.6
土耳其	493.9	436.4
越南	210.0	296.4
也门	432.3	360.6
欧洲		
阿尔巴尼亚	1379.2	1324.3
奥地利	6.1	5.3
比利时—卢森堡	1.0	1.0
保加利亚	1293.6	1371.7
捷克斯洛伐克	91.9	120.6
丹麦	355.7	792.6
芬兰	84.9	126.5
法国	152.5	212.1
民主德国	95.0	99.8
联邦德国	49.8	52.4
希腊	966.9	1106.7
匈牙利	148.1	129.6
意大利	491.0	525.1
马耳他	30.3	26.3
荷兰	315.0	366.0
挪威	99.8	216.9
波兰	67.9	26.9
葡萄牙	662.8	622.0
罗马尼亚	694.0	130.1
西班牙	791.6	835.6
瑞典	58.6	63.5
瑞士	39.1	38.6
苏联	569.3	718.9
英国	15.4	26.8
南斯拉夫	62.2	70.6
非洲		
阿尔及利亚	152.3	155.6
贝宁	48.2	58.5
博茨瓦纳	147.1	146.8
布基纳法索	10.6	12.0
布隆迪	13.4	10.6
喀麦隆	10.6	9.8
乍得	17.4	13.9
刚果	14.8	23.0
埃及	763.3	512.6
埃塞俄比亚	33.5	21.7
冈比亚	480.8	515.6
加纳	15.2	5.2
几内亚	147.5	115.3
肯尼亚	29.8	19.7
利比里亚	12.9	22.8
利比亚	823.0	650.0
马达加斯加	644.7	1022.0
马拉维	24.8	31.2
马里	270.3	426.3
毛里塔尼亚	49.3	42.3
毛里求斯	174.4	171.7
摩洛哥	245.7	238.4
莫桑比克	39.1	59.4
尼日尔	13.0	22.9
尼日利亚	23.6	134.5
卢旺达	31.0	24.7
塞内加尔	321.3	271.7
塞拉利昂	42.6	44.4
索马里	383.4	387.1
南非	399.3	348.3
苏丹	994.9	788.9
斯威士兰	1166.7	953.8
坦桑尼亚	34.0	64.4
多哥	26.9	6.8
突尼斯	222.8	296.1
乌干达	13.9	10.3
扎伊尔	—	2.3
赞比亚	36.1	30.0
津巴布韦	114.0	208.8
大洋洲		
澳大利亚	1057.6	1027.9
新西兰	487.0	769.2
北美洲		
加拿大	220.3	250.4
美国	772.8	756.5
拉丁美洲		
阿根廷	552.8	549.7
玻利维亚	245.4	248.8
巴西	123.9	169.7
智利	1217.6	1037.1
哥伦比亚	118.4	113.2
哥斯达黎加	183.7	441.8
古巴	624.3	856.4
多米尼加共和国	294.7	317.3
厄瓜多尔	722.4	575.7
萨尔瓦多	82.5	228.2
危地马拉	96.2	94.2
圭亚那	1538.5	1607.6
海地	152.8	132.8
洪都拉斯	258.9	194.5
牙买加	156.1	145.3
墨西哥	744.8	627.4
尼加拉瓜	311.6	253.8
巴拿马	135.3	137.6
巴拉圭	204.5	176.2
秘鲁	745.4	614.2
波多黎各岛（美）	133.1	118.9
乌拉圭	201.4	312.3
委内瑞拉	236.8	187.1

① 为1978年数字。

资料来源：联合国粮食及农业组织《生产年鉴》1986年；联合国《统计月报》1988年1月；中国国家统计局《中国统计年鉴》1987年。

表31　　人均农业生产指数（1979～1981年＝100）　　（%）

国家或地区	1980年	1981年	1982年	1983年	1984年	1985年	1986年
亚　洲							
中国[①]	99	102	110	118	127	122	125
阿富汗	99	101	100	101	101	100	91
孟加拉国	101	98	100	100	98	101	99
不丹	100	100	101	101	102	102	102
缅甸	99	105	112	115	118	124	126
塞浦路斯	105	98	105	89	98	90	89
印度	98	104	100	110	111	112	110
印度尼西亚	101	105	103	107	116	116	119
伊朗	96	107	107	101	98	98	98
伊拉克	102	97	107	101	95	111	119
以色列	98	98	102	109	101	111	98
日本	96	97	97	97	105	105	104
约旦	112	108	102	106	105	100	100
柬埔寨	114	102	113	130	141	148	143
朝鲜民主主义人民共和国	100	100	100	103	105	107	106
南朝鲜	89	97	99	98	102	102	105
老挝	101	109	107	109	118	126	128
黎巴嫩	112	94	119	107	108	122	125
马来西亚	101	101	105	99	101	104	106
蒙古	97	98	101	102	95	93	94
尼泊尔	102	102	94	106	103	102	97
巴基斯坦	99	101	101	98	102	104	107
菲律宾	100	101	98	94	93	94	95
沙特阿拉伯	100	83	113	138	132	197	201
新加坡	92	107	80	82	104	93	90
斯里兰卡	104	95	90	94	85	89	92
叙利亚	107	107	107	105	90	93	100
泰国	99	103	105	109	109	111	107
土耳其	100	100	103	99	98	99	101
越南	102	103	106	109	113	117	120
也门	100	103	103	94	101	106	118
欧　洲							
阿尔巴尼亚	100	97	97	101	99	97	95
奥地利	103	99	112	107	111	109	104
比利时—卢森堡	98	102	97	94	104	104	104
保加利亚	96	102	109	98	107	93	101
捷克斯洛伐克	102	102	109	113	119	116	117
丹麦	99	101	111	105	127	124	126
芬兰	104	93	106	115	112	110	108
法国	101	98	103	100	108	107	105
民主德国	98	103	98	98	106	112	110
联邦德国	101	100	109	106	114	109	116
希腊	104	104	106	100	105	101	98
匈牙利	102	102	112	109	116	109	110
冰岛	102	101	96	93	93	93	91
爱尔兰	109	91	95	96	107	104	99
意大利	102	101	99	108	99	100	100
马耳他	107	100	113	112	106	108	114
荷兰	96	107	108	105	107	102	108
挪威	99	103	108	103	112	110	103
波兰	95	95	97	101	103	105	110
葡萄牙	99	88	104	92	100	100	100
罗马尼亚	100	97	104	102	114	107	121
西班牙	106	93	102	93	109	104	101
瑞典	99	103	105	104	114	103	103
瑞士	100	98	108	103	106	106	105
苏联	100	97	102	106	105	105	109
英国	102	101	103	105	114	108	111
南斯拉夫	99	100	108	102	104	96	98
非　洲							
阿尔及利亚	107	97	91	94	97	105	105
安哥拉	103	96	94	93	91	89	88
贝宁	98	94	94	96	115	117	121
博茨瓦纳	88	101	97	88	79	81	78
布基纳法索	95	101	100	100	97	117	128
布隆迪	94	108	98	99	91	97	96
喀麦隆	99	100	99	92	95	93	95

表31 （续完）

国家或地区	1980年	1981年	1982年	1983年	1984年	1985年	1986年
中非	100	100	101	98	96	88	94
乍得	102	94	97	103	89	107	105
刚果	100	101	101	94	93	93	92
埃及	100	98	102	101	98	101	100
埃塞俄比亚	99	96	102	94	84	87	89
加蓬	102	99	101	102	100	97	97
冈比亚	91	118	138	94	102	124	120
加纳	101	95	91	81	114	105	113
几内亚	103	102	102	94	93	92	94
肯尼亚	100	96	103	100	85	95	99
莱索托	98	96	83	85	82	89	81
利比里亚	101	99	97	97	101	97	96
利比亚	99	92	131	126	117	141	141
马达加斯加	102	101	98	100	99	98	96
马拉维	98	99	102	96	96	94	93
马里	98	103	108	111	101	96	104
毛里塔尼亚	100	102	93	84	84	85	92
毛里求斯	88	99	114	97	96	103	108
摩洛哥	106	86	110	98	97	101	118
莫桑比克	100	99	95	88	85	84	84
尼日尔	102	98	95	94	73	91	91
尼日利亚	104	100	102	97	99	104	105
卢旺达	97	103	103	108	87	89	88
塞内加尔	86	118	116	82	95	109	101
塞拉利昂	100	99	107	106	94	92	100
索马里	101	99	100	92	88	92	91
南非	97	107	92	75	81	85	85
苏丹	99	108	96	97	88	102	104
斯威士兰	105	104	102	102	99	96	94
坦桑尼亚	100	100	92	92	93	90	89
多哥	100	98	95	87	93	93	86
突尼斯	106	100	88	99	96	120	106
乌干达	99	106	111	114	85	125	125
扎伊尔	101	100	102	102	101	101	99
赞比亚	103	97	91	94	93	97	97
津巴布韦	98	108	92	76	88	107	99
大洋洲							
澳大利亚	93	99	88	109	104	102	104
新西兰	100	104	103	104	102	109	103
巴布亚新几内亚	100	101	98	99	97	98	97
北美洲							
加拿大	99	107	113	105	104	106	116
美国	95	105	102	85	98	102	96
拉丁美洲							
阿根廷	96	100	104	99	101	96	98
巴巴多斯	109	94	85	81	84	85	90
玻利维亚	99	102	104	78	91	96	87
巴西	100	105	104	101	104	111	101
智利	98	104	101	95	98	100	106
哥伦比亚	99	101	97	94	94	91	94
哥斯达黎加	99	98	92	93	97	101	95
古巴	94	104	108	103	112	109	109
多米尼加共和国	99	97	101	104	105	99	92
厄瓜多尔	100	101	101	84	93	103	103
萨尔瓦多	103	88	79	81	83	81	71
危地马拉	100	99	101	94	93	89	85
圭亚那	96	102	98	88	81	81	81
海地	98	97	95	97	97	94	94
洪都拉斯	99	103	95	90	85	86	88
牙买加	99	94	91	98	105	101	99
墨西哥	100	103	97	100	98	96	95
尼加拉瓜	82	93	92	83	80	77	70
巴拿马	98	102	98	102	100	101	97
巴拉圭	101	101	102	101	97	111	101
秘鲁	94	99	100	94	101	98	94
波多黎各岛(美)	98	97	92	90	83	86	86
乌拉圭	96	113	110	113	103	105	103
委内瑞拉	100	96	92	96	92	93	94

① 为联合国粮食及农业组织估计数。
资料来源：联合国粮食及农业组织《生产年鉴》1986年。

表32　**人均谷物总产量①**　（公斤/人）

国家或地区	1984年	1985年	1986年
亚洲			
中国②	394	365	372
阿富汗	255	243	217
孟加拉国	240	248	252
不丹	126	126	126
缅甸	398	430	401
塞浦路斯	180	210	118
民主也门	52	50	48
印度	223	222	216
印度尼西亚	272	264	270
伊朗	189	215	227
伊拉克	71	184	157
以色列	41	39	44
日本	133	131	130
约旦	14	24	15
柬埔寨	292	301	279
朝鲜民主主义人民共和国	514	526	526
南朝鲜	221	209	202
老挝	337	366	362
黎巴嫩	16	9	7
马来西亚	105	126	117
蒙古	324	468	449
尼泊尔	268	263	233
巴基斯坦	188	185	210
菲律宾	218	238	241
沙特阿拉伯	130	190	172
斯里兰卡	158	171	165
叙利亚	145	248	299
泰国	483	496	451
土耳其	545	538	548
越南	274	277	277
也门	57	61	80
欧洲			
阿尔巴尼亚	380	356	356
奥地利	709	735	676
比利时—卢森堡	245	216	228
保加利亚	1 032	601	887
捷克斯洛伐克	775	760	696
丹麦	1 820	1 565	1 559
芬兰	747	743	720
法国	1 059	1 013	898
民主德国	681	700	702
联邦德国	433	433	427
希腊	552	467	524
匈牙利	1 474	1 390	1 339
爱尔兰	710	590	536
意大利	350	316	328
荷兰	98	78	87
挪威	346	321	284
波兰	661	638	665
葡萄牙	147	138	150
罗马尼亚	1 042	1 014	1 312
西班牙	548	545	422
瑞典	826	674	694
瑞士	174	162	148
苏联	593	656	713
英国	471	397	430
南斯拉夫	786	682	790
非洲			
阿尔及利亚	88	134	117
安哥拉	40	38	35
贝宁	126	134	125
布基纳法索	167	238	281
布隆迪	77	90	96
喀麦隆	74	87	83
中非	33	40	39
乍得	64	140	146
埃及	168	183	180
埃塞俄比亚	97	123	127
加蓬	10	10	9
加纳	69	55	65
几内亚	88	86	97
肯尼亚	89	150	151
莱索托	90	109	85
利比里亚	141	132	133
利比亚	76	65	76
马达加斯加	234	232	223
马拉维	232	218	215
马里	140	171	210
摩洛哥	175	243	348
莫桑比克	43	42	43
尼日尔	181	300	273
尼日利亚	112	119	123
卢旺达	50	52	51
塞内加尔	111	194	145
索马里	109	140	134
南非	237	318	307
苏丹	69	189	198
坦桑尼亚	156	167	168
多哥	153	125	103
突尼斯	151	290	89
乌干达	46	42	69
扎伊尔	36	36	36
赞比亚	143	179	174
津巴布韦	199	425	368
大洋洲			
澳大利亚	1 838	1 597	1 563
新西兰	346	372	457
北美洲			
加拿大	1 720	1 941	2 323
美国	1 329	1 452	1 309
拉丁美洲			
阿根廷	1 040	906	872
玻利维亚	132	143	128
巴西	247	265	268
智利	178	195	217
哥伦比亚	115	112	109
哥斯达黎加	150	171	120
古巴	65	61	62
多米尼加共和国	103	97	61
厄瓜多尔	93	91	120
萨尔瓦多	153	145	118
危地马拉	159	158	156
圭亚那	333	336	369
海地	83	66	84
洪都拉斯	144	110	119
墨西哥	311	349	301
尼加拉瓜	153	179	169
巴拿马	123	138	119
巴拉圭	268	297	214
秘鲁	113	94	94
乌拉圭	326	348	323
委内瑞拉	85	105	128

①　谷物总产量包括小麦、玉米、稻谷、高梁、小米、黑麦、燕麦、大麦和混合谷物之和。②　为人均粮食产量。

资料来源：联合国粮食及农业组织《生产年鉴》1986年；联合国《统计月报》1988年1月；中国国家统计局《中国统计年鉴》1987年。

表33　　**人均主要农畜产品产量（1986年）**　　（公斤/人）

国家或地区	小麦	玉米	稻谷	肉类	牛奶	鸡蛋
亚洲						
中国	85	67	163	18	3	5.2①
阿富汗	134	40	24	14	33	0.8
孟加拉国	10	—	241	3	9	0.5
缅甸	6	9	381	8	15	1.3
印度	61	10	117	2	26	1.2
印度尼西亚	—	35	235	5	1	2.1
伊朗	143	1	32	14	34	4.6
伊拉克	67	2	9	18	19	5.2
以色列	39	2	—	42	202	21.5
日本	7	—	120	29	61	18.3
约旦	11	—	—	16	5	7.2
柬埔寨	—	12	267	9	2	0.9
朝鲜民主主义人民共和国	34	129	287	11	4	6.2
南朝鲜	0.1	3	187	20	24	7.8
科威特	—	—	—	33	28	7.3
老挝	—	9	353	27	2	6.7
黎巴嫩	5	1	—	31	34	20.3
蒙古	342	—	—	121	122	0.7
尼泊尔	35	51	137	8	13	0.8
巴基斯坦	140	11	53	10	27	2.2
菲律宾	—	74	167	15	0.3	4.2
斯里兰卡	—	3	161	2	13	2.4
叙利亚	186	6	—	20	61	8.2
泰国	—	80	363	18	1	2.4
土耳其	378	46	5	18	64	5.8
越南	—	10	266	16	1	1.4
欧洲						
阿尔巴尼亚	179	136	5	25	114	4.4
奥地利	187	230	—	102	489	13.9
比利时—卢森堡	123	6	—	120	405	16.8
保加利亚	446	307	8	83	243	17.4
捷克斯洛伐克	342	64	—	97	452	17.9
丹麦	425	—	—	295	998	15.9
芬兰	108	—	12	66	619	16.9
法国	480	195	2	100	608	16.7
民主德国	252	—	—	110	551	20.5
联邦德国	170	21	—	90	432	12.6
希腊	221	208	—	51	64	13.7
匈牙利	546	679	4	148	256	21.0
意大利	159	115	19	65	190	11.0
荷兰	65	0.1	—	162	870	44.0
挪威	43	—	—	50	473	12.8
波兰	197	2	—	75	419	12.4
葡萄牙	45	59	15	43	82	6.7
罗马尼亚	341	863	6	80	177	16.6
西班牙	111	89	13	68	173	17.8
瑞典	205	—	—	66	422	14.0
瑞士	76	28	—	76	594	6.9
苏联	329	45	9	63	359	15.8
英国	244	—	—	56	286	12.6
南斯拉夫	205	537	2	66	198	10.3
非洲						
阿尔巴尼亚	64	0.2	—	9	24	5.5
安哥拉	1	26	2	10	16	0.4
埃及	39	77	49	13	19	2.1
埃塞俄比亚	16	33	—	13	13	1.7
肯尼亚	13	125	3	12	43	1.6
利比亚	51	0.3	—	42	18	4.3

表33

（续完）

国家或地区	小麦	玉米	稻谷	肉类	牛奶	鸡蛋
摩洛哥	169	14	1	15	38	3.7
尼日利亚	0.5	18	14	9	4	2.5
南非	61	243	0.1	38	78	5.5
苏丹	9	1	0.4	25	79	1.8
坦桑尼亚	21	98	24	10	19	2.6
津巴布韦	29	303	1	13	28	1.5
大洋洲						
澳大利亚	1 087	14	43	165	389	11.5
新西兰	130	70	—	349	2 474	13.6
北美洲						
加拿大	1 244	261	—	100	314	11.9
美国	235	50	25	110	272	16.8
拉丁美洲						
阿根廷	287	400	13	117	200	9.0
玻利维亚	12	70	21	29	15	4.0
巴西	39	148	75	34	86	7.6
智利	132	58	10	29	93	6.2
哥伦比亚	3	27	56	33	103	6.1
厄瓜多尔	2	32	169	25	102	4.3
墨西哥	60	153	7	39	101	10.7
巴拉圭	66	123	20	66	50	8.5
秘鲁	6	43	37	23	41	4.7
乌拉圭	79	31	141	127	309	7.2
委内瑞拉	—	73	18	46	87	8.4

① 为人均禽蛋产量。

资料来源：联合国粮食及农业组织《生产年鉴》1986年；联合国《统计月报》1988年1月；中国国家统计局《中国统计年鉴》1987年。

表34　　**平均每个农业劳动力负担的人口数①**　　（人）

国家或地区	1975年	1986年
亚洲		
中国②	3.1	2.8
阿富汗	5.3	3.3
孟加拉国	4.3	4.9
不丹	2.4	2.5
缅甸	4.0	4.5
塞浦路斯	6.8	9.5
柬埔寨	2.9	2.9
民主也门	8.4	10.8
印度	3.6	3.8
印度尼西亚	4.3	5.0
伊朗	8.8	11.2
伊拉克	10.3	15.7
以色列	33.9	53.0
日本	13.0	25.1
约旦	21.5	59.0
朝鲜民主主义人民共和国	4.9	6.0
南朝鲜	6.3	8.5
老挝	2.5	2.9
黎巴嫩	21.1	30.6
马来西亚	5.8	7.0
蒙古	4.9	6.3
尼泊尔	2.5	2.6
巴基斯坦	6.0	6.5
菲律宾	5.0	5.6
沙特阿拉伯	6.3	7.9
新加坡	98.4	172.4
斯里兰卡	5.2	5.2
叙利亚	9.8	15.2
泰国	2.7	2.9
土耳其	3.5	4.4
越南	3.0	3.3
也门	5.5	6.3
欧洲		
阿尔巴尼亚	3.8	4.2
奥地利	19.7	31.4
比利时—卢森堡	66.4	111.2
保加利亚	7.3	14.5
捷克斯洛伐克	12.7	17.9
丹麦	21.6	32.8
芬兰	12.9	20.8
法国	21.0	34.5
民主德国	16.7	19.5
联邦德国	34.0	48.1
希腊	7.1	9.8
匈牙利	8.9	14.7
冰岛	15.6	24.5
爱尔兰	12.0	17.2
意大利	17.0	28.6
马耳他	49.4	64.3
荷兰	42.5	56.7
挪威	22.5	31.8
波兰	5.6	8.2
葡萄牙	8.7	11.5
罗马尼亚	4.8	8.5
西班牙	13.4	21.5
瑞典	30.0	43.8
瑞士	30.3	41.5
苏联	8.8	12.6
英国	79.3	92.0
南斯拉夫	5.4	8.5
非洲		
阿尔及利亚	11.8	17.1
安哥拉	2.9	3.3
贝宁	2.5	3.2
博茨瓦纳	3.5	4.4
布基纳法索	2.0	2.2
布隆迪	1.9	2.1
喀麦隆	3.0	3.9
中非	2.4	3.0
乍得	3.1	3.6
科摩罗	2.4	2.7
刚果	3.6	4.1
埃及	7.4	8.6
埃塞俄比亚	2.6	3.0
加蓬	2.8	3.2
冈比亚	2.3	2.6
加纳	4.5	5.3
几内亚	2.4	2.8
肯尼亚	2.8	3.1
莱索托	2.3	2.5
利比里亚	3.3	3.8
利比亚	16.5	28.8
马达加斯加	2.5	2.9
马拉维	2.5	2.9
马里	3.5	3.8
毛里塔尼亚	3.9	4.8
毛里求斯	10.0	10.8
摩洛哥	7.2	8.1
莫桑比克	2.1	2.2
纳米比亚	6.5	8.5
尼日尔	1.9	2.2
尼日利亚（西南非洲）	3.6	4.0
卢旺达	2.1	2.2
塞内加尔	2.6	2.8
塞拉利昂	3.5	4.1
索马里	2.8	3.2
南非	11.6	19.6
苏丹	4.1	4.8
坦桑尼亚	2.2	2.5
多哥	3.0	3.4
突尼斯	9.2	11.2
乌干达	2.4	2.7
扎伊尔	3.1	3.8
赞比亚	3.9	4.2
津巴布韦	3.2	3.7
大洋洲		
澳大利亚	…	…
新西兰	…	…
北美洲		
加拿大	34.4	49.9
美国	57.1	74.5

表34　　（续完）

国家或地区	1975年	1986年	国家或地区	1975年	1986年
拉丁美洲			危地马拉	5.7	6.6
			圭亚那	11.1	11.7
阿根廷	18.2	24.8	海地	2.9	3.5
巴哈马	25.5	33.3	洪都拉斯	5.4	5.8
巴巴多斯	16.4	25.5	牙买加	7.9	7.4
玻利维亚	6.4	7.4	墨西哥	8.3	9.2
巴西	7.6	10.2	尼加拉瓜	6.8	7.9
智利	15.8	20.0	巴拿马	8.2	10.3
哥伦比亚	8.9	10.3	巴拉圭	6.0	6.4
哥斯达黎加	8.4	10.9	秘鲁	7.7	8.6
古巴	11.5	11.8	波多黎各岛（美）	37.0	94.6
多米尼加共和国	7.3	8.4	苏里南	17.3	18.1
厄瓜多尔	7.4	9.8	乌拉圭	14.9	17.9
萨尔瓦多	6.1	7.6	委内瑞拉	15.5	22.9

①“农业劳动力”是指从事农、林、猎、渔业劳动的人。②“农业劳动力”按农村集体和个体劳动者计算。

资料来源：联合国粮食及农业组织《生产年鉴》1986年；中国国家统计局《中国统计年鉴》1987年。

表35　　平均每万个农业劳动力主要农业机械拥有量（1985年）　　（台）

国家或地区	拖拉机	谷物联合收割机
亚洲		
中国	22.8①	—
阿富汗	2.7	—
孟加拉国	2.4	—
不丹	—	—
缅甸	12.0	0.04
塞浦路斯	1 849.4	72.1
柬埔寨	5.2	0.1
民主也门	55.2	0.7
印度	30.4	0.15
印度尼西亚	3.6	4.8
伊朗	245.0	7.1
伊拉克	354.7	20.1
以色列	3 163.1	70.5
日本	3 654.6	2 187.5
约旦	817.5	50.8
朝鲜民主主义人民共和国	202.3	—
南朝鲜	25.4	23.1
老挝	5.3	—
黎巴嫩	333.3	10.0
马来西亚	50.3	—
蒙古	354.6	86.6
尼泊尔	4.4	—
巴基斯坦	100.8	0.4
菲律宾	19.9	0.6
沙特阿拉伯	11.4	3.7
新加坡	36.7	—
斯里兰卡	88.0	0.01
叙利亚	616.5	41.7
泰国	69.3	—
土耳其	511.5	11.8
越南	21.7	—
也门	19.7	—
欧洲		
阿尔巴尼亚	144.1	18.2
奥地利	12 938.9	1 202.9
比利时—卢森堡	12 061.9	938.1
保加利亚	85.0	1 308.5
捷克斯洛伐克	1 527.9	217.8
丹麦	10 203.3	2 124.7
芬兰	1 619.2	1 910.6
法国	9 121.3	896.6
民主德国	1 803.9	192.6
联邦德国	1 320.1	1 150.4
希腊	1 679.5	60.5
匈牙利	731.7	158.9
冰岛	12 818.2	14.5
爱尔兰	7 314.8	239.8
意大利	5 849.1	193.6
马耳他	741.7	16.7
荷兰	7 272.7	204.5
挪威	10 882.4	1 289.0
波兰	1 820.1	119.5
葡萄牙	876.6	50.8
罗马尼亚	657.4	175.0
西班牙	3 370.8	240.8
瑞典	9 596.0	2 464.6
瑞士	6 461.0	281.8
苏联	1 212.9	360.7
英国	96.1	797.9
南斯拉夫	39.0	35.0
非洲		
阿尔及利亚	472.7	47.7
安哥拉	38.4	—
贝宁	0.9	—
博茨瓦纳	84.8	3.3
布基纳法索	0.4	—
布隆迪	0.2	—
喀麦隆	3.4	—
中非	2.1	0.1
乍得	1.1	0.2
科摩罗	—	—
刚果	15.8	1.0
埃及	77.8	4.0
埃塞俄比亚	2.6	0.1
加蓬	36.3	—
冈比亚	1.7	0.2
加纳	14.3	1.5
几内亚	0.8	—
肯尼亚	10.6	0.6
莱索托	26.4	0.5
利比里亚	5.4	—
利比亚	2 183.2	—
马达加斯加	7.8	0.4
马拉维	5.4	—
马里	3.8	0.2
毛里塔尼亚	7.9	—
毛里求斯	34.9	—
摩洛哥	112.9	11.5
莫桑比克	9.0	—
纳米比亚(西南非洲)	149.7	—
尼日尔	0.6	—
尼日利亚	4.2	—
卢旺达	0.3	—
塞内加尔	2.0	0.6
塞拉利昂	5.3	0.1
索马里	11.2	—
南非	1 073.5	185.3
苏丹	39.1	2.6
坦桑尼亚	20.4	—
多哥	3.4	—
突尼斯	402.8	39.8
乌干达	6.2	20.4
扎伊尔	2.8	—
赞比亚	27.5	1.7
津巴布韦	84.4	2.4
大洋洲		
澳大利亚	7 720.9	1 330.2
新西兰	4 827.6	237.9
北美洲		
加拿大	12 329.6	3 012.2
美国	14 029.4	1 935.2

表35 （续完）

国家或地区	拖拉机	谷物联合收割机	国家或地区	拖拉机	谷物联合收割机
拉丁美洲			危地马拉	33.6	23.3
阿根廷	1 610.1	363.1	圭亚那	427.7	50.4
巴哈马	93.8	—	海地	3.0	—
巴巴多斯	585.0	—	洪都拉斯	44.5	—
玻利维亚	2.3	3.1	牙买加	9.3	—
巴西	562.0	29.9	墨西哥	181.4	20.0
智利	558.4	137.4	尼加拉瓜	57.6	—
哥伦比亚	101.9	8.3	巴拿马	195.3	26.7
哥斯达黎加	253.1	44.1	巴拉圭	164.6	—
古巴	803.1	48.4	秘鲁	79.0	—
多米尼加共和国	29.8	—	波多黎各岛（美）	587.9	—
厄瓜多尔	80.0	6.9	苏里南	800.0	62.9
萨尔瓦多	46.0	4.9	乌拉圭	1 960.2	269.0
			委内瑞拉	557.0	57.6

① 为1986年数字。

资料来源：联合国粮食及农业组织《生产年鉴》1986年；中国国家统计局《中国统计年鉴》1987年。

表36 **人均化肥消费量①** （公斤/人）

国家或地区	1970年	1985年
亚洲		
中国②	5.3	15.9
阿富汗	1.4	4.3
巴林	…	1.1
孟加拉国	2.1	5.3
不丹	…	0.1
缅甸	0.8	5.4
塞浦路斯	44.6	27.1
印度	3.3	11.2
印度尼西亚	2.0	11.9
伊朗	3.3	20.2
伊拉克	1.8	11.1
以色列	19.3	21.5
日本	20.5	17.0
约旦	1.2	4.4
柬埔寨	0.5	…
朝鲜民主主义人民共和国	22.3	41.4
南朝鲜	17.6	20.4
科威特	…	0.4
老挝	…	0.5
黎巴嫩	17.8	13.4
马来西亚	17.8	32.7
蒙古	1.3	9.7
尼泊尔	0.5	2.6
阿曼	…	3.9
巴基斯坦	4.3	15.1
菲律宾	5.4	5.2
卡塔尔	…	1.8
沙特阿拉伯	0.8	29.8
新加坡	1.4	2.0
斯里兰卡	8.4	12.1
叙利亚	6.5	21.7
泰国	2.2	8.0
土耳其	12.2	30.1
越南	7.3	6.4
欧洲		
阿尔巴尼亚	20.7	30.9
奥地利	54.6	51.4
比利时—卢森堡	51.8	41.2
保加利亚	75.2	96.2
捷克斯洛伐克	89.5	111.9
丹麦	121.3	123.9
芬兰	105.5	103.2
法国	91.6	103.2
民主德国	89.9	98.3
联邦德国	53.2	52.2
希腊	38.3	68.7
匈牙利	81.0	125.7
冰岛	114.5	103.7
爱尔兰	143.3	174.4
意大利	24.9	36.8
马耳他	2.0	1.9
荷兰	49.8	48.2
挪威	51.3	57.1
波兰	79.1	91.7
葡萄牙	15.0	23.6
罗马尼亚	29.3	68.3
西班牙	36.2	43.6
瑞典	62.5	50.2
瑞士	23.5	27.6
苏联	42.5	91.5
英国	33.9	44.3
南斯拉夫	31.0	42.9
非洲		
阿尔及利亚	8.1	13.0
安哥拉	2.0	2.3
贝宁	2.1	2.1
博茨瓦纳	2.7	0.5
布基纳法索	0.1	1.5
布隆迪	0.2	0.4
喀麦隆	3.0	5.7
中非	1.2	1.1
乍得	0.5	1.4
刚果	5.9	2.7
吉布提	3.7	4.9
埃及	11.3	18.4
埃塞俄比亚	0.2	1.5
冈比亚	0.6	6.1
加纳	0.4	0.9
肯尼亚	4.4	4.8
莱索托	0.4	2.3
利比里亚	1.7	1.7
利比亚	6.3	15.6
马达加斯加	2.1	1.0
马拉维	2.4	3.9
马里	1.0	3.3
毛里塔尼亚	0.2	1.1
毛里求斯	25.9	26.6
摩洛哥	5.7	13.6
莫桑比克	0.8	0.3
尼日尔	…	0.6
尼日利亚	0.1	3.5
留尼汪	28.6	25.4
卢旺达	0.1	0.2
塞内加尔	2.0	4.4
塞拉利昂	0.9	1.0
索马里	1.0	0.8
南非	24.5	27.1
苏丹	2.4	4.3
斯威士兰	14.2	12.6
坦桑尼亚	1.1	1.7
多哥	0.2	3.3
突尼斯	6.7	13.5
扎伊尔	0.2	0.2
赞比亚	8.6	12.0
津巴布韦	20.0	17.6
大洋洲		
澳大利亚	77.4	72.7
新西兰	159.0	136.7
北美洲		
加拿大	37.6	91.7
美国	75.8	74.5

表36 （续完）

国家或地区	1970年	1985年	国家或地区	1970年	1985年
拉 丁 美 洲			萨尔瓦多	18.1	15.2
			危地马拉	8.8	11.9
			圭 亚 那	14.2	12.9
阿 根 廷	3.6	5.1	海 地	0.1	0.5
巴 哈 马	7.0	2.2	洪都拉斯	9.1	5.2
巴巴多斯	23.8	27.7	牙 买 加	11.7	5.1
伯 利 兹	27.5	14.9	马提尼克	40.8	46.0
玻利维亚	0.4	0.9	墨 西 哥	10.5	21.7
巴 西	10.5	23.8	尼加拉瓜	12.6	13.9
智 利	16.2	18.0	巴 拿 马	13.7	11.8
哥伦比亚	6.9	12.7	巴 拉 圭	3.9	3.1
哥斯达黎加	28.5	31.0	秘 鲁	6.4	3.8
古 巴	46.2	58.3	苏 里 南	5.8	29.7
多米尼加共和国	8.8	9.8	乌 拉 圭	24.7	18.2
厄瓜多尔	5.6	7.7	委内瑞拉	5.6	23.6

① 按氮、磷、钾100%计算。② 为联合国粮食及农业组织估计数。

资料来源：联合国粮食及农业组织《肥料年鉴》1986年。

六、人均生活水平

表37　　人均每日热能供应量（1983—1985年平均）　　（卡）

国家或地区	总计	植物产品	动物产品
亚洲			
中国①	2 565	2 367	198
孟加拉国	1 859	1 795	64
缅甸	2 518	2 409	109
民主也门	2 293	1 971	322
印度	2 161	2 036	125
印度尼西亚	2 504	2 450	54
以色列	3 049	2 391	658
日本	2 804	2 263	541
朝鲜民主主义人民共和国	3 131	2 954	177
南朝鲜	2 822	2 539	283
科威特	3 135	2 356	779
马来西亚	2 634	2 270	364
蒙古	2 812	1 948	864
尼泊尔	2 048	1 906	142
巴基斯坦	2 185	1 947	238
菲律宾	2 313	2 100	213
沙特阿拉伯	3 092	2 511	581
新加坡	2 729	2 036	693
斯里兰卡	2 410	2 313	97
叙利亚	3 199	2 775	424
泰国	2 440	2 299	141
土耳其	3 179	2 899	280
也门	2 251	2 017	234
欧洲			
奥地利	3 484	2 115	1 369
比利时—卢森堡	3 695	2 214	1 481
保加利亚	3 626	2 785	841
捷克斯洛伐克	3 479	2 310	1 169
丹麦	3 529	1 961	1 568
芬兰	3 008	1 736	1 271
法国	3 338	2 124	1 214
民主德国	3 768	2 412	1 356
联邦德国	3 476	2 161	1 315
希腊	3 660	2 781	879
匈牙利	3 522	2 250	1 272
冰岛	3 041	1 686	1 355
爱尔兰	3 795	2 368	1 427
意大利	3 486	2 526	960
马耳他	2 590	1 847	743
荷兰	3 355	2 004	1 352
挪威	3 203	2 027	1 176
波兰	3 252	2 227	1 025
葡萄牙	3 135	2 556	579
罗马尼亚	3 394	2 581	813
西班牙	3 336	2 414	922
瑞典	3 053	1 847	1 206
瑞士	3 440	2 070	1 370
苏联	3 403	2 536	867
英国	3 130	2 012	1 118
南斯拉夫	3 599	2 776	823
非洲			
阿尔及利亚	2 710	2 375	335
贝宁	2 135	2 037	98
博茨瓦纳	2 165	1 830	335
布基纳法索	1 962	1 858	104
布隆迪	2 216	2 166	50
中非	2 045	1 910	135
刚果	2 532	2 379	153
埃及	3 262	3 022	240
冈比亚	2 229	2 080	149
加纳	1 678	1 597	81
几内亚	1 725	1 662	63
肯尼亚	2 162	1 951	211
莱索托	2 346	2 181	165
利比里亚	2 342	2 241	101
利比亚	3 619	3 053	566
马达加斯加	2 468	2 274	194
马拉维	2 428	2 344	84
马里	1 793	1 649	144
毛里塔尼亚	2 076	1 515	561
毛里求斯	2 721	2 431	290
摩洛哥	2 688	2 511	177
莫桑比克	1 665	1 609	56
尼日尔	2 265	2 093	172
尼日利亚	2 060	1 987	73
卢旺达	2 012	1 946	66
塞内加尔	2 340	2 178	162
索马里	2 058	1 489	569
南非	2 945	2 526	419
苏丹	2 003	1 573	430
斯威士兰	2 562	2 245	317
坦桑尼亚	2 314	2 176	138
多哥	2 203	2 123	80
突尼斯	2 827	2 582	245
乌干达	2 291	2 167	124
扎伊尔	2 154	2 095	59
赞比亚	2 122	2 015	107
津巴布韦	2 094	1 949	145
大洋洲			
澳大利亚	3 343	2 225	1 118
新西兰	3 402	1 892	1 510
北美洲			
加拿大	3 443	2 217	1226
美国	3 652	2 388	1264
拉丁美洲			
阿根廷	3 195	2 219	976
玻利维亚	2 114	1 758	356
巴西	2 630	2 267	363
智利	2 589	2 190	399
哥伦比亚	2 578	2 204	374
哥斯达黎加	2 771	2 357	414
古巴	3 094	2 433	661
多米尼加共和国	2 468	2 154	314
厄瓜多尔	2 031	1 678	353
危地马拉	2 298	2 105	193
圭亚那	2 492	2 228	264
海地	1 843	1 742	101
洪都拉斯	2 209	1 957	252
牙买加	2 576	2 204	372
墨西哥	3 147	2 604	543
巴拿马	2 420	1 982	438
巴拉圭	2 812	2 304	508
秘鲁	2 144	1 874	270
乌拉圭	2 720	1 791	929
委内瑞拉	2 551	2 020	531

① 为联合国粮食及农业组织估计数。

资料来源：联合国粮食及农业组织《生产年鉴》1986年。

表38　　人均每日蛋白质供应量（1983～1985年平均）　　（克）

国家或地区	总计	植物产品	动物产品
亚洲			
中国①	60.2	51.9	8.4
孟加拉国	38.6	34.3	4.3
缅甸	65.9	57.6	8.4
民主也门	66.3	45.6	20.7
印度	52.3	46.1	6.3
印度尼西亚	51.4	46.0	5.5
以色列	101.5	48.8	52.6
日本	85.6	41.9	43.7
朝鲜民主主义人民共和国	83.3	69.8	13.6
南朝鲜	73.6	55.3	18.3
科威特	92.5	44.1	48.4
马来西亚	54.5	32.2	22.3
蒙古	92.0	42.8	49.2
尼泊尔	53.0	44.9	8.1
巴基斯坦	56.4	42.6	13.8
菲律宾	48.7	32.7	16.0
沙特阿拉伯	88.8	50.0	38.8
新加坡	73.2	31.5	41.7
斯里兰卡	47.3	39.7	7.6
叙利亚	85.1	62.2	22.9
泰国	47.8	36.8	11.0
土耳其	84.3	66.2	18.1
也门	65.5	49.8	15.7
欧洲			
阿尔巴尼亚	91.9	32.9	59.1
奥地利	103.5	38.9	64.5
保加利亚	105.8	58.6	47.2
捷克斯洛伐克	98.4	40.4	58.0
丹麦	97.3	33.2	64.1
芬兰	89.6	32.4	57.2
法国	106.6	36.2	70.4
民主德国	108.1	43.8	64.3
联邦德国	92.8	33.9	58.9
希腊	107.8	54.6	53.2
匈牙利	95.0	43.1	51.8
冰岛	112.9	25.5	87.4
爱尔兰	107.3	43.9	63.5
意大利	104.7	49.1	55.6
马耳他	79.8	36.1	43.7
荷兰	95.5	32.4	63.1
挪威	96.7	33.2	63.4
波兰	97.5	46.0	51.5
葡萄牙	84.5	50.3	34.2
罗马尼亚	102.4	58.1	44.3
西班牙	93.6	43.9	49.8
瑞典	92.7	30.9	61.7
瑞士	91.6	30.5	61.1
苏联	98.3	49.5	48.8
英国	85.8	34.3	51.2
南斯拉夫	101.4	62.5	38.9
非洲			
阿尔及利亚	71.1	53.8	17.3
贝宁	47.7	39.1	8.6
博拉瓦纳	67.5	46.7	20.8
布基纳法索	61.8	54.2	7.6
布隆迪	71.3	67.8	3.5
中非	41.7	32.9	8.8
刚果	45.9	29.8	16.1
埃及	82.8	67.7	15.2
冈比亚	54.2	40.5	13.7
加纳	36.7	26.5	10.2
几内亚	37.8	32.5	5.3
肯尼亚	58.0	44.5	13.5
莱索托	68.2	55.5	12.7
利比里亚	41.2	33.0	8.3
利比亚	94.2	59.1	35.1
马达加斯加	55.6	42.4	13.2
马拉维	68.9	63.7	5.1
马里	49.2	37.2	12.0
毛里塔尼亚	68.0	34.3	33.7
毛里求斯	61.2	42.3	18.9
摩洛哥	71.4	59.7	11.7
莫桑比克	29.1	25.1	4.0
尼日尔	66.6	54.0	12.6
尼日利亚	45.0	38.0	7.0
卢旺达	52.5	48.3	4.2
塞内加尔	61.7	47.8	13.9
索马里	63.7	30.3	33.3
南非	75.1	48.2	26.9
苏丹	63.6	37.5	26.1
斯威士兰	61.2	39.9	21.3
坦桑尼亚	52.2	42.4	9.8
多哥	50.4	43.3	7.1
突尼斯	79.1	62.3	16.9
乌干达	53.6	43.9	9.7
扎伊尔	33.5	27.4	6.1
赞比亚	56.4	46.8	9.5
津巴布韦	51.0	42.9	8.1
大洋洲			
澳大利亚	96.4	35.1	61.3
新西兰	103.6	33.6	69.9
北美洲			
加拿大	94.2	36.2	58.1
美国	104.4	35.1	69.3
拉丁美洲			
阿根廷	104.4	38.5	65.9
玻利维亚	54.9	36.8	18.1
巴西	60.6	39.7	20.9
智利	69.4	45.1	24.4
哥伦比亚	56.7	33.1	23.6
哥斯达黎加	64.4	37.9	26.4
古巴	76.2	40.1	36.1
多米尼加共和国	51.9	33.1	18.8
厄瓜多尔	45.0	24.0	21.0
危地马拉	60.4	47.7	12.7
圭亚那	54.2	34.5	19.7
海地	44.0	37.0	7.0
洪都拉斯	54.0	40.3	13.6
牙买加	59.2	36.6	22.6
墨西哥	81.3	52.4	28.9
巴拿马	60.7	31.1	29.5
巴拉圭	78.6	49.4	29.3
秘鲁	56.8	37.2	19.6
乌拉圭	79.1	30.9	48.3
委内瑞拉	69.0	35.0	34.0

① 为联合国粮食及农业组织估计数。

资料来源：联合国粮食及农业组织《生产年鉴》1986年。

表39　人均每日脂肪供应量（1983～1985年平均）　（克）

国家或地区	总计	植物产品	动物产品
亚洲			
中国①	30.0	20.4	17.6
孟加拉国	18.5	14.2	4.3
缅甸	41.7	34.2	7.5
民主也门	38.4	18.3	20.1
印度	35.7	27.2	8.5
印度尼西亚	39.6	36.5	3.1
以色列	109.6	67.6	42.0
日本	81.3	45.8	35.5
朝鲜民主主义人民共和国	34.0	21.0	12.9
南朝鲜	45.7	24.6	21.0
科威特	101.6	50.0	51.7
马来西亚	67.8	44.8	23.0
蒙古	78.3	9.5	68.8
尼泊尔	27.5	17.7	9.8
巴基斯坦	47.9	31.5	16.4
菲律宾	32.4	17.3	15.1
沙特阿拉伯	95.7	57.6	38.1
新加坡	69.6	20.9	48.7
斯里兰卡	49.9	44.5	5.4
叙利亚	84.5	52.7	31.9
泰国	29.3	19.6	9.7
土耳其	76.8	57.5	19.3
也门	41.1	25.5	15.6
欧洲			
阿尔巴尼亚	170.2	54.3	115.9
奥地利	179.8	52.1	127.6
保加利亚	117.4	51.3	66.1
捷克斯洛伐克	129.7	35.3	94.4
丹麦	170.5	34.6	135.9
芬兰	128.4	25.7	102.8
法国	143.5	47.9	95.7
民主德国	148.5	36.0	112.4
联邦德国	155.1	44.3	110.7
希腊	148.5	81.6	66.9
匈牙利	140.0	28.6	111.4
冰岛	126.6	32.0	94.6
爱尔兰	149.3	31.2	118.1
意大利	140.4	67.2	73.2
马耳他	83.7	27.9	55.9
荷兰	162.4	53.0	109.3
挪威	139.5	50.5	89.0
波兰	105.3	23.7	81.6
葡萄牙	98.5	54.0	44.4
罗马尼亚	96.9	35.0	62.0
西班牙	137.7	66.9	70.8
瑞典	131.9	39.9	92.0
瑞士	160.7	47.4	113.3
苏联	99.2	33.2	65.9
英国	140.4	49.5	90.9
南斯拉夫	107.8	40.0	67.8
非洲			
阿尔及利亚	61.7	41.5	20.2
贝宁	51.2	45.1	6.1
博茨瓦纳	42.9	20.8	22.1
布基纳法索	38.8	32.6	6.2
布隆迪	27.2	24.2	3.0
中非	45.6	37.6	8.0
刚果	55.9	48.0	7.9
埃及	70.1	52.0	18.2
冈比亚	53.0	45.7	7.4
加纳	28.7	24.7	3.9
几内亚	38.6	34.8	3.8
肯尼亚	37.9	24.9	13.1
莱索托	32.7	23.0	9.7
利比里亚	55.5	48.9	6.6
利比亚	121.7	85.4	36.3
马达加斯加	30.6	16.1	14.4
马拉维	39.8	33.4	6.4
马里	32.3	23.4	8.8
毛里塔尼亚	59.1	23.6	35.5
毛里求斯	57.9	40.3	17.7
摩洛哥	51.5	39.3	12.2
莫桑比克	30.2	26.6	3.7
尼日尔	41.7	30.5	11.2
尼日利亚	44.4	40.2	4.2
卢旺达	14.6	10.5	4.1
塞内加尔	67.9	59.2	8.7
索马里	67.6	29.7	37.9
南非	66.1	36.0	30.2
苏丹	61.2	32.7	28.5
斯威士兰	56.8	34.9	21.9
坦桑尼亚	30.3	21.5	8.8
多哥	38.7	33.5	5.2
突尼斯	68.0	52.7	15.3
乌干达	24.1	16.2	7.8
扎伊尔	34.7	31.5	3.1
赞比亚	35.4	28.6	6.8
津巴布韦	43.2	31.9	11.3
大洋洲			
澳大利亚	137.3	54.1	83.1
新西兰	147.6	29.0	118.6
北美洲			
加拿大	155.7	57.4	98.3
美国	167.2	69.4	97.9
拉丁美洲			
阿根廷	108.7	39.4	69.3
玻利维亚	45.0	15.7	29.3
巴西	56.8	31.2	25.6
智利	55.3	27.9	27.4
哥伦比亚	53.5	27.2	26.3
哥斯达黎加	66.2	39.7	26.5
古巴	68.2	22.8	45.4
多米尼加共和国	62.5	42.0	20.5
厄瓜多尔	53.6	29.1	24.4
危地马拉	44.8	32.0	12.7
圭亚那	41.1	25.2	15.9
海地	30.3	23.6	6.7
洪都拉斯	45.4	27.6	17.9
牙买加	63.7	41.8	21.9
墨西哥	88.7	47.4	41.2
巴拿马	65.0	34.2	30.8
巴拉圭	72.8	34.0	38.8
秘鲁	39.1	21.4	17.7
乌拉圭	95.8	25.0	70.8
委内瑞拉	71.3	36.1	35.2

① 为联合国粮食及农业组织估计数。

资料来源：联合国粮食及农业组织《生产年鉴》1986年。

表40　　人均每日钙质供应量（1983～1985年平均）　　（毫克）

国家或地区	总计	植物产品	动物产品
亚洲			
中国①	221	194	27
孟加拉国	138	81	57
缅甸	223	175	48
民主也门	563	177	386
印度	408	240	168
印度尼西亚	215	181	34
以色列	853	273	580
日本	502	221	281
朝鲜民主主义人民共和国	360	321	39
南朝鲜	422	318	104
科威特	954	280	674
马来西亚	301	134	167
蒙古	374	126	248
尼泊尔	296	126	170
巴基斯坦	511	239	272
菲律宾	214	125	89
沙特阿拉伯	863	336	527
新加坡	541	262	279
斯里兰卡	338	216	122
叙利亚	737	354	383
泰国	209	151	58
土耳其	511	278	233
也门	440	226	214
欧洲			
阿尔巴尼亚	847	199	648
奥地利	767	189	578
保加利亚	779	198	581
捷克斯洛伐克	820	177	643
丹麦	930	178	752
芬兰	1 148	144	1 004
法国	1 084	209	875
民主德国	892	213	679
联邦德国	866	210	656
希腊	982	338	644
匈牙利	692	183	509
冰岛	1 264	157	1 107
爱尔兰	1 027	220	807
意大利	948	263	685
马耳他	697	168	529
荷兰	1 168	168	1 000
挪威	1 114	176	938
波兰	890	208	682
葡萄牙	564	248	316
罗马尼亚	820	233	587
西班牙	774	244	530
瑞典	1 196	156	1 040
瑞士	1 147	208	939
苏联	725	201	524
英国	852	165	687
南斯拉夫	730	206	524
非洲			
阿尔及利亚	563	172	391
贝宁	298	252	46
博茨瓦纳	422	147	275
布基纳法索	355	268	87
布隆迪	426	380	46
中非	354	332	22
刚果	370	281	89
埃及	439	298	141
冈比亚	333	171	162
加纳	292	251	41
几内亚	206	166	40
肯尼亚	372	166	206
莱索托	295	148	147
利比里亚	275	231	44
利比亚	753	287	466
马达加斯加	253	219	34
马拉维	253	213	40
马里	384	285	99
毛里塔尼亚	824	128	696
毛里求斯	474	115	359
摩洛哥	335	210	125
莫桑比克	262	225	37
尼日尔	552	413	139
尼日利亚	294	261	33
卢旺达	430	363	67
塞内加尔	343	170	173
索马里	740	148	592
南非	382	113	269
苏丹	698	165	533
斯威士兰	331	129	202
坦桑尼亚	381	284	97
多哥	283	255	28
突尼斯	533	285	247
乌干达	575	480	95
扎伊尔	326	310	16
赞比亚	210	160	50
津巴布韦	208	140	68
大洋洲			
澳大利亚	1 039	277	762
新西兰	1 173	167	1 006
北美洲			
加拿大	858	174	684
美国	859	171	688
拉丁美洲			
阿根廷	631	189	442
玻利维亚	253	152	101
巴西	449	178	271
智利	480	177	303
哥伦比亚	461	201	260
哥斯达黎加	539	159	380
古巴	673	177	496
多米尼加共和国	484	168	316
厄瓜多尔	444	143	301
危地马拉	336	178	158
圭亚那	314	86	228
海地	343	278	65
洪都拉斯	351	142	209
牙买加	368	166	202
墨西哥	534	188	346
巴拿马	377	125	252
巴拉圭	566	369	197
秘鲁	328	130	198
乌拉圭	669	146	523
委内瑞拉	595	118	477

①　为联合国粮食及农业组织估计数。

资料来源：联合国粮食及农业组织《生产年鉴》1986年。

七、人均文教发展水平

表41　中小学生入学率（1984年）　（%）

国家或地区	小学入学学生数占本年龄组别人口的百分比①			中学入学学生数占本年龄组别人口的百分比②		
	学生总数	男生	女生	学生总数	男生	女生
亚洲						
中国③	118	129	107	37	43	31
孟加拉国	62	67	55	19	26	11
不丹	25	22	17	4	6	1
民主也门	66	96	35	19	26	11
印度	90	105	73	24	44	23
印度尼西亚	118	121	116	39	45	34
伊朗	107	117	95	43	51	35
伊拉克	104	111	98	53	67	37
以色列	98	97	99	74	70	78
日本	100	100	101	95	94	94
约旦	99	98	99	79	80	78
南朝鲜	99	99	99	91	94	88
科威特	103	105	102	82	85	79
老挝	90	103	77	19	22	15
马来西亚	97	98	97	53	53	53
蒙古	105	104	106	88	84	92
尼泊尔	77	104	47	23	35	11
巴基斯坦	42	54	29	15	…	…
菲律宾	107	106	107	68	65	71
沙特阿拉伯	68	77	58	38	47	29
新加坡	115	118	113	71	70	73
斯里兰卡	103	105	101	67	58	64
叙利亚	107	115	94	59	70	47
泰国	97	…	…	30	…	…
土耳其	113	116	109	38	47	28
阿拉伯联合酋长国	97	97	97	58	52	65
越南	113	120	105	48	…	…
也门	67	112	22	10	17	3
欧洲						
阿尔巴尼亚	98	100	96	63	67	58
奥地利	97	97	97	76	73	79
比利时	98	98	99	91	…	…
保加利亚	102	102	101	90	90	91
捷克斯洛伐克	87	87	88	42	31	54
丹麦	101	101	101	104	105	104
芬兰	103	104	103	101	94	109
法国	108	109	107	90	84	96
民主德国	98	97	98	87	…	…
联邦德国	99	100	99	74	72	76
希腊	105	105	105	82	…	…
匈牙利	99	98	99	73	73	73
爱尔兰	97	97	97	93	…	…
意大利	99	99	99	74	74	73
荷兰	95	94	96	107	103	100
挪威	97	98	98	96	…	…
波兰	101	102	100	77	75	80
葡萄牙	120	120	119	47	43	51
罗马尼亚	98	99	98	73	72	74
西班牙	108	108	107	89	88	91
瑞典	98	98	98	83	79	88
苏联	106	…	…	100	…	…
英国	101	101	101	83	…	…
南斯拉夫	98	98	98	82	84	80

表41 （续1）

国家或地区	小学入学学生数占本年龄组别人口的百分比①			中学入学学生数占本年龄组别人口的百分比②		
	学生总数	男生	女生	学生总数	男生	女生
非洲						
阿尔及利亚	94	106	83	47	54	39
贝宁	64	86	42	19	28	11
博茨瓦纳	97	91	103	25	23	27
布基纳法索	29	37	22	4	6	3
布隆迪	49	58	40	4	5	3
中非	77	98	51	16	…	…
乍得	38	55	21	6	11	2
埃及	84	94	72	58	70	46
埃塞俄比亚	32	…	…	12	14	8
加纳	67	75	59	36	45	27
几内亚	32	44	20	13	20	7
科特迪瓦	77	91	63	20	28	12
肯尼亚	97	101	94	19	22	16
莱索托	111	97	126	21	17	26
利比里亚	76	95	57	23	…	…
马达加斯加	121	125	118	36	43	30
马拉维	62	71	53	4	6	2
马里④	24	30	18	7	…	…
毛里求斯	106	105	106	51	54	48
毛里塔尼亚	37	45	29	12	…	…
摩洛哥	80	97	62	31	37	25
莫桑比克	83	94	71	6	8	4
尼日尔	28	34	19	7	…	…
尼日利亚	92	103	81	29	…	…
卢旺达	62	64	60	2	3	1
塞内加尔	55	66	44	13	17	8
塞拉利昂	45	…	…	14	…	…
索马里	25	32	18	17	23	12
苏丹	49	57	41	19	23	16
多哥	97	118	75	21	32	10
突尼斯	116	127	105	32	37	26
乌干达	57	65	49	8	…	…
喀麦隆	107	116	97	23	29	18
坦桑尼亚	87	91	84	3	4	2
赞比亚	100	105	95	17	22	12
扎伊尔	98	112	84	57	81	33
津巴布韦	131	135	127	39	46	31
大洋洲						
澳大利亚	107	107	106	94	92	95
新西兰	106	107	105	85	84	86
巴布亚新几内亚	61	68	55	11	…	…
北美洲						
加拿大	106	107	105	102	102	102
美国	101	102	100	95	95	95
拉丁美洲						
阿根廷	107	107	107	65	62	69
玻利维亚	91	96	85	37	40	34
巴西	103	108	99	35	…	…
智利	107	108	106	66	63	69
哥伦比亚	119	119	119	49	48	49

表41 （续完）

国家或地区	小学入学学生数占本年龄组别人口的百分比①			中学入学学生数占本年龄组别人口的百分比②		
	学生总数	男生	女生	学生总数	男生	女生
哥斯达黎加	101	102	100	42	40	45
古巴	106	110	102	75	71	79
多米尼加共和国	112	107	117	45	…	…
厄瓜多尔	114	117	117	55	51	53
萨尔瓦多	70	69	70	24	23	26
危地马拉	76	80	69	17	17	16
海地	76	81	72	16	16	16
洪都拉斯	102	102	101	33	31	36
牙买加	106	106	107	58	56	60
墨西哥	116	118	115	55	56	53
尼加拉瓜	99	100	106	43	39	48
巴拿马	105	107	102	59	56	63
巴拉圭	101	107	99	31	…	…
秘鲁	116	120	112	61	…	…
特立尼达和多巴哥	96	94	98	76	75	78
乌拉圭	109	110	107	67	…	…
委内瑞拉	109	108	108	45	40	49

①小学入学年龄世界各国不尽相同，一般规定为6—11岁。在一些小学教育已经普及的国家里，入学学生总数的比率可能超过100%，是因为有的学生高于或低于政府规定的小学入学年龄。②中学入学年龄一般定为12—17岁。③为世界银行估计数。④为1983年入学率。

资料来源：世界银行《1987年世界发展报告》。

表43　　高等学校学生入学率　　（%）

国家或地区	高等教育入学学生数占本年龄组别人口的百分比①		国家或地区	高等教育入学学生数占本年龄组别人口的百分比①	
	1965年	1984年		1965年	1984年
亚　洲			布隆迪	0	1
			中　非	0	1
中　国②	…	1	埃　及	7	21
孟加拉国	1	5	加纳	1	2
缅　甸	1	5	几内亚	0	2
印　度	5	9	科特迪瓦	0	2
印度尼西亚	1	7	肯尼亚	0	1
伊　朗	2	4	莱索托	0	2
伊拉克	4	10	利比里亚	1	2
以色列	20	34	利比亚	1	11
日　本	13	30	马达加斯加	1	5
约　旦	2	37	马拉维	0	1
南朝鲜	6	26	毛里求斯	3	1
科威特	…	16	摩洛哥	1	8
老　挝	…	1	尼日尔	0	1
马来西亚	2	6	尼日利亚	0	3
蒙　古	8	26	塞内加尔	1	2
尼泊尔	1	5	塞拉利昂	0	1
巴基斯坦	2	2	索马里	0	1
菲律宾	19	29	苏　丹	1	2
沙特阿拉伯	1	10	多　哥	0	2
新加坡	10	12	突尼斯	2	6
斯里兰卡	2	4	乌干达	0	1
叙利亚	8	16	喀麦隆	0	2
泰　国	2	23	赞比亚	…	2
土耳其	4	9	扎伊尔	0	1
阿拉伯联合酋长国	…	8	津巴布韦	0	3
也　门	…	1	大洋洲		
欧　洲			澳大利亚	16	27
阿尔巴尼亚	8	7	新西兰	15	19
奥地利	9	26	巴布亚新几内亚	0	2
比利时	15	31	北美洲		
保加利亚	17	17	加拿大	26	44
捷克斯洛伐克	14	16	美　国	40	57
丹　麦	14	29	拉丁美洲		
芬　兰	11	31	阿根廷	14	29
法　国	18	27	玻利维亚	5	6
民主德国	19	30	巴　西	2	11
联邦德国	9	29	智　利	6	15
希　腊	10	17	哥伦比亚	3	13
匈牙利	13	15	哥斯达黎加	2	22
爱尔兰	12	22	古　巴	3	20
意大利	11	26	多米尼加共和国	2	10
荷　兰	17	31	厄瓜多尔	3	33
挪　威	11	29	萨尔瓦多	2	12
波　兰	18	16	危地马拉	2	7
葡萄牙	2	12	海　地	0	1
罗马尼亚	10	12	洪都拉斯	1	9
西班牙	6	26	牙买加	3	6
瑞　典	13	38	墨西哥	4	15
瑞　士	8	21	尼加拉瓜	2	11
苏　联	…	21	巴拿马	7	25
英　国	12	20	巴拉圭	4	10
南斯拉夫	13	20	秘　鲁	8	22
非　洲			特立尼达和多巴哥	2	4
阿尔及利亚	1	6	乌拉圭	8	26
贝　宁	0	2	委内瑞拉	7	23
博茨瓦纳	0	2			
布基纳法索	0	1			

①　高等教育入学学生数由联合国科教文组织提供，入学年龄一般为20～24岁。②　为世界银行估计数。

资料来源：世界银行《1987年世界发展报告》。

表43　　**平均每万人口中小学教师和学生人数**　　（人）

国家或地区	年份	教师	学生
亚洲			
中国	1986	51	2 52
阿富汗	1985	9	320
巴林①	1985	68	1 365
孟加拉国	1985	19	904
不丹	1985	…	320
缅甸	1983	29	1 278
塞浦路斯②	1985	33	761
民主也门	1983	52	1 361
印度③	1984	20	1 140
印度尼西亚	1984	71	1 871
伊朗	1985	65	1 420
伊拉克	1985	74	1 771
以色列④	1985	99	1 654
日本⑤	1985	38	919
约旦	1985	48	1 513
南朝鲜	1986	30	1 154
科威特	1985	56	1 012
老挝	1984	45	1 232
黎巴嫩	1984	…	1 248
马来西亚	1985	58	1 398
蒙古	1984	…	835
尼泊尔	1985	31	1 094
阿曼	1985	33	888
巴基斯坦⑥	1984	21	792
菲律宾	1985	53	1 633
卡塔尔	1986	86	1 009
沙特阿拉伯	1985	72	1 165
新加坡	1984	42	1 141
斯里兰卡⑦	1985	91	1 416
叙利亚	1985	76	1 976
泰国⑧	1985	72	1 384
土耳其	1985	43	1 347
越南	1985	39	1 361
也门	1983	21	1 130
欧洲			
阿尔巴尼亚	1985	92	1 837
奥地利	1985	43	455
比利时⑨	1985	45	741
保加利亚	1985	68	1 206
捷克斯洛伐克	1985	62	1 338
丹麦⑩	1985	…	788
芬兰⑪	1985	…	777
法国⑫	1985	…	775
民主德国⑬	1985	35	517
联邦德国⑭	1985	…	370
希腊	1983	37	902
匈牙利	1985	83	1 219
冰岛	1985	…	1 025
爱尔兰	1984	44	1 188
意大利	1985	…	650
卢森堡	1983	45	694
马耳他	1984	51	932
荷兰	1984	39	759
挪威⑩	1985	…	808
波兰⑮	1985	83	1 291
葡萄牙	1985	…	1 110
罗马尼亚	1985	65	1 334
西班牙	1986	…	873
瑞典	1985	…	734
瑞士	1985	…	582
苏联⑩	1985	91	850
英国⑯	1985	…	721
南斯拉夫	1985	26	623
非洲			
阿尔及利亚	1985	58	1 603
安哥拉⑯	1984	…	1 019
贝宁	1985	34	1 130
博茨瓦纳	1985	64	2 051
布基纳法索	1985	9	530
布隆迪	1986	15	911
喀麦隆	1984	33	1 656
佛得角	1985	45	1 755
中非	1985	17	1 128
乍得	1984	9	589
科摩罗	1982	39	1 499
刚果	1985	45	2 735
埃及⑰	1985	40	1 238
埃塞俄比亚	1985	12	565
加蓬	1983	34	1 551
冈比亚	1985	47	1 078
加纳①	1985	48	1 108
几内亚	1985	13	455
几内亚比绍	1984	35	867
肯尼亚	1985	68	2 313
莱索托	1985	…	2 052
利比亚	1985	115	2 191
马达加斯加	1984	44	1 670
马拉维	1984	22	1 315
马里	1983	11	379
毛里塔尼亚	1982	14	621
毛里求斯	1985	65	1 421
摩洛哥	1985	37	1 040
莫桑比克	1985	15	904
尼日尔	1986	11	438
尼日利亚	1983	40	1 616
卢旺达	1985	25	1 379
塞内加尔	1985	…	905
塞拉利昂	1982	31	1 027
索马里	1983	21	499
苏丹	1984	23	789
斯威士兰	1984	64	2 135
多哥	1985	…	1 564
坦桑尼亚⑱	1985	19	594
乌干达	1985	60	2 048
扎伊尔	1983	40	1 653
赞比亚	1984	39	1 954
津巴布韦	1986	68	2685
大洋洲			
澳大利亚⑲	1985	68	971
新西兰	1985	…	1 013
北美洲			
加拿大	1985	118	889
美国⑳	1985	57	1 123

表43 （续完）

国家或地区	年份	教师	学生	国家或地区	年份	教师	学生
拉丁美洲				萨尔瓦多	1984	44	1 848
				危地马拉	1984	35	1 266
				海地	1984	39	1 582
阿根廷	1985	75	1 502	洪都拉斯	1985	…	1 752
玻利维亚	1984	76	1 890	牙买加①	1983	46	1 505
巴西	1986	76	1 894	墨西哥	1985	58	1 940
智利	1985	…	1 702	尼加拉瓜	1985	52	1 733
哥伦比亚	1985	46	1 411	巴拿马	1985	61	1 560
哥斯达黎加	1985	46	1 457	秘鲁	1985	54	1 884
古巴	1985	76	1 067	苏里南	1984	76	1 931
多米尼加共和国	1985	45	1 955	乌拉圭	1985	47	1 183
厄瓜多尔	1984	56	1 836	委内瑞拉	1985	62	1 600

① 仅指公立学校师生人数。② 不包括土语学校师生人数。③ 不包括附属在中学初级班的师生人数。④ 不包括附属在小学提高班的师生人数。⑤ 包括专科教育师生人数。⑥ 包括幼儿教育的师生人数。⑦ 包括中等普通教育师生人数和公立学校学生人数。⑧ 仅指公立学校教师人数和包括幼儿教育师生人数。⑨ 包括专科学校学生人数。⑩ 包括中等普通教育教师人数。⑪ 包括综合性的专科学校师生人数。⑫ 仅指公立学校教师人数。⑬ 包括中等普通教育和专科教育的教师人数。⑭ 由于采用新的计算方法，同以前年份的数字不可比。⑮ 包括夜校和函授教育教师人数。⑯ 包括幼儿教育的教师人数。⑰ 不包括爱兹哈尔大学附属班师生人数。⑱ 只包括部分职业教育学生人数。⑲ 包括专科教育初级班、提高班和函授班的教师人数。⑳包括专科教育的师生人数，并从1980年起指1～8年级学生人数。

资料来源：联合国教科文组织《统计年鉴》1987年；联合国《统计月报》1988年1月；中国国家统计局《中国统计年鉴》1987年。

表44　　　　平均每万人口中中学教师和学生人数①　　　　（人）

国家或地区	年份	教师	学生
亚洲			
中国	1986	28	505
阿富汗	1981	…	97
巴林②	1985	49	919
孟加拉国	1985	…	317
不丹	1984	4	42
文莱	1984	82	905
缅甸	1983	12	336
塞浦路斯③	1985	47	689
民主也门	1983	9	161
印度	1980	…	452
印度尼西亚④	1983	…	476
伊朗	1985	…	711
伊拉克	1985	27	749
以色列⑤	1985	89	594
日本⑥	1985	51	915
约旦	1985	55	957
南朝鲜	1986	35	1 170
科威特	1985	…	1 400
老挝	1984	20	275
黎巴嫩	1980	…	1 076
马来西亚	1985	37	825
蒙古	1984	…	1 489
尼泊尔	1985	11	301
阿曼	1984	…	349
巴基斯坦	1984	17	302
菲律宾	1985	11	588
卡塔尔	1986	74	633
沙特阿拉伯	1985	37	524
新加坡	1984	38	779
叙利亚	1985	52	852
泰国	1984	…	444
土耳其	1985	28	594
欧洲			
阿尔巴尼亚	1985	24	600
奥地利	1985	92	888
比利时	1985	…	837
保加利亚	1985	30	418
捷克斯洛伐克	1985	21	223
丹麦⑦	1984	…	947
芬兰	1985	…	849
法国⑧	1985	…	1 012
民主德国⑨	1985	101	913
联邦德国⑩	1985	…	874
希腊	1983	46	802
匈牙利⑪	1985	…	397
冰岛	1985	…	1 161
爱尔兰⑫	1984	…	939
意大利	1985	…	940
卢森堡	1984	62	670
马耳他	1984	57	734
荷兰	1984	…	1 003
挪威	1984	…	938
波兰	1985	40	421
葡萄牙	1983	36	489
罗马尼亚⑬	1985	22	677
西班牙	1983	50	1 077
瑞典	1985	…	748
瑞士	1985	…	643
苏联⑭	1985	…	732
英国	1985	…	887
南斯拉夫	1985	57	1012
非洲			
阿尔及利亚	1985	39	852
安哥拉	1984	…	178
贝宁	1984	…	315
博茨瓦纳	1985	15	332
布基纳法索	1985	…	81
布隆迪	1984	4	52
喀麦隆	1984	13	333
中非	1985	4	190
乍得	1984	…	93
刚果	1985	36	1 280
埃及⑮	1983	33	697
加蓬	1983	19	326
几内亚	1985	…	26
加纳	1985	…	608
几内亚比绍	1984	…	107
肯尼亚	1984	11	273
莱索托	1984	12	236
利比里亚	1980	…	295
利比亚	1982	92	1 023
马达加斯加	1983	…	564
马拉维	1984	2	36
马里	1983	…	95
毛里塔尼亚	1980	…	136
毛里求斯	1985	…	733
摩洛哥	1985	32	542
莫桑比克	1985	3	110
尼日尔	1983	…	82
尼日利亚	1983	11	400
卢旺达	1985	2	30
塞内加尔	1984	8	190
索马里	1983	7	143
苏丹	1984	9	249
多哥	1984	…	317
坦桑尼亚⑯	1985	12	211
乌干达	1982	5	104
扎伊尔	1983	15	764
赞比亚	1982	…	183
津巴布韦	1983	13	409
大洋洲			
澳大利亚	1985	67	807
新西兰	1984	…	1 112
北美洲			
加拿大	1985	…	888
美国⑰	1985	44	584
拉丁美洲			
阿根廷	1985	31	234
玻利维亚	1984	…	320
巴西	1984	16	222
智利	1985	…	551

表44 （续完）

国家或地区	年份	教师	学生	国家或地区	年份	教师	学生
哥伦比亚	1985	34	676	牙买加⑱	1983	36	1 028
哥斯达黎加	1985	…	452	墨西哥	1985	49	840
古巴	1985	100	1 145	尼加拉瓜	1985	…	463
多米尼加共和国	1980	…	655	巴拿马	1985	44	846
厄瓜多尔	1983	46	740	巴拉圭	1985	…	408
萨尔瓦多	1984	8	180	秘鲁	1980	…	695
危地马拉	1984	16	226	乌拉圭⑳	1984	…	695
海地	1983	11	269	委内瑞拉	1985	35	599
洪都拉斯	1985	…	421				

① 中学指普通教育、职业教育和师范教育。② 不包括私立普通教育教师人数。③ 包括土语学校师生人数。④ 包括宗教学校师生人数。⑤ 包括附设在小学里的提高班教师人数。⑥ 包括专科教育教师人数。⑦ 普通教育教师人数中包括学教师，职业教育包括学徒训练人数。⑧ 仅指公立学校教师人数。⑨ 普通教育中包括小学教师人数。⑩ 由于采用新的计算方法，同以前年份的数字不可比。⑪ 包括全日制学徒训练人数。⑫ 指全日制教育教师人数。⑬ 包括夜校、函授教育师生人数。⑭ 包括小学夜校和函授教育教师人数。⑮ 不包括爱兹哈尔大学附属中学师生人数。⑯ 只包括部分职业教育学生人数。⑰ 指所有专门教育的师生人数，学生系指9～12年级人数。⑱ 不包括私立普通教育学生人数。⑲ 不包括私立普通教育和职业教育教师人数。⑳ 不包括私立职业教育师生人数。

资料来源：联合国教科文组织《统计年鉴》1987年；联合国《统计月报》1988年1月；中国国家统计局《中国统计年鉴》1987年。

表45 平均每万人口中大学教师和学生人数 （人）

国家或地区	年份	教师	学生
亚洲			
中国	1986	3.5	17.8
阿富汗	1982	1	12
巴林	1984	12	106
孟加拉国	1985	2	47
缅甸	1981	…	47
塞浦路斯	1985	5	47
印度①	1979	4	81
印度尼西亚	1984	5	61
伊朗②	1985	3	41
伊拉克	1983	5	86
以色列	1984	…	24
日本③	1984	20	200
约旦	1984	9	159
南朝鲜	1986	9	364
科威特	1985	…	138
黎巴嫩	1984	28	267
马来西亚	1985	5	59
蒙古	1981	14	223
尼泊尔④	1984	…	34
巴基斯坦⑤	1985	0.4	10
菲律宾	1985	…	361
卡塔尔	1982	11	206
沙特阿拉伯	1983	9	82
新加坡	1983	13	141
斯里兰卡⑥	1985	2	35
泰国	1985	6	199
土耳其	1984	5	86
也门	1980	0.3	8
欧洲			
阿尔巴尼亚⑦	1985	5	74
奥地利⑧	1985	16	229
比利时⑦	1985	…	251
保加利亚	1985	17	127
捷克斯洛伐克	1985	15	109
丹麦⑧⑨	1984	…	224
芬兰	1985	…	261
法国	1984	…	228
民主德国⑦⑩	1985	25	260
联邦德国	1985	…	254
希腊	1983	12	151
匈牙利⑦	1985	14	93
冰岛	1985	…	206
爱尔兰	1984	16	190
意大利	1984	9	207
卢森堡⑪	1984	…	23
马耳他	1985	4	39
荷兰	1984	…	271
挪威	1984	21	227
波兰⑦	1985	…	122
葡萄牙	1984	11	112
罗马尼亚⑦	1985	6	70
西班牙	1984	12	164
瑞典	1984	…	265
瑞士	1985	…	170
苏联⑦	1985	14	185
英国	1984	14	178
南斯拉夫	1984	11	157
非洲			
阿尔及利亚	1984	…	53

家国或地区	年份	教师	学生
安哥拉	1984	…	5
贝宁	1983	…	18
博茨瓦纳	1985	1	13
布基纳法索	1984	…	6
布隆迪	1985	…	6
喀麦隆	1984	…	18
中非	1985	…	10
刚果	1982	3	59
埃及	1985	…	152
埃塞俄比亚	1985	0.3	6
加蓬	1983	6	29
加纳	1981	…	14
几内亚⑫	1985	2	14
肯尼亚⑫	1985	…	11
莱索托	1984	1	16
利比里亚	1979	…	21
利比亚	1985	…	83
马达加斯加	1985	0.8	38
马拉维	1984	0.6	6
马里	1983	…	9
摩洛哥⑬	1985	…	73
莫桑比克	1985	0.2	1
尼日尔	1984	0.5	5
尼日利亚	1983	…	23
卢旺达	1983	0.5	3
塞内加尔	1983	…	19
塞拉利昂	1980	0.8	5
苏丹	1983	0.7	18
多哥	1983	1	15
突尼斯	1985	…	57
乌干达	1982	0.5	5
扎伊尔	1985	0.8	13
赞比亚	1984	…	14
津巴布韦	1986	…	21
大洋洲			
澳大利亚⑭	1986	…	131
斐济	1986	…	27
新西兰	1984	24	296
北美洲			
加拿大	1985	23	510
美国	1985	29	512
拉丁美洲			
阿根廷	1985	23	277
巴巴多斯	1984	22	209
巴西	1983	9	114
智利	1985	…	162
哥伦比亚⑮	1986	15	138
哥斯达黎加⑯	1985	…	256
古巴	1985	19	233
厄瓜多尔	1984	…	308
萨尔瓦多	1985	9	146
危地马拉	1986	…	63
圭亚那	1984	6	24
洪都拉斯	1985	6	84
墨西哥	1985	14	155
尼加拉瓜	1985	8	89
巴拿马	1985	18	254
秘鲁	1985	…	227
乌拉圭	1986	18	307
委内瑞拉	1985	18	256

① 包括预科学生人数。② 不包括师范院校教师人数。③ 包括函授教育师生人。④ 仅指公立大学师生人数。⑤ 数不包括艺术、科学院校的教师人数。⑥ 仅指全日制学生人数。⑦ 包括夜校和函授教育的师生人数。⑧ 仅指全日制教育教师人数。⑨ 由于分类的变化，1980年以来，学生人数与前几年不可比。⑩ 包括高等院校预科和职业训练等学生人数。⑪ 仅指在卢森堡本国各大学学习的学生人数。⑫ 包括成人教育的师生人数。⑬ 包括研究生人数。⑭ 不包括半工半读的教师人数。⑮ 仅指在职教师人数。⑯ 仅指国家高等教育委员会所属大学师生人数。

资料来源：联合国教科文组织《统计年鉴》1987年；联合国《统计月报》1988年1月；中国国家统计局《中国统计年鉴》1987年。

表46　　**平均每万人口中科学家、工程师和技术人员数**　　（人）

国家或地区	年份	总计	其中：科学家和工程师	其中：技术人员
亚　洲				
中　国①	1986	…	6.4	3.9
文　莱	1981	342.9	116.5	226.4
印　度②	1985	34.1	…	…
印度尼西亚	1980	143.8	13.2	130.6
伊　朗	1982	109.6	69.4	40.2
以色列	1984	839.9	419.5	420.2
日　本③	1982	3 127.9	594.9	2 533.0
南朝鲜	1981	523.1	24.3	498.8
科威特④	1980	1 327.9	575.1	752.8
马来西亚	1982	…	18.0	…
尼泊尔	1980	7.8	2.6	5.2
菲律宾	1980	…	364.0	…
卡塔尔⑤	1983	544.1	225.0	319.1
新加坡	1980	226.3	158.7	107.6
土耳其⑥	1980	346.1	159.3	186.8
欧　洲				
奥地利	1981	203.6	203.6	—
保加利亚⑦	1983	1 042.3	338.7	703.6
捷克斯洛伐克⑧	1980	…	354.5	…
丹　麦	1980	632.3	163.1	469.2
芬　兰	1984	3 582.5	376.8	3 205.7
民主德国	1985	983.1	353.8	629.3
联邦德国	1980	1 360.3	370.0	990.3
希　腊	1981	1 646.5	338.6	1 307.9
匈牙利	1984	2 512.2	456.7	2 055.5
葡萄牙	1981	843.6	141.7	701.9
意大利	1981	832.3	208.0	624.3
荷　兰	1985	2 141.1	671.5	1 469.6
挪　威	1981	…	237.7	…
波　兰⑦	1984	1 697.1	385.5	1 311.6
西班牙	1984	1 308.5	308.4	1 000.1
瑞　典	1979	2 627.7	405.2	2 222.5
瑞　士⑩	1980	…	550.9	…
苏　联⑦	1985	1 210.3	521.9	688.4
南斯拉夫	1981	1 798.7	205.0	1 593.7
非　洲				
肯尼亚	1982	34.5	9.0	25.5
利比亚⑪	1980	177.6	147.2	30.4
毛里求斯	1983	278.7	75.6	203.1
尼日利亚	1980	16.6	2.7	13.9
大洋洲				
澳大利亚	1981	1 402.8	256.9	1 145.9
北美洲				
加拿大	1981	2 534.4	530.5	2 003.9
美　国⑫	1982	…	147.7	…
拉丁美洲				
阿根廷⑬	1980	790.4	189.7	600.7
古　巴	1981	…	143.5	…
圭亚那	1980	21.2	17.4	4.8
海　地	1982	63.9	28.2	35.7
秘　鲁	1981	952.0	164.4	787.6
乌拉圭	1982	6 376.3	1 176.5	5 200.0

①　按全国县级以上政府部门属研究与开发机构、国务院部门属研究与开发机构，以及地方县级以上政府部门属研究与开发机构的科学家、工程师和技术人员数计算。②　不包括社会科学和人文科学家人数。③　指有固定收入的就业人员。④　科学家和工程师中有63 339人，技术人员中有77188人为外藉人员。⑤　科学家和工程师中有4782人，技术人员中有6 032人为外藉人员。⑥　按占总人口1%的人数推算。⑦　指在国民经济各部门任职人员。⑧　指年龄在15岁和15岁以上，具有中等教育程度，并有固定收入人员。⑨　科学家和工程师指大学毕业生，技术人员指技术学校毕业生。⑩　指年龄在25岁和25岁以上，具有高等教育程度，并有固定收入人员。⑪　科学家和工程师中有32 135人，技术人员中有5673人为外藉人员。⑫　不包括法律、人文科学和教育部门的人员。⑬　技术人员中有部分科学家和工程师人数。

资料来源：联合国教科文组织《统计年鉴》1987年；联合国《统计月报》1988年1月；中国国家统计局《中国统计年鉴》1987年。

（资料提供单位：中国社会科学院世界经济与政治研究所
编制者：吴宗钫　陈秀英　宣杏云）

第Ⅷ部分

人口机构（部分）

一、人口科研机构

中国社会科学院人口研究所

通讯处：北京建国门内大街5号

电话：5137744—3166

机构简介：1980年成立中国社会科学院人口研究中心，1987年改为中国社会科学院人口研究所。设有人口经济与就业研究室、人口统计与分析研究室、人口与社会研究室、《中国人口年鉴》、《中国人口科学》杂志编辑部、资料室、行政办公室。现任所长田雪原，副所长沙吉才。现有人员44人，其中业务人员36人，行政管理人员8人。研究方向和任务：人口学、人口理论与政策、人口经济、人口社会、人口统计技术、人口发展战略。

主要研究成果：专著类有《当代中国人口》（合著）、《新时期人口论》、《人口预测和人口控制》、《中国少数民族人口》（合著）、《中国人口结构》（合著）、《计划生育管理》（合著）。大型调查报告有《2000年中国的人口和就业》、《2000年中国劳动就业预测》、《京津唐地区农村人口的转化与小城镇的建设》。工具书有《中国人口年鉴》。各种专题研究论文100余篇，主要内容有计划生育、婚姻家庭、人口素质、人口统计人口、就业等。另有论文276篇、译著4部、译文29篇、《中国人口科学》杂志6期。

“七五”期间承担重点研究课题：“中国老年人口调查和老年社会保障改革研究”、“中国人口迁移调查研究”（列入国家“七五”社科重点项目），“经济体制改革中的就业问题研究”（列入院级“七五”重点项目）、“改革开放中的人口问题研究”和“中国历代人口资料研究汇编”（列入所级研究项目）。继续编辑出版工具书《中国人口年鉴》、杂志《中国人口科学》。

中国人民大学人口研究所

通讯处：北京市海淀区海淀路39号

电话：284076、285431—2895

机构简介：1973年成立中国人民大学人口理论研究所。设有人口理论研究室、人口统计研究室、人口环境研究室。现任所长刘铮，副所长苏萍、罗茂初。现有人员41人，其中研究人员25人，编辑人员2人，资料人员6人，计算机2人，行政人员6人。研究方向和任务：人口理论、人口经济、人口学、社会老年学、人口结构和世界人口。

主要研究成果：专著、译文和教材共24部，论文200多篇。主要研究内容有中国人口问题研究，关于控制我国人口增长的五点建议，人口学辞典，人口理论教程，人口统计学，世界人口，人口通论，马克思列宁主义人口理论，人口学体系，人口论史等。

“七五”期间承担重点研究课题：中国人口发展战略、中国人口老化与社会经济良性运行、死亡率研究，人口与经济发展、老年学、生育率研究，人口结构、婚姻、家庭与生育。

刊物：《人口研究》（中文版双月刊、英文版季刊），1977年创办，国内外公开发行。

北京大学人口研究所

通讯处：北京市海淀区篓斗桥北京大学内

电话：256116—4482

机构简介：1984年6月成立北京大学人口研究所。设有人口与经济研究室、人口与社会研究室、人口地理研究室、人口分析研究室、世界人口研究室、人口情报研究室。现任所长张纯元，副所长曾毅。现有21人，其中研究人员19人，资料人员1人，行政人员1人。

研究方向和任务：人口经济关系、人口与社会关系、人口分布与迁移、家庭人口学、人口分析方法与应用。主要研究内容：中国农村人口、中国老年人口、家庭结构模型、社会科学分析方法。

主要研究成果：《人口经济学》、《西方人口经济学概论》、《中国家庭的动态研究模型与应用》、《马克思主义人口思想史》。

“七五”期间承担重点研究课题：经济改革对妇女地位的影响、贫困地区的人口经济问题研究。

北京经济学院人口经济研究所

通讯处：北京市朝阳门外红庙北京经济学院内

电话：5005511—270或250

机构简介：1979年成立北京经济学院人口经济研究所。设有人口经济研究室、人口分析技术研究室、世界人口研究室、《人口经济》编辑部、中国人口丛书办公室、资料室、行政办公室。现任所长冯立天，副所长王树新。现有30人，其中研究人员19人，翻译人员4人，编辑人员2人，资料人员2人，行政人员3人。研究方向和任务。人口经济、城市人口、人口政策、少数民族人口。同时也开展其它领域的研究。该所以现实人口问题为研究对象，注重应用研究和调查研究，力图为北京和国家有关部门提供咨询服务和研究成果。

主要研究成果：《京津唐国土规划中的人口问题研究》（协作项目），其中包括京津唐地区城市劳动力资源的开发利用、大城市人口的控制与疏导、京津唐地区农村人口转化和小集镇发展、京津唐地区人口发展趋势预测及京津唐地区人口现状和发展趋势综合研究报告等。主持“六五”国家级哲学社会科学重点科研项目《中国人口》丛书的编写工作，全书32分册，1 000万字以上，已由中国财经出版社陆续出版，并正在组织英文版本的翻译工作；参与了《2000年的中国人口与就业》的研究与写作；完成了有关部委1983年至1984年委托的中国人口发展预测的课题。首次分城乡对中国人口进行长期预测。完成了《1984年北京地区1.3‰生育率抽样调查》、北京社会发展战略研究中的《北京人口生活质量的研究》、《北京地区生育高峰的研究》、以及由加拿大国际发展研究中心资助的北京小城镇人口迁移与发展的调查和研究分析报告。“七五”期间承担重点研究课题：“七五”国家级哲学社会科学重点科研项目《中国少数民族人口问题综合研究》、国家教委级哲学社会科学重点科研项目“中国人口发展与就业”。

刊物：《人口与经济》（双月刊），1980年创办，国内外公开发行。

南开大学人口研究所

通讯处：天津市南开区八里台卫津路94号

电话：334700—264

机构简介：1979年11月成立南开大学人口研究室，1984年2月改为南开大学人口研究所。

设有人口经济教研室、人口社会学教研室、人口发展过程教研室。现任所长李競能，副所长李建民。现有人员26人，其中研究人员20人，资料人员2人，行政人员4人。研究方向和任务：人口和经济的协调发展。当前主要研究内容：大城市人口经济问题，即大城市人口发展过程及其与经济发展的相互关系、大城市劳动力资源的开发和利用、就业问题及其解决途径、人口结构和经济结构的关系、人口产业结构和职业结构的变动、大城市郊区（县）农业剩余劳动力的转变、人口城市化及其社会经济问题、人口城市化的模式和发展道路问题。

主要研究成果：《天津第三次人口普查资料分析论文集》、《天津人口》、《天津人口史》、《西方人口经济学》、《社会现代化》、《人口学概论》、《人口经济学》、《人口理论教程》、《人口统计》、《社会学概论》、《社会调查与统计分析》。发表论文84篇。

“七五”期间承担重点研究课题：人口城市化模式和发展道路问题研究、京津沪特大城市人口问题研究、西方人口经济学说（教材）。

刊物：《人口理论与调查研究》，1980年6月创办，不定期全国发行。

河北大学人口研究所

通讯处：河北省保定市合作路1号

电话：22921—251

机构简介：1978年成立河北大学人口研究所。设有第一研究室、第二研究室、图书资料室、办公室。现任所长何忠坤。现有人员23人，其中研究人员19人，资料人员2人，行政人员2人。研究方向和任务：农村人口、生育意愿、生育率、农村人口调查、河北人口发展战略。

主要研究成果：《人口统计》、《人口学概论》、《计划生育学》、《计划生育管理》、《世界人口发展简史》、《中国宏观经济管理学》等。

“七五”期间承担重点研究课题：河北人口发展研究、定县调查，以及编写“计划生育管理”教材。

河北师范大学人口研究所

通讯处：石家庄市裕华路1号

电话：49941—266

机构简介：1978年成立河北师范大学人口研究室，1985年改为人口研究所。设有人口理论研究室、人口地理研究室、资料室。现任所长李仰溪，副所长顾淑兰。现有人员20人，其中研究人员16人，资料、行政人员各2人。研究方向和任务：人口理论和人口地理、计划生育改革、人口城镇化、老年人口问题。

主要研究成果：《人口理论教材》、《河北人口》、《河北人口地理》、《人口研究入门》（译文）、《人口城镇化》。

“七五”期间承担重点研究课题：人口城市化、老年人口问题研究、计划生育改革。

河北省教育学院人口教育研究室

通讯处：河北省石家庄市新石南路

机构简介：1980年成立河北教育学院人口教育研究室。现任负责人丁昌志。现任研究人员4人。研究方向和任务：中学人口教育及中学人口教育师资培训。

主要研究成果：《中学人口教育的监测与评估的体系》、《对中学生进行人口教育的重要性》、《中学人口教育的监测与评估》等。

河北省社会科学院经济研究所人口研究室

通讯处：河北省石家庄市石邑路14号。

电话：31390

机构简介：1984年成立河北省社会科学院经济研究所人口研究室。现任主任李澍卿，副主任杜荣水。现有7名研究人员。研究方向和任务：人口经济学、人口教育学、人口社会学。

主要研究成果：《人口素质观览》、《职业技术教育学》等。

“七五”期间承担重点研究课题：中国老年人口调查和老年社会保障改革研究及中国50城镇人口迁移调查和城市化研究（合作项目）。

山西省社会科学院人口学研究所

通讯处：太原市南坞城路

电话：72679、73628

内蒙古大学经济系人口研究室

通迅处：呼和浩特市大学路

电话：25102

机构简介：1983年成立内蒙古大学经济人口研究室。现任主任沈斌华。现有研究人员4人。研究方向和任务：内蒙古少数民族人口、内蒙古人口与生态。

主要研究成果：《鄂伦春族人口》、《鄂温克族人口》。

“七五”期间承担重点研究课题：蒙古族、达斡尔族人口研究。

辽宁大学人口研究所

通讯处：沈阳市皇姑区崇山西路3段4号。

电话：62541转321

机构简介：1983年成立辽宁大学人口研究所。设有研究室、资料室、计算机室、设备室、办公室。现任所长刘庆相。共有14人，其中研究人员12人，资料人员1人，行政人员1人。

主要研究成果：《辽宁人口》、《计划生育与精神文明》，以及《辽宁老年人口综合调查研究》、《辽宁人口城市化模式与发展道路》等课题报告，撰写与发表论文50余篇。

“七五”期间承担重点研究课题：《中国人口城市化模式与发展道路研究》、《中国少数民族人口综合研究》、《中国老年人口问题研究》等。

东北财经大学人口研究所

通讯处：大连市黑石礁

电话：471101—447

机构简介：1986年成立东北财经大学人口研究所（此前为人口研究室）。设有人口理论研究室、人口理论教研室、资料室。现任所长刘长新，副所长李春林。现有13人，其中研究人员12人，资料人员1人。研究方向和任务：人口统计学、人口经济学、人口社会学。

主要研究成果：《人口统计学》、《辽宁人口》、《大连人口》、《人口理论与分析》。

吉林大学人口研究所

通讯处：吉林省长春市斯大林街83号

电话：823189—626。

机构简介：1980年成立吉林大学人口研究所（此前为人口研究室）。设有人口经济研究室、人口社会研究室、计量人口研究室、《人口学刊》编辑部、《世界人口》编辑部、资料室、设备室和办公室。现任副所长王胜今、刘云德。现有人员20名，其中研究人员13人，编辑人员3人，资料人员2人，设备1人，行政人员1人。研究方向和任务：以东北地区人口与社会经济、区域人口学为主，对外以苏联、朝鲜、日本为研究对象，开展有关人口变动、家庭、经济等方面的研究。

主要研究成果：《中国人口丛书·吉林分册》（1987年）、《中国人口增长的分析》、《人口社会学》、《生育率与生活水平研究》（中日合作项目）、《文化论纲》、《东北三大城市人口与生活水平1‰抽样调查》调查报告（1987）、《中国商品粮基地县人口与经济调查》（1988）、《社会学》（译著）。

“七五”期间承担重点研究课题：中国商品粮基地县人口与经济调查、东北地区少数民族人口研究、人口社会学。

刊物：《人口学刊》（双月刊），1977年创办，国内外公开发行。《世界人口》（季刊），1986年创办，国内发行。

哈尔滨医科大学医学人口研究所

通讯处：黑龙江省哈尔滨市

电话：31230、31368

机构简介：1985年成立哈尔滨医科大学医学人口研究所。现任所长杨建伯，副所长董情。现有人员22人，其中研究人员15人，兼职研究人员7人。研究方向和任务：以人口为整体，从医学、公共卫生学、社会医学角度研究人口再生产过程、期望寿命、人口质量的水平、特征及其变动趋势；研究社会因素，自然条件和遗传因素对人口再生产过程、期望寿命、人口质量的影响；研究常见病、多发病对人口再生产过程、期望寿命、人口质量的影响。在此基础上协助政府制定卫生规划、人口政策。

主要研究成果：《哈尔滨市道外区（1953—1974）人口、出生、死因、期望寿命统计资料综合报告》（获1978年卫生部科技奖）。《中国人口主要死亡原因统计分析研究》（合作研究项目），获卫生部甲级科技成果奖。《黑龙江省45个县、5个城市人口出生、死亡、平均期望寿命统计分析》，获黑龙江社会科学优秀研究成果4等奖。

哈尔滨市人口信息研究所

通讯处：哈尔滨市道里区石头道街133号

电话：44929

机构简介：1986年9月成立哈尔滨市人口信息研究所。现任副所长杨长城，现有人员4人。研究方向：城市人口信息、人口与城市经济发展关系、计划生育MIS、人口信息服务与咨询。

“七五”期间承担重点研究课题：人口与计划生育管理信息系统研究、城市人口再生产双轨反馈信息处理系统的研究。

黑龙江大学经济人口教研室

通讯处：哈尔滨南岗区学府路24号

电话：61259

黑龙江商学院人口经济规划研究室

通讯处：哈尔滨市通达街50号

电话：45571

上海社会科学院人口学研究所

通讯处：上海淮海中路622弄7号

电话：271170转人口学研究所

机构简介：1988年1月成立上海社会科学院人口学研究所（此前为人口理论研究室）。设有人口统计与分析研究室、人口与发展研究室、行政办公室。现任所长张开敏，副所长沈安安。现有19人，其中研究人员15人，资料人员2人，行政人员2人。研究方向：人口理论、人口政策、生育率、人口迁移、人口老化以及对上海地区的人口问题进行较为全面系统的研究。

主要研究成果：《人口学知识》、《第三次人口普查》、《中国人口·上海分册》、《1‰生育率调查汇编》。翻译和主审出版《六十亿人》、《人口学》、《人口问题与人口理论》。发表论文近百篇、调查报告近10篇。

“七五”期间承担重点研究课题：中国老年人口调查和老年社会保障改革研究（合作项目）、老龄化后的经济良性循环、上海老年人口、上海社会科学地方志。

华东师范大学人口研究所

通讯处：上海市中山北路3663号

电话：549743

机构简介：1957年建立人口地理研究室，1958年撤销，1981年恢复建立人口研究室，1983年扩建为人口研究所。设有人口地理研究室、人口经济和人口社会研究室、计算机室、资料室、绘图室。现任所长程潞，副所长桂世勋。现有26人，其中研究人员20人，资料人员3人，行政人员3人。研究方向和任务：人口地理学、人口经济学、人口社会学。该所重视实际应用，发展人口咨询服务。

主要研究成果：中国人口密度与人口政策、关于编制上海市科技长远规划中人口参数的预测、上海市人口综合研究、上海农村老龄人口赡养问题研究、上海市郊区农村劳动力问题综合研究，编写出版了《世界人口地理》、《中国人口地理》（上下册）、《人口社会学》、《论中国人口之分布》、《中国八大区人口增长、经济发展的过去和未来》、《人口研究论文集》（一二三辑），主编出版了《中国人口·上海分册》。

“七五”期间承担重点研究课题：“中国东、中、西三带人口、生态和经济的发展”、“中国经济发展和人口分布”、“上海郊区农村人口向小城镇转移问题及对策研究”、“上海农村养老保险制度的改革”、“上海、浙江小城镇发展与农村人口转移”（中加合作项目）、“上海与东京老龄化问题对比研究”（中日合作项目）。

复旦大学人口研究所

通讯处：上海市邯郸路220号

电话：484906

南京大学人口研究所

通讯处：江苏省南京市汉口路。

电话：634651—3332

机构简介：1980年4月成立南京大学人口研究所。设有人口研究室、社会学研究室。现任副所长马淑鸾。研究方向和任务：城镇人口、人口素质、人口理论、社会学、以及承担人口教学任务。

主要研究成果：《中国人口丛书·江苏分册》、《人口地理学概论》、《城市经济学》。合著的有《中国人口问题研究》、《人口理论教程》、《人口学辞典》等。

“七五”期间承担重点研究课题：中国小城镇人口、中国人口素质现代化与社会主义现代化（合作研究项目）、城镇化模式（合作研究项目）、人口死亡率(合作研究项目)。

江苏教育学院人口教育教研室

通讯处：南京市草场门

电话：32197

杭州大学人口研究中心

通讯处：杭州市天目山路

电话：81224

机构简介：1981年成立杭州大学人口研究室，1984年改为杭州大学人口研究中心。设有两个研究。第一研究室以人口经济学与人口社会学为主，第二研究室以人口统计、人口地理、人口生态学为主。现任主任董如宾，副主任王嗣均。现有人员17名，其中研究人员14人；资料人员2人；行政人员1人。研究方向和任务：浙江和东南沿海地区的人口问题，兼及全国性的人口问题和人口理论问题。

主要研究成果:参加撰写的专著有:《中国人口·浙江分册》、《人口应用数学》、《中国人口·河南分册》、《马克思主义人口思想史》、《浙江地理简志》、《人文地理学论丛》。发表论文37篇。

“七五”期间承担重点研究课题：“人口老龄化与老年人口保障问题”、“中国50城镇人口迁移和城市化”、“中国城市化的模式与道路”(国家“七五”课题协作项目)。“中国城市人口”、“上海经济区人口发展战略研究”(国家教委“七五”重点课题。)“浙江省人口迁移与城市化研究”、“浙江省未来人口与经济社会发展问题研究”（浙江省“七五”重点项目）。此外还参加了五项协作项目等。

浙江医科大学人口研究所

通讯处：杭州市延安路

电话：26801—309

机构简介：1981年11月成立浙江医科大学人口研究所。设有人口经济研究室、人口遗传研究室、人口优生研究室和《人口与优生》编辑室。现任所长姚竹秀，副所长王瑞梓。现有人员17人，其中研究人员12人、资料人员2人、编辑人员3人。研究方向和任务。中国与浙江省人口素质中的身体素质问题。

主要研究成果：合作编写了《人口理论讲座》、《国家基本国策宣传资料》、《中国人口·浙江分册》、《男性不育症》、《百岁老人马寅初及其〈新人口论〉》、《学习周恩来同志有关人口问题论述的体会》、《浙江生育率变动的分析》、《中国人口城镇化的一个新模式》等专著和论文。

“七五”期间承担重点研究课题：“人口素质现代化与社会主义建设现代化的关系”，“中国女性人口”（合作研究），“浙江人口发展战略”、“浙江人口素质研究”，“浙江劳动者素质与调整产业结构、发展外向型经济研究”，“培养外向型经营人材的途径与政策研究”，“影响人口身体素质的主要因素分析”等。

刊物：《人口与优生》，季刊，1985年1月创办，国内外公开发行。

杭州师范学院人口研究所

通讯处：杭州市文一路96号。

电话：88124转

机构简介：1983年成立杭州师范学院人口研究室。现任主任李南寿，现有人员6人。研究方向和任务：地方人口史、人口经济学。

主要研究成果：浙江人口史、浙江山区人口、人口与经济的关系、南宋临安人口的变迁、农村劳动史的转移。

“七五”期间承担重点研究课题：开放城市的人口问题和劳务输出。

安徽大学人口研究所

通讯处：合肥市

电话：31480—2277

机构简介：1980年成立安徽大学人口研究所。现任所长杨光锐。现有人员15人，其中研究人员12人，行政人员3人。研究方向和任务：农村人口、老年人口及独生子女问题。

主要研究成果：《中国人口丛书·安徽分册》。

“七五”期间承担重点研究课题：老年人口问题、独生子女问题。

厦门大学人口研究所

通讯处：福建省厦门市

电话：27791

机构简介：1981年成立厦门大学人口研究所。设有华侨人口研究室、特区人口研究室、福建人口研究室。现任所长李绪谒，副所长浦永灏。现有人员15人，其中研究人员13人；资料人员1人，行政人员1人。研究方向和任务：福建人口、华侨人口、特区人口及台湾人口。

主要研究成果：主编《福建省人口普查资料汇编》，参加《台湾人口》编著、发表学术论文100余篇。

“七五”期间重点研究课题：《中国侨乡（福建）人口国际迁移》、《福建人口与福建经济》。

江西省教育学院人口理论教研室

通讯处：南昌市四交路

电话：65710

江西师范大学人口研究所

通讯处：南昌市北京西站

电话：67801

山东省社会科学院人口研究所

通讯处：济南市玉函路28号

电话：615471

机构简介：1984年成立山东社会科学院人口研究所。设有人口统计研究人口室、经济研究室、人口社会研究室。现任所长路遇，副所长王秀银。现有人员13人，其中研究人员12人，资料人员1人。研究方向和任务：以山东省的实际人口问题为主，侧重研究山东人口迁移和城镇化问题、人口控制问题和老年人口问题。

主要科研成果：《清代和民国山东移民东北史略》。论文有《论变革中的农村养老事业》、《山东人口发展面临的问题及其对策》。

“七五”期间承担重点研究课题：“山东人口控制问题研究”、“山东老年人口问题研究”、“山东城镇人口迁移和城镇化研究”。

山东大学经济系人口理论研究室

通讯处：济南市。

电话：43861

机构简介：1982年成立山东大学经济系人口理论研究室。现任主任彭勋，副主任常汝娟。现有人员11人，其中研究人员10人，资料人员1人。设有人口理论组、人口统计和预测组、中外人口思想史组、世界人口组。研究方向和任务：人口迁移与社会、经济发展。重点研究山东人口迁移与社会经济发展，美国人口迁移。

主要研究成果：《人口科学论文集》三集，发表论文近50篇。

“七五”期间承担重点研究课题：“人口迁移与社会发展”。

河南省社会科学院人口研究室

通讯处：郑州市文化路50号

电话：33286

机构简介：1980年成立河南省社会科学院人口研究组，后改为人口研究室。现任主任刘俊喆。现有人员4人。研究方向和任务：人口与经济、人口与社会。

主要研究成果：《人口理论概说》、《人口问题答疑》、《中国人口·河南分册》。编辑出版《河南人口学术论文选》、《老年学论文选》、《河南人口通讯》。发表学术论文80余篇。

“七五”期间承担重点研究课题：“河南人口迁移研究”、“老年社会保障研究”、“中国老年人口调查和老年社会保障改革研究”（合作项目）。

郑州大学经济系人口研究室

通讯处：河南省郑州市大学路

电话：46455

机构简介：1980年成立郑州大学经济系人口研究室。现任主任姬建军，副主任程绍民。现有人员9人，其中研究人员8人、资料人员1人。研究方向和任务：农村人口问题。

主要研究成果：《人口理论教程》、《人口问题答疑》、《中国人口丛书·河南分册》以及《人口理论讲义》。发表了《河南省剩余劳动力转移问题》等论文。

河南大学人口理论研究室

通讯处：河南省开封市

电话：22461

机构简介：1980年成立河南大学人口理论研究室。现任主任貊琦。现有人员7人，其中研究人员5人、资料人员1人、行政人员1人。研究方向和任务：人口与经济。

主要研究成果：《人口理论概说》、《人口学简明教程》、《中国人口·河南分册》。

“七五”期间承任重点研究课题：人口、土地、粮食和农村剩余劳动力转移问题。

河南教育学院人口理论教研室

通讯处：河南省郑州市纬五路21号

电话：51470—347

机构简介：1980年成立河南教育学院人口理论教研室。现任主任李茂春，现有人员5人。研究方向和任务：培训中学人口教师，研究中学开展人口教育的形势和特点。

主要研究成果：《人口学基础》、《人口科学体系》、《计划生育基本知识讲座》、《遗传趣谈》等专著。发表论文20余篇。

“七五”期间承担重点研究课题：“追踪调查中学生人口教育的社会效果”。

湖北省社会科学院社会学、人口学研究所

通讯处：武汉市武昌东湖路81号

电话：811765

机构简介：1984年成立湖北省社会科学院社会学、人口学研究所。设有社会学基本理论与方法研究室、应用社会学研究室、人口学研究室。现任所长李明开，副所长胡楚东。现有人员14人，其中研究人员12人、资料人员1人；行政人员1人。研究方向和任务：经济体制改革下的湖北人口变动尤其是农村人口变动问题的调查与研究。

主要研究成果：论文和调查报告30余篇，其中主要内容有《湖北省农业劳动力的利用问题》、《小城镇发展的社会经济条件》、《农村人口移动与小城镇发展》、《农村经济政策对人口发展趋势的影响》、《中国人口发展战略研究》等。

“七五”期间承担重点研究课题：“湖北省农村人口变动问题及发展趋势的预测”、“中国城镇人口迁移调查与研究”、“中国老龄人口调查及老年人口社会保障改革研究”（合作项目）。

武汉大学人口研究所

通讯处：湖北省武汉市武昌区珞珈山

电话：812712转902

机构简介：1979年成立武汉大学人口研究所。设有人口学研究室、人口统计研究室、人口素质研究室、人口定量分析研究室、老年研究室。现任所长辜胜祖，副所长王冰、赵清华。现有人员18人，其中研究人员16人、资料人员1人；行政人员1人。研究方向和任务：农村人口的生育率与生育观、老年人口问题的综合研究、婚姻与家庭、人口与经济社会的一般关系、人口流动与城镇化、农村生育政策与农村社会发展。

主要研究成果：共发表专著3本，编著论文集2本，发表论文200多篇。

“七五”期间承担重点研究课题：“中国农村人口问题研究”、“人口老化与经济良性循环”（合作项目）。

湖南省人口研究所

通讯处：湖南省长沙市省委党校内。

电话：83477

机构简介：1984年成立湖南省委党校人口理论研究室，1986年建立湖南省人口研究所。现任所长周光复，现有人员8人，其中研究人员7人、资料人员1人。研究方向和任务：人口科学基础理论和实际应用。

主要研究成果：专著《人口学原理》、《中国人口·湖南分册》、《人口年龄构成对城市化速度和水平的影响》和《人口年龄结构对家庭变化的影响》等方面的论文。

“七五”期间承担重点研究课题：“中国老年人口调查和老人社会保障改革研究”（合作项目）、“人口城市化模式与发展道路问题研究”、“城镇人口迁移抽样调查分析研究”、“中国少数民族人口调查研究”。

中山大学人口研究所

通讯处：广州市新港路。

电话：446300—698

机构简介：1980年成立中山大学人口理论研究室，1985年改为中山大学人口研究所。设有人口地理研究室、人口统计究室、人口经济研究室、资料室、综合实验室、《南方人口》编辑部、办公室。现任所长朱云成，现有人员19人，其中研究人员11、编辑人员2人、技术人员2人、资料人员2人、行政人员1人。研究方向和任务：中国城市人口(包括港澳人口）和人口国际迁移，兼及控制人口增长和开放改革中一些人口问题。立足广东、面向中南五省，兼及全国。

主要研究成果：《第三次全面人口普查资料应用实例汇编》、《广东人口状况分析与预测》、《中国人口·广东分册》。发表论文40余篇。

“七五”期间承担重点研究课题：“中国城市人口”、“中国人口城市化模式与发展道路”、“中国人口丛书港澳分册”、“粤闽侨乡人口国际迁移”、“人口老化与社会经济发展良性运行关系”及广东省社会科学“七五”规划项目和自选项目13项。

刊物：《南方人口》（季刊），国内公开发行。

暨南大学人口理论研究室

通讯处：广东暨南大学经济学院大楼五楼

电话：774511—730

机构简介：1979年成立暨南大学人口理论研究室。现任主任肖步才，副主任梁百鸣。现有人员9人。研究方向和任务：人口经济学。

主要研究成果：《中国人口·广东分册》及《广东人口》、《南方人口》。

“七五”期间承担重点研究课题：澳门人口。

深圳大学人口研究所

通讯处：广东省深圳市

电话：660277—2120

机构简介：1987年12月成立深圳大学人口研究所。现任所长张敏如。研究方向：沿海开放城市、特区人口、港澳东盟五国人口、世界经济开发区人口。

主要研究成果：《中国人口思想简史》、《人口问题讲话》、《马尔萨斯新研究》。

广西社会科学院经济研究所人口经济研究室

通讯处：广西壮族自治区南宁市新竹路30号。

电话：20431

机构简介：1984年成立广西社会科学院经济研究所人口经济研究室。现任主任肖永孜。现有人员3人。研究方向和任务：西南及广西人口与经济问题。

主要研究成果：《壮族人口》、《中国人口·广西分册》。

“七五”期间承担重点研究课题：“西南人口发展及劳动力转移对策研究”、“西南人口发展战略”、“广西老年人口研究”。

广西壮族自治区人口研究所

通讯处：南宁市古城路22号

电话：20431

机构简介：1987年成立广西壮族自治区人口研究所。现任所长底书贵，现有人员7人。研究方向和任务：广西少数民族人口、人口与经济发展、婚姻与家庭、城市人口及人口迁移变动、老年人口、人口理论教学。

“七五”期间承担重点研究课题：“中国少数民族人口的综合研究”、“广西人口志”。

四川大学人口研究所

通讯处：四川省成都市九眼桥。

电话：54111—416

机构简介：1979年10月成立四川大学人口研究所。设有人口理论研究室、民族人口研究室、人口动态分析研究室、《人口与发展》杂志编辑部、资料编译室。现任所长程贤敏，副所长何承金。现有人员19人，其中研究人员12人，资料人员5人，行政人员2人。

研究方向和任务：西南少数民族人口、四川农村人口、南亚人口。

主要研究成果：论文、调查报告130余篇。

“七五”期间承担重点研究课题：藏族人口研究。

西南财经大学人口研究所

通讯处：四川省成都市光华村西南财经大学。

电话：69116—267

机构简介：1979年成立西南财经大学人口研究所。设有人口理论研究室、人口经济研究室、资料室。现任所长吴忠观。现有人员27人，其中研究人员25人、行政人员2人。研究方向和任务：马克思列宁主义人口理论、四川人口。

主要研究成果：《人口经济学概况》、《人口手册》、《中国人口·四川分册》、《人口理论与实践》（论文集）。

“七五”期间承担重点研究课题：“四川省第三次生育高峰和对策研究”、“四川人口发展战略研究”、“人口城镇化模式和发展道路问题研究”。

刊物：《人口杂志》（双月刊），全国发行。

编辑部通讯处：四川省成都市人民南路四段15号。

电话：53418

四川教育学院人口教育教研室

通讯处：四川省成都市人民南路

电话：53981

机构简介：1980年成立四川教育学院人口教育教研室。现任主任王永乾，副主任刘梅思。现有人员4人。研究方向和任务：中学人口教育及师资培训。

贵州财经学院人口研究所

通讯处：贵阳市河滨公园西

电话：24128转

机构简介：1983年成立人口研究室，1988年成立人口研究所。现任所长潘治富，副所长杨宗贵。现有人员8人，其中研究人员7人、资料人员1人。研究方向和任务：贵州区域人口。

主要研究成果：《黔中经济区人口、劳动力资源现状及发展趋势预测研究》、参与《人口预测模型研究及应用》（获省科技进步四等奖）、《贵州未来人口质量预测研究》。

“七五”期间承担重点研究课题：《中国城镇人口迁移调查研究—贵州城镇人口迁移调查研究》。

贵州大学人口研究中心

通讯处：贵阳市花溪区

电话：29966

机构简介：1984年成立贵州大学人口研究中心。设有人口理论研究室、人口综合研究室、人口资料室。现任主任吕左，副主任张双成。现有人员6人。研究方向和任务：人口理论基础研究和应用研究、少数民族人口研究、人口教学研究。

主要研究成果：《贵州人口研究文集》（1979—1985）、《中国人口·贵州分册》（参与编辑）、《贵州人口研究文集》。

“七五”期间承担重点研究课题：“贵州少数民族人口综合研究”。

云南省人口发展战略研究中心

通讯处：昆明市东风东路156号省统计局大楼。

电话：28703

机构简介：1986年成立云南省人口发展战略研究中心。设有两个课题组。现任主任宋伯平，副主任陈捷。现有人员8人。研究方向和任务：云南省的人口发展研究以及进行人口普查和其他调查统计资料的开发利用，提出与社会经济发展相适应的人口发展战略规划。

主要研究成果：云南省及各地、州、市人口预测，云南省劳动力转移方向和趋势、云南省人口生育政策研究。

“七五”期间承担重点研究课题：云南省人口移动问题研究、云南省人口与经济协调发展规划模型研究、云南少数民族人口与经济问题的研究。

西安交通大学人口（与经济）研究所

通讯处：西安市咸宁路

电话：721011—384

机构简介：1982年成立西安交通大学人口与经济研究所。设有按研究课题划分的研究组、计算机室、资料室。现任所长蒋正华，副所长朱楚珠。现有人员22人，其中研究人员18人、资料人员2人、行政人员2人。研究方向：人口数学及技术人口学、人口与经济协调发展分析、规划与决策研究、计算机仿真、女性人口问题研究。

主要研究成果：人口系统定量研究方法及应用（合作研究项目）（获1986年国家科学技术进步一等奖），区域社会、经济发展规划与决策研究（获国家教委科技进步二等奖以及省社会科学一等奖、二等奖等多项奖）。

“七五”期间承担重点研究课题：“黄土高原人口合理容量”、“中国社会经济大系统结构及决策研究”。

兰州大学西北人口研究所

通讯处：兰州市天水路

电话：22991转610

该所实行项目负责管理体制(不另设研究室)，设有办公室、资料室、设备管理机构。研究方向和任务：西北开发中的人口问题研究、西北少数民族人口研究。现任所长苏润余，副所长张志良，共20人，其中研究人员12人、编辑2人、工程师1人、技术员2人、行政3人。主要研究成果：主编《中国人口·甘肃分册》、发表有关人口理论、人口思想史、人口经济、人口地理、人口生态及人口教学多方面的论文130余篇。

“七五”期间承担重点研究课题：“中国东西部移民可行性研究”、“西北少数民族人口研究”、“西北干旱地区、人口与环境的研究”。

二、人口情报机构

中国人口情报中心

通讯处：北京白石桥路大慧寺12号2444信箱

电话：8312669

天津市人口情报中心

通讯处：天津市和平区营口道20号

电话：397809

辽宁省人口情报中心

通讯处：沈阳市和平大街6段4号

电话：32125

陕西省人口情报中心

通讯处：西安市边家村33号

电话：71—5166

上海市人口情报中心

通讯处：上海市陕西南路122号

电话：332262

广东省人口情报中心

通讯处：广州市中山一路水均南街12号

电话：775813

四川人口情报中心

通讯处：四川省人民南路4段17号

电话：54649

江苏省人口情报研究所

通讯处：南京市中央路42号

电话：712651

哈尔滨市人口情报研究所

通讯处：哈尔滨市道理区石头道街133号

三、人口学者简介（部分）

马寅初（1882～1982） 经济学、人口学家和教育家。浙江绍兴人。1898年到上海读中学。1906年北洋大学毕业。之后留学美国，专修经济学并获博士学位。1915年毕业回国后，先后担任北京大学经济系教授、系主任及教务长、浙江省兴业银行顾问、中国银行总司券、中国经济学社社长等职。1927年后，他又先后担任浙江省府委员、南京政府立法委员、重庆大学商学院院长等职。

抗战爆发之后，马寅初又担任过重庆大学教授，上海中华职业学校、上海工商专科学校教授，上海中华职业学校、上海工商专科学校教授等职。由于在政治上不断追求进步主张和爱国行动。在1940年12月6日被国民党反动派投入息烽、上饶等监狱。之后又被软禁于重庆歌乐山达三年之久。此时马寅初，就已经以他那不屈之节、凛然之气和赤子之心而受到各界人士的称颂。

抗战胜利后，马寅初的名望和声誉不断提高，他利用自己的社会地位和影响，积极参加各种爱国活动，反对官僚垄断、通货膨胀，积极参加爱国学生运动。1949年9月，马寅初光荣地出席了中国人民政治协商会议。以后多次担任中国人民政治协商会议常务委员和全国人民代表大会代表、常务委员会委员，北京大学校长等职。

马寅初一生拥护中国共产党的领导，渴望国家日益富强，人民生活更加幸福。他非常关心我国的人口问题。在1957年6月第四次全国人民代表大会上，他作了题为《新人口论》的书面发言。他指出：“人多固然是一个极大的资源，但也是一个极大的负担。”所以“控制人口，实属刻不容缓，不然的话，日后的问题益形棘手，愈难解决。”30年后，中国人口已达11亿。马寅初的理论得到证实。1979年11月马寅初先生被恢复了名誉。之后，他又先担任了北京大学名誉校长，并曾选为第五届全国人民代表大会常务委员会委员。他还被推举为中国人口学会名誉会长和中国经济学团体联合会顾问。人口研究方面的主要代表著作有：

1.《我的经济理论、哲学思想和政治立场》（1958年财政出版社出版）；

2.《新人口论》（1979年北京出版社出版）。

论文有：

1.《论人口问题》（1957年4月27日文汇报）；

2.《我国人口问题与发展生产力的关系》（1957年5月9日大公报）；

3.《有计划地生育和文化技术的下乡》（1958年，新华半月刊第6期）。

孙本文（1891～1979） 社会学和人口学家。江苏省吴江县人。1918年北京大学毕业。1921年赴美留学，主攻社会学专业。1925年毕业并获博士学位。1926年回国，先后就任上海复旦大学社会学系教授、南京中央大学社会学系教授兼系主任、东南社会学会（后改名为中国社会学社）理事长、《社会学刊》杂志主编、中央大学师范学院院长等职。解放后历任南京大学地理系教授，江苏省第一二三四届政协委员，江苏省哲学社会科学联合会理事，南京市经济学会理事、副会长，九三学社社员等。1957年发表的“八亿人口是我国最适宜的人口数量”一文中，从我国人口同生活资料的占有和就业能力两个角度出发，得出了八亿人口是我国最适宜的人口数量的理论。

主要人口著作有：

1．《人口论ABC》（1928年，世界书局）；

2．《现代中国社会问题》；

3．《社会学大纲》（1931年）；

4．《八亿人口是我国最适宜的人口数量》（1957年《文汇报》）。

李景汉（1894～1987） 社会学和人口学家。北京市人。生前曾任中国人民大学教授、社会学研究所顾问。1916年协和学院毕业。1917年赴美留学。1920年获伯玛拿大学学士学位，1922年获加里福尼亚大学硕士学位。同年起至1924年，又在哥伦比亚大学研究院作研究生。1924年回国。先后任北京社会调查干事，燕京大学社会学系讲师，中华教育文化基金董事会社会调查部调查组主任，中国社会学会干事，《社会学》杂志编辑，定县实验区社会调查部主任，河北省县政建设研究院社会调查部主任等职。1935年至1947年任清华大学社会学系教授兼清华大学国情普查研究所调查组主任。这期间，还兼任西南联合大学社会学系教授。作为我国第一代社会学和人口学家，他不仅对中国社会调查运动的开始和发展起了促进作用，还先后到世界各地考察了有关的社会活动情况。1948年他代表中国参加了在纽约召开的国际人口会议，并在会上发言，提出了需要控制人口增加的问题，同时加入了美国人口学会。1950年派任东南亚地区筹备世界农业调查工作组顾问。1949年任辅仁大学社会学系主任。1952年任北京财政金融学院教授，并加入了中国民主同盟。1954年调入中国人民大学劳动专修科任教授，并担任社会调查研究室主任。

主要论著有：

1．《北京郊外之乡村家庭》（1929年，商务印书馆）；

2．《实地社会调查方法》（1933年，北京星云堂书店》；

3．《定县社会概况调查》（1933年，中华平民教育促进会》．

4．“定县农村人口的分析与问题”（1934年，《民间》第1卷）；

5．《中国农村问题》（1937年，商务印书馆）；

6．《北京人力车夫现状的调查》（1925年《中国社会学》杂志2卷2号）；

7．《北京无产阶级的生活》（1926年《生活杂志》创刊号）；

8．《京北农村的状况》（1926年《现代评论》第2卷）；

9．《社会调查在今日中国之需要》（1932年《清华周刊》第38卷）：

10．《中国农村土地与农业经营问题》（1936年《东方杂志》第33卷）；

11．《农村家庭人口统计的分析》（1936年《清华大学社会科学》第2卷）；

12．《摆夷人民生活程度与社会组织》（1940年《西南边疆》第11期）；

13．《北京郊区乡村家庭生活之今昔》（1957年《人民日报》。

陈长蘅（1888～1988） 人口学家。字伯修。四川省荣昌县人。1906年考入四川游学预备学堂英文班。1911年赴美留学，先在美国密西根州立大学工学院化工系学习，1912年转入哈佛大学，改学政治经济学，1916年获学士学位。再入经济研究院，1917年获硕士学位。同年回国。任北京大学经济系讲师，1918年又兼任北京盐务稽核总所翻译。后又被北京交大管理学院聘请为讲师。1923年任南京军需学校教官。1925年任四川巴县朝阳学院经济系教授兼系主任。1928年参加中国经济学院并担任该社常务理事。1930年参加中国统计学社。这期间，还多次出国参加各类会议。1932年赴日本参加国际统计学社年会，1947年初赴英国伦敦参加

《非宗主国立法会议》，同年还赴日内瓦参加由联合国安理会召开的《国际贸易宪章起草会议和相互减低关税税则的多边会议。早在1917年，就出版了《中国人口论》一书，书中阐述了人满之患的观点。1930年出版的《三民主义与人口政策》一书乃是他的代表作。

主要著作有：

1.《中国人口论》（1918年商务印书馆）；

2.《三民主义与人口政策》（1930年商务印书馆）；

3.《中国劳动问题讨论》（1925年《东方杂志》）；

4.《中国近百八十年来人口增加之徐速及民势之变迁》（1927年《东方杂志》）；

5.《我国人口的三种压迫与其解救方法》（1932年《申报月刊》）；

6.《研究中国人口问题应行注意的几个要点》（1932年中国社会学社编《中国人口问题》世界书局出版，第29～31页）；

7.《我国土地与人口问题之初步比较研究及国民经济之政策商榷》(1935年《地理学报》)；

8.《谈谈过渡时期的中国人口问题》（1957年《文汇报》）；

陈达（1892～1975） 现代社会学家和人口学家。别号通夫。浙江余杭人。1915年清华学校毕业后留学美国。1923年获哥伦比亚大学博士学位。同年回国，任清华学校教授。1929年清华学校改为清华大学后，任社会学系教授兼系主任。并从事人口、劳工和华侨问题的教学与研究。同时还兼任中央研究院院士，国际人口学会副会长，太平洋学会东南亚部负责人。解放后历任清华大学社会学系教授、系主任，中央财政金融学院教授，中国人民大学教授，劳动干部学校教授兼副校长，劳动部保护司副司长，文史资料委员会委员，北京市人民代表，全国政协委员等职。

先生一生注重研究人口问题。治学严谨，工作勤奋，著述颇多。人口学属于社会学范畴，而社会科学研究的试验室乃在整个社会之中。为此，先生一生注意社会调查，并一贯主张没有调查就没有发言权。在大量调查的基础上，他得出了人口的数量务求减少的理论。主张每对夫妇一般只生一对子女，即实行“对等的更替”。这些宣传生育节制的理论，是先生早在抗日战争前就提出来的。他还曾与友人一起在北京组织了妇婴保健会，成立节育指导所，并在报上创办《人口副刊》，普及有关节育的知识。此后一生坚持宣传这一进步主张。解放后，先生在《新建设》杂志上发表了“节育、晚婚与新中国人口问题”一文，在当时影响很大。作为一名人口学者，他曾一度主张人口救国论。但是，随着社会矛盾的日益尖锐和激化，先生的世界观逐渐发生变化，他认识到了国民党政权的反动性。解放前夕，先生拒绝了国民党政府对他的邀请，留下来迎接解放。解放后，一直努力学习马列主义、毛泽东思想，努力为党和人民工作。尽管在极“左”时期受到过“批判”，却始终未放弃过他坚持治学的教德和实事求是的科学研究态度，直到生命的最后一刻。

主要著作有：

1.《Chinese Migration With Special Reterence to Labor Conditions Woshington D.C》（1923年）；

2.《中国劳工问题》（商务印书馆）；

3.《人口问题》（1934年，商务印书馆）；

4.《南洋华侨与闽粤社会》（1938年，商务印书馆）；

5.《Emigrant Communities in South China, New York》（1940年）；

6.《浪迹十年》（1946年，商务印书馆）；

7.《Population in Modein China University of Chiccago》（1946年《中国人口问题文献索引》与苏汝江合编，未正式出版）；

8.《解放区的工人生活状况》（未正式出版）；

9.《抗日战争和解放战争时期工人运动史》（未正式出版）；

10.《读书札记》（未正式出版）。

主要论文有：

“节育、晚婚与新中国人口问题”（1957年《新建设》）。

言心哲（1898～1984） 社会学和人口学家，别名言荣彰。湖南省湘潭县人。1919年毕业于湖南长沙商业中学。1920年在法国芳登布罗中学补习法文。1921年在美国加州帕洛阿尔托中学学习。1922年在美国加州圣约塞斯托克顿城太平洋大学学习。后转入美国加州洛杉矶南加州大学学习社会学和经济学，并获文科学士和文科硕士学位。1928年回国，在燕京大学教社会学。1931年至1936年在中央大学社会系任讲师、教授。1935年还曾就任中国社会学会理事。1936年至1937年任广州中山大学社会学系教授，中国统计学会理事。1937年至1945年在重庆北碚任复旦大学社学系教授、系主任。其间，曾任美国加州洛杉矶南加州大学社会学系的《社会学及社会研究》杂志的合作编辑，并在该杂志撰写《中国农村人口问题》（英文）一文。1941年曾任重庆实验救济院院长，美国加州太平洋社会学会名誉会员。1945年至1952年任上海复旦大学社会学系专任教授，并兼任上海沪江大学、光华大学社会学系《社会调查》杂志教授。1948年任上海儿童福利促进会出版的《儿童与社会》杂志主编，苏州社会教育学院社会事业行政系《社会工作》杂志主编、教授。解放后，1952年至1973年在上海华东师范大学研究部和教育系任翻译。1956年加入中国国民党革命委员会。1980年任上海市中国国民党革命委员会文史资料工作委员会委员。晚年先后任中国社会学研究会顾问，上海社会学学会顾问，上海社会科学院社会学研究所特约研究人员。

主要论著有：

1.《现代社会事业》（1944年，商务印书馆）；

2.《农村家庭调查》（1934年，商务印书馆）；

3.《中国乡村人口之分析》（1935年，商务印书馆）；

4.《社会调查大纲》（1934年，中华书局）；

5.《农村社会学概论》（1934年，中华书局）；

6.《农村社会学导言》（1937年，中华书局）；

7.《社会事业与社会建设》（主编，1941年，重庆独立出版社）；

8.《南京贫儿调查》（1934年，南京中央大学出版社）；

9.《南京人力车夫生活的分析》（1935年，南京中央大学出版社）；

10.《社会调查方法》（1935年，南京大学出版社）；

11.《中国农村人口问题》（英文，1937年，美国《社会学与社会研究》）。

潘光旦（1899～1967） 著名社会学、生物学和优生学家。江苏省宝山县人。1913年在北京清华学校学习。1922年毕业，同年赴美留学，在纽汉普夏州的哈诺浮达茂大学主修生物学，1924年毕业得学士学位。1925年开始，到纽约州长岛冷泉港镇优生学纪录馆从事人类学与优生学研究。同时还在纽约哥伦比亚大学研究院修动物学、古生物学、遗传学。1926年获硕士学位。回国后，先后在吴淞政治大学、上海东吴大学、光华大学、大厦大学、复旦大学、暨南大学、沪江大学等校任教或兼课，并就任光华大学文学院院长。讲授了心理学、优生学、家庭问题、进化伦、遗传学等课程。1934年任清华大学社会学系教授兼教务长。1938年清华大学南迁后任西南联合大学社会学系教授兼教务长、社会学系主任教授、清华大学秘书长、图书部主任、图书馆长等职。1952年调至中央民族学院并任教授，从事民族历史的研究。此外，还从事生物进化与遗传、社会思想史、家族制度史、儒家哲学、民族历史、英文翻译、汉文书法等方面的研究，并从社会学角度研究人口问题。他的《优生概论》、《优生原理》、《性心理学》等书，是中国早期研究人口与优生问题的专著。在大力提倡计划生育、少生优生的今天，这些著作为人们提供了理论依据。1987年，出版社又重新再版了《性心理学》一书。

主要著作有：

1.《冯小青》（1927年，新月书店）；

2.《中国之家庭问题》（1927年，新月书店）；

3.《日本、德意志民族性之比较的研究》（1930年，新月书店出版）；

4.《读书问题》（1930年，新月书店出版）；

5.《画家的分布、移植与遗传》（1931年，上海人文月刊）；

6.《中国伶人血缘之研究》（1941年，商务印书馆）；

7.《近代苏州的人才》（1935年，清华大学出版）；

8.《家谱学》（同上）；

9.《人文史观》（1937年，商务印书馆）；

10.《民族特性与民族卫生》（同上）；

11.《优生与抗战》（1944年，商务印书馆）；

12.《优生概论》（1946年，商务印书馆）；

13.《自由之路》（1946年，商务印书馆）；

14.《政学罪言》（1948年，观察社）；

15.《优生原理》（编译，1949年，观察社）；

16.《苏南土地改革访问记》（1952年，三联书店）；

17.《开封的中国犹太人》（1983年）。

译著有：

1.《性的教育》（1934年，上海青年协会书局）；

2.《性的道德》（同上）；

3.《性心理学》（1946年，商务印书馆）；

4.《自由教育论》（1946年，商务印书馆）；

5.《家庭、私有制和国家的起源》（恩格斯著）；

6.《人种由来》（达尔文著）。

论文有：

1.《中国人口问题》（1939年新月书店《人文生物学论丛》第65～72页。

吴景超（1901～1968） 现代社会学和人口学家。安徽省歙县人。生前为中国人民大学教授。1923年清华学校毕业后留学美国并获博士学位。回国后曾先后任金陵大学、清华大学教授，同时兼任清华大学教务长。对于中国人口问题，他早在30年代就有过精辟的论述。1933年发表的“世界的四种国家”一文，从人口密度和职业分派两个角度阐述了中国当时存在的人口问题。1935年的“土地分配与人口安排”一文，比较研究了当时中国和英美等国农民的土地分配状况。得出了：假如想改进我们的生活，就须克服我们生活中的最大敌人，这就是我们自己的庞大的人口数量”的结论。其它的如“中国人口问题”、“工业化过程中的资本与人口”等文章，都从不同角度研究了当时中国的人口问题。这些问题的提出与探讨，以今日中国的现状来分析和评估，都是有价值的。解放后，曾先后任清华大学、中央财经学院和中国人民大学等校教授。同时当选为政协全国委员会委员和民盟中央委员。

主要人口论著有：

1.《世界上的四种国家》(《独立评论》第75期)；

2.《土地分配与人口安排》(1935年《独立评论》第155期)；

3.《中国人口问题》(1936年《独立评论》第225期)；

4.《多福多寿多男子》(1936年商务印书馆《第四种国家的出路》)；

5.《工业化过程中的资本与人口》(1947年《观察》第3卷第3期)；

6.《展开人口问题的研究》(1957年《文汇报》)。

王亚南(1901～1969)　现代经济学、教育学和人口学家。湖北省黄岗县人。生前曾历任中山大学、清华大学教授，厦门大学校长。1923年考入武汉中华大学教育系，1927年大学毕业后在北伐军中任政治委员。1929年赴日本东京研究马克思主义经济学。1931年回国之后曾任《人民日报》社社长。这期间考察了德国和英国的资本主义制度，继续研究经济学。1935年回国并翻译马克思的巨著《资本论》，此书译成后由上海读书·生活出版社出版。1941年任中山大学经济系教授兼系主任，创办《经济科学》杂志并任主编。1944年任福建省研究院社会科学研究所所长，又创办了《社会科学》杂志和经济科学出版社。这期间兼任厦门大学经济系专题教授。1950年出任该校校长，当选为中国科学院哲学社会科学部(社会科学院前身)学部委员会常委。1954年起，先后当选为第一二三届全国人民代表大会代表，福建省政协副主席，省教育工会主席，省哲学社会科学联合会主席。1957年加入中国共产党。1958年后，全力从事高校经济学说史教材的编写和资料选辑工作。在毕生从事马克思主义政治经济学的教学与研究的同时，研究了中国的人口问题并为此著书立说，成为我国最早的马克思主义人口理论家之一。

主要著作有：

1.《中国地主经济封建制度论纲》；

2.《中国经济原稿》；

3.《申论马克思主义人口理论与中国人口问题》；

4.《资本论》(三卷中文全译本)。

许涤新(1906～1988)　经济学和人口学家、革命家。曾用名许声闻、方治平。广东省揭阳县人。早年就读于揭阳中学。1925年3月在汕头参加“新学生社”，同年10月加入共产主义青年团。1926年入广州中山大学学文学。后改学政治经济学。1927年至1931年，先后入福建厦门大学、上海劳动大学经济系攻读政治经济学。1933年加入中国共产党。

抗战后，党派他赴武汉参与创办《群众》周刊和《新华日报》，并分别担任副主编、编委。同时还任中共中央南方局经济组组长。1946年10月，被党派往香港，从事宣传、统战工作，任中共香港工作委员会委员、财经委员会书记。这期间，他在香港创办了《经济导报》。

解放战争时期，曾任上海工作委员会经济会书记，上海军管会接管委员会第一副主任。并致力于平稳市场物价，打击投机倒把，实现财政统一等革命活动。

新中国成立后，历任上海市委委员，统战部部长，财经委员会副主任，上海市政府秘书长，工商局局长，华东财经委员会副主任等职。1952年调入北京后，先后担任了中央统战部秘书长，中央工商行政管理局局长、党组书记，中央财经委员会第六办公室主任，国务院第八办公室副主任，中央统战部副部长，并被选为第一三届全国人民代表大会代表，第五六届常务委员会委员，中国民主建国会中央副主席，党的“八大”代表，中国科学院哲学社会科学部学部委员等。

粉碎“四人帮”后，出任中国社会科学院副院长兼经济研究所所长，第六届全国人民代表大会常务委员会委员，中国社会科学院顾问，中国民主建国会副主任委员。全国工商联合会副主任委员，中国人口学会会长，中国保险学会名誉会长，中国金融学会顾问，还兼任北京大学、中国科学院研究生院教授等职。

主要论著有：

1.《中国的经济道路》（1946年出版）；

2.《现代中国经济教程》（1946年出版）；

3.《广义政治经济学》（1954年出齐）；

4.《中国过渡时期国民经济的分析》（1957年，人民出版社出版）；

5.《论我国的社会主义经济》（1964年人民出版社出版）；

6.《论社会主义的生产、流通与分配（读〈资本论〉笔记）》（1979年，人民出版社出版）；

7.《百年心声——中国民主革命诗话》（1979年，生活、读书、新知三联书店出版）；

8.《许涤新经济论文选》（1980年，上海人民出版社出版）；

9.《政治经济学辞典》（主编）；

10.《中国国民经济的变革》（科学出版社）；

11.《有关人口理论的几个问题》（1979年，《学术研究》第1期）；

12.《论人口增长与社会经济发展的关系》（1983年）；

13.《纪念毛泽东同志九十诞辰为做好人口理论工作而努力》（1983年）；

14.《论人口和社会经济发展的关系》（1984年）；

15.《运用马克思主义的立场、观点和方法，研究人口理论发展的科学成果》（1986年）；

16.《我国国民经济的发展与计划生育》（1986年）。

吴斐丹（1907～1981）　经济学家、人口学家。笔名映雪、碧虚、赤松、汝勋等。浙江省义乌县人。1930年毕业于复旦大学。曾去日本早稻田大学和东京帝国大学留学。回国后在复旦大学、中央大学、国立政治大学、上海大学、震旦大学、上海商学院、交通大学等校任教授。解放后，长期在复旦大学从事外国经济学说史的教学和研究工作。并任《世界经济文汇》杂志主编。1957年发表了《洪亮吉的人口思想》一文，提出“土地有限，人口不可能无限增加”的观点。晚年又先后担任了上海社联委员、上海经济学会理事、上海人口学会会长、上海社会学会顾问、中国人口学会常务理事、全国外国经济学说研究会副会长、上海市政协委员、经济工作委员会委员、九三学社上海分社常务委员、国务院人口普查办公室顾问等。1981年2月亲自率团考察了加拿大、美国、日本三国。

主要人口学论著有：

1.《洪亮吉的人口思想》（1957年《文汇报》）；

2.《研究人口理论控制人口增长》（1979年《四川大学报》）；

3.《试论我国当前的人口问题及解决途径》（与芮品轩等人合写，1980年《复旦学报》第四期）。

卓炯（1908～1987） 经济学、社会学和人口学家。曾用名孟晋，湖南省慈利县人。1931年考入广州中山大学社会学系。1935年毕业并获社会学学士学位。1939年10月加入中国共产党，入党后在《新建设》杂志任编辑。1941年至1946年在中山大学社会学系任讲师、副教授。1946年，在国民党推行的反共政策下被迫出走，侨居泰国，任南洋中学校长。1948年回国。翌年3月任云南省人民反蒋自卫军第二纵队政治部主任。解放后历任南方大学第一六部主任。华南分局宣传部学习室副主任，广州市委宣传部理论处处长，广东省委党校政治经济学教研室主任。1973年后，在广东省哲学社会科学研究所从事经济学研究工作。1980年任广东省社会科学院副院长。同时还被聘为广东省社会科学联合会、省经济学会、省社会学会、省和市的社会经济发展研究中心顾问，广东省人口学会会长、中国人口学会理事、顾问等职。

由于在学术领域的卓越成就，1985年广东省人民政府授予他省特等劳动模范的称号。1986年被省评为优秀共产党员。1987年6月在中国共产党广东省代表会议上，被选为广东省出席党的十三大的代表。

主要论著有：

1.《论社会主义商品经济》（1981年，广东人民出版社）；

2.《政治经济学探索》；

3.《再论社会主义商品经济》；

4.《〈资本论〉体系与社会主义经济》（遗著）；

5.《论正常人口与过剩人口》（1981年《广东人口》第3期）；

6.《两种生产理论和我国人口问题》（序言，1982年）；

7.《我国人口问题的重要性和严重性》（1983年《广东人口》第5期）；

8.《试论人口规律的一般性和特殊性》（1986年《南方人口》第1期）；

9.《对广东人口研究的几点意见》（1987年《南方人口》第1期）。

孙敬之（1909～1983） 经济地理和人口学家。河北省深泽县人。1933年毕业于北京师范大学。1937年参加革命工作，1946年加入中国共产党。历任中国人民大学经济地理教研室主任，中国科学院地理研究所学术委员，兰州大学地理系主任，北京经济学院人口经济研究所所长、教授，中国经济地理科学与教育研究会理事长，中国人口学会常务理事，北京市人口学会会长等。近年来，进行了大量的人口问题研究。其中包括如何控制中国人口数量，改善中国人口分布等问题。提出了许多富有创见性的理论和建议，受到国家有关部门的重视。此外，还担任了《中国人口》和《中国经济地理》这两套全国性丛书的主编。

主要论著有：

1.《经济地理》（著作）；

2.《世界地理大纲》（编著）；

3.《中国经济地理学》（编著）；

4.《中国人口》（主编）；

5.《中国经济地理》（主编）；

6.《解决中国人口问题的根本途经》（1980年，《人口与经济》第1期）；

7.《解决中国人口问题，加快四个现代化——从经济地理学的角度探索解决中国人口问题的途径》（1980年《经济问题探索》第2期）；

8.《我们研究人口学是以经济为核心的》（1981年《人口与经济》第1期）；

9.《如何控制北京市人口》（1981年《新时期》第1期）；

10.《关于中国人口分布问题》（1982年《人口研究》第2期）。

钟惠澜（1901—1987） 著名内科学、热带医学专家。广东省梅县人。1929年毕业于北京协和医学院，同时获美国纽约州立大学医学博士学位。解放前曾任北京协和医院内科副教授兼热带病研究室主任，北平中和医院院长，北平大学医学院及北京协和医院内科临床教授等职。解放后历任三四五六届全国政协常委，全国侨联常委，中国科学院生物学学部委员，中央人民医院院长，北京友谊医院院长、名誉院长，北京热带医学研究所所长，中华医学会副会长、名誉顾问，中华医学会内科学会主任委员，传染病、寄生虫病学会主任委员、名誉主任委员，《中华医学杂志英文版》总编辑，《中华内科杂志》编委，中国人口学会顾问等职务。

他从医执教达60年，终生献身于祖国的医学事业，特别在我国热带医学研究方面有着不可磨灭的功绩。几十年来，在医疗、教学、科研工作的同时，还积极组织和参加国内外的各种学术交流活动。作为一名驰名中外的著名医学家，对我国人口问题特别关注。在1957年召开的全国政协三次会议上，他曾提出了控制人口增加的重要性，并对如何控制人口提出了不少宝贵的意见。认为马尔萨斯关于人口繁殖以几何级数的速度增加的观察是正确的。同时提出了修改法定最低结婚年龄，深入广泛地宣传推广计划生育工作等建议。

主要人口论著有：

“有计划地控制生育”〔1957年（大公报）〕。

梁方仲（1908～1970） 现代史学和人口学家。广东省番禺县人。1926年考入清华大学农学系，后转经济系。1930年毕业并获学士学位。同年9月入清华大学研究生院，1933年毕业，得经济学硕士学位。1934年在前中央研究院社会研究所工作。30年代后期到40年代初期，先后发表了史学论文十多篇，其中许多论文在国内外产生了很大影响。例如，“一条鞭法”一文于1937年为日本《历史学研究》杂志译载。1937年，美国哈佛大学东亚研究中心又将此文及另一文：“释一条鞭法”一起编译成英文，列为《哈佛东亚丛刊第一种》在美国印行。1942年被该所提升为研究员，同时受聘为同济大学兼职教授。1944年到美国哈佛大学、英国伦敦大学考察研究。1947年回国后，一方面任社会研究所研究员，一方面任中央大学兼职教授。1949年任岭南大学经济系主任。1952年任中山大学历史系教授。自1956年开始，集全力把几十年搜集的资料加以整理，写成专著《中国历代户口、田地、田赋统计》，此书在他过逝后10年出版，实现了遗愿。这部著作根据我国二十五史、历代政书、方志、文集以及近代人所编的统计资料，经过考订测算，整理出自两汉至清末二千一百多年间关于历代户口、田地、田赋的统计数字，并且分门别类，综合编辑，制成统计表，包括正编、副编、别编三部分，表格达235份。该书不仅利用数字的统计表格，而且还附有多幅比较示意图来表示社会经济现象的增减升降、盛衰隆替，使读者对繁杂纷纭的社会现象一目了然，是人口学的一本不可多得的巨著。

主要人口著作有：

《中国历代户口、田地、田赋统计》（1980年，中国社会科学出版社）；

主要人口论文有：

1.《明代户口、田地及田赋统计》（1935年5月《中国近代经济史研究资料》第3卷第1期）

2.《读中国封建社会人口规律问题》（1962年5月13日光明日报）。

第 Ⅸ 部分

重要论著索引（部分）

一、著　作

崔风垣：农村的人口与剩余劳动力（人口知识丛书）　辽宁人民出版社　1987年1月

曹景椿等：计划生育与精神文明（人口知识丛书）　辽宁人民出版社　1987年6月

顾鉴塘：世界人口与生育控制（人口知识丛书）　辽宁人民出版社　1987年4月

林富德：生与死的度量（人口知识丛书）　辽宁人民出版社　1987年7月

刘淑英：中国人口史话（人口知识丛书）　辽宁人民出版社　1987年6月

马　侠：婚姻·家庭·人口（人口知识丛书）　辽宁人民出版社　1987年6月

沙吉才、胡伟略：浅谈人口素质（人口知识丛书）　辽宁人民出版社　1987年4月

盛　朗：人口与城市化（人口知识丛书）　辽宁人民出版社　1987年4月

王维志：人口数字的来龙去脉（人口知识丛书）　辽宁人民出版社　1987年3月

邬沧萍、詹长智：人口与生态环境（人口知识丛书）　辽宁人民出版社　1987年1月

邬沧萍：漫谈人口老化（人口知识丛书）　辽宁人民出版社　1987年1月

徐绍雨：中国人口分布（人口知识丛书）　辽宁人民出版社　1987年5月

杨子慧：计划生育在中国（人口知识丛书）　辽宁人民出版社　1987年5月

查瑞传：男女老少比例的学问（人口知识丛书）　辽宁人民出版社　1987年6月

张天路：中国少数民族的人口（人口知识丛书）　辽宁人民出版社　1987年4月

周　清、姚　辉、穆光宗：两种生产协调发展（人口知识丛书）　辽宁人民出版社　1987年6月

杜闻贞：中国人口（江苏分册）　中国财政经济出版社　1987年4月

胡焕庸：中国人口（上海分册）　中国财政经济出版社　1987年8月

宋迺工：中国人口（内蒙古分册）　中国财政经济出版社　1987年7月

王明远：中国人口（河北分册）　中国财政经济出版社　1987年9月

曹景椿等：农村人口问题解答　辽宁人民出版社　1987年3月

李德滨、石　方：黑龙江移民概要　黑龙江人民出版社　1987年2月

李竞能：天津市第三次人口普查资料分析论文集　南开大学出版社　1987年2月

中国人民大学人口理论研究所：人口与发展　中国人民大学出版社　1987年5月

四川大学人口研究所：人口与发展　四川大学出版社　1987年3月

孙沐寒：中国计划生育史稿　北京妇女儿童出版社　1987年7月

王秀清：河东人口纵横　中国财政经济出版社　1987年1月

于洪福：计划生育政策浅谈（计划生育基础知识教材）　黑龙江教育出版社　1987年3月

张文贤：人口经济学　上海人民出版社　1987年3月

周启昌：人口地理　江苏科学技术出版社　1987年1月

二、论 文

（一）人口理论与人口问题

曹向学：对吉林省未来人口经济发展趋势的探讨　吉林财贸学院学报　1987年2期50页
陈广汉：西方现代人口经济学的几种理论　人口研究　1987年6期40页
陈　剑：不应将思想道德纳入人口素质　人口杂志　1987年1期12页
陈明立：人口学与质量人口学　人口学刊　1987年2期1页
陈　冰：应当用系统方法研究人口理论　社会科学研究　1987年3期44页
陈亚白：农村计划生育需要建立人口再生产的良性运行机制　人口与经济　1987年6期3页
陈燕海：我国人口发展的趋势与对策　地理学与国土研究　1987年2期9页
董成林：从马克思主义和耗散结构看马尔萨斯的“两个阶数”　中南政法学院学报　1987年2期93页
杜亚军：马尔萨斯人口论中“两个公理”的提出及其含义——兼评王声多同志的有关论述　人口学刊　1987年2期14页
方浩泉：深切怀念马寅初先生继续努力控制人口增长　人口与经济　1987年5期31页
贾　藻：有关人口发展战略几个关键问题的探讨　人口战线　1987年3期8页
蒋银水：记《新人口论》在建设中国特色社会主义人口理论中的历史贡献　人口与经济　1987年5期27页
何　彦：人口发展战略研究综述　人口研究　1987年1期46页
何忠坤：社会主义人口规律　人口与优生　1987年2期4页
侯文若：关于“人口寒冬”成因的几种理论　世界知识　1987年14期24页
胡小平：马寅初人口理论对我们的启示　人口与经济　1987年5期36页
胡子诚：我国的人口经济问题和人口政策　人口与优生　1987年2期5页
李介之等：浅析唐山大地震后的人口再生产　人口战线　1987年2期43页
李慕寒：徐州市市区人口的变动及发展趋势　徐州师范学院学报（哲社）　1987年1期124页
李南寿：优化人群刍议　浙江人口通讯　1987年1～2期49页
李荫森：马尔萨斯和马尔萨斯主义　人口与优生　1987年1期6页
李宗宜：江西省人口发展战略初议　江西社会科学　1987年3期48页
梁济民：研究控制人口发展战略必须从我国的国情出发　人口研究　1987年6期5页
梁文达：湖北省人口发展战略问题探讨　人口研究　1987年2期23页
廖传统：绵阳市人口发展战略研究　人口杂志　1987年3期27页
廖廷柏：浅议两种生产对社会发展的作用　湘潭大学学报（社科）　1987年1期24页
林友苏：人口迁移理论简介　人口研究　1987年2期55页
刘长茂：略评马寅初的《新人口论》　人口与经济　1987年5期22页
刘世信：提高人口质量的一些途径　人口与家庭　1987年5期2页
刘　铮：世界人口增长和中国人口控制　中国记者　1987年8期51页

穆光宗：对“人口有计划发展规律”的再认识　人口学刊　1987年5期29页

潘纪一、温星衍：两种再生产关系的探索　人口与经济　1987年5期12页

齐洪儒：“七五”期间山东人口发展趋势探析　山东人口　1987年3期

权文荣：两种再生产理论不是交替决定论——与王贵明同志商榷　晋阳学刊　1987年2期34页

曲海波：新中国人口理论研究历程述评　人口研究　1987年2期36页

申有之：略论马尔萨斯《人口论》一个根据的出处　湖南师范大学社会科学学报　1987年5期22页

宋惠芳：两种生产系统决定社会历史发展　研究生学报（华中师大）　1987年1期1页

田雪原：源于实源　高于实践——纪念马寅初《新人口论》发表30周年　人口与经济　1987年5期4页

王宝铭：人口政策刍议　天津人口　1987年增刊59页

王　冰：论充实和完善人口政策的基本原则　人口学刊　1987年6期35页

王　冰：略论人口学的体系、特点和作用　南方人口　1987年1期64页

王富更：从马寅初的《新人口论》看绍兴城市人口增长与经济发展的关系　人口与经济　1987年5期33页

王贵明：恩格斯的两种生产理论探讨　社会科学研究　1987年3期110页

王　琳：关于人口控制计划投资收益的几个理论问题　人口与经济　1987年4期3页

王　荣：资本主义人口规律　人口与优生　1987年1期4页

王声多：再论马尔萨斯学说的几个分歧问题——与杜亚军同志商榷　人口学刊　1987年5期34页

王声多：请不要再冤枉马克思——与文大会同志商榷　争鸣　1987年3期53页

王维志：人口政策应稳定十年　人口动态　1987年3期1页

邬沧萍、詹长智：全方位考虑我国当前面临的人口形势　南京计划生育管理干部学院学报　1987年4期1页

邬沧萍：我国人口发展战略　群言　1987年4期21页

吴世南：广西人口发展战略初探　人口杂志　1987年5期16页

谢晋宇：在新的“论宇”中重新评价马尔萨斯理论　人口学刊　1987年4期25页

徐天琪、叶振东：中国人口政策的雏型　人口与经济　1987年5期15页

杨群生：关于我国计划生育政策形成和发展阶段分期问题的探讨　南方人口　1987年4期17页

于景元：人口控制系统的近似能控性及时间最优控制　科学通报　1987年32卷5期1页

昝廷全、张志良：泛系方法论在人口学中的应用　西北人口　1987年1期11页

张纯元：马寅初的人口理论与我国的人口战线　人口与经济　1987年5期7页

张福生：谈马尔萨斯《人口原理》的再版　人口战线　1987年2期31页

张书统：关于人口政策几个理论问题的探讨　天津人口　1987年增刊46页

张心侠：试析我国“七五”期间人口增长的严峻形势　山东人口　1987年1期32页

张秀娟：中国特色的社会主义计划生育道路试析　山东人口　1987年3期16页

张樟浦、王雪萍：马寅初的人口质量思想　人口与经济　1987年5期29页

朱法贞：“两种生产”涵义再辨析——与孙美堂同志商榷　东岳论丛　1987年3期108页

朱云成、李寒柏：广东省人口发展战略问题探讨　人口信息　1987年2期4页

卓祖航：试论两种不同性质的相对过剩人口　人口研究　1987年3期1页

曹向学：关于吉林省“七五”期间人口计划的几个问题　计划经济　1987年5期24页

陈　玮：控制北京城市人口规模的对策之探讨　人口研究　1987年3期10页

陈旭光等：略论城市人口的机械增长问题　经济教学与研究　1987年12—13期5页

冯　珊、乐　科：湖北省人口的宏观控制　人口研究　1987年4期30页

侯文若：我国控制人口增长的几个问题　人口动态　1987年2期1页

雷立穆：简述建国后的人口状况与当前的人口问题　人口战线　1987年1期46页

李南寿：浙江山区人口问题初探　杭州师院学报（社科）　1987年2期1页

梁秋生：安平县人口的历史、现状与未来　人口战线　1987年3期33页

刘庆相：试论辽宁大中城市人口发展面临的问题及其对策　人口学刊　1987年1期42页

刘书臻：山东省当前存在的人口问题　山东人口　1987年3期70页

钱信忠：人口增长带来的严重问题——兼谈节制生育的意义　人口杂志　1987年1期4页

万长文：四川人口数量控制目标和对策　人口杂志　1987年1期8页

肖永孜：广西“六五”期间人口发展状况及变化特点　人口信息　1987年2期10页

于景元：半离散人口发展系统的控制　系统科学与数学　1987年7卷3期24页

张爱珠：大城市的人口控制与疏导的几意　财经问题研究　1987年1期53页

张天化：资本主义社会中的过剩人口问题　鞍山师专学报（社科）1987年1期8页

张　序：我国的人口与智力开发　人口与经济　1987年6期17页

赵玉贵：我国人口发展历程中的七个高峰期　安徽人口　1987年1期26页

朱　丹：人口战略刍议——振兴贵州盘县特区的哲学思想　人口杂志　1987年6期9页

（二）人口统计、预测

蔡洪福等：上海市川沙县2000年人口发展目标探讨　人口信息　1987年2期16页

曹亚光、梁　伟：旧天津人口出生率确切值的估计　人口与家庭　1987年6期7页

常乃光：争取基本实现12亿控制要求的测算和建议——分配落实年度控制指标　人口信息　1987年2期41页

常乃光：从“六五”统计看宁夏人口的超控危险　宁夏社会科学　1987年1期19页

陈国泉、李师兰：论浙江省生育率与社会经济诸因素的定量关系　浙江人口通讯　1987年1—2期96页

陈　容：妇女生育率若干计算问题探讨　人口与经济　1987年3期16页

陈森发：一种预测城市人口的方法　预测　1987年4期45页

陈胜利：论1‰人口生育率调查的生育率计算方法　南京计划生育管理干部学院学报　1987年1期27页

陈胜利：吉林省四项人口指标预测　人口学刊　1987年4期40页

陈婉贞：我国婚姻状况统计分析　人口学刊　1987年1期19页

陈　玮：关于完善我国城镇人口统计口径的探讨　人口研究　1987年6期20页

邓建伟：人口预测的连续性方程　系统工程　1987年4期37页
邓卫东：增加型结构人口问题初探　财苑　1987年2期35页
杜亚军：全国及各省区年龄资料迈耶指数检查结果分析　南方人口　1987年1期51页
方　地：从人口普查资料中反映出来的侨乡老年女侨属的特点　人口与经济　1987年4期34页
放　芳：我国三十年来婚姻和生育模式的转变（1953～1982年）　人口与经济　1987年2期26页
费世宏：山东省1986年生育率上升的原因分析　山东人口　1987年2期22页
冯德兴：人口最优控制的一种方法　系统科学与数学　1987年7卷2期156页
冯　珊：人口增长与经济发展仿真模型DEM-CEM　华中工学院学报　1987年15卷4期7页
高尔生：计划生育项目对生育率作用的量测　人口研究　1987年5期43页
顾鉴塘：中国夫妇年龄差分析　人口与经济　1987年4期26页
郝虹生：试谈数理统计分析方法在人口研究的应用问题　人口研究　1987年2期51页
何新华：浅谈抽样误差问题　山东人口　1987年4期28页
黄荣清：1973、1978、1981年全国城乡女性初婚表的比较　人口与经济　1987年5期52页
胡焕庸：我国人口的现状和未来　群言　1987年2期24页
季静秋、冯晋秋：人口定量预测中数学模式法的讨论　南京计划生育管理干部学院学报　1987年4期14页
贾忠科：甘肃省县级别生育率差异原因之探讨　人口研究　1987年3期25页
蒋正华：中国人口动态参数的识别　中国人口科学　1987年1期56页
金　砺：吉林省第三次人口生育高峰期人口发展战略　吉林统计　1987年3期23页
李　岚：从人口变动抽样调查看1986年我省人口增长特点　人口战线　1987年3期50页
李仰溪、贾秀嵩：河北省中南部小城镇人口发展研究　人口战线　1987年1期13页
李宗宜：江西省人口发展战略初议　江西社会科学　1987年3期48页
李瑛等：大丰县妇女生育率及活产儿性别比的研究　人口研究　1987年2期46页
李应明：趋势、问题与对策——我国人口问题展望　未来与发展　1987年3期53页
李永胜：惠普尔、迈尔和UN指数　人口信息　1987年4期38页
李永胜：论生命表在人口回测中的应用　南方人口　1987年1期58页
林富德：我国生育率转变的因素分析　人口研究　1987年1期15页
林　生：“城镇人口”统计改革初探　西北人口　1987年4期47页
刘贵平：试论我国城乡妇女生育模式的差异性　人口调查与研究　1987年1期34页
刘青山：浅析沧州地区出生性别比升高问题　人口战线　1987年2期53页
刘　珠：陕西省人口发展状况与未来人口预测　陕西财经学院学报　1987年1期88页
路　磊：我国死亡率性别差异的分析　人口学刊　1987年5期38页
路　磊：对我国某些年份的平均预期寿命的估计　南方人口　1987年4期68页
骆克任：未来浙江人口之探讨　杭州大学学报（哲社）　1987年17卷3期7页
马瀛通：人口统计分析中指标名称分类探讨　人口动态　1987年1期30页
孟向京：人口预测中若干参数估计　人口与家庭　1987年4期9页
莫　龙：贫困地区人口的特征、趋势及发展战略　人口信息　1987年4期12页
尼　加：制定与下达年度人口出生控制指标的基本原则和方法　人口与经济　1987年5期48页

庞树桂等：石河子地区1963—1984年人口死亡统计分析　中国卫生统计　1987年4卷1期49页
乔晓春：人口老化模型与解释　人口研究　1987年6期30页
秦芳芳：中国计划生育对生育率影响的评估　中国人口科学　1987年2期12页
秦　渝：推广的人口理论扩散模型的初边值问题　四川师范大学学报　1987年3期17页
屈锡华：婚姻年龄关系的一般规律及其数字模型　中国人口科学　1987年3期36页
屈锡华：初婚年龄分布的FUZZY数学模型及其应用　大自然探索　1987年2期66页
沈国华：人口平均寿命的简易计算法　湖南统计　1987年2期37页
沈建法：中文电脑人口预测系统　人口研究　1987年4期50页
孙洪铭：2000年的北京人口展望　学习与研究　1987年1期32页
孙新元：再谈我国总和生育率的一个计算问题　南京计划生育管理干部学院学报　1987年1期32页
万利国：浅议合肥市城市人口的发展规模　人口学刊　1987年4期6页
王明远：关于人口发展战略问题的探讨　人口战线　1987年2期15页
王树新：谈人口纵向分析法　人口与经济　1987年6期40页
王维志：中国人口寿命问题研究　中国人口科学　1987年1期35页
王　圻：青海高原人口生命素质指数的分析　西北人口　1987年3期12页
王元增：对如何观察出生性别比的看法　人口战线　1987年2期51页
肖　林：也谈户籍管理制度的改革　社会　1987年4期16页
徐炳煊等：人口统计工作改革之我见　公安大学学报　1987年2期16页
阎海琴：模糊数学在综合评判人口再生产类型中的应用　山西财经学院学报　1987年增刊2期80页
阎友柏：用趋势回归直线分析广东省总人口的发展变化　南方人口　1987年4期64页
杨光锐：死亡率和预期寿命性别差异的生物学分析　安徽人口　1987年1期16页
杨明富：阆中县1969—1984年人口寿命的动态分析　中国卫生统计　1987年4卷1期53页
杨庆中、胡启迪：生育过程的动态模型　人口研究　1987年3期38页
杨旭东：利用胎次递进比计算生育水平　山东人口　1987年2期19页
杨中新等：从吉林省“六五”期间人口状况看“七五”期间人口的发展　人口学刊　1987年3期27页
尤双林：中国人口类型转变的决定因素　南京计划生育管理干部学院学报　1987年1期14页
原华荣：新疆维吾尔自治区人口的年龄和死亡年龄堆积　西北人口　1987年4期5页
曾　毅：多增——减生命表的构造方法及其在中国妇女婚姻研究中的应用　人口研究　1987年3期30页
曾达敏：贵阳市暂住人口的调查与统计分析　贵州社会科学　1987年9期23页
张树维等：初探形式逻辑在人口预测中的应用　理论探讨　1987年2期103页
张心侠：试析我国“七五”期间的人口增长形式　人口研究　1987年6期36页
翟振武：对我国1953—1964年，1964—1982年生命表指标的估计　人口研究　1987年1期22页
翟振武：中国人口年龄误报的现象与特点　人口与经济　1987年2期33页
朱银城：甘肃黄土高原地区人口特点、问题及其发展战略设想　西北人口　1987年4期7页
邹　平：中国生育政策对胎次率的机制作用　中国人口科学　1987年3期29页

（三）人口年龄结构

段文宝：试论人口社会系统工程学的研究对象及其任务　人口学刊　1987年1期56页
冯志异：陕西人口发展正在发生历史性转变　人文杂志　1987年5期58页
卢雁棠：公主岭市1949—1985年人口发展过程和人口现状　人口学刊　1987年4期45页
林成策：枣庄市人口年龄结构浅析　山东人口　1987年3期72页
毛宝俤：新疆人口运动轨迹分析　西北人口　1987年4期1页
邵　秦：如何实现2000年人口战略目标　群言　1987年9期24页
孙秀春：我国人口基本状况和对策　计划经济研究　1987年6～7期80页
王相山：武威地区自然概貌、人口特征经济问题浅析　西北人口　1987年4期17页
夏　凡：中南地区人口结构特征与内部差异　南方人口　1987年1期11页
薛国先：对我国人口年龄结构的思考　人口学刊　1987年4期10页
余亦愚：谈甘肃人口的基本特征　西北人口　1987年3期6页
张茂法：福建省经济活动人口结构浅析　华侨大学学报（哲社）　1987年1期22页
张心侠、彭勋："六五"期间山东省人口发展的特点　人口与经济　1987年1期15页
郑天祥：以港穗为中心的珠江三角洲人口的基本特征　南方人口　1987年3期50页

（四）人口与经济

曹向学、杨中新：对吉林未来人口经济发展趋势的探讨　吉林财贸学院学报　1987年2期50页
陈冰等：科技、经济对人口分布的制约关系　经济问题　1987年3期16页
陈　剑：收入分配对人口素质提高的影响　南方人口　1987年4期56页
陈晓平：浙江省五种自然经济类型区域的人口现状分析　浙江人口通讯　1987年1～2期103页
陈庆浩：温州市劳动力结构的变化及发展趋势　浙江人口通讯　1987年3期8页
陈　玮：经济体制改革中的北京市人口问题与对策　人口与经济　1987年3期30页
陈心慧：宁夏人口、耕地、粮食的发展趋势和对策探讨　宁夏社会科学　1987年5期67页
底书贵、莫龙：桂林市城市建设和人口发展战略初探　人口信息　1987年3期56页
杜世卫：社会主义劳动力商品市场对人口过程的影响　人口与经济　1987年3期43页
杜闻贞、王辰：论小城镇发展的双重依赖和双重反哺　中国人口科学　1987年3期23页
段　宾：人口与消费数量分析的几个问题　人口与经济　1987年6期7页
范力达：产业结构变化中人力资源开发的国际比较研究　人口学刊　1987年5期11页
高振民等：农村剩余劳动力就业转移问题两面观　西北人口　1987年2期57页
顾宝昌：论社会经济发展和计划生育在我国生育率下降中的作用　中国人口科学　1987年2期2页
顾耀德：深圳经济特区的人口发展及其对我们的启示　浙江人口通讯　1987年1～2期57页
关秀芳、梁中堂：人口数量对社会经济的影响　南方人口　1987年4期53页

郭申阳：从古典人口学模式到家庭经济学——西方“家庭人口投资”理论评述　人口与经济　1987年4期54页
韩常森：谈谈辽宁的亦非变农人口　人口调查与研究　1987年1期15页
郝增培：经济改革中的城市人口问题　人口战线　1987年2期27页
何　平：人口因素对货币流通的影响　南方人口　1987年1期70页
洪英芳：试论我国15—19岁人口的“非劳动力化”问题　人口研究　1987年5期26页
侯本领：试论人口投资与基建投资　山东人口　1987年2期8页
侯文若：论人口增长与淡水供给　人口信息　1987年2期21页
胡焕庸、严正元：新疆木垒县的脱贫致富与人口控制　西北人口　1987年3期1页
黄爱淳、朱宏：略论人口的机械变动和经济发展的关系　浙江人口通讯　1987年1～2期11页
贾恭惠：试论农村商品经济的发展与农民生育观的关系　浙江人口通讯　1987年1～2期40页
贾劝宝：人口流动与有计划的商品经济性质　西北人口　1987年3期38页
康就升：我国农村人口转化的特殊道路　安徽人口　1987年1期22页
李　辰：我国人口与劳动就业的发展趋势　中国人口科学　1987年3期15页
李荣生等：合理地组织农村劳动力的转移　人口研究　1987年3期6页
李澍卿：农村劳动力素质与职业转移——河北省丰宁县调查述评　人口学刊　1987年2期10页
李澍卿：农村劳动力利用与转移研究概述　人口战线　1987年3期28页
李修波：关于城镇劳动人口充分就业问题的认识　人口战线　1987年3期14页
梁　伟：人口发展与国民经济增长的关系　天津人口　1987年1期16页
梁子灵：茂名市人口与经济发展关系　统计与预测　1987年5期26页
凌长风：发展社会主义商品经济与人口道德素质发展的关系　浙江人口通讯　1987年1—2期38页
林盛中：边疆地区经济发展与人口问题的思考　人口学刊　1987年6期49页
刘德和、梁天余：经济发达的柳市镇人口问题的新情况及其对策　浙江人口通讯　1987年1～2期28页
刘辉煌：论人口质量与消费质量的相互关系　南方人口　1987年4期60页
刘庆相：“农转非”人口浅析　人口信息　1987年3期40页
刘庆相：略论辽宁“农转非”人口问题　人口调查与研究　1987年1期9页
刘炽光：2000年我国人口发展和就业结构变化趋势　百科知识　1987年2期2页
罗　云：浅谈马鞍山市女子就业问题之对策　安徽人口　1987年1期27页
吕火明：我国农业剩余劳动力转移特性简析　社会科学研究　1987年4期29页
彭松建：当代西方人口经济学的形成和发展　人口与经济　1987年5期55页
浦永灏：论厦门特区经济目标的实现及其人口规模的对策　中国经济问题　1987年4期40页
齐晓安等：人口产业结构与经济发展　人口学刊　1987年3期16页
单光新：经济体制与人口机制　浙江人口通讯　1987年1～2期24页
邵　韧：合理利用劳动力资源促进城镇经济持续增长　人口与经济　1987年1期26页
石成林：农村部分剩余劳动力转移进城就业的再探讨　西北人口　1987年3期51页
石新世：从古今农业劳动生产率的比较看控制人口增长的必要性　北京财贸学院学报　1987

年2期20页

孙胤社：农村劳动力转移的可行性分析　人口与经济　1987年4期50页

孙孝远：临沂地区劳动力资源浅析　山东人口　1987年3期78页

汤美芳：经济振兴与劳动人口素质　浙江人口通讯　1987年1—2期19页

陶晓勇：谈西方学者有关收入与生育水平关系宏观分析的局限性　人口与经济　1987年6期46页

田雪原：人口年龄结构变动和宏观经济发展问题研究　中国人口科学　1987年1期7页

王桂新：马尔柯夫链与农村劳动力部门转移　人口信息　1987年3期48页

王　浩：从劳动力就业看天津市第三产业发展　天津人口　1987年2期13页

王建岭：试析河北省人口发展对国民收入的影响　人口战线　1987年2期38页

王　琳：关于人口控制计划的投资收益在国民经济计划中完全实现的几个理论问题　贵阳人口通讯　1987年1期24页

王茂修：我国农业劳动力的转移　人口与经济　1987年3期37页

王小山：无极县农业劳动力的转移　人口战线　1987年4期40页

王学戎：城镇住宅建设与人口发展趋于同步的展望　人口学刊　1987年1期38页

王雅俐：浅谈人口生产与生产资料、生活资料生产的比例关系　山东人口　1987年2期13页

王耀亭：对山区坝上人口经济发展的意见　人口战线　1987年3期25页

翁荣涓：发展家庭工业是解决农村剩余劳动力的重要途径　浙江人口通讯　1987年1—2期31页

吴健中：二十一世纪新疆人口及某些资源问题的展望——新疆宏观社会经济模型——SD应用之二　系统工程　1987年5卷1期21页

夏伟生：保护耕地资源，提高粮食供给能力——“人口—粮食”平衡关系的研究（二）　西北人口　1987年2期39页

夏伟生：八十年代的饥馑与粮食供需关系的前景——“人口—粮食”平衡关系的研究（三）　西北人口　1987年3期41页

解书森等：对科技、经济、人口协调发展的探讨　科学经济社会　1987年1期46页

徐存德：人口与经济发展比较方法问题初探　人口研究　1987年5期31页

徐　勤：人口与生产力布局　西北人口　1987年2期53页

徐松荣：略论近代时期山西农村的人口变动　山西大学学报（哲社）　1987年3期43页

徐天琪、叶振东：论“两栖人口”——四论农村劳动力转移　浙江人口通讯　1987年1—2期6页

徐天琪、叶振东：农村劳动力转移模式试探　人口与经济　1987年2期37页

许改玲、刁虹：四川经济体制改革中人口就业问题的探讨　人口杂志　1987年2期11页

严正元：我国农业剩余劳动力转移与集镇建设展望　南方人口　1987年1期42页

杨沛英：试论城乡人口比例结构对农业商品化的影响　文史杂志　1987年4期61页

杨　舒：上海人口与劳动力的变化　人口信息　1987年4期4页

尹文耀：论城市人口规模结构与社会经济发展　人口研究　1987年4期9页

俞滨洋：城市分区规划人口三定问题刍议　城镇经济研究　1987年3期3页

张建山：我国三大经济带的人口产业结构分析　人口信息　1987年2期24页

张茂法：福建省经济活动人口结构浅议　华侨大学学报（哲社版）　1987年1期22页
张诗焕：试论社会主义商品经济与人口发展战略　人口研究　1987年1期6页
张作兴：略论农村劳动力转移新阶段的态势与特征　人口研究　1987年4期2页
朱宝树、王桂新：上海郊区农村劳动力转移态势及发展战略　南方人口　1987年3期22页
朱遂良　大丰县1978—1985年老年人口数量变动与死亡率变动　人口研究　1987年6期45页

（五）老年人口问题

鲍寿庆：试论乡镇敬老院的巩固与发展　山东人口　1987年2期50页
陈　剑：论人口老化　山东人口　1987年4期40页
陈永平：中国老年科学的发展及其研究动态评述　人口研究　1987年3期54页
桂世勋：上海郊县农村老龄人口赡养状况及建议　中国人口科学　1987年2期31页
韩俊兴：对老年劳动人口应重新估价　人口与家庭　1987年6期3页
郝麦收、王来华：再谈人口老龄化　人口学刊　1987年2期38页
郝麦收等：浅论我国人口老龄化的前景　天津社会科学　1987年3期52页
李富元、霍民：四川省人口老龄化初探　人口杂志　1987年5期37页
李合龙：关于城市老年人重新走上社会之研究　人口与家庭　1987年1期24页
李　瑾：人口老化的两种观点综述　人口与家庭　1987年4期5页
李澍卿：中国社会养老的现状与趋势　人口与经济　1987年3期26页
李　婷：大连市老年人口状况和人口老化问题探讨　人口调查与研究　1987年1期43页
李　稚：略论老龄问题和老年事业　广东社会科学　1987年2期131页
刘俊喆、刘同昌：老年人口赡养问题初探　人口信息　1987年3期38页
林道善：人口老化及其对策的探讨　中山大学学报（哲社）　1987年3期23页
林富瑞：略论老年人口的地理分布及其发展趋势　西北人口　1987年1期37页
刘书鹤：农村老年人在家庭中的地位和作用　人口与家庭　1987年2期24页
刘书鹤：老年人在计划生育工作中的作用　人口学刊　1987年5期51页
鹿　立：计划生育与人口老化及其他　山东人口　1987年4期45页
路全胜：试析浙江人口老化　浙江人口通讯　1987年1—2期86页
马瀛通：加速人口老龄化　促社会经济发展　中国人口科学　1987年2期41页
秦品端：人口老龄问题的社会化　安徽人口　1987年1期33页
曲海波：老年人口学的产生、对象、性质和方法　人口学刊　1987年6期20页
任立忠、李合龙：关于老年人观念之浅见　人口战线　1987年1期18页
荣志刚等：人口老龄化与社会保障事业　计划经济研究　1987年增刊4期71页
孙华菊：河南省老年人口状况与人口老化　河南统计　1987年1期29页
孙清池等：我区老年人口现状及发展趋势　经济社会　1987年1期75页
孙　彦：“白发浪潮”来临前的思考——谈谈北京的人口老龄化问题　瞭望　1987年7期23页
孙玉红：浅谈高龄化社会及其对策　人口与家庭　1987年4期4页
王　克：中国人口老龄化对未来经济的影响　人口学刊　1987年2期42页
王文英：关于人口老龄化若干问题的探讨　人口与经济　1987年2期43页

王瑞迎等：贵州省今后五十年人口老龄化问题及对策　社会学与现代化　1987年3期27页
王瑞迎、李北迎：贵州老龄人口的发展趋势和主要特点　贵阳人口通讯　1987年1期27页
王志强等：湖南省1982年老年人口分布规律的探讨　中国卫生统计　1987年4卷1期24页
邬沧萍：创建有中国特点的老年学　中国人民大学学报　1987年3期77页
任　理：论我国劳动人口的退休年龄　南京计划生育管理干部学院学报　1987年1期4页
武元晋：人口老龄化带来的几个问题　老年学杂志　1987年7卷1期1页
夏海勇：关于人口老龄化几个问题的探讨　南京大学学报　经济与管理科学版专辑　1987年1期30页
谢齐贵：老龄问题及其社会保障措施探讨　安徽人口　1987年1期28页
杨步洲、刘清瑞：平凉市老年人口现状与变化趋势　西北人口　1987年3期9页
杨宗传：建立独立的社会老年学　人口学刊　1987年5期54页
杨宗传：中国老年人口就业结构浅析　人口研究　1987年3期14页
伊　密：北京市老年人口的现状和特点　中国人口科学　1987年3期52页
原作荣：人口老化的有关问题　人口与经济　1987年4期15页
袁耀蕚：人口老龄化与妇女老年期病症　人口信息　1987年1期11页
张俊良：试论老年人口学的研究对象及其学科性质　人口学刊　1987年5期47页
庄　斌：老年人口在家庭经济活动中的作用　安徽人口　1987年1期31页
赵　侠：在农村劳动力输出中要注意研究农村人口老龄化问题　中国劳动科学　1987年9期39页
章尔列、陈立恒：四川省绵阳市人口的老龄问题与计划生育工作　人口杂志　1987年5期35页

（六）人口素质

曹念明：提高家庭素质是提高人口素质的有效途径　人口杂志　1987年1期16页
陈　剑：试论人口素质与经济发展相适应规律　人口研究　1987年2期5页
陈　剑：略论人口智力素质转变　西北人口　1987年3期24页
陈　剑：论人口素质内容的具体含义及其相互关系　人口战线　1987年4期43页
陈　剑：论食物消费结构与人口健康素质的提高　人口学刊　1987年4期18页
陈　剑：略论计划生育与人口素质　人口学刊　1987年1期46页
陈介荣等：提高云南各族人口文化技术素质的迫切性及途径　人口学刊　1987年2期5页
陈家麟：提高人口素质的家庭心理学问题　人口与经济　1987年4期21页
戴伯健：从青少年违法犯罪谈提高人口素质　天津人口　1987年增刊17页
邓明昱、相留兵：提高人口素质要讲究心理卫生　人口杂志　1987年5期24页
付嗣妍：新技术革命与人口素质　人口战线　1987年3期27页
高　砥：教育在加强精神文明建设提高人口素质中的作用　天津人口　1987年增刊22页
何忠坤：试论评价人口思想道德素质的客观依据　山东人口　1987年4期25页
焦英棠等：提高人口的科学文化素质　人口学刊　1987年4期15页
寇达开：小议成人继续教育在提高人口文化素质中的作用　天津人口　1987年增刊25页

李斌：提高在业人口文化素质，以适应经济体制改革的需要 人口学刊 1987年3期46页
李澍卿：建立一门人口素质学 人口信息 1987年3期23页
黎宗献：试议人口的思想素质 人口与经济 1987年4期39页
黎宗献：对人口“思想素质”理解的初步尝试 天津人口 1987年增刊2页
刘 铮：我国人口科学文化素质分析 人口研究 1987年1期11页
刘书鹤：农村生活方式变革对人口素质的影响 人口与经济 1987年2期47页
毛水云：略论城乡经济改革与提高人口文化素质 浙江人口通讯 1987年1～2期33页
邱春荣：扫除文盲，提高人口的文化素质 人口学刊 1987年3期51页
沙吉才：不断提高人口文化素质 中国人口科学 1987年2期22页
沈晓蓝、王健民：湖州人口素质现状和人力资源开发对策 浙江人口通讯 1987年3期11页
石祥记：人口素质与精神文明建设 南方人口 1987年2期14页
王 浩：提高我国人口质量的若干问题 人口与家庭 1987年5期40页
王来华：试论人的精神素质 天津人口 1987年增刊5页
伍 理：浅析上海市在业人口的素质 人口信息 1987年3期4页
肖福兰：独生子女比率与人口素质 天津人口 1987年增刊14页
杨清涛：北京市人口身体素质浅析 人口信息 1987年3期1页
赵世利：生育子女数与素质的探讨 人口战线 1987年1期7页
赵一民：教育与人口质量 人口与家庭 1987年5期37页
赵一民：从PQLI的比较看提高我国人口文化素质的迫切性 天津人口 1987年增刊27页
郑桂珍：女性人口素质与社会发展 人口信息 1987年3期9页
贺锡翔：文化与人口 人口与优生（杭州） 1987年3期7页
黄新美：优生学与人类学 南方人口 1987年1期67页
林富德：农村经济文化因素对生育率的影响 人口与优生 1987年2期3页
林道善等：广州市人口死因的初步分析 南方人口 1987年4期13页
寇慧珠：优生优育是提高人口质量的根本途径 天津人口 1987年增刊30页
王兰香、屠九林：限制人口种种 人口与优生 1987年2期6页

（七）人口地理

陈庆吉：关于人口地理学研究的进展 地理科学 1987年2期187页
陈贤用：从井陉县看太行山区的人地关系 人口战线 1987年3期42页
董玉祥：试论人口因素在沙漠化中的作用 西北人口 1987年1期25页
风 静：河北省人口文化素质的地理分布 河北师范大学学报（社科版） 1987年2期130页
胡焕庸、朱宇：天山北麓的开发建设与人口容量 山东人口 1987年1期16页
胡焕庸等：乌鲁木齐——克拉玛依地区经济建设中的水资源和人口问题 西北人口 1987年2期1页
刘书臻：山东省人口多与耕地少的矛盾越来越尖锐 人口信息 1987年4期18页
刘俊喆、王清洲：试论“离土不离乡”的人口转移 中州学刊1987年4期17页
马建华：土地、粮食和人口 地理知识 1987年4期29页

潘建纲：辽宁沿海地区适度人口容量探讨　辽宁师范大学学报（自然）　1987年3期85页
乔瑞迁：试论我国人口分布的平衡与不平衡　西北人口　1987年4期33页
邵　秦：浅谈台湾人口分布特点　人口战线　1987年4期27页
司徒尚纪：人口与土地环境的关系在海南岛开发史上的演变雏议　南方人口　1987年3期55页
滕泽之：试论人口分布的自然选择规律　山东人口　1987年3期59页
王桂新：关于人口分布几个问题的定量分析　西北人口　1987年2期44页
俞劲松：从淡水、耕地资源探讨我国控制人口的方略　人口学刊　1987年5期20页
张迪祥：国土整治与人口地理研究　人口战线　1987年4期33页
张桂霞：广州市区人口增长与住房问题　广州研究　1987年7期38页
钟逢干、朱云成：中国城镇人口分布的地域差异　中山大学学报（哲社版）　1987年3期32页
朱介鸣：城市居住人口分布及再分布的基础研究（三）——上海中心城市居住人口再分布的战略决策　城市规划汇刊　1987年1期21页
朱云成、张斌：　广州市区人口分布与再分布战略初探　人口战线　1987年3期19页
朱　宇：天山北麓的开发建设与人口容量　经济地理　1987年3期229页

（八）人口与生态

冯九章：关于我国生态环境的基本特征　南京计划生育管理干部学院学报　1987年1期10页
何　堤：沈阳市人口生态环境问题及其对策　西北人口　1987年3期47页
何　堤：辽宁中部"新月形"城市群的发展及其对人口生态环境的影响　人口学刊　1987年3期5页
黄伟雄：人口平衡与生态系统兼论向西北移民问题　佛山师专学院（社科版）　1987年1期67页
任启义：皖南山区人口对生态环境影响的初步探讨　人口研究　1987年5期34页
韦今来：杭州城市人口与生态环境概貌　浙江人口通讯　1987年1～2期100页
张秀治：试论人口与自然生态平衡的关系　黑龙江教育学院学报（社科版）　1987年1期59页

（九）计划生育

陈家麟：影响生育率变动的心理因素发微　人口学刊　1987年1期51页
陈　剑：论计划生育精神文明建设　人口与经济　1987年4期6页
陈　群：我国农村计划生育养老保险的由来和作用　南京计划生育管理干部学院学报　1987年4期7页
董恒进、顾杏元：上海县计划生育效果分析　人口研究　1987年1期30页
董　杰：正确运用社会控制手段　实现国家人口控制目标　人口战线　1987年2期20期
达　宗：完善生育政策与人口控制　山东人口　1987年3期54页
顾关根：中国人口发展过程的强容差控制　控制与决策　1987年3期9页
高厚福：农村计划生育工作典型初探　山东人口　1987年3期74页
郭云普：生育计划与国家现代化　安徽省委党校学报　1987年3期56页

莞　季：积极引导农民转变生育观　努力向现代文明的高坡攀登　南方人口　1987年1期19页
何振声：农村调整产业结构必须与控制人口增长同步进行　山东人口　1987年3期83页
胡隆福：基层计划生育目标管理初探　人口研究　1987年6期40页
黄鑫榍：我省计划生育回顾与展望　学习与思考　1987年5期11页
琚根花：对流动人口计划生育管理服务工作的初探　浙江人口通讯　1987年1～2期116页
孔志城：浅论计划生育基本建设　山东人口　1987年4期17页
李翰章：计划生育工作观念说　山东人口　1987年3期49页
李金树：生育率不平衡会导致高智力人口数量的减少　天津人口　1987年增刊56页
李树贻：论独生子女的优越性及教育　南京计划生育管理干部学院学报　1987年4期5页
李正恩：首都城市规模控制与计划生育　人口与经济　1987年4期32页
刘维峰：关于完善与稳定人口生育政策的浅见　天津人口　1987年增刊54页
刘星海：人口目标管理　人口杂志　1987年4期14页
刘燕玉、徐莲：浅谈烟台市人口发展及严格控制人口过快增长的问题　山东人口　1987年4期6页
卢国良：我国人口高速增长的原因及其对策　怀化师专社会科学学报　1987年2期1页
陆君若：如何发挥独生子女领证率指标的作用——试析两种领证率的弊端与改进　人口学刊　1987年2期53页
鹿　立：重视软科学在计划生育工作中的应用　山东人口　1987年1期37页
路　遇：计划生育在建设精神文明中的地位和作用　山东人口　1987年3期44页
马映琪：对个体工商户计划生育管理的浅见　人口信息　1987年2期40页
彭志良：计划生育浅识　婚姻与家庭　1987年6期7页
钱信忠：人口增长带来的严重问题（下）——兼谈节制生育的意义　人口杂志　1987年2期20页
钱信忠：妇女与中国的人口控制　人口信息　1987年1期1页
佘孟仁：江苏省完善具体生育政策的初步实践和探索　人口信息　1987年2期1页
宋广林：普及人口理论，促进生育观的转变——生育观问题探讨　天津人口　1987年增刊35页
帅泽鹏：干部计划生育工作责任制初探　人口学刊　1987年5期58页
王风云：计划外生育的潜在因素探讨　人口战线　1987年4期22页
王永光、马治权：对贵州省1987年计划生育工作的探讨　人口杂志　1987年4期32页
邬沧萍：调整人口年龄结构是计划生育的社会职能——兼论计划生育与人口年龄结构老化　中国人口科学　1987年1期15页
吴世南：浅谈计划生育与精神文明建设的关系　人口杂志　1987年2期4页
夏桂祥：我国人口增长面临新高峰　瞭望　1987年7期24页
萱　胶：关于加强计划生育精神文明建设的初步设想　南方人口　1987年1期5页
杨魁孚：控制人口增长的重点在农村　理论与实践　1987年16期6页
杨立舫：必须加强对个体户、流动人口的计划生育管理　西北人口　1987年2期23页
杨庆中等：1987～2000年上海市生育控制方案的探讨　南方人口　1987年3期12页
杨正英：要警惕人口性比率的失调　商丘师专学报（社科版）　1987年2期102页

叶展等：我国生育水平的多因素分析　人口与经济　1987年1期6页
尹文耀：谈谈孩子的数量、质量和家庭利益的关系　南方人口　1987年2期11页
苑雅玲：妇女解放与控制人口　人口与家庭　1987年2期6期
张敏才：迈好优生优育工作的第一步　人口与经济　1987年5期42页
张世箴：控制人口中思想政治工作的初步探讨　天津人口　1987年增刊43页
张文军：谈谈农村人口的控制问题　山东人口　1987年2期29页
张心侠：简析我国“七五”期间人口回升的主要因素及对策　人口信息　1987年4期1页
张秀廷：关于津郊农民生育观及其转变问题的分析　天津人口　1987年增刊40页
郑健斌：我国城市、农村影响生育率因素的比较分析　西北人口　1987年1期35页

（十）少数民族人口

陈浩光：广东少数民族人口概述　中国少数民族人口　1987年3期34页
陈胜余：云南西双版州人口分析　中国少数民族人口　1987年3期24页
底书贵：广西毛南族人口发展状况及其特点浅析　中国少数民族人口　1987年1期12页
底书贵：广西三个特有民族的人口发展问题初探　贵阳人口通讯　1987年1期53页
董友涛：广西壮族人口发展战略研究　广西民族研究　1987年2期35页
董友涛、底书贵：试论广西壮族人口发展战略　中国少数民族人口　1987年3期3页
高建纲：鄂伦春族家庭的历史演变　中国少数民族人口　1987年3期15页
龚肖清：贵州省主要民族妇女生育状况浅析　贵州社会科学(经济社会版）　1987年5期21页
黄　淳：云南黑江哈尼族自治县人口问题探讨　中国少数民族人口　1987年4期8页
劳承玉：少数民族地区城镇人口迁移的特点和趋势　国内外经济管理　1987年15期6页
李　程、吴世南：从妇女生育状况看广西少数民族的人口控制问题　中国少数民族人口　1987年4期5页
刘保民：土族人口　中国少数民族人口　1987年2期41页
刘东国：青海少数民族人口概况　中国少数民族人口　1987年2期25页
刘恩普等：鄂西土家族妇女婚姻生育状况　中国人口科学　1987年3期45页
刘　科：新疆移民的途径应是“内移外补”　新疆经济研究　1987年4期27页
苗文俊：云岭高原蒙古族人口的变迁　人口杂志　1987年4期26页
穆兴天：藏传佛教对藏族人口的影响　社会科学参考　1987年16期29页
全虎德：黑龙江省海林县朝鲜族人口状况分析　中国少数民族人口　1987年4期11页
沈斌华等：鄂伦春族人口发展特点及存在的问题　内蒙古大学学报（哲社版）　1987年4期18页
沈斌华：我区蒙古族和其他少数民族人口的发展　内蒙古大学学报（哲社版）　1987年3期84页
沈　军：试论新疆少数民族的人口再生产类型　中国少数民族人口　1987年1期32页
史成礼：我国少数民族人口分析　中国少数民族人口　1987年1期46页
宋乃工：内蒙古自治区各民族人口间的通婚　中国少数民族人口　1987年3期18页
陶少坚：对少数民族学生进行人口教育问题探讨　中国少数民族人口　1987年3期42页

童玉芬：新疆各民族人口的地区聚散状况及趋势初探　中国少数民族人口　1987年2期12页
王春林：广西少数民族人口概述　中国少数民族人口　1987年4期29页
汪敏莉等：各民族妇女婚姻、生育状况简析　中国少数民族人口　1987年2期20页
王瑞玉：四川少数民族家庭的规模、结构及其变迁　中国少数民族人口　1987年3期9页
吴德海：贵州黔东南苗族侗族自治州民族人口素质探讨　中国少数民族人口　1987年1期38页
吴德海：少数民族的人口素质亟待提高　人口研究　1987年4期40页
吴景山：中国“吉普赛人”的人口问题综述　中国少数民族人口　1987年4期16页
肖永孜：广西少数民族人口状况及对未来经济和社会发展的影响　中国少数民族人口　1987年1期35页
肖振禹：中国少数民族育龄妇女概况　中国少数民族人口　1987年2期1页
熊　郁：我国少数民族人口死亡率的分析　中国人口科学　1987年2期59页
续西发：试论新疆少数民族的计划生育问题　人口研究　1987年1期36页
杨明兰：降低人口增长速度提高民族人口文化素质　贵阳人口通讯　1987年1期56页
杨玉林、马正亮：甘肃省少数民族人口概述　中国少数民族人口　1987年1期22页
原　新、林　丽：论新疆人口东西分布不均与经济的关系　西北人口　1987年2期16页
张天路：中国穆斯林人口现状　中国人口科学　1987年2期50页
张天路：京津沪三大城市少数民族人口的特点分析　中国少数民族人口　1987年4期1页
张天路：我国华北地区的少数民族人口　人口与经济　1987年6期14页
张天路：中国少数民族妇女生育状况分析　中国少数民族人口　1987年1期4页
张天路：中国少数民族妇女婚姻、生育状况分析　人口动态　1987年1期22页
张文宝：从一些贫困地区和少数民族地区看其人口与经济的发展　人口与经济　1987年1期24页
赵凤彩：鄂伦春族人口　中国少数民族人口　1987年3期44页
朱　诚、李胜达：浅析甘肃阿克赛县哈萨克族人口发展问题　中国少数民族人口　1987年4期42页
周崇经、童玉芬：浅谈新疆少数民族人口的计划增长问题　中国少数民族人口　1987年1期9页

（十一）人口与社会

仇立平：我国城市家庭结构变动及其发展规模研究　人口研究　1987年5期2页
狄菊馨：上海市人口婚姻状况的一般特点　人口信息　1987年3期26页
丁　军：家庭功能对社会的影响初探　人口与家庭　1987年1期15页
郭志刚：关于家庭户研究的几个问题　人口研究　1987年2期10页
胡伟略：谈谈我国人口教育的发展问题　南方人口　1987年1期78页
姜宜彬：当代发达国家的家庭状况　山东人口　1987年1期60页
刘庆华：吉林省家庭户状况初探　人口学刊　1987年1期15页
鹿　立：山东离婚人口特点浅析　人口学刊　1987年1期11页
马志军：封建社会家庭与现代城市家庭　天津人口　1987年2期14页

明承文：浅谈独生子女成长的优越条件　安徽人口　1987年1期15页
孙汝栋：文化环境与人口　浙江人口通讯　1987年1～2期89页
王晓惠、张保华：试论家庭诸因素的变化对人口出生率的影响　云南教育学院学报　1987年1期69页
肖永孜：广西人口的家庭状况　广西社会科学　1987年1期38页
杨步洲、刘清瑞：平凉市婚姻构成及其对出生率的影响　西北人口　1987年1期5页
杨　锐：略谈人口对教育发展的影响　教育研究　1987年6期59页
张纯元　中国家庭的规模、结构及其发展趋势　人口学刊　1987年1期5页
张其博、肖福兰：影响儿童少年全面发展的家庭因素初探　天津人口　1987年增刊9页
张其博：独生子女成长状况初探　人口与经济　1987年1期21页
张宇钟：农村家庭功能对人口生育率的影响　人口战线　1987年2期35页
张宇钟：城乡家庭功能的差异及其对人口生育率的影响　宁夏社会科学　1987年3期59页
曾　毅：关于生育率下降如何影响我国家庭结构变动的探讨　北京大学学报（哲社版）1987年4期73页
郑健斌：试论婚姻、家庭因素对人口生育率变动的影响　人口学刊　1987年6期30页

（十二）人口迁移与城市化

陈国阶：水利建设中的移民问题　人口与经济　1987年2期10页
陈坤木、徐亚萍：绍兴市建筑业流动人口初析　浙江人口通讯　1987年3期29页
陈印陶、方地：广东省顺德县女性人口国际迁移的原因及其特征　南方人口　1987年2期39页
崔青林：人口流动方式和三大差别的缩小与消灭辨析　开拓　1987年2期8页
戴展建等：北京市常住人口迁移分布的特点　北京统计　1987年1期28页
邓　莹：侨乡的经济发展与人口迁移　广东社会科学　1987年1期132页
高庆旭：北京市区居民家庭内寄住流动人口调查分析　人口研究　1987年2期31页
黄伟雄：人口平衡与生态系统——兼论向西北移民问题　佛山师专学院（社科版）　1987年1期67页
姜永进：威海市的人口迁移与流动　山东人口　1987年1期46页
吉　平、阎　瑞：内蒙古的人口迁移　人口与经济1　987年1期29页
林春林：城市和农村：两个社会等级——兼论农村剩余劳动力的转移　人口信息　1987年2期37页
李哲夫：中国及台湾省籍移美人口概况　美国研究参考资料　1987年9期43页
卢长福、章雨林：杭州市流动人口增长刍议　浙江人口通讯　1987年1～2期70页
鲁　刚：威海市人口迁移与流动在经济和社会发展中的作用　人口学刊　1987年2期2页
罗茂初：小城镇发展与人口迁移　人口学刊　1987年3期10页
马　侠：工业人口、国民总产值与城镇发展　中国社会科学　1987年5期33页
马　侠：三十多年来我国的国内人口迁移及今后的展望　人口与经济　1987年2期3页
马　侠：当代中国农村人口向城镇的大迁移　中国人口科学　1987年3期2页
裴　然：济南市人口迁移与流动的基本特征分析　山东人口　1987年1期40页

田　方：人口迁移要有战略考虑　群言　1987年4期19页

王富更：绍兴城市流动人口初析　浙江人口通讯　1987年1～2期73页

王桂新：人口迁移最优化问题探讨人口学刊　1987年2期18页

温星衍：发达国家城市人口规模和人口流动模式的转变　人口学刊　1987年5期1页

吴汉良：浙江省城镇人口增长来源的动态变动　浙江人口通讯　1987年1～2期66页

吴志刚：浅谈杭州市区人口控制问题　浙江人口通讯　1987年3期15页

肖家俊：人口省际迁移及迁移政策的探讨　贵州社会科学　1987年9期18页

严正元：生态环境对移民大西北的制约作用　西北人口　1987年1期1页

杨云彦：解放前的山东人口迁移及其对东北人口发展的影响　山东人口　1987年4期33页

阴治农：建国以来陕西省内人口迁移与流动的研究　陕西师大学报（哲社版）　1987年2期73页

张戎舟、郑桂珍：特大城市中的农村流动人口　人口与经济　1987年6期25页

赵鸿昌：唐代云南地区人口迁移问题初探　云南社会科学　1987年4期71页

郑德本：论农村人口向都市的社会流动　中山大学研究生学刊（社科版）　1987年1期67页

周启昌：江苏省苏锡和盐城地区小城镇人口流动的比较　人口研究　1987年4期22页

周俊鸿：东台县的人口迁移　人口研究　1987年4期37页

朱宝树：上海郊区农村劳动力转移意愿初析　人口信息　1987年2期31页

朱国宏：福建人口的国际迁移（未完）　人口与经济　1987年1期38页

朱国宏：福建人口的国际迁移（续）　人口与经济　1987年3期34页

朱国宏：中国人口国际迁移的历史观察　人口研究　1987年4期24页

朱国宏：论中国人口的国际迁移　人口学刊　1987年2期32页

包永江：城郊乡镇经济城市化模式思考　天津社会科学　1987年2期58页

常汝娟：坚持与完善乡镇企业和小城镇道路　山东人口　1987年3期40页

陈旭光等：关于城市人口的机械增长问题及其对策　云南社会科学　1987年1期36页

董　杰：人口城镇化与人口控制　河北大学学报（哲社版）　1987年2期215页

董　杰：人口城镇化有利降低生育水平　人口杂志　1987年2期7页

范力达：论城市的功能、发展动力与人口城市化的现实选择——城市规模经济聚集效益及其实现长期增长的条件　人口学刊　1987年6期4页

古清中：试论我国的城市化与现代化　人口学刊　1987年4期1页

何忠坤等：河北省人口城市化发展战略探讨　人口战线　1987年3期4页

胡兆星：我国城市人口增长的特征与展望　哈尔滨史志　1987年1期44页

江　萍：从城镇化角度看龙岩市的人口规律　福建师范大学学报(哲社版)　1987年3期61页

康就升：衡量城市化水平的指标体系刍见　人口学刊　1987年6期11页

康就升：城市人口比重不是衡量城市化水平的标志　中国城镇　1987年1期41页

冷　晓：杭州城市人口对策的探讨　浙江人口通讯　1987年3期18页

李德夫：从欧桥看我国城镇化的前景　人口战线　1987年4期37页

李立民、杨洪生：龙港城镇化过程及其人口特点和计划生育管理　浙江人口通讯　1987年3期32页

李光灿：云南省人口城镇化的设想　人口杂志　1987年5期20页

李明开：人口发展战略中的城乡分布问题　江汉论坛　1987年8期20页

梁自鸣：论我国农村人口城市化的特点　南方人口　1987年1期39页

林成策：山东省人口城镇化特点浅析　人口研究　1987年4期14页

林景植：从温州“经济格局”的形成与发展论人口城镇化的必然性及对策　浙江人口通讯　1987年3期26页

林友苏、刘科沙：我国城市人口浅析　人口与经济　1987年2期14页

路　遇：从牟平县城所在地——宁海镇的发展看当前农村城市化的重点　人口信息　1987年4期24页

刘长茂：试论人口城镇化的综合效益　南方人口　1987年3期18页

刘东明：谈谈我市人口机械增长问题　哈尔滨研究　1987年6期54页

貊　琦、王天义：中国人口城镇化的道路选择　西北人口　1987年4期41页

貊琦、吴国民：关于开封城市人口与城市发展问题的探讨　南方人口　1987年2期51页

马大强：湖北人口城镇化的发展设想与基本途径　江汉论坛　1987年3期30页

彭　勋、汪镇全：城市人口过度集中与控制大城市规模　山东人口　1987年3期28页

王洪奇：我国人口城市化问题初探　人口学刊　1987年3期1页

王　强：试论我国人口城镇化的道路　天津人口　1987年1期11页

王瑞梓等：乡村城镇化的一个模式　浙江人口通讯　1987年1～2期52页

王瑞梓等：中国人口城镇化“温州模式”初探　南方人口　1987年2期6页

王小山：廊坊地区人口城镇化特点的分析　人口战线　1987年1期41页

王向明：我国的乡村工业化对人口城镇化的作用及其理论意义　中国人口科学　1987年1期27页

韦　明、梁自鸣：广州市辖县小城镇人口发展的情况和对策　南方人口　1987年4期45页

韦启光：贵州人口城市化与经济发展的关系　贵州社科通讯　1987年5期19页

武文军：甘肃城市化过程中的人口问题　开发研究　1987年2期52页

吴玉林：山东人口城镇化途径探析　山东人口　1987年3期33页

吴忠观：关于四川人口城镇化问题　财经科学　1987年5期54页

俞锦龙：章鱼群体型的人口城镇化——未来莆田市人口布局的探讨　人口研究　1987年4期18页

曾　毅：试论人口城镇化对控制我国人口增长的影响　人口与经济　1987年6期30页

张家明、沈斌华：发展中等城市与人口城市化　人口研究　1987年2期19页

朱介鸣：城市居住人口分布及再分布的基础研究（四）——关于城市人口分布研究方法与理论构造的历史回顾　城市规划汇刊　1987年2期23页

（十三）世界人口

常　庆：苏联国内移民问题初探　苏联东欧问题　1987年3期45页

陈德君：谈谈欧洲人口老化对社会经济发展的影响　人口调查与研究　1987年1期40页

陈日山：试析苏联的人口问题及其对策　苏联东欧问题　1987年3期51页

陈日山：苏联稳定东部地区人口的措施及效果　苏联问题研究资料　1987年4期77页

崔　林：世界人口城市化过程中的自然增长因素和迁移因素　人口研究　1987年3期44页
方　政：亚洲人口亟须控制　瞭望　1987年39期6页
蓬　生：世界人口的挑战　新观察　1987年13期16页
古运全：论日本人口迁移的特点　人口战线　1987年1期31页
郭曼东：苏联人口的老化过程及特点　人口学刊　1987年6期24页
郭曼东：试谈苏联家庭的主要变化　人口学刊　1987年3期40页
何承金、文富德：印度城市化状况、问题和对策　西北人口　1987年3期31页
侯文若：世界人口死亡率趋势比较研究　中国人口科学　1987年3期59页
侯文若：中外人口问题比较　中国人民大学学报　1987年2期21页
侯文若：当代西方人口理论述评　未来与发展　1987年2期46页
侯文若：苏联人口死亡率趋势研究　人口与经济　1987年5期52页
洪英芳：世界各国就业人口增长模式的比较研究　人口学刊　1987年6期39页
洪英芳：发展中国家人口出生率的下降及其主要途径　人口学刊　1987年3期30页
胡汝泉：日本的人口老龄化及其对经济社会发展的影响　天津人口　1987年增刊62页
胡崇庆：世界城市人口的增长和分布　人口与经济　1987年5期61页
李德昌：印度的人口问题和政府的政策措施　南亚研究季刊　1987年1期33页
李　卓：日中古代户籍制度浅议　历史教学　1987年9期34页
林成策：关于世界和大洋洲人口密度计算方法的评述　南方人口　1987年4期74页
林霞等：亚太经社会国家的人口迁移　人口与经济　1987年3期53页
刘　明：战后世界人口的发展及其经济影响　浙江人口通讯　1987年1～2期14页
刘世信：影响生育率的世界各国人口政策概况　天津人口　1987年增刊50页
刘宗凯：日本人口的高龄化及对策　人口战线　1987年4期53页
吕荣侃：论世界人口转变——世界人口达到50亿引起的思考　山东人口　1987年3期22页
马利中：日本老龄人口现状　人口信息　1987年2期54页
马胜荣：亚太地区的人口问题　瞭望　1987年37期32页
马寿海：世界人口发展与展望　人口学刊　1987年3期34页
乔　良：世界人口的未来　人口与家庭　1987年2期15页
王国强：世界人口问题与中国的计划生育　瞭望　1987年27期32页
王虎森：世界人口的数量演变　人口战线　1987年3期41页
王留栓：发展中国家中心城市人口问题　人口与经济　1987年1期44页
王全珍：亚洲人口控制　东方世界　1987年5期17页
王树新：世界人力资源及其展望　山东人口　1987年2期45页
王兴中：新西兰华人的人口与职业　人口与经济　1987年6期58页
王一鸣：伊斯兰国家的人口特点　地理知识　1987年8期14页
文富德：南亚地区人口增长及其原因　南亚研究季刊　1987年1期24页
吴定保：孟加拉国人口控制成绩显著　瞭望　1987年27期34页
邬沧萍：亚洲人口与发展的回顾和展望　人口研究　1987年6期1页
薛民余：欧洲人口的冬天　世界知识　1987年3期5页
徐志毅：北也门的人口问题　阿拉伯世界　1987年2期14页

杨启藩：从统计数字看日本的人口老化及老人生活　南方人口　1987年2期56页
叶志雄：非洲是世界人口问题的爆炸点　瞭望　1987年27期35页
尹文耀：世界城市人口规模结构与社会经济发展　世界经济　1987年8期41页
詹得雄：印度面临人口问题的严重挑战　瞭望　1987年27期35页
张东辉：西方国家的人口老化与退休金危机　山东人口　1987年2期48页
张建山等：印度的城市化　人口信息　1987年3期60页
张　珅：近代法国的人口与发展　人口与经济　1987年3期59页
张恺悌：战后日本的国内人口迁移　人口与经济　1987年1期48页
张　力：印度人口生育问题的社会文化研究　南亚研究季刊　1987年2期74页
张迈进：阿尔及利亚人口猛增　阿拉伯世界　1987年2期12页
张善余：逆城市化——最发达国家人口地理中的新趋向　人口与经济　1987年2期57页
张天亮、姜文：加拿大的移民和移民政策　人口与经济　1987年4期59页
张志刚：日、欧人口转变过程的对比研究　人口研究　1987年5期55页
支卫兴：阿拉伯国家的人口问题　阿拉伯世界　1987年1期72页
钟荣魁：发达国家的郊区化及其利弊　人口学刊　1987年5期8页
朱国宏：中国与印度人口城市化的比较研究　西北人口　1987年1期57页
朱国宏：试论世界人口在人口学学科体系中的地位　人口杂志　1987年4期11页

（十四）人口思想与人口史

段玉国：西晋末益、梁人口外徙数及时间考辨　中国史研究　1987年2期13页
范　勇：略论我国历代人口分布及其变迁　四川大学学报（哲社版）　1987年2期77页
郭松义：清代人口问题与婚姻状况的考察　中国史研究　1987年3期123页
韩光辉：清代北京八旗人口的演变　人口与经济　1987年2期51页
洪廷彦：对《隋书·地理志》所记南北户数的初步分析　中国史研究　1987年3期107页
黄启臣、孙么麟：明清时期广东人口与田地的变动　学术研究　1987年3期46页
黄　铮：广西人移居海外史略　学术论坛（文史哲版）　1987年4期59页
蒋建平：清前期人口迅增的原因及其对社会经济发展的影响　北京大学学报（哲社版）　1987年6期
林国平：地丁合一制度对我国人口增长的影响　人口研究　1987年3期48页
林水龙等：历史人口资料问题种种　志苑　1987年1期17页
刘秉衡：由《盐山（黄骅）县贾氏家谱》论历史人口性别构成　人口战线　1987年2期 46 页
路　遇：清代被遗掠东北的山东流人　山东人口　1987年1期22页
路　遇：清代山东闯关流民问题研究　东岳论丛　1987年4期94页
沈长云：西周人口蠡测　中国社会经济史研究　1987年1期100页
石　方：黑龙江地区人口迁移史概述　学术交流　1987年5期75页
石　方：清朝中期的“京旗移垦”、汉族移民东北其社会意义　人口学刊　1987年4期3页
行　龙：略论中国近代的“过剩人口”——中国近代人口研究之二　山西大学学报（哲社版）1987年4期50页

徐松荣：略论近代时期山西农村的人口变动　山西大学学报（哲社版）　1987年3期43页
徐晓望：福建历史上几个人口数字考证　福建论坛（文史哲版）　1987年4期79页
杨其昌：清代人口问题及其历史教训　云南教育学院学报（社科版）　1987年1期89页
袁祖亮：宋代户口之我见　中国史研究　1987年3期113页
张德同：人口志在地方志中的地位和作用　山东人口　1987年3期62页
赵鸿昌：唐代云南地区人口迁移问题初探　云南社会科学　1987年4期71页
郑炳林：十六国时期姑臧建都的自然和人口条件　西北史地　1987年3期21页
周宏伟：安史之乱后唐代人口损耗原因论　青海师范大学学报（哲社版）　1987年3期34页
程绍民：梁启超的人口思想　郑州大学学报（哲社版）　1987年4期14页
李子猷：论《诗经》的人口思想　人口与家庭　1987年1期4页
骆浪萍：《原富》按语中严复的人思想　人口研究　1987年3期50页
任建林：梁启超提倡禁止早婚　山东人口　1987年2期52页
宋海岩：毛泽东人口思想之我见　毛泽东思想研究（成都）　1987年8期118页
苏润余：论亚当·斯密的人口思想　兰州大学学报（社科版）　1987年15卷2期32页
苏润余：西斯蒙第的人口思想　人口学刊　1987年1期24页
苏润余：论李嘉图的人口思想　人口与经济　1987年1期54页
夏毅辉：从苏轼的人口论看北宋人口的几个问题　历史教学问题　1987年5期14页
解学东：白居易的人口思想　史学月刊　1987年6期24页
阎　正：魁奈人口思想探析　人口学刊　1987年1期35页
杨维增：略论宋应星的人口思想　南方人口　1987年1期81页
杨致恒等：中国人口思想史的对象和方法——兼及南亮三郎的《人口思想史》　人口学刊　1987年1期30页
翟振武：《道论》发表以前凯恩斯人口思想简析　西北人口　1987年2期32页
张　华：魏晋南北朝的人口思想　人口与经济　1987年3期48页
赵梦涵：论商鞅的人口管理思想　江淮论坛　1987年5期69页

（十五）台、港、澳人口

陈栋康：四百多年来澳门人口的增长　人口与经济　1987年1期42页
陈永山：关于台湾省人口省内迁移的几个问题　台湾研究集刊　1987年2期27页
陈永山：关于台湾省人口国际迁移与人才外流问题　中国经济问题　1987年4期45页
黄启臣：四百多年来澳门人口的变动　南方人口　1987年2期44页
李　非：台湾城市聚落型态的演变及其发展趋势　人口学刊　1987年6期1页
李　非：高雄市人口现状　人口学刊　1987年3期14页
李翰规：台湾地区人口发展及“家庭计划”状况　南方人口　1987年1期76页
李　稚：香港人口普查浅探　南方人口　1987年1期15页
李　稚：谈谈香港人口与经济的关系　港澳经济　1987年8期9页
林克明等：台湾人口素质述评　社会学　1987年5期101页

刘泽生：香港人口的历史变迁　港澳经济　1987年9期33页
沈　学：香港的人口和劳动力统计　统计与预测　1987年4期43页
肖三华：香港与台湾劳动就业人口比较分析　人口研究　1987年6期47页
张穗强：香港的人口工作机构——“家计会”　人口与优生　1987年1期3页
钟逢干：澳门人口研究刍议　南方人口　1987年2期47页

第X部分

人口活动大事记

1987年中国人口活动大事记

1月4～7日

“七五”期间科研课题——“中国少数民族人口综合研究”在贵阳市召开筹划会。计划调查范围包括15个省区，认定调研的民族有36个，设计置的社区已达83个。为民族的繁荣发展提供了科学依据。会后即开始部分调查。

1月5日

为解决待业人员的就业和用工单位的劳动力不足，使之合理流动，上海市第一个劳动市场在闸北区开放。

1月8日

人民日报发表李鹏同志在全国成人教育工作会议上的讲话摘要（1986年12月5日）题为《改革成人教育，发展成人教育》。李鹏同志就全国成人教育讲了三个问题：（一）关于成人教育在四化建设中的地位和作用；（二）关于成人教育的指导方针；（三）关于会议中提出的几个问题。

1月10日

北京市已有53万人参加人身保险业务。去年以来，北京市保险公司陆续开办了农民合同工保险、中小学生平安保险、旅游平安保险和母婴安康保险等13种人身保险新业务。

1月12日

人民日报报道，我国去年新设8个民族自治县。由国务院批准的这8个民族自治县是：河北省撤销青龙、丰宁两县，设立青龙、丰宁两个满族自治县；湖南省撤销芷江县，设立芷江侗族自治县；广西壮族自治区撤销环江县，设立环江毛南族自治县；贵州省撤销务川、道真、沿河、印江4个县，设立务川仡佬族苗族自治县、道真仡佬族苗族自治县、沿河土家族自治县、印江土家族苗族自治县。

1月13日

大西北科技队伍在流动中壮大。陕、甘、宁、青、新5省（区）已拥有各级各类专业技术人才约110万。其中自然科学技术人员近70万，平均每万人拥有96人，比全国平均水平高出20人。占国土面积1/3的西北地区，自然资源十分丰富，但本地人才缺乏。他们从增强西北地区对人才的吸引力入手，采取一系列措施稳定现有人才队伍和吸引内地人才。大西北人才建设的良性循环局面开始形成，人才的合理流动，已对当地经济发展起到很好的作用。

1月20日

劳动制度改革从试点发展到全面推行，我国合同制工人逾400万，除个别地区以外，绝大多数省、自治区、直辖市已按照国家新的规定，全面推行了劳动合同制。

1月29日

我国代表向联合国阐明中国人口政策：“控制人口数量，提高人口质量”。中国计划生育委员会副主任常崇煊在联合国宣布，随着60年代生育高峰时期出生的儿童逐渐达到婚育年龄，中国正面临着一个新的生育高峰。常崇煊在1月28日开幕的第24届人口委员会会议上指出：“中国当前的人口状况和趋势与很多发展中国家非常相似，但由于中国是世界上人口最多的国家，情况更为复杂。”他说：“10亿多的人口对一个经济、文化还比较落后的发展中国家是一个极大的压力。为了摆脱不发达状况，我们把计划生育作为国家的重要政策之一”。他指出，1985年中国的人口自然增长率已从1974年的1.7%降到1.1%，但与此同时人口绝对数却从9亿增加到10.45亿（尚未包括台湾、香港等地区人口），如在今后14年内仍保持目前增长率，到2000年时，总人口将超过13亿。这一趋势对中国的社会经济发展是一个严重挑战。因此，中国不仅没有理由放松，而且应该加倍努力执行现行计划生育政策。在这一方面，国外有一部分人不明真相，对我国的人口政策有不少误解。实际上中国人口政策与1914年世界人口会议通过的《世界人口行动计划》的原则和目标是一致的，并得到了联合国各有关组织机构和国际社会的支持。中国这一人口政策的核心是生育政策，重点是通过计划生育，控制人口数量，提高人口质量，以使人口的增长与社会经济发展相适应，与自然资源的利用和环境保护相协调。

2月1日

《工商行政管理》1986年第24期介绍1978年以来个体工商户基本情况，1986年上半年全国城乡个体户已达到1 134万户，人数1 719万人，其中城乡个体户273.4万户，人数379.0万人；农村个体户861万户，人数1 340万人。

2月2日

新华社电讯，今年年中世界人口将突破50亿。据联合国秘书处最近对世界人口增长趋势的监测，到今年中期，世界人口将突破50亿大关。联合国秘书长佩雷斯·德奎利亚尔就此提醒各国政府控制人口增长。

2月6日

《历史研究》第一期发表冯尔康的《开展社会史研究》一文，就中国社会史研究的对象、范畴与作用，社会史与其他学科的关系，开展社会史研究的意义等问题进行了论述。作者认为，社会史是研究历史上人们社会生活的运动体系。以人们的群体生活与生活方式为研究对象，以社会结构、社会组织、人口、社区、物质与精神生活习俗为研究内容，与社会学、民俗学、人口学等有交叉的内容，具有边缘学科的性质。

2月6日

中国人口学会常务理事钟惠澜教授逝世。他是我国热带医学奠基人之一，曾为我国人口科学事业做出很大贡献。

2月6日

南开大学历史系中国社会史研究室的《中国社会史研究综述》一文，对从辛亥革命到现在的3/4世纪中我国学者发表的有关中国社会史论著（包括社会结构、社会组织、人口、社区、生活方式、人们物质生活与精神生活的规制及习尚等方面），分通论、先秦两汉、魏晋南北朝、隋唐、宋辽金元明清以及近代五个部分作了简要的介绍，为人们了解几十年来的中国社会史研究概貌提供了清晰的线索。

2月10～14日

我国政府与联合国人口活动基金合作的“大学人口学培训与研究项目”（简称P47 项 目）负责人会议在西安交通大学举行。

2月15日

《中华人民共和国老年人口地图集》由地图出版社出版发行。

2月16日

天津市和平区的16所中学和6所职业中学的高一年级将在新学年中开设人口教育课。对中学生进行人口教育，是为了使学生进入青春期后就能了解人口国情，理解计划生育国策，树立正确的婚姻恋爱观和生育观。从1988年开始，天津市将在全市中学普遍开设人口教育课。

2月16日

今年春节期间广东各口岸入境人数创最高纪录，到内地探亲、旅游的港澳台同胞，海外华侨和外籍华人，在1月19日起的20天里，入境人数达183万人次，比入境人数最多的1986年春节期间增加一成半。

2月17日

国家统计局公布对全国29个省、自治区和直辖市的413个县（市）近50万人口抽样调查结果。1986年全国人口出生率为20.77‰，比上年上升了2.97‰；死亡率为6.69‰；自然增长率从1985年的11.23‰上升为14.08‰。按照抽样调查数据推算，1986年底全国总人口为10.6亿多人，比上年净增约1 400余万人（注：不包括台湾省）。国家统计局指出，我国人口出生率明显回升的原因是多方面的。有些地区对控制人口增长的工作有所放松，多胎生育上升，妇女结婚生育年龄有所提前。同时从人口年龄结构看，1963至1965年生育高峰出生的人口开始进入生育旺盛年龄，也是一个因素。各地应重视抓好计划生育工作。

2月18日

全国已有1 050个县普及了初等教育，占全国总数的一半以上。据统计，现在全国学龄儿童入学率已达96.4%，巩固率达到97.1%。

2月20日

国务院决定将进行全国1%人口抽样调查，7月1日零时为调查的标准时间，调查登记工作将在7月10日以前完成，今后每10年进行一次全国人口普查，两次普查中间进行一次1%人口抽样调查。

2月20日

天津人口情报中心主办的《人口与家庭》杂志创刊。

2月23日

全国人大常委会委员韩哲一今天在各国议会联盟环境会议上指出，环境保护已列为中国基本国策。

2月25日

《中国少数民族人口》（季刊）创刊。

2月25日

卫生部长崔月犁日前呼吁，我国现有卫生技术人员341万人，其中，中、西医师72万人，仅占全国人口的0.7‰，多方培养卫生人才迫在眉睫。

2月26日

我国在人类染色体高分辨技术研究中获新进展。河南省计划生育研究所王应太等人经过几年钻研，使人类血液淋巴细胞染色体显带突破1 000条。这项研究，对于提高人口素质和癌症的早期诊断水平具有重要意义。

2月27日

公安部长阮崇武在颁发居民身份证工作电话会议上谈到：目前全国已有5 000多万居民

身份证发到群众手中，全国大多数省、自治区、直辖市居民身份证的发放工作已经铺开，先行试点的北京、上海等10大城市的第一次集中发证工作已进入尾声。实行居民身份证制度是我国户口管理制度的一项重大改革，也是我国行政管理工作在人口管理方面的一个进步。

国务院副秘书长王书明在电话会议上说，居民身份证制度是根据国家立法而颁发的具有法律效力的个人身份证件。逐步用个人身份证代替一户一本的户口簿，实行居民身份证制度是适宜的。

2月27日

中国农村人口理论讨论会在北京大学召开，与会者着重对农村劳动力转移、农村人口再生产及计划生育工作的估价，农村的人口素质、婚姻家庭、养老事业、人口城镇化、乡镇企业发展展开了深入讨论。

3月4日

著名医学专家吴阶平在中国科协三届二次全会的书面发言中，呼吁社会各界关心青少年健康成长，中学要开展青春期性知识、性道德教育。指出其重要性和迫切性，以及缺少必要性教育所产生的严重后果还未引起社会各方面的注意。为了青少年的健康成长和他们将来美满幸福的生活，青春期性教育已是刻不容缓。他希望社会各界都能以严肃认真的态度，慎重地开展这项工作，参与探索和实践。

3月7日

《马寅初传》由中国青年出版社出版。

3月9日

1987年全国人口抽样调查培训会在福州举行。会议的主要任务是培训各省、自治区、直辖市的全国1%人口抽样调查的骨干和教员，安排部署1%人口抽样调查工作。

3月14日

美国人口学会会长沃纳·福诺斯今晚在旧金山举行的一次集会上支持中国的人口政策，并敦促美国政府恢复对联合国人口活动基金的资助。福诺斯说，如果中国不把出生率从60年代每对夫妻生6个孩子的平均数降低到现在的每对夫妻生2.2个孩子，到2000年中国的总人口将达到20亿，更有甚者，到2025年中国的总人口将达52亿。

3月16日

民政部部长崔乃夫就全国残疾人抽样调查接受记者采访，回答了提出的问题。指出，首先要把残疾人的情况搞清楚。这次调查要把各类残疾人的数字、地区分布、致疾原因以及他们医疗、康复、教育、就业、婚姻、家庭、参与社会生活等方面的情况都查清楚。此次调查有利于残疾人现实问题的解决。

3月17～27日

“中国74城镇人口迁移调查和城镇化研究”课题在广东珠海市召开分析协调会议。会议由中国社会科学院人口所牵头，有16个省（市）社科院人口所和部分大学参加，并邀请联合国人口活动基金驻中国副代表拉奎恩博士就调查数据资料分析问题做了专题讲课。此课题已经国家哲学社会科学规划会批准列为国家“七五”期间重点研究项目。各省（市）问卷调查已于去年11月底全部结束，完成调查问卷3万多份。其中特大城市15个，大城市6个，中等城市13个，小城市9个，建制镇32个。共汇总资料16套，每一城镇各汇总表225种。拉奎恩博士对此给予了很好的评价。

3月22日

全国中学人口教育经验交流会在湖南长沙市召开。参加会议的有P38项目的16个省、市、自治区教育学院、教育管理部门、部分人口教育代表，国家教委中学司、湖南省教委、人民教育出版社、中国计划生育报的有关同志共90多人。

3月27日

中国人口培训中心在中国人民大学召开第三次咨询委员会会议，主要就培训中心1987年至1988年的工作计划进行咨询。

3月30日

出席全国政协六届五次会议部分委员在分组会上发言，提出要充分认识人口问题的严重性。周立三委员(中国科学院南京地理所名誉所长、研究员)说，我国的人口问题既有发展中国家的通病——基数大，增长快；又有发达国家的新病——人口老化。2000年以后将出现一系列问题。我们这一代不能吃光用光，把负担卸给下一代。

唐棣华委员（社科院近代史所原副所长）说，人口有失控危险，党和国家应采取强有力措施控制人口增长。

戎子和委员（原财政部顾问）说，人口增长主要是农村，许多乡、镇领导不以身作则，就无法管普通群众，所以对领导要从严要求。

刘西林委员（四川省人大常委会副主任）说，四川去年乱占耕地相当于少了半个中等县份，吃饭的人去年增加30多万，相当一个县的人口。计划生育不能乱开口子，应当立法。

出席六届全国人大五次会议的部分代表也在会上发了言。

3月30日

中国74城镇人口迁移调查和数据汇总全部完成。

4月1日

全国老龄工作经验交流会在上海召开，历时5天，交流了工作经验，确定了今年主要任务。王照华到会讲了话。

4月1日

中国1987年残疾人抽样调查在29个省、自治区、直辖市开始入户调查。这是中国历史上第一次全国残疾人抽样调查，也是当前世界上规模最大的一次残疾人调查。去年12月，全国领导小组先后两次召开会议，部署调查工作，国务院副总理乔石到会做了重要讲话。各省、自治区、直辖市和各抽中县（区）也召开类似会议。全国共424个抽中县，采取概率比例的抽样方法，样本量定为150万人，占1985年底全国总人口的1.4‰，这424个县(区)，包括县级市或市辖区1 865个乡、镇或街道，3 587个村（居）民委员会，3 169个调查群，平均每个群的规模约500人。这次调查为得到残疾人口的准确数据，科学地制定和完善各项残疾人政策奠定了基础。

4月10日

国专统计局部署将于7月1日在全国进行的1%人口抽样调查。这次调查涉及全国29个省、自治区、直辖市1 000多个县、市的1 000多万人口，是继1982年人口普查后又一次较大规模的人口调查活动。1982年以来，我国人口的数量、地区分布、文化素质和社会经济构成情况发生很大变化。从去年开始，我国人口发展又进入新的生育高峰，并已出现人口大幅度增长。此次抽样调查，对于准确查清我国人口状况，为有关部门提供准确人口信息，保证“七五”

人口控制计划的完成和控制我国人口长远规划，有着重大意义。

4月11日

《健康报·计划生育版》将改为《中国计划生育报》，并决定成立计划生育报社，着手筹备于7月3日正式出版。

4月16日

受卫生部和全国妇联委托，中国儿童发展中心和首都儿科研究所用两年时间进行的我国10省区农村儿童体格发育调查结束。对20万名0～7岁儿童的体重、身高、坐高、胸围、头围、臂围6项形态发育指标作了调查，获得资料卡片17.5万张。填补了适合农村儿童应用的体格发育标准的空白。调查表明，北方儿童发育优于南方，城市儿童发育优于农村。

4月16日

美国哈佛大学教授墨顿斯〔Water·Mertens〕先生来中国人民大学人口所讲授人口社会学。

4月22～25日

由杭州市、温州市、绍兴市、湖州市人口学会联合发起召开的"开放城市人口问题研讨会"在杭州举行，探讨共同面临的日益严重的城市人口问题。

4月25日

北京市人口学会与北京市城市规划设计研究院联合召开"北京市人口规划"会议，人口理论和实际工作者共计20余人到会，就北京市人口规模、发展趋势及存在问题和对策进行了分析讨论并提出建议。

5月2日

中国科学院遗传研究所研究员杜若甫、助理研究员袁义达，运用国家统计局提供的1982年全国人口普查0.5‰随机抽样调查资料（57万余人），以及1970年台湾省出版的《台湾地区人口之姓氏分布》一书进行统计研究，得出我国最常见的100个汉语姓氏按人口数多少依次排队情况。并探索出我国各地人群的血缘关系与相对迁移率。

5月9～12日

中国人口学会在南京召开全国"人口与发展"学术讨论会。这次会议的特点是到会的多为中青年同志。中国人口学会副会长刘铮、陈道，秘书长邬沧萍、副秘书长沙吉才，以及江苏省有关领导出席了会议。会长许涤新给大会发了贺信。会议收到论文百余篇。与会人员广泛讨论了当前人口学研究和实践中的一些重大课题：（一）中国人口现状分析；（二）中国人口政策；（三）人口分布的理论与实践；（四）人口变动与经济运行；（五）人口理论与方法。

5月9日

中国老龄问题全国委员会主任王照华会见日本高龄化综合研究中心事务局局长吉田成良先生。

5月14日

中国老龄问题全国委员会主任王照华会见美国老年学会前主任詹姆斯·舒尔茨夫妇。

6月2日

国家统计局提供，1986年我国农村从事第二、三产业的劳动力已达到7 521万多人，占农村劳动力总数的19.8%。农村劳动力的转移，促进了农村种植业，工业、建筑业、运输业，

服务业的协调发展，

6月3日

澳门政府统计普查司发表资料，截止去年底，澳门人口为426 400人，总面积为16.92平方公里，平均每平方公里为25 200人。

6月7～9日

为纪念马寅初先生逝世五周年暨《新人口论》发表30周年，“马寅初人口理论座谈会”在马寅初先生的故乡——浙江绍兴市举行。来自全国各地的专家学者50余人参加座谈会，探讨了马寅初的人口思想：（一）马寅初人口思想的形成、内容和贡献；（二）马寅初人口理论研究中的方法论；（三）正确评价马寅初先生。会议期间还专程到嵊县黄舍村外瞻仰了马老墓地。

6月7～14日

党校系统人口理论研究第一次会议在湖南省委党校举行。会议认为党校系统应加强马克思主义人口理论的教学与研究；尽快编写出适合党校培养党政干部需要的人口学教材；成立党校系统人口理论研究委员会。

6月10日

中国人口福利基金会在北京成立，邓颖超任名誉会长、王首道任会长。基金会的宗旨是筹集资金兴办人口福利事业，加强国际友好往来与合作，为计划生育服务。

6月15日～7月6日

兰州大学人口研究所特邀美国东西方研究中心副主任、人口研究所所长、著名人口学家赵利济先生和贾德纳博士前来讲学。

6月17日

全国60岁以上老年人口抽样调查开始在各省、自治区、直辖市同时进行。由中国社会科学院人口研究所和国家统计局抽样调查队合作进行的这次调查，是为了摸清我国老年人口的基本状况，特别是老年人的收入、居住条件，老年人的再就业、婚姻、家庭、医疗、赡养水平和赡养方式等情况，为研究养老制度的改革和建立具有中国特色的社会保障制度提供依据。

6月17日

中国人口五大死因依次是：心脏病、呼吸系疾病、恶性肿瘤、意外死亡和消化系疾病。这是由北京、上海等地医学专家调查研究查证的。调查结果表明，吸烟和空气污染是造成第二位死因呼吸系统疾病的罪魁祸首，与空气污染密切相关的慢性阻塞性肺病、肺癌、职业肺病等，依然是威胁人民健康，影响社会劳动力的重要疾病。

6月21日

国务院办公厅批准，我国将从7月1日起在内蒙古、黑龙江、浙江、山东、湖北、广东、四川、云南、宁夏9省区进行中国儿童情况抽样调查。这次调查是综合性社会调查，重点是儿童健康状况和教育情况，并了解儿童周围的社会环境、家庭状况。调查项目共有120个左右。是我国与联合国儿童基金会合作项目之一。

6月22日

国务院决定7月1日在全国进行一次1%人口抽样调查，国家统计局人口统计司负责人就有关问题，回答了人民日报记者问。

6月23日

北京市八届人大常委会第37次会议决定每年重阳节为本市敬老日。

6月29日

1987年北京国际人口讨论会在北京召开，来自亚洲和太平洋地区的18个国家和地区的近70名代表参加了会议。这次会议由国家科委中国科技促进发展研究中心、北京信息控制研究所和美国东西方中心人口研究所共同举办，着重讨论有关人口死亡率、计划生育运筹学、以及各国愈加严重的城市化问题。国家科委副主任阮崇武在开幕式上讲话；美国东西方中心副主任赵利济致词。

6月30日

中国60岁以上老年人口抽样调查以6月30日24时为标准时点全面进行。

7月1日

国务院副总理李鹏今天在人民大会堂会见国际人口讨论会代表时强调，我国政府制定了计划生育、优生优育的人口政策，并将作为中国的国策长期坚持下去。

7月1日

国务院决定以1987年7月1日为标准时间，在全国进行1％人口抽样调查。

7月1日

全国9省儿童基本情况抽样调查开始。此项调查经国务院批准，在联合国儿童基金会资助下，由国家统计局、卫生部、公安部、民政部、全国妇联和共青团中央联合进行。

7月3日

中国政府总理在联合国人口活动基金与美国特纳广播公司共同举办“50亿人口日”卫星电视广播专题节目中，发表电视讲话。他强调说，坚持在发展经济的同时实行计划生育，严格控制人口过快增长，使人口与社会和经济发展相适应，是我国的基本国策。

7月3日

吉林大学人口研究所邀请美国得克萨斯大学社会科学系教授、人口研究中心研究员鲍思顿先生，在吉林大学就艾滋病人口学和流行病学做长篇演讲。

7月4日

北京市人民政府文教办公室和北京市计划生育委员会在海淀区联合召开了北京市计划生育工作现场会，陈昊苏出席并讲了话。

7月8日

国家计划生育委员会在北京举行中外记者招待会，介绍“世界50亿人口日”活动情况和中国的计划生育工作情况。国家计划生育委员会新闻发言人梁济民和宣教司副司长章培回答了中外记者的提问。

7月8日

国家计划生育委员会副主任常崇煊会见智利共和国卫生部长胡安·贾科尼·甘多尔福率领的访华团。双方介绍了本国人口发展状况，交换了计划生育工作的经验。

7月9日

国家计划生育委员会邀请在京的部分知名专家学者及计划生育工作者召开“50亿人口日”座谈会，座谈会在人民大会堂安徽厅举行。与会者呼吁：要借助“50亿人口日”加强实行计划生育，控制人口增长的宣传，以提高全体人民（特别是广大农民）对人口问题的认识。

7月11日

首次全面反映中国人口和计划生育概况的大型专题展览——“中国计划生育展览”在北京中山公园开幕。全国政协副主席康克清为开幕式剪彩并参观了展览。联合国人口基金驻华办事处副代表拉奎恩博士及有关方面领导人出席了开幕式。

7月11日

由中国计划生育协会《人生》杂志社编辑的《50亿人口日》专辑中、英文版，在北京开始发售。

7月11日

国家计划生育委员会、全国人大科教文卫委员会、中国联合国协会等9个单位在人民大会堂举行“50亿人口日”大会，万里、王首道、周谷城、黄华等出席了大会。王伟致辞后，著名经济学家、中国人口学会会长许涤新，联合国驻华代表孔雷飒，中国联合国协会会长毕季龙先后在大会上发言。孔雷飒代表联合国人口活动基金向中国政府赠送了人口时钟，万里代表中国政府接受了礼品。

7月11日

国家计划生育委员会、中国计划生育协会、联合国人口基金、《中国计划生育报》和中央电视台联合举办“50亿人口日”文艺晚会，并由中央电视台向全国播出。

7月22～25日

由湖北省鄂西自治州和宜昌地区、湖南省湘西自治州、四川省涪陵地区、贵州省铜仁地区计划生育委员会联合举办的首次四省边区计划生育研讨会在湖北省鄂西土家族、苗族自治州首府恩施市召开。到会代表85人，主要内容是探索土家、苗族等少数民族的人口规律和新时期贫困山区缓和生育高峰的对策。会议共收到40多篇论文。

7月下旬

北京计划生育宣传教育中心，为了改进和丰富《人口与计划生育》电视栏目的内容和形式，召开了研讨会。在京的人口学界、医学界、计划生育部门、中央电视台及一些新闻单位的30余名专家学者参加了这次研讨会。

8月10日

“沿海小城镇发展与人口迁移”调查结束。此次调查是在联合国人口活动基金安排下，由加拿大国际发展研究中心（IDRC）提供资助进行的一项国际合作研究项目。参加单位有中国社会科学院人口研究所、中国人民大学、北京经济学院、国家计委经济研究所、中国科学院地理所、南开大学、复旦大学、华东师范大学等单位。共抽样调查了沿海9个省和直辖市的36个建制镇。目的是研究中国农村人口向城镇迁移和乡镇企业发展状况，研究经济体制改革中人口迁移和小城镇发展进程的特点和规律，为学术研究和政府部门提供基础数据和决策依据。

8月上旬

国家统计局人口司在吉林省敦化市组织召开了人口分析研究与优质服务工作经验交流会。与会代表听取了吉林省、辽宁省、山东省、广东省、云南省有关加强人口分析研究，为党政领导提供优质服务的经验介绍。会议总结了人口分析研究与优质服务方面的经验，切磋了统计部门怎样做好人口分析研究工作，并一致同意今后定期召开这样的经验交流会。

8月下旬

1986年全国1%人口抽样调查手工汇总会议在吉林省召开，全国29个省、自治区、直辖市统计局人口处（人口普查办公室）的代表参加了会议。

8月下旬

中国人口情报中心与云南省计划生育委员会合作，以1987年7月1日零时为调查时点，组织了百余名县以上计划生育专职统计人员，对云南省大理白族自治州197个样本点的6万多名白族群众的家庭、婚姻、生育、避孕状况，进行了抽样调查。

9月15～18日

第二次全国老年学学术讨论会在京举行，中国老年学学会及各地老年学研究都有了新的发展。

9月22～24日

全国少数民族人口研讨会在甘肃省敦煌县召开，全国20余名从事少数民族人口研究的理论与实际工作者参加了会议。

9月24日

广东省计划生育协会在广州召开第一次理事会。选举了广东省副省长王屏山为本届会长，并通过了《广东省计划生育协会章程》和第一届理事会成员名单。

9月24～26日

亚州议员人口和发展论坛第二次大会在北京举行。亚洲25个国家和世界17个国际组织的197位议员和代表参加了会议，中国政府领导人出席了开幕式并致词。会议期间李先念、彭真等分别会见了主要贵宾和全体代表。我国人大派出了以周谷城为团长，黄华、胡克实为副团长的41人代表团，会议通过了《北京宣言》和《亚洲议员人口和发展论坛章程》，选举了新的论坛执委会。

9月25日

《中国计划生育报》与北京制药厂联合举办“双鹤杯”人口、家庭、社会知识竞赛。

9月27日

中国人口福利基金会会长王首道向泰籍华人谢慧如先生颁发了中国人口福利基金会理事证书。

10月5～6日

《当代中国的计划生育事业》编委办公室在北京召开了计划生育历史回顾座谈会。会议围绕着“毛泽东人口思想”、“马寅初先生人口观点”、“计划生育工作历史发展阶段”三个问题进行了深入讨论。

10月9日

中国老年学学会召开了在京的理事扩大会议。会议向与会者汇报了第二次老年学学术讨论会的情况。与会代表认为我国迫切需要老年学理论为社会实践服务。

10月21～25日

由北京大学人口研究所组织召开的我国第一次关于家庭结构与人口老化问题的国际学术会议在北京召开。来自英国、美国、日本、加拿大、法国、瑞典、新西兰、中国等国的53名学者参加了会议。国际人口学会常务理事Shigemi Kono博士与联合国人口司代表游允中博士专程来华参加这次会议。著名社会学家雷洁琼在开幕式上就我国家庭结构变动、社会福利与养老事业的发展作了重要讲话。20位中方代表与17位外国学者在会上摘要宣读了自己的论文。并就家庭结构的历史、现状与发展趋势，各国家庭结构的变化与人口发展和人口老化的关系，人口老化问题和解决人口老化问题的对策等问题进行了交流，提出了许多新问题、新观点。

10月26日

由国家教委委托南开大学主办，联合国人口活动基金赞助的“城市化和城市人口问题”国际学术讨论会在天津召开。12个国家和地区的140多名学者和专家出席了会议。会议就人口城市化的模式、发展道路、区域性人口城市化、农村地区小城镇与郊区城镇化，城市化与人口增长、经济发展，城市人口分布的规模、结构、规划等问题进行了讨论，对世界及中国城镇化和城市人口的现状进行了系统分析和评价。并对发展中国家的城市化模式和发展道路进行了讨论，取得了许多一致的看法。

11月8～10日

计划生育政策理论研讨会在北京召开。这是中国人口学会自成立以来，专门就我国计划生育政策问题召开的第一次讨论会。参加会议的中国人口学会常务理事、研究部成员和来自全国教学、科研、实际工作部门的20余名专家学者，以及中国计划生育协会、国家计生委的领导同志共50余人。

11月11日

国家统计局今天发布了手工汇总的1987年全国1%人口抽样调查主要数字。1987年7月1日零时，我国大陆29个省、自治区、直辖市和现役军人的总数共107 233万人，同第三次人口普查时点的100 818万人相比，5年增加了6 415万人，年平均增长率为1.24%。

11月15～20日

中国人口素质研讨会在浙江医科大学召开。复旦大学、南京大学、兰州大学、安徽大学等十余所高等院校，社会科学院和人口情报中心等部门的50多位教授、专家就人口素质的含义、内容、指标体系，中国人口素质在人口学中的地位与作用，以及提高人口素质的主要途径与措施等进行了讨论，提交论文30余篇。

11月16日

全国人大常委会副委员长周谷城在人民大会堂会见了埃及国家人口委员会代表团全体成员，就共同关心的问题进行了交流。

12月4日

《中国人口地图集》（中、英文版）出版发行和记者招待会在京举行。会上前国家统计局局长、中国人口地图集编纂委员会主任李成瑞，以及联合国人口活动基金驻华代表处、牛津出版社负责人介绍了以中国1982年人口普查资料为基础编制的第一部大型中国人口地图集的有关情况。国家主席李先念为图集题写了书名。该图集已与英国牛津出版社合作出版了外文版。

12月14～17日

由中国社会科学院人口研究所主办的“中国人口迁移与城镇化学术讨论会”在北京召开。来自全国各省区社科院、高等院校和国家机关的专家学者共120余人出席了会议，提交论文70多篇。

12月21～24日

由国家计划生育委员会主持的计划生育科技工作座谈会，在河南省郑州市召开。部分省、自治区、直辖市计划生育科技研究和技术指导站的领导共100多人参加了会议。

附　　录

亚洲议员人口和发展论坛第二次大会综述

江天水　张敏才

一

1987年9月23日～25日，亚洲议员人口和发展论坛第二次大会在北京举行。亚大地区近40个国家的议员和国际组织的代表共195人出席会议，共商人口和发展的大计，这是亚大地区人口和发展史上又一件大事。

对这次会议的召开，巴基斯坦总统齐亚·哈克、孟加拉总统艾尔沙德、菲律宾总统科拉松·阿基诺、印度总理拉·甘地、澳大利亚总理鲍勃·霍克、斯里兰卡总理阿·普里马达萨等分别发来了贺电、贺信。中共中央、全国人大、国务院对这次会议很重视。我国人大派出了以周谷城为团长的41人代表团。会议经过讨论协商，通过了《亚洲论坛北京宣言》、《亚洲议员人口和发展论坛章程》，选举了论坛执委会。与会者普遍反映，会议开的很顺利很成功。

二

这次会议的主题是人口和发展问题，出席会议的议员就共同关心的人口和发展、人口与粮食、人口与环境等领域的议题，进行了广泛的交流和讨论。

会议首先回顾和展望了亚洲人口和发展的形势。代表们认为，自1981年北京亚洲议员人口和发展会议以来，亚洲各国议员继续致力于敦促本国政府和人民关心人口问题，许多国家通过有组织的计划生育工作和广泛的社会经济活动，在降低人口出生率和死亡率方面取得了进展。亚洲人口年增长率从1970～1975年的2.26%下降到1980～1985年的1.74%，人口死亡率由24‰下降到9.8‰，婴儿死亡率下降到83‰。但是当前亚洲人口和发展面临的形势依然十分严峻。虽然最近几年亚洲人口出生率下降，家庭规模缩小，但人口仍以每年稍低于2%的速度继续增长。据预测，1988年亚洲人口将增加到30亿，2000年增加到36亿。亚洲人口密度为世界平均人口密度的3倍，可耕土地要负担的人口数是世界平均数的2.5倍。而且亚洲城市人口增长惊人，象雅加达、马尼拉、曼谷和其他亚洲主要城市，30年中翻了两番，给城市服务、住房、就业等带来了许多困难。

与会者对世界和亚洲人口迅速增长的形势十分关切。福田赳夫认为，如果继续保持这种爆炸性的速度，人们的生活环境、粮食、土地、淡水和植物等人类生存所需的一切条件将处于危险之中。萨迪克说，“亚洲最重要的仍是人口问题”，“但是许多国家或国家的一些地区对人口增长还没有引起重视”，“要让人们懂得人口的低增长率对一个民族生存和发展至关重要”。60多位议员、专家在大会讨论中发言。大多数国家的代表都主张控制人口增长，实行计划生育，并介绍了各自的经验。泰国代表团团长普拉索普·拉坦纳科恩博士是国王的叔叔，他的发言风趣幽默，引起听众一阵阵笑声。他在发言中谈到泰国人口增长率已从1982年的2.1%降到1986年的1.5%。他们把家庭计划纳入初级卫生保健，使全体居民都参加计划的实施；他们认为对老人的赡养并不取决于子女的数量而是取决于子女的质量，因而很注意发展教育。政府1983年在教育方面的支出占财政总支出的20.7%，初级学校入学率已从1965年的78%上升到1983年的99%；近些年来，印度在实行家庭计划中，把家庭福利纳入发展计划，强调生二胎后实行结扎，对结扎者给予一定的物质奖励，控制人口增长的工作也取得了成效；巴基斯坦通过财政、货币、实物奖励等手段限制生育；孟加拉国将原来的门诊计划和孤立的出生控制计划改为多方位的家庭福利计划，强调服务到每个家庭。许多国家的代表指出，家庭计划的主要障碍来自男子而不是妇女，应当提高妇女的地位。菲律宾代表、众议员阿基诺一奥雷塔是科拉松一阿基诺总统的妹妹，她的发言尤其鲜明地指出这个问题。欧洲议会代表、荷兰议员埃·特勃斯特拉女士说："现在世界上还有人在那里指责控制人口增长的国家。现在我们已经掌握了数字，获得了信息，知道人口增长必须和发展相适应，如果我们还不努力去做，下一代就要骂我们了。"

三

我国作为东道国，为开好这次大会作出了积极的努力。我国领导人在大会致词并会见了论坛领导人。福田赳夫说：几位中国领导人都提到人口问题非常重要，是和改革、开放并列的头等大事，我们很受感动。亚洲议员在人口最多，最重视、最下力气解决人口问题的中国聚会，意义极大。佐藤隆称北京是论坛的生身之母。

我国人大出席会议的代表团，按照会议议题作了充分的准备，周谷城团长、黄华副团长分别致开幕词和祝酒词，胡克实副团长重点介绍了我国计划生育工作的方针和政策。他说：控制人口数量，提高人口素质是我国人口政策的基本点，在实际工作中我们重点进行了三个方面的工作。一是提倡晚婚晚育，使我国妇女的平均初婚年龄从50年代的18.54岁提高到22岁。仅此一项，估计每年可少生200～300万人；二是提倡一对夫妇只生育一个孩子，同时特别注意做好减少多胎生育的工作；三是开展优生优育，努力提供妇幼保健服务，普及义务教育，提高全民文化水平。人口学家邬沧萍教授应邀作了题为"亚洲人口与发展的回顾和展望"的报告，引起了与会者的普遍关注和热烈讨论。费孝通教授就中国人口分布问题作了发言，他所指的人口分布包括人口的行业再分布和人口地域再分布两个方面。前者是如何使大批农业人口转移到非农业生产中去的问题，后者是人口与资源的问题，都属于人口结构问题，人口结构合理了，将对我国人口问题的最终解决显示出越来越大的作用。著名经济学家许涤新论述了我国城市化问题。他指出：从1952年至1978年，由于过分强调重工业，忽视轻工业；强调积累，忽视消费，因而第二产业、第三产业吸收劳动力规模受到很大限制，使得我国人口城市化进程十分缓慢。1979年至1986年，由于实行改革，粮食年平均增长速度达到3.6%。全国兴办了1500多万家乡镇企业，吸收了农村$\frac{1}{5}$的劳动力，使8000多万农民转入了非农产业。从1980年开始全国市镇人口年增加量超过了农村人口增加量，以后两者差距逐年扩大，到1983年，农村人口在历史上第一次变为负增长，并可能成为一种趋势。1978年至1986年，我国市镇人口占总人口的比重，已由17.8%猛增到41%，扣除由于区划变动所包含的农业人口，城市化水平在27%上下，已接近发展中国家的平均水平。在我国城市化发展的过程中，我们贯彻执行严格控制大城市，合理发展中等城市，积极发展小城镇的方针。农业专家石山就“人口与粮食问题”作了发言，他说：我国在仅占世界7%的耕地面积上，供养占世界22%的人口，无疑是个沉重的负担。解放38年来，我国粮食增长速度超过了人口增长速度，但由于人口增长快，人均粮食年增长只有1.15公斤。1979年以后，农村实行经济改革，粮食产量增加了，加上70年代以来实行计划生育，降低了人口增长率，1979年至1984年，人均粮食年增长量达到12.9公斤。要想使我国人民彻底解决温饱问题，生活水平得到更快地提高，在大力发展粮食生产的同时，必须有效地控制人口增长。生态学家侯学煜教授作了关于“人口与资源、环境问题”的发言。他指出：我国多项主要资源总量居世界前列，但由于庞大的人口数字，使得人均占有量低于世界人均水平。近些年来，我国政府把严格控制人口数量，大力提高人口素质，合理开发和利用自然资源，保持和改善生态环境，作为重要的基本国策，在全国人民中加以广泛地推行。仅从1978年以来，全国人大常委会制定的有关保护自然资源和环境的重要法规达11项，并且全面开展人口、自然资源和生态环境的综合普查和长期监测。妇产科专家严仁英教授就“妇幼保健与人口问题”作了发言。她说：目前我国新法接生率已达94.4%，孕产妇死亡率下降到5/万左右；婴儿死亡率由1949年的200‰下降到1981年的34.68‰，这几年又继续有所下降。人均寿命由1949年前的35岁提高到1985年的68.9岁。全国2亿多已婚育龄夫妇中已有1.45亿采取了各种避孕措施。1986年共做男女节育手术8142万例，今后，我们将把大力提倡优生优育、降低妇女儿童发病率、提高健康水平作为妇幼保健工作的主要内容。

通过中国代表团的专题发言，与会代表获得的深刻印象是：中国重视农业，特别是重视粮食生产，在世界7%的耕地上，基本解决了世界近22%的人口的温饱问题；中国重视人口问题，实行计划生育，16年来少生了近两亿人口；中国在农村商品经济迅速发展，农村大量劳动力转移的情况下，采取了积极发展小城镇，合理发展中等城市，同时控制大城市的方针，六年来8000万农民转入非农产业，促进了人口合理分布，推动了城市化进程。我国解决人口和发展问题的经验，受到了与会者的称赞。印度、日本、泰国等国议员和国际计划生育联合会主席瓦迪亚女士、非洲议员人口和发展委员会代理秘书长、津巴布韦议员奎第尼先生等在发言中都赞扬中国计划生育和经济建设所取得的显著成就。印度专家德赛说：在亚洲，中国是在国家计划范围内解决人口和城市发展问题并取得一定成效的唯一大国。孟加拉国代表团团长乔杜里表示，一定要把中国的经验带回去。

四

这次会议的主要成果，是发表了《亚洲论坛北京宣言》和审议通过了《亚洲议员人口和发展论坛章程》。

《宣言》充分反映了这次会议对解决人口和发展问题的主张，要求各国议员彼此合作，实现1981年提出的目标：到2000年，将整个亚洲地区的人口年增长率降至1%；死亡率，特别是婴儿死亡率减少50%；通过调节城市人口增长和制止农村向城市移民，来实现亚洲国家人口的均衡分布。《宣言》还要求：为亚洲老龄人口提供社会、经济和心理保障；提高妇女地位；选择1988年适当的一天作为亚洲“30亿人口日”，以便向各家各户宣传解决人口问题的必要性、紧迫性和重要意义。

《宣言》对议员在解决人口和发展问题中的作用给予充分的肯定，提出了行动要求。议员作为人民的代表和国家立法机构的成员，有责任全面研究人口和发展的相互关系，敦促各自政府和人民合理解决人口和发展问题。大会在《宣言》中要求亚洲的议员们：继续加强各国议员组织和议员之间的相互对话，以此增进议员对人口和发展问题的认识与了解；发起、推进和支持亚洲及世界各国间的交流计划，交流经验，互相学习；采取包括立法措施在内的适当的主动行动，支持人口活动方案；发起成立或加强各国的法定机构，以协调人口政策和方案的制定与实施；提出有关的立法，以保障妇女在社会的各个领域享有与男子平等的地位；建立和加强各国议会的人口与发展委员会。《宣言》还呼吁各国政府、民间组织与国际社会保证和参与人口行动纲领的实施。要求政府拿出足够的经费，以满足人口和计划生育工作的需要，制定全面的人口政策，作为国家发展计划的组成部分。要求国际社会增加给予各国政府和民间组织实施人口方案的财政援助。

这次大会审议通过的《章程》对论坛的宗旨、任务、领导机构、成员、财务等问题作出了规定。根据《章程》规定，经过民主磋商，选举了9名执行委员会成员〔主席日本，副主席中国、泰国、孟加拉国、叙利亚、澳大利亚（兼司库），秘书长印度、副秘书长马来西亚，另一名待定〕。我国人大常委会委员、教科文卫委员会副主任胡克实当选为论坛副主席。论坛主席佐藤隆说，经过5年努力，这次在北京通过了《宣言》和《章程》，组织机构也得到了进一步完善，这本身就是一个大的成果。许多代表反映：这次大会通过的《宣言》和《章程》，标志着论坛的发展和成熟，论坛在亚洲人口活动中会起到更大的作用。

（作者工作单位：江天水　全国人大常委会教科文卫委员会
张敏才　北京军区计划生育办公室）

家庭结构与人口老化问题国际学术讨论会综述

曾　毅

由北京大学人口研究所组织召开的我国第一次关于家庭结构与人口老化问题的国际会议于1987年10月21～25日在北京大学举行。来自全国各地的中方正式代表30人与来自英国、美国、日本、加拿大，法国、瑞典与新西兰等国的23名学者参加了会议。另外还有二十余人列席了会议。在历史人口学、家庭与人口老化研究方面颇有名气的英国剑桥大学人口社会结构历史研究组参与了会议的筹备工作并为之提供了部分资助。

北大人口研究所所长张纯元教授在会上致开幕词。国际人口学会代表，常务理事Shigemi Kono博士与联合国人口司代表游允中博士专程来华参加这次会议，并分别代表这两个国际机构在开幕式上发言。全国人大常委会副委员长、著名社会学家雷洁琼教授在开幕式上就我国家庭结构变动、社会福利与养老事业的发展作了重要讲话。中国人口学会秘书长、全国老龄学会付会长、著名人口学家邬沧萍教授与著名人口学家、英国剑桥大学彼得·拉斯雷特（Peter Laslett）教授也分别在开幕式上作了精彩发言。

共有20位中方学者与17位外国学者在会上摘要宣读了自己的论文。现将会议讨论的议题与主要观点综述如下。

一、家庭与住户

家庭与住户是两个不同的概念。家庭指具有婚姻、血缘或收养关系且在一起居住的人所组成的社会基本单元。住户则强调居住在一起而不论其成员是否具有婚姻、血缘或收养关系。我国的人口统计资料表明历史上中国的“家”与“户”没多大差别，其原因在于绝大多数住户成员都具有婚姻、血缘或收养关系。解放以后，集体户的出现使传统的“家”与“户”的概念发生了分离①。集体户的成员多为未婚或与配偶两地分居的人员，居住在机关、学校或工厂提供的集体宿舍里。他们之间一般无婚姻、血缘与收养关系。集体户户数只占总户数的0.5%，但城镇与农村居住在集体户中的人数占总人口的比例分别为15.6%与3.2%，集体户的平均规模为30.5人。国家统计局在公布我国家庭住户的人口普查资料时，将住户分为家庭户与集体户。由于家庭户中极少有不具有婚姻、血缘或收养关系的成员，所以我国统计资料中的“家庭户”与“家庭”实际上属于同一实体。很多学者在论文与发言中将我国家庭户（Family Household）简称为家庭（Family）或住户（Household）。

二、平均家庭户规模的演变

历史人口统计资料表明，1949年前，我国的平均家庭户规模大致在5.5至6.0之间。然而，第一次全国人口普查表明我国平均家庭户规模在解放后急剧下降到1953年的4.3。显然这是由于五十年代初期我国社会经济制度的革命性变动所致。在土改中，地主富农的土地与房屋等财产被分配给了贫苦农民，使这些解放前富有的大家庭失去了存在的物质基础而纷纷解体。同时许多解放前一贫如洗而无法婚娶与自立门户的贫苦农民建立了自己的小家庭。于是，从1949年到1953年，我国家庭户数的年平均增长率上升为14%（而1911～1947年年平均增长率仅为0.5%）。家庭户数在短期内急剧增长导致了家庭户平均规模的急剧下降。

1964年第二次人口普查报告的我国平均家庭规模与1953年持平。然而，1973年的家庭户平均规模上升至4.78人。这很可能是由于文化大革命中断了正常的住宅建设，致使一些已婚兄弟因住房短缺而无法分立。1982年的家庭户平均规模为4.43人，比1973年低，但略高于1953年与1964年。

三、家庭结构的变动

李景汉教授在1936年所作的农村家庭人口调查表明，当时我国农村近半数的家庭户为三代或三代以上的直系家庭或联合家庭②。如前所述，50年代初的土地革命导致了许多大家庭的解体与许多新的小家庭的建立。这不但使家庭平均规模急剧下降，而且使核心家庭比例显著上升，联合大家庭比例大幅度下降，但三代同堂的直系家庭仍是重要的家庭类型之一。全国第三次人口普查表明1982年我国家庭户中11%左右为三代或三代以上户。较之解放前，中国的三代或三代以上户比例显然是大大减少了。但就全国范围来说，我国80年代的三代家庭户比例是否比50年代中期大大减少了呢？由于目前还没有五十年代家庭结构的全国性的数据，无法直接给出这个问题的答案，但是历次人口普查给出的平均家庭户规模以及50年代初以来的总和生育率数据可以间接地回答这个问题。1981年的总和生育率为每个妇女生2.9个孩子，比50年代平均每个妇女生6个孩子左右减少了一半还多。如果其他因素不变的话，生育水平的下降必然使家庭规模减少。另一方面，死亡率的下降却会使家庭规模上升。然而，家庭人口学模型的模拟研究证明从50年代到80年代死亡率的下降对家庭规模的影响不可能超出如此急剧的生育率下降的影响③。因此，如果80年代的三代家庭比例比50年代明显下降的话，家庭平均规模会明显减少。但是1982年的平均家庭规模反而比1953年稍有增加。于是，我们可以比较合理地推测80年代初我国三代家庭比例并未比50年代中期明显减少。而已婚兄弟居住在一起的比例则大大减少了，使80年代的核心家庭比例比50年代明显增加④。由我国社会学者们组织的五大城市（北京、上海、天津、南京、成都）家庭调查数据为这一推测提供了佐证。五大城市家庭调查数据表明三代家庭比例在1954～1957年为20.4%，1977～1982年为20.2%；已婚兄弟居住在一起的联合家庭比例则从1954～1957年的7.9%下降到1977～1982年的3.3%。核心家庭比例从1954～1957年的64.2%上升到1977～1982年的72.4%⑤。

全国1‰生育率调查也提供了丰富的家庭结构的数据。例如，在被调查的229 756个家庭户中，城镇有1.83%，农村有0.49%的“隔代户”，即祖父母与孙子女一起生活，而中间的一代（即孩子的父母）因工作等原因而居住在外地⑥。

从各省市自治区的家庭规模与结构的数据中，我们可看到经济发达地区的家庭类型一般来说比欠发达地区更趋向小型化。例如，处于大西北的经济不够发达的甘肃省的三代与三代以上家庭比例几乎等于全国平均水平的2倍，而其平均家庭规模也比全国高出30%左右⑦。

然而，以上提到的关于经济发展水平与家庭类型之间的关系也不一定总是成立的。有些地区的现实证明，除经济因素外，有时其他因素也起重大作用。例如广东省的侨乡经济虽然远比其他一些非侨乡发达，但侨乡的三代家庭比例却显著高于非侨乡。原因在于侨乡群众以及他们的海外亲戚受传统的数代同堂的大家庭伦理观念影响较深⑧。另外，一个令人感到吃惊的例外是上海郊区的核心家庭比例比市区高，家庭平均规模比市区小。单从经济因素是无法解释这种现象的。这可能与以下原因有关：（1）市区住房短缺使有的已婚兄妹无法及时分立；（2）郊区农民兄弟为申请宅基地而尽可能早地“分家”；（3）上海市区的生育率从六十年代起就大幅度地降低了，而当时上海郊区的生育率仍然很高。二十多年后，在市区、郊区大多数家庭都希望留下一个已婚子女与父母同住的情况下，郊区家庭由于成年子女数多，有可能分出去另建核心小家庭的青年人数多。而市区家庭成年子女数少，除了留下一个与父母组成三代家庭外，能分出去的青年人数相对较少，因而形成了郊区核心家庭比例高于市区⑨。这种现象实际上已为70年代以来我国生育率急剧下降的“滞后效应”可能使我国今后（即在低生育率水平下出生的孩子们长大成年后）核心家庭比例下降的推测⑩提供了佐证。

与会学者还运用追踪调查与人口普查数据对独生子女家庭⑪以及一人户⑫作了深入的剖析。

四、家庭生命周期

尽管日益增多的学者批评传统的“家庭生命周期”（Family Life Cycle）概念，并赞成用另一概念“家庭生命历程”（Family Life Course）来取代“家庭生命周期”⑬，至今仍有不少学者进行“家庭生命周期”的研究。有的与会学者的论文专门分析比较了中国农村从40年代到80年代家庭生命周期指标的巨大变化。例如，生育与家庭扩展期由40年代的17.5年降为80年代的5年，而家庭的稳定期由40年代的0.5年增为80年代的17.5年⑭。必须指出，这种按传统的家庭生命同期定义所作的分析仅包括核心家庭而忽略了三代或三代以上的直系与联合家庭。另外，以上提到的对家庭生命周期的研究给出了40年代中国农村家庭的空巢阶段为负值（－15年）以及家庭解体阶段为零年。这些不合理的计算结果反映了传统的“家庭生命周期”概念本身的局限性。

日本学者提交的论文对日本三代家庭的生命周期作了一粗略的计算。日本家庭中三代同堂的时间已从1920年的平均10年增至1980年的24年。子女对老年父母的赡养时间由1920年的5年增至1980年的18年⑮。

五、亲属网络与聚合家庭

有的美国学者认为，仅仅研究家庭与住户是不够的，必须扩展到对亲属网络的研究。他们应用著名的Goodman，Keyfitz与Pullum模型，估算了与台湾省1950、1965与1980年的生育，死亡率相应的预期女儿数，孙女数，姐妹数，姨母姑母数，侄女外甥女数与表姐妹数⑯。

会议还对研究亲属网络与家庭结构的计算机微观模拟仿真模型与技术的最新研究成果进行了讨论⑰。微观模拟仿真模型的基本思路是在给定的人口事件（如生、死、婚姻、子女离家等等）发生概率及随机过程的制约下，对每一个被抽取作为样本的“个体”的生命过程分别进行仿真模拟，然后汇总找出总体特征。这种模型的优点是可模拟研究得很细，缺点是模拟的样本较小时，所带来的抽样误差就很大；而模拟样本增大时，计算机机时与计算成本大大增加。

与会者还提交了关于家庭生命历程中重要内容之一——子女离开父母独立生活（建立小家庭或去外地上学做工）的研究成果的论文⑱。利用国际人口学界近几年发展起来的新方法与相邻两次人口普查关于家庭户成员与户主关系的资料，对美国、法国、瑞典子女离开父母独立生活的单岁“离家率”进行了成功的估算⑲。我国目前只有第三次人口普查的家庭户资料已输入计算机，而仅用一次人口普查资料是无法进行这种估算的。但是，类似分析在我国第四次人口普查之后将是可能的，也将是一项很有意义的工作。

会议还对“聚合家庭”（aggregate family）的新概念进行了讨论。研究中国问题的英国学者指出，50年代集体化运动之后，旧中国的亲属网络的一些生产互助、公共事务等方面的职能被生产队与生产大队所取代。因而中国的亲属网络的社会功能被削弱了。但是80年代初全国农村普遍推行生产责任制以后，家庭的生产功能得到了恢复，同时亲属网络就近开展生产互助的功能也自然地得到了恢复。这种较小规模的近亲联合被称为“聚合家庭”⑳。有的学者还认为它将成为未来中国人口、社会与政治分析的重要单元。然而，这种“聚合家庭”的发展是否应得到鼓励却很值得推敲。“聚合家庭”固然有亲戚之间互相帮助、合作生产与经营的优点，但如果不加以适当引导而听其发展成为与旧社会宗族集团类似的强大的宗族势力，于社会进步与人民的大团结显然是不利的。看来，“聚合家庭”应保持在“近亲互助”的适当范围之内，而决不应发展为宗族集团。当前我国农村这一新的社会现象值得广大社会学家与人口学家去作进一步的深入研究。

有的学者在会上提出了一种称为“近邻弹性组合家庭”的模式。即一对青年或中年夫妇与他们的两个未婚子女组成一个核心家庭。他们的老年父母则居住在紧邻。作为“紧邻”标志的隔墙是活动的。如三代人关系融洽，隔墙则予以拆除，成了一个三代家庭。否则，两个核心家庭相互独立又可利用紧邻的有利条件互相照应㉑。这显然是一个高度理想化的模式，能否广泛推广有待实践的检验。

六、家庭功能的改变对人们生育观的影响

国内外学者们对我国生育率在短期内急剧下降的原因进行了许多有益的探讨。一般认为，我国政府的计划生育政策的推行起了主要作用；社会经济的发展也促进了人们生育意愿的改变。除此之外，还有没有其他因素在起作用？有的学者认为，50年代我国的集体化运动使家庭的生产功能大大削弱，人们因以家庭为核算经营单位的生产活动需要增加劳力而盼望添丁加口的欲望在一定程度上被削弱了。所以从70年代初开始，一旦政府强有力地实行计划生育政策，并提供了较好的避孕节育服务，群众中的大多数能比较顺利地接受政府的低生育要求[22]。然而，80年代初以来，家庭承包制使家庭的生产功能得到了恢复，因而农民对添丁加口，增加劳力的欲望得到了加强。这可能是农村近年生育率回升的原因之一。

七、人口老化的进程

在这次会议上宣读的大多数关于人口老化的论文都认为，人口老龄化在我国来势较快，必须引起高度重视。我国人口老化进程的主要特征可大致归纳为以下几点：（1）巨大的老龄人口数。据预测，我国60岁及60岁以上的人数将从1982年的7 700万增至2025年的2.98亿与2050年的4.3亿[23]。下世纪将出现巨大的老龄人群将是无法改变的事实，因为他们都已出生，谁也无法将他们从地球上抹掉。（2）迅速增长的老龄人口占总人口的比例。据与会者提供的预测研究结果，即使我们在下世纪初开始在城乡普遍允许生二胎，65岁及65岁以上的老龄人口比例将于2025年达到14%，于2050年达到22%[24]。（3）中国人口老化的速度将大大超过世界上发达国家的人口老化速度。欧洲、北美等发达国家的老龄化已经并将继续延续一、二个世纪，而我国却有可能在几十年内走完西方发达国家一、二百年所走过的人口老化历程。

八、老年人的现状

不少与会学者以详细的数据资料分析了老年人的现状，包括老年人的性别、年龄结构、婚姻状态、家庭结构、教育、职业、收入、退休金、健康、娱乐以及与子女的关系等等[25]。以与子女的关系为例，上海的抽样调查表明，33.2%的被调查老年人说他们的子女是孝顺的，17.9%能尊敬老人，40.5%一般，只有5.4%埋怨子女不孝[26]。上海，天津与湖北的调查表明，42～57%的老年人在家庭决策中起主导作用，24%起一定的决策作用[27]。总的来说，我国老人比西方老人在精神生活方面更加“愉快”。这显然是由于我国大多数老人享受与子女晚辈共同生活的天伦之乐，而西方老人往往处于空巢或独居的状况。

九、人口老龄化可能引起的一些社会问题

与会学者都认为，人口迅速老化将带来一系列社会经济问题。老年人占总人口比例的迅速上升意味着可为老年人提供社会福利与家庭养老服务的子女晚辈人数相对减少。如果我们不能从现在起就认真研究，制订并实施相应的人口、社会与经济措施，下世纪的人口过快与过度老化将带来劳力短缺，社会与家庭的养老负担过重的后果，从而影响到我国四个现代化宏伟目标的实现。

由于我国城镇生育率下降早而且幅度大，80年代初至今，城镇地区一直保持着远远低于替代水平的极低的生育率。因此，除非我们适时（比如在下世纪初）调整城镇的普遍只生一胎的政策或者允许与鼓励大批农村青年人迁入城镇，我国城镇人口将高度老化，从而影响到整个国民经济的发展。

随着人民生活水平与现代医疗水平的提高以及祖国传统医疗保健遗产（如中医中药、按摩、导引、气功等）的发展与普遍推广，我国人口寿命将继续提高。特别是许多原来属不治之症的中老年疾患将被人类征服，许多人将活到八、九十岁以上的高龄。换句话说，我国的“老老人”（即八、九十岁以上）占老龄人口的比重将大幅度上升。而这些“老老人”虽然还在人世，但毕竟年事太高，抵抗力较差，需要更多的护理与照顾，也就是说，未来平均每个老年人需要社会与家庭付出的赡养费用将大大超过现在的水平。这一问题必须引起我们的高度重视。

十、养老事业

许多代表都认为，我们应高度重视与大力发展社会养老事业，同时也要发扬我国子女晚辈赡养尊敬父母长辈的优良传统。尊老养老不仅是社会主义精神文明与道德问题，还是社会主义法制问题。老年人的合法权益应受到法律保障㉘。老年人不仅应有物质生活的幸福，而且更重要的是要有精神生活的充实与幸福。和谐的家庭环境正可满足老年人这种精神上的需求，这是任何其他社会养老机构所不能代替的。同时，我国老龄人群的快速增长以及国家，社会财力的有限也不可能由国家或集体将老年人的赡养服务全包下来。因此我们应在宣传、教育、法制、税收、福利等方面制订有效的措施与政策，积极引导广大群众发扬敬老养老的优良传统。

有的学者还提出，为了减轻未来家庭与社会养老的沉重负担，应从现在起在农村大力倡导个人储蓄养老。据国家统计局的农村家计调查，目前除少数贫困地区外，大多数农民每年收支均有盈余。我们完全可能通过适当的政策，引导农民将部分盈余转为为个人养老而准备的储蓄㉙。国家可通过优惠政策予以鼓励，比如除按长期储蓄给予利息外，还规定在达到退休年龄后，不但如数按月发回个人养老储蓄的本息，国家还按比例支付一定的奖励费。假如货币贬值，国家家则应保证给养老储蓄的个人以补偿。使每个参加养老储蓄的人感到有利可图。这样做，不但大大有助于农村养老问题的妥善解决，还可以促进农民生育意愿的转变，从而大大有利于农村人口的控制㉚。

十一、理想与现实

不少与会学者在论文中罗列了关于理想的家庭模式与养老方式的问卷调查结果。例如，天津、上海与北京被调查的老年人中分别有71.0%，77.4%与87.6%认为与子女一起生活是理想的养老方式㉛。有的学者还对被调查者的现状与他们所表达的“理想方式”进行了对比。令人感兴趣的是在山东一个农村地区的调查中，只有32.1%的被调查者说核心家庭是理想的模式，但是实际上却有66.9%的人生活在核心家庭之中。被调查的老人中实际上有19.0%仅与配偶一起居住或独居，但是只有6.3%的老人认为与子女分开住是理想的生活方式㉜。毫无疑问，不能用这种局部性数据来推论全局。但它们至少说明了两点：（1）农村多数人偏爱于三代同堂的直系家庭。（2）由于许多客观原因的制约，问卷调查中的“理想”总是大大偏离于现实。例如前面提到的66.9%的人实际生活在核心家庭之中，而只有32.1%的人认为核心家庭是理想模式，可能是由于父母一般只与一个已婚子女及其配偶组成三代家庭，而那些已有一个兄弟“捷足先登”与父母同住的人只好搬出去另立门户。另外，有的被调查者可能会有意无意地按一般社会舆论的偏好提供“理想”问题的答案而并不不真正反映其本人内心的“偏好”。

十二、有益的国际经验

参加这次会议的外国学者们介绍了发达国家关于家庭结构变动与人口老化问题的研究成果。瑞典学者详细介绍了瑞典作为现今世界上老龄化程度最高以及在西方国家中最早实行全民养老社会保险（很有意思的巧合！）的国家所走过的路途。他们的预测表明，到2020年时，瑞典处于劳动年龄的人数与退休老年人的比例将为2∶1。他们提出了三个可供选择的解决办法：（1）提高生育率；（2）移民；（3）提高退休年龄㉝。

来自新西兰的学者在会上提出了发达国家“牺牲的一代人”的理论。据研究，分别于

1930年与1960年出生的文化教育水平、职业、技术与身体素质完全相同的两个人，后者向社会保障体系所作的贡献将等于前者的五倍或更多，而后者能向社会保障体系领取的福利待遇却不及前者的1/5㉞。原因在于现在处于“奉献”状态的年青人（五、六十年代出生）成为老年人时，老年人比例因60年代以后长期很低的生育率而大大增加，那时的劳动年龄人口比例则大大减小，“奉献”者远比今日少，而“索取”者却远比今日多。无独有偶，这种“牺牲的一代人”的说法在中国也有。在50年代与60年代生育高峰期出生的人已经或正在进入工作劳动与生育年龄。一方面，他们正在并将继续为社会福利与家庭养老事业作出贡献；另一方面，由于我国人口基数太大，国家与社会要求他们只生一个孩子，最多不超过二个。几十年之后，他们老了，由于他们是在生育高峰期出生的，他们之后的生育率又很低，于是他们成了空前绝后的巨大的老年人队列的成员。那时候，他们的子女辈人数较少，即为社会福利与家庭养老做“奉献”的人相对较少，他们作为老人所能向社会所获取的必然相对较少。毫无疑问，这一代人为控制我国人口恶性膨胀作出了巨大的历史性贡献。他们应为自己的贡献与为之作出的“牺牲”引为自豪。同时，社会与政府也应责无旁贷地研究制订出适当的人口、社会、经济与福利措施，使这个“牺牲的一代人”未来的养老问题解决的好一些。

会上，来自美国的学者利用他们的调查资料，介绍了美国为老年人设立的社会福利，老年人对这些项目的了解，评价与利用程度等等㉟。加拿大的学者全面地介绍了加拿大统计局人口司近年来为收集老年人与社会福利方面的详尽数据而进行的各种调查与建立的相应的数据库系统㊱。

十三、我国家庭结构变动的未来趋势

未来的中国家庭是否会迅速核心化？一般来说，不少人（包括一些报刊杂志）都假定现代化导致家庭的核心化。但是，如同日本学者在会上指出的那样，日本在高度现代化之后仍然保存了传统的三代家庭与核心家庭并存的模式的事实对现代化导致家庭核心化的假定提出了质疑。在日本社会迅速现代化的最近十年中，日本的核心家庭比例不但没上升，反而从1975年的64.0%下降到1985年的62.6%。日本厚生省人口问题研究所最近公布最新的调查数据表明，大多数日本人仍认为三代家庭比核心家庭是更为自然与更通人情(more natural and human)的生活方式㊲。中国当然不会重复日本走过的路程，但日本的经验无疑可作为我们的一个借鉴。许多与会者都认为我国传统的三代家庭与核心家庭并存的模式不应也不会随着现代化的进程而消失㊳。然而当70年代生育率急剧下降后出生的孩子们长大成年后，由于那时大多数家庭成年子女数少，而且大多数家庭仍将留下一个子（女）和其配偶组成三代家庭，这些家庭已很少有“剩余”子女可以离开父母家另立门户，成立核心家庭。这样，就会形成核心家庭比例的下降与三代家庭比例的上升。但是，当生育率下降到替代水平之下以后，由于子女辈人数少于父母辈人数，而一般来说，青年夫妇不可能同时与丈夫、妻子双方父母一起生活。因此，子女辈人数的短缺会使有的老年父母即使想与已婚子女居住也不可能。这样，核心家庭比例将伴随着老年夫妇组成的小家庭的增加而回升㊴。这种情况下的核心家庭比例增高当然与高生育率下形成的高核心家庭比例是完全不同的，因为老年夫妇小家庭的增多必然要求社会提供更多的福利服务。

（作者工作单位：北京大学人口研究所）

参考文献

（除另注明出处者外，均为本次会议论文。）

① 段纪宪　于景元　肖振禹：The Size of Family and Household in China—An Analysis Based on 1982 Census （中国家庭与住户规模的分析）。

② 李景汉：农村家庭人口统计的分析。清华大学《社会科学》第2卷第1期，1936年。

③ 曾毅：关于生育率下降如何影响我国家庭结构变动的探讨。《北京大学学报（哲学社会科学版）》，1987年第4期

④ 同③。

⑤ 五城城家庭研究项目组：《中国城市家庭——五城市家庭调查报告及资料汇编》，山东人民出版社，1985年。

⑥ 顾鉴塘：现代中国的家庭户结构。

⑦ 岳青：甘肃省的农民家庭结构。

⑧ 关秀芳：广东家庭结构及其发展趋势。

⑨ 郑桂珍：上海的家庭结构与养老事业。

⑩ 同③。

⑪ 杨光锐　解振明：合肥市独生子女家庭的跟踪调查。

⑫ 韩常先　汪琳：浙江省一人户分析。

⑬ 曾毅：家庭生命周期。（为大百科全书撰写的辞条，正在出版中）。

⑭ 周清：我国农村家庭生命周期的初步研究。

⑮ Shigemi Kono: Changes in the Family Life Cycle and the Issues of the threegeneration household in japan. （日本家庭生命周期的变动与三代家庭问题）。

⑯ Edward Jow-ching Tu, Jersey Liang: Fertility, Mortality, Kinship Structure and its Aging Implications in Taiwan. (台湾的生育、死亡、亲属结构与人口老化）。

⑰ J. Smith: Micro-simulation on Kinship Structure. (亲属结构的微观模拟) Le。Bras: Micro-simulation of kin with Changing Demog raphic Conditions. (变动的人口条件下的亲属结构的微观模拟)。

⑱ Richard Wall: Leaving Home and Living Alone. (离家与独居)。

⑲ 曾毅, Ansley J. Coale: Single-age-specific Net Rates of Leaving the Parental Home, The United States(1950-80), Sweden(1960-80)and France(1962-75). 美国(1950-80), 瑞典(196080)与法国(1962-75)单岁年龄别净离家率的估算)。

⑳ Elisabeth Croll: The Aggregate Family: Household and Kin Support in Rural China. (聚合家庭：中国农村的住户与亲属支柱)。

㉑ 周孝正　郭大平　盛汀　史希来：弹性近邻组合家庭。

㉒ 马侠：中国家庭的变动与人口再生产。

㉓ Judith Banister: Implications the Aging of China's Population. (中国人口老化的效应)。

㉔ 同㉓。

㉕ 袁方：中国老年人口的赡养。张纯元：中国农村的养老事业。蔡文眉　邱沛玲　赵忠维：中国人口老化进程中的老年妇女问题。李永胜：家庭结构与老年人的生活状况。

㉖ 同⑨。

㉗ 杨宗传：家庭与老年人。

㉘ 袁方，见㉕。

㉙ 张纯元，见㉕。

㉚ 曾毅：试论我国人口控制的社会经济对策。全国第二次人口与发展学术会议论文。

㉛ 袁方，见㉕。

㉜ 杨榴红：未来家庭发展的潜在趋势。

㉝ Tommy Bengtsson, Gunnar Fridlius: Population Aging in Sweden: Past, Present and Future. （瑞典人口老化的过去，现在与未来）。

㉞ David Thomson: Population Aging: A test of Fainess. (人口老化：公平性的检验)

㉟ Yun Kim, Yong Chan Byun: Socil Service Needs of the Elderly Population and Living Arrangements.（老年人对社会服务的需求与生活方式）。

㊱ Edward T.pryor: Population Aging and Social Support: Data Development in Canada.（加拿大的人口老化与社会养老福利数据收集系统的发展）

㊲ 同⑮。

㊳ 蔡文眉 邱沛玲 宋静安：北京昌平县家庭结构的变动。

邵秦 胡明霞：现代中国家庭结构的多元化趋向。

毛况生 周光复：人口年龄结构对家庭生命历程与家庭结构的影响。

㊴ 同③。

人口城市化和城市人口问题国际会议综述

裘 实

1987年10月26～31日，受国家教育委员会委托和联合国人口基金资助，由南开大学主办的人口城市化和城市人口问题国际会议在天津召开。来自18个国家和地区及国内各人口研究机构的140多位代表参加了这次会议。大会主席团由以下学者组成：谷书堂教授（南开大学经济学院院长、大会组委会主席），李成瑞同志（中国人口学会副会长），陈道同志（中国人口学会副会长），刘铮教授（中国人民大学人口研究所所长、中国人口学会副会长、大会组委会副主席），李竞能教授（南开大学人口研究所所长、大会组委会副主席兼秘书长），邬沧萍教授（中国人口学会秘书长），田雪原教授（中国社会科学院人口研究所所长），哥斯坦教授（美国布朗大学人口研究中心主任），斯里尼瓦森教授（印度孟买国际人口研究所所长），墨顿斯教授（美国哈佛大学人口研究中心），小川直宏教授（日本大学人口研究所副所长、国际人口学会代表）。此外，参加会议的还有来自国家教育委员会、天津市政府、联合国人口活动基金、联合国人口司等处来宾约20人。人民日报、新华社、光明日报、文汇报、天津日报、中央人民广播电台、天津人民广播电台等都派出记者采访会议，最多时达14人。国内外人口城市化专家、学者会聚一堂，认真、热烈而友好地深入研讨问题，盛况空前。

10月27日上午大会开幕。组委会主席谷书堂教授致开幕词，南开大学校长母国光教授致欢迎词。国家教委专职委员黄辛白、天津市副市长姚峻、联合国人口基金驻华副代表拉奎恩作了重要讲话。小川直宏教授代表国际人口学会致词。中国人口学会会长许涤新，联合国人类定居中心主任拉曼钱顿寄来了书面发言。国家科委主任宋健、国家计划生育委员会主任王伟、城乡建设和环境保护部副部长储亨昌等来信祝贺大会成功。在首次大会上南开大学李竞能教授和美国布朗大学哥斯坦教授分别作了题为《1949年以来中国人口城市化的回顾、考察与展望》和《上海和曼谷迁移模式比较》的重点发言。

这次国际会议共收到论文93篇，其中中国学者提交的有62篇，外国学者的有31篇。首次大会后，逐日召开了6个专题讨论会，会上大家畅所欲言，直率地谈出自己的看法，学术空气比较浓厚，既严肃认真，又热烈友好，讨论也比较深入。

第一个专题会讨论人口城市化模式和发展道路问题，由田雪原教授主持，法国国立人口研究所朗伊万博士任评论人。会上对一些国家特别是80年代以来中国城市化发展状况和相。

应的城市人口政策作了评估。学者们对中国近年来城市化水平有不同看法。不少学者认为中国近年来城镇人口占总人口的比例大幅度上升，主要是行政区划变动的结果，而不是农村人口大批迁入城镇转变为非农业人口的结果。有的学者对此提出了异议，认为不应忽视经济改革、开放以来小城市和集镇的发展，不应忽视乡镇企业高速发展以及大量流动人口的存在，对中国城市化的促进作用。许多学者倾向于以发展小城镇作为中国城市化的主要模式和发展道路，认为农村人口“离土不离乡”，从农业转移到乡镇企业，进而发展小城镇是具有中国特色的社会主义的城市化道路。认为严格控制大城市规模、合理地发展中等城市、积极地发展小城市（包括小城镇）的政策方针符合中国实际情况，能够避免“大城市病”的流行，富有可行性。但是，不少学者认为，随着经济改革和开放的进展，城市人口政策应有适当的调整，在发展大城市的问题上应有更大的弹性；同时指出，乡镇企业和小城镇的发展还存在许多问题，如占用土地过多，原材料和能源耗费大，设备和技术陈旧，环境污染严重，劳动生产率低和效益差等等，不如发展大、中城市有更高的规模经济和社会效益。有的学者认为，随着社会经济的发展，大城市必然发展，人为地控制大城市规模和限制大城市发挥中心作用与经济优势是不可取的，只要管理得当“大城市病”不是不可避免的。大多数学者强调，模式和道路的选择必须结合各个地区的社会经济的实际情况，像中国这样国土辽阔、情况复杂，地区差异较大的国家，城市化问题应当采取多元模式、多层次发展，应考虑各个地区的特点来进行规划。

第二个专题会讨论区域性城市化问题，由复旦大学桂世祚教授主持，美国华盛顿天主教大学李哲夫教授任评论人。国内外学者对不同国家、不同省区的实例，进行了对比分析并探讨了不同区域的城市化模式和道路的选择问题。学者们大都强调不同地区的社会经济发展水平是该地区的城市化水平的主要制约因素。一些学者指出，在许多国家大城市人口并未停止迅速增长，仍不断有人口迁入大城市，在商品经济迅速发展的地区尤其是这样，因此如何控制大城市人口增长仍是值得重视的问题。一些外国学者还谈到发达国家的大城市地区的“连城市化”和城市中心的“离散化”现象，并指出发达国家在工业发展和人口集中到城市这两种现象之间已经日益分离。而在发展中国家，人口集聚与工业集聚则往往是密切相联，同步发展的。

第三个专题会讨论农村地区小城镇和城郊城市化问题，由北京大学张纯元教授主持，印度尼西亚大学人口研究所所长皮佐诺任评论人。农村地区人口城市化是与会学者极感兴趣的问题，认为这个问题对探讨中国人口城市化的发展道路有十分重要的意义。许多学者主张大力发展小城镇，认为这对中国人口城市化来说最有可行性。有的学者以大量资料说明，农村人口城市化是一个梯度转变过程，第一步是靠乡镇企业和集体经济力量改造原有农村经济；第二步由新农村转变为小城镇，最后实现城市化，发展的动力来自农民自身。有的学者认为农民自身人口产业结构的转移，并不等于人口城市化，而强调大、中城市对农村地区人口城市化的辐射作用。认为农村人口城市化首先发生在城郊，是大城市经济辐射促成的结果。一些学者把农村人口城市化的希望寄托在星罗棋布的小集镇上，主张“遍地开花”；另一些学者则提出不同意见，认为并不是所有的集镇都具备发展条件，主张在县城管辖镇的基础上建市，由此广泛发展小城市，以促进城市化过程。

第四个专题会讨论城市化和人口增长的关系，由中国人民大学人口研究所邬沧萍教授主持，美国犹他州立大学人口研究室主任金炼教授任评论人。国内外许多学者对城市化与人口增长的相互关系和相互影响，发表了许多值得注意的意见。有的学者运用“多区位人口预测模型”，研究了中国人口城市化在今后五、六十年间可能对生育率产生的影响，指出人口城市化的迅速发展将使生育率显著下降，从而有利于控制人口数量的增长。有的学者分析了人口年龄构成和人口城市化水平的关系，认为商品经济越发达，人口城市化水平越高，人口越趋于老化，这三者是同步发展的。有的学者研究了城市化对家庭规模与类型对离婚率的影响，有的对衡量城市人口过度集中的指标进行了分析。一些学者认为，对于有10亿人口的中国来说，各种人口规模的城市都是需要的，不宜单一地发展小城市、小城镇，目前中国大城市的数目并不过多，而且大都集中于东部沿海地带，西部仍然缺少大城市，若没有相当数量的大城市，既不利于商品经济的发展，不利于发挥经济中心的作用，也难以实现城市化。不少学者分析了人口迁移与人口流动对大城市人口变动的影响。近年来有关上海等特大城市的流动人口的调查研究引起了与会学者的注意。

第五个专题会讨论人口城市化与经济发展的关系问题，由北京经济学院冯立天教授主持，美国纽约州立大学涂肇庆博士任评论人。会上国内外学者对人口城市化水平同产业结构、资源使用率、劳动力参与率、技术进步、市民的收入、消费需求与生活水平等因素的关系，发表了不少精辟的意见。有的学者论述了经济改革、开放以来，中国社会经济的发展对人口城市化的促进作用。有的学者分析了人口城市化的经济效益与社会效益问题。有的研究了劳动人口教育水平同城市规模的关系。有的运用系统论探讨了城市化同技术进步与经济发展的相互作用，论述了历史上三者相互关系的各个主要发展阶段及其特征。还有几位学者以大量调查资料和数据分析了上海、北京等特大城市以及东北三大城市的人口生活水平和生活质量，尤其是在业人口的生活质量问题。指出这些大城市近年来人口生活质量有较大的提高，但由于原来的水平较低，因此和发达国家比还有相当大的差距；然而和他们的收入水平相比，京沪在业人口的生活质量相对来说还是较好的。

第六个专题会讨论城市人口的地域分布、规模、结构和规划问题，由华东师范大学程潞教授主持，英国霍尔大学地理系大卫·瓦特斯博士任评论人。国内外学者针对中国人口分布等问题，发表了许多独到的见解。有的学者在探讨以往人口分布政策之后指出，现阶段中国人口城市化的优势仍在东部地带，加速东部工业化和城市化进程，有利于提高全国城市化水平。有的学者分析了中国人口分布地域差异的两个特点，即城镇人口的绝对量从东与东南向西与西北递减，形成绝对量的梯度差异；城镇人口占总人口的比重，则从东北向西南递减，形成比重的梯度差异。有的研究了中国城市体系，应用“首位城市指标”“四城市指标”和“序列规模分布”等方法，分析中国城市体系的发展。还有的学者采用人类生态学的最新研究成果分析东北城市体系。一些学者还探讨了城市人口合理规模问题和城市人口发展战略问题。

在讨论过程中，许多学者认为对城市和乡村的划分，城市化和城市人口的概念，应当有更明确的定义和更科学的统计指标，不少人就此提出了自己的看法，并建议今后召开相应的研讨会，对这个问题作更深入的讨论。由于对城市、城市人口、城市化的概念理解不一致、统计指标不一致，或单纯以城镇人口占总人口的比重来反映城市化水平，目前对中国人口城市化水平的估计也不一致。国内外不少学者认为，中国官方正式公布的统计数字，城镇人口数量和城市化水平都偏高，不能反映真实水平。此外，研究方法问题也受到与会学者的重视，不少学者探讨了预测未来城市人口规模与城市化水平的方法。会上国内外许多学者还对城市化和城市人口问题进行了国际比较分析，显示了他们的研究有一定的深度与广度，有比较高的水平。

在31日下午闭幕式前的大会上，美国哈佛大学墨顿斯教授题为《中国城市人口动态研究与展望》，印度孟买国际人口研究所斯尼里瓦森教授题为《印度独立后的城市化及其与中国城市化的异同》和日本大学小川教授题为《迁移与发展，日本的经验教训》的发言引起了与会学者的极大兴趣。最后，陈道、邬沧萍教授等代表中国人口学会致辞。

这次国际学术会议，可以说几乎讨论了城市化和城市人口问题的各个主要方面和主要课题。它成功地达到了预期的目标。通过分析比较和深入的讨论，使人们更清楚地认识到城市化与城市人口问题是当前世界，尤其是中国这样的发展中国家所面临的重大问题。在分析研究的基础上对制定有关政策提出了有参考价值的数据和意见。同时加强了国内外学者的学术交流，促进了城市人口研究机构之间的联系与合作，为今后进一步深入研究城市化和城市人口问题创造了有利条件。

（作者工作单位：南开大学人口研究所）

List of Contents

Part I Major Documents (Selected)

Part Ⅱ General Situation and Comprehensive Description

Part Ⅲ Population Census

Part Ⅳ Demographic Statistics

Part Ⅴ Family Planning

Part Ⅵ Reports of Survey Findings

Part Ⅶ Comparison Between Chinese Population and World's Population

Part Ⅷ Population Research Organization

Part Ⅸ Index of Some Demographic Research Papers

Part X Major Events of China's Population Activities

Appendix